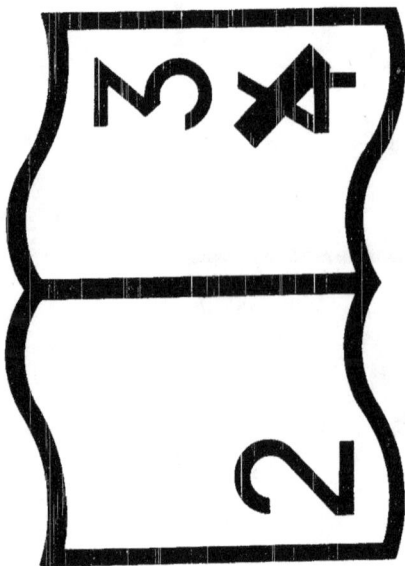

Pagination incorrecte — date incorrecte

NF Z 43-120-12

COMÉDIE HUMAINE

ŒUVRES ILLUSTRÉES
DE
BALZAC.

LES CÉLIBATAIRES

CÉLESTIN NANTEUIL

Dessins de Tony, Johannot, Staal,
Daumier, E. Lampsonius, etc.

Gravures par les meilleurs
Artistes

Première Histoire.

PIERRETTE.

A

MADEMOISELLE

ANNA DE HANSKA.

Chère enfant, vous, la joie de toute une maison, vous, dont la pèlerine blanche ou rose voltige en été dans les massifs de Wierzchownia, comme un feu follet que votre mère et votre père suivent d'un œil attendri, comment vais-je vous dédier une histoire pleine de mélancolie? ne faut-il pas vous parler des malheurs qu'une jeune fille adorée comme vous l'êtes ne connaîtra jamais, car vos jolies mains pourront un jour les consoler? Il est si difficile, Anna, de vous trouver, dans l'histoire de nos mœurs, une aventure digne de passer sous vos yeux, que l'auteur n'avait pas à choisir; mais peut-être apprendrez-vous combien vous êtes heureuse en lisant celle que vous envoie

Votre vieil ami,

DE BALZAC.

En octobre 1827, à l'aube, un jeune homme âgé d'environ seize ans, et dont la mise annonçait ce que la phraséologie moderne appelle si insolemment un prolétaire, s'arrêta sur une petite place qui se trouve dans le bas Provins. A cette heure, il put examiner sans être observé les différentes maisons situées sur cette place, qui forme un carré long. Les moulins assis sur les rivières de Provins allaient déjà. Leur bruit, répété par les échos de la haute ville, en harmonie avec l'air vif, avec les pimpantes clartés du matin, accusait la profondeur du silence qui permettait d'entendre les ferrailles d'une diligence, à une lieue, sur la grande route. Les deux plus longues lignes de maisons séparées par un couvert de tilleuls offrent des constructions naïves où se révèle l'existence paisible et définie des bourgeois. En cet endroit, nulle trace de commerce. A peine voyait-on alors les luxueuses portes cochères des gens riches! s'il y en avait, elles tournaient rares

Puis elle revint s'asseoir sur un méchant fauteuil, en face d'une petite table. — PAGE 3.

65

ment sur leurs gonds, excepté celle de M. Martener, un médecin obligé d'avoir son cabriolet et de s'en servir. Quelques façades étaient ornées d'un cordon de vigne, d'autres de rosiers à haute tige qui montaient jusqu'au premier étage, où leurs fleurs parfumaient les croisées de leurs grosses touffes clair-semées. Un bout de cette place arrive presque à la grande rue de la basse ville. L'autre bout est barré par une rue parallèle à cette grande rue et dont les jardins s'étendent sur une des deux rivières qui arrosent la vallée de Provins.

Dans ce bout, le plus paisible de la place, le jeune ouvrier reconnut la maison qu'on lui avait indiquée : une façade en pierre blanche, rayée de lignes creuses pour figurer des assises, où les fenêtres à maigres balcons de fer décorés de rosaces peintes en jaune sont fermées de persiennes grises. Au-dessus de cette façade, élevée d'un rez-de-chaussée et d'un premier étage, trois lucarnes de mansarde percent un toit couvert en ardoises, sur un des pignons duquel tourne une girouette neuve. Cette moderne girouette représente un chasseur en position de tirer un lièvre. On monte à la porte bâtarde par trois marches en pierre. D'un côté de la porte, un bout de tuyau de plomb crache les eaux ménagères au-dessus d'une petite rigole, et annonce la cuisine; de l'autre, deux fenêtres soigneusement closes par des volets gris, où des cœurs découpés laissent passer un peu de jour, lui paraîtrent être celles de la salle à manger. Dans l'élévation rachetée par les trois marches et dessous chaque fenêtre, se voient les soupiraux des caves, clos par de petites portes en tôle peinte, percées de trous prétentieusement découpés. Tout alors était neuf. Dans cette maison restaurée et dont le luxe encore frais contrastait avec le vieil extérieur de toutes les autres, un observateur eût sur-le-champ deviné les idées mesquines et le parfait contentement du petit commerçant retiré. Le jeune homme regarda ces détails avec une expression de plaisir mélangée de tristesse: ses yeux allaient de la cuisine aux mansardes par un mouvement qui dénotait une délibération. Les lueurs roses du soleil signalèrent sur deux fenêtres du grenier un rideau de calicot qui manquait aux autres lucarnes. La physionomie du jeune homme devint alors entièrement gaie, il se recula de quelques pas, s'adossa contre un tilleul et chanta sur le ton traînant particulier aux gens de l'Ouest cette romance bretonne publiée par Bruguière, un compositeur à qui nous devons de charmantes mélodies. En Bretagne les jeunes gens des villages viennent dire ce chant aux mariés le jour de leurs noces.

> Nous v'nons vous souhaiter bonheur en mariage,
> A m'sœur votre époux
> Aussi bon comm' à vous.
>
> On vient de vous lier, madam' la mariée,
> Avec un lien d'or
> Qui n'délie qu'à la mort.
>
> Vous n'irez plus au bal, à nos jeux d'assemblée;
> Vous gard'rez la maison
> Tandis que nous irons.
>
> Avez-vous ben compris comm' il vous fallait être
> Fidèle à vot' époux
> Faut l'aimer comme vous.
>
> Recevez ce bouquet que ma main vous présente.
> Hélas! vos vains honneurs
> Pass'ront comme ces fleurs.

Cette musique nationale, aussi délicieuse que celle adaptée par Châteaubriand à *Ma sœur, te souvient-il encore,* chantée au milieu d'une petite ville de la Brie champenoise, devait être pour une Bretonne le sujet d'impérieux souvenirs, tant elle peint fidèlement les mœurs, la bonhomie, les sites de ce vieux et noble pays, il y règne je ne sais quelle mélancolie causée par l'aspect de la vie réelle qui touche profondément. Ce pouvoir de réveiller un monde de choses graves, douces et tristes par un rhythme familier et souvent gai, n'est-il pas le caractère de ces chants populaires qui sont les superstitions de la musique, si l'on veut accepter le mot superstition comme signifiant tout ce qui reste après la ruine des peuples et surnage à leurs révolutions. En achevant le premier couplet, l'ouvrier, qui ne cessait de regarder le rideau de la mansarde, n'y vit aucun mouvement. Pendant qu'il chantait le second, les yeux s'agita. Quand ces mots : Recevez ce bouquet, furent dits, apparut la figure d'une jeune fille. Une main blanche ouvrit avec précaution la croisée, et la jeune fille salua par un signe de tête le voyageur au moment où il finissait la pensée mélancolique exprimée par ces deux vers si simples :

> Hélas! vos vains honneurs
> Pass'ront comme ces fleurs.

L'ouvrier montra soudain, en la tirant de dessous sa veste, une fleur d'un jaune d'or très-commune en Bretagne, et sans doute trouvée dans les champs de la Brie où elle est rare, la fleur de l'ajonc.

— Est-ce donc vous, Brigaut? dit à voix basse la jeune fille. — Oui, Pierrette, oui. Je suis à Paris, je fais mon tour de France; mais je suis capable de m'établir ici, puisque vous y êtes.

En ce moment, une espagnolette grogna dans la chambre du premier étage, au-dessous de celle de Pierrette. La Bretonne manifesta la plus vive crainte et dit à Brigaut : — Sauvez-vous! L'ouvrier sauta comme une grenouille effrayée vers le tournant qu'un moulin fait faire à cette rue qui va déboucher dans la grande rue, l'artère de la basse ville; mais, malgré sa prestesse, ses souliers ferrés, en retentissant sur le petit pavé de Provins, produisirent un son facile à distinguer dans la musique du moulin, et que put entendre la personne qui ouvrait la fenêtre.

Cette personne était une femme. Aucun homme ne s'arrache aux douceurs du sommeil matinal pour écouter un troubadour en veste, une fille seule se réveille à un chant d'amour. Aussi était-ce une fille, et une vieille fille. Quand elle eut déployé ses persiennes par un geste de chauve-souris, elle regarda dans toutes les directions et n'aperçut que vaguement les pas de Brigaut qui s'enfuyait. Y a-t-il rien de plus horrible à voir que la matinale apparition d'une vieille fille laide à sa fenêtre? De tous les spectacles grotesques qui font la joie des voyageurs quand ils traversent les petites villes, n'est-ce pas le plus déplaisant? il est trop triste, trop repoussant, pour qu'on en rie. Cette vieille fille, à l'oreille si alerte, se présentait dépouillée des artifices en tout genre qu'elle employait pour s'embellir : elle n'avait ni son tour de faux cheveux ni sa collerette. Elle portait cet affreux petit sac en taffetas noir avec lequel les vieilles femmes s'enveloppent l'occiput, et qui dépassait son bonnet de nuit relevé par les mouvements du sommeil. Ce désordre donnait à cette tête l'air menaçant que les peintres prêtent aux sorcières. Les tempes, les oreilles et la nuque, assez peu cachées, laissaient voir leur caractère aride et sec; leurs rides âpres se recommandaient par des tons rouges peu agréables à l'œil et que faisait encore ressortir la couleur quasi blanche de la camisole nouée au cou par des cordons vrillés. Les bâillements de cette camisole entr'ouverte montraient une poitrine comparable à celle d'une vieille paysanne peu soucieuse de sa laideur. Le bras décharné faisait l'effet d'un bâton sur lequel on aurait mis une étoffe. Vue à sa croisée, cette demoiselle paraissait grande à cause de la force et de l'étendue de son visage, qui rappelait l'ampleur inouïe de certaines figures suisses. Sa physionomie, où les traits péchaient par un défaut d'ensemble, avait pour principal caractère une sécheresse dans les lignes, une aigreur dans les tons, une insensibilité dans le fond qui eût saisi de dégoût un physionomiste. Ces expressions alors visibles se modifiaient habituellement par une sorte de sourire commercial, par une bêtise bourgeoise qui jouait si bien la bonhomie, que les personnes avec qui vivait cette demoiselle pouvaient très-bien la prendre pour une bonne personne. Elle possédait cette maison par indivis avec son frère. Le frère dormait si tranquillement dans sa chambre, que l'orchestre de l'Opéra ne l'eût pas éveillé, et cependant le diapason de cet orchestre est célèbre! La vieille demoiselle avança la tête hors de la fenêtre, et leva vers la mansarde ses petits yeux d'un bleu pâle et froid, aux cils courts et plantés dans un bord presque toujours enflé; elle essaya de voir Pierrette; mais, après avoir reconnu l'inutilité de sa manœuvre, elle rentra dans sa chambre par un mouvement semblable à celui d'une tortue qui cache sa tête après l'avoir sortie de sa carapace. Les persiennes se fermèrent, et le silence de la place ne fut plus troublé que par les paysans qui arrivaient ou par des personnes matinales. Quand il y a une vieille fille dans une maison, les chiens de garde sont inutiles : il ne s'y passe pas le moindre événement qu'elle ne le voie, ne le commente et n'en tire toutes les conséquences possibles. Aussi, cette circonstance allait-elle donner cours à de graves suppositions, ouvrir un de ces drames obscurs qui se passent en famille et qui, pour demeurer secrets, n'en sont pas moins terribles, si vous permettez toutefois d'appliquer le mot de drame à cette scène d'intérieur.

Pierrette ne se recoucha pas. Pour elle, l'arrivée de Brigaut était un événement immense. Pendant la nuit, cet Éden des malheureux, elle échappait aux ennuis, aux tracasseries qu'elle avait à supporter durant la journée. Semblable au héros de je ne sais quelle ballade allemande ou russe, son sommeil lui paraissait être une vie heureuse et le jour était un mauvais rêve. Après trois années, elle venait d'avoir pour la première fois un réveil agréable. Les souvenirs de son enfance avaient mélodieusement chanté leurs pensées dans son âme. Le premier couplet, elle l'avait entendu en rêve, le second l'avait fait lever en sursaut, au troisième elle avait douté : les malheureux sont de l'école de saint Thomas, au quatrième couplet, arrivée en chemise et en pieds à sa croisée, elle avait reconnu Brigaut, son ami d'enfance. Ah! c'était bien cette veste carrée à petites basques brusquement coupée dans les poches ballottant à la chute des reins, la veste de drap bleu classique en Bretagne, le gilet de rouennerie grossière, la chemise de toile fermée par un cœur d'or, le grand col roulé, les boucles d'oreilles, les gros souliers, le pantalon de toile bleue écrue, enfin également déteinte par longueur de fil, enfin toutes ces choses humbles et fortes qui constituent le costume d'un pauvre Breton. Les gros boutons en corne blanche du gilet et de la veste firent battre le cœur de Pierrette. A la vue du bouquet d'ajonc, ses yeux se mouillèrent de larmes, puis une horrible terreur lui comprima dans l'âme les fleurs de son souvenir un moment épanouies. Elle pensa que sa cousine avant pu l'entendre se levant, et marchant à sa croisée, elle devina la vieille fille et fit à Brigaut ce signe de frayeur auquel le pauvre Breton s'était empressé d'obéir sans y rien comprendre. Cette soumission instinctive ne peint-elle pas une de ces affections innocentes et absolues comme il y en a, de siècle en siècle, sur cette terre, où elles fleurissent comme l'aloès à l'*Isola bella*, deux ou trois fois en cent ans? Qui eût vu Brigaut se sauvant aurait admiré l'héroïsme le plus naïf du plus naïf sentiment. Jacques Brigaut était digne de Pierrette Lorrain, qui finissait sa quatorzième année : deux enfants! Pierrette ne put s'empêcher de pleurer en le regardant lever le pied avec l'effroi que son geste lui avait communiqué. Puis elle revint s'asseoir sur un méchant fauteuil, en face d'une petite table au-dessus de laquelle se trouvait un miroir. Elle s'y accouda, se mit la tête dans les mains et resta là pensive pendant une heure, occupée à se remémorer le Marais, le bourg de Pen-Hoël, les périlleux voyages entrepris sur un étang dans un bateau détaché pour elle d'un vieux saule par le petit Jacques, puis les vieilles figures de sa grand'mère, de son grand-père, la tête souffrante de sa mère et la belle physionomie du major Brigaut, enfin toute une enfance sans soucis! Ce fut encore un rêve : des joies lumineuses sur un fond grisâtre. Elle avait ses beaux cheveux cendrés en désordre sous un petit bonnet chiffonné pendant son sommeil, un petit bonnet en percale à ruches qu'elle s'était fait elle-même. De chaque côté des tempes il passait des boucles échappées de leurs papillotes en papier gris. Derrière la tête, une grosse natte aplatie pendait déroulée. La blancheur excessive de sa figure trahissait une de ces horribles maladies de jeune fille à laquelle la médecine a donné le nom gracieux de *chlorose*, et qui prive le corps de ses couleurs naturelles, qui trouble l'appétit et annonce de grands désordres dans l'organisme. Ce ton de cire étalait dans toute la carnation. Le cou et les épaules expliquaient par leur pâleur d'herbe étiolée la maigreur des bras secs et croisés. Les pieds de Pierrette paraissaient amollis, amoindris par la maladie. Sa chemise ne tombait qu'à mi-jambe et laissait voir des nerfs fatigués, des veines bleuâtres, une carnation appauvrie. Le froid qui l'atteignit lui rendit les lèvres d'un beau violet. Le triste sourire qui tira les coins de sa bouche assez délicate montra des dents d'un ivoire fin et d'une forme menue, de jolies dents transparentes qui s'accordaient avec ses oreilles fines, avec son nez un peu pointu mais élégant, avec la coupe de son visage qui, malgré sa parfaite rondeur, était mignonne. Toute l'animation de ce charmant visage se trouvait dans les yeux dont l'iris, couleur tabac d'Espagne et mélangé de points noirs, brillait par des reflets d'or autour d'une prunelle profonde et vive. Pierrette avait dû être gaie, elle était triste. Sa gaieté perdue existait encore dans la vivacité des contours de l'œil, dans la grâce ingénue de son front et dans les méplats de son menton court. Ses longs cils se dessinaient comme des pinceaux sur ses pommettes altérées par la souffrance. Le blanc, prodigué outre mesure, rendait d'ailleurs les lignes et les détails de la physionomie très-purs. L'oreille était un petit chef-d'œuvre de sculpture : vous eussiez dit du marbre. Pierrette souffrait de bien des manières. Aussi peut-être voulez-vous son histoire? La voici.

La mère de Pierrette était une demoiselle Auffray, de Provins, sœur consanguine de madame Rogron, mère des possesseurs actuels de cette maison.

Marié d'abord à dix-huit ans, M. Auffray avait contracté vers soixante-neuf ans un second mariage. De son premier lit, était issue une fille unique assez laide et mariée à l'âge de seize ans à un aubergiste de Provins nommé Rogron.

De son second lit, le bonhomme Auffray eut encore une fille, assez charmante. Ainsi, par un effet assez bizarre, il y eut une énorme différence d'âge entre les deux filles de M. Auffray : celle du premier lit avait cinquante ans quand celle du second naissait. Lorsque son vieux père lui donna une sœur, madame Rogron avait deux enfants majeurs.

A dix-huit ans, la fille du vieillard amoureux fut mariée selon son inclination à un officier breton nommé Lorrain, capitaine dans la garde impériale. L'amour rend souvent ambitieux. Le capitaine, qui voulut devenir promptement colonel, passa dans la ligne. Pendant que le chef de bataillon et sa femme, assez heureux de la pension à eux faite par M. Auffray, brillaient à Paris ou couraient en Allemagne au gré des batailles et des paix impériales, le vieil Auffray, ancien épicier de Provins, mourut à quatre-vingt-huit ans sans avoir eu le temps de faire aucune disposition *testamentaire*. La succession du bonhomme fut si bien manœuvrée par l'ancien aubergiste et par sa femme, qu'ils en absorbèrent la plus grande partie, et ne laissèrent à la veuve du bonhomme Auffray que la maison du défunt sur la petite place et quelques arpents de terre. Cette veuve, mère de la petite madame Lorrain, n'avait à la mort de son mari que trente-huit ans. Comme beaucoup de veuves, elle eut l'idée malsaine de se remarier. Elle vendit à sa belle-fille, la vieille madame Rogron, les terres et la maison qu'elle avait gagnées en vertu de son contrat de mariage, afin de pouvoir épouser un jeune médecin nommé Néraud, qui lui dévora sa fortune. Elle mourut de chagrin et dans la misère deux ans après.

La part qui aurait pu revenir à madame Lorrain dans la succession Auffray disparut donc en grande partie, et se réduisit à environ huit mille francs. Le major Lorrain mourut sur le champ d'honneur à Montereau, laissant sa veuve chargée, à vingt et un ans, d'une petite fille de quatorze mois, sans autre fortune que la pension à laquelle elle avait droit et la succession à venir de M. et madame Lorrain, détaillants à Pen-Hoël, bourg vendéen situé dans le pays appelé le Marais. Ces Lorrain, père et mère de l'officier mort, grand-père et grand'mère paternels de Pierrette Lorrain, vendaient le bois nécessaire aux constructions, des ardoises, des tuiles, des lattières, des tuyaux, etc. Leur commerce, soit incapacité, soit malheur, allait mal et leur fournissait à peine de quoi vivre. La faillite de la célèbre maison Collinet de Nantes, causée par les événements de 1814, qui produisirent une baisse subite des denrées coloniales, venait de leur enlever vingt-quatre mille francs qu'ils y avaient déposés. Aussi leur belle-fille fut-elle bien reçue. La veuve du major apportait une pension de huit cents francs, somme énorme à Pen-Hoël. Les huit mille francs que son beau-frère et sa sœur Rogron lui envoyèrent après mille formalités entraînées par l'éloignement, elle les confia aux Lorrain, en prenant toutefois une hypothèque sur une petite maison qu'ils possédaient à Nantes, louée cent écus, et qui valait à peine dix mille francs.

Madame Lorrain la jeune mourut trois ans après le second et fatal mariage de sa mère, en 1819, presque en même temps qu'elle. L'enfant du vieil Auffray et de sa jeune épouse était frêle, petite et malingre : l'air humide du Marais lui fut contraire. La famille de son mari lui persuada pour la garder que, dans aucun endroit du monde, elle ne trouverait un pays plus sain ni plus agréable que le Marais, témoin des exploits de Charette. Elle fut si bien dorlotée, soignée, cajolée, que cette mort fit le plus grand honneur aux Lorrain. Quelques personnes prétendirent que Brigaut, un ancien Vendéen, un de ces hommes de fer qui avaient servi sous Charette, sous Mercier, sous le marquis de Montauran et sous le baron du Guénic dans les guerres contre la République, était pour beaucoup dans la résignation de madame Lorrain la jeune. S'il en fut ainsi, certes ce serait d'une âme excessivement aimante et dévouée. Tout Pen-Hoël voyait d'ailleurs Brigaut, nommé respectueusement *le major*, grade qu'il avait eu dans les armées catholiques, passant ses journées et ses soirées dans la salle auprès de la veuve du major impérial. Vers les derniers temps, le curé de Pen-Hoël s'était permis quelques représentations à la vieille dame Lorrain : il l'avait priée de décider sa belle-fille à épouser Brigaut, en promettant de faire nommer le major juge de paix du canton de Pen-Hoël par la protection du vicomte de Kergarouët. La mort de la pauvre jeune femme rendit la proposition inutile. Pierrette resta chez ses grands-parents, qui lui devaient quatre cents francs d'intérêt par an, naturellement appliqués à son entretien. Ces vieilles gens, de plus en plus impropres au commerce, eurent un concurrent actif et ingénieux contre lequel ils disaient des injures sans rien tenter pour se défendre. Le major, leur conseil et leur ami, mourut six mois après son mariage, peut-être de douleur et peut-être de ses blessures : il en avait reçu vingt-sept. En bon commerçant, le mauvais voisin voulut ruiner ses adversaires afin d'éteindre toute concurrence. Il fit prêter de l'argent aux Lorrain sur leur signature, en prévoyant qu'ils ne pourraient rembourser, et les força dans leurs vieux jours à déposer leur bilan. L'hypothèque de Pierrette fut primée par l'hypothèque légale de sa grand'mère, qui s'en tint à ses droits pour conserver un morceau de pain pour sa mari. La maison de Nantes fut vendue neuf mille cinq cents francs, et il y eut pour quinze cents francs de frais. Les huit mille francs restant revinrent à madame Lorrain, qui les plaça sur hypothèque afin de pouvoir vivre à Nantes dans une espèce de béguinage semblable à celui de Sainte-Périne de Paris et nommé Saint-Jacques, où ces deux vieillards pouvaient se vivre et le couvert moyennant une modique pension. Dans l'impossibilité de garder avec eux leur petite-fille ruinée, les vieux Lorrain se souvinrent de son oncle et de sa tante Rogron, auxquels ils écrivirent. Les Rogron de Provins étaient morts. La lettre des Lorrain aux Rogron semblait donc devoir être perdue. Mais, si quelque chose ici-bas peut suppléer la Providence, n'est-ce pas la poste aux lettres? L'esprit de la poste, incomparablement au-dessus de l'esprit public, qui ne se rapporte pas d'ailleurs autant, dépasse en invention l'esprit des plus habiles romanciers. Quand la poste possède une lettre, valant pour elle de trois à dix sous, sans trouver immédiatement celui ou celle à qui cette lettre doit la remettre, elle déploie une sollicitude financière dont l'analogue ne se rencontre que chez les créanciers les plus intrépides. La poste va, vient, furète dans les 86 départements. Les difficultés surexcitent le génie des employés, qui souvent sont des gens de lettres, et qui se mettent alors à la recherche de l'inconnu avec l'ardeur des mathématiciens du bureau des longitudes : ils fouillent tout le royaume. A la moindre lueur d'espérance, les bureaux de Paris se remettent en mouvement. Souvent il vous arrive de rester stupéfait en reconnaissant les gribouillages qui ornent le dos et le ventre de la lettre, glorieuses attestations de la persistance administrative avec laquelle la poste s'est remuée. Si un homme entreprenait ce que la poste vient d'accomplir, il aurait perdu dix mille francs en voyages, en temps, en argent, pour recouvrer douze sous. La poste a décidément encore plus d'esprit que n'en porte la lettre. La lettre des Lorrain, adressée à M. Rogron de Provins, décédé depuis une année fut envoyée par la poste à M. Rogron, son fils, mercier, rue Saint-Denis, à Paris. En ceci éclate l'esprit de la poste. Un héritier est toujours plus ou moins tourmenté de savoir s'il a bien tout ramassé d'une succession, s'il n'a pas oublié des créances ou des guenilles. Le fisc de vue tout, même les caractères. Une lettre adressée au vieux Rogron de Provins mort devait piquer la curiosité de Rogron fils, à Paris, ou à mademoiselle Rogron, sa sœur, ses héritiers. Aussi le fisc eut-il ses soixante centimes.

Les Rogron, vers lesquels les vieux Lorrain, au désespoir de se séparer de leur petite-fille, tendaient des mains suppliantes, devaient donc être les arbitres de la destinée de Pierrette Lorrain. Il est alors indispensable d'expliquer leurs antécédents et leur caractère.

Le père Rogron, cet aubergiste de Provins à qui le vieil Auffray avait donné la fille de son premier lit, était un personnage à figure enflammée, à nez veineux, et sur les joues duquel Bacchus avait appliqué ses pampres rouges et bulbeux. Quoique gros, court et ventripotent, à jambes grasses et à mains épaisses, il était doué de la finesse des aubergistes de Suisse, auxquels il ressemblait. Sa figure représentait vaguement un vaste vignoble grêlé. Certes, il n'était pas beau, mais sa femme coupée ne fut mieux assorti. Rogron aimait la bonne chère et à se faire servir par de jolies filles. Il appartenait à la secte des égoïstes dont l'allure est brutale, qui s'adonnent à leurs vices et font leurs volontés à la face d'Israël. Avide, intéressé, peu délicat, obligé de pourvoir à ses fantaisies, il mangea ses gains jusqu'au jour où les dents lui manquèrent. L'avarice resta. Sur ses vieux jours, il vendit son auberge, ramassa, comme on l'a vu, presque toute la succession de son beau-père, et se retira dans la petite maison de la place, achetée pour un morceau de pain à la veuve du père Auffray, la grand'mère de Pierrette. Rogron et sa femme possédaient environ deux mille francs de rente, provenant de la location de vingt-sept pièces de terre situées autour de Provins, et les intérêts du prix de leur auberge, vendue vingt mille francs. La maison du bonhomme Auffray, quoique en fort mauvais état, fut habitée telle quelle par ces anciens aubergistes, qui se gardèrent, père de la peste, d'y toucher : les vieux rats aiment les lézardes et les ruines. L'ancien aubergiste, qui prit goût au jardinage, employa ses économies à l'augmentation du jardin ; il le poussa jusqu'au bord de la rivière, il en fit un carré long, encaissé entre deux murailles et terminé par un empierrement où la nature aquatique, abandonnée à elle-même, déployait les richesses de sa Flore. Au début de leur mariage, ces Rogron avaient eu, de deux en deux ans, une fille et un fils : tout dégénère, leurs enfants furent affreux. Mis en nourrice à la campagne et à bas prix, ces malheureux enfants revinrent avec l'horrible éducation du village, ayant crié longtemps et souvent après le sein de leur nourrice qui allait aux champs, et qui, pendant ce temps, les enfermait dans une de ces chambres noires, humides et basses qui servent d'habitation au paysan français. A ce métier, les traits de ces enfants grossirent, leur voix s'aigrira ; ils flattèrent médiocrement l'amour-propre de la mère, qui tenta de les corriger de leurs mauvaises habitudes par une rigueur que celle du père couvrissait en tendresse. Ou les laissa courailler dans les cours, écuries et dépendances de l'auberge, ou trotter par la ville : ou les fouettait quelquefois ; quelquefois on les envoyait chez leur grand-père Auffray, qui les aimait très-peu. Cette injustice fut une des raisons qui encouragèrent les Rogron à se faire une large part dans la succession des *vieux scélérat*. Cependant le père Rogron mit son fils à l'école, et lui acheta un homme, ou de ses charretiers, afin de le sauver de la réquisition. Dès que sa fille Sylvie eut treize ans, il la dirigea sur Paris en qualité d'apprentie dans une maison de commerce. Deux ans après, il expédia son fils Jérôme-Denis par le même voie. Quand ses amis, ses compères les rouliers ou ses habitués lui demandaient ce qu'il comptait faire de ses enfants, le père Rogron expliquait son système avec une brièveté qui avait, sur celui de la plupart des pères, le mérite de la franchise.

— Quand ils seront en âge de me comprendre, je leur donnerai un coup de pied, vous savez où ? en leur disant : « Va faire fortune ! » répondait-il en buvant ou s'essuyant les lèvres du revers de sa main. Puis il regardait son interlocuteur en clignant les yeux d'un air fin : — Hé ! hé ! ils ne sont pas plus bêtes que moi, ajoutait-il. Mon père m'a donné trois coups de pied, je ne leur en donnerai qu'un ; il m'a mis un louis dans la main, je leur en mettrai dix : ils seront donc plus heureux que moi. Voilà la bonne manière. Eh bien ! après moi, ce qui restera, restera ; les notaires sauront bien le leur trouver. Ce serait drôle de me gêner pour des enfants ! Les miens me doivent la vie, je les ai nourris, je ne leur demande rien ; ils ne sont pas quittes, eh ! voisin ? J'ai commencé par être charretier, et ça ne m'a pas empêché d'épouser la fille à ce vieux scélérat de père Auffray !

Sylvie Rogron fut envoyée en pension en apprentissage rue Saint-Denis, chez les négociants nés à Provins. Deux ans après, elle était au pair ; si elle ne gagnait rien, ses parents ne payaient plus rien pour son logis et sa nourriture. Voilà ce qu'on appelle *être au pair*, rue Saint-Denis. Deux ans après, pendant lesquels sa mère lui envoya cent francs pour son entretien, Sylvie eut cent écus d'appointements. Ainsi, dès l'âge de dix-neuf ans, mademoiselle Sylvie Rogron son indépendance. A vingt ans, elle était la seconde demoiselle

de la maison Julliard, marchand de soie en botte, au Ver-Chinois, rue Saint-Denis. L'histoire de la sœur fut celle du frère. Le petit Jérôme-Denis Rogron entra chez un des plus forts marchands merciers de la rue Saint-Denis, la maison Guépin, aux Trois-Quenouilles. Si à vingt et un ans Sylvie était première demoiselle à mille francs d'appointements, Jérôme-Denis, mieux servi par les circonstances, se trouvait à dix-huit ans premier commis à douze cents francs, chez les Guépin, autres Provinois. Le frère et la sœur se voyaient tous les dimanches et les jours de fête ; ils les passaient en divertissements économiques, ils dînaient hors Paris, ils allaient voir Saint-Cloud, Meudon, Belleville, Vincennes. Vers la fin de l'année 1815, ils réunirent leurs capitaux amassés à la sueur de leurs fronts, environ vingt mille francs, et achetèrent de madame Guédue le célèbre fonds de la Sœur-de-Famille, une des plus fortes maisons de mercerie. La sœur tint la caisse, le comptoir et les écritures. Le frère fut à la fois le maître et le premier commis, comme Sylvie fut pendant quelque temps sa propre première demoiselle. En 1821, après cinq années d'exploitation, la concurrence devint si vive et si animée dans la mercerie, que la sœur et le frère avaient à peine pu solder leur fonds et soutenir sa vieille réputation. Quoique Sylvie Rogron n'eût alors que quarante ans, sa laideur, ses travaux constants et un certain air rechigné que lui donnait la disposition de ses traits autant que les soucis, la faisait ressembler à une femme de cinquante ans. A trente-huit ans, Jérôme-Denis Rogron offrait la physionomie la plus niaise que jamais un comptoir ait présentée à des chalands. Son front écrasé, déprimé par la fatigue, était marqué de trois sillons arides. Ses petits cheveux gris, coupés ras, exprimaient l'indéfinissable stupidité des animaux à sang froid. Le regard de ses yeux bleuâtres ne jetait ni flamme ni pensée. Sa figure ronde et plate n'excitait aucune sympathie et n'amenait même pas le rire sur les lèvres de ceux qui se livraient à l'examen des variétés du Parisien : elle attristait. Enfin s'il était, comme son père, gros et court, ses formes, dénuées du brutal embonpoint de l'aubergiste, accusaient dans les moindres détails un affaissement ridicule. La coloration excessive de son père était remplacée chez lui par la flasque lividité particulière aux gens qui vivent dans les arrière-boutiques sans air, dans des cabanes grillées appelées caisses, toujours pliant et dépliant du fil, payant ou recevant, harcelant des commis ou répétant les mêmes choses aux chalands. Le peu d'esprit du frère et de la sœur avait été entièrement absorbé par l'entente de leur commerce, par le Avoir et Doit, par la connaissance des lois spéciales et des usages de la place de Paris. Le fil, les aiguilles, les rubans, les épingles, les boutons, les fournitures de mercerie, enfin l'immense quantité d'articles qui composent la mercerie parisienne, avaient employé leur mémoire. Les lettres à écrire et à répondre, les factures, les inventaires, avaient pris toute leur capacité. En dehors de leur partie, ils ne savaient absolument rien, ils ignoraient même Paris. Pour eux, Paris était quelque chose d'étalé autour de la rue Saint-Denis. Leur caractère étroit avait eu pour champ leur boutique. Ils savaient admirablement tracasser leurs commis, leurs demoiselles, et les trouver en faute. Leur bonheur consistait à voir toutes les mains agitées comme des pattes de souris sur les comptoirs, maniant la marchandise ou occupées à replier les articles. Quand ils entendaient sept ou huit voix de demoiselles et de jeunes gens déglubant les phrases consacrées par lesquelles les commis répondent aux observations des acheteurs, la journée était belle, il faisait beau ! Quand le bleu de l'éther arrivait Paris, quand les Parisiens se promenaient en ne s'occupant que de la mercerie qu'ils portaient : — Mauvais temps pour la vente ! disait alors l'imbécile patron. La grande science qui rendait Rogron l'objet de l'admiration des apprentis était son art de ficeler, déficeler, reficeler et confectionner un paquet. Rogron pouvait faire un paquet et regarder ce qui se passait dans la rue ou surveiller son magasin dans toute sa profondeur, il avait tout vu quand en le présentant à la pratique il disait : — Voilà, madame, ne vous faut-il *rien d'autre* ? Sans sa sœur, ce crétin eût été ruiné. Sylvie avait du bon sens et le génie de la vente. Elle dirigeait son frère dans ses achats en fabrique et l'envoyait sans pitié jusqu'au fond de la France pour y trouver un sou de bénéfice sur un article. La finesse que possède plus ou moins toute femme n'étant pas au service de son cœur, elle l'avait portée dans la spéculation. Un fonds à payer ! cette pensée avait été le piston qui faisait jouer cette machine et lui communiquait une épouvantable activité. Rogron était resté premier commis, il ne comprenait pas l'ensemble de ses affaires : l'intérêt personnel, le plus grand véhicule de l'esprit, ne lui avait pas fait faire un pas. Il restait souvent ébahi quand sa sœur ordonnait de vendre un article à perte, en prévoyant la fin de sa mode ; et plus tard il admirait niaisement sa sœur Sylvie. Il ne raisonnait ni bien ni mal il était incapable de raisonnement ; mais il avait la raison de se subordonner à sa sœur, et il se subordonnait par une considération prise en dehors du commerce : — Elle est mon aînée, disait-il. Peut-être une vie constamment solitaire, réduite à la satisfaction des besoins, dénuée d'argent et de plaisirs pendant la jeunesse, expliquerait-elle aux physiologistes et aux penseurs la brute expression de ce visage, la faiblesse de cerveau, l'attitude niaise de ce mercier. Sa sœur l'avait constamment empêché de se marier, en craignant peut-être de perdre son influence dans la maison, en voyant une cause de dépense et de ruine dans une femme infailliblement plus jeune et sans aucun doute moins laide qu'elle.

La bêtise a deux manières d'être : elle se tait ou elle parle. La bêtise muette est supportable, mais la bêtise de Rogron était parleuse. Ce détaillant avait pris l'habitude de gourmander ses commis, de leur expliquer les minuties du commerce de la mercerie en demi-gros, en les ornant des plates plaisanteries qui constituent le bagout des boutiques. Ce mot, qui désignait autrefois l'esprit de repartie stéréotypée, a été détrôné par le mot soldatesque de blague. Rogron, forcément écouté par un petit monde domestique, Rogron content de lui-même, avait fini par se faire une phraséologie à lui. Ce bavard se croyait orateur. La nécessité d'expliquer aux chalands ce qu'ils veulent, de surdérer leurs désirs, de leur donner envie de ce qu'ils ne veulent pas, délie la langue du détaillant. Ce petit commerçant finit par avoir la faculté de débiter des phrases où les mots ne présentent aucune idée et qui ont du succès. Enfin, il explique aux chalands des procédés peu connus ; de là, lui vient je ne sais quelle supériorité momentanée sur sa pratique ; mais une fois sorti de ces mille et une explications que nécessitent ses mille et un articles, il est, relativement à la pensée, comme un poisson sur la paille au soleil.

Rogron et Sylvie, ces deux mécaniques subrepticement baptisées, n'avaient, ni en germe ni en action, les sentiments qui donnent au cœur sa vie propre. Aussi ces deux natures étaient-elles excessivement filandreuses et sèches, endurcies par le travail, par les privations, par le souvenir de leurs douleurs pendant un long et rude apprentissage. Ni l'un ni l'autre ils ne plaignaient aucun malheur. Ils étaient non pas implacables, mais intraitables à l'égard des gens embarrassés. Pour eux, la vertu, l'honneur, la loyauté, tous les sentiments humains, consistaient à payer régulièrement ses billets. Tracassiers, sans âme et d'une avarice sordide, le frère et la sœur jouissaient d'une horrible réputation dans le commerce de la rue Saint-Denis. Sans leurs relations avec Provins, où ils allaient trois fois par an aux époques où ils pouvaient fermer leur boutique pendant deux ou trois jours, ils eussent manqué de commis et de filles de boutique. Mais le père Rogron expédiait à ses enfants tous les malheureux voués au commerce par leurs parents, il faisait pour eux la traite des apprentis et des apprenties dans Provins, où il vantait par vanité la fortune de ses enfants. Chacun, appâté par la perspective de savoir sa fille un jour bien instruit et bien surveillée, par la chance de la voir succédant un jour à son fils Rogron, envoyait l'enfant qui le gênait au logis dans une maison tenue par ces deux célibataires. Mais dès que l'apprenti et l'apprentie à cent écus de pension trouvaient moyen de quitter cette galère, ils s'enfuyaient avec un bonheur qui accroissait la terrible célébrité des Rogron. L'infatigable aubergiste leur découvrait toujours de nouvelles victimes. Depuis l'âge de quinze ans, Sylvie Rogron, habituée à se grimer pour la vente, avait deux masques : la physionomie aimable de la vendeuse, et la physionomie naturelle aux vieilles filles ratatinées. Sa physionomie acquise était d'une mimique merveilleuse : en elle tout souriait, sa voix devenue douce et pateline jetait un charme commercial à la pratique. Sa vraie figure était celle qu'elle s'est montrée entre les deux persiennes entre-bâillées, elle eût fait fuir le plus déterminé des Cosaques de 1815, qui cependant aimaient toute espèce de Françaises.

Quand la lettre des Lorrain arriva, les Rogron, en deuil de leur père, avaient hérité de la maison à peu près volée à la grand'mère de Pierrette, puis des terres acquises par l'ancien aubergiste, enfin de certains capitaux provenus de prêts usuraires hypothéqués sur des acquisitions faites par des paysans que le vieil ivrogne espérait exproprier. Leur inventaire annuel venait d'être terminé. Le fonds de la Sœur-de-Famille était payé. Les Rogron possédaient environ soixante mille francs de marchandises en magasin, une quarantaine de mille francs en caisse ou dans le portefeuille, et la valeur de leur fonds. Assis sur la banquette en velours d'Utrecht vert foncé de bandes unies, et plaquée dans une niche carrée derrière le comptoir, en face duquel se trouvait un comptoir semblable pour leur première demoiselle, le frère et la sœur se consultaient sur leurs intentions. Tout marchand aspire à la bourgeoisie. En réalisant leur fonds de commerce, le frère et la sœur devaient avoir environ cent cinquante mille francs, sans comprendre la succession paternelle. En plaçant leur le grand état les capitaux disponibles, chacun d'eux aurait trois ou quatre mille livres de rentes, même en restituant à la restauration de la maison paternelle la valeur de leur fonds, qui leur serait payé sans doute à terme. Ils pouvaient donc aller vivre ensemble à Provins dans une maison à eux. Leur première demoiselle était la fille d'un riche fermier de Donnemarie, chargé de neuf enfants, il avait dû les pourvoir chacun d'un état, car sa fortune, divisée en neuf parts, était peu de chose pour chacun d'eux. En cinq années, ce fermier avait perdu sept de ses enfants, cette première demoiselle était donc devenue un être si intéressant, que Rogron avait tenté, mais inutilement, d'en faire sa femme. Cette demoiselle manifestait pour son patron une aversion qui déconcertait toute manœuvre. D'ailleurs mademoiselle Sylvie s'y prêtait peu, s'opposait même au mariage de son frère, et voulait faire son successeur d'une fille si rusée. Elle ajournait le mariage de Rogron après leur établissement à Provins.

Personne, parmi les passants, ne peut comprendre le mobile des existences cryptogamiques de certains boutiquiers ; on les regarde, on se demande : — De quoi, pourquoi vivent-ils ? que deviennent-ils ? d'où viennent-ils ? on se perd dans les ricus en voulant les les expliquer. Pour découvrir le peu de poésie qui germe dans ces têtes et vivifie ces existences, il est nécessaire de les creuser ; mais on a bientôt trouvé le tuf sur lequel tout repose. Le boutiquier parisien se nourrit d'une espérance plus ou moins réalisable et sans laquelle il périrait évidemment : celui-ci rêve de bâtir ou d'administrer un théâtre, celui-là tend aux honneurs de la mairie ; tel a sa maison de campagne à trois lieues de Paris, un soi-disant parc où il plante des statues en plâtre colorié, où il dispose des jets d'eau qui ressemblent à un bout de fil et où il dépense des sommes folles ; tel autre rêve les commandements supérieurs de la garde nationale. Provins, ce paradis terrestre, excitait chez les deux merciers le fanatisme que toutes les jolies villes de France inspirent à leurs habitants. Disons-le à la gloire de la Champagne, cet amour est légitime. Provins, une des plus charmantes villes de France, rivalise le Frangistan et la vallée de Cachemire ; non-seulement elle contient la poésie de Saadi, l'Homère de la Perse, mais encore elle offre des vertus pharmaceutiques à la science médicale. Des croisés rapportèrent les roses de Jéricho dans cette délicieuse vallée, où, par hasard, elles prirent des qualités nouvelles, sans rien perdre de leurs couleurs. Provins n'est pas seulement la Perse française, elle pourrait encore être Bade, Aix, Bath : elle a des eaux ! Voici le paysage revu d'année en année, qui, de temps en temps, apparaissait aux deux merciers sur le pavé boueux de la rue Saint-Denis.

Après avoir traversé les plaines grises qui se trouvent entre la Ferté Gaucher et Provins, vrai désert, mais productif, un désert de froment, vous parvenez à une colline. Tout à coup vous voyez à vos pieds une ville arrosée par deux rivières : au bas du rocher s'étale une vallée verte, pleine de lignes heureuses, d'horizons fuyants. Si vous venez de Paris, vous avez cette éternelle grande route de France, qui passe au bas de la côte en le tranchant, et douée de son aveugle, de ses mendiants, lesquels vous accompagnent de leurs voix lamentables quand vous vous avisez d'examiner ce pittoresque pays inattendu. Si vous venez de Troyes, vous entrez par le pays plat. Le château, la vieille ville et ses anciens remparts sont étagés sur la colline. La jeune ville s'étale en bas. Il y a le haut et le bas Provins : d'abord, une ville aérée, à rues rapides, à beaux aspects, environnée de chemins creux, ravinés, meublés de noyers, et qui criblent de leurs vastes ornières la vive arête de la colline ; ville silencieuse, propre, solennelle, dominée par les ruines imposantes du château ; puis une ville à moulins, arrosée par la Voulzie et le Durtain, deux rivières de Brie, menues, lentes et profondes : un ville d'auberges, de commerce, de bourgeois retirés, sillonnée par les diligences, par les calèches et le roulage. Ces deux villes, ou cette ville, avec ses souvenirs historiques, la mélancolie de ses ruines, la gaieté de sa vallée, ses délicieuses ravines pleines de haies échevelées et de fleurs, sa rivière crénelée de jardins, excite si bien l'amour de ses enfants, qu'ils se conduisent comme les Auvergnats, les Savoyards et les Français : s'ils sortent de Provins pour aller chercher fortune, ils y reviennent toujours. Le proverbe : Mourir au gîte, où les lapins et les gens fidèles, semble être la devise des Provinois.

Aussi les deux Rogron ne pensaient-ils qu'à leur cher Provins ! En vendant du fil, le frère renvoyait la haute ville. En enliassant des papiers chargés de boutons, il contemplait la vallée. En roulant ou déroulant du padoux, il suivait le cours brillant des rivières. En regardant ses casiers, il remontait les chemins creux où jadis il fuyait la colère de son père pour venir y manger des noix, y gober des mûrons. La petite place de Provins occupait surtout sa pensée : il songeait à embellir sa maison, il rêvait à la façade qu'il y voulait reconstruire, aux chambres, au salon, à la salle de billard, à la salle à manger et au jardin potager, dont il faisait un jardin anglais avec bonfingrins, grottes, jets d'eau, statues, etc. Les chambres où dormaient le frère et la sœur au deuxième de la maison à trois croisées et à six étages, basse et jaune comme il y en a tant rue Saint-Denis, étaient sans autre mobilier que le strict nécessaire ; mais personne, à Paris, ne possédait un plus riche mobilier que ce mercier. Quand il allait par la ville, il resta dans l'attitude des teriakis, regardant les beaux meubles exposés, examinant les draperies dont il emplissait sa maison. Au retour, il disait à sa sœur : — J'ai vu dans telle boutique tel meuble de salon qui nous irait bien ! Le lendemain il en achetait un autre, et toujours il regrettait le cours courant les meubles du mois dernier. Le budget n'aurait pas payé ses remaniements d'architecture : il voulait tout, et donnait toujours la préférence aux dernières inventions. Quand il contemplait les balcons des maisons nouvellement construites, quand il étudiait les timides essais de l'ornementation extérieure, il trouvait les moulures, les sculptures, les dessins déplacés. — Ah ! se disait-il, ces belles choses seraient bien mieux à Provins que là ! Lorsqu'il ruminait son déjeuner sur le pas de sa porte, adossé à sa devanture, l'œil hébété, le mercier voyait une maison fantastique dans le soleil de son rêve, il se promenait dans son jardin, il y écoutait son jet d'eau retombant en perles brillantes sur une table ronde en pierre de liais. Il jouait à son billard, il plantait des fleurs ! Si sa sœur était la plume à la main, réfléchissant et oubliant de gronder les commis, elle se contemplait recevant les bourgeois de Provins, elle se mirait ornée de bonnets merveilleux dans les glaces de son salon. Le frère et la sœur commençaient à trouver l'atmosphère de la rue Saint-Denis malsaine ; et l'odeur des boues de la halle leur faisait désirer le parfum des roses de Provins. Ils avaient à la fois une nostalgie et une monomanie contrariées par la nécessité de vendre leurs derniers bouts de fil, leurs bobines de soie et leurs boutons. La terre promise de la vallée de Provins attirait d'autant plus ces Hébreux, qu'ils avaient réellement souffert pendant longtemps, et traversé, haletants, les déserts sablonneux de la mercerie.

La lettre des Lorrain vint au milieu d'une méditation inspirée par ce bel avenir. Les merciers connaissaient à peine leur cousine Pierrette Lorrain. L'affaire de la succession Auffray, traitée depuis longtemps par le vieil aubergiste, avait eu lieu pendant leur établissement, et Rogron causait très-peu sur ses capitaux. Envoyés de bonne heure à Paris, le frère et la sœur se souvenaient à peine de leur tante Lorrain. Une heure de discussions généalogiques leur fut nécessaire pour se remémorer leur tante, fille du second lit de leur grand-père Auffray, sœur consanguine de leur mère. Ils retrouvèrent la mère de madame Lorrain dans madame Néraud, morte de chagrin. Ils jugèrent alors que le second mariage de leur grand-père avait été pour eux une chose funeste ; son résultat était le partage de la succession Auffray entre les deux lits. Ils avaient d'ailleurs entendu quelques récriminations de leur père, toujours un peu goguenard et aubergiste. Les deux merciers examinèrent la lettre des Lorrain à travers ces souvenirs peu favorables à la cause de Pierrette. Se charger d'une orpheline, d'une fille, d'une cousine, qui, malgré tout, serait leur héritière au cas où ni l'un ni l'autre ne se marierait, il y avait là matière à discussion. La question fut étudiée sous toutes ses faces. D'abord ils ne l'avaient jamais vu Pierrette. Puis ce serait un ennui que d'avoir une jeune fille à garder. Ne prendraient-ils pas des obligations avec elle ? il serait impossible de la renvoyer si elle ne leur convenait pas ; enfin ne faudrait-il pas la marier ? Et si Rogron trouvait chaussure à son pied parmi les héritières de Provins, ne valait-il pas mieux réserver toute leur fortune pour ses enfants ? Selon Sylvie, une chaussure au pied de son frère était une fille bête, riche et laide, qui se laisserait gouverner par elle. Les deux marchands se décidèrent à refuser. Sylvie se chargea de la réponse. Le courant des affaires fut assez considérable pour retarder cette lettre, qui ne semblait pas urgente, et à laquelle la vieille fille ne pensa plus dès que leur première demoiselle consentit à traiter du fonds de la Sœur-de-Famille. Sylvie Rogron et son frère partirent pour Provins quatre ans avant le jour où la venue de Brigaut allait jeter tant d'intérêt dans la vie de Pierrette. Mais les œuvres de ces deux personnes en province exigent une explication aussi nécessaire que celle sur leur existence à Paris, car Provins ne devait pas moins être funeste à Pierrette que les antécédents commerciaux de ses cousins.

Quand le petit négociant venu de province à Paris retourne de Paris en province, il y rapporte toujours quelques idées ; puis il les perd dans les habitudes de la vie de province où il s'enfonce, et où ses velléités de rénovation s'abiment. De là, ces petits changements lents, successifs, par lesquels Paris finit par égratigner la surface des villes départementales, et qui marquent essentiellement la transition de l'exboutiquier au provincial renforcé. Cette transition constitue une véritable maladie. Aucun détaillant ne passe impunément de son bavardage continuel au silence, et de son activité parisienne à l'immobilité provinciale. Quand ces braves gens ont gagné quelque fortune, ils en dépensent une certaine partie à leur passion longtemps couvée, et y déversent les dernières oscillations d'un mouvement qui ne saurait s'arrêter à volonté. Ceux qui n'ont pas caressé d'idée fixe voyagent, ou se jettent dans les occupations politiques de la municipalité. Ceuxci vont à la chasse ou pêchent, tracassent leurs fermiers ou leurs locataires. Ceux-là deviennent usuriers comme le père Rogron, ou actionnaires comme tant d'inconnus. Le thème du frère et de la sœur, vous le connaissez : ils avaient à satisfaire leur royale fantaisie de manier la truelle, à se construire leur charmante maison. Cette idée fixe valut à la place du bas Provins la façade qui venait d'examiner Brigaut, les distributions intérieures de cette maison et son luxueux mobilier. L'entrepreneur ne mit pas un clou sans consulter les Rogron, sans leur faire signer les dessins et les devis, sans leur expliquer longuement, en détail, la nature de l'objet en discussion, où il se fabriquait et ses différents prix. Quant aux choses extraordinaires, elles avaient été employées chez M. Tiphaine, chez madame Julliard la jeune, ou chez M. Garceland, le maire. Une similitude quelconque avec un des riches bourgeois de Provins finissait toujours le combat à l'avantage de l'entrepreneur.

— Du moment où M. Garceland a cela chez lui, mettez ! disait mademoiselle Rogron. Cela doit être bien, il a bon goût. — Sylvie, il nous propose de ses ogives dans la corniche du corridor. — Vous appelez cela des oves ? — Oui, mademoiselle. — Et pourquoi ? quel singulier nom ! je n'ai jamais entendu parler. — Mais vous avez mangé des œufs. — Oui. — Savez-vous le latin ? — Non. — Eh bien ! cela veut dire œufs, les oves sont des œufs. — Comme vous êtes drôles, vous autres architectes ! s'écriait Rogron. C'est sans doute pour cela que vous ne donnez pas vos coquilles ! — Peindrons-nous le corridor ? disait l'entrepreneur. — Ma foi, non ! s'écriait Sylvie, encore cinq cents francs ! — Oh ! le salon et l'escalier sont trop jolis pour ne pas décorer le corridor, disait l'entrepreneur. La petite madame Lesourd a fait peindre le sien l'année dernière. — Cependant mon mari, comme procureur du roi, peut ne pas rester à Provins. — Oh ! il sera quelque jour président du tribunal, disait l'entrepreneur. — Eh bien ! et que faites-vous donc alors de M. Tiphaine ? — M. Tiphaine, il a une jolie femme, je ne suis pas embarrassé de lui : M. Tiphaine ira à Paris. — Peindrons-nous le corridor ? — Oui, les Lesourd verront du moins que nous les valons bien ! disait Rogron.

La première année de l'établissement des Rogron à Provins fut entièrement occupée par ces délibérations, par le plaisir de voir travailler les ouvriers, par les étonnements et les enseignements de tout genre qui en résultaient ; et par les tentatives que firent le frère et la sœur pour se lier avec les principales familles de Provins.

Les Rogron n'étaient jamais allés dans aucun monde, ils n'étaient pas sortis de leur boutique ; ils ne connaissaient absolument personne à Paris, ils avaient soif des plaisirs de la société. A leur retour, les émigrés retrouvèrent d'abord M. et madame Julliard du Ver-Chinois avec leurs enfants et petits-enfants ; puis la famille des Guépin, ou mieux le clan du Guépin, dont le petit-fils tenait encore du mariage, jeune Vinnouilles ; enfin madame Guénée, qui leur avait vendu la Sœur-de-Famille, et dont les trois filles étaient mariées à Provins. Ces trois grandes races, les Julliard, les Guépin et les Guénée, s'étendaient dans la ville comme le chiendent sur une pelouse. Le maire, M. Garceland, était gendre de M. Guépin. Le curé, M. l'abbé Péroux, était le propre frère de madame Julliard, qui était une Péroux. Le président du tribunal, M. Tiphaine, était le frère de madame Guénée, qui signe née Tiphaine.

La reine de la ville était la belle madame Tiphaine, la jeune, la fille unique de madame Roguin, la riche femme d'un ancien notaire de Paris, de qui l'on ne parlait jamais. Délicate, jolie et spirituelle, mariée en province exprès par sa mère qui ne la voulait point près d'elle et l'avait tirée de son pensionnat quelques jours avant son mariage, Mélanie Roguin se considérait comme un exil à Provins et s'y conduisait admirablement bien. Richement dotée, elle avait, jeune fille avec les espérances. Quant à M. Tiphaine, son vieux père avait fait à sa fille aînée, madame Guénée, de tels avancements d'hoirie, qu'une terre de huit mille livres de rente, située à cinq lieues de Provins, devait revenir au président. Ainsi les Tiphaine, mariés avec vingt mille livres de rente sans compter la place et la maison du président, devaient un jour réunir vingt autres mille livres de rente. — Ils n'étaient pas malheureux, disait-on. La grande, la seule affaire de la belle madame Tiphaine était de faire nommer M. Tiphaine député. Le député deviendrait jugé à Paris ; et du tribunal, elle se promettait de le faire monter promptement à la cour royale. Aussi malgré-cela tous les amours-propres, s'efforçait-elle de plaire. Mais, chose plus difficile ! elle y réussissait. Deux fois par semaine, elle recevait toute la bourgeoisie de Provins dans sa belle maison de la ville haute. Cette jeune femme de vingt-deux ans n'avait point encore fait un seul pas de clerc sur le terrain glissant où elle s'était placée. Elle satisfaisait tous les amours-propres, caressait les dadas de chacun : grave avec les gens graves, jeune fille avec les jeunes filles, essentiellement mère avec les mères, gaie avec les jeunes femmes et disposée à les servir, gracieuse pour tous ; enfin une perle, un trésor, l'orgueil de Provins. Elle n'en avait pas dit encore un mot, mais tous les électeurs de Provins attendaient que leur cher président eût l'âge requis pour le nommer. Chacun d'eux, sûr de ses talents, en faisait son protecteur. Ah ! M. Tiphaine arriverait, il serait garde-des-sceaux, il s'occuperait de Provins !

Voici par quels moyens l'heureuse madame Tiphaine était parvenue à régner sur la petite ville de Provins. Madame Guénée, sœur de M. Tiphaine, après avoir marié sa première fille à M. Lesourd, procureur du roi, la seconde à M. Marteneur le médecin, la troisième à M. Auffray le notaire, avait épousé en secondes noces M. Galardon, le receveur des contributions. Mesdames Lesourd, Marteneur, Auffray et leur mère, madame Galardon, virent dans le président Tiphaine l'homme le plus riche et le plus capable de la famille. Le procureur du roi, neveu par alliance de M. Tiphaine, avait tout intérêt à pousser son oncle à Paris pour devenir président à Provins. Aussi ces quatre dames (madame Galardon adorait son frère) formèrent-elles une cour à madame Tiphaine, de qui elles prenaient les avis et les conseils en toute chose. M. Julliard fils aîné, qui s'était épousé la fille unique d'un riche fermier, se prit d'une belle passion, subite, secrète et désintéressée, pour la présidente, cet ange descendu des cieux parisiens. La rusée Mélanie, incapable de s'embarrasser d'un Julliard, très-capable de le maintenir à l'état d'Amadis et d'exploiter sa sottise, lui donna le conseil d'entreprendre un journal auquel elle servit d'Égérie. Depuis deux ans, Julliard, doublé de sa passion romantique, avait donc entrepris une feuille et une diligence publiques pour Provins. Le journal, appelé le Recus, journal de Provins, contenait des articles littéraires, archéologiques et médicaux, faits en famille. Les annonces de l'arrondissement payaient les frais. Les abonnés, au nombre de deux cents, étaient le bénéfice. Il y paraissait des stances mélancoliques, incompréhensibles en Brie, et adressées A ELLE!!! avec ces trois points. Ainsi le jeune ménage Julliard, qui chantait les mérites de madame Tiphaine, avait réuni le clan des Guénée à celui des Guénée. Dès lors le salon du président était naturellement devenu le premier de la ville. Le peu d'aristocratie qui se trouve à Provins forme un seul salon dans la ville haute, chez la vieille comtesse de Bréautey.

Pendant les six premiers mois de leur transplantation, favorisés par leurs anciennes relations avec les Julliard, les Guépin, les Guénée, et après s'être appuyés de leur parenté avec M. Auffray le notaire, arrière-petit-neveu de leur grand-père, les Rogron furent reçus d'abord par madame Julliard la mère et par madame Galardon ; puis ils arrivèrent avec assez de difficultés dans le salon de la belle madame Tiphaine. Il était difficile de ne pas accueillir des commerçants de la rue Saint-Denis, nés à Provins et revenant y manger leurs revenus. Néanmoins, le but de toute société sera toujours d'amalgamer des gens de fortune, d'éducation, de mœurs, de connaissances et caractères semblables. Or, les Guépin, les Guénée et les Julliard étaient des personnes plus haut placées, plus anciennes de bourgeoisie que les Rogron, fils d'un aubergiste usurier, qui avait eu quelques reproches à se faire jadis et sur sa conduite privée et relativement à la succession Auffray. Le notaire Auffray, le gendre de madame Galardon, née Tiphaine, savait à quoi s'en tenir ; les affaires s'étaient arrangées chez son prédécesseur. Ces anciens négociants, revenus depuis douze ans, s'étaient mis au niveau de l'instruction, du savoir-vivre et des façons de cette société, à laquelle madame Tiphaine imprimait un certain cachet d'élégance, un certain vernis parisien ; tout y était homogène : on s'y comprenait, chacun savait s'y tenir et y parler de manière à être agréable à tous. Ils connaissaient tous leurs caractères et s'étaient habitués les uns aux autres. Une fois reçus chez M. Garceland le maire, les Rogron se flattèrent d'être en peu de temps au mieux avec la meilleure société de la ville. Sylvie apprit alors à jouer le boston. Rogron, incapable de jouer à aucun jeu, tournait ses pouces et avalait ses phrases une fois qu'il avait parlé de sa maison ; mais ses phrases étaient comme une médecine : elles paraissaient le tourmenter beaucoup, il se levait, il avait l'air de vouloir parler, il était intimidé, se rasseyait et avait de comiques convulsions dans les lèvres. Sylvie développa naïvement son caractère au jeu. Tracassière, geignant toujours quand elle perdait, d'une joie insolente quand elle gagnait, processive, taquine, elle impatientait ses adversaires, ses partenaires, et devint le fléau de la société. Dévorés d'une envie niaise et franche, Rogron et sa sœur eurent la prétention de jouer un rôle dans une ville sur laquelle douze familles étendaient un filet à mailles serrées, où tous les intérêts, tous les amours-propres formaient comme un parquet sur lequel les nouveaux venus devaient se bien tenir pour n'y rien heurter ou pour n'y pas glisser. En supposant que la restauration de leur maison coûtât trente mille francs, le frère et la sœur réunissaient dix mille livres de rente. Ils se crurent très-riches, assommèrent cette société de leur faste, et laissèrent prendre la mesure de leur petitesse, de leur ignorance crasse, de leur sotte jalousie. Le soir où ils furent manqués chez madame Tiphaine, qui déjà les avait observés chez madame Garceland, chez sa belle-sœur Galardon et chez madame Julliard la mère, la reine de la ville dit confidentiellement à Julliard fils, qui resta quelques instants après tout le monde en tête-à-tête avec elle et le président : — Vous êtes donc tous bien coiffés de ces Rogron ? — Moi, dit l'Amadis de Provins, ils ennuient ma femme, ils excèdent ma mère, et, quand mademoiselle Sylvie a été mise en apprentissage, il y a trente ans, mon père le notaire, il ne payait déjà pas la supporter. — Mais j'ai fort envie, dit la jolie présidente en mettant son petit pied sur la barre de son garde-cendres, de faire comprendre que mon salon n'est pas une auberge.

Julliard leva les yeux au plafond comme pour dire : — Mon Dieu ! combien d'esprit, quelle finesse !

— Je veux que ma société soit choisie, et si j'admettais des Rogron, certes elle ne le serait pas. — Ils sont sans cœur, sans esprit ni manières, dit le président. Quand, après avoir vu madame Tiphaine vingt ans, comme ils l'ont fait ma sœur, par exemple... — Mon aîné, votre sœur ne serait déplacée dans aucun salon, dit en parenthèse madame Tiphaine. — Si l'on a la bêtise de demeurer encore mercier, dit le président en continuant, si l'on ne se dépayse chez personne, dit le président, on doit rester chez soi. — Ils sont puants, dit Julliard. Il semble qu'il n'y ait qu'une maison dans Provins. Ils veulent nous écraser tous. Après tout, à peine ont-ils de quoi vivre. — S'il n'y avait que le frère, reprit madame Tiphaine, on le souffrirait, il n'est pas gênant. En lui donnant un casse-tête chinois, il resterait dans un coin bien tranquillement. Il en aurait pour tout un hiver à trouver une combinaison. Mais mademoiselle Sylvie, quelle voix d'hyène enrhumée ! quelles pattes de homard ! Ne dites rien de ceci, Julliard.

Quand Julliard fut parti, la petite femme dit à son mari : — Mon ami, j'ai déjà bien assez des indigènes que je suis obligée de recevoir ; ces deux-là de plus me feraient mourir ; et, si tu le permets, nous nous en priverons. — Tu es bien la maîtresse chez toi, dit le président ; mais nous nous ferons des ennemis. Les Rogron se jetteront dans

l'opposition, qui jusqu'à présent n'a pas encore de consistance à Provins. Ce Rogron lante déjà le baron Gouraud et l'avocat Vinet. — Eh ! dit en souriant Mélanie, ils te viendront alors chez toi. Là où il n'y a pas d'ennemis, il n'y a pas de triomphes. Une conspiration libérale, une association illégale, une lutte quelconque te mettraient en évidence.

Le président regarda sa jeune femme avec une sorte d'admiration craintive.

Le lendemain, chacun se dit à l'oreille chez madame Garceland que les Rogron n'avaient pas réussi chez madame Tiphaine, dont le mot sur l'auberge eut un immense succès. Madame Tiphaine fut un mois à rendre sa visite à mademoiselle Sylvie. Cette insolence est très-remarquée en province. Sylvie eut, au boston chez madame Tiphaine, avec la respectable madame Julliard la mère, une scène désagréable à propos d'une misère superbe que son ancienne patronne lui fit perdre, disait-elle, méchamment et à dessein. Jamais Sylvie, qui aimait à jouer de mauvais tours aux autres, ne concevait qu'on lui rendît la pareille. Madame Tiphaine donna l'exemple de composer les parties avant l'arrivée des Rogron, en sorte que Sylvie fut réduite à errer de table en table en regardant jouer les autres, qui la regardaient en dessous d'un air narquois. Chez madame Julliard la mère on se mit à jouer le whist, jeu que ne savait pas Sylvie. La vieille fille finit par comprendre sa mise hors de la loi, sans en comprendre les raisons. Elle se crut l'objet de la jalousie de tout le monde. Les Rogron ne furent bientôt plus priés chez personne ; mais ils persistèrent à passer leurs soirées en ville. Les gens spirituels se moquaient d'eux, sans fiel, doucement, en leur faisant dire de grosses balourdises sur les oves de leur maison, sur une certaine cave à liqueurs qui n'avait pas sa pareille à Provins. Cependant la maison des Rogron s'achève. Naturellement ils donnèrent quelques somptueux dîners, autant pour rendre les politesses reçues que pour exhiber leur luxe. On vint seulement pour curiosité. Le premier dîner fut offert aux principaux personnages, à M. et madame Tiphaine, auxquels ils refusèrent cependant pas manqué une seule fois ; à M. et madame Julliard père et fils, mère et belle-fille ; M. Lesourd, M. le curé, M. et madame Galardon. Ce fut un de ces dîners de province où l'on tient à table depuis cinq jusqu'à neuf heures. Madame Tiphaine importait à Provins les grandes façons de Paris, où les gens comme il faut quittent le salon après le café pris. Elle avait soirée chez elle, et voulut s'évader ; mais les Rogron suivirent la madame jusque dans la rue, et, quand ils revinrent, stupéfaits de n'avoir pu retenir M. le président et madame la présidente, les autres convives leur expliquèrent le bon goût de madame Tiphaine, en l'imitant avec une célérité cruelle en province.

— Ils ne verront pas notre salon allumé, dit Sylvie, et la lumière est son fard.

Les Rogron avaient voulu ménager une surprise à leurs hôtes : personne n'avait été admis à voir cette maison devenue célèbre. Aussi tous les habitués du salon de madame Tiphaine attendaient-ils avec impatience un arrêt sur les merveilles du palais Rogron.

— Eh bien ! lui dit la petite madame Martener, vous avez vu le Louvre, racontez-nous en bien tout. — Mais tout, ce sera comme le dîner, pas grand'chose. — Comment est-ce ? — Eh bien ! cette porte bâtarde, de laquelle nous avons dû nécessairement admirer les croisillons en fonte dorée que vous connaissez déjà, dit madame Tiphaine, donne entrée sur un long corridor qui partage assez inégalement la maison, puisque à droite il y a une fenêtre sur la rue, tandis qu'il a un trou deux à gauche. Du côté du jardin, ce couloir est terminé par la porte vitrée du perron qui descend sur une terrasse, pelouse ornée d'un socle où s'élève le plâtre de Spartacus, peint en bronze. Derrière la cuisine, l'entrepreneur a ménagé sous la cage de l'escalier une petite chambre aux provisions, de laquelle on ne nous a pas fait grâce. Cet escalier, entièrement peint en marbre porter, coule en lampe évidée tournant sur elle-même, comme celles qui, dans les cafés, mènent du rez-de-chaussée aux cabinets de l'entresol. Ce colifichet en bois de noyer, d'une légèreté dangereuse, à balustrade ornée de cuivre, nous a été donné pour une des sept nouvelles merveilles du monde. La porte des caves est dessous. De l'autre côté du couloir, sur la rue, se trouve la salle à manger, qui communique par une porte à deux battants avec un salon d'égale dimension dont les fenêtres offrent la vue du jardin. — Ainsi, point d'antichambre ? dit madame Auffray. — L'antichambre est sans doute ce long couloir où l'on est entré deux ârts, répondit madame Tiphaine. Nous avons eu la pensée éminemment nationale, libérale, constitutionnelle et patriotique, de n'employer que du bois de France, reprit-elle. Ainsi, dans la salle à manger, le parquet est en bois de noyer et façonné en point de Hongrie. Les buffets, la table et les chaises sont également en noyer. Aux fenêtres, des rideaux en calicot blanc encadrés de bandes rouges, attachés par de vulgaires embrasses rouges sur des patères exagérées, à rosaces découpées, dorées au mat et dont le champignon ressort sur un fond rougeâtre. Ces rideaux magnifiques glissent sur des bâtons terminés par des palmettes extravagantes, où ils fixent des griffes de lion en cuivre estampé, disposées en haut de, chaque pli. Au-dessus d'un des buffets, on voit un cadran de café suspendu par une espèce de serviette en bronze doré ; une de ces idées qui plaisent singulièrement aux Rogron. Ils ont vo fu me faire admirer cette trouvaille ; je n'ai rien trouvé de mieux à leur dire que, si jamais on a dû mettre une serviette autour d'un cadran, c'était bien dans une salle à manger. Il y a sur ce buffet deux grandes lampes semblables à celles qui parent le comptoir des célèbres restaurants. Au-dessus de l'autre se trouve un baromètre excessivement orné, qui paraît devoir jouer un grand rôle dans leur existence : le Rogron le regarde comme il regarderait sa prétendue. Entre les deux fenêtres, l'ordonnateur du logis a placé un poêle en faïence blanche dans une niche horriblement riche. Sur les murs brille un magnifique papier rouge et or, comme il s'en trouve dans ces mêmes restaurants, et que le Rogron y a sans doute choisi sur place. Le dîner nous a été servi dans un service de porcelaine blanc et or, avec son dessert bleu barbeau à fleurs vertes ; mais on nous a ouvert un des buffets pour nous faire voir un autre service en terre de pipe pour tous les jours.

..... Enfin toutes ces choses humbles et fortes qui composent le costume d'un pauvre Breton. — PAGE 3.

En face de chaque buffet, une grande armoire contient le linge. Tout cela est verni, propre, neuf, plein de tons criards. J'admettrais encore cette salle à manger : elle a son caractère ; quelque désagréable qu'il soit, il peint très-bien celui des maîtres de la maison ; mais il n'y a pas moyen de tenir à cinq de ces gravures noires contre lesquelles le ministère de l'intérieur devrait présenter une loi, et qui représentent Poniatowski sautant dans l'Elster, la défense de la barrière de Clichy, Napoléon pointant lui-même un canon, et les deux Mazeppa, toutes encadrées dans des cadres dorés dont le vulgaire modèle convient à ces gravures, capables de faire prendre les succès en haine. Oh ! combien j'aime mieux les pastels de madame Julliard, qui représentent des fruits, ces excellents pastels faits sous Louis XV, et qui sont en harmonie avec cette bonne vieille salle à manger, à boiseries grises et un peu vermoulues, mais qui certes ont le caractère de la province, et vont avec la grosse argenterie de famille, avec la porcelaine antique et nos habitudes. La province est la province : elle est ridicule quand elle veut singer Paris. Vous me direz peut-être : Vous êtes orfévre, monsieur Josse ; mais je préfère le vieux salon que voici, de M. Ti-

phaine. le père, avec ses gros rideaux de lampas vert et blanc, avec sa cheminée Louis XV, ses trumeaux contournés, ses vieilles glaces à perles et ses vénérables tables à jouer ; mes vases de vieux Sèvres, en vieux bleu, montés en vieux cuivre ; ma pendule à fleurs impossibles, mon lustre rococo, et mon meuble en tapisserie, à toutes les splendeurs de leur salon. — Comment est-il ? dit M. Martener, très-heureux de l'éloge que la belle Parisienne venait de faire si adroitement de la province. — Quant au salon, il est d'un beau rouge, le rouge de mademoiselle Sylvie quand elle se fâche de perdre sa misère. — Le rouge-Sylvie, dit le président, dont le mot resta dans le vocabulaire de Provins. — Les rideaux des fenêtres ?... rouges ! les meubles ?... rouges ! la cheminée ?... marbre rouge portor ! les candélabres et la pendule ?.... marbre rouge portor, montés en bronze d'un dessin commun, lourd ; des culs-de-lampe romains soutenus par des branches à feuillages grecs. Du haut de la pendule, vous êtes regardés à la manière des Rogron, d'un air niais, par ce gros lion bon enfant, appelé lion d'ornement, et qui nuira pendant longtemps aux vrais lions. Ce lion roule sous une de ses pattes une grosse boule, un détail des mœurs du lion d'ornement ; il passe sa vie à tenir une grosse boule noire, absolument comme un député de la gauche. Peut-être est-ce un mythe constitutionnel. Le cadran de cette pendule est bizarrement travaillé. La glace de la cheminée offre cet encadrement à pâtes appliquées, d'un effet mesquin vulgaire, quoique nouveau. Mais le génie du tapissier éclate dans les plis rayonnants d'une étoffe rouge qui partent d'une patère mise au centre du devant de cheminée, un poème romantique composé tout exprès pour les Rogron, qui s'extasient en vous le montrant. Au milieu du plafond pend un lustre soigneusement enveloppé dans un suaire de percaline verte, et avec raison : il est du plus mauvais goût ; le bronze, d'un ton aigre, a pour ornements des filets plus détestables encore en or bruni. Dessous, une table à thé, ronde, à marbre plus que jamais portor, offre un plateau moiré métallique où reluisent des tasses en porcelaine peinte, quelles peintures ! et groupées autour d'un sucrier en cristal taillé si crânement, que nos petites filles ouvriront de grands yeux en admirant et les cercles de cuivre doré qui le bordent, et ces côtes tailladées comme un pourpoint du moyen âge, et la pince à prendre le sucre, de laquelle on ne se servira probablement jamais. Ce salon a pour tenture un papier rouge qui joue le velours, encadré par panneaux dans des baguettes de cuivre agrafées aux quatre coins par des palmettes énormes. Chaque panneau est surmonté d'une lithochromie encadrée dans des cadres surchargés de festons en pâte qui simulent nos belles sculptures en bois. Le meuble, en casimir et en racine d'orme, se compose classiquement de deux canapés, deux bergères, six fauteuils et six chaises. La console est embellie d'un vase en albâtre dit à la Médicis, mis sous verre, et de cette magnifique cave à liqueurs si célèbre. Nous avons été suffisamment prévenus *qu'il n'en existe pas une seconde à Provins !* Chaque embrasure de fenêtre, où sont drapés de magnifiques rideaux en soie rouge doublés de rideaux en tulle, contient une table à jouer. Le tapis est d'Aubusson. Les Rogron n'ont pas manqué de mettre la main sur ce fond rouge à rosaces fleuries, le plus vulgaire des dessins communs. Ce salon n'a pas l'air d'être habité : vous n'y voyez ni livres, ni gravures, ni ces menus objets qui meublent les tables, dit-elle en regardant sa table chargée d'objets à la mode, d'albums, des jolies choses qu'on lui donnait. Il n'y a ni fleurs ni aucun de ces riens qui se renouvellent. C'est froid et sec comme mademoiselle Sylvie. Buffon a raison, le style est l'homme, et certes les salons ont un style !

La belle madame Tiphaine continua sa description épigrammatique. D'après cet échantillon, chacun se figurera facilement l'appartement que la sœur et le frère occupaient au premier étage, et qu'ils montrèrent à leurs hôtes ; mais personne ne saurait inventer les sottes recherches auxquelles le spirituel entrepreneur avait entraîné les Rogron : les moulures des portes, les volets intérieurs façonnés, les pâtes d'ornement dans les corniches, les jolies peintures, les mains en cuivre doré, les sonnettes, les intérieurs de cheminée à systèmes fumivores, les inventions pour éviter l'humidité, les tableaux de marqueterie figurés par le parquet dans l'escalier, la vitrerie, la serrurerie superfines, enfin tous ces colifichets qui renchérissent sur l'argent et qui plaisent aux bourgeois, avaient été prodigués outre mesure.

Personne ne voulut aller aux soirées des Rogron, dont les prétentions avortèrent. Les raisons de refus ne manquaient pas : tous les jours étaient acquis à madame Garceland, à madame Galardon, aux dames Julliard, à madame Tiphaine, au sous-préfet, etc. Pour se faire une société, les Rogron crurent qu'il suffirait de donner à boire : ils curent des jeunes gens assez moqueurs et les dîneurs qui se trouvent dans tous les pays du monde ; mais les personnes graves cessèrent toutes de les voir. Effrayée par la porte sèche de quarante mille francs engloutis sans profit dans la maison, qu'elle appelait sa chère maison, Sylvie voulut regagner cette somme par des économies. Elle renonça donc promptement à des dîners qui coûtaient trente à quarante francs, sans les vins, et qui ne réalisaient point son espérance d'avoir une société, création aussi difficile en province qu'à Paris. Sylvie renvoya sa cuisinière et prit une fille de campagne pour les gros ouvrages. Elle fit sa cuisine elle-même *pour son plaisir.*

Quatorze mois après leur arrivée, le frère et la sœur tombèrent donc dans une vie solitaire et sans occupation. Son bannissement du monde avait engendré dans le cœur de Sylvie une haine effroyable contre les Tiphaine, les Julliard, les Auffray, les Garceland, enfin contre la société de Provins, qu'elle nommait la clique, et avec laquelle ses rapports devinrent excessivement froids. Elle aurait bien voulu leur opposer une seconde société ; mais la bourgeoisie inférieure était entièrement composée de petits commerçants, libres seulement les dimanches et les jours de fête ; ou de gens tarés comme l'avocat Vinet et le médecin Néraud, des bonapartistes inadmissibles comme le colonel baron Gouraud, avec lesquels Rogron se lia d'ailleurs très-inconsidérément, et contre lesquels la haute bourgeoisie avait essayé vainement de le mettre en garde. Le frère et la sœur furent donc obligés de rester au coin de leur poêle, dans leur salle à manger, en se remémorant leurs affaires, les figures de leurs pratiques, et autres choses aussi agréables. Le second hiver ne se termina pas sans que l'ennui pesât sur eux effroyablement. Ils avaient mille peines à employer le temps de leur journée. En allant se coucher le soir, ils disaient : — Encore une de passée! Ils traînassaient le matin en se levant, restaient au lit, s'habillaient lentement. Rogron se faisait lui-même la barbe tous les jours, il s'examinait la figure, il entretenait sa sœur des changements qu'il croyait y apercevoir ; il avait des discussions avec la servante sur la température de son eau chaude ; il allait au jardin, regardait si les fleurs avaient poussé ; il s'aventurait au bord de l'eau, où il avait fait construire un kiosque ; il observait la menuiserie de sa maison ; avait-elle joué? le tassement avait-il fendillé quelque tableau ? les peintures se soutenaient-elles? il revenait parler de ses craintes sur une poule malade ou sur un endroit où l'humidité laissait subsister des taches, à sa sœur, qui faisait l'affairée en scrutant le couvert, en tracassant la servante. Le baromètre était le meuble le plus utile à Rogron : il le consultait sans cause, il le tapait familièrement comme un ami, puis il disait : — Il fait vilain! Sa sœur lui répondait : —Bah ! il fait le temps de la saison. Si quelqu'un venait le voir, il vantait l'excellence de cet instrument. Le déjeuner prenait encore un peu de temps. Avec quelle lenteur ces deux êtres mastiquaient chaque bouchée! Aussi leur digestion était-elle parfaite, ils n'avaient pas à craindre de cancer à l'estomac. Ils gagnaient midi par la lecture de la Ruche et du Constitutionnel. L'abonnement du journal parisien était supporté par tiers entre l'avocat Vinet et le colonel Gouraud. Rogron allait porter lui-même les journaux au colonel, qui logeait sur la place, dans la maison de M. Martener, et dont les longs récits lui faisaient un plaisir énorme. Aussi Rogron se demandait-il en quoi le colonel était dangereux. Il eut la sottise de lui parler de l'ostracisme prononcé contre lui, de lui rapporter les dires de la clique. Dieu sait comme le colonel, aussi redoutable au pistolet qu'à l'épée, et qui ne craignait personne, arrangea la Tiphaine et son Julliard, et les ministériels de la haute ville, gens vendus à l'étranger, capables de tout pour avoir des places, lisant aux élections les noms à leur fantaisie sur les bulletins, etc. Vers deux

Pierrette.

heures, Rogron entreprenait une petite promenade. Il était bien heureux quand un boutiquier sur le pas de sa porte l'arrêtait en lui disant : — Comment va, père Rogron? Il causait et demandait des nouvelles de la ville, il écoutait et colportait les commérages, les petits bruits de Provins. Il montait jusqu'à la haute ville, et allait dans les chemins creux selon le temps. Parfois, il rencontrait des vieillards en promenade comme lui. Ces rencontres étaient d'heureux événements. Il se trouvait à Provins des gens désabusés de la vie parisienne, des savants modestes vivant avec leurs livres. Jugez de l'attitude de Rogron en écoutant un juge suppléant nommé Desfondrilles, plus archéologue que magistrat, disant à l'homme instruit, le vieux M. Martener le père, en lui montrant la vallée : — Expliquez-moi pourquoi les oisifs de l'Europe vont à Spa plutôt qu'à Provins, quand les eaux de Provins ont une supériorité reconnue par la médecine française, une action, une martialité dignes des propriétés médicales de nos roses? — Que voulez-vous? répliquait l'homme instruit, c'est un de ces caprices du caprice, inexplicable comme lui. Le vin de Bordeaux était inconnu il y a cent ans : le maréchal de Richelieu, l'une des plus grandes figures du dernier siècle, l'Alcibiade français, est nommé gouverneur de la Guyenne ; il avait la poitrine délabrée, et l'univers sait pourquoi! le vin du pays le restaure, le rétablit. Bordeaux acquiert alors cent millions de rente, et le maréchal recule le territoire de Bordeaux jusqu'à Angoulème, jusqu'à Cahors, enfin à quarante lieues à la ronde! Qui sait où s'arrêtent les vignobles de Bordeaux? Et le maréchal n'a pas de statue équestre à Bordeaux! — Ah! s'il arrive un événement de ce genre à Provins, dans un siècle ou dans un an, on y verra, je l'espère, reprenait alors M. Desfondrilles, soit sur la petite place de la basse ville, soit au château, dans la ville haute, quelque bas-relief en marbre bleue représentant la tête de M. Opoix, le restaurateur des eaux minérales de Provins! — Mon cher monsieur, peut-être la réhabilitation de Provins est-elle impossible, disait le vieux M. Martener le père. Cette ville a fait faillite. Ici Rogron ouvrait de grands yeux et s'écriait : — Comment? — Elle a jadis été une capitale qui luttait victorieusement avec Paris au douzième siècle, quand les comtes de Champagne y tenaient leur cour, comme le roi René tenait la sienne en Provence, répondait l'homme instruit. En ce temps la civilisation, la joie, la poésie, l'élégance, les femmes, enfin, toutes les splendeurs sociales n'étaient pas exclusivement à Paris. Les villes se relèvent aussi difficilement que les maisons de commerce de leur ruine : il ne nous reste de Provins que le parfum de notre gloire historique, celui de nos roses, et une sous-préfecture. — Ah! que serait la France si elle avait conservé toutes ses capitales féodales! disait Desfondrilles. Les sous-préfets peuvent-ils remplacer la race poétique, galante et guerrière des Thibault, qui avaient fait de Provins ce que Ferrare était en Italie, ce que fut Weymar en Allemagne, et ce que voudrait être aujourd'hui Munich? — Provins a été une capitale? s'écriait Rogron. — D'où venez-vous donc? répondait l'archéologue Desfondrilles.

Le juge suppléant frappait alors de sa canne le sol de la ville haute, et s'écriait : — Mais ne savez-vous donc pas que toute cette partie de Provins est bâtie sur des cryptes? — Cryptes? — Eh bien! oui, des cryptes d'une hauteur et d'une étendue inexplicables. C'est comme des nefs de cathédrales, il y a des piliers. — Monsieur fait un grand ouvrage archéologique, dans lequel il compte expliquer ces singulières constructions, disait le vieux Martener, qui voyait le juge enfourchant son dada.

Rogron revenait enchanté de savoir sa maison construite dans la vallée. Les cryptes de Provins employèrent cinq à six journées en explorations, et défrayèrent pendant plusieurs soirées la conversation des deux célibataires. Rogron apprenait toujours ainsi quelque chose sur le vieux Provins, sur les alliances des familles, ou de vieilles nouvelles politiques qu'il renarrait à sa sœur. Aussi disait-il cent fois dans sa promenade, et souvent plusieurs fois à la même personne : — Eh bien! que dit-on? — Eh bien! qu'y a-t-il de neuf? Revenu dans sa maison, il se jetait sur un canapé du salon en homme harassé de fatigue, mais éreinté seulement de son propre poids. Il arrivait à l'heure du dîner en allant vingt fois du salon à la cuisine, examinant l'heure, ouvrant et fermant les portes. Tant que le frère et la sœur eurent des soirées en ville, ils atteignirent à leur coucher; mais quand ils furent réduits à leur intérieur, la soirée fut un désert à traverser. Quelquefois les personnes qui revenaient chez elles sur la petite place, après avoir passé la soirée en ville, entendaient des cris chez les Rogron, comme si le frère assassinait la sœur : on reconnut les horribles bâillements d'un mercier aux abois. Ces deux mécaniques n'avaient rien à broyer entre leurs rouages rouillés, elles criaient. Le frère parla de se marier, mais en désespoir de cause. Il se sentait vieilli, fatigué : une femme l'effrayait. Sylvie, qui comprit la nécessité d'avoir un tiers au logis, se souvint alors de leur pauvre cousine, de laquelle personne ne leur avait demandé de nouvelles, car, à Provins, chacun croyait la petite madame Lorrain et sa fille mortes toutes deux. Sylvie Rogron ne perdait rien, elle était bien trop vieille fille pour égarer quoi que ce soit! elle eut l'air d'avoir retrouvé la lettre des Lorrain dans le parler tout naturellement de Pierrette à son frère, qui fut presque heureux de la possibilité d'avoir une petite fille au logis. Sylvie écrivit moitié commercialement, moitié affectueusement aux vieux Lorrain, en rejetant le retard de sa réponse sur la liquidation des affaires, sur sa transplantation à Provins et sur son établissement. Elle parut désireuse de prendre sa cousine avec elle, en donnant à entendre que Pierrette devait un jour avoir un héritage de douze mille livres de rente, si M. Rogron ne se mariait pas. Il faudrait avoir été, comme Nabuchodono- or, quelque peu bête sauvage, et enfermé dans une cage du Jardin des plantes, sans aucune proie que la viande de boucherie apportée par le gardien, ou négociant retiré sans commis à tracasser, pour savoir avec quelle impatience le frère et la sœur attendirent leur cousine Lorrain. Aussi, trois jours après que la lettre fut partie, le frère et la sœur se demandaient-ils déjà quand leur cousine arriverait. Sylvie aperçut dans sa prétendue bienfaisance envers sa cousine pauvre un moyen de faire revenir de Provins sur son compte. Elle alla chez madame Tiphaine, qui les avait frappés de sa réprobation, et qui voulait créer à Provins une première société, comme à Genève, y tambouriner l'arrivée de leur cousine Pierrette, la fille du colonel Lorrain, en déplorant ses malheurs, et se posant en femme heureuse d'avoir une belle et jeune héritière à offrir au monde.

— Vous l'avez découverte bien tard, répondit ironiquement madame Tiphaine, qui trônait sur un sofa au coin de son feu.

Par quelques mots dits à voix basse pendant une donne de cartes, madame Garceland rappela l'histoire de la succession du vieil Auffray. Le notaire expliqua les iniquités de l'aubergiste.

— Où est-elle, cette pauvre petite? demanda poliment le président Tiphaine. — En Bretagne, dit Rogron. — Mais la Bretagne est grande, fit observer M. Lesourd, le procureur du roi. — Son grand-père et sa grand'mère Lorrain nous ont écrit. Quand donc, ma bonne? fit Rogron.

Sylvie, occupée à demander à madame Garceland, où elle avait acheté l'étoffe de sa robe, ne prévit pas l'effet de sa réponse, et dit : — Avant la vente de notre fonds. — Et vous avez répondu, il y a trois jours, mademoiselle! s'écria le notaire.

Sylvie devint rouge comme les charbons les plus ardents du feu.

— Nous avons écrit à l'établissement Saint-Jacques, reprit Rogron. — Il s'y trouve en effet une espèce d'hospice pour les vieillards, dit un juge qui avait été juge suppléant à Nantes; mais elle ne peut pas être là, car on n'y reçoit que des gens qui ont passé soixante ans. — Elle y est avec sa grand'mère Lorrain, dit Rogron. — Elle avait une petite fortune, les huit mille francs de votre père... non, je veux dire votre grand-père lui avait laissés, dit le notaire, qui fit exprès de se tromper. — Ah! s'écria Rogron d'un air bête, sans comprendre cette épigramme. — Vous ne connaissez donc ni la fortune ni la situation de votre cousine germaine? demanda le président. — Si monsieur l'avait connue, il ne la laisserait pas dans une maison qui n'est qu'un hôpital honnête, dit sévèrement le juge. Je me souviens maintenant d'avoir à vendre à Nantes, par expropriation, une maison appar-

tenant à M. et madame Lorrain, et mademoiselle Lorrain a perdu sa créance, car j'étais commissaire de l'ordre.

Le notaire parla du colonel Lorrain, qui, s'il vivait, serait bien étonné de savoir sa fille dans un établissement comme celui de Saint-Jacques. Les Rogron firent alors leur retraite en se disant que le monde était bien méchant. Sylvie comprit le peu de succès que sa nouvelle avait obtenu : elle s'était perdue dans l'esprit de chacun, il lui était dès lors interdit de frayer avec la haute société de Provins. À compter de ce jour, les Rogron ne cachèrent plus leur haine contre les grandes familles bourgeoises de Provins et leurs adhérents. Le frère dit alors à la sœur toutes les chansons libérales que le colonel Gouraud et l'avocat Vinet lui avaient seriées sur les Tiphaine, les Guénée, les Garceland, les Guépin et les Julliard. — Dis donc, Sylvie, mais je ne vois pas pourquoi madame Tiphaine renie le commerce de la rue Saint-Denis, le plus beau de son nez en est fait. Madame Roguin sa mère est la cousine des Guillaume du Chat-qui-Pelote, et qui ont cédé leur fonds à Joseph Lebas, leur gendre. Son père est ce notaire, ce Roguin qui a manqué en 1819 et ruiné la maison Birotteau. Ainsi la fortune de madame Tiphaine est du bien volé, car qu'est-ce qu'une femme de notaire qui a été si bien épinglée du jeu et laisse faire à son mari une banqueroute frauduleuse? C'est du propre! Ah! je vois : elle a marié sa fille à Provins, rapport à ses relations avec le banquier du Tillet. Et ces gens-là font les fiers; mais... Enfin, voilà le monde.

Le jour où Denis Rogron et sa sœur Sylvie se mirent à déblatérer contre la clique, ils devinrent sous le savoir des personnages et furent en voie d'avoir une société : leur salon allait devenir le centre d'intérêts qui cherchaient un théâtre. Ici l'ex-mercier prit des proportions historiques et politiques; car il donna, toujours sous le savoir, de la force et de l'unité aux éléments jusqu'alors flottants du parti libéral à Provins. Voici comment. Les débuts du Rogron furent curieusement observés du colonel Gouraud et par l'avocat Vinet, que leur isolement et leurs idées avaient rapprochés. Ces deux hommes professaient le même patriotisme par les mêmes raisons : ils voulaient devenir des personnages. Mais s'ils étaient disposés à se faire chefs, ils manquaient de soldats. Les libéraux de Provins se composaient d'un vieux soldat devenu limonadier, d'un aubergiste, de M. Cournant, notaire, compétiteur de M. Auffray; du médecin Néraud, l'antagoniste de M. Martener; de quelques gens indépendants, de fermiers épars dans l'arrondissement et d'acquéreurs de biens nationaux. Le colonel et l'avocat, heureux d'attirer à eux un imbécile dont la fortune pouvait aider leurs manœuvres, qui souscrirait à leurs souscriptions, qui, dans certains cas, attacherait le grelot, et dont la maison servirait d'hôtel-de-ville au parti, profitèrent de l'imbécilité des Rogron contre les aristocrates de la ville. Le colonel, l'avocat et Rogron avaient un léger lien par leur abonnement commun au Constitutionnel, il ne devait pas être difficile au colonel Gouraud de faire un libéral de l'ex-mercier, quoique Rogron sût si peu de chose en politique, qu'il ne connaissait pas encore les exploits du sergent Mercier; il le prenait pour un confrère. La prochaine arrivée de Pierrette hâta de faire éclore les pensées cupides inspirées par l'ignorance et par la sottise des deux célibataires. En voyant toute chance d'établissement perdue pour Sylvie dans la société Tiphaine, le colonel eut une arrière-pensée. Les vieux militaires ont contemplé tant d'horreurs dans tant de pays, tant de cadavres nus grimaçant sur tant de champs de bataille, qu'ils ne s'effrayent plus d'aucune physionomie, et Gouraud coucha en joue la fortune de la vieille fille. Ce colonel, gros homme court, portait d'énormes boucles d'or, cependant déjà garnies d'une énorme touffe de poils. Ses favoris épars et grisonnants s'appelaient en 1799 des nageoires. Sa bonne grosse figure rougeaude était un peu tannée comme celles de tous les échappés de la Bérésina. Son gros ventre point décrivait en dessous cet angle droit qui caractérise le vieil officier de cavalerie. Gouraud avait commandé le deuxième hussards. Ses moustaches grises cachaient une énorme bouche blagueuse, s'il est permis d'employer ce mot soldatesque, le seul qui puisse peindre ce gouffre; il n'avait pas mangé, mais dévoré! Un coup de sabre avait tranché son nez. Sa parole y gagnait d'être devenue sourde et profondément nasillarde comme celle attribuée aux capucins. Ses petites mains, courtes et larges, étaient celles qui font dire aux femmes : — Vous avez les mains d'un fameux mauvais sujet. Ses jambes paraissaient grêles sous un torse énorme. Dans ce corps agité s'agitait un esprit délié, la plus complète expérience des choses de la vie, cachée sous l'insouciance apparente des militaires, et un mépris entier des conventions sociales. Le colonel Gouraud avait la croix d'officier de la Légion d'honneur et deux mille quatre cents francs de retraite, en tout, mille écus de pension pour fortune.

L'avocat, long et maigre, avait ses opinions libérales pour tout talent, et pour seul revenu les produits assez minces de son cabinet. À Provins, les avoués plaidant eux-mêmes leurs causes, à raison de ses opinions, le tribunal écoutait d'ailleurs peu favorablement maître Vinet. Aussi les fermiers les plus libéraux, en cas de procès, prenaient-ils préférablement à l'avocat Vinet un avoué qui avait la confiance du tribunal. Cet homme avait suborné, disait-on, aux environs de Coulommiers, une fille riche, et forcé les parents à la lui donner. Sa femme appartenait aux Chargebœuf, vieille famille noble de la Brie, dont le nom vient de l'exploit d'un écuyer à l'expédition de saint Louis en Égypte. Elle avait encouru la disgrâce de ses père et mère, qui s'arrangèrent, au su de Vinet, de manière à laisser toute leur fortune à leur fils aîné, sans doute à la charge d'en remettre une partie aux enfants de sa sœur. Ainsi, la première tentative ambitieuse de cet homme avait manqué. Bientôt poursuivi par la misère, et honteux de ne pouvoir donner à sa femme des dehors convenables, l'avocat avait fait de vains efforts pour entrer dans la carrière du ministère public; mais la branche riche de la famille Chargebœuf refusa de l'appuyer. En gens moraux, ces royalistes désapprouvaient un mariage forcé; d'ailleurs leur prétendu parent s'appelait Vinet : comment protéger un roturier? L'avocat fut donc éconduit de branche en branche quand il voulut se servir de sa femme auprès de ses parents. Madame Vinet ne trouva d'intérêt que chez une Chargebœuf, pauvre veuve chargée d'une fille, et qui toutes deux vivaient à Troyes. Aussi Vinet se souvint-il un jour de l'accueil fait par cette Chargebœuf à sa femme. Repoussé par le monde entier, plein de haine contre la famille de sa femme, contre le gouvernement qui lui refusait une place, contre la société de Provins qui ne voulait pas l'admettre, Vinet accepta sa misère. Son fiel s'accrut et lui donna de l'énergie pour résister. Il devint libéral en devinant que sa fortune était liée au triomphe de l'opposition, et végéta dans une mauvaise petite maison de la ville haute, d'où sa femme sortait peu. Cette jeune fille, promise à de meilleures destinées, était absolument seule dans son ménage avec un enfant. Il est des misères noblement acceptées et gaiement supportées; mais Vinet, rongé d'ambition, se sentant en faute envers la jeune fille séduite, cachait une sombre rage : sa conscience s'élargit et admit tous les moyens pour parvenir. Son jeune visage s'altéra. Quelques personnes étaient parfois effrayées au tribunal en voyant sa figure vipérine à tête plate, à bouche fendue, ses yeux éclatants à travers les lunettes; en entendant sa petite voix aigre, persistante, et qui attaquait les nerfs. Son teint brouillé, plein de teintes maladives, jaunes et vertes par places, annonçait son ambition rentrée, ses continuels mécomptes et ses misères cachées. Il savait ergoter, parler; il ne manquait ni de trait ni d'images; il était instruit, retors. Accoutumé à tout concevoir par son désir de parvenir, il pouvait devenir un homme politique. Un homme qui ne recule devant rien, pourvu que tout soit légal, est bien fort : la force de Vinet venait de là. Ce futur athlète des débats parlementaires, un de ceux qui devaient proclamer la royauté de la maison d'Orléans, eut une horrible influence sur le sort de Pierrette. Pour le moment, il voulait se procurer une arme en fondant un journal à Provins. Après avoir étudié de loin, le colonel aidant, les deux célibataires, l'avocat avait fini par compter sur Rogron. Cette fois, il comptait avec son hôte, et sa misère devait cesser, après sept années douloureuses où plus d'un jour son pain avait crié chez lui. Le jour où Gouraud annonça sur la petite place à Vinet que les Rogron rompaient avec l'aristocratie bourgeoise et ministérielle de la ville haute, l'avocat lui pressa le flanc d'un coup de coude significatif.

— Une femme ou une autre, belle ou laide, vous est bien indifférente, dit-il; vous devriez épouser mademoiselle Rogron, et nous pourrions alors organiser quelque chose ici... — J'y pensais, mais là tout vient de la fille du pauvre colonel Lorrain, leur héritière, dit le colonel. — Vous ferez donner leur fortune par testament. Ah! vous auriez une maison bien montée. — D'ailleurs, cette petite, eh bien! nous la verrons, dit le colonel d'un air goguenard et profondément scélérat qui montrait à un homme de la trempe de Vinet combien une petite fille était peu de chose aux yeux de ce soudard.

Depuis l'entrée de ses parents dans l'espèce d'hospice où ils achevaient tristement leur vie, Pierrette, jeune et fière, souffrait si horriblement d'y vivre par charité, qu'elle fut heureuse de se savoir des parents riches. En apprenant son départ, Brigaut, le fils du major, son camarade d'enfance, devenu garçon menuisier à Nantes, vint lui offrir la somme nécessaire pour le voyage en voiture, soixante francs, tout le trésor de ses pour-boire d'apprenti péniblement amassés, accepté par Pierrette avec la sublime indifférence des amitiés vraies, et qui révèle que, dans un cas semblable, elle se fût offensée d'un remercîment. Brigaut accourut tous les dimanches à Saint-Jacques y jouer avec Pierrette et la consoler. Le vigoureux ouvrier avait déjà fait le délicieux apprentissage de la protection entière et dévouée due à l'objet involontairement choisi de nos affections. Déjà plus d'une fois Pierrette et lui le dimanche, assis dans un coin de Saint-Jacques, avaient brodé sur le voile de l'avenir leurs projets enfantins : l'apprenti menuisier, à cheval sur son rabot, courait le monde, et faisait fortune pour Pierrette, qui l'attendait. Vers le mois d'octobre de l'année 1824, époque à laquelle s'achevait sa onzième année, Pierrette fut donc confiée par les deux vieillards et par le jeune ouvrier, tous horriblement mélancoliques, au conducteur de la diligence de Nantes à Paris, avec prière de la mettre à Paris dans la diligence de Provins et de bien veiller sur elle. Pauvre Brigaut! il courut pendant une lieue en dehors de la ville; et quand il fut épuisé, ses yeux jetèrent un dernier regard sur Pierrette, qui, de sa portière, lui tendait son mouchoir

mouillé de larmes à Pierrette, qui pleura quand elle ne le vit plus. Pierrette mit la tête à la portière et retrouva son ami planté sur ses deux jambes, regardant fuir la lourde voiture. Les Lorrain et Brigaut ignoraient si bien la vie, que la Bretonne n'avait plus un sou en arrivant à Paris. Le conducteur, à qui l'enfant parlait de ses parents riches, paya pour elle la dépense de l'hôtel, se fit rembourser par le conducteur de la voiture de Troyes, en le chargeant de remettre Pierrette dans sa famille et d'y suivre le remboursement, absolument comme pour une caisse de roulage. Quatre jours après son départ de Nantes, vers neuf heures, un lundi, un bon gros vieux conducteur des Messageries royales prit Pierrette par la main, et, pendant qu'on déchargeait, dans la Grand'rue, les articles et les voyageurs destinés au bureau de Provins, il la mena sans autre bagage que deux robes, deux paires de bas et deux chemises, chez mademoiselle Rogron, dont la maison lui fut indiquée par le directeur du bureau.

— Bonjour, mademoiselle et la compagnie, dit le conducteur, je vous amène une cousine à vous, que voici : elle est ma foi bien gentille. Vous avez quarante-sept francs à me donner. Quoique votre petite n'en ait pas lourd avec elle, signez ma feuille.

Mademoiselle Sylvie et son frère se livrèrent à leur joie et à leur étonnement.

— Pardon, dit le conducteur, ma voiture attend, signez ma feuille, donnez-moi quarante-sept francs soixante centimes... et ce que vous voudrez pour le conducteur de Nantes et pour moi, qui avons eu soin de la petite comme de notre propre enfant. Nous avons avancé son coucher, sa nourriture, sa place de Provins et quelques petites choses. — Quarante-sept francs douze sous!... dit Sylvie. — N'allez-vous pas marchander? s'écria le conducteur. — Mais la facture? dit Rogron. — La facture? voyez ma feuille. — Quand tu feras tes notes, payé donc! dit Sylvie à son frère, tu vois bien qu'il n'y a qu'à payer.

Rogron alla chercher quarante-sept francs douze sous.

— Et nous n'avons rien pour nous, mon camarade et moi? dit le conducteur.

Sylvie tira quarante sous des profondeurs de son vieux sac où velours où foisonnaient ses clefs.

— Merci! gardez, dit le conducteur. Nous aimons mieux avoir eu soin de la petite pour elle-même. Il prit la feuille, et sortit en disant à la grosse servante : — En voilà une baraque! Il y a pourtant des crocodiles comme ça autre part qu'en Égypte! — Ces gens-là sont bien grossiers, dit Sylvie, qui entendit le propos. — Dame! ils ont eu soin de la petite, répondit Adèle en mettant ses poings sur ses hanches. — Nous ne sommes pas destinés à vivre avec lui, dit Rogron. — Où que vous la coucherez? dit la servante.

Telle fut l'arrivée et la réception de Pierrette Lorrain chez son cousin et sa cousine, qui la regardaient d'un air hébété, elle jusqu'alors elle fut jetée comme un paquet, sans aucune transition entre la déplorable chambre où elle vivait à Saint-Jacques et la salle à manger de ses grands-parents et la salle à manger de ses cousins, qui lui parut être celle d'un palais. Elle y était interdite et honteuse. Pour tout autre que pour ces ex-merciers, la petite Bretonne eût été adorable dans sa jupe de bure bleue grossière, avec son tablier de percaline rose, ses gros souliers, ses bas bleus, son fichu blanc, les mains rouges enveloppées de mitaines en tricot de laine rouge, bordées de blanc, que le conducteur lui avait achetées. Vraiment! son petit bonnet breton qu'on lui avait blanchi à Paris (il s'était fripé dans le trajet de Nantes) faisait comme une auréole à son gai visage. Le bonnet national, en fine batiste, garni d'une dentelle roide et plissée par grands tuyaux aplatis, mériterait une description, tant il est coquet et simple. La lumière tamisée par la toile et la dentelle produit une pénombre, un demi-jour doux sur le teint; il lui donne cette grâce virginale que cherchent les peintres sur leurs palettes, et que Léopold Robert a su trouver pour la figure raphaélique de la femme qui tient un enfant dans le tableau des Moissonneurs. Sous ce cadre festonné de lumière, brillait une figure blanche et rose, naïve, animée par la santé la plus vigoureuse. La chaleur de la salle y amena le sang, qui borda de feu deux mignonnes oreilles, les lèvres, le bout du nez si fin, et qui, par opposition, fit paraître le teint vivace plus blanc encore.

— Eh bien! tu ne nous dis rien? dit Sylvie. Je suis ta cousine Rogron, et voilà ton cousin. — Veux-tu manger? lui demanda Rogron. — Quand es-tu partie de Nantes? demanda Sylvie. — Elle est muette, dit Rogron. — Pauvre petite, elle n'est guère nippée, s'écria la grosse Adèle en ouvrant le paquet fait avec un mouchoir au vieux Lorrain. — Embrasse donc ton cousin, dit Sylvie.

Pierrette embrassa Rogron.

— Embrasse donc ta cousine, dit Rogron.

Pierrette embrassa Sylvie.

— Elle est ahurie par le voyage, cette petite; elle a peut-être besoin de dormir, dit Adèle.

Pierrette éprouva soudain pour ses deux parents une invincible répulsion, sentiment que personne encore ne lui avait inspiré. Sylvie et sa servante allèrent coucher la petite Bretonne dans celle des chambres au second étage où Brigaut avait vu le rideau de calicot blanc. Il s'y trouvait un lit de pensionnaire à flèche peinte en bleu d'où pendait un rideau en calicot, une commode en noyer sans dessus de marbre, une petite table en noyer, un miroir, une vulgaire table de nuit sans porte et trois méchantes chaises. Les murs mansardés, sur le devant, étaient tendus d'un mauvais papier bleu semé de fleurs noires. Le carreau, mis en couleur et frotté, glaçait les pieds. Il n'y avait pas d'autre tapis qu'une maigre descente de lit en lisières. La cheminée en marbre commun était ornée d'une glace, de deux chandeliers en cuivre doré, d'une vulgaire coupe d'albâtre où buvaient deux pigeons pour figurer les anses et que Sylvie avait à Paris dans sa chambre.

— Seras-tu bien là, ma petite? lui dit sa cousine. — Oh! c'est bien beau, 'répondit l'enfant de [sa voix argentine. — Elle n'est pas difficile, dit la grosse Briarde en murmurant. Ne faut-il pas lui bassiner son lit? demanda-t-elle. — Oui, dit Sylvie, les draps peuvent être humides.

Adèle apporta l'un de ses serre-tête en apportant la bassinoire, et Pierrette, qui jusqu'alors avait couché dans des draps de grosse toile bretonne, fut surprise de la finesse et de la douceur des draps de coton. Quand la petite fut installée et couchée, Adèle en descendant, ne put s'empêcher de s'écrier : — Son butin ne vaut pas trois francs, mademoiselle.

Depuis l'adoption de son système économique, Sylvie faisait rester dans la salle à manger sa servante, afin qu'il n'y eût qu'une lumière et qu'un seul feu. Mais quand le colonel Gouraud et Vinet venaient, Adèle se retirait dans sa cuisine. L'arrivée de Pierrette anima le reste de la soirée.

— Il faudra dès demain lui faire un trousseau, dit Sylvie, elle n'a rien de rien. — Elle n'a que les gros souliers qu'elle a aux pieds et qui pèsent une livre, dit Adèle. — Dans ce pays-là c'est comme ça, dit Rogron. — Comme elle regardait sa chambre, qui n'est déjà pas si belle pour être celle d'une cousine à vous, mademoiselle! — C'est bon, taisez-vous, dit Sylvie, vous voyez bien qu'elle en est enchantée. — Ça me peut servir, dit Adèle en vidant le paquet de Pierrette.

Maître, maîtresse et servante furent occupés jusqu'à dix heures à décider en quelle percale et de quel prix les chemises, combien de paires de bas, en quel étoffe, en quel nombre les jupons de dessous, et à supputer le prix de la garde-robe de Pierrette.

— Tu n'en seras pas quitte à moins de trois cents francs, dit à sa sœur Rogron, qui retenait le prix de chaque chose et les additionnait de mémoire par suite de sa vieille habitude. — Trois cents francs! s'écria Sylvie. — Oui, trois cents francs! calcule.

Le frère et la sœur recommencèrent et trouvèrent trois cents francs sans les façons.

— Trois cents francs d'un seul coup de filet! dit Sylvie en se couchant sur l'idée assez ingénieusement exprimée par cette expression proverbiale.

Pierrette était un de ces enfants de l'amour, que l'amour a doués de sa tendresse, de sa vivacité, de sa gaieté, de sa noblesse, de son dévouement; rien n'avait encore arrivé ni froissé son cœur d'une délicatesse presque sauvage, et l'accueil de ses deux parents le comprima douloureusement. Si, pour elle, jusqu'alors avait été pleine de misère, elle avait été pleine d'affection. Si les vieux Lorrain furent les commerçants les plus inhabiles, ils étaient les gens les plus aimants, les plus francs, les plus caressants du monde, comme tous les gens sans calcul. A Pen-Hoël, leur petite-fille n'avait pas eu d'autre éducation que celle de la nature. Pierrette allait à sa guise au bateau sur les étangs, elle courait par le bourg et par les champs en compagnie de Jacques Brigant, son camarade, absolument comme Paul et Virginie. Fêtés, caressés tous deux par tout le monde, libres comme l'air, ils couraient après les mille joies de l'enfance : en été, ils allaient voir pêcher, ils prenaient des insectes, cueillaient des bouquets et jardiniaient; en hiver, ils faisaient des glissoires, ils fabriquaient de joyeux palais, des bons hommes ou des boules de neige avec lesquelles ils se battaient. Toujours les bienvenus, il recueillaient partout des sourires. Quand vint le temps d'apprendre, les désastres arrivèrent. Sans ressources après la mort de son père, Jacques fut mis par ses parents en apprentissage chez un menuisier, nourri par charité, comme plus tard Pierrette le fut à Saint-Jacques. Mais, jusque dans cet hospice particulier, la gentille Pierrette, avait encore été choyée, caressée et protégée par tout le monde. Cette petite, accoutumée à tant d'affection, ne retrouvait pas chez ces parents tant désirés, chez ces parents si riches, cet air, cette parole, ces regards, ces façons que tout le monde, même les étrangers et les conducteurs de diligence, avaient eus pour elle. Aussi son étonnement, déjà grand, fut-il compliqué par le changement de l'atmosphère morale où elle entrait. Le cœur a subitement froid ou chaud comme le corps. Sans savoir pourquoi, la pauvre enfant eut envie de pleurer; elle était fatiguée, elle dormit ; habit ,de à se lever de bonne heure, comme tous les enfants élevés à la campagne. Pierrette s'éveilla le lendemain, deux heures avant la cuisinière. Elle s'habilla, pléltina dans sa chambre au-dessus de sa cousine, regarda la petite place, essaya de descendre, fut stupéfaite de la beauté de l'escalier; elle l'examina dans ses détails, les patères, les cuivres, les ornements, les peintures, etc. Puis elle descendit, elle ne put ouvrir la porte du jardin, remonta, re-

descendit quand Adèle fut éveillée, et sauta dans le jardin; elle en prit possession, elle courut jusqu'à la rivière, s'ébahit du kiosque, entra dans le kiosque; elle eut à voir et à s'étonner de ce qu'elle voyait jusqu'au lever de sa cousine Sylvie. Pendant le déjeuner, sa cousine lui dit : — C'est donc toi, mon petit chou, qui trottais dès le jour dans l'escalier, et qui faisais ce tapage? tu m'as si bien réveillée que je n'ai pas pu me rendormir. Il faudra être bien sage, bien gentille, et t'amuser sans bruit. Ton cousin n'aime pas le bruit. — Tu prendras garde aussi à tes pieds, dit Rogron. Tu es entrée avec tes souliers crottés dans le kiosque, et tu y as laissé tes pas écrits sur le parquet. Ta cousine aime bien la propreté. Une grande fille comme toi doit être propre. Tu n'étais donc pas propre en Bretagne? Mais c'est vrai, quand j'y allais acheter du fil, ça faisait pitié de les voir, ces sauvages-là! en tout cas, elle a bon appétit, dit Rogron en regardant sa sœur, on dirait qu'elle n'a pas mangé depuis trois jours.

Ainsi, dès le premier moment, Pierrette fut blessée par les observations de sa cousine et de son cousin, blessée sans savoir pourquoi. Sa droite et franche nature, jusqu'alors abandonnée à elle-même, ignorait la réflexion. Incapable de trouver en quoi péchaient son cousin et sa cousine, elle devait être lentement éclairée par ses souffrances. Après le déjeuner, sa cousine et son cousin, heureux de l'étonnement de Pierrette, et poussés par cette nécessité morale de s'intéresser à quelque chose, les célibataires sont conduits à remplacer les affections naturelles par des affections factices, à aimer des chiens, des chats, des serins, leur servante ou leur directeur. Ainsi Rogron et Sylvie étaient arrivés à un amour immodéré pour leur mobilier et pour leur maison, qui leur avait coûté si cher. Sylvie avait fini, le matin, par aider Adèle en trouvant qu'elle ne savait pas nettoyer les meubles, les brosser et les maintenir dans leur neuf. Ce nettoyage fut bientôt une occupation pour elle. Aussi, loin de perdre de leur valeur, les meubles gagnaient-ils! S'en servir sans les user, sans les tacher, sans égratigner les bois, sans effacer le vernis, tel était le problème. Cette occupation devint bientôt une manie de vieille fille. Sylvie eut dans une armoire des chiffons de laine, de la cire, du vernis, des brosses, elle savait les manier aussi bien qu'un ébéniste; elle avait ses plumeaux, ses serviettes à essuyer; enfin elle frottait sans courir aucune chance de se blesser, elle était si forte! Le regard de son œil bleu, froid et rigide comme de l'acier, se glissait jusque sous les meubles à tout moment; aussi croyez-vous plus facilement trouvé dans son cœur une corde sensible qu'un mouton sous une bergère.

Après un coup s'était dit chez madame Tiphaine, il fut impossible à Sylvie de reculer devant les trois cents francs. Pendant la première semaine, Sylvie fut donc entièrement occupée, et Pierrette incessamment distraite par les robes à commander, à essayer, par les chemises, les jupons de dessous à tailler, à faire coudre par des ouvrières à la journée. Pierrette ne savait pas coudre.

— Elle a été joliment élevée! dit Rogron. Tu ne sais donc rien faire, ma petite biche?

Pierrette, qui ne savait qu'aimer, fit pour toute réponse un joli geste de petite fille.

— A quoi passais-tu donc le temps en Bretagne? lui demanda Rogron. — Je jouais, répondit-elle naïvement. Tout le monde jouait avec moi. Ma grand'mère et grand-papa, chacun me racontait des histoires. Ah! l'on m'aimait bien. — Ah! répondit Rogron. Ainsi tu faisais du plus aisé.

Pierrette ne comprit pas cette plaisanterie de la rue Saint-Denis, elle ouvrit de grands yeux.

— Elle est sotte comme un panier, dit Sylvie à mademoiselle Borain la plus habile ouvrière de Provins. — C'est si jeune! dit l'ouvrière en regardant Pierrette, dont le petit museau lui était tendu vers elle d'un air rusé.

Pierrette préférait les ouvrières à ses deux parents; elle était coquette pour elles, elle les regardait travaillant, elle leur disait ces jolis mots, les fleurs de l'enfance que comprimaient déjà Rogron et Sylvie par la peur, car ils aimaient à imprimer aux subordonnés une terreur salutaire. Les ouvrières étaient enchantées de Pierrette. Cependant le trousseau ne se complétait pas sans de terribles interjections.

— Cette petite fille va nous coûter les yeux de la tête! disait Sylvie à son frère. — Tiens-toi donc, ma petite! Que diable, c'est pour toi, ce n'est pas pour moi, disait-elle à Pierrette quand on lui prenait mesure de quelque ajustement. — Laisse donc travailler mademoiselle Borain, ce n'est pas toi qui payeras sa journée! disait-elle en lui voyant demander quelque chose à la première ouvrière. — Mademoiselle, disait mademoiselle Borain, faut-il coudre ceci à points arrière? — Oui, faites solidement, je n'ai pas envie de recommencer encore un pareil trousseau tous les jours.

Il en fut de la cousine comme de la maison. Pierrette dut être mise aussi bien que la petite de madame Garceland. Elle eut des brodequins à la mode, en peau bronzée, comme en avait la petite Tiphaine. Elle eut des bas de coton très-fins, un corset de la meilleure faiseuse, une robe de reps bleu, une jolie pèlerine doublée de taffetas blanc, toujours pour lutter avec la petite de madame Julliard la jeune. Aussi le dessous fut-il en harmonie avec le dessus, tant Sylvie avait peur de l'examen et du coup d'œil des mères de famille. Pierrette eut des belles chemises en madapolam. Mademoiselle Borain dit que les petites de madame la sous-préfète portaient des pantalons en percale brodés et garnis, le dernier genre enfin. Pierrette eut des pantalons à manchettes. On lui commanda une charmante capote de velours bleu doublée de satin blanc, semblable à celle de la petite Martener. Pierrette fut ainsi la plus délicieuse petite fille de tout Provins. Le dimanche, à l'église, au sortir de la messe, toutes les dames l'embrassèrent. Mesdames Tiphaine, Garceland, Galardon, Auffray, Lesourd, Martener, Guépin, Julliard, raffolèrent de la charmante Bretonne. Cette émeute flatta l'amour-propre de la vieille Sylvie, qui, dans sa bienfaisance, voyait moins Pierrette qu'un triomphe de vanité. Cependant Sylvie devait finir par s'offenser des succès de sa cousine, et voici comment : on lui demanda Pierrette ; et, toujours pour triompher de ces dames, elle accorda Pierrette. On venait chercher Pierrette, qui fit des parties de jeu, des dînettes avec les petites filles de ces dames. Pierrette réussit infiniment mieux que les Rogron. Mademoiselle Sylvie se choqua de voir Pierrette, demandée chez les autres sans que les autres vinssent trouver Pierrette. La naïve enfant ne dissimula point les plaisirs qu'elle goûtait chez mesdames Tiphaine, Martener, Galardon, Julliard, Lesourd, Auffray, Garceland, dont les amitiés contrastaient étrangement avec les tracasseries de sa cousine et de son cousin. Une mère eût été très-heureuse du bonheur de son enfant, mais les Rogron avaient pris Pierrette pour eux et non pour elle : leurs sentiments, loin d'être paternels, étaient entachés d'égoïsme et d'une sorte d'exploitation commerciale.

Le beau trousseau, les belles robes des dimanches et les robes de tous les jours, commencèrent le malheur de Pierrette. Comme tous les enfants libres de leurs amusements et habitués à suivre les inspirations de leur fantaisie, elle usait effroyablement vite ses souliers, ses brodequins, ses robes, et surtout ses pantalons à manchettes. Une mère, en réprimandant son enfant, ne pense qu'à lui ; sa parole est douce, elle ne la grossit que poussée à bout et quand l'enfant a des torts : mais, dans la grande question des habillements, les écus des deux cousins étaient la première raison : il s'agissait d'eux et non de Pierrette. Les enfants ont le flair de la race canine pour les torts de ceux qui les gouvernent : ils sentent admirablement s'ils sont aimés ou tolérés. Les cœurs purs sont plus choqués des nuances que par les contrastes : un enfant ne comprend pas encore le mal, mais il sait quand on froisse le sentiment du beau que la nature a mis en lui. Les conseils qu'attirait Pierrette sur la tenue que doivent avoir les jeunes filles bien élevées, sur la modestie et sur l'économie, étaient le corollaire et ce thème principal : Pierrette nous ruine ! Ces grouderies, qui eurent un funeste résultat pour Pierrette, ramenèrent les deux célibataires vers l'ancienne ornière commerciale d'où leur établissement à Provins les avait divertis, et où leur nature allait s'épanouir et fleurir. Habitués à régenter, à faire des observations, à commander, à reprendre vertement leurs commis, Rogron et sa sœur périssaient faute de victimes. Les petits esprits ont besoin de despotisme pour le jeu des nerfs, comme les grandes âmes ont soif d'égalité pour l'action du cœur. Or, les êtres étroits s'étendent aussi bien par la persécution que par la bienfaisance ; ils peuvent s'attester leur puissance par un empire ou cruel ou charitable sur autrui, mais ils vont du côté où les pousse leur tempérament. Ajoutez le véhicule de l'intérêt, et vous aurez l'énigme de la plupart des choses sociales. Dès lors Pierrette devint extrêmement nécessaire à l'existence de ses cousins. Depuis son arrivée, les Rogron avaient été très-occupés par le trousseau, puis retenus par le neuf de la commensalité. Toute chose nouvelle, un sentiment et même une domination, a ses plis à prendre. Sylvie commença par dire à Pierrette ma petite ; elle quitta ma petite pour Pierrette tout court. Les réprimandes, d'abord aigres-douces, devinrent vives et dures. Dès qu'ils entrèrent dans cette voie, le frère et la sœur y firent de rapides progrès : ils ne s'ennuyaient plus ! Ce ne fut pas le complot d'êtres méchants et cruels, ce fut l'instinct d'une tyrannie imbécile. Le frère et la sœur se crurent utiles à Pierrette, comme jadis ils se croyaient utiles à leurs apprentis. Pierrette, dont la sensibilité vraie, noble, excessive, était l'antipode de la sécheresse des Rogron, avait les reproches en horreur ; elle éclatait vivement, et deux larmes mouillaient aussitôt ses beaux yeux purs. Elle eut beaucoup à combattre pour réprimer son adorable vivacité qui plaisait tant au dehors, elle la déployait chez les mères de ses petites amies ; mais au logis, vers la fin du premier mois, elle commençait à demeurer pensive, et Rogron lui demanda si elle était malade. A cette étrange interrogation, elle bondit au bout du jardin pour y pleurer au bord de la rivière, où ses larmes tombèrent comme un jour elle devait tomber elle-même dans le torrent social. Un jour, malgré ses soins, l'enfant fit un accroc à sa belle robe de reps chez madame Tiphaine, où elle était allée jouer par une belle journée. Elle fondit en pleurs aussitôt, en prévoyant la cruelle réprimande qui l'attendait au logis. Questionnée, il lui échappa quelques paroles sur sa terrible cousine, au milieu de ses larmes. La belle madame Tiphaine avait du reps pareil, elle remplaça le lé elle-même. Mademoiselle Rogron apprit le tour que, sui-

vant son expression, lui avait joué cette satanée petite fille. Dès ce moment, elle ne voulut plus donner Pierrette à ces dames.

La nouvelle vie qu'allait mener Pierrette à Provins devait se scinder en trois phases bien distinctes. La première, celle où elle eut une espèce de bonheur mélangé par les caresses froides des deux célibataires et par les grouderies, ardentes pour elle, dura trois mois. La défense d'aller voir ses petites amies, appuyée sur la nécessité de commencer à apprendre tout ce que devait savoir une jeune fille bien élevée, termina la première phase de la vie de Pierrette à Provins, le seul temps où l'existence lui parut supportable.

Ces mouvements intérieurs produits chez les Rogron par le séjour de Pierrette furent étudiés par Vinet et par le colonel avec la précaution de renards se proposant d'entrer dans un poulailler, et inquiets d'y voir un être nouveau. Tous deux venaient de loin en loin pour ne pas effaroucher mademoiselle Sylvie, ils causaient avec Rogron sous divers prétextes, et s'apprivoisaient avec une réserve et des façons que le grand Tartufe eût admirées. Le colonel et l'avocat passèrent la soirée chez les Rogron, le jour même où Sylvie avait refusé de donner Pierrette à la belle madame Tiphaine en termes très-amers. En apprenant ce refus, le colonel et l'avocat se regardèrent en gens à qui Provins était connu.

— Elle a positivement voulu vous faire un sottise, dit l'avocat. Il y a longtemps que nous avons prévenu Rogron de ce qui vous est arrivé. Il n'y a rien de bon à gagner avec ces gens-là. — Qu'attendre du parti antinational ? s'écria le colonel en refusant ses moustaches et interrompant l'avocat. Si nous avions cherché à vous détourner d'eux, vous auriez pensé que nous avions des motifs de haine pour vous parler ainsi. Mais pourquoi, mademoiselle, si vous aimez à faire votre petite partie, ne joueriez-vous pas le boston, le soir, chez vous ? Est-il donc impossible de remplacer des crétins comme les Julliard ? Vinet et moi nous savons le boston, nous finirons par trouver un quatrième. Vinet peut vous présenter sa femme ; elle est gentille, et, de plus, c'est une Chargebœuf. Vous ne ferez pas comme ces guenons de la haute ville, vous ne demanderez pas des toilettes de duchesse à une bonne petite femme de ménage que l'infamie de sa famille oblige à tout faire chez elle, et qui unit le courage d'un lion à la douceur d'un agneau.

Sylvie Rogron montra ses longues dents jaunes en souriant au colonel, qui soutint très-bien ce phénomène horrible et prit même un air flatteur.

— Si nous ne sommes que quatre, le boston n'aura pas lieu tous les soirs, répondit-elle. — Que voulez-vous que fasse un vieux grognard comme moi qui n'ai plus qu'à manger mes pensions ? L'avocat est toujours libre le soir. D'ailleurs vous aurez du monde, je vous en promets, ajouta-t-il d'un air mystérieux. — Il suffisait, dit Vinet, de se poser franchement contre les ministériels de Provins et de leur tenir tête ; vous verriez combien l'on vous aimerait dans Provins, vous auriez bien du monde pour vous. Vous feriez enrager les Tiphaine en leur opposant votre salon. Eh bien ! nous rirons des autres, si les autres rient de nous. La clique ne se gêne d'ailleurs guère à votre égard ! — Comment ? dit Sylvie.

En province, il existe plus d'une soupape par laquelle les commérages s'échappent d'une classe dans l'autre. Vinet avait su tous les propos tenus sur les Rogron dans les salons d'où les deux merciers étaient définitivement bannis. Le juge suppléant, l'archéologue Desfondrilles, n'était d'aucun parti. Ce juge, comme quelques autres personnes indépendantes, racontait tout ce qu'il entendait dire par suite des habitudes de la province, et Vinet avait fait son profit de ces bavardages. Ce malicieux avocat envenima les plaisanteries de madame Tiphaine en les répétant. En révélant les mystifications auxquelles Rogron et Sylvie s'étaient prêtés, il alluma la colère et réveilla l'esprit de vengeance chez ces deux natures sèches qui voulaient un aliment pour leurs petites passions.

Quelques jours après, Vinet amena sa femme, personne bien élevée, timide, ni laide ni jolie, très-douce et sentant vivement son empire. Madame Vinet était blonde, un peu fatiguée par les soins de son pauvre ménage, et très-simplement mise. Aucune femme ne pouvait plaire davantage à Sylvie. Madame Vinet supporta les airs de Sylvie et plia sous elle en femme accoutumée à plier. Il y avait sur son front bombé, sur ses joues de rose du Bengale, dans son regard lent et tendre, les traces de ces méditations profondes, de cette pensée perspicace que les femmes habituées à souffrir ensevelissent dans un silence absolu. L'influence du colonel, qui déployait pour Sylvie des grâces courtisanesques arrachées en apparence à sa brusquerie militaire, et celle de l'adroit Vinet, atteignirent bientôt Pierrette. Renfermée au logis ou ne sortant plus qu'en compagnie de sa vieille cousine, Pierrette, ce joli écureuil, fut à tout moment atteinte par : — Ne touche pas à cela, Pierrette ! et par ces sermons continuels sur la manière de se tenir. Pierrette se courbait la poitrine et tendait le dos, sa cousine la voulait droite comme elle, qui ressemblait à un soldat présentant les armes à son colonel ; elle lui appliquait parfois de petites tapes dans le dos pour la redresser. La libre et joyeuse fille du Marais apprit à réprimer ses mouvements, à imiter un automate.

Un soir, qui marqua le commencement de la seconde période, Pierrette, que les trois habitués n'avaient pas vue au salon pendant la soirée, vint embrasser ses parents et saluer la compagnie avant de s'aller coucher. Sylvie avança froidement sa joue à cette charmante enfant, comme pour se débarrasser de son baiser. Le geste fut si cruellement significatif, que les larmes de Pierrette jaillirent.

— T'es-tu piquée, ma petite Pierrette? lui dit l'atroce Vinet. — Qu'avez-vous donc? lui demanda sévèrement Sylvie. — Rien, dit la pauvre enfant en allant embrasser son cousin. — Rien? reprit Sylvie. On ne pleure pas sans raison. — Qu'avez-vous, ma petite belle? lui dit madame Vinet. — Ma cousine riche ne me traite pas si bien que ma pauvre grand'mère! — Votre grand'mère vous a pris votre fortune, dit Sylvie, et votre cousine vous laissera la sienne.

Le colonel et l'avocat se regardèrent à la dérobée.

— J'aime mieux être volée et aimée, dit Pierrette. — Eh bien! l'on vous renverra d'où vous venez. — Mais qu'a-t-elle donc fait, cette chère petite? dit madame Vinet.

Vinet jeta sur sa femme ce terrible regard, fixe et froid, des gens qui exercent une domination absolue. La pauvre ilote, incessamment punie de n'avoir pas eu la seule chose qu'il voulût d'elle, une fortune, reprit ses cartes.

— Ce qu'elle a fait? s'écria Sylvie en relevant la tête par un mouvement si brusque que les girofiées jaunes de son bonnet s'agitèrent. Elle ne sait quoi s'inventer pour nous contrarier : elle a ouvert ma montre pour en connaître le mécanisme, elle a touché la roue et a cassé le grand ressort. Mademoiselle n'écoute rien. Je suis toute la journée à lui recommander de prendre garde à tout, et c'est comme si je parlais à cette lampe.

Pierrette, honteuse d'être réprimandée en présence des étrangers, sortit tout doucement.

— Je me demande comment dompter la turbulence de cette enfant, dit Rogron. — Mais elle est assez âgée pour aller en pension, dit madame Vinet.

Un nouveau regard de Vinet imposa silence à sa femme, à laquelle il s'était bien gardé de confier ses plans et ceux du colonel sur les deux célibataires.

— Voilà ce que c'est que de se charger des enfants d'autrui! s'écria le colonel. Vous pouviez encore en avoir à vous, vous ou votre frère; pourquoi ne vous mariez-vous pas l'un ou l'autre?

Sylvie regarda très-agréablement le colonel : elle rencontrait pour la première fois de sa vie un homme à qui l'idée qu'elle aurait pu se marier ne paraissait pas absurde.

— Mais, madame, Vinet a raison, s'écria Rogron, ça ferait tenir Pierrette tranquille. Un maître ne coûtera pas grand'chose!

Le mot du colonel préoccupait tellement Sylvie, qu'elle ne répondit pas à Rogron.

— Si vous vouliez faire seulement le cautionnement du journal d'opposition dont nous parlions, vous trouveriez un maître pour votre petite cousine dans l'éditeur responsable; nous prendrions ce pauvre maître d'école victime des envahissements du clergé. Ma femme a raison : Pierrette est un diamant brut qu'il faut polir, dit Vinet à Rogron. — Je croyais que vous étiez baron, dit Sylvie au colonel durant une donne et après une longue pause pendant laquelle chaque joueur resta pensif. — Oui mais, nommé en 1814 après la bataille de Nangis, où mon régiment a fait des miracles, ai-je eu l'argent et les protections nécessaires pour me mettre en règle à la chancellerie? Il en sera de la baronnie comme du grade de général que j'ai eu en 1815, il faut une révolution pour me les rendre. — Si vous pouviez garantir le cautionnement par une hypothèque, répondit enfin Rogron, je pourrais le faire. — Mais cela peut s'arranger avec Cournant, répliqua Vinet. Le journal amènera le triomphe du colonel et rendrait votre salon plus puissant que celui des Tiphaine et consorts. — Comment cela? dit Sylvie.

Au moment où, pendant que sa femme amassait les cartes, l'avocat expliquait l'importance que Rogron, le colonel et lui, Vinet, acquerraient par la publication d'une feuille indépendante par l'arrondissement de Provins, Pierrette fondait en larmes; son cœur et son intelligence étaient d'accord : elle trouvait sa cousine beaucoup plus en faute qu'elle. L'enfant du Marais comprenait instinctivement combien la charité, la bienfaisance, doivent être absolues. Elle haïssait ses belles robes et tout ce qui se faisait pour elle. On lui vendait les bienfaits trop cher. Elle pleurait de dépit d'avoir donné prise sur elle, et prenait la résolution de se conduire de façon à réduire ses parents au silence ; pauvre enfant! Elle pensait alors combien Brigaut avait été grand en lui donnant ses économies. Elle croyait son malheur au comble et ne savait pas qu'en ce moment il se décidait au salon une nouvelle infortune pour elle. En effet, quelques jours après Pierrette eut un maître d'écriture. Elle dut apprendre à lire, à écrire et à compter. L'éducation de Pierrette produisit d'énormes dégâts dans la maison des Rogron. Ce fut l'encre sur les tables, sur les meubles, sur les vêtements; puis les cahiers d'écriture, les plumes égarées partout, la poudre sur les étoffes, les livres déchirés, pendant qu'elle apprenait ses leçons. On lui parlait déjà, et dans quels termes! de la nécessité de gagner son pain, de n'être à charge à personne. En écoutant ces horribles avis, Pierrette sentait une douleur dans sa gorge: il s'y faisait une contraction violente, son cœur battait à coups préci-

pités. Elle était obligée de retenir ses pleurs, car on lui demandait compte de ses larmes comme d'une offense envers la bonté de ses magnanimes parents. Rogron avait trouvé la vie qui lui était propre: il grondait Pierrette comme autrefois ses commis; il allait la chercher au milieu de ses jeux pour la contraindre à étudier, il lui faisait répéter ses leçons, il était le féroce maître d'étude de cette pauvre enfant. Sylvie de son côté regardait comme un devoir d'apprendre à Pierrette le peu qu'elle savait des ouvrages de femme. Ni Rogron ni sa sœur n'avaient de douceur dans le caractère. Ces esprits étroits, qui d'ailleurs éprouvaient un plaisir réel à taquiner cette pauvre petite, passèrent insensiblement de la douceur à la plus excessive sévérité. Leur sévérité fut amenée par la prétendue mauvaise volonté de cette enfant, qui, commencée trop tard, avait l'entendement dur. Ses maîtres ignoraient l'art de donner aux leçons une forme appropriée à l'intelligence de l'élève, ce qui marque la différence de l'éducation particulière à l'éducation publique. Aussi la faute était-elle bien moins celle de Pierrette que celle de ses parents. Elle mit donc un temps infini pour apprendre les éléments. Pour un rien, elle était appelée bête et stupide, sotte et maladroite. Pierrette, incessamment maltraitée en paroles, ne rencontra chez ses deux parents que des regards froids; elle prit l'attitude hébétée des brebis : elle n'osa plus rien faire en voyant ses actions mal jugées, mal accueillies, mal interprétées. En toute chose elle attendit le bon plaisir, les ordres de sa cousine pour éviter des reproches pour elle, et se renferma dans une obéissance passive. Ses brillantes couleurs commencèrent à s'éteindre. Elle se plaignit parfois de souffrir. Quand sa cousine lui demanda : — Où? la pauvre petite, qui ressentait des douleurs générales, répondit : — Partout. — A-t-on jamais vu souffrir partout? Si vous souffriez partout, vous seriez déjà morte! répondit Sylvie. — On souffre à la poitrine, disait Rogron l'épilogueur, on a mal aux dents, à la tête, aux pieds, au ventre; mais on n'a jamais vu avoir mal partout! Qu'est-ce que c'est que cela partout? Avoir mal partout, c'est n'avoir mal nulle part. Sais-tu ce que tu fais? tu parles pour ne rien dire.

Pierrette finit par se taire en voyant ses naïves observations de jeune fille, les fleurs de son esprit naissant, accueillies par des lieux communs que son bon sens lui signalait comme ridicules.

— Tu te plais, dit-on, à manger un appétit de moine! lui disait Rogron.

La seule personne qui ne la blessait point cette chère fleur si délicate était la grosse servante, Adèle. Adèle allait bassiner le lit de cette petite fille, mais en cachette depuis le soir où, surprise à donner cette douceur à la jeune héritière de ses maîtres, elle fut grondée par Sylvie.

— Il faut élever les enfants à la dure, on leur fait ainsi des tempéraments forts. Est-ce que nous nous en sommes plus mal portés mon frère et moi? dit Sylvie. Vous feriez de Pierrette une pichline, mot du vocabulaire Rogron pour peindre les gens souffreteux et pleurards.

Les expressions caressantes de cette ange étaient reçues par des grimaces. Les roses d'affection qui s'élevaient si fraîches, si gracieuses dans cette jeune âme, et qui voulaient s'épanouir au dehors, étaient impitoyablement écrasées. Pierrette recevait les coups les plus durs aux endroits tendres de son cœur. Si elle essayait d'adoucir ces deux féroces natures par des chatteries, elle était accusée de se livrer à sa tendresse par intérêt.

— Dis-moi tout de suite ce que tu veux! s'écriait brutalement Rogron, tu ne me câjoles certes pas pour rien.

Ni la sœur ni le frère n'admettaient l'affection, et Pierrette était tout affection. Le colonel Gouraud, jaloux de plaire à mademoiselle Rogron, lui donnait raison en tout ce qui concernait Pierrette. Vinet appuyait également les deux parents en tout ce qu'ils disaient contre Pierrette; il attribuait tous les prétendus méfaits de cette ange à l'entêtement du caractère breton, et prétendait qu'aucune puissance, aucune volonté n'en venait à bout. Rogron et sa sœur étaient adulés avec une finesse excessive par ces deux courtisans, qui avaient fini par obtenir de Rogron le consentement à la publication du journal le Courrier de Provins, et Sylvie cinq mille francs d'actions. Le colonel et l'avocat se mirent en campagne. Ils placèrent cent actions de cinq cents francs parmi les électeurs propriétaires de biens nationaux à qui les journaux libéraux faisaient concevoir des craintes, parmi les fermiers et parmi les gens dits indépendants. Ils finirent même par étendre leurs ramifications dans le département, dans l'un et dans quelques communes limitrophes. Chaque actionnaire fut naturellement abonné. Puis les annonces judiciaires et autres se divisèrent entre la Ruche et le Courrier. Le premier numéro du journal fit un pompeux éloge de Rogron. Rogron était présenté comme le Laffitte de Provins. Quand le public eut une direction, il lut facile de voir que les prochaines élections seraient vivement disputées. La belle madame Tiphaine fut au désespoir.

— J'ai, disait-elle en lisant un article dirigé contre elle et contre Julliard, j'ai malheureusement oublié qu'il y avait un fripon non loin d'une dupe, et que la sottise attire toujours un homme d'esprit de l'espèce des renards.

Dès que le journal flamba dans un rayon de vingt lieues, Vinet eut un habit neuf, des bottes, un gilet et un pantalon décents. Il arbora le fameux chapeau gris des libéraux et laissa voir son linge. Sa femme prit une servante et parut mise comme devait l'être la femme d'un homme influent; elle eut de jolis bonnets. Par calcul, Vinet lui reconnaissait. L'avocat et son ami Cournant, le notaire des libéraux et l'antagoniste d'Auffray, devinrent les conseils des Rogron, auxquels ils rendirent deux grands services. Les baux faits par Rogron père en 1815, dans des circonstances malheureuses, allaient expirer. L'horticulture et les cultures maraîchères avaient pris d'énormes développements autour de Provins. Le notaire se mirent en mesure de procurer aux Rogron une augmentation de quatorze cents francs dans leurs revenus par les nouvelles locations. Vinet gagna deux procès relatifs à des plantations d'arbres contre deux communes, et dans lesquels il s'agissait de cinq cents peupliers. L'argent des peupliers, celui des économies des Rogron, qui depuis trois ans plaçaient annuellement six mille francs à gros intérêts, fut employé très-habilement à l'achat de plusieurs enclaves. Enfin Vinet entreprit et mit à fin l'expropriation de quelques-uns des paysans à qui Rogron père avait prêté son argent, et qui s'étaient tués à cultiver et amender leurs terres pour pouvoir payer, mais vainement. L'échec porté par la construction de la maison au capital des Rogron fut donc largement réparé. Leurs biens, situés autour de Provins, choisis par leur père comme savent choisir les aubergistes, divisés par petites cultures dont la plus considérable n'était pas de cinq arpents, loués à des gens extrêmement solvables, presque tous possesseurs de quelques morceaux de terre, et avec hypothèque pour sûreté des fermages, rapportèrent à Saint-Martin de novembre 1826 cinq mille francs. Les impôts étaient à la charge des fermiers en cinq pour cent, et, comme cette valeur dépassait le pair, l'avocat leur prêcha pour en opérer le remplacement en terres, leur promettant, à l'aide du notaire, de ne pas leur faire perdre un liard d'intérêt au change.

À la fin de cette seconde période, la vie fut si dure pour Pierrette, l'indifférence des habitudes de la maison et la sottise grondeuse, le défaut d'affection de ses parents, devinrent si corrosifs, elle sentit si bien souffler sur elle le froid humide de la tombe, qu'elle médita le projet hardi de s'en aller à pied, sans argent, en Bretagne, y retrouver sa grand'mère et son grand-père Lorrain. Deux événements l'en empêchèrent. Le bonhomme Lorrain mourut, Rogron fut nommé tuteur de sa cousine par un conseil de famille tenu à Provins. Si la grand'mère eût succédé la première, il est à croire que Rogron, conseillé par Vinet, eût redemandé les huit mille francs de Pierrette, et réduit le grand-père à l'indigence.

— Mais vous pouvez hériter de Pierrette, lui dit Vinet avec un affreux sourire. On ne sait ni qui vit ni qui meurt!

Éclairé par ce mot, Rogron ne laissa en repos la veuve Lorrain, débitrice de sa petite-fille, qu'après lui avoir fait assurer à Pierrette la nue propriété des huit mille francs par une donation entre vifs dont les frais furent payés par lui.

Pierrette fut étrangement saisie par ce deuil. Au moment où elle recevait ce coup terrible, il fut question de lui faire faire sa première communion : autre événement dont les obligations retinrent Pierrette à Provins. Cette cérémonie nécessaire et si simple allait amener de grands changements chez les Rogron. Sylvie apprit que M. le curé Péroux instruisait les petites Juillard, Lesourd, Garceland et autres. Elle se piqua d'honneur, voulut avoir pour Pierrette le propre vicaire de M. le curé Péroux, M. Habert, un homme qui passait pour appartenir à la congrégation, très-zélé pour les intérêts de l'Église, très-redouté dans Provins, et qui cachait une grande ambition sous une sévérité de principes absolus. La sœur de ce prêtre, une fille d'environ trente ans, tenait une pension de demoiselles dans la ville. Le frère et la sœur se ressemblaient : tous deux maigres, jaunes, à cheveux noirs, atrabilaires. En Bretonne bercée dans les pratiques et la poésie du catholicisme, Pierrette ouvrit son cœur et ses oreilles à la parole de ce prêtre imposant. Les souffrances disposent à la dévotion, et presque toutes les jeunes filles, poussées par leur tendresse instinctive, inclinent au mysticisme, le côté profond de la religion. Le prêtre sema donc le grain de l'Évangile et les dogmes de l'Église dans un terrain excellent. Il changea complétement les dispositions de Pierrette. Pierrette aima Jésus-Christ présenté dans la communion aux jeunes filles comme un céleste époux : ses souffrances physiques et morales eurent un sens, elle fut instruite à voir en toute chose le doigt de Dieu. Son âme, si cruellement frappée dans cette maison sans où elle pût accuser ses parents, se réfugia dans cette sphère où montent tous les malheureux, soutenus sur les ailes des trois vertus théologales. Elle abandonna donc ses idées de fuite. Sylvie, étonnée encore de la métamorphose opérée en Pierrette par M. Habert, fut prise de curiosité. Dès lors, tout en préparant Pierrette à faire sa première communion, M. Habert conquit à Dieu l'âme, jusqu'alors égarée, de mademoiselle Sylvie. Sylvie tomba dans la dévotion. Denis Rogron, sur lequel le prétendu jésuite ne put mordre, car alors l'esprit de S. M. libérale feu le Constitutionnel 1er était plus fort sur certains biais que l'esprit de l'Église, Denis resta fidèle au colonel Gouraud, à Vinet et au libéralisme.

Mademoiselle Rogron fit naturellement connaissance de mademoiselle Habert, avec laquelle elle sympathisa parfaitement. Ces deux filles s'aimèrent comme deux sœurs qui s'aiment. Mademoiselle Habert offrit

de prendre Pierrette chez elle, et d'éviter à Sylvie les ennuis et les embarras d'une éducation : mais le frère et la sœur répondirent que l'absence de Pierrette leur ferait un trop grand vide à la maison. L'attachement des Rogron à leur petite cousine parut excessif. En voyant l'entrée de mademoiselle Habert dans la place, le colonel Gouraud et l'avocat Vinet préférèrent à l'ambitieux vicaire, dans l'intérêt de sa sœur, le plan matrimonial formé par le colonel.

— Votre sœur veut vous marier, dit l'avocat à l'ex-mercier. — À l'encontre de qui? fit Rogron. — Avec cette vieille sibylle d'institutrice, s'écria le vieux colonel en caressant ses moustaches grises. — Elle ne m'en a rien dit, répondit naïvement Rogron.

Une fille absolue comme l'était Sylvie devait faire des progrès dans la voie du salut. L'influence du prêtre allait grandir dans cette maison, appuyée par Sylvie, qui disposait de son frère. Les deux libéraux, qui s'effrayèrent justement, comprirent que le prêtre avait résolu de marier sa sœur avec Rogron, union infiniment plus sortable que celle de Sylvie et du colonel, il pousserait Sylvie aux pratiques les plus violentes de la religion, et ferait mettre Pierrette au couvent. Ils pouvaient donc perdre le prix de dix-huit mois d'efforts, de lâchetés et de flatteries. Ils furent saisis d'une effroyable et sourde haine contre le prêtre et sa sœur; ils sentirent la nécessité de suivre toujours filles. Vinet sut persuader au whist et le boston, vinrent tous les soirs. L'assiduité des uns excita l'assiduité des autres. L'avocat et le colonel se sentirent en tête des adversaires aussi forts qu'eux, pressentiment qui partagèrent M. et mademoiselle Habert. Cette situation respective était déjà un combat. De même que le colonel faisait goûter à Sylvie les douceurs inespérées d'une recherche en mariage, car elle avait fini par voir un homme digne d'elle dans Gouraud, de même mademoiselle Habert enveloppa l'ex-mercier de la ouate de ses attentions, de ses paroles et de ses regards. Aucun des deux partis ne pouvait se dire ce grand mot de haute politique : — Partageons! Chacun voulait sa proie. D'ailleurs, les deux fins renards de l'opposition provinciale, opposition qui grandissait, eurent le tort de se croire plus forts que le sacerdoce : ils firent les fins premiers. Vinet, dont la reconnaissance fut réveillée par les doigts crochus de l'intérêt personnel, alla chercher mademoiselle de Chargebœuf et sa mère. Ces deux femmes possédaient environ deux mille livres de rente, et vivaient péniblement à Troyes. Mademoiselle Bathilde de Chargebœuf était une de ces magnifiques créatures qui croient aux mariages par amour et changeant d'opinion vers leur vingt-cinquième année en se trouvant toujours filles. Vinet sut persuader à madame de Chargebœuf de joindre ses deux mille francs avec les siens qu'il gagnait depuis l'établissement du journal, et de venir vivre en famille à Provins, où Bathilde épouserait, dit-il, un imbécile nommé Rogron, et, pourrait, spirituelle comme elle était, rivaliser la petite madame Tiphaine. L'accession de madame et de mademoiselle de Chargebœuf au ménage et aux idées de Vinet donna la plus grande consistance au parti libéral. Cette jonction consterna l'aristocratie de Provins et le parti Tiphaine. Madame de Bréauty, désespérée de voir deux femmes nobles ainsi égarées, les pria de venir chez elle. Elle gémit les fautes commises par les royalistes, en devint furieuse contre ceux de Troyes, en apprenant la situation de la mère et de la fille.

— Comment! il ne s'est pas trouvé quelque vieux gentilhomme campagnard pour épouser cette chère petite, faite pour devenir une châtelaine? disait-elle. Ils l'ont laissée monter en graine, et elle va se jeter à la tête d'un Rogron!

Elle remua tout le département sans pouvoir y trouver un seul gentilhomme capable d'épouser une fille dont la mère n'avait que deux mille livres de rente. Le parti Tiphaine et le sous-préfet se mirent aussi, mais trop tard, à la recherche de cet inconnu. Madame de Bréauty porta de terribles accusations contre l'égoïsme qui dévorait la France, fruit du matérialisme et de l'empire accordé par les lois à l'argent : la noblesse n'était plus rien! la beauté plus rien! Des Rogron, des Vinet, livraient combat au roi de France!

Bathilde de Chargebœuf n'avait pas seulement sur sa visite l'avantage incontestable de la beauté, mais encore celui de la toilette. Elle était d'une blancheur éclatante. À vingt-cinq ans, ses formes entièrement développées, ses belles formes, avaient une plénitude exquise. La rondeur de ses attaches, la pureté de son attitude, la richesse de sa chevelure d'un blond élégant, la grâce de son sourire, la forme distinguée de sa tête, le fini de sa figure, ses beaux yeux bien placés sous un front bien taillé, ses mouvements nobles et de bonne compagnie, et sa taille encore svelte, tout en elle s'harmoniait. Elle avait une belle main et le pied étroit. Sa santé lui donnait peut-être l'air d'une belle fille d'auberge — mais ce ne devait pas être un défaut aux yeux d'un Rogron, » dit la belle madame Tiphaine. Mademoiselle de Chargebœuf parut la première fois assez simplement mise. Sa robe de mérinos brun festonnée d'une broderie verte était décolletée, mais un fichu de tulle bien tendu par les cordons intérieurs couvrait ses épaules, son dos et le corsage, en s'entr'ouvrant néanmoins par devant, quoique le fichu fût fermé par une sévigné. Sous ce délicat réseau les beautés de Bathilde étaient encore plus coquettes, plus séduisantes. Elle ôta son chapeau de velours et son châle en arrivant, et montra ses jolies oreilles ornées de pendeloques en or. Elle avait une petite jeannette en velours qui brillait sur son cou comme l'anneau noir que la fantasque nature met à la queue d'un angora blanc. Elle savait toutes les malices des filles à marier : agiter ses mains en relevant des boucles qui ne se sont pas dérangées, faire voir ses poignets en priant Rogron de lui rattacher une manchette, ce à quoi le malheureux ébloui se refusait brutalement, cachant ainsi ses émotions sous une fausse indifférence. La timidité du seul amour que ce mercier devait éprouver dans sa vie eut toutes les allures de la haine. Sylvie autant que Céleste Habert s'y méprirent, mais non l'avocat, l'homme supérieur de cette société stupide, et qui n'avait que le prêtre pour adversaire, car le colonel fut longtemps son allié.

De son côté, le colonel se conduisit dès lors envers Sylvie comme Bathilde envers Rogron. Il mit du linge blanc tous les soirs, il eut des cols de velours sur lesquels se détachait bien sa martiale figure relevée par les bouts du col blanc de sa chemise; il adopta le gilet de piqué blanc et se fit faire une redingote nouvelle en drap bleu, où brillait sa rosette rouge, le tout sous prétexte de faire honneur à la belle Bathilde. Il ne fuma plus passé deux heures. Ses cheveux grisonnants furent rabattus en ondes sur son crâne à ton d'ocre. Il prit enfin l'extérieur et l'attitude d'un homme d'un parti, d'un homme qui se disposait à mener les ennemis de la France, les Bourbons, enfin, tambour battant.

Le satanique avocat et le rusé colonel jouèrent à M. et à mademoiselle Habert un tour encore plus cruel que la présentation de la belle mademoiselle de Chargebœuf, jugée par le parti libéral et chez les Bréautey comme dix fois plus belle que la belle madame Tiphaine. Ces deux grands politiques de petite ville firent croire de proche en proche que M. Habert entrait dans toutes leurs idées. Provins parla bientôt de lui comme d'un prêtre libéral. Maudé promptement à l'évêché, M. Habert fut forcé de renoncer à ses soirées chez les Rogron ; mais sa sœur y alla toujours. Le salon Rogron fut dès lors constitué, et devint une puissance.

Aussi, vers le milieu de cette année, les intrigues politiques ne furent-elles pas moins vives dans le salon des Rogron que les intrigues matrimoniales. Si les intérêts sourds, enfouis dans les cœurs, se livrèrent des combats acharnés, la lutte publique eut une fatale célébrité. Chacun sait que le ministère Villèle fut renversé par les élections de 1826. Au collège de Provins, Vinet, candidat libéral, à qui M. Cournant avait procuré le cens par l'acquisition d'un domaine dont le prix restait dû, faillit l'emporter sur M. Tiphaine. Le président n'eut que deux voix de majorité. À mesdames Vinet et de Chargebœuf, à Vinet, au colonel, se joignirent quelquefois M. Cournant et sa femme, puis le médecin Néraud, un homme dont la jeunesse avait été bien orageuse, mais qui voyait sérieusement la vie ; il s'était adonné, disait-on, à l'étude, et avait, à entendre les libéraux, beaucoup plus de moyens que M. Martener. Les Rogron ne comprenaient pas plus leur triomphe qu'ils n'avaient compris leur ostracisme.

La belle Bathilde de Chargebœuf, à qui Vinet montra Pierrette comme son ennemie, était horriblement dédaigneuse pour elle. L'intérêt général exigeait l'abaissement de cette pauvre victime. Madame Vinet ne pouvait rien pour cette enfant broyée entre des intérêts implacables qu'elle avait fini par comprendre. Sans le vouloir impérieux de son mari, elle ne serait pas venue chez les Rogron, elle y souffrait trop de voir maltraiter cette jolie créature qui se serrait près d'elle en y devinant une protection secrète et qui lui demandait de lui apprendre tel ou tel point, de lui enseigner une broderie. Pierrette montrait ainsi que, traitée doucement, elle comprenait et réussissait à merveille. Madame Vinet n'était plus utile, elle ne vint plus. Sylvie, qui caressait encore l'idée du mariage, vit enfin dans Pierrette un obstacle : Pierrette avait près de quatorze ans, sa blancheur maladive, dont les symptômes étaient négligés par cette ignorante vieille fille, la rendait ravissante. Sylvie conçut alors la belle idée de compenser les dépenses que lui causait Pierrette en en faisant une servante. Vinet comme ayant-cause des Chargebœuf, mademoiselle Habert, Gouraud, tous les habitués influents, engagèrent Sylvie à renvoyer la grosse Adèle. Pierrette ne ferait-elle pas la cuisine et ne soignerait-elle pas la maison? Quand il y aurait trop d'ouvrage, elle serait quitte pour prendre la femme de ménage du colonel, une personne très-entendue et l'un ces cordons bleus de Provins. Pierrette devait savoir faire la cuisine, frotter, dit le sinistre avocat, balayer, tenir une maison propre, aller au marché, apprendre le prix des choses. La pauvre petite, dont le dévouement égalait la générosité, s'offrit elle-même, heureuse d'acquitter ainsi le pain si dur qu'elle mangeait dans cette maison. Adèle fut renvoyée. Pierrette perdit ainsi la seule personne qui l'eût peut-être protégée. Malgré sa force, elle fut dès ce moment accablée physiquement et moralement. Ces deux célibataires eurent pour elle bien moins d'égards que pour une domestique, elle leur appartenait ! Aussi fut-elle grondée pour des riens, pour un peu de poussière oubliée sur le marbre de la cheminée ou sur un globe de verre. Ces objets de luxe qu'elle avait tant admirés lui devinrent odieux. Malgré son désir de bien faire, son inexorable cousine trouvait toujours à reprendre dans ce qu'elle avait fait. En deux ans, Pierrette ne reçut pas un compliment, n'entendit pas une parole affectueuse. Le bonheur pour elle était de ne pas être grondée. Elle supportait avec une patience angélique les humeurs noires de ces deux célibataires, à qui les sentiments doux étaient entièrement inconnus, et qui tous les jours lui faisaient sentir sa dépendance. Cette vie où la jeune fille se trouvait, entre ces deux merciers, comme pressée entre les deux lèvres d'un étau, augmenta sa maladie. Elle éprouva des troubles intérieurs si violents, des chagrins secrets si subits dans leurs explosions, que ses développements furent irrémédiablement contrariés. Pierrette arriva donc lentement par des douleurs épouvantables, mais cachées, à l'état où la vit son ami d'enfance en la saluant, sur la petite place, ce romance bretonne.

Avant d'entrer dans le drame domestique que la venue de Brigaut détermina dans la maison Rogron, il est nécessaire, pour ne pas l'interrompre, d'expliquer l'établissement du Breton à Provins, car il fut

Les Rogron.

en quelque sorte un personnage muet de cette scène. En se sauvant, Brigaut fut non-seulement effrayé du geste de Pierrette, mais encore du changement de sa jeune amie : à peine l'eût-il reconnue sans la voix, si gaie, si néanmoins si tendre. Quand il fut loin de la maison, ses jambes tremblèrent sous lui ; il eut chaud dans le dos ! Il avait vu l'ombre de Pierrette et non Pierrette. Il grimpa dans la haute ville, pensif, inquiet, jusqu'à ce qu'il eût trouvé un endroit d'où il pouvait apercevoir la place et la maison de Pierrette ; il la contempla douloureusement, perdu dans des pensées infinies, comme un malheur dans lequel on entre sans savoir où il s'arrête. Pierrette souffrait, elle n'était pas heureuse, elle regrettait la Bretagne ! qu'avait-elle ? Toutes ces questions passèrent et repassèrent dans le cœur de Brigaut en le déchirant, et lui révélèrent à lui-même l'étendue de son affection pour sa petite sœur d'adoption. Il est extrêmement rare que les passions entre enfants de sexes différents subsistent. Le charmant roman de Paul et Virginie, pas plus que celui de Pierrette et de Brigaut, ne tranche la question que soulève ce fait moral, si étrange. L'histoire moderne n'offre que l'illustre exception de la sublime marquise de Pescaire et de son mari : destinés l'un à l'autre par leurs parents dès l'âge de quatorze ans, ils s'adorèrent et se marièrent ; leur union donna le spectacle au seizième siècle d'un amour conjugal infini, sans nuages. Devenue veuve à trente-quatre ans, la marquise, belle, spirituelle, universellement adorée, refusa des rois, et s'enterra dans un couvent, où elle ne vit, n'entendit plus que les religieuses. Cet amour si complet se développa soudain dans le cœur du pauvre ouvrier breton. Pierrette et lui s'étaient si souvent protégés l'un l'autre, il avait été si content de lui apporter l'argent de son voyage, il avait failli mourir pour avoir suivi la diligence, et Pierrette n'en avait rien su ! Ce souvenir avait souvent réchauffé les heures froides de sa périlleuse vie durant ces trois années. Il s'était perfectionné pour Pierrette, il avait appris son état pour Pierrette, il était venu à Paris en se proposant d'y faire fortune pour elle. Après y avoir passé quinze jours, n'avait pas tenu à l'idée de la voir, il avait marché depuis le samedi soir jusqu'au lundi matin ; il comptait retourner à Paris ; mais la touchante apparition de sa petite amie le clouait à Provins. Un admirable magnétisme encore contesté, malgré tant de preuves, agissait sur lui à son insu : des larmes lui roulaient dans les yeux pendant que des larmes obscurcissaient ceux de Pierrette. Si, pour elle, il était la Bretagne et la plus heureuse enfance, pour lui, Pierrette était la vie ! A seize ans, Brigaut ne savait encore ni dessiner ni profiler une corniche, il ignorait bien des choses ; mais, à ses pièces, il avait gagné quatre à cinq francs par jour. Il pouvait donc vivre à Provins, il y serait à portée de Pierrette, il achèverait d'apprendre son état en choisissant pour maître le meilleur menuisier de la ville, et veillerait sur Pierrette. En un moment le parti de Brigaut fut pris. L'ouvrier courut à Paris, fit ses comptes, y reprit son livret, son bagage et ses outils. Trois jours après, il était compagnon chez M. Frappier, le premier menuisier de Provins. Les

ouvriers actifs, rangés, ennemis du bruit et du cabaret, sont assez rares pour que les maîtres tiennent à un jeune homme comme Brigaut. Pour terminer l'histoire du Breton sur ce point, au bout d'une quinzaine il devint maître compagnon, fut logé, nourri chez Frappier, qui lui montra le calcul et le dessin linéaire. Ce menuisier demeurait dans la Grand'rue, à une centaine de pas de la petite place longue au bout de laquelle était la maison des Rogron. Brigaut enterra son amour dans son cœur et ne commit pas la moindre indiscrétion. Il se fit conter par madame Frappier l'histoire des Rogron ; elle lui dit la manière dont s'y était pris le vieil aubergiste pour avoir la succession du bonhomme Auffray. Brigaut eut des renseignements sur le caractère du mercier Rogron et de sa sœur. Il surprit Pierrette au marché le matin avec sa cousine, et frissonna de la voir au bras un panier plein de provisions. Il alla revoir Pierrette le dimanche à l'église, où la Bretonne se montrait dans ses atours. Là, pour la première fois, Brigaut vit que Pierrette était mademoiselle Lorrain. Pierrette aperçut son ami, mais elle lui fit un signe mystérieux pour l'engager à demeurer bien caché. Il y eut un monde de choses dans ce geste, comme dans celui par lequel, quinze jours auparavant, elle l'avait engagé à se sauver. Quelle fortune ne devait-il pas faire en dix ans pour pouvoir épouser sa petite amie d'enfance, à qui les Rogron devaient laisser une maison, cent arpents de terre et douze mille livres de rente, sans compter leurs économies ! Le persévérant Breton ne voulait pas tenter fortune sans avoir acquis les connaissances qui lui manquaient. S'instruire à Paris ou s'instruire à Provins, tant qu'il ne s'agissait que de théorie, il préféra rester près de Pierrette, à laquelle d'ailleurs il voulait expliquer ses projets et l'espèce de protection sur laquelle elle pouvait compter. Enfin il ne voulait pas la quitter sans avoir pénétré le mystère de cette pâleur qui atteignait déjà la vie dans l'organe qu'elle déserte en dernier, les yeux : sans savoir d'où venaient ces souffrances qui lui donnaient l'air d'une fille courbée sous la faux de la mort, et près de tomber. Ces deux signes touchants, qui ne démentaient pas leur amitié, mais qui recommandaient la plus grande de réserve, jetèrent la terreur dans l'âme du

Breton. Évidemment Pierrette lui commandait de l'attendre, et de ne pas chercher à la voir, autrement il y avait danger, péril pour elle. En sortant de l'église, elle put lui lancer un regard, et Brigaut vit les yeux de Pierrette pleins de larmes. Le Breton aurait trouvé la quadrature du cercle avant de deviner ce qui s'était passé dans la maison des Rogron, depuis son arrivée.

Ce ne fut pas sans de vives appréhensions que Pierrette descendit de sa chambre le matin où Brigaut avait surgi dans son rêve matinal comme un autre rêve. Pour se lever, pour ouvrir la fenêtre, mademoiselle Rogron avait dû entendre ce chant et ces paroles assez compromettantes aux oreilles d'une vieille fille : mais Pierrette ignorait les faits qui rendaient sa cousine si alerte. Sylvie avait de puissantes raisons pour se lever et pour accourir à sa fenêtre. Depuis environ huit jours, d'étranges événements secrets, de cruels sentiments, agitaient les principaux personnages du salon Rogron. Ces événements incon-

Brigaut put glisser un billet à Pierrette. — page 25.

nus, racinés solennellement de part et d'autre, allaient retomber comme une froide avalanche sur Pierrette. Ce monde de choses mystérieuses, et qu'il faudrait peut-être nommer les immondices du cœur humain, gisent à la base des plus grandes révolutions politiques, sociales ou domestiques ; mais, en les disant, peut-être est-il extrêmement utile d'expliquer que leur traduction algébrique, quoique vraie, est infidèle sous le rapport de la forme. Ces calculs profonds ne parlent pas aussi brutalement que l'histoire les exprime. Vouloir rendre les circonlocutions, les précautions oratoires, les longues conversations où l'esprit obscurcit à dessein la lumière qu'il y porte, où la parole mielleuse délaye le venin de certaines intentions, ce serait tenter un livre aussi long que le magnifique poème appelé Clarisse Harlowe. Mademoiselle Habert et mademoiselle Sylvie avaient une égale envie de se marier ; mais l'une était de dix ans moins âgée que l'autre, et les probabilités permettaient à Céleste Habert de penser que ses enfants auraient toute la fortune des Rogron. Sylvie arrivait à quarante-deux ans, âge auquel le mariage peut offrir des dangers. En se confiant leurs idées pour se demander l'une à l'autre une approbation, Céleste Habert, mise en œuvre par l'abbé vindicatif, avait éclairé Sylvie sur les prétendus périls de sa position. Le colonel, homme violent, d'une santé militaire, gros garçon de quarante-cinq ans, devait pratiquer la morale de tous les contes de fées : *Ils furent heureux et eurent beaucoup d'enfants.* Ce bonheur fit trembler Sylvie, elle eut peur de mourir, idée qui ravage de fond en comble les célibataires. Mais le ministère Martignac, cette seconde victoire de la Chambre qui renversa le ministère Villèle, était nommé. Le parti Vinet marchait la tête haute dans Provins. Vinet, maintenant le premier avocat de la Brie, *gagnait tout ce qu'il voulait*, selon un mot populaire. Vinet était un personnage. Les libéraux prophétisaient son avénement, il serait certainement député, procureur général. Quant au colonel, il deviendrait maire de Provins. Ah ! régner comme régnait madame Garceland, être la femme du maire ! Sylvie ne tint pas contre cette espérance, elle voulut consulter un médecin, quoique une consultation pût la couvrir de ridicule. Ces deux filles, l'une victorieuse de l'autre et sûre de la mener en laisse, inventèrent un de ces traquenards que les femmes conseillées par un prêtre savent si bien apprêter. Consulter M. Néraud, le médecin des libéraux, l'antagoniste de M. Martener, était une faute. Céleste Habert offrit à Sylvie de la cacher dans son cabinet de toilette, et de consulter pour elle-même, sur sa chapitre, M. Martener, le médecin de son pensionnat. Complice ou non de Céleste, Martener répondit à sa cliente que le danger existait déjà, quoique faible, chez une fille de trente ans. — Mais votre constitution, lui dit-il en terminant, vous permet de ne rien craindre. — Et pour une femme de quarante ans passée ? dit mademoiselle Céleste Habert. — Une femme de quarante ans, mariée et qui a des enfants, n'a rien à redouter. — Mais une fille sage, très-sage, comme mademoiselle Rogron, par exemple ? — Sage ! il n'y a plus de doute, dit M. Martener. Un accouchement heureux est alors un de ces miracles que Dieu se permet, mais rarement. — Et pourquoi ? dit Céleste Habert.

Le médecin répondit par une description pathologique effrayante ; il expliqua comment l'élasticité donnée par la nature dans le jeune âge aux muscles, aux os, n'existait plus à un certain âge, surtout chez les femmes, que leur profession rendait sédentaires pendant longtemps comme mademoiselle Rogron.

— Ainsi, passé quarante ans, une fille vertueuse ne doit plus se marier ? — Ou attendre le médecin ; mais alors ce n'est plus le mariage, c'est une association d'intérêts ; autrement, que serait-ce ?

Enfin il résulta de cet entretien, clairement, sérieusement, scientifiquement et raisonnablement que, passé quarante ans, une fille vertueuse ne devait pas trop se marier. Quand M. Martener fut parti, mademoiselle Céleste Habert trouva mademoiselle Rogron verte et jaune, les pupilles dilatées, enfin dans un état effrayant.

— Vous aimez donc bien le colonel ? lui dit-elle. — J'espérais encore, répondit la vieille fille. — Eh bien ! attendez, lui s'écria jésuitiquement mademoiselle Habert, qui savait bien que le temps ferait justice du colonel.

Cependant la moralité de ce mariage était douteuse. Sylvie alla sonder sa conscience au fond du confessionnal. Le sévère directeur lui expliqua les opinions de l'Église, qui ne voit dans le mariage que la propagation de l'humanité, qui réprouve les secondes noces et flétrit les passions sans but social. Les perplexités de Sylvie Rogron furent extrêmes. Ces combats intérieurs donnèrent une force étrange à sa passion et lui prêtèrent l'inexplicable attrait que depuis Ève les choses défendues offrent aux femmes. Le trouble de mademoiselle Rogron ne put échapper à l'œil clairvoyant de l'avocat.

Un soir, après la partie, Vinet s'approcha de sa chère amie Sylvie, la prit par la main, et alla s'asseoir avec elle sur un canapé.

— Vous avez quelque chose, lui dit-il à l'oreille.

Elle inclina tristement la tête. L'avocat laissa partir Rogron, resta seul avec la vieille fille et lui tira les vers du cœur.

— Bien joué, l'abbé ! mais tu as joué pour moi ! s'écria-t-il en lui-

même, après avoir entendu toutes les consultations secrètes faites par Sylvie, et dont la dernière était la plus effrayante.

Ce rusé renard judiciaire fut plus terrible encore que le médecin dans ses explications ; il conseilla le mariage, mais dans une dizaine d'années seulement, pour plus de sécurité. L'avocat jura que toute la fortune des Rogron appartiendrait à Bathilde. Il se frotta les mains, son museau s'affina, tout en courant après madame et mademoiselle de Chargebœuf, qu'il avait laissées en route avec leur domestique armée d'une lanterne. L'influence qu'exerçait M. Habert, médecin de l'âme, Vinet, le médecin de la bourse, la contrebalançait parfaitement. Rogron était fort peu dévot ; ainsi l'homme d'Église et l'homme de loi, ces deux robes noires, se trouvaient manche à manche. En apprenant la victoire remportée par mademoiselle Habert, qui croyait épouser Rogron, sur Sylvie hésitant entre la peur de mourir et la joie d'être baronne, l'avocat aperçut la possibilité de faire disparaître le colonel du champ de bataille. Il connaissait assez Rogron pour trouver un moyen de le marier avec la belle Bathilde. Rogron n'avait pu résister aux attaques de mademoiselle de Chargebœuf. Vinet savait que la première fois que Rogron serait seul avec Bathilde et lui, leur mariage serait décidé. Rogron en était venu au point d'attacher les yeux sur mademoiselle Habert, tant il avait peur de regarder Bathilde. Vinet venait de voir à quel point Sylvie aimait le colonel. Il comprit l'étendue d'une pareille passion chez une vieille fille, également rongée de dévotion ; et il crut bientôt trouvé le moyen de perdre à la fois Pierrette et le colonel, espérant d'être débarrassé de l'un par l'autre.

Le lendemain matin, après l'audience, il rencontra, selon leur habitude quotidienne, le colonel en promenade avec Rogron.

Quand ces trois hommes allaient ensemble, leur réunion faisait toujours causer la ville. Ce triumvirat, en horreur au sous-préfet, à la magistrature, au parti des Tiphaine, était un tribunal dans les libéraux de Provins tiraient vanité. Vinet rédigeait le *Courrier* à lui seul, il était la tête du parti ; le colonel, gérant responsable du journal, était le bras ; Rogron était le nerf avec son argent, il était censé le lien entre le comité directeur de Provins et le comité directeur de Paris. À écouter les Tiphaine, ces trois hommes étaient toujours à machiner quelque chose contre le gouvernement, tandis que les libéraux les appelaient comme les défenseurs du peuple. Quand l'avocat vit Rogron revenant vers la place, ramené au logis par l'heure du dîner, il empêcha le colonel, qui lui prenait le bras, d'accompagner l'ex-mercier.

— Eh bien ! colonel, lui dit-il, je vais vous ôter un grand poids de dessus les épaules ; vous épouserez mieux que Sylvie : en vous y prenant bien, vous pouvez épouser dans deux ans la petite Pierrette Lorrain.

Et il lui raconta les effets de la manœuvre du jésuite.

— Quelle botte secrète, et comme elle est tirée de longueur ! dit le colonel. — Colonel, vous pouvez être charmante créature, vous pouvez être heureux le reste de vos jours, et vous aurez tout le talent que ce mariage n'aura pas pour vous les inconvénients habituels des unions disproportionnées ; mais ne croyez pas facile cet échange d'un sort affreux contre un sort agréable. Faire passer votre amante à l'état de confidente est une opération aussi périlleuse que, dans votre métier, le passage d'une rivière sous le feu de l'ennemi. Fin comme un colonel de cavalerie que vous êtes, vous étudierez la position et vous manœuvrerez avec la supériorité que nous avons eue jusqu'à présent et qui nous a valu notre situation actuelle. Si je suis procureur général un jour, vous pouvez commander le département. Ah ! si vous aviez été électeur ! nous serions plus avancés, j'aurais acheté les deux voix de ces employés ou des désintéressant de la perte de leurs places, et nous aurions eu la majorité. Je siégerais auprès des Dupin, des Casimir Périer, au...

Le colonel avait pensé depuis longtemps à Pierrette, mais il cachait cette pensée avec une profonde dissimulation ; aussi sa brutalité envers Pierrette n'était-elle qu'apparente. L'enfant ne s'expliquait pas pourquoi le prétendu camarade de son père la traitait si mal, quand il lui passait la main sous le menton et lui faisait une caresse paternelle en la rencontrant seule. Depuis la confidence de Vinet relativement à la terreur que le mariage causait à mademoiselle Sylvie, Gouraud avait cherché les occasions de trouver Pierrette seule, et il lui disait combien Lorrain était brave, et quel malheur pour elle qu'il fût mort !

Quelques jours avant l'arrivée de Brigaut, Sylvie avait surpris Gouraud et Pierrette. La jalousie était une force étrange dans ce cœur avec une ardeur monastique. La jalousie, passion éminemment crédule, soupçonneuse, est, cabrée sur la fantaisie et le plus d'action ; mais elle ne passait les esprit, elle en était ; et, chez Sylvie, cette passion devait amener d'étranges idées. Sylvie imagina que l'homme qui venait de prononcer ce mot *madame la mariée* à Pierrette était le colonel. En attribuant ce rendez-vous au colonel, Sylvie croyait avoir raison, car, depuis une semaine, les manières de Gouraud lui semblaient changées. Cet homme était le seul qui, dans la solitude où elle avait vécu, se fût occupé d'elle, elle l'observait donc de tous ses yeux, de tout son entendement ; et à force de se livrer à des espérances, tour à tour florissantes ou détruites, elle en avait fait une chose d'une si grande étendue, qu'elle y éprouvait les effets d'un mirage moral. Selon une belle expression vulgaire, à force de le regarder, elle n'y voyait souvent plus rien. Elle repoussait et combattait victorieusement et tour à tour la supposition de cette rivalité chimérique. Elle faisait un parallèle entre elle et Pierrette : elle avait quarante ans et des cheveux gris; Pierrette était une petite fille délicieuse de blancheur, avec des yeux d'une tendresse à réchauffer un cœur mort. Elle avait entendu dire que les hommes de cinquante ans aimaient les petites filles dans le genre de Pierrette. Avant que le colonel se rangeât et fréquentât la maison Rogron, Sylvie avait écouté dans le salon Tiphaine d'étranges choses sur Gouraud et sur ses mœurs. Les vieilles filles ont un amour des idées platoniques exagérées que professent les jeunes filles de vingt ans, elles ont conservé des doctrines absolues comme tous ceux qui n'ont pas expérimenté la vie, éprouvé combien les forces majeures sociales modifient, écornent et font faillir ces belles et nobles idées. Pour Sylvie, être trompée par ce colonel était une pensée qui lui martelait la cervelle. Depuis ce temps que tout célibataire oisif passe au lit entre son réveil et son lever, la vieille fille s'était donc occupée d'elle, de Pierrette et de la romance qui l'avait réveillée par le mot de mariage. En fille sotte, au lieu de regarder l'amoureux entre ses persiennes, elle avait ouvert sa fenêtre sans penser que Pierrette l'entendrait. Si elle avait eu le vulgaire esprit de l'espion, elle aurait vu Brigaut, et le drame fatal alors commencé n'aurait pas eu lieu.

Pierrette, malgré sa faiblesse, ôta les barres de bois qui maintenaient les volets de la cuisine, les ouvrit et les accrocha, puis elle alla ouvrir également la porte du corridor donnant sur le jardin. Elle prit les différents balais nécessaires à balayer le tapis, la salle à manger, le corridor, les escaliers, enfin pour tout nettoyer, avec un soin, une exactitude qu'aucune servante, fût-elle hollandaise, ne mettrait à son ouvrage : elle haïssait tant les réprimandes! Pour elle, le bonheur consistait à voir les petits yeux bleus, pâles et froids de sa cousine, non pas satisfaits, ils ne le paraissaient jamais, mais seulement calmes, après qu'elle avait jeté partout son regard de propriétaire, ce regard inexplicable qui voit ce qui échappe aux yeux les plus observateurs. Pierrette avait déjà la peau moite quand elle revint à la cuisine y tout mettre en ordre, allumer les fourneaux afin de pouvoir porter du feu chez son cousin et sa cousine en leur apportant à chacun de l'eau chaude pour leur toilette, elle qui n'en avait pas pour la sienne! Elle mit le couvert pour le déjeuner et chauffa le poêle de la salle. Pour ces différents services, elle allait quelquefois à la cave chercher de petits fagots, et quittait un lieu frais pour un lieu chaud, un lieu chaud pour un lieu froid et humide. Ces transitions subites, accomplies avec l'entraînement de la jeunesse, souvent pour éviter un mot dur, pour obéir à un ordre, causaient des aggravations sans remède dans l'état de sa santé. Pierrette ne se savait pas malade. Cependant elle commençait à souffrir; elle avait des appétits étranges, elle les cachait; elle aimait les salades crues et les dévorait en secret. L'innocente enfant ignorait complètement que sa situation constituait une maladie grave et voulait les plus grandes précautions. Avant l'arrivée de Brigaut, si ce Néraud, qui pouvait se reprocher la mort de la grand-mère, eût révélé ce danger mortel à la petite-fille, Pierrette eût souri: elle trouvait trop d'amertume à la vie pour ne pas sourire à la mort. Mais depuis quelques instants, elle qui joignait à ses souffrances corporelles les souffrances de la nostalgie bretonne, maladie morale si commune que les colonels n'ont égard pour les Bretons que se trouvent dans leurs régiments, elle aimait Provins! La vue de cette fleur d'or, ce chant, la présence de son ami d'enfance, l'avaient ranimée comme une plante depuis longtemps sans eau reverdit après une longue pluie. Elle voulait vivre, elle croyait ne pas avoir souffert! Elle se glissa timidement chez sa cousine, y fit le feu, y laissa la bouilloire, échangea quelques paroles, alla réveiller son cousin, et descendit prendre le lait, le pain et toutes les provisions que les fournisseurs apportaient. Elle resta pendant quelque temps sur le seuil de la porte, espérant que Brigaut aurait l'esprit de revenir; mais Brigaut était déjà sur la route de Paris. Elle avait arrangé la salle, elle était occupée à la cuisine, quand elle entendit sa cousine descendre l'escalier. Mademoiselle Sylvie Rogron apparut dans une robe de chambre de taffetas couleur carmélite, un bonnet de tulle orné de coques sur la tête, son tour de faux cheveux assez mal mis, sa camisole par-dessus sa robe, les pieds dans ses pantoufles traînantes. Elle passa tout en revue, et vint trouver sa cousine, qui l'attendait pour savoir de quoi se composerait le déjeuner.

— Ah! vous voilà donc, mademoiselle l'amoureuse? dit Sylvie à Pierrette d'un ton moitié gai, moitié railleur. — Plaît-il, ma cousine? — Vous êtes entrée chez moi comme une sournoise et vous en êtes sortie de même; vous deviez cependant bien savoir que j'avais à vous parler. — Moi... — Vous avez eu ce matin une sérénade ni plus ni moins qu'une princesse. — Une sérénade? s'écria Pierrette. — Une sérénade? reprit Sylvie en l'imitant. Et vous avez un amant. — Ma cousine, qu'est-ce qu'un amant?

Sylvie évita de répondre et lui dit. — Osez dire, mademoiselle, qu'il n'est pas venu sous nos fenêtres un homme vous parler mariage!

La persécution avait appris à Pierrette les ruses nécessaires aux esclaves, elle répondit hardiment : — Je ne sais pas ce que vous voulez dire. — Mon chien? dit aigrement la vieille fille. — Ma cousine, reprit humblement Pierrette. — Vous ne vous êtes pas levée non plus, et vous n'êtes pas allée non plus nu-pieds à votre fenêtre, ce qui vous vaudra quelque bonne maladie. Attrape! Ce sera bien fait pour vous. Et vous n'avez peut-être pas parlé à votre amoureux? — Non, ma cousine. — Je vous connaissais bien des défauts, mais je ne vous savais pas celui de mentir. Pensez-y bien, mademoiselle! Il faut nous dire et nous expliquer à votre cousin et à moi la scène de ce matin, sans quoi votre tuteur verra à prendre des mesures rigoureuses.

La vieille fille, dévorée de jalousie et de curiosité, procédait par intimidation. Pierrette fit comme les gens qui souffrent au delà de leurs forces, elle garda le silence. Ce silence est, pour tous les êtres attaqués, le seul moyen de triompher : il lasse les charges cosaques des curieux, les sauvages escarmouches des ennemis : il donne une victoire écrasante et complète. Quoi de plus complet que le silence? Il est absolu, n'est-ce pas une des manières d'être de l'infini? Sylvie examina Pierrette à la dérobée. L'enfant rougissait, mais sa rougeur, au lieu d'être générale, se divisait par plaques inégales aux pommettes, par taches ardentes, et d'un ton significatif. En voyant ces symptômes de maladie, une mère eût aussitôt changé de ton, elle aurait pris cette enfant sur ses genoux, elle l'eût questionnée, elle aurait déjà depuis longtemps admiré mille preuves de la complète, de la sublime innocence de Pierrette; elle aurait deviné sa maladie et compris que les humeurs et le sang détournés de leur voie se jetaient sur les poumons après avoir troublé les fonctions digestives. Ces taches éloquentes lui eussent appris l'imminence d'un danger mortel. Mais une vieille fille chez qui les sentiments que nourrit la famille n'avaient jamais été réveillés, à qui les besoins de l'enfance, les précautions voulues par l'adolescence étaient inconnus, ne pouvait avoir aucune des indulgences et des compatissances inspirées par les événements de la vie ménagère conjugale. Les souffrances de la misère, au lieu de lui attendrir le cœur, avaient fait des calus.

— Elle rougit, elle est en faute! se dit Sylvie. Le silence de Pierrette fut ainsi interprété dans le plus mauvais sens. — Pierrette, dit-elle, avant que votre cousin ne descende, nous allons causer. Venez, dit-elle d'un ton plus doux. Fermez la porte de la rue. Si quelqu'un vient, on sonnera, nous entendrons bien.

Malgré le brouillard humide qui s'élevait au-dessus de la rivière, Sylvie emmena Pierrette par l'allée sablée qui serpentait à travers les gazons jusqu'au bord de la terrasse en rochers rocaillés, quai pittoresque, meublé d'iris et de plantes d'eau. La vieille cousine changea de système; elle voulut essayer de prendre Pierrette par la douceur. L'hyène allait se faire chatte.

— Pierrette, lui dit-elle, vous n'êtes plus un enfant, vous allez bientôt mettre le pied dans votre quinzième année, et il n'y aurait rien d'étonnant à ce que vous eussiez un amant. — Mais, ma cousine, dit Pierrette en levant les yeux avec une douceur angélique vers le visage aigre et froid de sa cousine qui avait pris son air de vendeuse, qu'est-ce qu'un amant?

Il fut impossible à Sylvie de définir avec justesse et décence un amant à une enfant de ce genre. Au lieu de voir dans cette question l'effet d'une adorable innocence, elle y vit de la fausseté.

— Un amant, Pierrette, est un homme qui nous aime et qui veut nous épouser. — Ah! dit Pierrette. Quand on est d'accord en Bretagne, nous appelons alors ce jeune homme un prétendu! — Eh bien! songez qu'en avouant vos sentiments pour un homme, il n'y a pas le moindre mal, ma petite. Le mal est dans le secret. Avez-vous par hasard à quelques-uns des hommes qui viennent ici? — Je ne le crois pas. — Vous n'en aimez aucun? — Aucun! — Bien sûr? — Bien sûr. — Regardez-moi, Pierrette!

Pierrette baissa les yeux.

— Un homme vous a cependant appelée sur la place ce matin?

Pierrette baissa les yeux.

— Vous êtes allée à votre fenêtre, vous l'avez ouverte et vous avez parlé! — Non, ma cousine, j'ai voulu savoir quel temps il faisait, et j'ai vu sur la place un paysan. — Pierrette, depuis votre première communion, vous avez beaucoup gagné, vous êtes obéissante et pieuse, vous aimez vos parents et Dieu; je suis contente de vous, je ne vous disais point pour ne pas enfler votre orgueil...

Cette horrible fille prenait l'abattement, la soumission, le silence de la misère pour des vertus! Une des plus douces choses qui puissent consoler les souffrants, les martyrs, les artistes, au fort de la passion divine que leur imposent l'envie et la haine, est de trouver l'éloge là où ils ont toujours trouvé la censure et la mauvaise foi. Pierrette leva donc sur sa cousine des yeux attendris et se sentit près de lui pardonner toutes les douleurs qu'elle lui avait faites.

— Mais si tout cela n'est qu'hypocrisie, si je dois voir en vous un serpent que j'aurai réchauffé dans mon sein, vous seriez une infâme, une horrible créature! — Je ne crois pas avoir de reproches à me faire, dit Pierrette en éprouvant une horrible contraction au cœur par le passage subit de cette louange inespérée au terrible accent de l'hyène. — Vous savez qu'un mensonge est un péché mortel? — Oui, ma cousine. — Eh bien! vous êtes devant Dieu! dit la vieille fille en lui montrant par un geste solennel les jardins et le ciel, jurez-moi que vous ne connaissiez pas ce paysan. — Je ne jurerai pas, dit Pierrette. — Ah! ce n'était pas un paysan, petite vipère!

Pierrette se sauva comme une biche effrayée à travers le jardin, épouvantée de cette question morale. Sa cousine l'appela d'une voix terrible.

— On sonne, répondit-elle. — Ah! quelle petite sournoise, se dit Sylvie, elle a l'esprit retors, et maintenant je suis sûre que cette petite couleuvre entortille le colonel. Elle nous a entendus dire qu'il était baron. Être baronne! petite sotte! Oh! je me débarrasserai d'elle en la mettant en apprentissage, et tôt.

Sylvie resta si bien perdue dans ses pensées, qu'elle ne vit pas son frère descendant l'allée et regardant les désastres produits par la gelée sur les dahlias. — Eh bien! Sylvie, à quoi penses-tu donc là? J'ai cru que tu regardais les poissons! quelquefois il y en a qui sautent hors de l'eau. — Non, dit-elle. — Eh bien! comment as-tu dormi? Et il se mit à lui raconter ses rêves de la nuit. Ne me trouves-tu pas le teint mâchuré? Autre mot du vocabulaire Rogron.

Depuis que Rogron aimait, ne profanons pas ce mot, désirait mademoiselle de Chargebœuf, il s'inquiétait beaucoup de son air et de lui-même. Pierrette descendit en ce moment le perron et annonça de loin que le déjeuner était prêt. En voyant sa cousine, le teint de Sylvie se plaqua de vert et jaunit: toute sa bile se mit en mouvement. Elle regarda le corridor et trouva que Pierrette aurait dû l'avoir frotté.

— Je frotterai si vous le voulez, répondit cet ange en ignorant le danger auquel ce travail expose une jeune fille.

La salle à manger était irréprochablement arrangée. Sylvie s'assit et affecta pendant tout le déjeuner d'avoir besoin de choses auxquelles elle n'aurait pas songé dans un état calme et qu'elle demanda pour faire lever Pierrette en saisissant le moment où la pauvre petite se remettait à manger. Mais une tracasserie ne suffisait pas, elle cherchait un sujet de reproche, et elle se colérait intérieurement de n'en pas trouver. Être à jeun! petite sotte! Oh! je me débarrasserai d'elle en la cuisson du sien. Elle répondait à peine aux sottes questions de son frère, qui répondait elle ne regardait que lui. Ses yeux évitaient Pierrette. Pierrette était éminemment sensible à ce manège. Pierrette apporta le café de sa cousine comme celui de son cousin, dans un grand gobelet d'argent où elle faisait chauffer le lait mélangé de crème au bain-marie. Le frère et la sœur y mêlaient eux-mêmes le café noir fait par Sylvie, en doses convenables. Quand elle eut minutieusement préparé sa jouissance, elle aperçut une légère poussière de café: elle la saisit avec affectation dans le tourbillon jaune, la regarda, se pencha pour la mieux voir. L'orage éclata.

— Qu'est-ce que tu as? dit Rogron. — J'ai... que mademoiselle a mis de la cendre dans mon café. Comme c'est agréable de prendre du café à la cendre!... Eh! ce n'est pas étonnant: ou me fait jamais bien deux choses à la fois. Elle pensait bien au café! Un merle aurait pu voler par sa cuisine, elle n'y aurait pas pris garde ce matin! comment aurait-elle pu voler la cendre? Et puis le café de sa cousine! Ah! cela lui est bien égal.

Elle parla sur ce ton pendant qu'elle mettait sur le bord de l'assiette la poudre de café passée à travers le filtre, et quelques grains de sucre qui ne fondaient pas.

— Mais, ma cousine, c'est du café, dit Pierrette. — Ah! c'est moi qui mens? s'écria Sylvie en regardant Pierrette et la foudroyant par une effroyable lueur que son œil dégageait en colère.

Ces organisations où la passion n'a point ravagées ont à leur service une grande abondance de fluide vital. Ce phénomène de l'excessive clarté de l'œil dans les moments de colère s'était d'autant mieux établi chez mademoiselle Rogron, que jadis, dans sa boutique, elle avait eu lieu d'user de la puissance de son regard, en ouvrant démesurément ses yeux, toujours pour imprimer une terreur salutaire à ses inférieurs.

— Je vous conseille de me donner des démentis, reprit-elle, vous qui mériteriez de sortir de table et d'aller manger seule à la cuisine. — Qu'avez-vous donc toutes deux? s'écria Rogron, vous êtes comme des crins, ce matin. — Mademoiselle sait ce que j'ai contre elle. Je lui laisse le temps de prendre une décision avant de t'en parler, car j'aurai pour elle des bontés qu'elle n'en mérite!

Pierrette regardait sur la place, à travers les vitres, afin d'éviter de voir les yeux de sa cousine qui l'effrayaient.

— Elle n'a pas plus l'air de m'écouter que si je parlais à ce sucrier! Elle a cependant l'oreille fine, elle cause du haut d'une maison et répond à quelqu'un qui se trouve au bas... Elle est d'une perversité, ta pupille! d'une perversité sans nom, et tu ne dois t'attendre à rien de bon d'elle, entends-tu, Rogron? — Qu'a-t-elle fait de si grave? demanda le frère à la sœur. — A son âge! c'est commencer de bonne heure, s'écria la vieille fille enragée.

Pierrette se leva pour desservir, afin d'avoir une contenance; elle ne savait comment se tenir. Quoique ce langage ne fût pas nouveau pour elle, elle n'avait jamais pu s'y habituer. La colère de sa cousine lui faisait croire à quelque crime. Elle se demanda quelle serait sa fureur si elle savait l'escapade de Brigaut. Peut-être lui ôterait-on Brigaut. Elle eut à la fois les mille pensées de l'esclave, si rapides, si profondes, et résolut d'opposer un silence absolu sur un fait où sa conscience ne lui signalait rien de mauvais. Elle eut à entendre des paroles si dures, si âpres, des suppositions si blessantes, qu'en entrant dans la cuisine elle fut prise d'une contraction à l'estomac et d'un vomissement affreux. Elle n'osa se plaindre, elle n'était pas sûre d'obtenir des soins. Elle revint pâle, blême, dit qu'elle ne se trouvait pas bien, et monta se coucher en se tenant de marche en marche à la rampe, et croyant l'heure de sa mort arrivée. — Pauvre Brigaut! se disait-elle. — Elle est malade! dit Rogron. — Elle, malade! Mais c'est des giries! répondit à haute voix Sylvie et de manière à être entendue. Elle n'était pas malade ce matin, va!

Ce dernier coup atterra Pierrette, qui se coucha dans ses larmes en demandant à Dieu de la retirer de ce monde.

Depuis environ un mois, Rogron n'avait plus à porter le Constitutionnel chez Gouraud; le colonel venait obséquieusement chercher le journal, faire la conversation, et emmenait Rogron quand le temps était beau. Sûre de voir le colonel et de pouvoir le questionner, Sylvie s'habilla coquettement. La vieille fille croyait être coquette en mettant une robe verte et un petit châle de cachemire jaune à bordure rouge, un chapeau blanc à maigres plumes grises. Vers l'heure où le colonel devait arriver, Sylvie stationna dans le salon avec son frère, qu'elle avait contraint à rester en pantoufles et en robe de chambre.

— Il fait beau, colonel? dit Rogron en entendant le pas pesant de Gouraud; mais je ne suis pas habillé, ma sœur voulait peut-être sortir, elle m'a fait garder la maison, attendez-moi.

Rogron laissa Sylvie seule avec le colonel.

— Où voulez-vous donc aller? vous voilà mise comme une divinité, demanda Gouraud, qui remarquait un certain air solennel sur l'ample visage grêlé de la vieille fille. — Je voulais sortir; mais comme la petite n'est pas bien, je reste. — Qu'a-t-elle donc? — Je ne sais, elle a demandé à se coucher.

La prudence ne permet pas dire la méfiance de Gouraud était incessamment éveillée par les résultats de son alliance avec Vinet. Évidemment la plus belle part était celle de l'avocat. L'avocat rédigeait le journal, il y régnait en maître, il en appliquait les revenus à sa rédaction; tandis que le colonel, éditeur responsable, y gagnait peu de chose. Vinet et Cournant avaient rendu d'énormes services aux Rogron, le colonel ne retraite ne pouvait rien pour eux. Qui serait député? Vinet. Qui était le grand électeur? Vinet. Qui consultait-on? Vinet! Enfin il connaissait pour le moins aussi bien que Vinet l'étendue et la profondeur de la passion allumée chez Rogron par la belle Bathilde de Chargebœuf. Cette passion devenait insensée, comme toutes les dernières passions des hommes. La voix de Bathilde faisait tressaillir le célibataire. Absorbé par ses désirs, Rogron les cachait, il n'osait espérer une pareille alliance. Pour sonder le mercier, le colonel s'était avisé de lui demander la main de Bathilde: Rogron avait pâli de se voir un rival si redoutable, il était devenu froid pour Gouraud et presque haineux. Ainsi Vinet régnait au logis, tandis que lui, colonel, ne s'y rattachait que par les liens hypothétiques d'une affection menteuse de sa part, et qui, chez Sylvie, ne s'était pas encore déclarée. Quand l'avocat lui avait révélé la manœuvre du prêtre en lui conseillant de rompre avec Sylvie et de se retourner vers Pierrette, Vinet avait flatté le penchant de Gouraud; mais en analysant le sens intime de cette ouverture, en examinant le terrain autour de lui, le colonel crut apercevoir chez son allié l'espoir de le brouiller avec Sylvie et de profiter de la peur de la vieille fille pour faire tomber toute la fortune des Rogron dans les mains de mademoiselle de Chargebœuf. Aussi quand Rogron l'eut laissé seul avec Sylvie, la perspicacité du colonel s'empara-t-elle des légers indices qui trahissaient son besoin de se trouver sous les armes et pendant un moment seule avec lui. Le colonel, qui déjà soupçonnait véhémentement Vinet de lui jouer quelque mauvais tour, attribua cette conférence à quelque secrète insinuation de ce siège judiciaire; il se mit en garde comme quand il faisait une reconnaissance en pays ennemi, tenant l'œil sur la campagne, attentif au moindre bruit, l'esprit tendu, la main sur ses armes. Le colonel avait le défaut de ne jamais croire un seul mot de ce que disaient les femmes; et quand la vieille fille mit Pierrette sur le tapis et la lui dit couchée à midi, le colonel pensa que Sylvie l'avait simplement mise en pénitence dans sa chambre et par jalousie.

— Elle devient très-gentille, cette petite, dit-il d'un air dégagé. — Elle sera jolie, répondit mademoiselle Rogron. — Vous devriez maintenant l'envoyer à Paris dans un magasin, ajouta le colonel. Elle y ferait fortune. Au vent de très-jolies filles aujourd'hui chez les modistes. — Est-ce bien là votre avis? demanda Sylvie d'une voix troublée. — Bon! j'y suis, pensa le colonel. Vinet aura conseillé de nous marier un jour, Pierrette et moi, pour me perdre dans l'esprit de cette vieille sorcière. — Mais dit-il à haute voix, qu'en voulez-vous faire? Ne voyez-vous pas une fille d'une incomparable beauté, Bathilde de Chargebœuf, une fille noble, bien apparentée, réduite à coiffer sainte Catherine : personne n'en veut. Pierrette n'a rien, elle ne se mariera jamais. Croyez-vous que la jeunesse et la beauté puissent être quelque chose pour moi, par exemple; moi qui, capitaine de cavalerie dans la garde impériale, dès que l'empereur a eu sa garde, ai mis mes bottes dans toutes les capitales et connu les plus jolies femmes de ces mêmes capitales! La jeunesse et la beauté, c'est diablement commun et sot!... ne m'en parlez plus. A quarante-huit ans, dit-il en se vieillissant, quand on a subi la déroute de Moscou, quand on a fait la terrible campagne de France, on a les reins un peu cassés, je suis un vieux bonhomme. Une femme comme vous me soignerait; et sa fortune, jointe à mes pauvres mille écus de pension, me donnerait pour mes vieux jours un bien-être convenable, et je la préférerais mille fois à une mijaurée qui me causerait bien des désagréments, qui aurait trente ans et des passions quand j'aurais soixante ans et des rhumatismes. A mon âge, on calcule. Tenez, entre nous soit dit, je ne voudrais pas avoir d'enfant si je me mariais.

Le visage de Sylvie avait été clair pour le colonel pendant cette tirade, et son exclamation acheva de convaincre le colonel de la perfidie de Vinet.

— Ainsi, dit-elle, vous n'aimez pas Pierrette? Oh çà! êtes-vous folle, ma chère Sylvie? s'écria le colonel. Est-ce quand on n'a plus de dents qu'on essaye de casser des noisettes? Dieu merci, je suis dans mon bon sens et je me connais.

Sylvie ne voulut pas se mettre alors en jeu, elle se crut très-fine en faisant parler son frère.

— Mon frère, dit-elle, avait eu l'idée de vous marier. — Mais votre frère ne saurait avoir une idée si incongrue. Il y a quelques jours, pour savoir son secret, je lui ai dit que j'aimais Bathilde, il est devenu blanc comme votre collerette. — Il aime Bathilde, dit Sylvie. — Comme un fou! Et certes, Bathilde n'en veut qu'à son argent. (Attrape, Vinet pensa le colonel.) Comment alors aurait-il parlé de Pierrette? Non, Sylvie, dit-il en lui prenant la main et la lui serrant d'une certaine façon, puisque vous m'avez mis sur ce chapitre... Il se rapprocha de Sylvie. Eh bien!... (il lui baisa la main, il était colonel de cavalerie, il avait donné des preuves de courage), je ne veux pas avoir d'autre femme que vous. Quoique ce mariage ait l'air d'être un mariage de convenance, de mon côté, j'ai pour vous de l'affection pour vous. — Mais c'est moi qui voulais vous marier à Pierrette. Et si je lui donnais ma fortune. Hein! colonel? — Mais je ne veux pas être malheureux dans mon intérieur, et dans dix ans y voir un jeune freluquet, comme Julliard, tournant autour de ma femme, et lui adressant des vers dans le journal. Je suis un peu trop homme sur ce point! Je ne ferai jamais un mariage disproportionné sous le rapport de l'âge. — Eh bin! colonel, nous causerons de tout cela sérieusement, dit Sylvie en lui jetant un regard qu'elle crut plein d'amour et qui ressemblait assez à celui d'une ogresse. Ses lèvres froides et d'un violet cru se tirèrent sur ses dents jaunes, et elle croyait sourire. — Me voilà, dit Rogron en emmenant le colonel, qui salua courtoisement la vieille fille.

Gouraud résolut de presser son mariage avec Sylvie et de devenir ainsi maître au logis, en se promettant de se débarrasser, par l'influence qu'il acquerrait sur Sylvie pendant la lune de miel, de Bathilde et de Céleste Habert. Aussi pendant cette promenade dit-il à Rogron qu'il s'était amusé de lui l'autre jour : il n'avait aucune prétention sur le cœur de Bathilde, il n'était pas assez riche pour épouser une femme sans dot; puis il lui confia son projet, il aimait bien sa sœur depuis longtemps, à cause de ses bonnes qualités, il aspirait enfin à l'honneur de devenir son beau-frère.

— Ah! colonel! ah! baron! s'il ne faut que mon consentement, ce sera fait dans les délais voulus par la loi! s'écria Rogron heureux de se voir débarrassé de ce terrible rival.

Sylvie passa toute sa matinée à examiner s'il y avait place pour un ménage. Elle résolut de bâtir pour son frère un second étage, et de faire arranger convenablement le premier pour elle et son mari; mais elle se promit aussi, selon la fantaisie de toute vieille fille, de soumettre le colonel à quelques épreuves pour juger de son cœur et de ses mœurs, avant de se décider. Elle conservait des doutes et voulait être sûre que Pierrette n'avait aucune accointance avec le colonel.

Pierrette descendit à l'heure du dîner pour mettre le couvert. Sylvie avait été obligée de faire la cuisine, et avait taché sa robe en s'écriant : — Maudite Pierrette! Il est évident que si Pierrette avait préparé le dîner, Sylvie n'eût pas attrapé cette tache de graisse pour juger de sa robe de soie.

— Vous voilà, la belle picheline? Vous êtes comme le chien du maréchal que le bruit des casseroles réveille et qui dort sous la forge! Ah! vous voulez qu'on vous croie malade, petite menteuse!

Cette idée : Vous ne m'avez pas avoué la vérité sur ce qui s'est passé ce matin sur la place, donc vous mentez dans tout ce que vous dites, fut comme un marteau avec lequel Sylvie allait frapper sans relâche sur le cœur et sur la tête de Pierrette.

Au grand étonnement de Pierrette, Sylvie l'envoya habiller pour la soirée, après le dîner. L'imagination la plus active est encore au-dessous de l'activité que donne le soupçon à l'esprit d'une vieille fille. Dans ce cas, la vieille fille l'emporte sur les politiques, les avoués et les notaires, sur les escompteurs et les avares. Sylvie se promit de consulter Vinet, après avoir tout examiné autour d'elle. Elle voulut avoir Pierrette auprès d'elle afin de savoir par la contenance de la petite si le colonel avait dit vrai. Mesdames de Chargebœuf vinrent les premières. D'après le conseil de son cousin Vinet, Bathilde avait redoublé d'élégance. Elle était vêtue d'une délicieuse robe bleue en velours de coton, toujours le fichu clair, des grappes de raisin en grenat et aux oreilles, les cheveux en ringlost, la jeannette astucieuse, de petits souliers en satin noir, des bas de soie gris, et des gants de Suède; puis des airs de reine et des coquetteries de jeune fille à prendre tous les Rogron de la rivière. La mère, calme et digne, conservait comme sa fille une certaine impertinence aristocratique avec laquelle ces deux femmes sauvaient tout et où perçait l'esprit de leur caste. Bathilde était douée d'un esprit supérieur que Vinet seul avait su deviner après deux mois de séjour chez les dames de Chargebœuf chez lui. Quand il eut mesuré la profondeur de cette fille froissée par l'inutilité de sa jeunesse et de sa beauté, éclairée par le mépris que lui inspiraient les hommes d'une époque où l'argent était leur seule idole, Vinet surpris s'écria :

— Si c'était vous que j'eusse épousée, Bathilde, je serais aujourd'hui en passe d'être garde-des-sceaux. Je me serais appelé Vinet de Chargebœuf, et je siègerais à droite!

Bathilde ne portait dans son désir de mariage aucune idée vulgaire, elle ne se mariait pas pour être mère, elle ne se mariait pas pour avoir un mari, elle se mariait pour être libre, pour avoir un éditeur responsable, pour s'appeler madame et pouvoir agir comme agissent les hommes. Rogron était un nom pour elle, elle comptait faire quelque chose de cet imbécile, dont deux liés avec les Keller, et les trois maisons faisant des services ou au gouvernement ou à ses hommes les plus dévoués, les bureaux sont au mieux avec des loups-cerviers de la banque, et ces gens-là connaissent tout Paris. Il n'y a pas de raison pour que Tiphaine n'arrive pas à être président de quelque cour royale. Épousez Rogron, nous en ferons un député de Provins quand j'aurai conquis pour moi un autre collège de Seine-et-Marne. Vous aurez alors une recette générale, une de ces places où Rogron n'aura qu'à signer. Nous serons de l'opposition si elle triomphe, mais si les Bourbons restent, ah! comme nous inclinerons tout doucement vers le centre! D'ailleurs, Rogron ne vivra pas éternellement, et vous épouserez un homme titré plus tard. Enfin, soyez dans une belle position, et les Chargebœuf nous serviront. Votre misère comme la mienne vous aura donné sans doute la mesure de ce que valent les hommes : il faut se servir d'eux comme on se sert des chevaux de poste. Un homme ou une femme nous amène de telle à telle étape.

Vinet avait fait de Bathilde une petite Catherine de Médicis. Il laissait sa femme au logis heureuse avec ses deux enfants, et il accompagnait toujours mesdames de Chargebœuf chez Rogron. Il arriva dans toute sa gloire de tribun champenois. Il avait alors de jolies bottes à branches d'or, un gilet de soie, une cravate blanche, un pantalon noir, des bottes un habit noir fait à Paris, une montre d'or, une chaîne. Au lieu de l'ancien Vinet pâle et maigre, hargneux et sombre, il montrait dans le Vinet actuel une teinte d'homme politique; il marchait, sûr de sa fortune, avec la sécurité particulière à l'homme du palais qui connaît les cavernes du monde. Sa petite tête rusée était si bien peignée, son menton bien rasé lui donnait un air si mignard, quoique froid, qu'il paraissait agréable dans le genre de Robespierre. Certes, il pouvait être un délicieux procureur général à l'éloquence élastique, dangereuse et meurtrière, ou un orateur d'une finesse à la Benjamin Constant. L'aigreur et la haine qui l'animaient naguère avaient tourné en une douceur perfide. Le poison s'était changé en médecine.

— Bonjour, ma chère, comment allez-vous? dit madame de Chargebœuf à Sylvie.

Bathilde alla droit à la cheminée, ôta son chapeau, se mira dans la glace, et mit son joli pied sur la barre du garde-cendre pour le montrer à Rogron.

— Qu'avez-vous donc, monsieur? lui dit-elle en le regardant, vous ne me saluez pas? Ah! bien, on mettra pour vous des robes de velours...

Elle congé Pierrette pour aller porter sur un fauteuil son chapeau que la petite fille lui prit des mains, et qu'elle lui laissa prendre comme si la Bretonne était une femme de chambre. Les hommes passent pour être bien féroces, et les tigres aussi; mais ni les tigres, ni les vipères, ni les diplomates, ni les gens de justice, ni les bourreaux, ni les rois, ne peuvent, dans leurs plus grandes atrocités, approcher des cruautés douces, des douceurs empoisonnées, des mépris sauvages des demoiselles entre elles quand les unes se croient supérieures aux autres en naissance, en fortune, en grâce, et qu'il s'agit de mariage, de préséance, enfin des mille rivalités de femme. Le : Merci, mademoiselle, que dit Bathilde à Pierrette, était un poème en douze chants.

Elle s'appelait Bathilde et l'autre Pierrette. Elle était une Chargebœuf, l'autre une Lorrain! Pierrette était petite et souffrante, Bathilde était grande et pleine de vie! Pierrette était nourrie par charité, Bathilde et sa mère avaient leur noble indépendance! Pierrette portait une robe de stoff à guimpe, Bathilde faisait onduler le velours bleu de la sienne! Bathilde avait les plus riches épaules du département, un bras de reine : Pierrette avait des omoplates et des bras maigres! Pierrette était Cendrillon, Bathilde allait au bal! Bathilde allait se marier, Pierrette allait mourir fille! Bathilde était adorée, Pierrette n'était aimée de personne! Bathilde avait une ravissante coiffure, elle avait du goût; Pierrette cachait ses cheveux sous un petit bonnet, et ne connaissait rien à la mode! Epilogue : Bathilde était tout, Pierrette n'était rien. La fière Bretonne comprenait bien cet horrible poëme.

— Bonjour, lui dit madame de Chargebœuf du haut de sa grandeur, et avec l'accent que lui donnait son nez pincé du bout.

Vinet mit le comble à ces sortes d'injures en regardant Pierrette et disant : — Oh! oh! oh! sur trois tons. Que nous sommes belle, Pierrette, ce soir! — Belle, dit à la pauvre enfant, ce n'est pas à moi, mais à votre cousine qu'il faut adresser ce mot. — Oh! ma cousine l'est toujours, répondit l'avocat. N'est-ce pas, père Rogron? dit-il en se tournant vers le maître du logis et lui frappant dans la main. — Oui, répondit Rogron. — Pourquoi le faire parler contre sa pensée? Il ne m'a jamais trouvée de son goût, reprit Bathilde en se tenant devant Rogron. N'est-il pas vrai? Regardez-moi.

Rogron la contempla des pieds à la tête, et ferma doucement les yeux comme un chat à qui l'on gratte le crâne. — Vous êtes trop belle, dit-il, vous êtes dangereuse à voir. — Pourquoi?

Rogron regarda les tisons et garda le silence. En ce moment mademoiselle Habert entra, suivie du colonel. Céleste Habert, devenue l'ennemi commun, ne comptait que Sylvie pour elle; mais chacun lui témoignait d'autant plus d'égards, de politesses et d'aimables attentions que chacun la savait, en sorte qu'il était entre ces preuves d'intérêt et la défiance que son frère éveillait en elle. Le vicaire, quoique loin du théâtre de la guerre, y devinait tout. Aussi, quand il comprit que les espérances de sa sœur étaient mortes, devint-il un des plus terribles antagonistes des Rogron. Chacun se peindra mademoiselle Habert sur-le-champ, quand on saura que, si elle n'avait pas été maître-sse et archimaîtresse de pension, elle aurait toujours eu l'air d'être une institutrice. Les institutrices ont acquis à elles de mettre leurs bonnets. De même que les vieilles Anglaises ont acquis le monopole des turbans, les institutrices ont le monopole de ces bonnets; la carcasse y domine les fleurs, les fleurs en sont plus qu'artificielles; longtemps gardé dans les armoires, ce bonnet est toujours neuf et toujours vieux, même le premier jour. Ces filles font consister leur honneur à imiter les mannequins des peintres : elles sont assises sur leurs hanches et non sur leurs chaises. Quand on leur parle, elles tournent en bloc sur leur buste au lieu de ne tourner que leur tête; et, quand leurs robes crient, on est tenté de croire que les ressorts de ces espèces de mécanismes sont dérangés. Mademoiselle Habert, l'idéal de ce genre, avait l'œil sévère, la bouche grimée, et sous son menton rayé de rides les brides de son bonnet, flasques et flétries, allaient et venaient au gré de ses mouvements. Elle avait un petit agrément dans deux lignes un peu fortes, un peu brune, ornés de poils qu'elle laissait croître comme des clématites échevelées. Enfin elle prenait du tabac et le prenait sans grâce. On se mit au travail du boston. Sylvie eut en face d'elle mademoiselle Habert, et le colonel fut mis à côté, devant madame de Chargebœuf. Bathilde resta près de sa mère et de Rogron. Sylvie plaça Pierrette entre elle et le colonel. Rogron déploya l'autre table, au cas où MM. Cournant et sa femme viendraient. Vinet et Bathilde savaient jouer au whist, que jouaient M. et madame Cournant. Depuis que ces dames de Chargebœuf, comme disaient les gens de Provins, venaient chez les Rogron, les deux lampes brillaient sur la cheminée entre les candélabres et la pendule, et les tables éclairées en bougies à quarante sous la livre, payées d'ailleurs par le prix des cartes.

— Eh bien! Pierrette, prends donc ton ouvrage, ma fille, dit Sylvie à sa cousine avec une perfide douceur en la voyant regarder le jeu du colonel.

Elle affectait de toujours très-bien traiter Pierrette en public. Cette infâme tromperie irritait la loyale Bretonne, et lui faisait mépriser sa cousine. Pierrette prit sa broderie : mais, en tirant ses points, elle continuait à regarder dans le jeu de Gouraud. Gouraud n'avait pas l'air de savoir qu'il y eût une petite fille à côté de lui. Sylvie l'observait, et commençait à trouver cette indifférence excessivement suspecte. Il y eut un moment de la soirée où la vieille fille entreprit une grande misère en cœur, le papier était plein de fiches, et contenait en outre vingt-sept sous. Les Cournant et Néraud étaient venus. Le vieux juge suppléant, Desfondrilles, à qui le ministère de la justice trouvait la capacité d'un juge en le chargeant des fonctions de juge d'instruction, mais qui n'avait jamais assez de talent dès qu'il s'agissait d'être juge en pied, et qui, depuis deux mois, abandonnait le parti des Tiphaine, et se tournait vers le parti Vinet, se tenait devant la cheminée, le dos au feu, les basques de son habit relevées. Il regardait ce magnifique salon où brillait mademoiselle de Chargebœuf, car il semblait que cette décoration rouge eût été faite exprès pour rehausser les beautés de cette magnifique personne. Le silence régnait, Pierrette regardait jouer la misère, et l'attention de Sylvie avait été détournée par l'intérêt du coup.

— Jouez là, dit Pierrette au colonel en lui indiquant cœur.

Le colonel entama une séquence de cœur; les cœurs étaient entre Sylvie et lui; le colonel atteint l'as, quoiqu'il fût gardé chez Sylvie par cinq petites cartes.

— Le coup n'est pas loyal, Pierrette a vu mon jeu, et le colonel s'est laissé conseiller par elle. — Mais, mademoiselle, le jeu du colonel était de continuer cœur, puisqu'il vous en trouvait!

Cette phrase fit sourire M. Desfondrilles, homme fin, et qui avait fini par s'amuser de tous les intérêts en jeu dans Provins, le rôle de Rigaudin de la Maison en loterie de Picard.

— C'est le jeu du colonel, dit Cournant sans savoir de quoi il s'agissait.

Sylvie jeta sur mademoiselle Habert un de ces regards de vieille fille à vieille fille, aigres et doucereux.

— Pierrette, vous avez vu mon jeu, dit Sylvie en fixant ses yeux sur sa cousine. — Non, ma cousine. — Je vous regardais tous, dit le juge archéologue, je puis certifier que la petite n'a vu que le colonel. — Bah! les petites filles, dit Gouraud épouvanté, savent joliment couler leurs yeux en douceur. — Ah! dit Sylvie. — Oui, reprit Gouraud, elle a pu voir dans votre jeu pour vous jouer une malice. N'est-ce pas, ma petite belle? — Non, dit la loyale Bretonne, j'en suis incapable, et je me serais dans ce cas intéressée au jeu de ma cousine. — Vous savez bien que vous êtes une menteuse, et de plus une petite sotte, dit Sylvie. Comment peut-on, depuis ce qui s'est passé ce matin, ajouter la moindre foi à vos paroles? Vous êtes une...

Pierrette ne laissa pas sa cousine achever en sa présence ce qu'elle allait dire. En devinant un torrent d'injures, elle se leva, sortit sans lumière et monta chez elle. Sylvie devint pâle de rage, en dit entre ses dents : — Elle me le payera. — Payez-vous la misère? dit madame de Chargebœuf.

En ce moment la pauvre Pierrette se cogna le front à la porte du corridor, que le juge avait laissée ouverte.

— Bon, c'est bien fait! s'écria Sylvie. — Que lui arrive-t-il? demanda Desfondrilles. — Rien qu'elle ne mérite, répondit Sylvie. — Elle a reçu quelque mauvais coup, dit mademoiselle Habert.

Sylvie voulut ne pas payer sa misère en se levant pour aller voir ce qu'avait fait Pierrette, mais madame de Chargebœuf l'arrêta.

— Payez-vous d'abord, lui dit-elle en riant, car vous ne vous souviendrez plus de rien en revenant.

Cette proposition, fondée sur la mauvaise foi que l'ex-mercière mettait dans ses dettes de jeu ou dans ses chicanes, obtint l'assentiment général. Sylvie se rassit, ne pensa plus à Pierrette, et cette indifférence étonna personne. Pendant toute la soirée, Sylvie eut une préoccupation constante. Quand le boston fut fini, vers neuf heures et demie, elle se plongea dans une bergère au coin de sa cheminée, et ne se leva que pour les salutations et les adieux. Le colonel la mettait à la torture, elle ne savait plus que penser de lui.

— Les hommes sont si faux! dit-elle en s'endormant.

Pierrette s'était donné un coup affreux dans le champ de la porte qu'elle avait heurtée avec sa tête à la hauteur de l'oreille, à l'endroit où les jeunes filles séparent de leurs cheveux cette portion qu'elles mettent en papillotes. Le lendemain, il s'y trouva de fortes ecchymoses.

— Dieu vous punie, lui dit sa cousine le lendemain au déjeuner, vous m'avez désobéi, vous avez manqué au respect que vous me devez en ne m'écoutant pas, et en vous en allant au milieu de ma phrase, vous n'avez que ce que vous méritez.

— Cependant, dit Rogron, il faudrait y mettre une compresse d'eau et de sel. — Bah! ce ne sera rien, mon cousin, dit Pierrette.

La pauvre enfant en était arrivée à trouver une preuve d'intérêt dans l'observation de son tuteur.

La semaine s'acheva comme elle avait commencé, dans des tourments continuels. Sylvie devint ingénieuse, et poussa les raffinements de sa tyrannie jusqu'aux recherches les plus sauvages. Les Illinois, les Chérokées, les Mohicans, auraient pu s'instruire avec elle. Pierrette n'osa pas se plaindre des souffrances vagues, des douleurs qu'elle sentit à la tête sous le mécontentement de sa cousine était la non-révélation relativement à Brigant, et, par un entêtement breton, Pierrette s'obstinait à garder un silence très-explicable. Chacun comprendra maintenant quel fut le regard que l'enfant jeta sur Brigant, qu'elle crut perdu pour elle, s'il était découvert, et que, par instinct, elle voulait avoir près d'elle, heureuse de le savoir à Provins. Quelle joie pour elle d'apercevoir Brigant! L'aspect de son camarade d'enfance était comparable au regard que jette un exilé de loin sur sa patrie, au regard du martyr vers le ciel où ses yeux, armés d'une seconde vue, ont la puissance de pénétrer pendant les ardeurs du supplice. Le dernier regard de Pierrette avait été si parfaitement compris par le fils du major, que, tout en rabotant ses planches, en ouvrant son compas, prenant ses mesures et ajustant ses bois, il se creusait la cervelle pour pouvoir correspondre avec Pierrette. Brigant finit par arriver à cette machination d'une excessive simplicité. À une certaine heure de la nuit, Pierrette déroulerait une ficelle au bout de laquelle il attacherait une lettre. Au milieu de souffrances horribles que causait à Pierrette sa double maladie, un dépôt qui se formait à sa tête et le dérangement de sa constitution, elle était soutenue par la pensée de correspondre avec Brigant. Un même désir agitait ces deux cœurs; séparés, ils s'entendaient! À chaque coup reçu dans le cœur, à chaque élancement de la tête, Pierrette se disait : — Brigant est ici! Et alors elle souffrait sans se plaindre.

Au premier marché qui suivit leur première rencontre à l'église, Brigant guetta sa petite amie. Quoiqu'il la vit tremblante et pâle comme une feuille de novembre près de quitter son rameau, sans perdre la tête, il marchanda des fruits à la marchande assez longue la terrible Sylvie marchandait sa provision. Brigant put glisser un billet à Pierrette, et Brigant le glissa naturellement en plaisantant la marchande, et avec l'aplomb d'un roué, comme s'il n'avait jamais fait que ce métier, tant il mit de sang-froid à son action, malgré le sang chaud qui sifflait à ses oreilles et qui sortait bouillonnant de son cœur en lui brisant les veines et les artères. Il avait la résolution d'un vieux forçat au dehors, et au dedans les tremblements de l'innocence, absolument comme certaines mères dans leurs crises mortelles où elles sont prises entre deux dangers, entre deux précipices. Pierrette eut les vertiges de Brigant, elle serra le papier dans la poche de son tablier. Les plaques de ses pommettes passèrent au rouge cerise des feux violents. Ces deux enfants éprouvèrent de part et d'autre, à leur insu, des sensations à défrayer dix amours vulgaires. Ce moment leur laissa dans l'âme une source vive d'émotions. Sylvie, qui ne connaissait pas l'accent breton, ne pouvait voir un amoureux dans Brigant, et Pierrette revint au logis avec son trésor.

Les lettres de ces deux pauvres enfants devaient servir de pièces dans un horrible débat judiciaire; car, sans ces fatales circonstances, elles n'eussent jamais été connues. Voici donc ce que Pierrette lut le soir dans sa chambre :

« Ma chère Pierrette, à minuit, à l'heure où chacun dort, mais où je
« veillerai pour toi, je serai toutes les nuits au bas de la fenêtre de la
« cuisine Tu peux descendre par la croisée une ficelle assez longue
« pour qu'elle arrive jusqu'à moi, ce qui ne fera pas de bruit, et tu
« attacheras ce que tu auras à m'écrire. je te répondrai par le même
« moyen. J'ai su qu'ils t'avaient appris à lire et à écrire, ces miséra-
« bles parents qui te devaient faire heureuse et qui te font tant de
« mal! Toi, Pierrette, fille d'un colonel mort pour la France, réduite
« par ces monstres à faire leur cuisine !... Voilà donc où sont en al-
« lées tes jolies couleurs et ta belle santé! Qu'est devenue ma Pier-
« rette? où sont-ils? Je vois bien que tu n'es pas à ton aise. Oh!
« Pierrette, retournons en Bretagne. Je puis gagner de quoi te don-
« ner tout ce qui te manque : tu pourras avoir trois francs par jour,
« car j'en gagne de quatre à cinq, et trente sous me suffisent. Ah!
« Pierrette, comme j'ai prié le bon Dieu pour toi depuis que je t'ai re-
« vue ! Je lui ai dit de me donner toutes tes souffrances et de te dé-
« partir tous tes plaisirs. Que fais-tu donc là, que t'es-tu gardée?
« Ta grand'mère est plus qu'eux. Ces Rogron sont venimeux, ils t'ont
« ôté ta gaieté. Tu ne marches plus à Provins comme tu te mouvais
« en Bretagne. Retournons en Bretagne! Enfin, je suis là pour te ser-
« vir, pour faire tes commandements, et me diras ce que tu voudras.
« Si tu as besoin d'argent, j'ai à nous soixante écus, et j'aurai la dou-
« leur de te les envoyer par la ficelle au lieu de baiser avec respect
« tes chères mains en les y mettant. Ah ! voilà bien le temps, ma pau-
« vre Pierrette, que le bleu du ciel s'est brouillé pour moi. Je n'ai pas
« eu deux heures de plaisir depuis que je t'ai mise dans cette diligence
« de malheur, et, quand je t'ai revue comme une ombre, cette sorcière
« de parente a troublé notre heure. Enfin nous aurons la consolation,

« tous les dimanches, de prier Dieu ensemble ; il nous écoutera peut-
« être mieux. Sans adieu, ma chère Pierrette, et à cette nuit. »

Cette lettre émut tellement Pierrette, qu'elle demeura plus d'une heure à la relire et à la regarder : mais elle pensa, non sans douleur, qu'elle n'avait rien pour écrire. Elle entreprit donc la difficile voyage de sa mansarde à la salle à manger, où elle pouvait trouver de l'encre, une plume, du papier, et put l'accomplir sans avoir réveillé sa terrible cousine. Quelques instants avant minuit, elle avait écrit cette lettre, qui fut également citée au procès.

« Mon ami, oh! oui, mon ami ; car il n'y a que toi, Jacques, et ma
« grand'mère, qui m'aimez. Que Dieu me le pardonne, mais vous êtes
« aussi les deux seules personnes que j'aime l'une comme l'autre, ni
« plus, ni moins. J'étais trop petite pour avoir pu connaître ma petite
« maman ; mais toi, Jacques, et ma grand'mère, mon grand'père aussi,
« Dieu lui donne le ciel, car il a bien souffert de sa ruine, qui a été
« la mienne, enfin vous deux qui êtes restés, je vous aime au-
« tant que je suis malheureuse! Aussi, pour connaître combien je vous
« aime, faudrait-il que vous sachiez combien je souffre; et je ne le dé-
« sire pas, cela vous ferait trop de peine. On me parle comme nous
« ne parlons pas aux chiens ! on me traite comme la dernière des der-
« nières ! et j'ai beau m'examiner comme si j'étais devant Dieu, je ne
« me trouve pas de fautes envers eux. Avant que tu ne me chantes
« le chant des mariées, je reconnaissais la bonté de Dieu dans mes
« douleurs; car, comme je le priais de me retirer de ce monde, et que
« je me sentais bien malade, je me disais : Dieu m'entend ! Mais, Bri-
« gant, puisque te voilà, je veux nous en aller en Bretagne retrouver
« ma grand'maman qui m'aime, quoiqu'ils m'aient dit qu'elle m'avait
« volé huit mille francs. Est-ce que je puis posséder huit mille francs,
« Brigant? S'ils sont à moi, peux-tu les avoir? Mais c'est des menson-
« ges : si nous avions huit mille francs, ma grand'mère ne serait pas
« à Saint-Jacques. Je n'ai pas voulu troubler ses derniers jours, à
« cette bonne sainte femme, par le récit de mes tourments : elle serait
« pour en mourir. Ah! si elle savait qu'on fait laver la vaisselle à sa
« petite fille, elle qui me disait : Laisse ça, ma mignonne, quand, dans
« ses malheurs, je voulais l'aider ; laisse, laisse, mon mignon, tu gâte-
« rais tes jolies menottes. Ah bien ! j'ai les ongles propres, va ! La plu-
« part du temps, je ne puis porter le panier aux provisions, qui me scie
« le bras en revenant du marché. Cependant je ne crois pas que mon
« cousin ni ma cousine soient méchants; mais c'est leur idée de tou-
« jours gronder, et il paraît que je ne puis pas les quitter. Mon cou-
« sin est mon tuteur. Un jour où j'ai voulu m'enfuir par trop de mal,
« et que je le leur ai dit, ma cousine Sylvie m'a dit que la gendarmerie
« irait après moi, que la loi était pour eux. Ah! j'ai bien compris
« que les cousins ne remplaçaient pas plus notre père ou notre
« mère que les saints ne remplacent le bon Dieu. Que veux-tu, mon
« pauvre Jacques, que je fasse de ton argent? Garde-le pour notre
« voyage. Oh! comme je pensais à toi, et à ton grand
« état! C'est là que nous avons mangé notre pain blanc et premier,
« car il me semble que je vais à mal. Je suis bien malade, Jacques !
« J'ai dans la tête des douleurs à crier, et dans les os, dans le dos,
« puis je ne sais quoi aux reins qui me tue, et je n'ai d'appétit que
« pour de vilaines choses, des racines, des feuilles ; enfin j'aime à sen-
« tir l'odeur des papiers imprimés. Il y a des moments où je pleure-
« rais si j'étais seule, car on ne me laisse rien faire à ma guise, et je
« n'ai même pas la permission de pleurer. Il faut me cacher pour of-
« frir mes larmes à celui de qui nous tenons ces grâces que nous nom-
« mons nos afflictions. N'est-ce pas toi qui t'a donné la bonne pensée
« de venir chanter sous mes fenêtres le chant des mariées? Ah! Jac-
« ques, ma cousine, qui t'a entendu, m'a dit que j'avais un amant. Si
« tu veux être mon amant, aime-moi bien ; je te promets de t'aimer
« toujours comme par le passé, et d'être ta fidèle servante.

                                          « PIERRETTE LORRAIN. »

« Tu m'aimeras toujours, n'est-ce pas? »

La Bretonne avait pris dans la cuisine une croûte de pain où elle fit un trou pour mettre la lettre et donner de l'aplomb à son fil. À minuit, après avoir ouvert sa fenêtre avec des précautions excessives, elle descendit sa lettre et le pain, qui ne pouvaient faire aucun bruit en heurtant le mur ou les persiennes. Elle sentit le fil tiré par Brigant, qui le cassa, puis il s'éloigna lentement, à pas de loup. Quand il fut au milieu de la place, elle put le voir indistinctement à la clarté des étoiles; mais lui la contemplait dans la zone lumineuse de la lumière projetée par sa chandelle. Ces deux enfants demeurèrent ainsi pendant une heure, Pierrette lui faisant signe de s'en aller, lui partant, elle restant, et lui revenant prendre son poste, et Pierrette lui commandant de nouveau de quitter la place. Ce manége eut lieu plusieurs fois, jusqu'à ce que la petite fermât sa fenêtre, se couchât et éteignit sa lumière. Une fois au lit, elle s'endormit heureuse, quoique souffrante : elle avait la lettre de Brigant sous son chevet. Elle dormit comme dorment les persécutés, d'un sommeil embelli par les anges, le sommeil aux atmosphères d'or et d'outre-mer, pleines d'arabesques divines entrevues et rendues par Raphaël.

La nature morale avait tant d'empire sur cette délicate nature physique, que le lendemain Pierrette se leva joyeuse et légère comme une alouette, radieuse et gaie. Un pareil changement ne pouvait échapper à l'œil de sa cousine, qui, cette fois, au lieu de la gronder, se mit à l'observer avec l'attention d'une pie. D'où lui vient tant de bonheur? fut une pensée de jalousie et non de tyrannie. Si le colonel n'eût pas occupé Sylvie, elle aurait dit à Pierrette, comme autrefois : — Pierrette, vous êtes bien turbulente ou bien insouciante de ce que l'on vous dit! La vieille fille résolut d'espionner Pierrette comme les vieilles filles savent espionner. Cette journée fut sombre et muette comme le moment qui précède un orage.

— Vous ne souffrez donc plus, mademoiselle? dit Sylvie au dîner. Quand je te disais qu'elle fait tout cela pour nous tourmenter! s'écria-t-elle en s'adressant à son frère sans attendre la réponse de Pierrette.

— Au contraire, ma cousine, j'ai comme la fièvre... — La fièvre de quoi? Vous êtes gaie comme un pinson. Vous avez peut-être revu quelqu'un?

Pierrette frissonna et baissa les yeux sur son assiette.

— Tartufe! s'écria Sylvie. A quatorze ans! déjà! quelles dispositions! Mais vous serez donc une malheureuse?

— Je ne sais pas ce que vous voulez dire, reprit Pierrette en levant ses beaux yeux bruns lumineux sur sa cousine.

— Aujourd'hui, dit-elle, vous resterez dans la salle à manger avec une chandelle, à travailler. Vous êtes de trop au salon, et je ne veux pas que vous regardiez dans mon jeu pour conseiller vos favoris.

Pierrette ne sourcilla pas.

— Dissimulée! s'écria Sylvie en sortant.

Rogron, qui ne comprenait rien aux paroles de sa sœur, dit à Pierrette : — Qu'avez-vous donc ensemble? Tâche de plaire à ta cousine, Pierrette; elle est bien indulgente, bien douce, et, si tu lui donnes de l'humeur, assurément tu dois avoir tort. Pourquoi vous chamaillez-vous? Moi, j'aime à vivre tranquille. Regarde mademoiselle Bathilde, tu devrais te modeler sur elle.

Pierrette pouvait tout supporter, Brigaut viendrait sans doute à minuit lui apporter une réponse, ce soir espérance était le viatique de sa journée. Mais elle usait ses dernières forces! Elle ne dormit pas, elle resta debout, écoutant sonner les heures aux pendules et craignant de faire du bruit. Enfin minuit sonna, elle ouvrit doucement sa fenêtre, et cette fois elle usa d'une corde qu'elle s'était procurée en attachant plusieurs bouts de ficelle les uns aux autres. Elle avait entendu les pas de Brigaut; et, quand elle retira sa corde, elle lut la lettre suivante, qui la combla de joie :

« Ma chère Pierrette, si tu souffres tant, il ne faut pas te fatiguer à « m'attendre. Tu m'entendras bien crier comme criaient les Chuins « (les Chouans). Heureusement mon père m'a appris à imiter leur cri. « Donc, je crierai trois fois, tu sauras alors que je suis là et qu'il faut « me tendre la corde; mais je ne viendrai pas avant quelques jours. « J'espère t'annoncer une bonne nouvelle. Oh! Pierrette, mourir! mais, « Pierrette, y penses-tu? Tout mon cœur a tremblé; je me suis cru

« mort moi-même à cette idée. Non, ma Pierrette, tu ne mourras pas, « tu vivras heureuse et tu seras bientôt délivrée de tes persécuteurs. « Si je ne réussissais pas dans ce que j'entreprends pour te sauver, j'i- « rais parler à la justice, et je dirais à la face du ciel et de la terre « comment te traitent d'indignes parents. Je suis certain que tu n'as « plus que quelques jours à souffrir : prends patience, Pierrette! Bri- « gaut veille sur toi comme au temps où nous allions glisser sur l'étang « et que je t'ai retirée du grand trou où nous avons manqué périr en- « semble. Adieu, ma chère Pierrette, dans quelques jours nous serons « heureux, si Dieu le veut. Hélas! je n'ose te dire la seule chose qui « s'opposerait à notre réunion. Mais Dieu nous aime! Dans quelques « jours je pourrai donc voir ma chère Pierrette en liberté, sans sou- « cis, sans qu'on m'empêche de te regarder, car j'ai bien faim de te « voir, ô Pierrette! Pierrette qui daignes m'aimer et me le dire, oui, « Pierrette, je serai ton amant, mais quand j'aurai gagné la fortune « que tu mérites, et jus- « qu'à je ne veux être « pour toi qu'un dévoué « serviteur de la vie du- « quel tu peux disposer. « Adieu.

« JACQUES BRIGAUT. »

Voici ce que le fils du major ne disait pas à Pierrette. Brigaut avait écrit la lettre suivante à madame Lorrain, à Nantes.

« Madame Lorrain, vo- « tre petite-fille va mou- « rir, accablée de mau- « vais traitements, si « vous ne venez pas la « réclamer; j'ai eu de « la peine à la recon- « naître, et, pour vous « mettre à même de ju- « ger les choses, je vous « joins à la présente la « lettre que j'ai reçue « de Pierrette. Vous pas- « sez ici pour avoir la « fortune de votre pe- « tite-fille, et vous devez « vous justifier de cette « accusation. Enfin, si « vous le pouvez, venez « vite, nous pouvons en- « core être heureux, et « plus tard vous trouve- « riez Pierrette morte.

« Je suis avec respect « votre dévoué servi- « teur,

« JACQUES BRIGAUT.

« Chez M. Frappier, « menuisier, Grand'rue, « à Provins. »

Brigaut avait peur que la grand'mère de Pierrette ne fût morte. Quoique la lettre de celui qui dans son inno-

G ST.

Elle prit le bras de Pierrette, et se mit à frapper le poing sur l'appui de la fenêtre. — PAGE 26.

cence elle nommait son amant fût presque une énigme pour la Bretonne, elle y crut avec sa vierge foi. Son cœur éprouva la sensation que les voyageurs du désert ressentent en apercevant de loin les palmiers autour du puits. Dans peu de jours son malheur cesserait, Brigaut le lui disait, elle dormit sur la promesse de son ami d'enfance; et cependant, en joignant cette lettre à l'autre, elle eut une affreuse pensée affreusement exprimée.

— Pauvre Brigaut, dit-elle, il ne sait pas dans quel trou j'ai mis les pieds.

Sylvie avait entendu Pierrette, elle avait également entendu Brigaut sous sa fenêtre, elle se leva, se précipita pour examiner la place à travers les persiennes, et vit, au clair de la lune, un homme s'éloignant vers la maison où demeurait le colonel et en face de laquelle Brigaut resta. La vieille fille ouvrit tout doucement sa porte, monta, fut stupéfaite de voir de la lumière chez Pierrette, regarda par le trou de la serrure et ne put rien voir.

— Pierrette, dit-elle, êtes-vous malade? — Non, ma cousine, répondit Pierrette surprise. — Pourquoi donc avez-vous de la lumière à minuit? Ouvrez. Je dois savoir ce que vous faites.

Pierrette vint ouvrir, nu-pieds, et sa cousine vit la ficelle amassée que Pierrette n'avait pas eu le soin de serrer, n'imaginant point être surprise. Sylvie sauta dessus.

— A quoi cela vous sert-il? — A rien, ma cousine. — A rien? dit-elle. Bon! toujours mentir. Vous n'irez pas ainsi dans le paradis. Recouchez-vous, vous avez froid.

Elle n'en demanda pas plus et se retira laissant Pierrette frappée de terreur par cette clémence. Au lieu d'éclater, Sylvie avait soudain résolu de surprendre le colonel et Pierrette, de saisir les lettres et de confondre les deux amants qui la trompaient. Pierrette, inspirée par son danger, doubla son corset avec ses deux lettres et les recouvrit de calicot. Là finirent les amours de Pierrette et de Brigaut.

Pierrette fut bien heureuse de la détermination de son ami, car les soupçons de sa cousine allaient être déjoués en ne trouvant plus d'aliment. En effet, Sylvie passa trois nuits sur ses jambes et trois soirées à épier l'innocent colonel, sans voir ni chez Pierrette, ni dans la maison, ni au dehors, rien qui décelât leur intelligence. Elle envoya Pierrette à confesse et prit ce moment pour tout fouiller chez cette enfant, avec l'habitude, la perspicacité des espions et des commis de barrières de Paris. Elle ne trouva rien. Sa fureur atteignit à l'apogée des sentiments inhumains. Si Pierrette avait été là, certes elle l'eût frappée sans pitié. Pour une fille de cette trempe, la jalousie était moins un sentiment qu'une occupation: elle vivait, elle sentait battre son cœur, elle avait des émotions jusqu'alors complètement inconnues pour elle: le moindre mouvement la tenait éveillée, elle écoutait les plus légers bruits, elle observait Pierrette avec une sombre préoccupation.

— Cette petite misérable me tuera! disait-elle.

Les sévérités de Sylvie envers sa cousine arrivèrent à la cruauté la plus raffinée et empirèrent la situation déplorable où Pierrette se trouvait. La pauvre petite avait régulièrement la fièvre, et ses douleurs à la tête devinrent intolérables. En huit jours, elle offrit aux habitués de la maison Rogron une figure de souffrance qui certes eût attendri des intérêts moins cruels; mais le médecin Néraud, conseillé peut-être par Vinet, resta plus d'une semaine sans venir. Le colonel, soupçonné par Sylvie, eut peur de faire manquer son mariage en marquant la plus légère sollicitude pour Pierrette. Bathilde expliquait le changement de cette enfant par une crise prévue, naturelle et sans danger. Enfin, un dimanche soir où Pierrette était au salon, alors plein de monde, elle ne put résister à tant de douleurs, elle s'évanouit complètement; et le colonel, qui s'aperçut le premier de l'évanouissement, alla la prendre et la porta sur l'un des canapés.

— Elle l'a fait exprès, dit Sylvie en regardant mademoiselle Habert et ceux qui jouaient avec elle. — Je vous assure que votre cousine est fort mal, dit le colonel. — Elle était très-bien dans vos bras, dit Sylvie au colonel avec un affreux sourire. — Le colonel a raison, dit madame

de Chargebœuf, vous devriez faire venir un médecin. Ce matin, à l'église, chacun parlait en sortant de l'état de mademoiselle Lorrain qui est visible. — Je meurs, dit Pierrette.

Desfondrilles appela Sylvie et lui dit de défaire la robe de sa cousine. Sylvie accourut en disant: — C'est des giries! Elle défit la robe, elle allait toucher au corset, Pierrette alors trouva des forces surhumaines, elle se redressa et s'écria: — Non! non! j'irai me coucher.

Sylvie avait tâté le corset, et sa main y avait senti les papiers. Elle laissa Pierrette se sauver, en disant à tout le monde: — Eh bien! que dites-vous de sa maladie? c'est des frimes! Vous ne sauriez imaginer la perversité de cette enfant.

Après la soirée, elle retint Vinet, elle était furieuse, elle voulait se venger; elle fut grossière avec le colonel quand il lui dit ses adieux. Le colonel jeta sur Vinet un certain regard qui le menaçait jusque dans le ventre, et semblait y marquer la place d'une balle. Sylvie pria Vinet de rester. Quand ils furent seuls, la vieille fille lui dit: — Jamais, ni de ma vie, ni de mes jours, je n'épouserai le colonel! — Maintenant que vous en avez pris la résolution, je puis parler. Le colonel est mon ami, mais je suis plus le vôtre que le sien: Rogron m'a rendu des services que je n'oublierai jamais. Je suis aussi bon ami qu'implacable ennemi. Certes, une fois à la Chambre, on verra jusqu'où je saurai parvenir, et Rogron sera receveur général de ma façon... Eh bien! jurez-moi de ne jamais rien répéter de notre conversation. Sylvie fit un signe affirmatif. D'abord ce brave colonel est joueur comme les cartes. — Ah! fit Sylvie. — Sans les embarras où sa passion l'a mis, il eût été maréchal de France peut-être, reprit l'avocat. Ainsi, votre fortune, il pourrait la dévorer! mais c'est un homme profond. Ne croyez pas que les époux qui ont n'ont pas d'enfants à volonté! Dieu donne les enfants, et vous savez ce qui vous arriverait. Non, si vous voulez vous marier, attendez que je sois à la Chambre, et vous pourrez épouser le vieux Desfondrilles, qui sera président du tribunal. Pour vous venger, mariez votre frère à mademoiselle de Chargebœuf, je me charge d'obtenir son consentement; elle aura deux mille francs de rente et vous serez alliés aux Chargebœuf comme je le suis. Croyez-le, les Chargebœuf nous tiendront un jour pour cousins. — Gourand aime Pierrette, fut la réponse de Sylvie. — Il en est bien capable, dit Vinet, et capable de l'épouser après votre mort. — Un joli petit calcul, dit-elle. — Je vous l'ai dit, c'est un homme rusé comme le diable! mariez votre frère en annonçant que vous voulez rester fille pour laisser votre bien à vos neveux ou nièces, vous atteignez d'un seul coup Pierrette et Gouraud, et vous verrez quelle mine il vous fera. — Ah! c'est vrai! s'écria la vieille fille, dit-je les tiens. Elle ira dans un magasin d'elle, elle est sans le sou, qu'elle fasse comme nous, qu'elle travaille!

Vinet sortit après avoir fait entrer son ami dans la tête de Sylvie, dont l'entêtement lui était connu. La vieille fille devait finir par croire que ce plan venait d'elle. Vinet trouva sur la place le colonel fumant un cigare, et qui l'attendait.

— Halte! lui dit Gourand. Vous m'avez démoli, mais il y a dans la

Qu'y a-t-il? demanda Brigaut en se plaçant à côté de la vieille grand'mère... — PAGE 50.

démolition assez de pierres pour vous enterrer. — Colonel ! — Il n'y a pas de colonel, je vais vous mener bon train ; et, d'abord, vous ne serez jamais député... — Colonel ! — Je dispose de dix voix, et l'élection dépend de... — Colonel, écoutez-moi donc ! N'y a-t-il que la vieille Sylvie ? Je viens d'essayer de vous justifier; vous êtes atteint et convaincu d'avoir traîné à Pierrette, elle vous a vu sortant de chez vous à minuit pour venir sous ses fenêtres... — Bien trouvé ! — Elle va marier son frère à B...hilde, et réserver sa fortune à leurs enfants. — Bougron en aura-t-il ? — Oui, dit Vinet. Mais je vous proposerais de vous trouver une jeune et agréable personne avec cent cinquante mille francs. Êtes-vous fou ? pouvons-nous nous brouiller ? Les choses ont, malgré moi, tourné contre vous; mais vous me connaissez pas.—Eh bien ! il faut se connaître, reprit le colonel. Faites-moi épouser une femme de cinquante mille écus avant les élections, sinon, votre serviteur. Je n'aime pas les mauvais coucheurs, et vous avez tiré à vous toute la couverture. Bonsoir... — Vous verrez, dit Vinet en serrant affectueusement la main au colonel.

Vers une heure du matin, les trois cris clairs et nets d'une chouette, admirablement bien imités, retentirent sur la place : Pierrette les entendit dans son sommeil fiévreux, elle se leva toute moite, ouvrit sa fenêtre, vit Brigaut, qui lui jeta un peloton de soie auquel il attacha une lettre. Sylvie, agitée par les événements de la soirée et par ses irrésolutions, ne dormait pas; elle crut à la chouette.

— Ah ! quel oiseau de mauvais augure ! Mais, tiens ! Pierrette se lève ! Qu'a-t-elle ?

En entendant ouvrir la fenêtre de la mansarde, Sylvie alla précipitamment à sa fenêtre, et entendit le long des persiennes le frôlement du papier de Brigaut. Elle serra les cordons de sa camisole et monta lestement chez Pierrette, qu'elle trouva détortillant la soie et dégageant la lettre.

— Ah ! je vous y prends ! s'écria la vieille fille en allant à la fenêtre et voyant Brigaut qui se sauvait à toutes jambes. Vous allez me donner cette lettre. — Non, ma cousine, dit Pierrette, qui, par une de ces immenses inspirations de la jeunesse, et soutenue par son âme, s'éleva jusqu'à la grandeur de la résistance que nous admirons dans l'histoire de quelques peuples réduits au désespoir. — Ah ! vous ne voulez pas !... s'écria Sylvie en s'avançant vers sa cousine et lui montrant un horrible masque plein de haine et grimaçant de fureur.

Pierrette recula pour avoir le temps de mettre sa lettre dans sa main, qu'elle tint serrée par une force invincible. En voyant cette manœuvre, Sylvie empoigna dans ses pattes de homard la délicate, la blanche main de Pierrette, et voulut la lui ouvrir. Ce fut un combat terrible, un combat infâme, comme tout ce qui attente à la pensée, seul trésor que Dieu mette hors de toute puissance, et garde comme un lien secret entre les malheureux et lui. Ces deux femmes, l'une mourante et l'autre pleine de vigueur, se regardèrent fixement. Les yeux de Pierrette lançaient à son bourreau ce regard du templier recevant dans la poitrine des coups de balancier en présence de Philippe le Bel, qui ne put soutenir ce rayon terrible, et quitta la place foudroyé. Sylvie, femme et jalouse, répondait à ce regard magnétique par des éclairs sinistres. Un horrible silence régnait. Les doigts serrés de la Bretonne opposaient aux tentatives de sa cousine une résistance égale à celle d'un bloc d'acier. Sylvie torturait le bras de Pierrette, elle essayait d'ouvrir les doigts; et, n'obtenant rien, elle plantait inutilement ses ongles dans la chair. Enfin, la rage s'en mêlant, elle porta ce poing à ses dents pour essayer de mordre les doigts et de vaincre Pierrette par la douleur. Pierrette la défiait toujours par le terrible regard de l'innocence. La fureur de la vieille fille s'accrut à tel point qu'elle arriva jusqu'à l'aveuglement; elle prit le bras de Pierrette et se mit à frapper le poing sur l'appui de la fenêtre, sur le marbre de la cheminée, comme quand on veut casser une noix pour en avoir le fruit.

— Au secours ! au secours ! cria Pierrette, on me tue ! — Ah ! je cries, et je te prends pour un amoureux au milieu de la nuit ?...

Et elle frappait sans pitié.

— Au secours ! cria Pierrette, qui avait le poing en sang.

En ce moment des coups furent violemment frappés à la porte. Également lassées, les deux cousines s'arrêtèrent.

Rogron, éveillé, inquiet, ne sachant ce dont il s'agissait, se leva, courut chez sa sœur et ne la vit pas ; il eut peur, descendit, ouvrit et fut comme renversé par Brigaut, suivi d'une espèce de fantôme. En ce moment même les yeux de Sylvie aperçurent le corset de Pierrette, elle se souhait d'y avoir senti des papiers ; elle sauta dessus comme un tigre sur sa proie, entortilla le corset autour de son poing et le lui montra en lui souriant comme un Iroquois sourit à son ennemi avant de le scalper. — Ah ! je meurs, dit Pierrette en tombant sur ses genoux. Qui me sauvera ? — Moi, s'écria une femme en cheveux blancs, qui offrit à Pierrette un vieux visage de parchemin où brillaient deux yeux gris. — Ah ! grand'mère, tu arrives trop tard ! s'écria la pauvre enfant en fondant en larmes.

Pierrette alla tomber sur son lit, abandonnée par ses forces et tuée par l'abattement qui, chez une malade, suivit une lutte si violente. Le

grand fantôme desséché prit Pierrette dans ses bras comme les bonnes prennent les enfants, et sortit suivi de Brigaut sans dire un seul mot à Sylvie, à laquelle elle lança la plus majestueuse accusation par un regard tragique. L'apparition de cette auguste vieille dans son costume breton, encapuchonnée de sa coiffe, qui est une sorte de pelisse en drap noir, accompagnée du terrible Brigaut, épouvanta Sylvie : elle crut avoir vu la mort. La vieille fille descendit, entendit la porte se fermer, et se trouva nez à nez avec son frère, qui lui dit : — Ils ne t'ont donc pas tuée ? — Couche-toi, dit Sylvie. Demain matin nous verrons ce que nous devons faire.

Elle se remit au lit, défit le corset et lut les deux lettres de Brigaut, qui la confondirent. Elle s'endormit dans la plus étrange perplexité, ne se doutant pas de la terrible action à laquelle sa conduite devait donner lieu.

Les lettres envoyées par Brigaut à madame veuve Lorrain l'avaient trouvée dans une joie ineffable, et que leur lecture troubla. Cette pauvre septuagénaire mourait de chagrin de vivre sans Pierrette auprès d'elle, elle se consolait de l'avoir perdue en croyant s'être sacrifiée aux intérêts de sa petite-fille. Elle avait une de ces cœurs toujours jeunes que soutient et anime l'idée du sacrifice. Son vieux mari, dont la seule joie était cette petite-fille, avait regretté Pierrette ; tous les jours il l'avait cherchée autour de lui. Ce fut une douleur de vieillard de laquelle les vieillards vivent et finissent par mourir. Chacun peut alors juger du bonheur que dut éprouver cette pauvre vieille confinée dans un hospice en apprenant que de ces actions rares, mais qui cependant arrivent encore en France. Après désastres, François-Joseph Collinet, chef de la maison Collinet, était parti pour l'Amérique avec ses enfants. Il avait trop de cœur pour demeurer ruiné, sans crédit, à Nantes, où il avait fait ses malheurs que sa faillite y causait. De 1814 à 1824, ce courageux négociant, aidé par ses enfants et par son caissier, qui lui resta fidèle et lui donna les premiers fonds, avait recommencé courageusement une autre fortune. Après des travaux inouïs couronnés par le succès, il vint, vers la onzième année, le chiffre de réhabilité à Nantes en laissant son fils aîné à la tête de sa maison transatlantique. Il trouva madame Lorrain de Pen-hoël à Saint-Jacques, et fut témoin de la résignation avec laquelle la plus malheureuse de ses victimes y supportait sa misère.

— Dieu vous pardonne ! lui dit la vieille, puisque sur le bord de ma tombe vous me donnez les moyens d'assurer le bonheur de ma petite-fille ; mais moi, je ne pourrai jamais faire réhabiliter mon pauvre homme !

Monsieur Collinet apportait à sa créancière capital et intérêts au taux du commerce, environ quarante-deux mille francs. Ses autres créanciers, commerçants actifs, riches, intelligents, s'étaient soutenus, tandis que le malheur des Lorrain parut irrémédiable au vieux Collinet, qui promit à la veuve de faire réhabiliter la mémoire de son mari, dès qu'il s'agissait que d'une quarantaine de mille francs de plus. Quand la Bourse de Nantes apprit ce trait de générosité réparatrice, on y voulut recevoir Collinet, avant l'arrêt de la cour royale de Rennes ; mais le négociant refusa cet honneur et se soumit à la rigueur du Code de commerce. Madame Lorrain avait donc reçu quarante-deux mille francs la veille du jour où la poste lui apporta les lettres de Brigaut. En donnant sa quittance, son premier mot fut : Je pourrai donc vivre avec ma Pierrette et la marier au pauvre Brigaut, qui était si fort si bien en argent ! elle ne tenait pas en place, elle s'agitait, elle voulait partir pour Provins. Aussi, quand elle eut lu les lettres, s'élança-t-elle dans la ville comme une folle, et demandait les moyens d'aller à Provins avec la rapidité de l'éclair. Elle partit par la malle espérant qu'on lui expliqua la célérité gouvernementale de cette voiture. A Paris, elle avait pris la voiture de Troyes, elle venait d'arriver à deux heures et demie chez Frappier, où Brigaut, à l'aspect du sombre désespoir de la vieille Bretonne, lui promit aussitôt de le mener au plus près de Pierrette, en lui disant en peu de mots l'état de Pierrette. Ce peu de mots effraya tellement la grand'mère, qu'elle ne put vaincre son impatience, elle courut sur la place. Quand Pierrette cria, la Bretonne eut le cœur atteint par ce cri tout aussi vivement que le fut celui de Brigaut. A eux deux, ils eussent sans doute réveillé tous les habitants, si, par crainte, Rogron ne leur eût ouvert. Ce cri d'une jeune fille aux abois donna soudain à sa grand'mère autant de force que l'épouvante, elle porta la sévère Pierrette jusqu'à chez Frappier, dont la femme avait arrangé à la hâte la chambre de Pierrette. Ce fut dans ce pauvre logement, sur un lit à peine fait, que la malade fut déposée : elle s'y évanouit, tenant encore son poing fermé, meurtri, sanglant, les ongles enfoncés dans la chair. Brigaut, Frappier, sa femme et la vieille, contemplèrent Pierrette en silence, tous en proie à un étonnement indicible. — Pourquoi sa main est-elle en sang ? fut le premier mot de la grand'mère.

Pierrette, vaincue par le sommeil qui suit les grands déploiements de force, et se sachant à l'abri de toute violence, déplia ses doigts. La lettre de Brigaut tomba comme une réponse.

— On a voulu lui prendre ma lettre, dit Brigaut en tombant à genoux et ramassant le mot qu'il avait écrit pour dire à sa petite amie de quitter tout doucement la maison des Rogron. Il baisa pieusement la main de cette martyre.

Il y eut alors quelque chose qui fit frémir les menuisiers, ce fut de voir la vieille Lorrain, ce spectre sublime, debout au chevet de son enfant. La terreur et la vengeance glissaient leurs flamboyantes expressions dans les milliers de rides qui faisaient sa peau d'ivoire jauni. Ce front couvert de cheveux gris épars exprimait la colère divine. Elle lisait, avec cette puissance d'intuition départie aux vieillards près de la tombe, toute la vie de Pierrette, à laquelle elle avait d'ailleurs pensé pendant son voyage. Elle devina la maladie de jeune fille qui menaçait de mort son enfant chérie ! Deux grosses larmes péniblement nées dans ses yeux blancs et gris auxquels les chagrins avaient arraché les cils et les sourcils, deux perles de douleur se formèrent, leur communiquèrent une épouvantable fraîcheur, grossirent et roulèrent sur les joues desséchées sans les mouiller.

— Ils me l'ont tuée ! dit-elle enfin en joignant les mains.

Elle tomba sur ses genoux, qui frappèrent deux coups secs sur le carreau, elle se mit à faire sans doute un vœu à sainte Anne d'Auray, la plus puissante des madones de la Bretagne.

— Un médecin de Paris, dit-elle à Brigaut. Cours-y, Brigaut, va !

Elle le prit par l'épaule et le fit marcher par un geste de commandement despotique.

— J'allais venir, mon Brigaut, je suis riche, tiens ! s'écria-t-elle en le rappelant. Elle défit le cordon qui nouait les deux vestes de son casaquin sur sa poitrine, elle en tira un papier où quarante-deux billets de banque étaient enveloppés, et lui dit : — Prends ce qu'il te faut ! Ramène le plus grand médecin de Paris. — Gardez, dit Frappier, il ne pourra pas changer un billet en ce moment, j'ai de l'argent, la diligence va passer, il y trouvera une bonne place ; mais auparavant, ne vaudrait-il pas mieux consulter M. Martener, qui nous indiquerait un médecin à Paris ? La diligence ne vient que dans une heure, nous avons le temps.

Brigaut alla réveiller M. Martener. Il amena ce médecin, qui ne fut pas peu surpris de savoir mademoiselle Lorrain chez Frappier. Brigaut lui expliqua la scène qui venait d'avoir lieu chez les Rogron. Le bavardage d'un amant au désespoir éclaira ce drame domestique au médecin, sans qu'il en soupçonnât l'horreur ni l'étendue. Martener donna l'adresse du célèbre Horace Bianchon à Brigaut, qui partit avec son maître, en entendant le bruit de la diligence. M. Martener s'assit, examina d'abord les ecchymoses et les blessures de la main, qui pendait en dehors du lit.

— Elle ne s'est pas fait elle-même ces blessures ! dit-il. — Non, l'horrible fille à qui j'ai eu le malheur de la confier la massacrait, dit la grand'mère. Ma pauvre Pierrette : Au secours ! je meurs ! à fendre le cœur à un nouveau. — Mais pourquoi ? dit le médecin en prenant le pouls de Pierrette. Elle est bien malade, reprit-il en approchant une lumière de lit. Ah ! nous la sauverons difficilement, dit-il après avoir vu la tête. Elle a dû bien souffrir, et je ne comprends pas comment on ne l'a pas soignée. — Mon intention, dit la grand'mère, est de me plaindre à la justice. Ces gens qui m'ont demandé ma petite fille par une lettre, en se disant riches de douze mille livres de rentes, avaient-ils le droit d'en faire une cuisinière, de lui faire faire des services au-dessus de ses forces ? — Ils n'ont donc pas voulu voir la plaie visible des maladies auxquelles les jeunes filles sont parfois sujettes et qui exigeait les plus grands soins ? s'écria M. Martener.

Il se réveilla et que la lumière que tenait madame Frappier pour bien éclairer le visage et par les horribles souffrances que la réaction morale de sa lutte lui causait à la tête.

— Ah ! monsieur Martener, je suis bien mal, dit-elle de sa jolie voix. — D'où souffrez-vous, ma petite amie ? dit le médecin. — Là, fit-elle en montrant le haut de sa tête au-dessus de l'oreille gauche. — Il y a un dépôt ! s'écria le médecin après avoir pendant longtemps palpé la tête et questionné Pierrette sur ses souffrances. Il faut tout nous dire, mon enfant, pour que nous puissions vous guérir. Pourquoi votre main est-elle ainsi ? ce n'est pas vous qui vous êtes fait de semblables blessures.

Pierrette raconta naïvement son combat avec sa cousine Sylvie.

— Faites-la causer, dit le médecin à la grand'mère, et sachez bien tout, j'attendrai l'arrivée du médecin de Paris, et nous nous adjoindrons le chirurgien en chef de l'hôpital pour consulter : tout ceci me paraît bien grave. Je vais vous faire envoyer une potion calmante que vous donnerez à mademoiselle pour qu'elle dorme, elle a besoin de sommeil.

Restée seule avec sa petite fille, la vieille Bretonne se fit tout révéler au moyen de son ascendant sur elle, en lui apprenant qu'elle était assez riche pour eux trois, et lui promettant que Brigaut resterait avec elle. La pauvre enfant confessa son martyre sans le devinant pas à quel procès elle allait donner lieu. Les monstruosités de ces deux êtres sans affection et qui ne savaient rien de la famille découvraient à la vieille femme des mondes de douleur aussi loin de sa pensée qu'ont pu l'être les mœurs des races sauvages de celle des premiers

voyageurs qui pénétrèrent dans les savanes de l'Amérique. L'arrivée de sa grand'mère, la certitude d'être à l'avenir avec elle et riche, endormirent la pensée de Pierrette comme la potion lui endormit le corps. La vieille Bretonne veilla sa petite fille, en lui baisant le front, les cheveux et les mains, comme les saintes femmes durent baiser Jésus en le mettant au tombeau.

Dès neuf heures du matin, M. Martener alla chez le président, auquel il raconta la scène de nuit entre Sylvie et Pierrette, puis les tortures morales et physiques, les sévices de tous genres que les Rogron avaient déployées sur leur pupille, et les deux maladies mortelles qui s'étaient développées par suite de ces mauvais traitements. Le président envoya chercher le notaire Auffray, l'un des parents de Pierrette dans la ligne maternelle.

En ce moment, la guerre entre le parti Vinet et le parti Tiphaine était à son apogée. Les propos que les Rogron et leurs adhérents faisaient courir dans Provins sur la liaison connue de madame Roguin avec le banquier du Tillet, sur les circonstances de la banqueroute du père de madame Tiphaine, un faussaire, disait-on, atteignirent d'autant plus vivement le parti des Tiphaine, que c'était de la médisance et non de la calomnie. Ces blessures allaient à fond de cœur, elles attaquaient les intérêts au vif. Ces discours, redits aux partisans des Tiphaine par les mêmes bouches, qui communiquaient les sarcasmes, les plaisanteries de la belle madame Tiphaine et de ses amies, alimentaient les haines, désormais combinées de l'élément politique. Les irritations que causait alors en France l'esprit de parti, dont les violences furent excessives, se liaient partout, comme à Provins, à des intérêts menacés, à des individualités blessées et militantes. Chacune de ces coteries saisissait avec ardeur ce qui pouvait nuire à la coterie rivale. L'animosité des partis se mêlait autant que l'amour-propre aux moindres affaires, qui souvent allaient fort loin. Une ville se passionnait pour certaines luttes et en étendait de toutes la grandeur du débat politique. Ainsi le président vit dans la cause entre Pierrette et les Rogron un moyen d'abattre, de déconsidérer, de déshonorer les maîtres de ce salon où s'élaboraient les plans contre la monarchie, où le journal de l'opposition avait pris naissance. Le procureur du roi fut mandé, M. Lesourd, M. Auffray le notaire, subrogé-tuteur de Pierrette, et le président examinèrent alors dans le plus grand secret avec M. Martener la marche à suivre. M. Martener se chargea de dire à la grand'mère de Pierrette de venir porter plainte au subrogé-tuteur. Le subrogé-tuteur convoquerait le conseil de famille, et, armé de la consultation des trois médecins, demanderait d'abord la destitution du tuteur. L'affaire ainsi posée arriverait au tribunal, et M. Lesourd verrait alors à porter l'affaire au criminel en provoquant une instruction. Vers midi, tout Provins était soulevé par l'étrange nouvelle de ce qui s'était passé pendant la nuit dans la maison Rogron. Les cris de Pierrette avaient été vaguement entendus sur la place, mais ils avaient peu duré, personne ne s'était levé, seulement chacun s'était demandé : — Avez-vous entendu du bruit cette nuit sur une heure ? qu'était-ce ? Les propos et les commentaires avaient si singulièrement grossi ce drame horrible, que la foule s'amassa devant la boutique de Frappier, à qui chacun demanda des renseignements, et le brave menuisier peignit l'arrivée chez lui de la petite, le poing ensanglanté, les doigts brisés. Vers une heure après midi, la chaise de poste du docteur Bianchon, auprès de qui se trouvait Brigaut, s'arrêta devant la maison de Frappier, dont la femme alla prévenir à l'hôpital M. Martener et le chirurgien en chef. Ainsi les propos de la ville reçurent une sanction. Les Rogron furent accusés d'avoir maltraité leur cousine à dessein et de l'avoir mise en danger de mort. La nouvelle atteignit Vinet au palais de justice, il quitta tout et alla chez les Rogron. Rogron et sa sœur achevaient de déjeuner. Sylvie hésitait à dire à son frère sa découverte de la nuit, et se laissait presser de questions sans y répondre autrement que par : — Cela ne te regarde pas. Elle allait et venait de la cuisine à la salle à manger pour éviter la discussion. Elle était seule quand Vinet apparut.

— Vous ne savez donc pas ce qui se passe ? dit l'avocat. — Non, dit Sylvie. — Vous allez avoir un procès criminel sur le corps, à la manière dont vont les choses à propos de Pierrette. — Un procès criminel ! dit Rogron qui survint. Pourquoi ? comment ? — Avant tout, s'écria l'avocat en regardant Sylvie, expliquez-moi sans détour ce qui a eu lieu cette nuit, et comme si vous étiez devant Dieu, car on parle de couper la gorge à Pierrette. Sylvie devint blême et frissonna. — Il y a donc eu quelque chose ? dit Vinet.

Mademoiselle Rogron raconta la scène en voulant s'excuser ; mais, pressée de questions, elle avoua les faits graves de cette horrible lutte.

— Si vous lui avez seulement fracassé les doigts, vous n'irez qu'en police correctionnelle ; mais, s'il lui faut couper la main, vous pouvez aller en cour d'assises : les Tiphaine feront tout pour vous y mener jusque-là.

Sylvie, plus morte que vive, avoua sa jalousie, et, ce qui fut plus cruel à dire, combien ses soupçons se trouvaient erronés.

— Quel procès ! dit Vinet. Vous et votre frère vous pouvez y périr, vous serez abandonnés par bien des gens, même en le gagnant. Si vous ne triomphez pas, il faudra quitter Provins.— Oh! mon cher monsieur Vinet, vous qui êtes un si grand avocat, dit Rogron épouvanté, conseillez-nous, sauvez-nous!

L'adroit Vinet porta la terreur de ces deux imbéciles au comble, et déclara positivement que madame et mademoiselle de Chargebœuf hésiteraient à revenir chez eux. Être abandonnés par ces dames serait une terrible condamnation. Enfin, après une heure de magnifiques manœuvres, il fut reconnu que, pour déterminer Vinet à sauver les Rogron, il devait avoir aux yeux de tout Provins un intérêt majeur à les défendre. Dans la soirée, le mariage de Rogron avec mademoiselle de Chargebœuf serait donc annoncé. Les bans seraient publiés dimanche. Le contrat se ferait immédiatement chez Cournant, et mademoiselle Rogron y paraîtrait pour, en considération de cette alliance, abandonner par une donation entre-vifs la nue propriété de ses biens à son frère. Vinet avait fait comprendre à Rogron et à sa sœur la nécessité d'avoir un contrat de mariage minuté deux ou trois jours avant cet événement, afin de compromettre madame et mademoiselle de Chargebœuf aux yeux du public et leur donner un motif de persister à venir dans la maison Rogron.

— Signez ce contrat, et je prends sur moi l'engagement de vous tirer d'affaire, dit l'avocat. Ce sera sans doute une terrible lutte, mais je m'y mettrai tout entier, *et vous me devrez encore un fameux cierge!* — Ah! oui, dit Rogron.

A onze heures et demie, l'avocat eut plein pouvoir et pour le contrat et pour la conduite du procès. A midi, le président fut saisi d'un référé intenté par Vinet contre Brigaut et madame veuve Lorrain, pour avoir détourné la mineure Lorrain du domicile de son tuteur. Ainsi le hardi Vinet se posait comme agresseur et mettait Rogron dans la position d'un homme irréprochable. Aussi en parla-t-il dans ce sens au palais. Le président remit à quatre heures à entendre les parties. Il est inutile de dire à quel point la petite ville de Provins était soulevée par ces événements. Le président savait qu'à trois heures la consultation des médecins serait terminée; il voulait que le subrogé-tuteur, parlant pour Pierrette, se présentât armé de cette pièce. L'annonce du mariage de Rogron avec la belle Bathilde de Chargebœuf et des avantages que Sylvie faisait au contrat oblitéra deux personnes aux Rogron; mademoiselle Habert et le colonel, qui tous deux virent leurs espérances anéanties. Céleste Habert et le colonel restèrent ostensiblement attachés à Rogron, mais pour leur nuire plus sûrement. Ainsi, dès que M. Martener révéla l'existence d'un dépôt à la tête de la pauvre victime des deux merciers, Céleste et le colonel parlèrent du coup que Pierrette s'était donné pendant la soirée où Sylvie l'avait contrainte à quitter le salon, et rappelèrent les cruelles et barbares exclamations de mademoiselle Rogron. Ils racontèrent les preuves d'insensibilité données par cette vieille fille envers sa pupille souffrante. Ainsi les amis de la maison admirent les torts graves en paraissant défendre Sylvie et son frère. Vinet avait prévu cet orage; mais la fortune des Rogron allait être acquise à mademoiselle de Chargebœuf, et il se promettait dans quelques semaines de la voir habiter la jolie maison de la place et de régner sur Provins, car il méditait déjà des fusions avec les Bréautey dans l'intérêt de ses ambitions. Depuis midi jusqu'à quatre heures, toutes les femmes du parti Tiphaine, les Garceland, les Guépin, les Julliard, Galardon, Guénée, la sous-préfète, envoyèrent savoir des nouvelles de mademoiselle Lorrain. Pierrette ignorait entièrement le tapage fait en ville à son sujet. Elle éprouvait, au milieu de ses vives souffrances, un ineffable bonheur à se trouver entre sa grand'mère et Brigaut, les objets de ses affections. Brigaut avait constamment les yeux pleins de larmes, et la grand'mère cajolait sa chère petite-fille. Dieu sait si l'aïeule fit grâce aux trois hommes de science d'aucun des détails qu'elle avait obtenus de Pierrette sur sa vie dans la maison Rogron. Horace Bianchon exprima son indignation en termes retentissants. Épouvanté d'une semblable barbarie, il exigea que les autres médecins de la ville fussent mandés, en sorte que M. Néraud fût présent et invité, comme ami de Rogron, à contredire, s'il y avait lieu, les terribles conclusions de la consultation, qui, malheureusement pour les Rogron, fut rédigée à l'unanimité. Néraud, qui déjà passait pour avoir fait mourir de chagrin la grand'mère de Pierrette, avait une fausse position de laquelle profita l'adroit Martener, enchanté d'accabler les Rogron et de compromettre en ceci M. Néraud, son antagoniste. Il est inutile de donner le texte de cette consultation, qui fut encore une des pièces du procès. Si les termes de la médecine de Molière étaient barbares, ceux de la médecine moderne ont l'avantage d'être si clairs, que l'explication de la maladie de Pierrette, quoique naturelle et malheureusement commune, effrayerait les oreilles. Cette consultation était d'ailleurs péremptoire, appuyée par un nom aussi célèbre que celui d'Horace Bianchon. Après l'audience, le président resta sur son siège en voyant la grand'mère de Pierrette accompagnée de M. Brigaut, et d'une foule nombreuse. Vinet était seul. Ce contraste frappa l'audience, qui fut grossie d'un grand nombre de curieux. Vinet, qui avait gardé sa robe, leva vers le président sa face froide en assurant ses besicles sur ses yeux verts, puis de sa voix grêle et persistante, il exposa que des étrangers s'étaient introduits nuitamment chez M. et mademoiselle Rogron, et y

avaient enlevé la mineure Lorrain. Force devait rester au tuteur, qui réclamait sa pupille. M. Auffray se leva, comme subrogé-tuteur, et demanda la parole.

— Si monsieur le président, dit-il, veut prendre communication de cette consultation émanée d'un des plus savants médecins de Paris et de tous les médecins et chirurgiens de Provins, il comprendra combien la réclamation du sieur Rogron est insensée, et quels motifs graves portaient l'aïeule de la mineure à l'enlever immédiatement à ses bourreaux. Voici le fait : une consultation délibérée à l'unanimité par un illustre médecin de Paris mandé en toute hâte, et par tous les médecins de cette ville, attribue l'état presque mortel où se trouve la mineure aux mauvais traitements qu'elle a reçus des sieur et demoiselle Rogron. En droit, le conseil de famille sera convoqué dans le plus bref délai, et consulté sur la question de savoir si le tuteur doit être destitué de sa tutelle. Nous demandons que la mineure ne rentre pas au domicile de son tuteur et soit confiée au membre de la famille qu'il plaira à M. le président de désigner.

Vinet voulut répliquer en disant que la consultation devait lui être communiquée, afin de la contredire.

— Non pas à la partie de Vinet, dit sévèrement le président, mais peut-être à M. le procureur du roi. La cause est entendue.

Le président écrivit au bas de la requête l'ordonnance suivante :

« Attendu que, d'une consultation délibérée à l'unanimité par les médecins de cette ville et par le docteur Bianchon, docteur de la Faculté de médecine de Paris, il résulte que la mineure Lorrain, réclamée par Rogron, son tuteur, est dans un état de maladie extrêmement grave, amené par de mauvais traitements et des sévices exercés sur elle au domicile du tuteur et par sa sœur,

« Nous, président du tribunal de première instance de Provins,

« Statuant sur la requête, ordonnons que, jusqu'à la délibération du conseil de famille, qui, suivant la déclaration du subrogé-tuteur, sera convoqué, la mineure ne réintègrera pas le domicile pupillaire et sera transférée dans la maison du subrogé-tuteur ;

« Subsidiairement, attendu l'état où se trouve la mineure et les traces de violence qui, d'après la consultation des médecins, existent sur sa personne, commettons le médecin en chef et le chirurgien en chef de l'hôpital de Provins pour la visiter ; et, dans le cas où les sévices seraient constants, faisons toute réserve de l'action du ministère public, et ce, sans préjudice de la voie civile prise par Auffray, subrogé-tuteur. »

Cette terrible ordonnance fut prononcée par le président Tiphaine à haute et intelligible voix.

— Pourquoi pas les galères tout de suite? dit Vinet. Et tout ce bruit pour une petite fille qui entretenait une intrigue avec un garçon menuisier! Si l'affaire marche ainsi, s'écria-t-il insolemment, nous demanderons d'autres juges pour cause de suspicion légitime.

Vinet quitta le palais et alla chez les principaux organes de son parti expliquer la situation de Rogron qui n'avait jamais donné une gourmande à sa cousine, et dans qui le tribunal voyait, dit-il, moins le tuteur de Pierrette que son chef électeur de Provins.

A l'entendre, les Tiphaine faisaient grand bruit de rien. La montagne accoucherait d'une souris. Sylvie, fille éminemment sage et religieuse, avait découvert une intrigue entre la pupille de son frère et un petit ouvrier menuisier, un Breton nommé Brigaut. Ce drôle savait très-bien que la petite fille allait avoir une fortune de sa grand'mère, il voulait la suborner. (Vinet osait parler de subornation!) Mademoiselle Rogron, qui tenait des lettres où éclatait la perversité de cette petite fille, n'était pas aussi blâmable que la Tiphaine voulaient le faire croire. Au cas où elle se serait permis une violence pour obtenir une lettre, ce qu'il expliquait d'ailleurs par l'irritation que l'entêtement breton avait causée à Sylvie, en quoi Rogron était-il répréhensible?

L'avocat fit alors de ce procès une affaire de parti et sut lui donner une couleur politique. Aussi, dès cette soirée, y eut-il des divergences dans l'opinion publique.

— Qui n'entend qu'une cloche n'a qu'un son, disaient les gens sages. Avez-vous écouté Vinet? Vinet explique très-bien les choses.

La maison de Frappier avait été jugée inhabitable pour Pierrette, à cause des douleurs que le bruit y causerait à la tête. Le transport de là chez le subrogé-tuteur était aussi nécessaire médicalement que judiciairement. Ce transport se fit avec des précautions inouïes et calculées pour produire un grand effet. Pierrette fut mise sur un brancard avec douze matelats, portée par deux hommes, accompagnée d'une sœur grise qui avait à la main un flacon d'éther, suivie de sa grand'mère, et madame Auffray, et la femme de chambre. Il y eut du monde aux fenêtres et sur les portes pour voir passer ce cortège. Certes l'état dans lequel était Pierrette, sa blancheur de mourante, tout donnait d'immenses avantages au parti contraire aux Rogron. Les Auffray tinrent à prouver à toute la ville combien le président avait eu raison de rendre son ordonnance. Pierrette et sa grand'-

mère furent installées au second étage de la maison de M. Auffray. Le notaire et sa femme leur prodiguèrent les soins de l'hospitalité la plus large, ils y mirent du faste. Pierrette eut sa grand'mère pour garde-malade, et M. Martener vint la visiter avec le chirurgien le soir même.

Dès cette soirée, les exagérations commencèrent donc de part et d'autre. Le salon des Rogron fut plein. Vinet avait travaillé le parti libéral à ce sujet. Les deux dames de Chargebœuf dînèrent chez les Rogron, car le contrat devait y être signé le soir. Dans la matinée, Vinet avait fait afficher les bans à la mairie. Il traita de misère l'affaire relative à Pierrette. Si le tribunal de Provins y portait de la passion, la cour royale saurait apprécier les faits, disait-il, et les Auffray regarderaient à deux fois avant de se jeter dans un pareil procès. L'alliance de Rogron avec les Chargebœuf fut une considération énorme aux yeux d'un certain monde. Chez eux les Rogron étaient blancs comme neige, et Pierrette était une petite fille excessivement perverse, un serpent réchauffé dans leur sein. Dans le salon de madame Tiphaine, on se vengeait des horribles médisances que le parti Vinet avait dites depuis deux ans : les Rogron étaient des monstres, et le tuteur irait en cour d'assises. Sur la place, Pierrette se portait à merveille; dans la haute ville, elle mourrait infailliblement; chez Rogron, elle avait des égratignures au poignet; chez madame Tiphaine, elle avait les doigts brisés, on allait lui en couper un. Le lendemain, le Courrier de Provins contenait un article extrêmement adroit, bien écrit, un chef-d'œuvre d'insinuations mêlées de considérations judiciaires, et qui mettait déjà Rogron hors de cause. La Ruche, qui d'abord paraissait deux jours après, ne pouvait répondre sans tomber dans la diffamation; mais on y répliqua que, dans une affaire semblable, le mieux était de laisser son cours à la justice.

Le conseil de famille fut composé par le juge de paix du canton de Provins, président légal, premièrement de Rogron et des deux MM. Auffray, les plus proches parents; puis de M. Ciprey, neveu de la grand'mère maternelle de Pierrette. Il leur adjoignit M. Habert, le confesseur de Pierrette, et le colonel Gouraud, qui s'était toujours donné pour un camarade du colonel Lorrain. On applaudit beaucoup à l'impartialité du juge de paix, qui comprenait dans le conseil de famille M. Habert et le colonel Gouraud, que tout Provins croyait très-amis des Rogron. Dans la circonstance grave où se trouvait Rogron, il demanda l'assistance de maître Vinet au conseil de famille. Par cette manœuvre, évidemment conseillée par Vinet, Rogron obtint que le conseil de famille ne s'assemblerait que vers la fin du mois de décembre. A cette époque, le président et sa femme furent établis à Paris chez madame Rogron, à cause de la convocation des Chambres. Ainsi le parti ministériel se trouva sans chef. Vinet avait déjà sourdement pratiqué le bonhomme Desfondrilles, le juge d'instruction, au cas où l'affaire prendrait le caractère correctionnel ou criminel que le président avait essayé de lui donner. Vinet plaida l'affaire pendant trois heures devant le conseil de famille : il établit une intrigue entre Brigaut et Pierrette afin de justifier les sévérités de mademoiselle Rogron; il démontra combien le tuteur avait agi naturellement en laissant sa pupille sous le gouvernement d'une femme; il appuya sur la non-participation de son client à la manière dont l'éducation de Pierrette était entendue par Sylvie. Malgré les efforts de Vinet, le conseil fut à l'unanimité d'avis de retirer la tutelle à Rogron. On désigna pour tuteur M. Auffray, et M. Ciprey pour subrogé-tuteur. Le conseil de famille entendit Adèle, la servante, qui chargea ses anciens maîtres; mademoiselle Habert, qui raconta les propos cruels tenus par mademoiselle Rogron dans la scène où Pierrette s'était attiré le furieux coup entendu par tout le monde, et l'observation faite sur la santé de Pierrette par madame de Chargebœuf. Brigaut produisit la lettre qu'il avait reçue de Pierrette et qui prouvait leur mutuelle innocence. Il fut démontré que l'état déplorable dans lequel se trouvait la mineure venait d'un défaut de soin du tuteur, responsable de tout ce qui concernait sa pupille. La maladie de Pierrette avait frappé tout le monde, et même les personnes de la ville étrangères à la famille. L'accusation de sévices contre Rogron, frère et sœur, allait devenir publique.

Conseillé par Vinet, Rogron se rendit opposant à l'homologation de la délibération du conseil de famille par le tribunal. Le ministère public intervint, attendu la gravité croissante de l'état pathologique où se trouvait Pierrette Lorrain. Ce procès curieux, quoique promptement mis au rôle, ne vint en ordre utile que dans le mois de mars 1828.

Le mariage de Rogron avec mademoiselle de Chargebœuf s'était alors célébré. Sylvie habitait le deuxième étage de sa maison, où des dispositions avaient été faites pour la loger, ainsi que madame de Chargebœuf, car le premier étage fut entièrement affecté à madame Rogron. La belle madame Rogron succéda dès lors à la belle madame Tiphaine. L'influence de ce mariage fut énorme. On ne vint plus dans le salon de mademoiselle Sylvie, mais chez la belle madame Rogron.

Soutenu par sa belle-mère et appuyé par les banquiers royalistes du Tillet et Nucingen, le président Tiphaine eut occasion de rendre service au ministère, il fut un des orateurs du centre les plus estimés,

devint juge au tribunal de première instance de la Seine, et fit nommer son neveu, Lesourd, président du tribunal de Provins. Cette nomination froissa beaucoup le juge Desfondrilles, toujours archéologue et plus que jamais suppléant. Le garde des sceaux envoya l'un de ses protégés à la place de Lesourd. L'avancement de M. Tiphaine n'en produisit donc aucun dans le tribunal de Provins. Vinet exploita très-habilement ces circonstances. Il avait toujours dit aux gens de Provins qu'ils servaient de marchepied aux grandeurs de la rusée madame Tiphaine. Le président se jouait de ses amis. Madame Tiphaine méprisait in petto la ville de Provins, et n'y reviendrait jamais. M. Tiphaine père mourut, son fils hérita de la terre du Fay, et vendit sa belle maison de la ville haute à M. Julliard. Cette vente prouva combien il comptait peu revenir à Provins. Vinet eut raison, Vinet avait été prophète. Ces faits eurent une grande influence sur le procès relatif à la tutelle de Rogron.

Ainsi l'épouvantable martyre exercé brutalement sur Pierrette par deux imbéciles tyrans, et qui, dans ses conséquences médicales, mettait M. Martener, approuvé par le docteur Bianchon, dans le cas d'ordonner la terrible opération du trépan; ce drame horrible, réduit aux proportions judiciaires, tombait dans le gâchis immonde qui s'appelle au Palais la forme. Ce procès traînait dans les délais, dans le lacis inextricable de la procédure, arrêté par les ambages d'un odieux avocat; tandis que Pierrette calomniée languissait en souffrait les plus épouvantables douleurs connues en médecine. Ne fallait-il pas expliquer ces singuliers revirements de l'opinion publique et la marche lente de la justice, avant de revenir dans la chambre où elle vivait, où elle mourait?

M. Martener, de même que la famille Auffray, fut en peu de jours séduit par l'adorable caractère de Pierrette et par la vieille Bretonne, dont les sentiments, les idées, les façons, étaient empreints d'une antique couleur romaine. Cette matrone du Marais ressemblait à une femme de Plutarque. Le médecin voulut disputer cette proie à la mort, car dès le premier jour le médecin de Paris et le médecin de province regardèrent Pierrette comme perdue. Il y avait entre le malade et le médecin, soutenu par la jeunesse de Pierrette, un de ces combats que les médecins seuls connaissent et dont le succès, en cas de succès, n'est jamais dans le prix vénal des soins ni chez la malade, mais il trouve la douce satisfaction de la conscience et dans je ne sais quelle palme idéale et invisible recueillie par les vrais artistes après le contentement que leur cause la certitude d'avoir fait une belle œuvre. Le médecin tend au bien comme l'artiste tend au beau, poussé par un admirable sentiment que nous nommons la vertu. Ce combat de tous les jours avait éteint chez cet homme de province les mesquines irritations de la lutte engagée entre le parti Vinet et le parti des Tiphaine, ainsi qu'il arrive aux hommes qui se trouvent tête à tête avec une grande misère à vaincre.

M. Martener avait commencé par vouloir exercer son état à Paris; mais l'atroce activité de cette ville, l'insensibilité que finissent par donner au médecin le nombre effrayant de malades et la multiplicité des cas graves, avaient épouvanté son âme douce et faite pour la vie de province. Il était d'ailleurs sous le joug de sa jolie patrie; aussi revint-il à Provins pour s'y marier, s'y établir et y soigner presque amoureusement une population qu'il pouvait considérer comme une grande famille. Il affecta, pendant tout le temps que dura la maladie de Pierrette, de ne point parler de sa malade. Sa répugnance à répondre quand chacun lui demandait des nouvelles de la pauvre petite était si visible, qu'on cessa de le questionner à ce sujet. Pierrette fut pour lui ce que doit être, un de ces poëmes mystérieux et profonds, vastes en douleurs, comme il s'en trouve dans la terrible existence des médecins. Il éprouvait pour cette délicate jeune fille une admiration dans le secret de laquelle il ne voulut mettre personne.

Ce sentiment du médecin sa malade s'était, comme tous les sentiments vrais, communiqué à M. et madame Auffray, dont la maison devint, tant que Pierrette y fut, douce et silencieuse. Les enfants, qui jadis avaient fait de si bonnes parties de jeu avec Pierrette, s'entendirent avec la grâce de l'enfance pour n'être ni bruyants ni importuns. Ils mirent leur honneur à être bien sages, parce que Pierrette était malade. La maison de M. Auffray se trouve dans la ville haute au-dessous des ruines du château, où elle est bâtie dans une des marges de terrain produites par les bouleversements des anciens remparts. De là, les habitants ont la vue de la vallée en se promenant dans un petit jardin fruitier enclos de gros murs, d'où l'on plonge sur la ville. Les toits des autres maisons arrivent au cordon extérieur du mur qui soutient ce jardin. Le long de cette terrasse est une allée qui aboutit à la porte-fenêtre du cabinet de M. Auffray. Au bout s'élèvent un berceau de vigne et un figuier, sous lesquels il y a une table ronde, un banc et des chaises peints en vert. On avait donné à Pierrette une chambre au-dessus du cabinet de son nouveau tuteur. Madame Lorrain y couchait sur un lit de sangle auprès de sa petite-fille. De sa fenêtre, Pierrette pouvait donc voir la magnifique vallée de Provins, qu'elle connaissait à peine, elle était sortie si rarement de la fatale maison des Rogron! Quand il faisait beau temps, elle aimait à se traîner, au bras de sa grand'mère, jusqu'à ce berceau. Brigaut, qui ne faisait plus rien, venait voir sa petite amie trois fois par jour ; il était dévoré par une douleur qui le rendait sourd à la vie ; il guettait avec la finesse d'un chien de chasse M. Martener, il l'accompagnait toujours et sortait avec lu.. Vous imaginerez difficilement les folies que chacun faisait pour la chère petite malade. Ivre de désespoir, la grand'mère cachait son désespoir, elle montrait à sa petite fille le visage riant qu'elle avait à Pen-hoël. Dans son désir de se faire illusion, elle lui arrangeait et lui mettait le bonnet national avec lequel Pierrette était arrivée à Provins. La jeune malade lui paraissait ainsi se mieux ressembler à elle-même ; elle était délicieuse à voir, le visage entouré de cette auréole de batiste bordée de dentelles empesées. Sa tête, blanche de la blancheur du biscuit, son front auquel la souffrance imprimait un semblant de pensée profonde, la pureté des lignes amaigries par la maladie, la lenteur du regard et la fixité des yeux par instants, tout faisait de Pierrette un admirable chef-d'œuvre de mélancolie. Aussi l'enfant était-elle servie avec une sorte de fanatisme. On la voyait si douce, si tendre et si aimante ! Madame Martener avait envoyé son piano chez sa sœur, madame Auffray, dans la pensée d'amuser Pierrette, à qui la musique causa des ravissements. C'était un poème que de la regarder écoutant un morceau de Weber, de Beethoven ou d'Hérold, les yeux levés, silencieuse, et regrettant sans doute la vie qu'elle sentait lui échapper. Le curé Péroux et M. Habert, ses deux consolateurs religieux, admiraient la pieuse résignation. N'est-ce pas ou lui remarquable et digne également et de l'attention des philosophes et de celle des indifférents, que la perfection séraphique des jeunes filles et des jeunes gens marqués en rouge par la mort dans la foule, comme des jeunes arbres dans une forêt ? Qui a vu l'une de ces morts sublimes ne saurait rester ou devenir incrédule. Ces êtres exhalent comme un parfum céleste ; leurs regards parlent de Dieu, leur voix est éloquente dans les plus indifférents discours, et souvent elle sonne comme un instrument divin, exprimant les secrets de l'avenir ! Quand M. Martener félicitait Pierrette d'avoir accompli quelque difficile prescription, cet ange disait, en présence de tous, et avec quels regards ! — Je désire vivre, cher monsieur Martener, moins pour moi que pour ma grand'mère, pour mon Brigaut et pour vous tous, que ma mort affligerait.

La première fois qu'elle se promena, dans le mois de novembre, par le beau soleil de la Saint-Martin, accompagnée de toute la maison, et que madame Auffray lui demanda si elle était fatiguée : — Maintenant que je n'ai plus à supporter d'autres souffrances que celles envoyées par Dieu, je puis y suffire. Je trouve dans le bonheur d'être aimée la force de souffrir.

Ce fut la seule fois que, d'une manière détournée, elle rappela son horrible martyre chez les Rogron. Jamais elle ne parlait point et, leur souvenir devait lui être si pénible, que personne ne parlait d'eux.

— Chère madame Auffray, lui dit-elle un jour, à midi, sur la terrasse, en contemplant la vallée éclairée par un beau soleil et parée des belles rousses de l'automne, mon agonie chez vous m'aura donné plus de bonheur que ces trois dernières années !

Madame Auffray regarda sa sœur, madame Martener, et lui dit à l'oreille : — Comme elle aurait aimé ! En effet, l'accent, le regard de Pierrette donnaient à sa phrase une indicible valeur.

M. Martener entretenait une correspondance avec le docteur Bianchon, et ne tentait rien de grave sans ses approbations. Il espérait d'abord établir le cours voulu par la nature, puis faire dériver le dépôt à la tête par l'oreille. Plus vives étaient les douleurs de Pierrette, plus il concevait d'espérances. Il obtint de légers succès sur le premier point, et ce fut un grand triomphe. Malgré quelques jours, l'appétit de Pierrette revint et se satisfit de mets substantiels pour lesquels sa maladie lui donnait jusqu'alors une répugnance caractéristique ; la couleur de son teint changea, mais l'état de la tête était horrible. Aussi le docteur supplia-t-il le grand médecin, son conseil, de venir. Bianchon vint, resta deux jours à Provins, et décida une opération. Il épousa toutes les sollicitudes du pauvre Martener, et alla chercher lui-même le célèbre Desplein. Ainsi l'opération fut faite par le plus grand chirurgien des temps anciens et modernes ; mais ce terrible auspice dit à Martener, en s'en allant avec Bianchon, son élève le plus aimé : — Vous ne la sauverez que par un miracle. Quand on vous l'a dit Horace, la carie des os est commencée. A cet âge, les os sont encore si tendres !

L'opération avait eu lieu dans le commencement du mois de mars 1828. Pendant tout le mois, effrayé des douleurs épouvantables que souffrait Pierrette, M. Martener fit plusieurs voyages à Paris ; il y consulta Desplein et Bianchon, auxquels il alla jusqu'à proposer une opération dans le genre de celle de la lithotritie, et qui consistait à introduire dans la tête un instrument creux à l'aide duquel on essayerait l'application du remède héroïque pour arrêter les progrès de la carie. L'audacieux Desplein n'osa pas tenter ce coup de main chirurgical, que lui-même avait inspiré à Martener. Aussi, quand le médecin revint de son dernier voyage à Paris, parut-il à ses amis chagrin et morose. Il dut annoncer, par une fatale soirée, à la famille Auffray, à madame Lorrain, au confesseur et à Brigaut réunis, que la science ne pouvait plus rien pour Pierrette, dont le salut était seulement dans la main de Dieu. Ce fut une horrible consternation. La grand'mère fit un vœu, et pria le curé de dire tous les matins au jour, avant le lever de Pierrette, une messe à laquelle elle et Brigaut assistèrent.

Le procès se plaidait. Pendant que la victime des Rogron se mourait, Vinet la calomniait au tribunal. Le tribunal homologua la délibération du conseil de famille, et l'avocat interjeta sur-le-champ appel. Le nouveau procureur du roi fit un réquisitoire qui détermina une instruction. Rogron et sa sœur furent obligés de donner caution pour ne pas aller en prison. L'instruction exigeait l'interrogatoire de Pierrette. Quand M. Desfondrilles vint chez Auffray, Pierrette était à l'agonie, elle avait son confesseur à son chevet, elle allait être administrée. Elle suppliait en ce moment même la famille assemblée de pardonner à son cousin et à sa cousine, ainsi qu'elle le faisait elle-même, en disant avec un admirable bon sens que le jugement de ces choses appartenoit à Dieu seul.

— Grand'mère, dit-elle, laisse tout ton bien à Brigaut (Brigaut fondait en larmes). Et, dit Pierrette en continuant, donne mille francs à cette bonne Adèle, qui me bassinait mon lit en cachette. Si elle était restée chez mes cousins, je vivrais...

Ce fut à trois heures, le mardi de Pâques, par une belle journée, que ce petit ange cessa de souffrir. Son héroïque grand'mère voulut la garder pendant la nuit avec les prêtres, et la coudre de ses vieilles mains roides dans le linceul. Vers le soir, Brigaut quitta la maison Auffray ; descendit chez Frappier.

— Je n'ai pas besoin, mon pauvre garçon, de te demander des nouvelles, lui dit le menuisier. — Père Frappier, oui, c'est fini pour elle, et non pas pour moi.

L'ouvrier jeta sur tout le bois de la boutique des regards à la fois sombres et perspicaces.

— Je te comprends, Brigaut, dit le bonhomme Frappier. Tiens, voilà ce qu'il te faut.

Et il lui montra des planches en chêne de deux pouces.

— Ne m'aidez pas, monsieur Frappier, dit le Breton ; je veux tout faire moi-même.

Brigaut passa la nuit à raboter et à ajuster la bière de Pierrette, et plus d'une fois il enleva d'un seul coup de rabot un ruban de bois humide de ses larmes. Le bonhomme Frappier le regardait faire en fumant. Il ne lui dit que ces deux mots, quand son premier ajusta les quatre morceaux : — Fais donc le couvercle à coulisse : ces pauvres parents ne l'entendront pas clouer.

Au jour, Brigaut alla chercher le plomb nécessaire pour doubler la bière. Par un hasard extraordinaire, les feuilles de plomb coûtèrent exactement la somme qu'il avait donnée à Pierrette pour son voyage de Nantes à Provins. Ce courageux Breton, qui avait résisté à l'horrible douleur de faire lui-même la bière de sa chère compagne d'enfance, en doublant ses funèbres planches de tous ces souvenirs, ne fut pas à ce rapprochement : il défaillit et ne put emporter le plomb ; le plombier l'accompagna en lui offrant d'aller avec lui pour souder la quatrième planche une fois que le corps serait mis dans le cercueil. Le Breton brûla le rabot et tous les outils qui lui avaient servi, il fit ses comptes avec Frappier, et lui dit adieu. L'héroïsme avec lequel ce pauvre garçon s'occupait, comme la grand'mère, à rendre les derniers devoirs à Pierrette, lui fit intervenir dans la scène suprême qui couronna la tyrannie des Rogron.

Brigaut et le plombier arrivèrent assez à temps chez M. Auffray pour décider par leur force brutale une infâme et horrible question judiciaire. La chambre mortuaire, pleine de monde, offrit aux deux ouvriers un singulier spectacle. Les Rogron s'étaient dressés hideux auprès du cadavre de leur victime, pour la torturer encore après sa mort. Le corps sublime de beauté de la pauvre enfant gisait sur le lit de sangle de sa grand'mère. Pierrette avait les yeux fermés, les cheveux en bandeau, le corps cousu dans un gros drap de coton.

Devant ce lit, les cheveux en désordre, à genoux, les mains étendues, le visage en feu, la vieille Lorrain criait : — Non, non, cela ne se fera pas !

Au pied du lit étaient le tuteur, M. Auffray, le curé Péroux et M. Habert. Les cierges brûlaient encore.

Devant la grand'mère étaient le chirurgien de l'hospice et M. Néraud, appuyés de l'épouvantable et doucereux Vinet. Il y avait un huissier. Le chirurgien de l'hospice était revêtu de son costume de dissection. Un de ses aides avait défait sa trousse et lui présentait un couteau à disséquer.

Cette scène fut troublée par le bruit du cercueil, que Brigaut et le plombier laissèrent tomber ; car Brigaut, qui marchait le premier, fut saisi d'épouvante à l'aspect de la vieille mère Lorrain qui pleurait.

— Qu'y a-t-il ? demanda Brigaut en se plaçant à côté de la vieille grand'mère et serrant convulsivement un ciseau qu'il apportait. — Il y a, dit la vieille, il y a, Brigaut, qu'ils veulent ouvrir le corps de mon enfant, lui fendre la tête, lui crever le cœur après sa mort comme pendant sa vie. — Qui ? fit Brigaut d'une voix à briser le tympan des gens de justice. — Les Rogron. — Par le saint nom de Dieu !... — Un moment, Brigaut, dit M. Auffray en voyant le Breton brandissant son ciseau. — Monsieur Auffray, dit Brigaut, pâle autant que la jeune morte, je vous écoute parce que vous êtes monsieur Auffray ; mais, en ce moment, je n'écouterais pas... — La justice ! dit Auffray. — Est-ce qu'il y a une justice ? s'écria le Breton. La justice, la voilà, dit-il en menaçant l'avocat, le chirurgien et l'huissier de son ciseau qui brillait au soleil. — Mon ami, dit le curé, la justice a été invoquée par l'avocat de M. Rogron, qui est sous le coup d'une accusation grave, et il est impossible de refuser à un inculpé les moyens de se justifier. Selon l'avocat de M. Rogron, si la pauvre enfant que voici a succombé à son abcès dans la tête, son ancien tuteur ne saurait être inquiété ; car il est prouvé que Pierrette a caché pendant longtemps le coup qu'elle s'était donné... — Assez ! dit Brigaut. — Mon client... dit Vinet. — Ton client, s'écria le Breton, ira dans l'enfer et moi sur l'échafaud ; car, si quelqu'un de vous fait mine de toucher à celle que ton client a tuée, et si le carabin ne rentre pas son outil, je le tue net. — Il y a rébellion, dit Vinet, nous allons en instruire le juge.

Les cinq étrangers se retirèrent.

— Oh ! mon fils, dit la vieille en se dressant et sautant au cou de Brigaut, ensevelissons-la bien vite, ils reviendront !... — Une fois le plomb scellé, dit le plombier, ils n'oseront peut-être plus.

M. Auffray courut chez son beau-frère, M. Lesourd, pour tâcher d'arranger cette affaire. Vinet ne voulait pas autre chose. Une fois Pierrette morte, le procès relatif à la tutelle, qui n'était pas jugé, se trouvait éteint sans que personne pût en arguer pour ou contre les Rogron : la question demeurait indécise. Aussi l'adroit Vinet avait-il bien prévu l'effet que sa requête allait produire.

A midi M. Desfondrilles fit son rapport au tribunal sur l'instruction relative à Rogron, et le tribunal rendit un jugement de non-lieu parfaitement motivé.

Rogron n'osa pas se montrer à l'enterrement de Pierrette, auquel assista toute la ville. Vinet avait voulu l'y entraîner ; mais l'ancien mercier eut peur d'exciter une horreur universelle.

Brigaut quitta Provins après avoir vu combler la fosse où Pierrette fut enterrée, et alla de son pied à Paris. Il écrivit une pétition à la Dauphine pour, en considération du nom de son père, entrer dans la garde royale, où il fut aussitôt admis. Quand se fit l'expédition d'Alger, il écrivit encore à la Dauphine, pour obtenir d'être employé. Il était sergent, le maréchal Bourmont le nomma sous-lieutenant dans la ligne. Le fils du major se conduisit en homme qui voulait mourir. La mort a jusqu'à présent respecté Jacques Brigaut, qui s'est distingué dans toutes les expéditions récentes sans y trouver une blessure. Il est aujourd'hui chef de bataillon dans la ligne. Aucun officier n'est plus taciturne ni meilleur. Hors le service, il reste presque muet, se promène seul et va mécaniquement. Chacun devine et respecte une douleur inconnue. Il possède quarante-six mille francs qui lui ont été légués par la vieille madame Lorrain, morte à Paris en 1829.

Aux élections de 1830, Vinet fut nommé député : les services qu'il a rendus au nouveau gouvernement lui ont valu la place de procureur général. Maintenant son influence est telle qu'il sera toujours nommé député. Rogron est receveur général dans la ville même où Vinet remplit ses fonctions ; et, par un hasard surprenant, M. Tiphaine y est premier président de la cour royale, car le justicier s'est rattaché sans hésitation à la dynastie de juillet. L'ex-belle madame Tiphaine vit en bonne intelligence avec la belle madame Rogron. Vinet est au mieux avec le président Tiphaine.

Quant à l'imbécile Rogron, il dit des mots comme celui-ci : — Louis-Philippe ne sera vraiment roi que quand il pourra faire des nobles !

Ce mot n'est évidemment pas de lui. Sa santé chancelante fait espé-

rer à madame Rogron de pouvoir épouser dans peu de temps le général marquis de Montriveau, pair de France, qui commande le département et qui lui rend des soins. Vinet demande très-proprement des têtes, il ne croit jamais à l'innocence d'un accusé. Ce procureur général pur sang passe pour un des hommes les plus aimables du ressort, il n'a pas moins de succès à Paris et à la chambre ; à la cour, il est un délicieux courtisan.

Selon la promesse de Vinet, le général baron Gouraud, ce noble débris de nos glorieuses armées, a épousé une demoiselle Matifat de Luzarches, âgée de vingt-cinq ans, fille d'un droguiste de la rue des Lombards, et dont la dot était de cinquante mille écus. Il commande, comme l'avait prophétisé Vinet, un département voisin de Paris. Il a été nommé pair de France à cause de sa conduite dans les émeutes sous le ministère de Casimir Périer. Le baron Gouraud fut un des généraux qui prirent l'église Saint-Merry, heureux de *taper sur les péquins* qui les avaient vexés pendant quinze ans, et son ardeur a été récompensée par le grand cordon de la Légion d'honneur.

Aucun des personnages qui ont trempé dans la mort de Pierrette n'a le moindre remords. M. Desfondrilles est toujours archéologue ; mais, dans l'intérêt de son élection, le procureur général Vinet a eu soin de le faire nommer président du tribunal. Sylvie a une petite cour et administre toujours son frère ; elle prête à gros intérêts et ne dépense pas douze cents francs par an.

De temps en temps, sur cette petite place, quand un enfant de Provins y arrive de Paris pour s'y établir, et sort de chez mademoiselle Rogron, un ancien partisan des Tiphaine dit : — Les Rogron ont eu dans le temps une triste affaire à cause d'une pupille... — Affaire de parti, répond le président Desfondrilles. On a voulu faire croire à des monstruosités. Cette Pierrette était une petite fille assez gentille et sans fortune ; par bonté d'âme ils l'ont prise avec eux ; au moment de se former, elle eut une intrigue avec un garçon menuisier ; elle venait pieds nus à sa fenêtre y causer avec ce garçon, qui se tenait là, voyez-vous ? Les deux amants s'envoyaient des billets doux au moyen d'une ficelle. Vous comprenez que dans son état, aux mois d'octobre et de novembre, il n'en fallait pas davantage pour faire aller à mal une fille qui avait les pâles couleurs. Les Rogron se sont admirablement bien conduits : ils n'ont pas réclamé leur part de l'héritage de cette petite, ils ont tout abandonné à sa grand'mère. La morale de cela, mes amis, est que le diable nous punit toujours d'un bienfait. — Ah ! mais c'est bien différent, le père Frappier me racontait cela tout autrement. — Le père Frappier consulte plus sa cave que sa mémoire, dit alors un habitué du salon de mademoiselle Rogron. — Mais le vieux M. Habert... — Oh ! celui-là, vous savez son affaire ? — Non. — Eh bien ! il voulait faire épouser sa sœur à M. Rogron, le receveur général.

Deux hommes se souviennent chaque jour de Pierrette : le médecin Martener et le major Brigaut, qui seuls connaissent l'épouvantable vérité.

Pour donner à ceci d'immenses proportions, il suffit de rappeler qu'en transportant la scène au moyen âge et à Rome sur ce vaste théâtre, une jeune fille sublime, Béatrix Cenci, fut conduite au supplice par des raisons et par des intrigues presque analogues à celles qui menèrent Pierrette au tombeau. Béatrix Cenci n'eut pour tout défenseur qu'un artiste, un peintre. Aujourd'hui l'histoire et les vivants, sur la foi du portrait de Guido Reni, condamnent le pape, et font de Béatrix une des plus touchantes victimes des passions infâmes et des factions.

Convenons entre nous que la légalité serait pour les friponneries sociales une belle chose si Dieu n'existait pas.

Novembre, 1839.

LE CURÉ DE TOURS

A DAVID, STATUAIRE.

La durée de l'œuvre sur laquelle j'inscris votre nom, deux fois illustre dans ce siècle, est très-problématique ; tandis que vous gravez
le mien sur le bronze qui survit aux nations, ne fût-il frappé que par
le vulgaire marteau du monnayeur. Les numismates ne seront-ils pas
embarrassés de tant de têtes couronnées dans votre atelier, quand ils
retrouveront parmi les cendres
de Paris ces existences par vous
perpétuées au delà de la vie des
peuples, et dans lesquelles ils
voudront voir des dynasties? A
vous donc ce divin privilège, à
moi la reconnaissance.

DE BALZAC.

Au commencement de l'au-
tomne de l'année 1826, l'abbé
Birotteau, principal personnage
de cette histoire, fut surpris par
une averse en revenant de la
maison où il était allé passer la
soirée. Il traversait donc, aussi
promptement que son embonpoint pouvait le lui permettre,
la petite place déserte nommée
le Cloître, qui se trouve derrière
le chevet de Saint-Gatien, à
Tours.

L'abbé Birotteau, petit homme
court, de constitution apoplec-
tique, âgé d'environ soixante
ans, avait déjà subi plusieurs attaques de goutte. Or, entre toutes les petites misères de la vie
humaine, celle pour laquelle le
bon prêtre éprouvait le plus d'a-
version, était le subit arrose-
ment de ses souliers à larges
agrafes d'argent, et l'immersion
de leurs semelles. En effet, malgré les chaussons de flanelle dans
lesquels il s'empaquetait en tout
temps les pieds avec le soin
que les ecclésiastiques prennent
d'eux-mêmes, il y gagnait toujours un peu d'humidité; puis, le
lendemain, la goutte lui donnait
infailliblement quelques preuves de sa constance. Néanmoins,
comme le pavé du Cloître est
toujours sec, que l'abbé Birotteau
avait gagné trois livres dix sous au

L'abbé Birotteau

whist chez madame de Listomère, il endura la pluie avec résignation
depuis le milieu de la place de l'archevêché, où elle avait commencé
à tomber en abondance. En ce moment, il caressait d'ailleurs sa chimère, un désir déjà vieux de douze ans, un désir de prêtre! un désir
qui, formé tous les soirs, paraissait alors près de s'accomplir; enfin,
il s'enveloppait trop bien dans l'aumusse d'un canonicat vacant pour
sentir les intempéries de l'air. Pendant la soirée, les personnes habituellement réunies chez madame de Listomère lui avaient presque ga-
ranti sa nomination à la place de chanoine, alors vacante au chapitre

métropolitain de Saint-Gatien, en lui prouvant que personne ne la
méritait mieux que lui, dont les droits longtemps méconnus étaient
incontestables. S'il eût perdu au jeu, s'il eût appris que l'abbé Poirel,
son concurrent, passait chanoine, le bonhomme eût alors trouvé la
pluie bien froide : peut-être eût-il médit de l'existence. Mais il se trouvait dans une de ces rares cir-
constances de la vie où d'heureuses sensations font tout oublier. En hâtant le pas, il obéissait à un mouvement machinal,
et la vérité, si essentielle dans
une histoire des mœurs, oblige à
dire qu'il ne pensait ni à l'averse,
ni à la goutte.

Jadis, il existait dans le Cloître, du côté de la grand'rue, plusieurs maisons réunies par une
clôture, appartenant à la cathédrale, et où logeaient quelques
dignitaires du chapitre. Depuis
l'aliénation des biens du clergé,
la ville a fait du passage qui sépare ces maisons une rue, nommée rue de la *Psalette*, et par laquelle on va du Cloître à la grand'-
rue. Le nom indique suffisamment que là demeurait autrefois
le grand chantre, ses écoles et
ceux qui vivaient sous sa dépendance. Le côté gauche de cette
rue est rempli par une seule
maison dont les murs sont tra-
versés par les arcs-boutants de
Saint-Gatien, qui sont implantés
dans son petit jardin étroit, de
manière à laisser en doute si la
cathédrale fut bâtie avant ou
après cet antique logis. Mais, en
examinant les arabesques et la
forme des fenêtres, le cintre de
la porte et l'extérieur de cette
maison brunie par le temps, un
archéologue voit qu'elle a toujours fait partie du monument
magnifique avec lequel elle est
mariée. Un antiquaire, s'il y en
avait à Tours, une des villes les
moins littéraires de France, pourrait même reconnaître, à l'entrée du passage dans le Cloître,
quelques vestiges de l'arcade qui
formait jadis le portail de ces
habitations ecclésiastiques, et
qui devait s'harmonier au ca-
ractère général de l'édifice. Située au nord de Saint-Gatien, cette maison se trouve continuellement dans les ombres projetées par cette
grande cathédrale, sur laquelle le temps a jeté son manteau noir,
imprimé ses rides, semé son froid humide, ses mousses et ses hautes
herbes. Aussi cette habitation est-elle toujours enveloppée dans
un profond silence, interrompu seulement par le bruit des cloches,
par le chant des offices, qui franchit les murs de l'église, ou par les
cris des choucas nichés dans le sommet des clochers. Cet endroit est
un désert de pierres, une solitude pleine de physionomie, et qui ne

Peut être habitée que par des êtres arrivés à une nullité complète, ou doués d'une force d'âme prodigieuse. La maison dont il s'agit avait toujours été occupée par des abbés, et appartenait à une vieille fille nommée mademoiselle Gamard. Quoique ce bien eût été acquis de la nation, pendant la Terreur, par le père de mademoiselle Gamard, comme depuis vingt ans cette vieille fille y logeait des prêtres, personne ne s'avisait de trouver mauvais, sous la Restauration, qu'une dévote conservât un bien national : peut-être les gens religieux lui supposaient-ils l'intention de le léguer au chapitre, et les gens du monde n'en voyaient-ils pas la destination changée.

L'abbé Birotteau se dirigeait donc vers cette maison, où il demeurait depuis deux ans. Son appartement avait été, comme l'était alors le canonicat, l'objet de son envie et son *hoc erat in votis* pendant une douzaine d'années. Etre le pensionnaire de mademoiselle Gamard et devenir chanoine furent les deux grandes affaires de sa vie ; et peut-être résument-elles exactement l'ambition d'un prêtre, qui, se considérant comme en voyage vers l'éternité, ne peut souhaiter en ce monde qu'un bon gîte, une bonne table, des vêtements propres, des souliers à agrafes d'argent, choses suffisantes pour les besoins de la bête, et un canonicat pour satisfaire l'amour-propre, ce sentiment indicible qui nous suivra, dit-on, jusqu'auprès de Dieu, puisqu'il y a des grades parmi les saints. Mais la convoitise de l'appartement alors habité par l'abbé Birotteau, ce sentiment minime aux yeux des gens du monde, avait été pour lui toute une passion, passion pleine d'obstacles, et, comme les plus criminelles passions, pleine d'espérances, de plaisirs et de remords.

La distribution intérieure et la contenance de sa maison n'avaient pas permis à mademoiselle Gamard d'avoir plus de deux pensionnaires logés. Or, environ douze ans avant le jour où Birotteau devint le pensionnaire de cette fille, elle s'était chargée d'entretenir en joie et en santé M. l'abbé Troubert et M. l'abbé Chapeloud. L'abbé Troubert vivait, l'abbé Chapeloud était mort, et Birotteau lui avait immédiatement succédé. Feu M. l'abbé Chapeloud, en son vivant chanoine de Saint-Gatien, avait été l'ami intime de Birotteau. Toutes les fois que le vicaire était entré chez le chanoine, il en avait admiré constamment l'appartement, les meubles et la bibliothèque. De cette admiration naquit un jour l'envie de posséder ces belles choses. Il avait été impossible à l'abbé Birotteau d'étouffer ce désir, qui souvent le fit horriblement souffrir quand il venait à penser que la mort de son meilleur ami pouvait seule satisfaire cette cupidité cachée, mais qui allait toujours croissant. L'abbé Chapeloud et son ami Birotteau n'étaient pas riches : tous deux fils de paysans, ils n'avaient rien autre chose que les faibles émoluments accordés aux prêtres, et leurs minces économies furent employées à passer les temps malheureux de la révolution. Quand Napoléon rétablit le culte catholique, l'abbé Chapeloud fut nommé chanoine de Saint-Gatien, et Birotteau devint vicaire de la cathédrale. Chapeloud se mit alors en pension chez mademoiselle Gamard. Lorsque Birotteau vint visiter le chanoine dans sa nouvelle demeure, il trouva l'appartement parfaitement bien distribué ; mais il n'y vit rien

autre chose. Le début de cette concupiscence mobilière fut semblable à celui d'une passion vraie, qui, chez un jeune homme, commence quelquefois par une froide admiration pour la femme que, plus tard, il aimera toujours.

Cet appartement, desservi par un escalier en pierre, se trouvait dans un corps de logis à l'exposition du midi. L'abbé Troubert occupait le rez-de-chaussée, et mademoiselle Gamard le premier étage du principal bâtiment, situé sur la rue. Lorsque Chapeloud entra dans son logement, les pièces étaient nues et les plafonds noircis par la fumée. Les chambranles des cheminées en pierre assez mal sculptés n'avaient jamais été peints. Pour tout mobilier, le pauvre chanoine y mit d'abord un lit, une table, quelques chaises, et le peu de livres qu'il possédait. L'appartement ressemblait à une belle femme en haillons. Mais, deux ou trois ans après, une vieille dame ayant laissé deux mille francs à l'abbé Chapeloud, il employa cette somme à l'emplette d'une bibliothèque en chêne, provenant de la démolition d'un château dépecé par la bande noire, et remarquable par des sculptures dignes de l'admiration des artistes. L'abbé fit cette acquisition, séduit moins par le bon marché que par la parfaite concordance qui existait entre les dimensions de ce meuble et celles de la galerie. Ses économies lui permirent alors de restaurer entièrement la galerie, jusque là pauvre et délaissée. Le parquet fut soigneusement frotté, le plafond blanchi, et les boiseries furent peintes de manière à figurer les teintes et les nœuds du chêne. Une cheminée de marbre remplaça l'ancienne. Le chanoine eut assez de goût pour chercher et pour trouver de vieux fauteuils en bois de noyer sculpté. Puis une longue table en ébène et deux meubles de Boule achevèrent de donner à cette galerie une physionomie pleine de caractère. Dans l'espace de deux ans, les libéralités de plusieurs personnes dévotes, et des legs de ses pieuses pénitentes, quoique légers, remplirent les rayons de la bibliothèque alors vide. Enfin, un oncle de Chapeloud, ancien oratorien, lui légua en mourant une collection complète in-folio des Pères de l'Église, et plusieurs autres grands ouvrages précieux pour un ecclésiastique. Birotteau, surpris de plus en plus par les transformations successives de cette galerie jadis nue, arriva par degrés à une involontaire convoitise : il souhaita posséder ce cabinet, si bien en rapport avec la gravité des mœurs ecclésiastiques. Cette passion s'accrut de jour en jour : occupé pendant des journées entières à travailler dans cet asile, le vicaire put en apprécier le silence et la paix, après en avoir primitivement admiré l'heureuse distribution. Pendant les années suivantes, l'abbé Chapeloud fit de la cellule un oratoire que ses dévotes amies se plurent à embellir. Plus tard encore, une dame offrit au chanoine, pour sa chambre, un meuble en tapisserie qu'elle avait fait elle-même pendant longtemps sous les yeux de cet homme aimable sans qu'il en soupçonnât la destination. Il en fut alors de la chambre à coucher comme de la galerie, elle éblouit le vicaire. Enfin, trois ans avant sa mort, l'abbé Chapeloud avait complété le comfortable de son appartement en décorant le salon. Quoique simplement garni de velours d'Utrecht

G. STAL.   BUICHON.

L'abbé Troubert.

rouge, le meuble avait séduit Birotteau. Depuis le jour où le camarade du chanoine vit les rideaux de lampas rouge, les meubles d'acajou, le tapis d'Aubusson qui ornaient cette vaste pièce peinte à neuf, l'appartement de Chapeloud devint pour lui l'objet d'une monomanie secrète. Y demeurer, se coucher dans le lit à grands rideaux de soie où couchait le chanoine, et trouver toutes ses aises autour de lui, comme les trouvait Chapeloud, fut pour Birotteau le bonheur complet: il ne voyait rien au delà. Tout ce que les choses du monde font naître d'envie et d'ambition dans le cœur des autres hommes se concentra, chez l'abbé Birotteau, dans le sentiment secret et profond avec lequel il désirait un intérieur semblable à celui que s'était créé l'abbé Chapeloud. Quand son ami tombait malade, il venait certes chez lui conduit par une sincère affection; mais en apprenant l'indisposition du chanoine, ou en lui tenant compagnie, il s'élevait malgré lui, dans le fond de son âme, mille pensées dont la formule la plus simple était toujours: — Si Chapeloud mourait, je pourrais avoir son logement. Cependant, comme Birotteau avait un cœur excellent, des idées étroites et une intelligence bornée, il n'allait pas jusqu'à concevoir les moyens de se faire léguer la bibliothèque et les meubles de son ami.

L'abbé Chapeloud, égoïste aimable et indulgent, devina la passion de son ami, ce qui n'était pas difficile, et la lui pardonna, ce qui peut sembler moins facile chez un prêtre. Mais aussi le vicaire, dont l'amitié resta toujours la même, ne cessa-t-il pas de se promener avec son ami tous les jours dans la même allée du Mail de Tours, sans lui faire tort un seul moment du temps consacré depuis vingt années à cette promenade. Birotteau, qui considérait ses vœux involontaires comme des fautes, eût été capable, par contrition, du plus grand dévouement pour l'abbé Chapeloud. Celui-ci paya sa dette envers une fraternité si naïvement sincère, en disant, quelques jours avant sa mort, au vicaire, qui lui lisait la *Quotidienne* : — Pour cette fois, tu auras l'appartement; je sens que tout est fini pour moi. En effet, par son testament, l'abbé Chapeloud légua sa bibliothèque et son mobilier à Birotteau. La possession de ces choses si vivement désirées, et la perspective d'être pris en pension par mademoiselle Gamard, adoucirent beaucoup la douleur que causait à Birotteau la perte de son ami le chanoine : il ne l'aurait peut-être pas ressuscité, mais il le pleura. Pendant quelques jours, il fut comme Gargantua, dont la femme étant morte en accouchant de Pantagruel, ne savait s'il devait se réjouir de la naissance de son fils, ou se chagriner d'avoir enterré sa bonne Badbec, et qui se trompait en se réjouissant de la mort de sa femme, et déplorant la naissance de Pantagruel.

L'abbé Birotteau passa les premiers jours de son deuil à vérifier les ouvrages de *sa* bibliothèque, à se servir de *ses* meubles, à les examiner, en disant d'un ton qui, malheureusement, n'a pu être noté : — Pauvre Chapeloud! Enfin sa joie et sa douleur l'occupaient tant, qu'il ne ressentit aucune peine de voir donner à un autre la place de chanoine, dans laquelle Chapeloud espérait avoir Birotteau pour successeur. Mademoiselle Gamard ayant pris avec plaisir le vicaire en pension, celui-ci participa dès lors à toutes les félicités de la vie matérielle que lui vantait le défunt chanoine. Incalculables avantages! A entendre l'abbé Chapeloud, aucun de tous les prêtres qui habitaient la ville de Tours ne pouvait être, sans en excepter l'archevêque, l'objet de soins aussi délicats, aussi minutieux que ceux prodigués par mademoiselle Gamard à ses deux pensionnaires. Les premiers mots que disait le chanoine à son ami, en se promenant sur le Mail, avaient presque toujours trait au succulent dîner qu'il venait de faire, et il était bien rare que, pendant les sept promenades de la semaine, il ne lui arrivât pas de dire au moins quatorze fois : — Cette excellente fille a certes pour vocation le service ecclésiastique. — Pensez donc, disait l'abbé Chapeloud à Birotteau, que, pendant douze années consécutives, linge blanc, aubes, surplis, rabats, rien ne m'a jamais manqué. Je trouve toujours chaque chose en place, en nombre suffisant, et sentant l'iris. Mes meubles sont frottés, et toujours si bien essuyés, que, depuis longtemps, je ne connais plus la poussière. En avez-vous vu un seul grain chez moi? Jamais! Puis le bois de chauffage est bien choisi, les moindres choses sont excellentes; bref, il semble que mademoiselle Gamard ait sans cesse un œil dans ma chambre. Je ne me souviens pas d'avoir sonné deux fois, en dix ans, pour demander quoi que ce fût. Voilà vivre! N'avoir à chercher, pas même ses pantoufles. Trouver toujours bon feu, bonne table. Enfin, mon soufflet m'impatientait, il avait le larynx embarrassé, je n'en suis pas plaint deux fois. Brst, le lendemain mademoiselle m'a donné un très-joli soufflet, et cette paire de badines avec lesquelles vous me voyez tisonnant.

Birotteau, pour toute réponse, disait : — Sentant l'iris! Ce *sentant* l'iris le frappait toujours. Les paroles du chanoine accusaient un bonheur fantastique pour le pauvre vicaire, à qui ses rabats et ses aubes faisaient tourner la tête; car il n'avait aucun ordre, et oubliait assez fréquemment de commander son dîner. Aussi, soit en quêtant, soit en disant la messe, quand il apercevait mademoiselle Gamard à Saint-Gatien, ne manquait-il jamais de lui jeter un regard doux et bienveillant, comme sainte Thérèse pouvait en jeter au ciel. Le bien-être que désire toute créature, et qu'il avait si souvent rêvé, lui était donc échu. Cependant, comme il est difficile à tout le monde, même à un prêtre,

de vivre sans un dada, depuis dix-huit mois, l'abbé Birotteau avait remplacé ses deux passions satisfaites par le souhait d'un canonicat. Le titre de chanoine était devenu pour lui ce que doit être la pairie pour un ministre plébéien. Aussi la probabilité de sa nomination, les espérances qu'on venait de lui donner chez madame de Listomère, lui tournaient-elles si bien la tête, qu'il ne se rappela y avoir oublié son parapluie qu'en arrivant à son domicile. Peut-être même, sans la pluie qui tombait alors à torrents, ne s'en serait-il pas souvenu, tant il était absorbé par le plaisir avec lequel il rabâchait en lui-même tout ce que lui avaient dit, au sujet de sa promotion, les personnes de la société de madame de Listomère, vieille dame chez laquelle il passait la soirée du mercredi. Le vicaire sonna vivement comme pour dire à la servante de ne pas le faire attendre. Puis il se serra dans le coin de la porte, afin de se laisser arroser le moins possible; mais l'eau qui tombait du toit coulait précisément sur le bout de ses souliers, et le vent poussa par moments sur lui certaines bouffées de pluie assez semblables à des douches. Après avoir calculé le temps nécessaire pour sortir de la cuisine et venir tirer le cordon placé sous la porte, il résonna encore de manière à produire un carillon très-significatif. — Ils ne peuvent pas être sortis, se dit-il en n'entendant aucun mouvement dans l'intérieur. Et pour la troisième fois il recommença sa sonnerie, qui retentit si aigrement dans la maison, et fut si bien répétée par tous les échos de la cathédrale, qu'à ce fâcheux tapage il était impossible de ne pas se réveiller. Aussi, quelques instants après, n'entendit-il pas, sans un certain plaisir mêlé d'humeur, les sabots de la servante qui claquaient sur le petit pavé caillouteux. Néanmoins le malaise du podagre ne finit pas aussitôt qu'il le croyait. Au lieu de tirer le cordon, Marianne fut obligée d'ouvrir la serrure de la porte avec la grosse clef et de défaire les verrous. — Comment me laissez-vous sonner trois fois par un temps pareil? dit-il à Marianne. — Mais, monsieur, vous voyez bien que la porte était fermée. Tout le monde est couché depuis longtemps, les trois quarts de dix heures sont sonnés. Mademoiselle aura cru que vous n'étiez pas sorti. — Mais vous m'avez bien vu partir, vous! D'ailleurs mademoiselle sait bien que je vais chez madame de Listomère tous les mercredis. — Ma foi! monsieur, j'ai fait ce que mademoiselle m'a commandé de faire, répondit Marianne en fermant la porte.

Ces paroles portèrent à l'abbé Birotteau un coup qui lui fut d'autant plus sensible, que sa rêverie l'avait rendu plus complètement heureux. Il se tut, suivit Marianne à la cuisine pour prendre son bougeoir, qu'il supposait y avoir été mis. Mais, au lieu d'entrer dans la cuisine, Marianne mena l'abbé chez lui, où le vicaire aperçut son bougeoir sur une table qui se trouvait à la porte du salon rouge, dans une espèce d'antichambre formée par le palier de l'escalier auquel le défunt chanoine avait adapté une grande clôture vitrée. Muet de surprise, il entra promptement dans sa chambre, n'y vit pas de feu dans la cheminée, et appela Marianne, qui n'avait pas encore eu le temps de descendre.

— Vous n'avez donc pas allumé de feu? dit-il. — Pardon, monsieur l'abbé, répondit-elle. Il se sera éteint.

Birotteau regarda de nouveau le foyer, et s'assura que le feu était resté couvert depuis le matin.

— J'ai besoin de me sécher les pieds, reprit-il, faites-moi du feu.

Marianne obéit avec la promptitude d'une personne qui avait envie de dormir. Tout en cherchant lui-même ses pantoufles qu'il ne trouvait pas au milieu de son tapis de lit, comme elles y étaient jadis, l'abbé fit, sur la manière dont Marianne était habillée, certains observations par lesquelles il lui fut démontré qu'elle ne sortait pas de son lit, comme elle le lui avait dit. Il se souvint alors que, depuis environ quinze jours, il était sevré de tous ces petits soins qui, pendant dix-huit mois, lui avaient rendu la vie si douce à porter. Or, comme la nature des esprits étroits les porte à deviner les minuties, il se livra soudain à de très-grandes réflexions sur ces quatre événements, imperceptibles dans leur tout autre, mais qui, pour lui, constituaient quatre catastrophes. Il s'agissait évidemment de la perte entière de son bonheur, dans l'oubli des pantoufles, dans le mensonge de Marianne relativement au feu, dans le transport insolite de son bougeoir sur la table de l'antichambre, et dans la station forcée qu'on lui avait ménagée, par la pluie, sur le seuil de la porte.

Quand la flamme eut brillé dans le foyer, quand la lampe de nuit fut allumée, et que Marianne l'eut quitté sans lui demander, comme elle le faisait jadis : — Monsieur a-t-il encore besoin de quelque chose? l'abbé Birotteau se laissa doucement aller dans la belle et ample bergère de son défunt ami; mais le mouvement par lequel il y tomba eut quelque chose de triste. Le bonhomme était accablé sous le pressentiment d'un affreux malheur. Ses yeux se tournèrent successivement sur le beau cartel, sur la commode, sur les sièges, les rideaux, les tapis, le lit en tombeau, le bénitier, le crucifix, sur une Vierge du Valentin, sur un Christ de Lebrun, enfin sur tous les accessoires de cette chambre; et l'expression de sa physionomie révéla les douleurs du plus tendre adieu qu'un amant ait jamais fait à sa première maîtresse, ou un vieillard à ses derniers arbres plantés. Le vicaire venait de reconnaître, un peu tard à la vérité, les signes d'une persécution sourde exercée sur lui depuis environ trois mois par mademoiselle Gamard, dont les mauvaises intentions eussent sans doute, été beaucoup plus tôt devinées par un homme d'esprit. Les vieilles filles n'ont-elles pas toutes un certain talent pour accentuer les actions et les mots que la haine leur suggère? Elles égratignent à la manière des chats. Puis, non-seulement elles blessent, mais elles éprouvent du plaisir à blesser et à faire voir à leur victime qu'elles l'ont blessée. Là où un homme du monde ne se serait pas laissé griffer deux fois, le bon Birotteau avait besoin de plusieurs coups de patte dans la figure avant de croire à une intention méchante.

Aussitôt, avec cette sagacité questionneuse que contractent les prêtres habitués à diriger les consciences et à creuser des riens au fond du confessionnal, l'abbé Birotteau se mit à établir, comme s'il s'agissait d'une controverse religieuse, la proposition suivante : — En admettant que mademoiselle Gamard n'ait plus songé à la soirée de madame de Listomère, que Marianne ait oublié de faire mon feu, que l'on m'ait cru rentré; attendu que j'ai descendu ce matin, et moi-même ! *mon bougeoir !!!* Il est impossible que mademoiselle Gamard, en le voyant dans son salon, ait pu me supposer couché. *Ergo,* mademoiselle Gamard a voulu me laisser à la porte par la pluie; et, en faisant remonter mon bougeoir chez moi, elle a eu l'intention de me faire connaître... — Quoi? dit-il tout haut, emporté par la gravité des circonstances, en se levant pour quitter ses habits mouillés, prendre sa robe de chambre et se coiffer de nuit. Puis il alla de son lit à la cheminée, en gesticulant et lançant sur les tons différents les phrases suivantes, qui toutes furent terminées d'une voix de fausset, comme pour remplacer les points d'interjection. — Que diantre lui ai-je fait ? Pourquoi m'en veut-elle? Marianne n'a pas dû oublier mon feu! C'est mademoiselle qui aura dit de ne pas l'allumer! Il faudrait être un enfant pour ne pas s'apercevoir, au ton et aux manières qu'elle prend avec moi, que j'ai eu le malheur de lui déplaire! Jamais il n'est arrivé rien de pareil à Chapeloud ! Il me sera impossible de vivre au milieu des tourments que... A mon âge...

Il se coucha dans l'espoir d'éclaircir le lendemain matin la cause de la haine qui détruisait à jamais ce bonheur dont il avait joui pendant deux ans, après l'avoir si longtemps désiré. Hélas! les secrets motifs du sentiment que mademoiselle Gamard lui portait devaient lui être éternellement inconnus, non qu'ils fussent difficiles à deviner, mais parce que le pauvre homme manquait de cette bonne foi avec laquelle les grandes âmes et les fripons savent réagir sur eux-mêmes et se juger. Un homme de génie ou un intrigant seuls, se disent : — J'ai eu tort. L'intérêt et le talent sont les seuls conseillers consciencieux et lucides. Or, l'abbé Birotteau, dont la bonté allait jusqu'à la bêtise, dont l'instruction n'était en quelque sorte que plaquée à force de travail, qui n'avait aucune expérience du monde ni de ses mœurs, et vivait entre la messe et le confessionnal, grandement occupé de décider les cas de conscience les plus légers, en sa qualité de confesseur des pensionnats de la ville et de quelques belles âmes qui l'appréciaient, l'abbé Birotteau pouvait être considéré comme un grand enfant, à qui la majeure partie des pratiques sociales était complètement étrangère. Seulement, l'égoïsme naturel à toutes les créatures humaines, renforcé par l'égoïsme particulier au prêtre, et par celui de la vie étroite que l'on mène en province, s'était insensiblement développé chez lui sans qu'il s'en doutât. Si quelqu'un eût pu trouver assez d'intérêt à fouiller l'âme du vicaire, pour lui démontrer que, dans les infiniment petits détails de son existence et dans les devoirs minimes de sa vie privée, il manquait essentiellement de ce dévouement dont il croyait faire profession, il se serait puni lui-même, et se serait mortifié de bonne foi. Mais ceux que nous offensons, même à notre insu, nous tiennent peu compte de notre innocence, ils veulent et savent se venger. Donc Birotteau, quelque faible qu'il fût, dut être soumis aux effets de cette grande justice distributive, qui va toujours chargeant le monde d'exécuter ses arrêts, nommés par certains niais *les malheurs de la vie.*

Il y eut cette différence entre feu l'abbé Chapeloud et le vicaire, que l'un était un égoïste adroit et spirituel, et l'autre un franc et maladroit égoïste. Lorsque l'abbé Chapeloud vint se mettre en pension chez mademoiselle Gamard, il sut parfaitement juger le caractère de son hôtesse. Le confessionnal lui avait appris à connaître tout ce que le malheur de se trouver en dehors de la société met d'amertume au cœur d'une vieille fille, il calcula donc sagement sa conduite chez mademoiselle Gamard. L'hôtesse, n'ayant guère alors que trente-huit ans, gardait encore quelques prétentions, qui, chez ces discrètes personnes, se changent plus tard en une haute estime d'elles-mêmes. Le chanoine comprit que, pour bien vivre avec mademoiselle Gamard, il devait lui toujours accorder les mêmes attentions et les mêmes soins, être plus infaillible que le pape. Pour obtenir ce résultat, il ne laissa s'établir entre elle et lui que les points de contact strictement ordonnés par la politesse, et ceux qui existent nécessairement entre des personnes vivant sous le même toit. Ainsi, quoique l'abbé Troubert et lui fissent régulièrement trois repas par jour, il s'était abstenu de par-

tager le déjeuner commun, en habituant mademoiselle Gamard à lui envoyer dans son lit une tasse de café à la crème. Puis, il avait évité les ennuis du souper en prenant tous les soirs du thé dans les maisons où il allait passer ses soirées. Il voyait ainsi rarement son hôtesse à un autre moment de la journée que celui du dîner; mais il venait toujours quelques instants avant l'heure fixée. Durant cette espèce de visite polie, il lui avait adressé, pendant les douze années qu'il passa sous son toit, les mêmes questions, en obtenant d'elle les mêmes réponses. La manière dont avait dormi mademoiselle Gamard durant la nuit, son déjeuner, les petits événements domestiques, l'air de son visage, l'hygiène de sa personne, le temps qu'il faisait, la durée des offices, les incidents de la messe, enfin la santé de tel ou tel prêtre, faisaient tous les frais de cette conversation périodique. Pendant le dîner, il procédait toujours par des flatteries indirectes, allant sans cesse de la qualité d'un poisson, du bon goût des assaisonnements ou des qualités d'une sauce, aux qualités de mademoiselle Gamard et à ses vertus de maîtresse de maison. Il était sûr de caresser toutes les vanités de la vieille fille en vantant l'art avec lequel étaient faits ou préparés ses confitures, ses cornichons, ses conserves, ses pâtés, et autres inventions gastronomiques. Enfin, jamais le rusé chanoine n'était sorti du salon jaune de son hôtesse, sans dire que, dans aucune maison de Tours, on ne prenait du café aussi bon que celui qu'il venait d'y déguster. Grâce à cette parfaite entente du caractère de mademoiselle Gamard, et à cette science d'existence professée pendant douze années par le chanoine, il n'y eut jamais entre eux matière à discuter le moindre point de discipline intérieure. L'abbé Chapeloud avait tout d'abord reconnu les angles, les aspérités, le rêche de cette vieille fille, et régi l'action des tangentes inévitables entre leurs personnes, de manière à obtenir d'elle toutes les concessions nécessaires au bonheur et à la tranquillité de sa vie. Aussi, mademoiselle Gamard disait-elle que l'abbé Chapeloud était un homme très-aimable, extrêmement facile à vivre, et de beaucoup d'esprit.

Quant à l'abbé Troubert, la dévote n'en disait absolument rien. Complétement entré dans le mouvement de sa vie comme un satellite dans l'orbite de sa planète, Troubert était pour elle une sorte de créature intermédiaire entre les individus de l'espèce humaine et ceux de l'espèce canine; il se trouvait classé dans son cœur immédiatement avant la place destinée aux amis et celle occupée par un gros carlin poussif qu'elle aimait tendrement; il la gouvernait entièrement, et la promiscuité de leurs intérêts devint si grande, que bien des personnes, parmi celles de la société de mademoiselle Gamard, pensaient que l'abbé Troubert avait des vues sur la fortune de la vieille fille, se l'attachait insensiblement par une continuelle patience, et la dirigeait d'autant mieux qu'il paraissait lui obéir, sans laisser apercevoir en lui le moindre désir de la mener.

Lorsque l'abbé Chapeloud mourut, la vieille fille, qui voulait un pensionnaire de mœurs douces, pensa naturellement à l'abbé Troubert. Le testament du chanoine n'était pas encore connu, que déjà mademoiselle Gamard méditait de donner le logement du défunt à son bon abbé Troubert, qu'elle trouvait fort mal au rez-de-chaussée. Mais quand l'abbé Birotteau vint stipuler avec la vieille fille les conventions chirographaires de sa pension, elle le vit si fort épris de cet appartement, pour lequel il avait nourri si longtemps des désirs dont la violence pouvait alors être avouée, qu'elle n'osa lui parler d'un échange, et fit céder l'affection aux exigences de l'intérêt. Pour consoler le bien-aimé chanoine, mademoiselle remplaça les larges briques blanches de Château-Regnault qui formaient le carrelage de l'appartement par un parquet en point de Hongrie, et reconstruisit une cheminée qui fumait.

L'abbé Birotteau avait vu pendant douze ans son ami Chapeloud, sans avoir jamais eu la pensée de chercher d'où procédait l'extrême circonspection de ses rapports avec mademoiselle Gamard. En venant demeurer chez cette sainte fille, il se trouvait dans la situation d'un amant sur le point d'être heureux. Quand il n'aurait pas été déjà naturellement aveugle d'intelligence, ses yeux étaient trop éblouis par le bonheur pour qu'il lui fût possible de juger mademoiselle Gamard, et de réfléchir à la mesure à mettre dans ses relations journalières avec elle.

Mademoiselle Gamard, vue de loin et à travers le prisme des félicités matérielles que le vicaire rêvait de goûter près d'elle, lui semblait une créature parfaite, une chrétienne accomplie, une personne essentiellement charitable, la femme de l'Évangile, la vierge sage, décorée de ces vertus humbles et modestes qui répandent sur la vie un céleste parfum. Aussi, avec tout l'enthousiasme d'un homme qui parvient à un but longtemps souhaité, avec la candeur d'un enfant et la niaise étourderie d'un vieillard sans expérience mondaine, entra-t-il dans la vie de mademoiselle Gamard, comme une mouche se prend dans la toile d'une araignée. Ainsi, le premier jour où il vint dîner et coucher chez la vieille fille, il fut retenu dans son salon par le désir de faire connaissance avec elle, aussi bien que par cet inexplicable embarras qui gêne souvent les gens timides, et leur fait craindre d'être impolis en interrompant une conversation pour sortir. Il y resta donc pendant toute la soirée.

Une autre vieille fille, amie de Birotteau, nommée mademoiselle Salomon de Villenoix, vint le soir. Mademoiselle Gamard eut alors la joie d'organiser chez elle une partie de boston. Le vicaire trouva, en se couchant, qu'il avait passé une très-agréable soirée. Ne connaissant encore que fort légèrement mademoiselle Gamard et l'abbé Troubert, il n'aperçut que la superficie de leurs caractères. Peu de personnes montrent tout d'abord leurs défauts à nu. Généralement, chacun tâche de se donner une écorce attrayante. L'abbé Birotteau conçut donc le charmant projet de consacrer ses soirées à mademoiselle Gamard, au lieu d'aller les passer au dehors. L'hôtesse avait, depuis quelques années, enfanté un désir qui se reproduisait plus fort de jour en jour. Ce désir, que forment les vieillards et même les jolies femmes, était devenu chez elle une passion semblable à celle de Birotteau pour l'appartement de son ami Chapeloud, et tenait au cœur de la vieille fille par les sentiments d'orgueil et d'égoïsme, d'envie et de vanité qui préexistent chez les gens du monde. Cette histoire est de tous les temps : il suffit d'étendre un peu le cercle étroit au fond duquel vont agir ces personnages pour trouver la raison coefficiente des événements qui arrivent dans les sphères les plus élevées de la société.

Mademoiselle Gamard passait alternativement ses soirées dans six ou huit maisons différentes. Soit qu'elle regrettât d'être obligée d'aller chercher le monde, et se crût en droit, à son âge, d'en exiger quelque retour ; soit que son amour-propre eût été froissé de ne point avoir de société à elle ; soit enfin que sa vanité désirât les compliments et les avantages dont elle voyait jouir ses amies, toute son ambition était de rendre son salon le point d'une réunion vers laquelle chaque soir un certain nombre de personnes se dirigeassent *avec plaisir*. Quand Birotteau et son amie mademoiselle Salomon eurent passé quelques soirées chez elle, en compagnie du fidèle et patient abbé Troubert, un soir, en sortant de Saint-Gatien, mademoiselle Gamard dit aux bonnes amies, de qui elle se considérait comme l'esclave jusqu'alors, que les personnes qui voulaient la voir pouvaient bien venir une fois par semaine chez elle, où elle réunissait un nombre d'amis suffisant pour faire une partie de boston ; elle ne devait pas laisser seul l'abbé Birotteau, son nouveau pensionnaire ; mademoiselle Salomon n'avait pas encore manqué une seule soirée de la semaine ; elle appartenait à ses amis, et que... et etc... Ses paroles furent d'autant plus humblement altières et abondamment doucereuses, que mademoiselle Salomon de la Blottière tenait à la société la plus aristocratique de Tours. Quoique mademoiselle Salomon vînt uniquement par amitié pour le vicaire, mademoiselle Gamard triomphait de l'avoir dans son salon, et se vit, grâce à l'abbé Birotteau, sur le point de faire réussir son grand dessein de former un cercle qui pût devenir aussi nombreux, aussi agréable, que l'étaient ceux de madame de Listomère, de mademoiselle Merlin de la Blottière, et autres dévotes en possession de recevoir la société pieuse de Tours.

Mais, hélas ! l'abbé Birotteau fit avorter l'espoir de mademoiselle Gamard. Or, si tous ceux qui dans leur vie sont parvenus à jouir d'un bonheur souhaité longtemps, ont compris la joie que put avoir le vicaire en se couchant dans le lit de Chapeloud, ils devront aussi prendre une légère idée du chagrin que mademoiselle Gamard ressentit au renversement de son plan favori. Après avoir pendant trois mois accepté son bonheur assez patiemment, Birotteau déserta le logis, en traînant avec lui mademoiselle Salomon. Malgré des efforts inouïs, l'ambitieuse Gamard avait à peine recruté cinq à six personnes, dont l'assiduité fut très-problématique, et il fallait au moins quatre gens fidèles pour constituer un boston. Elle fut donc forcée de faire amende honorable et de retourner chez ses anciennes amies, car les vieilles filles se trouvent en trop mauvaise compagnie avec elles-mêmes pour ne pas rechercher les agréments équivoques de la société.

La cause de cette désertion est facile à concevoir. Quoique le vicaire fût un de ceux auxquels le paradis doit un jour appartenir en vertu de l'arrêt : *Bienheureux les pauvres d'esprit* ! il ne pouvait, comme beaucoup de sots, supporter l'ennui que lui causaient d'autres sots. Les gens sans esprit ressemblent aux mauvaises herbes qui se plaisent dans les bons terrains, et ils aiment d'autant plus être amusés qu'ils s'ennuient eux-mêmes. L'incarnation de l'ennui dont ils sont victimes, jointe au besoin qu'ils éprouvent de divorcer perpétuellement avec eux-mêmes, produit cette passion pour le mouvement, cette nécessité d'être toujours là où ils ne sont pas qui les distingue, ainsi que les êtres dépourvus de sensibilité et ceux dont la destinée est manquée, ou qui souffrent par leur faute.

Sans trop oser sonder le vide, la nullité de mademoiselle Gamard, ni sans s'expliquer la petitesse de ses idées, le pauvre abbé Birotteau s'aperçut un peu tard, pour son malheur, des défauts qu'elle partageait avec toutes les vieilles filles, et de ceux qui lui étaient particuliers. Le mal, chez autrui, tranche si vigoureusement sur le bien, qu'il nous frappe presque toujours la vue avant de nous blesser. Ce phénomène moral justifierait, au besoin, la pente qui nous porte plus ou moins vers la médisance. Il est, socialement parlant, si naturel de se moquer des imperfections d'autrui, que nous devrions pardonner le bavardage railleur que nos ridicules autorisent, et ne nous étonner que de la calomnie. Mais les yeux du bon vicaire n'étaient jamais à ce point d'optique qui permet aux gens du monde de voir et d'éviter promptement les aspé-

rités du voisin ; il fut donc obligé, pour reconnaître les défauts de son hôtesse, de subir l'avertissement que donne la nature à toutes ses créations, la douleur !

Les vieilles filles n'ayant pas fait plier leur caractère et leur vie à une autre vie ni à d'autres caractères, comme l'exige la destinée de la femme, ont, pour la plupart, la manie de vouloir tout faire plier autour d'elles. Chez mademoiselle Gamard, ce sentiment dégénérait en despotisme ; mais ce despotisme ne pouvait se prendre qu'à de petites choses. Ainsi, entre mille exemples, le panier de fiches et de jetons posé sur la table de boston pour l'abbé Birotteau devait rester à la place où elle l'avait mis ; et l'abbé la contrariait vivement en le dérangeant, ce qui arrivait presque tous les soirs. D'où procédait cette susceptibilité stupidement portée sur des riens, et quel en était le but ? Personne n'eût pu le dire, mademoiselle Gamard ne le savait pas elle-même. Quoique très-mouton de sa nature, le nouveau pensionnaire n'aimait cependant pas plus que les brebis à sentir trop souvent la houlette, surtout quand elle est armée de pointes. Sans s'expliquer la haute patience de l'abbé Troubert, Birotteau voulut se soustraire au bonheur que mademoiselle Gamard lui assaisonnait à sa manière, car elle croyait qu'il en était du bonheur comme de ses confitures ; mais le malheureux s'y prit assez maladroitement, par suite de la naïveté de son caractère. Cette séparation n'eut donc pas lieu sans bien des tiraillements et des prêteries auxquels l'abbé Birotteau s'efforça de ne pas se montrer sensible.

À l'expiration de la première année qui s'écoula sous le toit de mademoiselle Gamard, le vicaire avait repris ses anciennes habitudes en allant passer deux soirées par semaine chez madame de Listomère, trois chez mademoiselle Salomon, et les deux autres chez mademoiselle Merlin de la Blottière. Ces personnes appartenaient à la partie aristocratique de la société tourangelle, où mademoiselle Gamard n'était point admise. Aussi l'hôtesse fut-elle vivement outragée par l'abandon de l'abbé Birotteau, qui lui faisait sentir son peu de valeur : toute espèce de choix implique un mépris pour l'objet refusé.

— M. Birotteau ne nous a pas trouvés assez aimables, dit l'abbé Troubert aux amis de mademoiselle Gamard lorsqu'elle fut obligée de renoncer à ses soirées. C'est un homme d'esprit, un gourmet ! Il lui faut du beau monde, du luxe, des conversations à saillies, les médisances de la ville.

Ces paroles amenaient toujours mademoiselle Gamard à justifier l'excellence de son caractère aux dépens de Birotteau.

— Il n'a pas déjà tant d'esprit, disait-elle. Sans l'abbé Chapeloud, il n'aurait jamais été reçu chez madame de Listomère. Oh ! j'ai bien perdu en perdant l'abbé Chapeloud. Quel homme aimable et facile à vivre ! Enfin, pendant douze ans, je n'ai pas eu la moindre difficulté ni le moindre désagrément avec lui.

Mademoiselle Gamard fit de l'abbé Birotteau un portrait si peu flatteur, que l'innocent pensionnaire passa dans cette société bourgeoise, secrètement ennemie de la société aristocratique, pour un homme essentiellement difficultueux et très-difficile à vivre. Puis la vieille fille eut, pendant quelques semaines, le plaisir de s'entendre plaindre par ses amies, qui, sans penser un mot de ce qu'elles disaient, ne cessèrent de lui répéter : — Comment vous, si douce et si bonne, avez-vous inspiré de la répugnance... On : — Consolez-vous, ma chère mademoiselle Gamard, vous êtes si bien connue, que... etc.

Mais, enchantées d'éviter une fois par semaine dans le Cloître, l'endroit le plus désert, le plus sombre et le plus éloigné du centre qu'il y ait à Tours, toutes bénissaient le vicaire.

Entre personnes sans cesse en présence, la haine et l'amour vont toujours croissant : on trouve à tout moment des raisons pour s'aimer ou se haïr mieux. Aussi l'abbé Birotteau devint-il insupportable à mademoiselle Gamard. Dix-huit mois après l'avoir pris en pension, au moment où le bonhomme croyait voir la paix du contentement dans le silence de la haine, et s'applaudissait de *très-bien corder* avec la vieille fille, pour se servir de son expression, il fut pour elle l'objet d'une persécution sourde et d'une vengeance froidement calculée. Les quatre circonstances capitales de la porte fermée, des pantoufles oubliées, du manque de feu, du bougeoir porté chez lui, pouvaient seules lui révéler cette inimitié terrible, dont les dernières conséquences ne devaient le frapper qu'au moment où elles seraient irréparables. Tout en s'endormant, le bon vicaire se creusait donc, mais inutilement, la cervelle, et certes il ne sentait bien vite le fond, pour s'expliquer la conduite singulièrement impolie de mademoiselle Gamard. En effet, après avoir agi jadis très-logiquement en obéissant aux lois naturelles de son égoïsme, il lui était impossible de deviner ses torts envers son hôtesse.

Si les choses grandes sont simples à comprendre, faciles à exprimer, les petitesses de la vie veulent beaucoup de détails. Les événements qui constituent en quelque sorte l'avant-scène de ce drame bourgeois, mais où les passions se retrouvent tout aussi violentes que si elles étaient excitées par de grands intérêts, exigeaient cette longue introduction, et il eût été difficile à un historien exact d'en resserrer les minutieux développements.

Le lendemain matin, en s'éveillant, Birotteau pensa si fortement à son canonicat, qu'il ne songeait plus aux quatre circonstances dans lesquelles il avait aperçu la veille les sinistres pronostics d'un avenir plein de malheurs. Le vicaire n'était pas homme à se lever sans feu, il sonna pour avertir Marianne de son réveil et la faire venir chez lui : puis il resta, selon son habitude, plongé dans les rêvasseries somnolescentes pendant lesquelles la servante avait coutume, en lui embrassant la cheminée, de l'arracher doucement à ce dernier sommeil par les bourdonnements de ses interpellations et de ses allures, espèce de musique qui lui plaisait. Une demi-heure se passa sans que Marianne eût paru. Le vicaire, à moitié chanoine, allait sonner de nouveau, quand il laissa le cordon de sa sonnette en entendant le bruit d'un pas d'homme dans l'escalier. En effet, l'abbé Troubert, après avoir discrètement frappé à la porte, entra sur l'invitation de Birotteau.

Cette visite, que les deux abbés se faisaient assez régulièrement une fois par mois l'un à l'autre, ne surprit point le vicaire. Le chanoine s'étonna, dès l'abord, que Marianne n'eût pas encore allumé le feu de son quasi collègue. Il ouvrit une fenêtre, appela Marianne d'une voix rude, lui dit de venir chez Birotteau ; puis, se retournant vers son frère : — Si mademoiselle apprenait que vous n'avez pas de feu, elle gronderait Marianne.

Après cette phrase, il s'enquit de la santé de Birotteau, et lui demanda d'une voix douce s'il avait quelques nouvelles qui lui fissent espérer d'être nommé chanoine. Le vicaire lui expliqua ses démarches, et lui dit naïvement quelles étaient les personnes auprès desquelles madame de Listomère agissait, ignorant que Troubert n'avait jamais su pardonner à cette dame de ne pas l'avoir admis chez elle, lui, l'abbé Troubert, déjà deux fois désigné pour être vicaire général du diocèse.

Il était impossible de rencontrer deux figures qui offrissent autant de contrastes qu'en présentaient celles des deux abbés. Troubert, grand et sec, avait un teint jaune et bilieux, tandis que le vicaire était ce qu'on appelle grassouillet. Ronde et rougeaude, la figure de Birotteau peignait une bonhomie sans idées ; tandis que celle de Troubert, longue et creusée par des rides profondes, contractait en certains moments une expression pleine d'ironie ou de dédain : mais il fallait cependant l'examiner avec attention pour y découvrir ces deux sentiments. Le chanoine restait habituellement dans un calme parfait, en tenant ses paupières presque toujours abaissées sur deux yeux orangés dont le regard devenait à son gré clair et perçant. Des cheveux roux complétaient cette sombre physionomie, sans cesse obscurcie par le voile que de graves méditations jettent sur les traits. Plusieurs personnes avaient pu d'abord le croire absorbé par une haute et profonde ambition ; mais celles qui prétendaient le mieux connaître avaient fini par détruire cette opinion en le montrant hébété par le despotisme de mademoiselle Gamard, ou fatigué par de trop longs jeûnes. Il parlait rarement et ne riait jamais. Quand il lui arrivait d'être agréablement ému, il lui échappait un sourire faible qui se perdait dans les plis de son visage. Birotteau était, au contraire, tout expansion, tout franchise ; aimait les bons morceaux, et s'amusait d'une bagatelle avec la simplicité d'un homme sans fiel ni malice. L'abbé Troubert causait, à la première vue, un sentiment de terreur involontaire, tandis que le vicaire arrachait un sourire doux à ceux qui le voyaient. Quand, à travers les arcades et les nefs de Saint-Gatien, le haut chanoine marchait d'un pas solennel, le front incliné, l'œil sévère, il excitait le respect : sa figure cambrée était en harmonie avec les voussures jaunes de la cathédrale, les plis de sa soutane avaient quelque chose de monumental, digne de la statuaire. Mais le bon vicaire y circulait sans gravité, trottait, piétinait, et paraissait rouler sur lui-même. Ces deux hommes avaient néanmoins une ressemblance. De même que l'air ambitieux de Troubert, en donnant lieu de le redouter, avait contribué peut-être à le faire condamner au rôle insignifiant de simple chanoine, le caractère et la tournure de Birotteau semblaient le vouer éternellement au vicariat de la cathédrale. Cependant l'abbé Troubert, arrivé à l'âge de cinquante ans, avait tout à fait dissipé, par la mesure de sa conduite, par l'apparence d'un manque total d'ambition, et par sa vie toute sainte, les craintes que sa capacité soupçonnée et son terrible extérieur avaient inspirées à ses supérieurs. Sa santé s'étant même gravement altérée depuis un an, sa prochaine élévation au vicariat général de l'archevêché paraissait probable. Ses compétiteurs eux-mêmes souhaitaient sa nomination, afin de pouvoir mieux préparer la leur pendant le peu de jours qui lui seraient accordés par une maladie devenue chronique. Loin d'offrir les mêmes espérances, le triple menton de Birotteau présentait aux concurrents qui lui disputaient son canonicat les symptômes d'une santé florissante, et sa goutte leur semblait être, suivant le proverbe, une assurance de longévité. L'abbé Chapeloud, homme d'un grand sens, et que son amabilité avait toujours fait rechercher par les gens de bonne compagnie et par les différents chefs de la métropole, s'était toujours opposé, mais secrètement et avec beaucoup d'esprit, à l'élévation de l'abbé Troubert ; il lui avait même très-adroitement interdit l'accès de tous les salons où se réunissait la meilleure société de Tours, quoique pendant sa vie Troubert l'eût traité sans

cesse avec un grand respect, en lui témoignant en toute occasion la plus haute déférence. Cette constante soumission n'avait pu changer l'opinion du défunt chanoine, qui pendant sa dernière promenade disait encore à Birotteau : — Défiez-vous de ce grand sec de Troubert, c'est Sixte-Quint réduit aux proportions de l'évêché. Tel était l'ami, le commensal de mademoiselle Gamard, qui venait, le lendemain même du jour où elle avait pour ainsi dire déclaré la guerre au pauvre Birotteau, le visiter et lui donner des marques d'amitié.

— Il faut excuser Marianne, dit le chanoine en le voyant entrer. Je pense qu'elle a commencé par venir chez moi. Mon appartement est très-humide, et j'ai beaucoup toussé pendant toute la nuit. — Vous êtes très-sainement ici, ajouta-t-il en regardant les corniches. — Oh ! je suis ici en chanoine, répondit Birotteau en souriant. — Et moi en vicaire, répliqua l'humble prêtre. — Oui, mais vous logerez bientôt à l'archevêché, dit le bon prêtre qui voulait que tout le monde fût heureux. — Oh ! ou dans le cimetière. Mais que la volonté de Dieu soit faite ! Et Troubert leva les yeux au ciel par un mouvement de résignation. — Je venais, ajouta-t-il, vous prier de me prêter le *pouiller* des évêques. Il n'y a que vous à Tours qui ayez cet ouvrage. — Prenez-le dans ma bibliothèque, répondit Birotteau, que la dernière phrase du chanoine fit ressouvenir de toutes les jouissances de sa vie.

Le grand chanoine passa dans la bibliothèque, et y resta pendant le temps que le vicaire mit à s'habiller. Bientôt la cloche du déjeuner se fit entendre, et le goutteux, pensant que sans la visite de Troubert il n'aurait pas eu de feu pour se lever, se dit : — C'est un bon homme !

Les deux prêtres descendirent ensemble, armés chacun d'un énorme in-folio, qu'ils posèrent sur une des consoles de la salle à manger.

— Qu'est-ce que c'est que ça ? demanda d'une voix aigre mademoiselle Gamard en s'adressant à Birotteau. J'espère que vous n'allez pas encombrer de ces livres à manger de vos bouquins. — C'est des livres dont j'ai besoin, répondit l'abbé Troubert, M. le vicaire a la complaisance de me les prêter. — J'aurais dû deviner cela, dit-elle en laissant échapper un sourire de dédain. M. Birotteau ne lit pas souvent dans ces gros livres-là. — Comment vous portez-vous, mademoiselle ? reprit le pensionnaire d'une voix flûtée. — Mais pas très-bien, répondit-elle sèchement. Vous êtes cause que je me suis réveillée pendant mon premier sommeil, et toute ma nuit s'en est ressentie. En s'asseyant, mademoiselle Gamard ajouta : — Messieurs, le lait va se refroidir.

Stupéfait d'être si aigrement accueilli de son hôtesse quand il lui attendait des excuses, mais effrayé, comme le sont les gens timides, par la perspective d'une discussion, surtout quand ils en sont l'objet, le pauvre vicaire s'assit en silence. Puis, en reconnaissant dans le visage de mademoiselle Gamard les symptômes d'une mauvaise humeur apparente, il resta constamment en guerre avec sa raison, qui lui ordonnait de ne pas souffrir le manque d'égards de son hôtesse, tandis que son caractère le portait à éviter une querelle. En proie à cette angoisse intérieure, Birotteau commença par examiner sérieusement les grandes hachures vertes peintes sur le gros taffetas ciré que, par un usage immémorial, mademoiselle Gamard laissait pendant le déjeuner sur la table, sans avoir égard ni aux bords usés ni aux nombreuses cicatrices de cette couverture. Les deux pensionnaires se trouvaient établis, chacun dans un fauteuil de canne, en face l'un de l'autre, à chaque bout de cette table rectangulaire carrée, dont le centre était occupé par l'hôtesse, et qu'elle dominait du haut de sa chaise à patins, garnie de coussins et adossée au poêle de la salle à manger. Cette pièce et le salon commun étaient situés au rez-de-chaussée, sous la chambre et le salon de l'abbé Birotteau. Lorsque le vicaire eut reçu de mademoiselle Gamard sa tasse de café sucré, il fut glacé du profond silence dans lequel il allait accomplir l'acte si habituellement gai de son déjeuner. Il n'osait regarder ni la figure aride de Troubert ni les yeux menaçant de la vieille fille, et se tourna par contenance vers un gros carlin chargé d'embonpoint, qui, couché sur un coussin près du poêle, ne bougeait jamais, trouvant toujours à sa gauche un petit plat rempli de friandises, et à sa droite un bol plein d'eau claire.

— Eh bien ! mon mignon, lui dit-il, tu attends ton café ?

Ce personnage, l'un des plus importants au logis, mais peu gênant en ce qu'il n'aboyait plus et laissait la parole à sa maîtresse, leva sur Birotteau ses petits yeux perdus sous les plis formés dans son masque par la graisse, puis les referma sournoisement. Pour comprendre la souffrance du pauvre vicaire, il est nécessaire de dire que, doué d'une loquacité vide et sonore comme le retentissement d'un ballon, il prétendait, sans avoir jamais pu donner aux médecins une seule raison de son opinion, que les paroles favorisaient la digestion. Mademoiselle, qui partageait cette doctrine hygiénique n'avait pas encore manqué, malgré leur mésintelligence, à causer pendant les repas ; mais, depuis plusieurs matinées, le vicaire avait vainement usé son intelligence à lui faire des questions insidieuses pour parvenir à lui délier la langue. Si les bornes étroites dans lesquelles se renferme cette histoire avaient permis de rapporter une seule de ses conversations qui excitaient presque toujours le sourire amer et sardonique de l'abbé Troubert, elle eût offert une peinture achevée de la vie béotienne des provinciaux. Quelques gens d'esprit n'apprendraient peut-être pas sans plaisir les étranges développements que l'abbé Birotteau et mademoiselle Gamard donnaient à leurs opinions personnelles sur la politique, la religion et la littérature. Il y aurait certes quelque chose de comique à exposer : soit les raisons qu'ils avaient tous deux de douter sérieusement, en 1826, de la mort de Napoléon ; soit les conjectures qui les faisaient croire à l'existence de Louis XVII, sauvé dans le creux d'une grosse bûche. Qui n'eût pas ri de les entendre établissant, par des raisons bien évidemment à eux, que le roi de France disposait seul de tous les impôts, que les Chambres étaient assemblées pour détruire le clergé, qu'il était mort plus de treize cent mille personnes sur l'échafaud pendant la Révolution ? Puis ils parlaient de la presse sans connaître le nombre des journaux, sans avoir la moindre idée de ce qu'était cet instrument moderne. Enfin, M. Birotteau écoutait avec attention mademoiselle Gamard, quand elle disait qu'un homme mourut d'un œuf chaque matin qu'il devait infailliblement mourir à la fin de l'année, et que cela s'était vu ; qu'un petit pain mollet, mangé sans boire pendant quelques jours, guérissait de la sciatique ; que tous les ouvriers qui avaient travaillé à la démolition de l'abbaye Saint-Martin étaient morts dans l'espace de six mois ; que certain préfet avait fait tout son possible, sous Bonaparte, pour ruiner les tours de Saint-Gatien, et mille autres contes absurdes.

Mais en ce moment Birotteau se sentit la langue morte, il se résigna donc à manger sans entamer la conversation. Bientôt il trouva ce silence dangereux pour son estomac et dit hardiment : — Voilà du café excellent ! Cet acte de courage fut complètement inutile. Après avoir regardé le ciel par le petit espace qui séparait, au-dessus du jardin, les deux arcs-boutants noirs de Saint-Gatien, le vicaire eut encore le courage de dire : — Il fera plus beau aujourd'hui qu'hier... A ce propos, mademoiselle Gamard se contenta de jeter la plus gracieuse de ses œillades à l'abbé Troubert, et reporta ses yeux empreints d'une sévérité terrible sur Birotteau, qui heureusement avait baissé les siens.

Nulle créature du genre féminin n'était plus capable que mademoiselle Sophie Gamard de formuler la nature élégiaque de la vieille fille ; mais, pour bien peindre un être dont le caractère prête un intérêt immense aux petits événements de ce drame, à la vie antérieure des personnages qui en sont les acteurs, peut-être faut-il résumer ici les idées dont l'expression se trouve chez la vieille fille : la vie habituelle fait l'âme, et l'âme fait la physionomie. Si tout, dans la société comme dans le monde, doit avoir une fin, il y a certes ici-bas quelques existences dont le but et l'utilité sont inexplicables. La morale et l'économie politique repoussent également l'individu qui consomme sans produire, qui tient une place sur terre sans répandre autour de lui ni bien ni mal ; car le mal est sans doute un bien dont les résultats ne se manifestent pas immédiatement. Il est rare que les vieilles filles ne se rangent pas d'elles-mêmes dans la classe de ces êtres improductifs. Or, si la conscience de son travail donne à l'être agissant un sentiment de satisfaction qui l'aide à supporter la vie, la certitude d'être à charge ou même inutile doit produire un effet contraire, et inspirer pour lui-même à l'être inerte le mépris qu'il excite chez les autres. Cette dure réprobation sociale est une des causes qui, à l'insu des vieilles filles, contribuent à mettre dans leurs âmes le chagrin qu'expriment leurs figures. Un préjugé dans lequel il y a du vrai peut-être jette constamment partout, et en France encore plus qu'ailleurs, une grande défaveur sur la femme avec laquelle personne n'a voulu ni partager les biens ni supporter les maux de la vie. Or, il arrive pour les filles un âge où le monde, à tort ou à raison, les condamne sur le dédain dont elles sont victimes. Laides, la bonté leur caractère devrait racheter les imperfections de la nature ; jolies, leur malheur a dû être fondé sur des causes graves. On ne sait lesquelles, des unes ou des autres, sont les plus dignes de rebut. Si leur célibat a été raisonné, s'il est un vœu d'indépendance, ni les hommes, ni les mères ne leur pardonnent d'avoir menti au dévouement de la femme, en s'étant refusées aux passions qui rendent leur sexe si touchant : renoncer à ses douleurs, c'est en abdiquer la poésie, et ne plus mériter les douces consolations auxquelles une mère a toujours d'incontestables droits. Puis les sentiments généreux, les qualités exquises de la femme, ne se développent que par leur constant exercice ; en restant fille, une créature du sexe féminin n'est plus qu'un non-sens : égoïste et froide, elle fait horreur. Cet arrêt implacable est malheureusement bien juste pour que les vieilles filles en ignorent les motifs. Ces idées germent dans leur cœur aussi naturellement que les effets de leur triste vie se reproduisent dans leurs traits. Donc elles se flétrissent, parce que l'expansion constante ou le bonheur qui épanouit la figure des femmes et jette tant de mollesse dans leurs mouvements n'a jamais existé chez elles. Puis elles deviennent âpres et chagrines, parce qu'un être qui a manqué sa vocation est malheureux ; il souffre, et la souffrance engendre la méchanceté. En effet, avant de s'en prendre à elle-même une fille de son isolement, une fille en accuse longtemps le monde. De l'accusation à un désir de vengeance, il n'y a qu'un pas. Enfin, la mauvaise grâce répandue sur leurs personnes est encore un résultat nécessaire de leur vie. N'ayant jamais senti le besoin de plaire, l'élégance, le bon goût leur restent étrangers.

Elles ne voient qu'elles en elles-mêmes. Ce sentiment les porte insensiblement à choisir les choses qui leur sont commodes, au détriment de celles qui peuvent être agréables à autrui. Sans se bien rendre compte de leur dissemblance avec les autres femmes, elles finissent par l'apercevoir et par en souffrir. La jalousie est un sentiment indélébile dans les cœurs féminins. Les vieilles filles sont donc jalouses à vide, et ne connaissent que les malheurs de la seule passion que les hommes pardonnent au beau sexe, parce qu'elle les flatte. Ainsi, torturées dans tous leurs vœux, obligées de se refuser aux développements de leur nature, les vieilles filles éprouvent toujours une gêne intérieure à laquelle elles ne s'habituent jamais. N'est-il pas dur à tout âge, surtout pour une femme, de lire sur les visages un sentiment de répulsion, quand il est dans sa destinée de n'éveiller autour d'elle, dans les cœurs, que des sensations gracieuses ? Aussi le regard d'une vieille fille est-il toujours oblique, moins par modestie que par peur et honte. Ces êtres ne pardonnent pas à la société leur position fausse, parce qu'ils ne se la pardonnent pas à eux-mêmes. Or, il est impossible à une personne perpétuellement en guerre avec elle, ou en contradiction avec la vie, de laisser les autres en paix, et de ne pas envier leur bonheur. Ce monde d'idées tristes était tout entier dans les yeux gris et ternes de mademoiselle Gamard ; et le large cercle noir par lequel ils étaient bordés accusait les longs combats de sa vie solitaire. Toutes les rides de son visage étaient droites. La charpente de son front, de sa tête et de ses joues avait les caractères de la rigidité, de la sécheresse. Elle laissait pousser, sans aucun souci, les poils jadis bruns de quelques signes parsemés sur son menton. Ses lèvres minces couvraient à peine des dents trop longues qui ne manquaient pas du blancheur. Brune, ses cheveux jadis noirs avaient été blanchis par d'affreuses migraines. Cet accident la contraignait à porter un tour ; mais ne sachant pas le mettre de manière à en dissimuler la naissance, il existait souvent de légers interstices entre le bord de son bonnet et le cordon noir qui soutenait cette demi-perruque assez mal bouclée. Sa robe, de taffetas en été, de mérinos en hiver, mais toujours de couleur carmélite, serrait un peu trop sa taille disgracieuse et ses bras maigres. Sans cesse rabattue, sa collerette laissait voir un cou dont la peau rougeâtre était aussi artistement rayée que le bout d'une feuille de chêne vue dans la lumière. Son origine expliquait assez bien les malheurs de sa conformation. Elle était fille d'un marchand de bois, espèce de paysan parvenu. A dix-huit ans, elle avait pu être fraîche et grasse, mais il ne lui restait aucune trace ni de la blancheur de teint ni des jolies couleurs qu'elle se vantait d'avoir eues. Les tons de sa chair avaient contracté la teinte blafarde assez commune chez les dévotes. Son nez aquilin était celui de tous les traits de sa figure qui contribuait le plus à exprimer le despotisme de ses idées, de même que la forme plate de son front trahissait l'étroitesse de son esprit. Ses mouvements avaient une brusquerie qui excluait toute grâce ; et rien qu'à la voir tirant son mouchoir de son sac pour se moucher à grand bruit, vous eussiez deviné son caractère et ses mœurs. D'une taille assez élevée, elle se tenait très-droit, et justifiait l'observation d'un naturaliste qui a physiquement expliqué la démarche de toutes les vieilles filles en prétendant que leurs jointures se soudent. Elle marchait sans que le mouvement se distribuât également dans sa personne, de manière à produire ces ondulations si gracieuses, si attrayantes chez les femmes ; elle allait, pour ainsi dire, d'une seule pièce, en paraissant surgir, à chaque pas, comme la statue du Commandeur. Dans ses moments de bonne humeur, elle donnait à entendre, comme le font toutes les vieilles filles, qu'elle aurait bien pu se marier, mais elle s'était heureusement aperçue à temps de la mauvaise foi de son amant, et faisait ainsi, sans le savoir, le procès à son cœur en faveur de son esprit de calcul.

Cette figure typique du genre *vieille fille* était très-bien encadrée par les grotesques inventions d'un papier verni représentant des paysages turcs qui ornaient les murs de la salle à manger. Mademoiselle Gamard se tenait habituellement dans cette pièce, décorée de deux consoles et d'un baromètre. La place adoptée par chaque abbé se trouvait un petit coussin en tapisserie dont les couleurs étaient passées. Le salon commun où elle recevait était digne d'elle. Il sera bientôt connu en faisant observer qu'il se nommait le *salon jaune* : les draperies en étaient jaunes, le meuble et la tenture jaunes ; sur la cheminée garnie d'une glace à cadre doré, des flambeaux et une pendule en cristal jetaient un éclat dur à l'œil. Quant au logement particulier de mademoiselle Gamard, il n'avait été permis à personne d'y pénétrer. L'on pouvait seulement conjecturer qu'il était rempli de ces chiffons, de ces meubles usés, espèces de haillons dont s'entourent toutes les vieilles filles, et auxquels elles tiennent tant.

Telle était la personne destinée à exercer la plus grande influence sur les derniers jours de l'abbé Birotteau.

Faute d'exercer, selon les vœux de la nature, l'activité donnée à la femme, et par la nécessité où elle était de la dépenser, cette vieille fille l'avait transportée dans les intrigues mesquines, les caquetages de province et les combinaisons égoïstes dont finissent par s'occuper exclusivement toutes les vieilles filles. Birotteau, pour son malheur, avait développé chez Sophie Gamard les seuls sentiments qu'il fût possible à cette pauvre créature d'éprouver, ceux de la haine, qui, latents jusqu'alors, par suite du calme et de la monotonie d'une vie provinciale dont pour elle l'horizon s'était encore rétréci, devaient acquérir d'autant plus d'intensité qu'ils allaient s'exercer sur de petites choses et au milieu d'une sphère étroite. Birotteau était de ces gens qui sont prédestinés à tout souffrir, parce que, ne sachant rien voir, ils ne peuvent rien éviter : tout leur arrive.

— Oui, il fera beau, répondit après un moment le chanoine, qui parut sortir de sa rêverie et vouloir pratiquer les lois de la politesse.

Birotteau, effrayé du temps qui s'écoula entre la demande et la réponse, car il avait, pour la première fois de sa vie, pris son café sans parler, quitta la salle à manger, où son cœur était serré comme dans un étau. Sentant sa tasse de café pesante sur son estomac, il alla se promener tristement dans les petites allées étroites et bordées de buis qui dessinaient une étoile dans le jardin. Mais en se retournant, après le premier tour qu'il y fit, il vit sur le seuil du salon mademoiselle Gamard et l'abbé Troubert plantés silencieusement : lui, les bras croisés et immobile comme la statue d'un tombeau; elle, appuyée sur la porte-persienne. Tous deux semblaient, en le regardant, compter le nombre de ses pas. Rien n'est déjà plus gênant pour une créature naturellement timide que d'être l'objet d'un examen curieux; mais, s'il est fait par les yeux de la haine, l'espèce de souffrance qu'il cause se change en un martyre intolérable. Bientôt l'abbé Birotteau s'imagina qu'il empêchait mademoiselle Gamard et le chanoine de se promener. Cette idée, inspirée tout à la fois par la crainte et par la bonté, prit un tel accroissement qu'elle lui fit abandonner la place. Il s'en alla, ne pensant déjà plus à son canonical, tant il était absorbé par la désespérante tyrannie de la vieille fille. Il trouva par hasard, et heureusement pour lui, beaucoup d'occupation à Saint-Gatien, où il eut plusieurs enterrements, un mariage et deux baptêmes. Il put alors oublier ses chagrins. Quand son estomac lui annonça l'heure du dîner, il ne tira pas sa montre sans effroi, en voyant quatre heures et quelques minutes. Il connaissait la ponctualité de mademoiselle Gamard, il se hâta donc de se rendre au logis.

Il aperçut dans la cuisine le premier service desservi. Puis, quand il arriva dans la salle à manger, la vieille fille lui dit d'un son de voix où se peignaient également l'aigreur d'un reproche et la joie de trouver son pensionnaire en faute : — Il est quatre heures et demie, monsieur Birotteau. Vous savez que nous ne devons pas nous attendre.

Le vicaire regarda le cartel de la salle à manger, et la manière dont était posée l'enveloppe de gaze destinée à le garantir de la poussière lui prouva que son hôtesse l'avait remonté pendant la matinée, en se donnant le plaisir de le faire avancer sur l'horloge de Saint-Gatien. Il n'y avait pas d'observation possible. L'expression verbale du soupçon conçu par le vicaire eût causé la plus terrible et la mieux justifiée des explosions éloquentes que mademoiselle Gamard sût, comme toutes les femmes de sa classe, faire jaillir en pareil cas. Les mille et une contrariétés qu'une servante peut faire subir à son maître, ou qu'une femme à son mari dans les habitudes privées de la vie, furent devinées par mademoiselle Gamard, qui en accabla son pensionnaire. La manière dont elle se plaisait à ourdir ses conspirations contre le bonheur domestique du pauvre prêtre portèrent l'empreinte du génie le plus profondément malicieux. Elle s'arrangea pour ne jamais paraître avoir tort.

Huit jours après le moment où ce récit commence, l'habitation de cette maison, et les relations que l'abbé Birotteau avait avec mademoiselle Gamard, lui révélèrent une trame ourdie depuis six mois. Tant que la vieille fille avait sourdement exercé sa vengeance, et que le vicaire avait pu s'entretenir volontairement dans l'erreur, en refusant de croire à des intentions malveillantes, le mal moral avait fait peu de progrès chez lui. Mais, depuis l'affaire du bougeoir remonté, de la pendule avancée, Birotteau ne put douter qu'il ne vécût sous l'empire d'une haine dont l'œil était toujours ouvert sur lui. Il arriva dès lors rapidement au désespoir, en apercevant, à toute heure, les doigts crochus et effilés de mademoiselle Gamard prêts à s'enfoncer dans son cœur. Heureuse de vivre par un sentiment aussi fertile en émotions que l'est celui de la vengeance, la vieille fille se plaisait à planer, à peser sur le vicaire, comme un oiseau de proie plane et pèse sur un mulot avant de le dévorer. Elle avait conçu depuis longtemps un plan que le prêtre abasourdi ne pouvait deviner, et qu'elle ne tarda pas à dérouler, en montrant le génie sans gêne que déploient, dans les petites choses, les personnes solitaires dont l'âme, inhabile à sentir les grandeurs de la piété vraie, s'est jetée dans les minuties de la dévotion. Dernière, mais affreuse aggravation de peine! La nature de ses chagrins interdisait à Birotteau, homme d'expansion, aimant à être plaint et consolé, la petite douceur de les raconter à ses amis. Le peu de tact qu'il avait à sa timidité lui faisait redouter de paraître ridicule en s'occupant de pareilles niaiseries. Et cependant ces niaiseries composaient toute son existence, sa chère existence pleine d'occupations dans le vide et de vide dans les occupations; vie terne et grise où les sentiments trop grands étaient des malheurs, où l'absence de toute émotion était une félicité. Le paradis du pauvre changea donc subitement en enfer. Enfin, ses souffrances

devinrent intolérables. La terreur que lui causait la perspective d'une explication avec mademoiselle Gamard s'accrut de jour en jour, et le malheur secret qui flétrissait les heures de sa vieillesse altéra sa santé. Un matin, en mettant ses bas bleus chinés, il reconnut une perte de huit lignes dans la circonférence de son mollet. Stupéfait de ce diagnostic si cruellement irrécusable, il résolut de faire une tentative auprès de l'abbé Troubert, pour le prier d'intervenir officieusement entre mademoiselle Gamard et lui.

En se trouvant en présence de l'imposant chanoine, qui, pour le recevoir dans une chambre nue, quitta promptement un cabinet plein de papiers où il travaillait sans cesse, et où ne pénétrait personne, le vicaire eut presque honte de parler des taquineries de mademoiselle Gamard à un homme qui lui paraissait si sérieusement occupé. Mais après avoir subi toutes les angoisses de ces délibérations intérieures que les gens humbles, indécis ou faibles, éprouvent même pour des choses sans importance, il se décida, non sans avoir le cœur grossi par des pulsations extraordinaires, à expliquer sa position à l'abbé Troubert. Le chanoine écouta d'un air grave et froid, essayant, mais en vain, de réprimer certains sourires qui, peut-être, eussent révélé les émotions d'un contentement intime à des yeux intelligents. Une flamme parut s'échapper de ses paupières lorsque Birotteau lui peignit, avec l'éloquence que donnent les sentiments vrais, la constante amertume dont il était abreuvé; mais Troubert mit la main au-dessus de ses yeux par un geste assez familier aux penseurs, et garda l'attitude de dignité qui lui était habituelle. Quand le vicaire eut cessé de parler, il aurait été bien embarrassé s'il avait voulu chercher sur la figure de Troubert, alors marbrée par des taches plus jaunes encore que ne l'était ordinairement son teint bilieux, quelques traces des sentiments qu'il avait dû exciter chez ce prêtre mystérieux. Après être resté pendant un moment silencieux, le chanoine fit une de ces réponses dont toutes les paroles devaient être longtemps étudiées pour que leur portée fût entièrement mesurée, mais qui, ainsi fait, prouvaient aux gens réfléchis l'étonnante profondeur de son âme et la puissance de son esprit. Enfin, il accabla Birotteau en lui disant : que « ces choses l'étonnaient d'autant plus, qu'il ne s'en serait jamais aperçu sans la tyrannie de son frère; il attribuait ce défaut d'intelligence à ses occupations sérieuses, à ses travaux, et à la tyrannie de certaines pensées élevées qui ne lui permettaient pas de regarder aux détails de la vie. » Il lui fit observer, mais sans avoir l'air de vouloir censurer la conduite d'un homme dont l'âge et les connaissances méritaient son respect, que « jadis les solitaires songeaient rarement à leur nourriture, à leur abri au fond des thébaïdes où ils se livraient à de saintes contemplations, » et que, « de nos jours, le prêtre pouvait par la pensée se faire partout une thébaïde. » Puis, revenant à Birotteau, il ajouta : que « ces discussions étaient toutes nouvelles pour lui. Pendant douze années, rien de semblable n'avait eu lieu entre mademoiselle Gamard et le vénérable abbé Chapeloud. Quant à lui, sous doute, il pouvait bien, ajouta-t-il, devenir l'arbitre entre le vicaire et leur hôtesse, parce que son amitié pour elle ne dépassait pas les bornes imposées par les lois de l'Église à ses fidèles serviteurs; mais alors la justice exigeait qu'il entendît aussi mademoiselle Gamard. » Que, d'ailleurs, il ne trouvait rien de changé en elle; qu'il l'avait toujours vue ainsi; qu'il était volontiers soumis à quelques-uns de ses caprices, sachant que cette respectable demoiselle était la bonté, la douceur même; qu'il fallait attribuer les légers changements de son humeur aux souffrances causées par une pulmonie dont elle ne parlait pas, et à laquelle elle se résignait en vraie chrétienne. » Il finit en disant au vicaire, que « pour peu qu'il restât encore quelques années auprès de mademoiselle, il saurait mieux l'apprécier, et reconnaître les trésors de cet excellent caractère. »

L'abbé Birotteau sortit confondu. Dans la nécessité fatale où il se trouvait de ne prendre conseil que de lui-même, il jugea mademoiselle Gamard d'après lui. Le bonhomme crut, en s'absentant pendant quelques jours, éteindre, faute d'aliment, la haine que lui portait cette fille. Donc il résolut d'aller, comme jadis, passer plusieurs jours à une campagne où madame de Listomère se rendait à la fin de l'automne, époque à laquelle le ciel est ordinairement pur et doux en Touraine. Pauvre homme! il accomplissait précisément les vœux secrets de sa terrible ennemie, dont les projets ne pouvaient être déjoués que par une patience de moine; mais, ne devinant rien, ne sachant point ses propres affaires, il devait succomber comme un agneau sous le premier coup du boucher.

Située sur la levée qui se trouve entre la ville de Tours et les hauteurs de Saint-Georges, exposée au midi, entourée de rochers, la propriété de madame de Listomère offrait les agréments de la campagne et tous les plaisirs de la ville. En effet, il ne fallait pas plus de dix minutes pour venir du pont de Tours à la porte de cette maison, nommée l'Alouette; avantage précieux dans un pays où personne ne veut se déranger pour quoi que ce soit, même pour aller chercher un plaisir. L'abbé Birotteau était à l'Alouette depuis environ dix jours, lorsqu'un matin, au moment du déjeuner, le concierge vint lui dire que M. Caron désirait lui parler. M. Caron était un avocat chargé des affaires de mademoiselle Gamard. Birotteau ne s'en souvenant pas et ne se connaissant aucun point litigieux à démêler avec qui que ce fût au monde, quitta la table en proie à une sorte d'anxiété pour chercher l'avocat : il le trouva modestement assis sur la balustrade d'une terrasse.

— L'intention où vous êtes de ne plus loger chez mademoiselle Gamard étant devenue évidente... dit l'homme d'affaires.

— Eh! monsieur, s'écria l'abbé Birotteau en interrompant, je n'ai jamais pensé à la quitter!

— Cependant, monsieur, reprit l'avocat, il faut bien que vous vous soyez expliqué à cet égard avec mademoiselle, puisqu'elle m'envoie à la fin de savoir si vous restez longtemps à la campagne. Le cas d'une longue absence, n'ayant pas été prévu dans vos conventions, peut donner matière à contestation. Or, mademoiselle Gamard entendant que votre pension...

— Monsieur, dit Birotteau surpris et interrompant encore l'avocat, je ne croyais pas qu'il fût nécessaire d'employer des voies presque judiciaires pour...

— Mademoiselle Gamard, qui veut prévenir toute difficulté, dit M. Caron, m'a envoyé pour m'entendre avec vous.

— Eh bien! si vous voulez avoir la complaisance de revenir demain, reprit encore l'abbé Birotteau, j'aurai consulté de mon côté.

— Soit, dit Caron en saluant.

Et le ronge-papiers se retira. Le vicaire, épouvanté de la persistance avec laquelle mademoiselle Gamard le poursuivait, rentra dans la salle à manger de madame de Listomère, en offrant une figure bouleversée. A son aspect, chacun de lui demander : — Que vous arrive-t-il donc, monsieur Birotteau?...

L'abbé, désolé, s'assit sans répondre, tant il était frappé par les vagues images de son malheur. Mais, après le déjeuner, quand plusieurs de ses amis furent réunis dans le salon devant un bon feu, Birotteau leur raconta naïvement les détails de son aventure. Ses auditeurs, qui commençaient à s'ennuyer de leur séjour à la campagne, s'intéressèrent vivement à cette intrigue si bien en harmonie avec la vie de province. Chacun prit parti pour l'abbé contre la vieille fille.

Mademoiselle Gamard.

— Comment! lui dit madame de Listomère, ne voyez-vous pas clairement que l'abbé Troubert veut votre logement?

Ici, l'historien serait en droit de crayonner le portrait de cette dame ; mais il a pensé que ceux mêmes auxquels le système de *cognomologie* de Sterne est inconnu, ne pourraient pas prononcer ces trois mots : MADAME DE LISTOMÈRE! sans se la peindre noble, digne, tempérant les rigueurs de la piété par la vieille élégance des mœurs monarchiques et classiques, par des manières polies ; bonne, mais un peu roide ; légèrement nasillarde; se permettant la lecture de la *Nouvelle Héloïse*, la comédie, et se coiffant encore en cheveux.

— Il ne faut que l'abbé Birotteau cède à cette vieille tracassière! s'écria M. de Listomère, lieutenant de vaisseau venu en congé chez sa tante. Si le vicaire a du cœur et veut suivre mes avis, il aura bientôt conquis sa tranquillité.

Enfin, chacun se mit à analyser les actions de mademoiselle Gamard avec la perspicacité particulière aux gens de province, auxquels on ne peut refuser le talent de savoir mettre à nu les motifs les plus secrets des actions humaines.

— Vous n'y êtes pas, dit un vieux propriétaire qui connaissait le pays. Il y a là-dessous quelque chose de grave que je ne saisis pas encore. L'abbé Troubert est trop profond pour être deviné si promptement. Notre cher Birotteau n'est qu'au commencement de ses peines. D'abord, sera-t-il heureux et tranquille, même en cédant son logement à Troubert? J'en doute. — Si Caron est venu vous dire, ajouta-t-il en se tournant vers le prêtre ébahi, que vous aviez l'intention de quitter mademoiselle Gamard, sans doute mademoiselle Gamard a l'intention de vous mettre hors de chez elle... Eh bien! vous en sortirez bon gré mal gré. Ces sortes de gens ne hasardent jamais rien, et ne jouent qu'à coup sûr.

Ce vieux gentilhomme, nommé M. de Bourbonne, résumait toutes les idées de la province aussi complétement que Voltaire a résumé l'esprit de son époque. Ce vieillard, sec et maigre, professait en matière d'habillement toute l'indifférence d'un propriétaire dont la valeur territoriale est cotée dans le département. Sa physionomie, tannée par le soleil de la Touraine, était moins spirituelle que fine. Habitué à peser ses paroles, à combiner ses actions, il cachait sa profonde circonspection sous une simplicité trompeuse. Aussi l'observation la plus légère suffisait-elle pour apercevoir que, semblable à un paysan de Normandie, il avait toujours l'avantage dans toutes les affaires. Il était très-supérieur en œnologie, la science favorite des Tourangeaux. Il avait su arrondir les prairies d'un de ses domaines aux dépens des lais de la Loire en évitant tout procès avec l'État. Ce bon tour le faisait passer pour un homme de talent. Si, charmé par la conversation de M. de Bourbonne, vous eussiez demandé sa biographie à quelque Tourangeau : — Oh! *c'est un vieux malin!* eût été la réponse proverbiale de tous ses jaloux, et il en avait beaucoup. En Touraine, la jalousie forme, comme dans la plupart des provinces, *le fond de la langue.*

L'observation de M. de Bourbonne occasionna momentanément un silence pendant lequel les personnes qui composaient ce petit comité parurent réfléchir. Sur ces entrefaites, mademoiselle Salomon de Villenoix fut annoncée. Amenée par le désir d'être utile à Birotteau, elle arrivait de Tours, et les nouvelles qu'elle en apportait changèrent complétement la face des affaires. Au moment de son arrivée, chacun, sauf le propriétaire, conseillait à Birotteau de guerroyer contre Troubert et Gamard, sous les auspices de la société aristocratique qui devait le protéger. — Le vicaire général auquel le travail du personnel est remis, dit mademoiselle Salomon, vient de tomber malade, et l'archevêque a commis à sa place M. l'abbé Troubert. Maintenant, la nomination au canonicat dépend entièrement de lui. Or, hier, chez mademoiselle de la Blottière, l'abbé Poirel a parlé des désagréments que l'abbé Birotteau causait à mademoiselle Gamard, de manière à vouloir justifier la disgrâce dont sera frappé notre bon abbé : « L'abbé Birotteau est un homme auquel l'abbé Chapeloud était bien nécessaire, disait-il ; et, depuis la mort de ce vertueux chanoine, il a été prouvé que... » Les suppositions, les calomnies, se sont succédé. Vous comprenez ? — Troubert sera vicaire général, dit solennellement M. de Bourbonne. — Voyons ! s'écria madame de Listomère en regardant Birotteau. Que préférez-vous : être chanoine, ou rester chez mademoiselle Gamard ? — Être chanoine, fut un cri général. — Eh bien ! reprit madame de Listomère, il faut donner gain de cause à l'abbé Troubert et à mademoiselle Gamard. Ne vous font-ils pas savoir indirectement, par la visite de Caron, que si vous consentez à les quitter vous serez chanoine ? Donnant, donnant !

Chacun se récria sur la finesse et la sagacité de madame de Listomère, excepté le baron de Listomère son neveu, qui dit, d'un ton comique, à M. de Bourbonne : — J'aurais voulu le combat entre *la Gamard* et *le Birotteau*.

Mais, pour le malheur du vicaire, les forces n'étaient pas égales entre les gens du monde et la vieille fille soutenue par l'abbé Troubert. Le moment arriva bientôt où la lutte devait se dessiner plus franchement, s'agrandir, et prendre des proportions énormes. Sur l'avis de madame de Listomère et de la plupart de ses adhérents, qui commençaient à se passionner pour cette intrigue jetée dans le vide de leur vie provinciale, un valet fut expédié à M. Caron. L'homme d'affaires revint avec une célérité remarquable, et qui n'effraya que M. de Bourbonne. — Ajournons toute décision jusqu'à un plus ample informé, fut l'avis de ce Fabius en° robe de chambre, auquel de profondes réflexions révélaient les hautes combinaisons de l'échiquier tourangeau. Il voulut éclairer Birotteau sur les dangers de sa position. La sagesse du *vieux malin* ne servait las aux passions du moment, il n'obtint qu'une légère attention. La conférence entre l'avocat et Birotteau dura peu. Le vicaire rentra tout effaré, disant :
— Il me demande un écrit qui constate mon *retrait*.
— Quel est ce mot effroyable ? dit le lieutenant de vaisseau.
— Qu'est-ce que cela veut dire ? s'écria madame de Listomère.
— Cela signifie simplement que l'abbé doit déclarer vouloir quitter la maison de mademoiselle Gamard, répondit M. de Bourbonne en prenant une prise de tabac.
— N'est-ce que cela ? Signez ! dit madame de Listomère en regardant Birotteau. Si vous êtes décidé sérieusement à sortir de chez elle, il n'y a aucun inconvénient à constater votre volonté.
La volonté de Birotteau !
— Cela est juste, dit M. de Bourbonne en fermant sa tabatière par un geste sec dont la signification est impossible à rendre, car c'était tout un langage. — Mais il est toujours dangereux d'écrire, ajouta-t-il en posant sa tabatière sur la cheminée d'un air à épouvanter le vicaire.

Birotteau se trouvait tellement hébété par le renversement de toutes ses idées, par la rapidité des événements qui le surprenaient sans défense, par la facilité avec laquelle ses amis traitaient les affaires les plus chères de sa vie solitaire, qu'il restait immobile, comme perdu dans la lune, ne pensant à rien, mais écoutant et cherchant à com-

À l'aspect des débris de son mobilier, le vieux prêtre s'assit et se cacha le visage. — PAGE 42.

prendre le sens des rapides paroles que tout le monde prodiguait. Il prit l'écrit de M. Caron, et le lut, comme si le *libellé* de l'avocat allait être l'objet de son attention ; mais ce fut un mouvement machinal. Et il signa cette pièce, par laquelle il reconnaissait renoncer volontairement à demeurer chez mademoiselle Gamard, comme à y être nourri suivant les conventions faites entre eux. Quand le vicaire eut achevé d'apposer sa signature, le sieur Caron reprit l'acte et lui demanda dans quel endroit sa cliente devait faire remettre les choses à lui appartenant. Birotteau indiqua la maison de madame de Listomère. Par un signe, cette dame consentit à recevoir l'abbé pour quelques jours, ne doutant pas qu'il ne fût bientôt nommé chanoine. Le vieux propriétaire voulut voir cette espèce d'acte de renonciation, et M. Caron le lui apporta.
— Eh bien ! demanda-t-il au vicaire après avoir lu, il existe donc entre vous et mademoiselle Gamard des conventions écrites ? où sont-elles ? quelles en sont les stipulations ?
— L'acte est chez moi, répondit Birotteau.
— En connaissez-vous la teneur ? demanda le propriétaire à l'avocat.
— Non, monsieur, dit M. Caron en tendant la main pour reprendre le papier fatal.
— Ah ! se dit en lui-même le vieux propriétaire, toi, monsieur l'avocat, tu sais sans doute tout ce que cet acte contient ; mais tu n'es pas payé pour nous le dire.
Et M. de Bourbonne rendit la renonciation à l'avocat.
— Où vais-je mettre tous mes meubles ? s'écria Birotteau, et mes livres, ma belle bibliothèque, mes beaux tableaux, mon salon rouge, enfin tout mon mobilier !

Et le désespoir du pauvre homme, qui se trouvait déplanté pour ainsi dire, avait quelque chose de si naïf : il peignait si bien la pureté de ses mœurs, son ignorance des choses du monde, que madame de Listomère et mademoiselle Salomon lui dirent pour le consoler, en prenant le ton employé par les mères quand elles promettent un jouet à leurs enfants : — N'allez-vous pas vous inquiéter de ces niaiseries-là ? Mais nous vous trouverons toujours bien une maison moins froide, moins noire que celle de mademoiselle Gamard. S'il ne se rencontre pas de logement qui vous plaise, eh bien ! l'une de nous vous prendra chez elle en pension. Allons, faisons un trictrac. Demain vous irez voir M. l'abbé Troubert pour lui demander son appui, et vous verrez comme vous serez bien reçu par lui !

Les gens faibles se rassurent aussi facilement qu'ils se sont effrayés. Donc le pauvre Birotteau, ébloui par la perspective de demeurer chez madame de Listomère, oublia la ruine, consommée sans retour, du bonheur dont il avait si longtemps désiré, dont il avait si délicieusement joui. Mais le soir, avant de s'endormir, et avec la douleur d'un homme pour qui le tracas d'un déménagement et de nouvelles habitudes étaient la fin du monde, il se tortura l'esprit à chercher où il pourrait retrouver pour sa bibliothèque un emplacement aussi commode que l'était sa galerie. En voyant ses livres errants, ses meubles disloqués et son ménage en désordre, il se demandait mille fois pourquoi la première année passée chez mademoiselle Gamard avait été si douce, et la seconde si cruelle. Et toujours son aventure était un puits sans fond où tombait sa raison. Le canonicat ne lui semblait plus une compensation suffisante à tant de malheurs, et il comparait sa vie à un bas dont une seule maille échappée faisait déchirer toute la trame. Mademoiselle Salomon lui restait. Mais, en perdant ses vieilles illusions, le pauvre prêtre n'osait plus croire à une jeune amitié.

Dans la *citta dolente* des vieilles filles, il s'en rencontre beaucoup, surtout en France, dont la vie est un sacrifice noblement offert tous les jours à de nobles sentiments. Les unes demeurent fièrement fidèles à un cœur que la mort leur a trop promptement ravi : martyres de l'amour, elles trouvent le secret d'être femmes par l'âme. Les autres obéissent à un orgueil de famille, qui, chaque jour, déchoit à votre honte, et se dévouent à la fortune d'un frère, ou à des neveux orphelins : celles-là se font mères en restant vierges. Ces vieilles filles atteignent au plus haut héroïsme de leur sexe, en consacrant tous les sentiments féminins au culte du malheur. Elles idéalisent la figure de la femme, en renonçant aux récompenses de sa destinée et n'en acceptant que les peines. Elles vivent alors entourées de la splendeur de leur dévouement, et les hommes inclinent respectueusement la tête devant leurs traits flétris. Mademoiselle de Sombreuil n'a été ni femme ni fille ; elle fut et sera toujours une vivante poésie. Mademoiselle Salomon appartenait à ces créatures héroïques. Son dévouement était religieusement sublime, en ce qu'il devait être sans gloire, après avoir été une souffrance de tous les jours. Belle, jeune, elle fut aimée, elle aima ; son prétendu perdit la raison. Pendant cinq années, elle s'était, avec le courage de l'amour, consacrée au bonheur mécanique de ce malheureux, de qui elle avait si bien épousé la folie, qu'elle ne le croyait point fou. C'était, du reste, une personne simple de manières, franche en son langage, et dont le visage pâle ne manquait pas de physionomie, malgré la régularité de ses traits. Elle ne parlait jamais des événements de sa vie. Seulement, parfois, les tressaillements soudains qui lui échappaient en entendant le récit d'une aventure affreuse, ou triste, révélaient en elle les belles qualités que développent les grandes douleurs. Elle était venue habiter Tours après avoir perdu le compagnon de sa vie. Elle ne pouvait y être appréciée à sa juste valeur, et passait pour une *bonne personne*. Elle faisait beaucoup de bien, et s'attachait, par goût, aux êtres faibles. A ce titre, le pauvre vicaire lui avait inspiré naturellement un profond intérêt.

Mademoiselle Salomon, qui allait à la ville dès le matin, y emmena Birotteau, le mit sur le quai de la cathédrale, et le laissa s'acheminant vers le Cloître où il avait grand désir d'arriver pour sauver au moins le canonicat du naufrage, et veiller à l'enlèvement de son mobilier. Il ne sонna pas, sans éprouver de violentes palpitations de cœur, à la porte de cette maison où il avait l'habitude de venir depuis quatorze ans, qu'il avait habitée, et d'où il avait s'exiler à jamais, après avoir rêvé d'y mourir en paix, à l'imitation de son ami Chapeloud. Marianne parut surprise de voir le vicaire. Il lui dit qu'il venait parler à l'abbé Troubert, et se dirigea vers le rez-de-chaussée où demeurait le chanoine ; mais Marianne lui cria :

— L'abbé Troubert n'est plus là, monsieur le vicaire, il est dans votre ancien logement.

Ces mots causèrent un affreux saisissement au vicaire, qui comprit enfin le caractère de Troubert, et la profondeur d'une vengeance si lentement calculée, en le trouvant établi dans la bibliothèque de Chapeloud, assis dans le beau fauteuil gothique de Chapeloud, couchant sans doute à ne lit lit de Chapeloud, jouissant des meubles de Chapeloud, logéau chevet de Chapeloud, annulant le testament de Chapeloud, et déshéritant enfin l'ami de ce Chapeloud, qui, pendant si longtemps, l'avait parqué chez mademoiselle Gamard, en lui interdisant tout avancement et lui fermant les salons de Tours.

Par quel coup de baguette magique cette métamorphose avait-elle eu lieu ? Tout cela n'appartenait-il donc plus à Birotteau ? Certes, en voyant l'air sardonique avec lequel Troubert contemplait cette bibliothèque, le pauvre Birotteau jugea que le futur vicaire général était sûr de posséder toujours la dépouille de ceux qu'il avait si cruellement hais, Chapeloud comme un ennemi, et Birotteau, parce qu'en lui se retrouvait encore Chapeloud. Mille idées se levèrent, à cet aspect, dans le cœur du bonhomme, et le plongèrent dans une sorte de songe. Il resta immobile et comme fasciné par l'œil de Troubert, qui le regardait fixement.

— Je ne pense pas, monsieur, dit enfin Birotteau, que vous vouliez me priver des choses qui m'appartiennent. Si mademoiselle Gamard a pu être impatiente de vous mieux loger, elle doit aussi être cependant assez juste pour me laisser le temps de reconnaître mes livres et d'enlever mes meubles.

— Monsieur, dit froidement l'abbé Troubert en ne laissant paraître sur son visage aucune marque d'émotion, mademoiselle Gamard m'a instruit hier de votre départ, dont la cause m'est encore inconnue. Si elle m'a installé ici, ce fut par nécessité. M. l'abbé Poirel a pris mon appartement. J'ignore si les choses qui sont dans ce logement appartiennent ou non à mademoiselle ; mais, si elles sont à vous, vous connaissez sa bonne foi : la sainteté de sa vie est une garantie de sa

probité. Quant à moi, vous n'ignorez pas la simplicité de mes mœurs. J'ai couché pendant quinze années dans une chambre nue sans faire attention à l'humidité qui m'a tué à la longue. Cependant, si vous vouliez habiter de nouveau cet appartement, je vous le céderais volontiers.

En entendant ces mots terribles, Birotteau oublia l'affaire du canonicat, il descendit avec la promptitude d'un jeune homme pour chercher mademoiselle Gamard, et la rencontra au bas de l'escalier sur le large palier dallé qui unissait les deux corps de logis.

— Mademoiselle, dit-il en la saluant et sans faire attention ni au sourire aigrement moqueur qu'elle avait sur les lèvres ni à la flamme extraordinaire qui donnait à ses yeux la clarté de ceux des tigres, je ne m'explique pas comment vous n'avez pas attendu que j'aie enlevé mes meubles, pour...

— Quoi ! lui dit-elle en l'interrompant. Est-ce que tous vos effets n'auraient pas été remis chez madame de Listomère ?

— Mais, mon mobilier ?

— Vous n'avez donc pas lu votre acte ? dit la vieille fille d'un ton qu'il faudrait pouvoir écrire musicalement pour faire comprendre combien la haine sut mettre de nuances dans l'accentuation de chaque mot.

Et mademoiselle Gamard parut grandir, et ses yeux brillèrent encore, et son visage s'épanouit, et toute sa personne frissonna de plaisir. L'abbé Troubert ouvrit une fenêtre pour lire plus distinctement dans un volume in-folio. Birotteau resta comme foudroyé. Mademoiselle Gamard lui cornait aux oreilles, d'une voix aussi claire que le son d'une trompette, les phrases suivantes : — N'est-il pas convenu, au cas où vous sortiriez de chez moi, que votre mobilier m'appartiendrait, pour m'indemniser de la différence qui existait entre la quotité de votre pension et celle du respectable abbé Chapeloud ? Or, M. l'abbé Poirel ayant été nommé chanoine...

En entendant ces derniers mots, Birotteau s'inclina faiblement, comme pour prendre congé de la vieille fille, puis il sortit précipitamment. Il avait peur, en restant plus longtemps, de tomber en défaillance, et de donner ainsi un trop grand triomphe à de si implacables ennemis. Marchant comme un homme ivre, il gagna la maison de madame de Listomère, où il trouva dans une salle basse son linge, ses vêtements jetés sur des papiers contenus dans une malle. A l'aspect des débris de son mobilier, le malheureux prêtre s'assit, et se cacha le visage dans ses mains pour dérober aux yeux de ses pleurs. L'abbé Poirel était chanoine ! Lui, Birotteau, se voyait sans asile, sans fortune et sans mobilier ! Heureusement mademoiselle Salomon vint à passer en voiture. Le concierge de la maison, qui comprit le désespoir du pauvre homme, fit un signe au cocher. Puis, après quelques mots échangés entre la vieille fille et le concierge, le vicaire se laissa conduire demi-mort près de sa fidèle amie, à laquelle il ne put dire que des mots sans suite. Mademoiselle Salomon, effrayée du dérangement momentané d'une tête déjà si faible, l'emmena sur-le-champ à l'Alouette, en attribuant le commencement d'aliénation mentale à l'effet qu'avait dû produire sur lui la nomination de l'abbé Poirel. Elle ignorait les conventions du prêtre avec mademoiselle Gamard, par l'excellente raison qu'il en ignorait lui-même l'étendue. Et, comme il est dans la nature que le comique se trouve mêlé parfois aux choses les plus pathétiques, les étranges réponses de Birotteau firent presque sourire mademoiselle Salomon.

— Chapeloud avait raison, disait-il. C'est un monstre ! — Qui ? demandait-elle. — Chapeloud. Il m'a tout pris. — Poirel donc ? — Non, Troubert.

Enfin ils arrivèrent à l'Alouette, où les amis du prêtre lui prodiguèrent des soins si empressés, que, vers le soir, ils le calmèrent, et purent obtenir de lui le récit de ce qui s'était passé pendant la matinée. Le flegmatique propriétaire demanda naturellement à voir l'acte qui, depuis la veille, lui paraissait contenir le mot de l'énigme. Birotteau tira le fatal papier timbré de sa poche, le tendit à M. de Bourbonne, qui le lut rapidement, et arriva bientôt à une clause ainsi conçue : « Comme il se trouve une différence de huit cents francs par an « entre la pension que payait feu M. Chapeloud et celle pour laquelle « ladite Sophie Gamard consent à prendre chez elle, aux conditions « ci-dessus stipulées, ledit François Birotteau ; attendu que le soussi- « gné François Birotteau reconnaît surabondamment être hors d'état « de donner pendant plusieurs années le prix payé par les pension- « naires de la demoiselle Gamard, et notamment par l'abbé Troubert ; « enfin, eu égard à diverses avances faites par ladite Sophie Gamard « soussignée, ledit Birotteau s'engage à lui laisser à titre d'indemnité, « le mobilier dont il se trouve possesseur à son décès, ou lorsque, « par quelque cause que ce puisse être, il viendrait à quitter volon- « tairement, et à quelque époque que ce soit, les lieux à lui présente- « ment loués, et à ne plus profiter des avantages stipulés dans les en- « gagements pris par mademoiselle Gamard envers lui, ci-dessus... »

— Tudieu, quelle grosse ! s'écria le propriétaire, et de quelles griffes est armée ladite Sophie Gamard !

Le pauvre Birotteau, n'imaginant dans sa cervelle d'enfant aucune cause qui pût le séparer un jour de mademoiselle Gamard, comptait mourir chez elle. Il n'avait aucun souvenir de cette clause, dont les termes ne furent pas même discutés jadis, tant elle lui avait semblé juste, lorsque, dans son désir d'appartenir à la vieille fille, il aurait signé tous les parchemins qu'on lui aurait présentés. Cette innocence était si respectable, la conduite de mademoiselle Gamard si atroce, le sort de ce pauvre sexagénaire avait quelque chose de si déplorable, et sa faiblesse le rendait si touchant, que, dans un premier moment d'indignation, madame de Listomère s'écria : — Je suis cause de la signature de l'acte qui vous a ruiné, je dois vous rendre le bonheur dont je vous ai privé. — Mais, dit le vieux gentilhomme, l'acte constitue un dol, et il y a matière à procès... — Eh bien ! Birotteau plaidera. S'il perd à Tours, il gagnera à Orléans. S'il perd à Orléans, il gagnera à Paris, s'écria le baron de Listomère. — S'il veut plaider, reprit froidement M. de Bourbonne, je lui conseille de se démettre d'abord de son vicariat. — Nous consulterons des avocats, reprit madame de Listomère, et nous plaiderons s'il faut plaider. Mais cette affaire est trop honteuse pour mademoiselle Gamard, et peut devenir trop nuisible à l'abbé Troubert, pour que nous n'obtenions pas quelque transaction.

Après mûre délibération, chacun promit son assistance à l'abbé Birotteau dans la lutte qui allait s'engager entre lui et tous les adhérents de ses antagonistes. Un sûr pressentiment, un instinct provincial indéfinissable forçait chacun à unir les deux noms de Gamard et Troubert. Mais aucun de ceux qui se trouvaient alors chez madame de Listomère, excepté le vieux malin, n'avait une idée bien exacte de l'importance d'un semblable combat. M. de Bourbonne attira dans un coin le pauvre abbé. — Des quatorze personnes qui sont ici, lui dit-il à voix basse, il n'y en aura pas une pour vous dans quinze jours. Si vous avez besoin d'appeler quelqu'un à votre secours, vous ne trouverez peut-être alors que moi d'assez hardi pour oser prendre votre défense, parce que je connais la province, les hommes, les choses, et, mieux encore, les intérêts ! Mais tous vos amis, quoique pleins de bonnes intentions, vous mettent dans un mauvais chemin d'où vous ne pourrez vous tirer. Écoutez mon conseil. Si vous voulez vivre en paix, quittez le vicariat de Saint-Gatien, quittez Tours. Ne dites pas où vous irez, mais allez chercher quelque cure éloignée où Troubert ne puisse pas vous rencontrer. — Abandonner Tours ! s'écria le vicaire avec un effroi indescriptible.

C'était pour lui une sorte de mort. N'était-ce pas briser toutes les racines par lesquelles il s'était planté dans le monde. Les célibataires remplacent les sentiments par des habitudes. Lorsqu'à ce système moral, qui les fait moins vivre que traverser la vie, se joint un caractère faible, les choses extérieures prennent sur eux un empire étonnant. Aussi Birotteau était-il devenu semblable à quelque végétal : le transplanter, c'était en risquer l'innocente fructification. De même que pour vivre un arbre doit retrouver à toute heure les mêmes sucs, et toujours avoir ses chevelus dans le même terrain, Birotteau devait toujours trotter dans Saint-Gatien, toujours piétiner dans l'endroit du Mail où il se promenait habituellement, sans cesse parcourir les rues par lesquelles il passait, et continuer d'aller dans les trois salons où il jouait, pendant chaque soirée, au whist ou au trictrac.

— Ah ! je n'y pensais pas, répondit M. de Bourbonne en regardant le prêtre avec une espèce de pitié.

Tout le monde sut bientôt dans la ville de Tours que madame la baronne de Listomère, veuve d'un lieutenant général, recueillait l'abbé Birotteau, vicaire de Saint-Gatien. Ce fait, que beaucoup de gens révoquaient en doute, tranchait nettement toutes les questions, et dessina les partis, surtout lorsque mademoiselle Salomon osa, la première, parler de dol et de procès. Avec la vanité subtile qui distingue les vieilles filles, et le fanatisme de personnalité qui les caractérise, mademoiselle Gamard se trouva fortement blessée du parti que prenait madame de Listomère. La baronne était une femme de haut rang, dont les mœurs, le ton, le bon goût, les manières polies, la piété, ne pouvaient être contestés. Elle donnait, en recueillant Birotteau, le démenti le plus formel à toutes les assertions de mademoiselle Gamard, en censurait indirectement la conduite, et semblait sanctionner les plaintes du vicaire contre son ancienne hôtesse.

Il est nécessaire, pour l'intelligence de cette histoire, d'expliquer ici tout ce que le discernement et l'esprit d'analyse avec lequel les vieilles femmes se rendent compte des actions d'autrui prêtaient de force à mademoiselle Gamard, et quelles étaient les ressources de son parti.

Accompagnée du silencieux abbé Troubert, elle allait passer les soirées dans quatre ou cinq maisons où se réunissaient une douzaine de personnes toutes liées entre elles par les mêmes goûts, et par l'analogie de leur situation. C'était un ou deux vieillards qui épousaient les passions et les caquetages de leurs servantes ; cinq ou six vieilles filles qui passaient toutes leurs journées à tamiser les paroles, à scruter les démarches de leurs voisins et des gens placés au-dessus ou au-dessous d'elles dans

la société ; puis enfin, plusieurs femmes âgées, exclusivement occupées à distiller les médisances, à tenir un registre exact de toutes les fortunes, ou à contrôler les actions des autres : elles pronostiquaient les mariages et blâmaient la conduite de leurs amies aussi aigrement que celle de leurs ennemies.

Ces personnes, logées toutes dans la ville de manière à y figurer les vaisseaux capillaires d'une plante, aspiraient, avec la soif d'une feuille pour la rosée, les nouvelles, les secrets de chaque ménage, les pompaient et les transmettaient machinalement à l'abbé Troubert, comme les feuilles communiquent à la tige la fraîcheur qu'elles ont absorbée.

Donc, pendant chaque soirée de la semaine, excitées par ce besoin d'émotion qui se retrouve chez tous les individus, ces bonnes dévotes dressaient un bilan exact de la situation de la ville, avec une sagacité digne du conseil des Dix, et faisaient la police armée de cette espèce d'espionnage à coup sûr que créent les passions. Puis, quand elles avaient deviné la raison secrète d'un événement, leur amour-propre les portait à s'approprier la sagesse de leur sanhédrin, pour donner le ton du bavardage dans leurs zones respectives.

Cette congrégation oisive et agissante, invisible et voyant tout, muette et parlant sans cesse, possédait alors une influence que sa nullité rendait en apparence peu nuisible, mais qui cependant devenait terrible quand elle était animée par un intérêt majeur.

Or, il y avait bien longtemps qu'il ne s'était présenté dans la sphère de leurs existences un événement aussi grave et aussi généralement important pour chacune d'elles que l'était la lutte de Birotteau, soutenu par madame de Listomère, contre l'abbé Troubert et mademoiselle Gamard.

En effet, les trois salons de mesdames de Listomère, Merlin de la Blottière et de Villenoix étant considérés comme ennemis par ceux où allait mademoiselle Gamard, il y avait au fond de cette querelle l'esprit de corps et toutes ses vanités. C'était le combat du peuple et du sénat romain dans une taupinière, ou une tempête dans un verre d'eau, comme l'a dit Montesquieu en parlant de la république de Saint-Marin, dont les charges publiques ne duraient qu'un jour, tant la tyrannie y était facile à saisir.

Mais cette tempête développait néanmoins dans les âmes autant de passions qu'il en aurait fallu pour diriger les plus grands intérêts sociaux.

N'est-ce pas une erreur de croire que le temps ne soit rapide que pour les cœurs en proie aux vastes projets qui troublent la vie et la font bouillonner.

Les heures de l'abbé Troubert coulaient aussi animées, s'enfuyaient chargées de pensées tout aussi soucieuses, étaient ridées par des désespoirs et des espérances aussi profonds que pouvaient l'être les heures cruelles de l'ambitieux, du joueur et de l'amant. Dieu seul est dans le secret de l'énergie que nous coûtent les triomphes occultement remportés sur les hommes, sur les choses et sur nous-mêmes. Si nous ne savons pas toujours où nous allons, nous connaissons bien les fatigues du voyage.

Seulement, s'il est permis à l'historien de quitter le drame qu'il raconte pour prendre pendant un moment le rôle des critiques, s'il vous convie à jeter un coup d'œil sur les existences de ces vieilles filles et des deux abbés, afin d'y chercher la cause du malheur qui les viciait dans leur essence, il vous sera peut-être démontré qu'il est nécessaire à l'homme d'éprouver certaines passions pour développer en lui des qualités qui donnent à sa vie de la noblesse, en étendent le cercle, et assoupissent l'égoïsme naturel à toutes les créatures.

Madame de Listomère revint en ville sans savoir que, depuis cinq ou six jours, plusieurs de ses amis étaient obligés de réfuter une opinion accréditée sur elle, dont elle aurait ri si elle l'eût connue, et qui supposait à son affection pour son neveu des causes presque criminelles. Elle mena l'abbé Birotteau chez son avocat, à qui le procès ne parut pas chose facile.

Les amis du vicaire, animés par le sentiment que donne la justice d'une bonne cause, ou paresseux pour un procès qui ne leur était pas personnel, avaient remis le commencement de l'instance au jour où ils reviendraient à Tours.

Les amis de mademoiselle Gamard purent donc prendre les devants, et surent raconter l'affaire peu favorablement pour l'abbé Birotteau.

Donc l'homme de loi, dont la clientèle se composait exclusivement des gens pieux de la ville, étonna beaucoup madame de Listomère en lui conseillant de ne pas s'embarquer dans un semblable procès, et il termina la conférence en disant : que d'ailleurs il ne s'en chargerait pas, parce que, aux termes de l'acte, mademoiselle Gamard avait raison en droit ; qu'en équité, c'est-à-dire en dehors de la justice, l'abbé Birotteau paraîtrait, aux yeux du tribunal et à ceux des honnêtes gens, manquer au caractère de paix, de conciliation, et à la mansuétude qu'on lui avait supposés jusqu'alors ; que mademoiselle Gamard, connue pour une personne douce et facile à vivre, avait obligé Birotteau en lui prêtant l'argent nécessaire pour payer les droits successifs auxquels avait donné lieu le testament de Chapeloud, sans lui en demander de reçu; que Birotteau n'était pas d'âge et de caractère à signer un acte sans savoir ce qu'il contenait, ni sans en connaître l'importance; et que s'il avait quitté mademoiselle Gamard après deux ans d'habitation, quand son ami Chapeloud était resté chez elle pendant douze ans, et Troubert pendant quinze, ce ne pouvait être qu'en vue d'un projet à lui connu; à ne pas se mêler de cette affaire.

Après avoir laissé Birotteau marcher en avant vers l'escalier, l'avoué prit madame de Listomère à part, en la reconduisant, et l'engagea, au nom de son repos, à ne pas se mêler de cette affaire.

Cependant le soir le pauvre vicaire, qui se tourmentait autant qu'un condamné à mort dans le cabanon de Bicêtre quand il y attend le résultat de son pourvoi en cassation, ne put s'empêcher d'apprendre à ses amis le résultat de sa visite, avant l'heure de faire les parties, le cercle se formait devant la cheminée de madame de Listomère.

— Excepté l'avoué des libéraux, je ne connais à Tours aucun homme de chicane qui voulût se charger de ce procès sans avoir l'intention de vous le faire perdre, s'écria M. de Bourbonne, et je ne vous conseille pas de vous y embarquer.

— Eh bien! c'est une infamie, dit le lieutenant de vaisseau. Moi, je conduirai l'abbé chez cet avoué.

— Allez-y lorsqu'il fera nuit, dit M. de Bourbonne en l'interrompant.

— Et pourquoi?

— Je viens d'apprendre que l'abbé Troubert est nommé vicaire général, à la place de celui qui est mort avant-hier.

— Je me moque bien de l'abbé Troubert!

Malheureusement le baron de Listomère, homme de trente-six ans, ne vit pas le signe que lui fit M. de Bourbonne, pour lui recommander de peser ses paroles, en lui montrant un conseiller de préfecture, ami de Troubert. Le lieutenant de vaisseau ajouta donc : —Si M. l'abbé Troubert est un fripon...

— Oh! dit M. de Bourbonne en l'interrompant, pourquoi mettre l'abbé Troubert dans une affaire à laquelle il est complètement étranger?...

— Mais, reprit le baron, ne jouit-il pas des meubles de l'abbé Birotteau? Je me souviens d'être allé chez Chapeloud, et d'y avoir vu deux tableaux de prix. Supposez qu'ils valent dix mille francs?... Croyez-vous que M. Birotteau ait eu l'intention de donner, pour deux ans d'habitation chez cette Gamard, dix mille francs, quand déjà la bibliothèque et les meubles valent à peu près cette somme?

L'abbé Birotteau ouvrit de grands yeux en apprenant qu'il avait possédé un capital si énorme.

Et le baron, poursuivant avec chaleur, ajouta :

— Pardieu! M. Salmon, l'ancien expert du Musée de Paris, est venu voir ici sa belle-mère. Je vais y aller ce soir même, avec l'abbé Birotteau, pour le prier d'estimer les tableaux. De là je le mènerai chez l'avoué.

Deux jours après cette conversation, le procès avait pris de la consistance. L'avoué des libéraux, devenu celui de Birotteau, jetait beaucoup de défaveur sur la cause du vicaire. Les gens opposés au gouvernement, et ceux qui claient connus pour ne pas aimer les prêtres ou la religion, deux choses que beaucoup de gens confondent, s'emparèrent de cette affaire, et toute la ville en parla. L'ancien expert du Musée avait estimé onze mille francs la Vierge de Valentin et le Christ de Lebrun, morceaux d'une beauté capitale. Quant à la bibliothèque et aux meubles meublants, le goût dominant qui croissait de jour en jour à Paris pour ces sortes de choses leur donnait momentanément une valeur de douze mille francs. Enfin l'expert, vérification prise, évalua le mobilier entier à dix mille écus. Or, il était évident que, Birotteau n'ayant pas entendu donner à mademoiselle Gamard cette somme énorme pour le peu d'argent qu'il pouvait lui devoir en vertu de la soulte stipulée, il y avait, judiciairement et évidemment à réformer leurs conventions; autrement la vieille fille eût été coupable d'un dol volontaire. L'avoué des libéraux commença donc l'affaire en lançant un exploit introductif d'instance à mademoiselle Gamard. Quoique très-acerbe, cette pièce, fortifiée par des citations d'arrêts souverains, et corroborée par quelques articles du Code, n'en était pas moins un chef-d'œuvre de logique judiciaire, et condamnait si évidemment la vieille fille, que trente ou quarante copies en furent méchamment distribuées dans la ville par l'opposition.

Quelques jours après le commencement des hostilités entre la vieille fille et Birotteau, le baron de Listomère, qui espérait être compris en qualité de capitaine de corvette dans la première promotion, annoncée depuis quelque temps au ministère de la marine, reçut une lettre par laquelle l'un de ses amis lui annonçait qu'il était question dans les bureaux de le mettre hors du cadre d'activité.

Étrangement surpris de cette nouvelle, il partit immédiatement pour Paris, et vint à la première soirée du ministre, qui en parut fort étonné lui-même, et se prit à rire en apprenant les craintes dont lui fit part le baron de Listomère. Le lendemain, nonobstant la parole du ministre, le baron consulta les bureaux.

Par une indiscrétion que certains chefs commettent assez ordinairement pour leurs amis, un secrétaire lui montra un travail tout préparé, mais que la maladie d'un directeur avait empêché jusqu'alors d'être soumis au ministre, et qui confirmait la fatale nouvelle.

Aussitôt le baron de Listomère alla chez un de ses oncles, lequel, en sa qualité de député, pouvait voir immédiatement le ministre à la chambre, et il le pria de sonder les dispositions de Son Excellence, car il s'agissait pour lui de la perte de son avenir.

Aussi attendit-il avec la plus vive anxiété, dans la voiture de son oncle, la fin de la séance.

Le député sortit bien avant la clôture, et dit à son neveu pendant le chemin qu'il fit en se rendant à son hôtel :

— Comment, diable! vas-tu te mêler de faire la guerre aux prêtres? Le ministre a commencé par m'apprendre que tu t'étais mis à la tête des libéraux à Tours! Tu as des opinions détestables, tu ne suis pas la ligne du gouvernement, etc. Ses phrases étaient aussi entortillées que s'il parlait encore à la chambre. Alors je lui ai dit : — Ah çà! entendons-nous? Son Excellence a fini par m'avouer que tu étais mal avec la grande-aumônerie. Bref, en demandant quelques renseignements à mes collègues, j'ai su que tu te parlais fort légèrement d'un certain abbé Troubert, simple vicaire général, mais le personnage le plus important de la province, où il représente la congrégation. J'ai répondu de toi corps pour corps au ministre. Monsieur mon neveu, si tu veux faire ton chemin, ne te crée aucune inimitié sacerdotale. Va vite à Tours, fais-y ta paix avec ce diable de vicaire général. Apprends que les vicaires généraux sont des hommes avec lesquels il faut toujours vivre en paix. Morbleu! lorsque nous travaillons tous à rétablir la religion, il est stupide à un lieutenant de vaisseau, qui veut être capitaine, de déconsidérer les prêtres. Si tu ne te raccommodes pas avec l'abbé Troubert, ne compte plus sur moi; je te renierai. Le ministre des affaires ecclésiastiques m'a parlé tout à l'heure de cet homme comme d'un futur évêque. Si Troubert prenait notre famille en haine, il pourrait m'empêcher d'être compris dans la prochaine fournée de pairs. Comprends-tu?

Ces paroles expliquèrent au lieutenant de vaisseau les secrètes occupations de Troubert, de qui Birotteau disait naïvement :

— Je ne sais pas à quoi lui sert de passer les nuits.

La position du chanoine au milieu du sénat femelle qui faisait si subtilement la police de la province et sa capacité personnelle l'avaient fait choisir par la congrégation, entre tous les ecclésiastiques de la ville, pour être le proconsul inconnu de la Touraine. Archevêque, général, préfet, grands et petits, étaient sous son occulte domination.

Le baron de Listomère eut bientôt pris son parti.

— Je ne veux pas, dit-il à son oncle, recevoir une seconde bordée ecclésiastique dans mes œuvres vives.

Trois jours après cette conférence diplomatique entre l'oncle et le neveu, le marin, subitement revenu par la malle-poste à Tours, révélait à sa tante, le soir même de son arrivée, les dangers que couraient les plus chères espérances de la famille de Listomère, s'ils s'obstinaient l'un et l'autre à soutenir cet imbécile de Birotteau.

Le baron avait retenu M. de Bourbonne au moment où le vieux gentilhomme prenait sa canne et son chapeau pour s'en aller après la partie de wisth.

Les lumières du vieux malin étaient indispensables pour éclairer les écueils dans lesquels se trouvaient engagés les Listomère, et le vieux malin n'avait prématurément cherché sa canne et son chapeau que pour se faire dire à l'oreille :

— Restez, nous avons à causer.

Le prompt retour du baron, son air de contentement, en désaccord avec la gravité peinte en certains moments sur sa figure, avaient accusé vaguement à M. de Bourbonne quelques échecs reçus par le lieutenant dans sa croisière contre Gamard et Troubert.

Il ne marqua point de surprise en entendant le baron proclamer le secret pouvoir du vicaire général congréganiste.

— Je le savais, dit-il.

— Eh bien! s'écria la baronne, pourquoi ne pas nous avoir averti?

— Madame, répondit-il vivement, oubliez que j'ai deviné l'invisible influence de ce prêtre, et je l'oublierai que vous la connaissez également. Si nous ne nous gardions pas le secret, nous passerions pour ses complices; nous serions redoutés et haïs. Imitez-moi : feignez d'être une dupe ; mais sachez bien où vous mettez les pieds. Je vous en avais assez dit, vous ne me compreniez point, et je ne voulais pas me compromettre.

— Comment devons-nous maintenant nous y prendre ? dit le baron.

Abandonner Birotteau n'était pas une question, et ce fut une première condition sous-entendue par les trois conseillers.

— Battre en retraite avec les honneurs de la guerre a toujours été le chef-d'œuvre des plus habiles généraux, répondit M. de Bourbonne. Pliez devant Troubert : si sa haine est moins forte que sa vanité, vous vous en ferez un allié ; mais, si vous pliez trop, il vous marchera sur le ventre ; car

Abîme tout plutôt, c'est l'esprit de l'Eglise,

a dit Boileau. Faites croire que vous quittez le service, vous lui échappez, monsieur le baron. Renvoyez le vicaire, madame, vous donnerez gain de cause à la Gamard. Demandez chez l'archevêque à l'abbé Troubert s'il sait le wisth, il vous dira oui. Priez-le de venir faire une partie dans ce salon où il veut être reçu ; certes, il y viendra. Vous êtes femme, sachez mettre ce prêtre dans vos intérêts. Quand le baron sera capitaine de vaisseau, son oncle pair de France, Troubert évêque, vous pourrez faire Birotteau chanoine tout à votre aise. Jusque là pliez, mais pliez avec grâce et en menaçant. Votre famille peut prêter à Troubert autant d'appui qu'il vous en donnera ; vous vous entendrez à merveille. D'ailleurs marchez la sonde en main, marin !

— Ce pauvre Birotteau ! dit la baronne.

— Oh ! entamez-le promptement, répliqua le propriétaire en s'en allant. Si quelque libéral adroit s'emparait de cette tête vide, il vous causerait des chagrins. Après tout, les tribunaux prononceraient en sa faveur, et Troubert doit avoir peur du jugement. Il peut encore vous pardonner d'avoir entamé le combat ; mais après une défaite il serait implacable. J'ai dit.

Il fit claquer sa tabatière, alla mettre ses doubles souliers, et partit.

Le lendemain matin, après le déjeuner, la baronne resta seule avec le vicaire, et lui dit, non sans un visible embarras :

— Mon cher monsieur Birotteau, vous allez trouver mes demandes bien injustes et bien inconséquentes ; mais il faut, pour vous et pour nous, d'abord éteindre votre procès contre mademoiselle Gamard en vous désistant de vos prétentions, puis quitter ma maison.

En entendant ces mots le pauvre prêtre pâlit.

— Je suis, reprit-elle, la cause innocente de vos malheurs, et sais que sans mon neveu vous n'eussiez pas intenté le procès qui maintenant fait votre chagrin et le nôtre. Mais écoutez.

Elle lui déroula succinctement l'immense étendue de cette affaire, et lui expliqua la gravité de ses suites.

Ses méditations lui avaient fait deviner pendant la nuit les antécédents probables de la vie de Troubert ; elle put alors, sans se tromper, démontrer à Birotteau la trame dans laquelle l'avait enveloppé cette vengeance si habilement ourdie, lui révéla la haute capacité, le pouvoir de son ennemi, en lui dévoilant sa haine, en lui apprenant les causes, en lui montrant couché depuis douze années devant Chapeloud, et dévorant Chapeloud, et persécutant encore Chapeloud dans son âme.

L'innocent Birotteau joignit ses mains comme pour prier, et pleura de chagrin à l'aspect d'horreurs humaines que son âme pure n'avait jamais soupçonnées.

Aussi effrayé que s'il se fût trouvé sur le bord d'un abîme, il écoutait, les yeux fixes et humides, mais sans exprimer aucune idée, le discours de sa bienfaitrice, qui lui dit en terminant :

— Je sais tout ce qu'il y a de mal à vous abandonner ; mais, mon cher abbé, les devoirs de famille passent avant ceux de l'amitié. Cédez, comme je le fais, à cet orage, je vous en prouverai toute ma reconnaissance. Je ne vous parle pas de vos intérêts, je m'en charge. Vous serez hors de toute inquiétude pour votre existence. Par l'entremise de Bourbonne, qui saura sauver les apparences, je ferai en sorte que rien ne vous manque. Mon ami, donnez-moi le droit de vous trahir. Je resterai votre amie tout en me conformant aux maximes du monde. Décidez.

Le pauvre abbé stupéfait s'écria :

— Chapeloud avait donc raison en disant que si Troubert pouvait venir le tirer par les pieds dans la tombe il le ferait ! Il couche dans le lit de Chapeloud.

— Il ne s'agit pas de se lamenter, dit madame de Listomère ; nous avons peu de temps à nous. Voyons.

Birotteau avait trop de bonté pour ne pas obéir, dans les grandes crises, au dévouement irréfléchi du premier moment. Mais d'ailleurs sa vie n'était déjà plus qu'une agonie.

Il dit, en jetant à sa protectrice un regard désespéré qui la navra :

— Je me confie à vous. Je ne suis plus qu'un *bourrier* de la rue !

Ce mot tourangeau n'a pas d'autre équivalent possible que le mot brin de paille. Mais il y a de jolis petits brins de paille, jaunes, polis, rayonnants, qui font le bonheur des enfants ; tandis que le bourrier est le brin de paille décoloré, boueux, roulé dans les ruisseaux, chassé par la tempête, tordu par les pieds du passant.

— Mais, madame, je ne voudrais pas laisser à l'abbé Troubert le portrait de Chapeloud ; il a été fait pour moi, il m'appartient, obtenez qu'il me soit rendu, j'abandonnerai tout le reste.

— Eh bien ! dit madame de Listomère, j'irai chez mademoiselle Gamard. Ces mots furent dits d'un ton qui révéla l'effort extraordinaire que faisait la baronne de Listomère en s'abaissant à flatter l'orgueil de la vieille fille.

— Et, ajouta-t-elle, je tâcherai de tout arranger. A peine osé-je l'espérer. Allez voir M. de Bourbonne, qu'il minute votre désistement en bonne forme, apportez-m'en l'acte bien en règle ; puis, avec le secours de monseigneur l'archevêque, peut-être pourrons-nous en finir.

Birotteau sortit épouvanté.

Troubert avait à ses yeux les dimensions d'une pyramide d'Egypte.

Les mains de cet homme étaient à Paris et ses coudes dans le cloître Saint-Gatien.

— Lui, se dit-il, empêcher M. le marquis de Listomère de devenir pair de France?...

« Et peut-être avec le secours de monseigneur l'archevêque pourra-t-on en finir ! »

En présence de si grands intérêts, Birotteau se trouvait comme un ciron : il se faisait justice.

La nouvelle du déménagement de Birotteau fut d'autant plus étonnante que la cause en était impénétrable. Madame de Listomère disait que, son neveu voulant se marier et quitter le service, elle avait besoin, pour agrandir son appartement, de celui du vicaire.

Personne ne connaissait encore le désistement de Birotteau. Ainsi les instructions de M. de Bourbonne étaient sagement exécutées.

Ces deux nouvelles, en parvenant aux oreilles du grand vicaire, devaient flatter son amour-propre en lui apprenant que, si elle ne capitulait pas, la famille de Listomère restait au moins neutre, et reconnaissait tacitement le pouvoir occulte de la congrégation : le reconnaître, n'était-ce pas s'y soumettre ? Mais le procès demeurait tout entier *sub judice*. N'était-ce pas à la fois plier et menacer ?

Les Listomère avaient donc pris dans cette lutte une attitude exactement semblable à celle du grand vicaire : ils se tenaient en dehors et laissaient tout diriger. Mais un événement grave survint et rendit encore plus difficile la réussite des desseins médités par M. de Bourbonne et par les Listomère contre Gamard et Troubert.

La veille, mademoiselle Gamard avait pris du froid en sortant de la cathédrale, s'était mise au lit et passait pour être dangereusement malade. Toute la ville retentissait de plaintes excitées par une fausse commisération.

« La sensibilité de mademoiselle Gamard n'avait pu résister au scan-« dale de ce procès. Malgré son bon droit, elle allait mourir de cha-« grin. Birotteau tuait sa bienfaitrice... »

Telle était la substance des phrases jetées en avant par les tuyaux capillaires du grand conciliabule femelle, et complaisamment répétées par la ville de Tours.

Madame de Listomère eut la honte d'être venue chez la vieille fille sans recueillir le fruit de sa visite. Elle demanda fort poliment à parler à M. le vicaire général.

Flatté peut-être de recevoir dans la bibliothèque de Chapeloud, et au coin de cette cheminée ornée des deux fameux tableaux contestés, une femme par laquelle il avait été méconnu, Troubert fit attendre la baronne un moment ; puis il consentit à lui donner audience.

Jamais courtisan ni diplomate ne mirent dans la discussion de leurs intérêts particuliers, ou dans la conduite d'une négociation nationale, plus d'habileté, de dissimulation, de profondeur, que n'en déployèrent la baronne et l'abbé dans le moment où ils se trouvèrent tous les deux en scène.

Semblable au parrain qui, dans le moyen âge, armait le champion et en fortifiait la valeur par d'utiles conseils, au moment où il entrait en lice, le vieux malin avait dit à la baronne :

— N'oubliez pas votre rôle, vous êtes conciliatrice et non partie intéressée. Troubert est également un médiateur. Pesez vos mots! étudiez les inflexions de la voix du vicaire général. S'il se caresse le menton vous l'aurez séduit.

Quelques dessinateurs se sont amusés à représenter en caricature le contraste fréquent qui existe entre *ce que l'on dit* et *ce que l'on pense.* Ici, pour bien saisir l'intérêt du duel de paroles qui eut lieu entre le prêtre et la grande dame, il est nécessaire de dévoiler les pensées qu'ils cachèrent mutuellement sous des phrases en apparence insignifiantes.

Madame de Listomère commença par témoigner le chagrin que lui causait le procès de Birotteau, puis elle parla du désir qu'elle avait de voir terminer cette affaire à la satisfaction des deux parties.

— Le mal est fait, madame, dit l'abbé d'une voix grave, la vertueuse mademoiselle Gamard se meurt.

(Je ne m'intéresse pas plus à cette sotte fille qu'au Prêtre-Jean, pensait-il ; mais je voudrais bien vous mettre sa mort sur le dos, et vous en inquiéter la conscience, si vous êtes assez niais pour en prendre du souci.)

— En apprenant sa maladie, monsieur, lui répondit la baronne, j'ai exigé de M. le vicaire un désistement que j'apportais à cette sainte fille.

(Je te devine, rusé coquin! pensait-elle ; mais nous voilà mis à l'abri de tes calomnies. Quant à toi, si tu prends le désistement, tu t'enferreras ainsi que ta complicité.)

Il se fit un moment de silence.

— Les affaires temporelles de mademoiselle Gamard ne me concernent pas, dit enfin le prêtre en abaissant ses larges paupières sur ses yeux d'aigle pour voiler ses émotions.

(Oh! oh! vous ne me compromettrez pas! Mais, Dieu soit loué! les damnés avocats ne plaideront pas une affaire qui pouvait me salir. Que veulent donc les Listomère, pour se faire ainsi mes serviteurs?)

— Monsieur, répondit la baronne, les affaires de M. Birotteau me sont aussi étrangères que vous le sont les intérêts de mademoiselle Gamard ; mais malheureusement la religion peut souffrir de leurs débats, et je ne vois en vous qu'un médiateur, là où moi-même j'agis en conciliatrice...

(Nous ne nous abuserons ni l'un ni l'autre, monsieur Troubert, pensait-elle. Sentez-vous le tour épigrammatique de cette réponse?)

— La religion souffrir, madame! dit le grand vicaire. La religion est trop haut située pour que les hommes puissent y porter atteinte.

(La religion, c'est moi, pensait-il.)

— Dieu nous jugera sans erreur, madame, ajouta-t-il, je ne reconnais que son tribunal.

— Eh bien! monsieur, répondit-elle, tâchons d'accorder les jugements des hommes avec les jugements de Dieu.

(Oui, la religion, c'est toi.)

L'abbé Troubert changea de ton :

— Monsieur votre neveu n'est-il pas allé à Paris?

(Vous avez en là de mes nouvelles, pensait-elle. Je puis vous écraser, vous qui m'avez méprisé. Vous venez capituler.)

— Oui, monsieur, je vous remercie de vous apprendre que vous prenez à lui. Il retourne ce soir à Paris, il est mandé par le ministre, qui est parfait pour nous, et voudrait ne pas lui voir quitter le service.

(Jésuite, tu ne nous écraseras pas, pensait-elle, et la plaisanterie est comprise.)

Un moment de silence.

— Je ne trouve pas sa conduite convenable dans cette affaire, reprit-elle, mais il faut pardonner à un marin de ne pas se connaître en droit.

(Faisons alliance, pensait-elle. Nous ne gagnerons rien à guerroyer.)

Un léger sourire de l'abbé se perdit dans les plis de son visage :

— Il nous aura rendu le service de nous apprendre la valeur de ces deux peintures, dit-il en regardant les tableaux, elles seront un bel ornement pour la chapelle de la Vierge.

(Vous m'avez lancé une épigramme, pensait-il ; en voici deux, nous sommes quittes, madame.)

— Si vous les donniez à Saint-Gatien, je vous demanderais de me laisser offrir à l'église des cadres dignes du lieu et de l'œuvre.

(Je voudrais bien te faire avouer que tu convoitais les meubles de Birotteau, pensait-elle.)

— Elles ne m'appartiennent pas, dit le prêtre en se tenant toujours sur ses gardes.

— Mais voici, dit madame de Listomère, un acte qui éteint toute discussion, et les rend à mademoiselle Gamard. Elle posa le désistement sur la table.

(Voyez, monsieur, pensait-elle, combien j'ai de confiance en vous.)

— Il est digne de vous, monsieur, ajouta-t-elle, digne de votre beau caractère, de réconcilier deux chrétiens ; quoique je prenne maintenant peu d'intérêt à M. Birotteau...

— Mais il est votre pensionnaire, dit-il en l'interrompant.

— Non, monsieur, il n'est plus chez moi.

(La pairie de mon beau-frère et le grade de mon neveu me font faire bien des lâchetés, pensait-elle.)

L'abbé demeura impassible, mais son attitude calme était l'indice des émotions les plus violentes.

M. de Bourbonne avait seul deviné le secret de cette paix apparente. Le prêtre triomphait!

— Pourquoi vous êtes-vous donc chargée de son désistement? demanda-t-il excité par un sentiment analogue à celui qui pousse une femme à se faire répéter des compliments.

— Je n'ai pu me défendre d'un mouvement de compassion. Birotteau, dont le caractère faible doit vous être connu, m'a supplié de voir mademoiselle Gamard, afin d'obtenir pour prix de sa renonciation à...

L'abbé fronça ses sourcils.

— ..... A des *droits* reconnus par des avocats distingués, le portrait...

Le prêtre regarda madame de Listomère.

— ... Le portrait de Chapeloud, dit-elle en continuant. Je vous laisse le juge de sa prétention...

(Tu serais condamné, si tu voulais plaider, pensait-elle.)

L'accent que prit la baronne pour prononcer les mots *avocats distingués* fit voir au prêtre qu'elle connaissait le fort et le faible de l'ennemi.

Madame de Listomère montra tant de talent à ce connaisseur émérite dans le cours de cette conversation qui se maintint longtemps sur ce ton, que l'abbé descendit chez mademoiselle Gamard pour aller chercher sa réponse à la transaction proposée.

Il revint bientôt.

— Madame, voici les paroles de la pauvre mourante :

« M. l'abbé Chapeloud m'a témoigné trop d'amitié, m'a-t-elle dit, pour que je me sépare de son portrait. »—Quant à moi, reprit-il, s'il m'appartenait, je ne le céderais à personne. J'ai porté des sentiments trop constants au cher défunt pour ne pas me croire le droit de disputer son image à tout le monde.

— Monsieur, ne *nous* brouillons pas pour une mauvaise peinture.

(Je m'en moque autant que vous vous en moquez vous-même, pensait-elle.)

— Gardez-la, nous en ferons faire une copie. Je m'applaudis d'avoir assoupi ce triste et déplorable procès, et j'y aurai personnellement gagné le plaisir de vous connaître. J'ai entendu parler de votre talent au whist. Vous pardonnerez à une femme d'être curieuse, dit-elle en souriant. Si vous vouliez venir quelquefois chez moi, vous ne pouvez pas douter de l'accueil que vous y recevrez.

Troubert se caressa le menton.

(Il est pris! Bourbonne avait raison, pensait-elle, il a sa dose de vanité.)

En effet, le grand vicaire éprouvait en ce moment la sensation délicieuse contre laquelle Mirabeau ne savait pas se défendre, quand, aux jours de sa puissance, il voyait ouvrir sa voiture la porte cochère d'un hôtel autrefois fermé pour lui.

— Madame, répondit-il, j'ai de trop grandes occupations pour aller dans le monde ; mais pour vous, que ne ferait-on pas?

(La vieille fille va crever, j'entamerai les Listomère, et les servirai s'ils me servent! pensait-il. Il vaut mieux les avoir pour amis que pour ennemis.)

Madame de Listomère retourna chez elle, espérant que l'archevêque consommerait une œuvre de paix si heureusement commencée. Mais Birotteau ne devait pas même profiter de son désistement.

Madame de Listomère apprit le lendemain la mort de mademoiselle Gamard.

Le testament de la vieille fille ouvert, personne ne fut surpris en apprenant qu'elle avait fait l'abbé Troubert son légataire universel. Sa fortune fut estimée à cent mille écus.

Le vicaire général envoya deux billets d'invitation pour le service et le convoi de son amie chez madame de Listomère : l'un pour elle, l'autre pour son neveu.

— Il faut y aller, dit-elle.

— Ça ne veut pas dire autre chose, s'écria M. de Bourbonne. C'est une épreuve par laquelle monseigneur Troubert veut vous juger. Baron, allez jusqu'au cimetière, ajouta-t-il en se tournant vers le lieutenant de vaisseau, qui, pour son malheur, n'avait pas quitté Tours.

Le service eut lieu, et fut d'une grande magnificence ecclésiastique.

Une seule personne y pleura. Ce fut Birotteau, qui, seul dans une chapelle écartée, et sans être vu, se crut coupable de cette mort, et pria sincèrement pour l'âme de la défunte, en déplorant avec amertume de n'avoir pas obtenu d'elle le pardon de ses torts.

L'abbé Troubert accompagna le corps de son amie jusqu'à la fosse où elle devait être enterrée.

Arrivé sur le bord, il prononça un discours où, grâce à son talent, la tableau de la vie étroite menée par la testatrice prit des proportions monumentales.

Les assistants remarquèrent ces paroles dans la péroraison :

« Cette vie pleine de jours acquis à Dieu et à sa religion, cette vie que décorent tant de belles actions faites dans le silence, tant de vertus modestes et ignorées, fut brisée par une douleur que nous appellerions immédiate, si, au bord de l'éternité, nous pouvions oublier que toutes nos afflictions nous sont envoyées par Dieu. Les nombreux amis de cette sainte fille, connaissant la noblesse et la candeur de son âme, prévoyaient qu'elle pouvait tout supporter hormis des soupçons qui flétrissaient sa vie entière. Aussi, peut-être la Providence l'a-t-elle emmenée au sein de Dieu, pour l'enlever à nos misères. Heureux ceux qui peuvent reposer, ici-bas, en paix avec eux-mêmes, comme Sophie repose maintenant au séjour des bienheureux dans sa robe d'innocence ! »

— Quand il eut achevé ce pompeux discours, reprit M. de Bourbonne, qui racouta les circonstances de l'enterrement à madame de Listomère au moment où, les parties finies et les portes fermées, ils furent seuls avec le baron, figurez-vous, si cela est possible, ce Louis XI en soutane, donnant ainsi le dernier coup de goupillon chargé d'eau bénite.

M. de Bourbonne prit la pincette, et imita si bien le geste de l'abbé Troubert, que le baron et sa tante ne purent s'empêcher de sourire.

— Là seulement, reprit le vieux propriétaire, il s'est démenti. Jusqu'alors, sa contenance avait été parfaite ; mais il lui a sans doute été impossible, en calfeutrant pour toujours cette vieille fille qu'il méprisait souverainement et haïssait peut-être autant qu'il a détesté Chapeloud, de ne pas laisser percer sa joie dans un geste.

Le lendemain, mademoiselle Salomon vint déjeuner chez madame de Listomère, et, en arrivant, lui dit tout émue :

— Notre pauvre abbé Birotteau a reçu tout à l'heure un coup affreux, qui annonce les calculs les plus étudiés de la haine. Il est nommé curé de Saint-Symphorien.

Saint-Symphorien est un faubourg de Tours, situé au delà du pont. Ce pont, un des plus beaux monuments de l'architecture française, a dix-neuf cents pieds de long, et les deux places qui le terminent à chaque bout sont absolument pareilles.

— Comprenez-vous ? reprit-elle après une pause et tout étonnée de la froideur que marquait madame de Listomère en apprenant cette nouvelle. L'abbé Birotteau sera là comme à cent lieues de Tours, de ses amis, de tout. N'est-ce pas un exil plus affreux qu'il est arraché à une ville que ses yeux verront tous les jours et où il ne pourra plus guère venir ? Lui qui, depuis ses malheurs, peut à peine marcher, serait obligé de faire une lieue pour nous voir. En ce moment, le malheureux est au lit, il a la fièvre. Le presbytère de Saint-Symphorien est froid, humide, et la paroisse n'est pas assez riche pour le réparer. Ce pauvre vieillard va donc se trouver enterré dans un véritable sépulcre. Quelle atroce combinaison !

Maintenant il nous suffira peut-être, pour achever cette histoire, de rapporter simplement quelques événements, et d'esquisser un dernier tableau.

Cinq mois après, le vicaire général fut nommé évêque. Madame de Listomère était morte, et laissait quinze cents francs de rente par testament à l'abbé Birotteau.

Le jour où le testament de la baronne fut connu, monseigneur Hyacinthe, évêque de Troyes, était sur le point de quitter la ville de Tours pour aller résider dans son diocèse ; mais il retarda son départ.

Furieux d'avoir été joué par une femme à laquelle il avait donné la main tandis qu'elle tendait secrètement la sienne à un homme qu'il

regardait comme son ennemi, Troubert menaça de nouveau l'avenir du baron et la pairie du marquis de Listomère.

Il dit en pleine assemblée, dans le salon de l'archevêque, un de ces mots ecclésiastiques, gros de vengeance et pleins de mielleuse mansuétude.

L'ambitieux marin vint voir ce prêtre implacable, qui lui dicta sans doute de dures conditions, car la conduite du baron attesta le plus entier dévouement aux volontés du terrible congréganiste.

Le nouvel évêque rendit, par un acte authentique, la maison de mademoiselle Gamard au chapitre de la cathédrale, il donna la bibliothèque et les livres de Chapeloud au petit séminaire, il dédia les deux tableaux contestés à la chapelle de la Vierge ; mais il garda le portrait de Chapeloud. Personne ne s'expliqua cet abandon presque total de la succession de mademoiselle Gamard.

M. de Bourbonne supposa que l'évêque en conservait secrètement la partie liquide, afin d'être à même de tenir avec honneur son rang à Paris, s'il était porté au banc des évêques dans la chambre haute. Enfin, la veille du départ de monseigneur Troubert, le *vieux matin* finit par deviner le dernier calcul que cachait cette action, coup de grâce donné par le plus persistante de toutes les vengeances à la plus faible de toutes les victimes.

Le legs de madame de Listomère à Birotteau fut attaqué par le baron de Listomère sous prétexte de captation !

Quelques jours après l'exploit introductif d'instance, le baron fut nommé capitaine de vaisseau. Par une mesure disciplinaire, le curé de Saint-Symphorien était interdit.

Les supérieurs ecclésiastiques jugeaient le procès par avance. L'assassin de feu Sophie Gamard était donc un fripon ! Si monseigneur Troubert avait conservé la succession de la vieille fille, il eût été difficile de faire censurer Birotteau.

Au moment où monseigneur Hyacinthe, évêque de Troyes, venait en chaise de poste, le long du quai Saint-Symphorien, pour se rendre à Paris, le pauvre abbé Birotteau avait été mis dans un fauteuil, au soleil, au-dessus d'une terrasse.

Ce curé frappé par l'archevêque était pâle et maigre. Le chagrin, empreint dans tous ses traits, décomposait entièrement ce visage, qui jadis était si doucement gai.

La maladie jetait sur ses yeux, naïvement animés autrefois par les plaisirs de la bonne chère et dénués d'idées pesantes, un voile qui simulait une pensée. Ce n'était plus que le squelette du Birotteau qui roulait, un an auparavant, si vide mais si content, à travers le Cloître.

L'évêque lui lança un regard de mépris et de pitié ; puis il consentit à l'oublier, et passa.

Nul doute que Troubert n'eût été en d'autres temps Hildebrandt ou Alexandre VI. Aujourd'hui l'Église n'est plus une puissance politique, et n'absorbe plus les forces des gens solitaires.

Le célibat offre donc alors ce vice capital que, faisant converger les qualités de l'homme sur une seule passion, l'égoïsme, il rend les célibataires ou nuisibles ou inutiles.

Nous vivons à une époque où le défaut des gouvernements est d'avoir moins fait la société pour l'homme, que l'homme pour la société. Il existe un combat perpétuel entre l'individu contre le système qui veut l'exploiter et qu'il tâche d'exploiter à son profit ; tandis que jadis l'homme réellement plus libre se montrait plus généreux pour la chose publique.

Le cercle au milieu duquel s'agitent les hommes s'est insensiblement élargi : l'âme qui peut en embrasser la synthèse ne sera jamais qu'une magnifique exception ; car, habituellement, en morale comme en physique, le mouvement perd en intensité ce qu'il gagne en étendue.

La société ne doit pas se baser sur des exceptions. D'abord, l'homme fut purement et simplement père, et son cœur battit chaudement, concentré dans le rayon de sa famille. Plus tard, il vécut pour un clan ou pour une petite république ; de là, les grands dévouements historiques de la Grèce ou de Rome. Puis, il fut l'homme d'une caste ou d'une religion pour les grandeurs de laquelle il se montra souvent sublime ; mais là, le champ de ses intérêts s'augmenta de toutes les régions intellectuelles. Aujourd'hui, sa vie est attachée à celle d'une immense patrie ; bientôt, sa famille sera, dit-on, le monde entier.

Ce cosmopolitisme moral, espoir de la Rome chrétienne, ne serait-il pas une sublime erreur ? Il est si naturel de croire à la réalisation d'une noble chimère, à la fraternité des hommes !

Mais, hélas ! la machine humaine n'a pas de si divines proportions. Les âmes assez vastes pour épouser une sentimentalité réservée aux grands hommes ne seront jamais celles ni des simples citoyens, ni des pères de famille.

Certains physiologistes pensent que lorsque le cerveau s'agrandit ainsi, le cœur doit se resserrer.

Erreur !

L'égoïsme apparent des hommes qui portent une science, une nation, ou des lois dans leur sein, n'est-il pas la plus noble des passions, et, en quelque sorte, la maternité des masses : pour enfanter des peuples neufs ou pour produire des idées nouvelles, ne doivent-ils pas unir dans leurs puissantes têtes les mamelles de la femme à la force de Dieu?

L'histoire des Innocent III, des Pierre le Grand, et de tous les meneurs de siècle ou de nation prouverait au besoin, dans un ordre très-élevé, cette immense pensée que Troubert représentait au fond du cloître Saint-Gatien.

Saint-Firmin, avril 1832.

FIN DU CURÉ DE TOURS.

Le wisth chez madame de Listomère.

PARIS. — IMPRIMERIE DES ARTS ET MANUFACTURES, 12, RUE PAUL-LELONG.

COMEDIE HUMAINE

ŒUVRES ILLUSTRÉES DE BALZAC.

LES CÉLIBATAIRES

UN MÉNAGE DE GARÇON

Dessins de Tony, Johannot, Staal,
Daumier, E. Lampsonius, etc.

Gravures par les meilleurs
Artistes

MONSIEUR CHARLES NODIER,

Membre de l'Académie française,
bibliothécaire à l'Arsenal.

—◇—

Voici, mon cher Nodier, un ouvrage plein de ces faits soustraits à l'action des lois par le huis clos domestique, mais où le doigt de Dieu, si souvent appelé le hasard, supplée à la justice humaine, et où la morale, pour être dite par un personnage moqueur, n'en est pas moins instructive et frappante. Il en résulte, à mon sens, de grands enseignements et pour la famille et pour la maternité. Nous nous apercevrons peut-être trop tard des effets produits par la diminution de la puissance paternelle, qui ne cessait autrefois qu'à la mort du père, qui constituait le seul tribunal humain où ressortissaient les crimes domestiques, et qui, dans les grandes occasions, avait recours au pouvoir royal pour faire exécuter ses arrêts. Quelque tendre et bonne que soit la mère, elle ne remplace pas plus cette royauté patriarcale que la femme ne remplace un roi sur le trône ; et si cette exception arrive,

Agathe regardait par la fenêtre son mari allant au ministère. — PAGE 3.

il en résulte un être monstrueux. Peut-être n'ai-je pas dessiné de tableau qui montre plus que celui-ci combien le mariage indissoluble est indispensable aux sociétés européennes, quels sont les malheurs de la faiblesse féminine, et quels dangers comporte l'intérêt personnel quand il est sans frein. Puisse une société basée uniquement sur le pouvoir de l'argent frémir en apercevant l'impuissance de la justice sur les combinaisons d'un système qui défie le succès en en graciant tous les moyens ! Puisse-t-elle recourir promptement au catholicisme pour purifier les masses par le sentiment religieux et par une éducation autre que celle d'une université laïque. Assez de beaux caractères, assez de grands et nobles dévouements brilleront dans les *Scènes de la Vie militaire*, pour qu'il m'ait été permis d'indiquer ici combien de dépravation causent les nécessités de la guerre chez certains esprits, qui dans la vie privée osent agir comme sur les champs de bataille.

Vous avez jeté sur notre temps un sagace coup d'œil dont la philosophie se trahit dans plus d'une amère réflexion qui perce à travers vos pages élégantes, et vous avez mieux que personne apprécié les dégâts produits dans l'esprit de notre pays par quatre systèmes politiques différents. Aussi ne pouvais-je mettre cette histoire sous la protection d'une autorité plus compétente. Peut-être votre nom défendra-t-il cet ouvrage contre des accusations qui ne lui manqueront pas : où est le malade qui reste muet quand le chirurgien lui enlève l'appareil de ses plaies les plus vives? Au plaisir de vous dédier cette Scène se joint l'orgueil de trahir votre bienveillance pour celui qui se dit ici

Un de vos sincères admirateurs,

DE BALZAC.

En 1792, la bourgeoisie d'Issoudun jouissait d'un médecin nommé Rouget, qui passait pour un homme profondément malicieux. Au dire de quelques gens hardis, il rendait sa femme assez malheureuse, quoiqu'elle fût la plus belle femme de la ville. Peut-être cette femme était-elle un peu sotte. Malgré l'inquisition des amis, le commérage des indifférents et les médisances des jaloux, l'intérieur de ce ménage fut peu connu. Le docteur Rouget était un de ces hommes de qui l'on dit familièrement : Il n'est pas commode. Aussi, pendant sa vie, garda-t-on le silence sur lui et lui fit-on bonne mine. Cette femme, une demoiselle Descoings, assez malingre déjà quand elle était fille (ce fut, disait-on, une raison pour le médecin de l'épouser), eut d'abord un fils, puis une fille qui, par hasard, vint dix ans après le frère, et à laquelle, disait-on toujours, le docteur ne s'attendait point, quoique médecin. Cette fille, tard venue, se nommait Agathe. Ces petits faits sont si simples, si ordinaires, que rien ne semble justifier un historien de les placer en tête d'un récit; mais, s'ils n'étaient pas connus, un homme de la trempe du docteur Rouget serait jugé comme un monstre, comme un père dénaturé; tandis qu'il obéissait tout bonnement à de mauvais penchants que beaucoup de gens abritent sous ce terrible axiome : Un homme doit avoir du caractère! Cette mâle sentence a causé le malheur de bien des femmes. Les Descoings, beau-père et belle-mère du docteur, commissionnaires en laine, se chargeaient également de vendre pour les propriétaires ou d'acheter pour les marchands les toisons d'or du Berri, et tiraient des deux côtés un droit de commission. A ce métier, ils devinrent riches et furent avares : morale de bien des existences. Descoings le fils, le cadet de madame Rouget, ne se plut pas à Issoudun. Il alla chercher fortune à Paris, et s'y établit épicier dans la rue Saint-Honoré. Ce fut sa perte. Mais, que voulez-vous? l'épicier est entraîné vers son commerce par une force attractive égale à la force de répulsion qui en éloigne les artistes. On n'a pas assez étudié les forces sociales qui constituent les diverses vocations. Il serait curieux de savoir ce qui détermine un homme à se faire papetier plutôt que boulanger, du moment où les fils ne succèdent pas forcément au métier de leur père comme chez les Égyptiens. L'amour avait aidé la vocation chez Descoings. Il s'était dit : Et moi aussi, je serai épicier! en se disant autre chose à l'aspect de sa patronne, dont il devint éperdument amoureux. Sans autre aide que la patience, et sans autre argent que lui envoyèrent ses parents, il épousa la veuve du sieur Bixiou, son prédécesseur. En 1792, Descoings passait pour faire d'excellentes affaires. Les vieux Descoings vivaient encore à cette époque. Sortis des laines, ils employaient leurs fonds à l'achat des biens nationaux : autre toison d'or! Leur gendre, à peu près sûr d'avoir bientôt à pleurer sa femme, envoya sa fille à Paris, chez son beau-frère, autant pour lui faire voir la capitale, que par une pensée matoise. Descoings n'avait pas d'enfants. Madame Descoings, de douze ans plus âgée que son mari, se portait fort bien; mais elle était grasse comme une grive après la vendange, et le rusé Rouget savait assez de médecine pour prévoir que M. et madame Descoings, contrairement à la morale des contes de fée, seraient toujours heureux et n'auraient point d'enfants. Ce ménage pourrait se passionner pour Agathe. Or, le docteur Rouget voulait déshériter sa fille, et se flattait d'arriver à ses fins en la dépaysant. Cette jeune personne, alors la plus belle fille d'Issoudun, ne ressemblait ni à son père ni à sa mère. Sa naissance avait été la cause d'une brouille éternelle entre le docteur et son ami intime, M. Lousteau, l'ancien subdélégué qui venait de quitter Issoudun. Quand une famille s'expatrie, les naturels d'un pays aussi malin que l'est Issoudun ont le droit de chercher les raisons d'un acte si exorbitant. Au dire de quelques fines langues, M. Rouget, homme vindicatif, s'était écrié que Lousteau ne mourrait que de sa main. Chez un médecin, le mot avait la portée d'un boulet de canon. Quand l'Assemblée nationale eut supprimé les subdélégués, Lousteau partit et ne revint jamais à Issoudun. Depuis le départ de cette famille, madame Rouget passa tout son temps chez la propre sœur de l'ex-subdélégué, madame Hochon, la marraine de sa fille et la seule personne à qui elle confiait ses peines. Aussi, le peu que la ville d'Issoudun sut de la belle ma-

dame Rouget fut-il dit par cette bonne dame, et toujours après la mort du docteur.

Le premier mot de madame Rouget, quand son mari lui parla d'envoyer Agathe à Paris, fut : — Je ne reverrai plus ma fille!

— Et elle a eu tristement raison, disait alors la respectable madame Hochon.

La pauvre mère devint alors jaune comme un coing, et son état ne dément point les dires de ceux qui prétendaient que Rouget la tuait à petit feu. Les façons de son grand niais de fils devaient contribuer à rendre malheureuse cette mère injustement accusée. Peu retenu, peut-être encouragé par son père, ce garçon, stupide en tout point, n'avait ni les attentions ni le respect qu'un fils doit à sa mère. Jean-Jacques Rouget ressemblait à son père, mais en mal, et le docteur n'était déjà pas très-bien ni au moral ni au physique. L'arrivée de la charmante Agathe Rouget ne porta point bonheur à son oncle Descoings. Dans la semaine, ou plutôt dans la décade (la République était proclamée), il fut incarcéré sur un mot de Robespierre à Fouquier-Tinville. Descoings, qui eut l'imprudence de croire la famine factice, eut la sottise de communiquer son opinion (il pensait que les opinions étaient libres) à plusieurs de ses clients et clientes, tout en les servant. La citoyenne Duplay, femme du menuisier chez qui demeurait Robespierre et qui faisait le ménage de ce grand citoyen, honorait, par malheur pour Descoings, le magasin de ce Berrichon de sa pratique. Cette citoyenne regarda la croyance de l'épicier comme insultante pour Maximilien 1er. Déjà peu satisfaite des manières du ménage Descoings, cette illustre tricoteuse du club des Jacobins regardait la beauté de la citoyenne Descoings comme une sorte d'aristocratie. Elle envenima les propos des Descoings en les répétant à son bon et doux maître. L'épicier fut arrêté sous le vulgaire accusation d'accaparement. Descoings en prison, sa femme s'agita pour le faire mettre en liberté; mais ses démarches furent si maladroites, qu'un observateur qui l'eût écoutée parlant aux arbitres de cette destinée aurait pu croire qu'elle voulait honnêtement se défaire de lui. Madame Descoings connaissait Bridau, l'une des secrétaires de Roland, ministre de l'intérieur, le bras droit de tous ceux qui se succédèrent au ce ministère. Elle mit en campagne Bridau pour sauver l'épicier. Le très-incorruptible chef de bureau, l'une des vertueuses dupes toujours si admirables de désintéressement, se garda bien de corrompre ceux qui dépendaient le sort de Descoings : il essaya de les éclairer! Éclairer les gens de ce temps-là, autant aurait valu les prier de rétablir les Bourbons. Le ministre girondin, qui luttait alors contre Robespierre, dit à Bridau : — De quoi te mêles-tu? Tous ceux que l'honnête chef sollicita lui répétèrent cette phrase atroce : — De quoi te mêles-tu? Bridau conseilla sagement à madame Descoings de se tenir tranquille; mais, au lieu de se concilier l'estime de la femme de ménage de Robespierre, elle jeta feu et flamme contre cette dénonciatrice; elle alla voir un conventionnel, qui trembla pour lui-même, et lui dit : — J'en parlerai à Robespierre. La belle épicière s'endormit sur cette parole, et naturellement le protecteur garda le plus profond silence. Quelques pains de sucre, quelques bouteilles de bonnes liqueurs données à la citoyenne Duplay, auraient sauvé Descoings. Ce petit accident prouve qu'en révolution il est aussi dangereux d'employer à son salut des honnêtes gens que des coquins : on ne doit compter que sur soi-même. Si Descoings périt, il eut du moins la gloire d'aller à l'échafaud en compagnie d'André de Chénier. Là, sans doute, l'épicerie et la poésie s'embrassèrent pour la première fois en personne, car elles avaient alors et auront toujours leurs relations secrètes. La mort de Descoings produisit beaucoup plus de sensation que celle d'André de Chénier. Il fallut trente ans pour reconnaître que la France avait perdu plus à la mort de Chénier qu'à celle de Descoings. La mesure de Robespierre eut cela de bon, que, jusqu'en 1830, les épiciers effrayés ne se mêlèrent plus de politique. La boutique de Descoings dans à cent pas du logement des Robespierre. Le successeur de l'épicier y fit de mauvaises affaires. César Birotteau, le célèbre parfumeur, s'établit à cette place. Mais, comme si l'échafaud y eût mis l'inexplicable contagion du malheur, l'inventeur de la Double pâte des sultanes et de l'Eau carminative s'y ruina. La solution de ce problème regarde les sciences occultes.

Pendant les quelques visites que le chef du bureau fit à la femme de l'infortuné Descoings, il fut frappé de la beauté calme, froide, candide, d'Agathe Rouget. Lorsqu'il vint consoler la veuve, qui fut assez inconsolable pour ne continuer le commerce de son second défunt, il finit par épouser cette charmante fille dans la décade, et après l'arrivée du père, qui ne se fit pas attendre. Le médecin, ravi de voir les choses succédant au delà de ses souhaits, puisqu'il ne venait devenait seule héritière des Descoings, accourut à Paris, moins pour assister au mariage d'Agathe que pour faire rédiger le contrat à sa guise. Le désintéressement et l'amour excessif du citoyen Bridau laissèrent carte blanche à la perfidie du médecin, qui exploita l'aveuglement de son gendre, comme la suite de cette histoire vous le démontrera. Madame Rouget, ou plus exactement le docteur, hérita donc de tous les biens, meubles et immeubles de M. et madame Descoings père et mère, qui moururent à deux ans l'un de l'autre. Puis Rouget finit par avoir raison de sa femme, qui mourut au commencement de l'année 1799. Et il eut des vignes, et il acheta des fermes, et il acquit des forges, et il eut des laines à vendre. Son fils bien-aimé ne savait rien faire; mais il ne destinait à l'état de propriétaire, il le laissa croître en richesse et en sottise, sûr que cet enfant en saurait toujours autant que les plus savants en se laissant vivre et mourir. Dès 1799, les calculateurs d'Issoudun donnaient déjà trente mille livres de rente au père Rouget. Après la mort de sa femme, le docteur mena toujours une vie débauchée; mais il la régla pour ainsi dire et la réduisit au huis clos du chez soi. Ce médecin, plein de caractère, mourut en 1805. Dieu sait alors combien la bourgeoisie d'Issoudun parla sur le compte de cet homme, et combien d'anecdotes il circula sur son horrible vie privée. Jean-Jacques Rouget, que son père avait fini par tenir sévèrement en en reconnaissant la sottise, resta garçon par l'explication forme une partie importante de cette histoire. Son célibat fut en partie causé par la faute du docteur, comme on le verra plus tard.

Maintenant il est nécessaire d'examiner les effets de la vengeance exercée par le père sur une fille qu'il ne regardait pas comme la sienne, et qui, croyez-le bien, lui appartenait légitimement. Personne à Issoudun n'avait remarqué l'un de ces accidents bizarres qui font de la génération un abîme où la science se perd. Agathe ressemblait à la mère du docteur Rouget. De même que, selon une observation vulgaire, la goutte saute par-dessus une génération, et va d'un grand-père à un petit-fils, de même il n'est pas rare de voir la ressemblance se comportant comme la goutte.

Ainsi, l'aîné des enfants d'Agathe, qui ressemblait à sa mère, eut tout le moral du docteur Rouget, son grand-père. Léguons la solution de cet autre problème au vingtième siècle avec une belle nomenclature d'animalcules microscopiques, et nos neveux écriront peut-être autant de sottises que nos corps savants en ont écrit déjà sur cette question ténébreuse.

Agathe Rouget se recommandait à l'admiration publique par une de ces figures destinées, comme celle de Marie, mère de Notre-Seigneur, à rester toujours vierges, même après le mariage. Son portrait, qui existe encore dans l'atelier de Bridau, montre un visage parfait, une blancheur mate et sans le moindre grain de rousseur, malgré sa chevelure d'or. Plus d'un artiste, en observant ce front pur, cette bouche discrète, ce nez fin, de jolies oreilles, de longs cils aux yeux, et ces yeux d'un bleu foncé d'une tendresse céleste, enfin cette figure empreinte de placidité, demande aujourd'hui à notre grand peintre : — Est-ce la copie d'une tête de Raphaël? Jamais homme ne fut mieux inspiré que le chef de bureau en épousant cette jeune fille. Agathe réalisa l'idéal de la ménagère élevée en province, et qui n'a jamais quitté sa mère. Pieuse sans être dévote, elle n'avait d'autre instruction que celle donnée aux femmes par l'Église. Aussi fut-elle une épouse accomplie dans le sens vulgaire, car son ignorance des choses de la vie engendra plus d'un malheur. L'épitaphe d'une célèbre Romaine : Elle fit de la tapisserie et garda la maison, rend admirablement compte de cette existence pure, simple et tranquille. Dès le Consulat, Bridau s'attacha fanatiquement à Napoléon, qui le nomma chef de division en 1804, un an avant la mort de Rouget. Riche de douze mille francs d'appointements et recevant de belles gratifications, Bridau fut très-insouciant des honteux résultats de la liquidation qui se fit à Issoudun, et par laquelle Agathe n'eut rien. Six mois avant sa mort, le père Rouget avait vendu à son fils une portion de ses biens, dont le reste fut attribué à Jean-Jacques, tant à titre de donation par préférence qu'à titre d'héritier. Une avance d'hoirie de cent mille francs, faite à Agathe dans son contrat de mariage, représentait sa part dans la succession de sa mère et de son père. Idolâtre de l'empereur, Bridau servit avec un dévouement de scèle les puissantes conceptions de ce demi-dieu moderne, qui, trouvant tout détruit en France, y voulut tout organiser. Jamais le chef de division ne disait : Assez. Projets, mémoires, rapports, études, il acceptait les plus lourds fardeaux, tant il était heureux de seconder l'empereur; il l'aimait comme homme, il l'adorait comme souverain, et ne souffrait pas la moindre critique de ses actes ni sur ses projets. De 1804 à 1808, le chef de division se logea dans un grand et bel appartement sur le quai Voltaire, à deux pas de son ministère et des Tuileries. Une cuisinière et un valet de chambre composèrent tout le domestique du ménage au temps de la splendeur de madame Bridau. Agathe, toujours levée la première, allait à la Halle accompagnée de sa cuisinière. Pendant que le domestique faisait l'appartement, elle veillait au déjeuner. Bridau ne se rendait jamais au ministère que ses onze heures. Tant que dura leur union, sa femme éprouva le même plaisir à lui préparer un exquis déjeuner, seul repas que Bridau fît avec plaisir. En toute saison, quelque temps qu'il fît lorsqu'il partait, Agathe regardait son mari par la fenêtre allant au ministère, et ne rentrait la tête que quand il avait tourné la rue du Bac. Elle desservait alors elle-même, donnait son coup d'œil à l'appartement; puis elle s'habillait, jouait avec ses enfants, les promenait ou recevait ses visites en attendant le retour de Bridau. Quand le chef de division rapportait des travaux urgents, elle s'installait auprès de sa table, dans son cabinet, muette comme une statue, et tricotant en le voyant

travailler, veillant tant qu'il veillait, se couchant quelques instants avant lui. Quelquefois les époux allaient au spectacle dans les loges du ministère. Ces jours-là, le ménage dînait chez un restaurateur; et le spectacle que présentait le restaurant causait toujours à madame Bridau ce vif plaisir qu'il donne aux personnes qui n'ont pas vu Paris. Forcée souvent d'accepter de ces grands dîners priés qu'on offrait au chef de division qui menait une portion du ministère de l'intérieur, et que Bridau rendait honorablement, Agathe obéissait au luxe des toilettes d'alors; mais elle quittait au retour avec joie cette richesse disparu, en reprenant dans son ménage sa simplicité de provinciale. Une fois par semaine, le jeudi, Bridau recevait ses amis. Enfin il donnait un grand bal au mardi gras. Ce peu de mots est l'histoire de toute cette vie conjugale, qui n'eut que trois grands événements : la naissance de deux enfants, nés à trois ans de distance, et la mort de Bridau, qui périt, en 1808, tué par ses veilles, au moment où l'empereur allait le nommer directeur général, comte et conseiller d'État. En ce temps, Napoléon s'adonna spécialement aux affaires de l'intérieur, il accabla Bridau de travail, et acheva de ruiner la santé de ce bureaucrate intrépide. Napoléon, à qui Bridau n'avait jamais rien demandé, s'était enquis de ses mœurs et de sa fortune. En apprenant que cet homme dévoué ne possédait rien que sa place, il reconnut une de ces âmes incorruptibles qui rehaussaient, qui moralisaient son administration, et il voulut surprendre Bridau par d'éclatantes récompenses. Le désir de terminer un immense travail avant le départ de l'empereur pour l'Espagne tua le chef de division, qui mourut d'une fièvre inflammatoire. À son retour, l'empereur, qui vint préparer en quelques jours à Paris sa campagne de 1809, dit en apprenant cette perte : — Il y a des hommes qu'on ne remplace jamais ! Frappé d'un dévouement qu'attendait aucun de ces brillants témoignages réservés aux soldats, l'empereur résolut de créer un ordre richement rétribué pour le civil comme il avait créé la Légion d'honneur pour le militaire. L'impression produite sur lui par la mort de Bridau lui fit imaginer l'ordre de la Réunion; mais il n'eut pas le temps d'achever cette création aristocratique, dont le souvenir est si bien aboli, qu'au nom de cet ordre éphémère la plupart des lecteurs se demanderont quel en était l'insigne : il se portait avec un ruban bleu. L'empereur appela cet ordre la Réunion dans la pensée de confondre l'ordre de la Toison-d'Or de la cour d'Espagne avec l'ordre de la Toison-d'Or de la cour d'Autriche. La Providence, a dit un diplomate prussien, a su empêcher cette profanation. L'empereur se fit rendre compte de la situation de madame Bridau. Les deux enfants eurent chacun une bourse entière au lycée Impérial, et l'empereur mit tous les frais de leur éducation à la charge de sa cassette. Puis il inscrivit madame Bridau pour une pension de quatre mille francs, en se réservant sans doute de veiller à la fortune des deux fils. Depuis son mariage jusqu'à la mort de son mari, madame Bridau n'eut pas la moindre relation avec Issoudun. Elle était sur le point d'accoucher de son second fils au moment où elle perdit sa mère. Quand son père, de qui elle se savait peu aimée, mourut, il s'agissait du sacre de l'empereur, et le couronnement donna tant de travail à Bridau, qu'elle ne voulut pas quitter son mari. Jean-Jacques Rouget, son frère, ne lui avait pas écrit une mot depuis son départ d'Issoudun. Tout en s'affligeant de la tacite répudiation de sa famille, Agathe finit par penser très-rarement à ceux qui ne pensaient plus à elle. Elle recevait tous les ans une lettre de sa marraine, madame Hochon, à laquelle elle répondait des banalités, sans étudier les avis que cette excellente et pieuse femme lui donnait à mots couverts. Quelque temps avant la mort du docteur Rouget, madame Hochon écrivit à sa filleule qu'elle n'aurait rien de son père si elle n'envoyait sa procuration à M. Hochon. Agathe avait de la répugnance à tourmenter son père. Soit que Bridau comprît que la spoliation était conforme au droit et à la coutume du Berri, soit que cet homme pur et juste partageât la grandeur d'âme et l'indifférence de sa femme en matière d'intérêt, il ne voulut point écouter Roguin, son notaire, qui lui conseillait de prendre une position pour contester les actes par lesquels le père avait réussi à priver sa fille de sa part légitime. Les époux approuvèrent ce qui se fit alors à Issoudun. Cependant, en ces circonstances, Roguin avait fait réfléchir le chef de division sur les intérêts compromis de sa femme. Cet homme supérieur pensa que, s'il mourait, Agathe se trouverait sans fortune. Il voulut alors examiner l'état de ses affaires, il trouva que, de 1793 à 1805, sa femme et lui avaient été forcés de prendre environ trente mille francs sur les cinquante mille francs effectifs que le vieux Rouget avait donnés à sa fille, et il plaça les vingt mille francs restant sur le grand-livre. Les fonds étaient alors à quarante, Agathe eut donc environ deux mille livres de rente sur l'État. Veuve, madame Bridau pouvait donc vivre honorablement avec six mille livres de rente. Toujours femme de province, elle voulut renvoyer le domestique de Bridau, ne garder que sa cuisinière et changer d'appartement; mais son amie intime, qui persistait à se dire sa tante, madame Descoings, vendit son mobilier, qu'il a sous l'appartement, et vint demeurer avec Agathe, en faisant du cabinet de feu Bridau un chambre à coucher. Ces deux veuves réunirent leurs revenus, et se virent à la tête de douze mille francs de rente. Cette conduite semble simple et naturelle. Mais rien dans la vie n'exige plus d'attention que les choses qui paraissent naturelles, on se défie toujours assez de l'extraordinaire ; aussi voyez-vous les hommes d'expérience, les avoués, les juges, les médecins, les prêtres, attachant une énorme importance aux affaires simples : on les trouve méticuleux. Le serpent sous les fleurs est un des plus beaux mythes que l'antiquité nous ait légués pour la conduite de nos affaires. Combien de fois les uns, pour s'excuser à leurs propres yeux et à ceux des autres, s'écrient : — C'était si simple, que tout le monde y aurait été pris !

En 1809, madame Descoings, qui ne disait point son âge, avait soixante-cinq ans. Nommée dans son temps la belle épicière, elle était une de ces femmes si rares que le temps respecte, et devait à une excellente constitution le privilège de garder une beauté qui néanmoins ne soutenait pas un examen sérieux. De moyenne taille, grasse, fraîche, elle avait de belles épaules, un teint légèrement rosé. Ses cheveux blonds, qui tiraient sur le châtain, n'offraient pas, malgré la catastrophe de Descoings, le moindre changement de couleur. Excessivement friande, elle aimait à se faire de bons petits plats ; mais, quoiqu'elle parût beaucoup penser à la cuisine, elle adorait aussi le spectacle, et cultivait un vice enveloppé par elle dans le plus profond mystère : elle mettait à la loterie ! Ne serait-ce pas cet abîme que la mythologie nous a signalé par le tonneau des Danaïdes ? La Descoings, on doit nommer ainsi une femme qui jouait à la loterie, dépensait peut-être un peu trop en toilette, comme toutes les femmes qui ont le bonheur de rester jeunes longtemps ; mais, hormis ces légers défauts, elle était la femme la plus agréable à vivre. Toujours de l'avis de tout le monde, ne contrariant personne, elle plaisait par une gaieté douce et communicative. Elle possédait surtout une qualité parisienne qui séduit les commis retraités et les vieux négociants : elle entendait la plaisanterie !... Si elle ne se remaria pas en troisièmes noces, ce fut sans doute la faute de l'époque. Durant les guerres de l'Empire, les gens à marier trouvaient trop facilement des jeunes filles belles et riches pour s'occuper des femmes de soixante ans. Madame Descoings voulut égayer madame Bridau, elle la fit aller souvent au spectacle et en voiture, elle lui composa d'excellents petits dîners, elle essaya même de la marier avec son fils Bixiou. Hélas ! elle lui avoua le terrible secret profondément gardé par elle, par défunt Descoings et par son notaire. La jeune, l'élégante Descoings, qui se donnait trente-six ans, avait un fils de vingt-cinq ans, nommé Bixiou, déjà veuf, major au 21ᵉ de ligne, qui périt colonel à Dresde en laissant un fils unique. La Descoings, qui ne voyait jamais que secrètement son petit-fils Bixiou, le faisait passer pour le fils d'une première femme de son mari. Sa confidence fut un acte de prudence : le fils du colonel, élevé au lycée Impérial avec les deux fils Bridau, y eut une demi-bourse. Ce garçon, déjà fin et malicieux au lycée, s'est fait plus tard une grande réputation comme dessinateur et comme homme d'esprit. Agathe n'aimait au monde que ses enfants, et ne voulait plus vivre que pour eux, elle se refusa à de secondes noces par raison et par fidélité. Mais il est plus facile à une femme d'être bonne épouse que d'être bonne mère. Une veuve a deux tâches dont les obligations se contredisent : elle est mère et doit exercer la puissance paternelle. Peu de femmes sont assez fortes pour comprendre et jouer ce double rôle. Aussi la pauvre Agathe, malgré ses vertus, fut-elle la cause innocente de bien des malheurs. Par suite de son peu d'esprit et de la confiance à laquelle s'habituent les belles âmes, Agathe fut la victime de madame Descoings, qui la plongea dans un effroyable malheur. La Descoings nourrissait des ternes, et la loterie ne faisait pas crédit à ses actionnaires. En gouvernant la maison, elle put employer à ses mises l'argent destiné au ménage, qu'elle endetta progressivement, dans l'espoir d'enrichir son petit-fils Bixiou, sa chère Agathe et les petits Bridau. Quand les dettes arrivèrent à dix mille francs, elle fit de plus fortes mises en espérant que son terne favori, qui n'était pas sorti depuis neuf ans, comblerait l'abîme du déficit. La dette monta dès lors rapidement. Arrivée au chiffre de vingt mille francs, la Descoings perdit la tête et ne gagna pas le terne. Elle voulut alors engager sa fortune pour rembourser sa nièce ; mais Roguin, son notaire, lui démontra l'impossibilité de cet honnête dessein. Feu Rouget, à la mort de son beau-frère Descoings, avait pris la succession en désintéressant madame Descoings par un usufruit qui grevait les biens de Jean-Jacques Rouget. Aucun usurier ne voudrait prêter vingt mille francs à une femme de soixante-sept ans sur un usufruit d'environ quatre mille francs, dans une époque où les placements à dix pour cent abondaient. Un matin la Descoings alla se jeter aux pieds de sa nièce, et, en sanglotant, avoua l'état des choses : madame Bridau ne lui fit aucun reproche, elle renvoya le domestique et la cuisinière, vendit le superflu de son mobilier, vendit les trois quarts de son inscription sur le grand-livre, paya tout, et donna congé de son appartement.

Un des plus horribles coins de Paris est certainement la portion de la rue Mazarine, à partir de la rue Guénégaud jusqu'à l'endroit où elle se réunit à la rue de Seine, derrière le palais de l'Institut. Les hautes murailles grises du collége et de la bibliothèque que le cardinal Mazarin offrit à la ville de Paris, et où devait un jour se loger l'Académie française, jettent des ombres glaciales sur ce coin de rue ; le soleil s'y montre rarement, la bise du nord y souffle. La pauvre veuve ruinée vint se loger au troisième étage d'une des maisons situées dans ce coin humide, noir et froid. Devant cette maison, s'élèvent les bâtiments de l'Institut, où se trouvaient alors les loges des animaux féroces connus sous le nom d'artistes par les bourgeois et sous le nom de rapins dans les ateliers. On y entrait rapin, on pouvait en sortir élève du gouvernement à Rome. Cette opération ne se faisait pas sans des tapages extraordinaires aux époques de l'année où l'on enfermait les concurrents dans ces loges. Pour être lauréats, ils devaient avoir fait, dans un temps donné, qui sculpteur, le modèle en terre glaise d'une statue ; qui peintre, l'un des tableaux que vous pouvez voir à l'école des Beaux-Arts ; qui musicien, une cantate ; qui architecte, un projet de monument. Au moment où ces lignes sont écrites, cette ménagerie a été transportée de ces bâtiments sombres et froids, dans l'élégant palais des Beaux-Arts, à quelques pas de là. Des fenêtres de madame Bridau, l'œil plongeait sur ces loges grillées, vue profondément triste. Au nord, la perspective est bornée par le dôme de l'Institut. En remontant la rue, les yeux ont pour toute récréation la file de fiacres qui stationnent dans le haut de la rue Mazarine. Aussi la veuve finit-elle par mettre sur ses fenêtres trois caisses pleines de terre où elle cultiva l'un de ces jardins aériens que menacent les ordonnances de police, et dont les végétations raréfient le jour et l'air. Cette maison, adossée à une autre qui donne rue de Seine, a nécessairement peu de profondeur, l'escalier y tourne sur lui-même. Ce troisième étage est le dernier. Trois fenêtres, trois pièces : une salle à manger, un petit salon, une chambre à coucher ; et en face, de l'autre côté du palier, une petite cuisine ; au-dessus, deux chambres de garçon et un immense grenier sans destination. Madame Bridau choisit ce logement pour trois raisons : la modicité, il coûtait quatre cents francs, aussi fit-elle un bail de neuf ans ; la proximité du collége, elle était à peu de distance du lycée Impérial ; enfin elle restait dans le quartier où elle avait pris ses habitudes. L'intérieur de l'appartement fut en harmonie avec la maison. La salle à manger, tendue d'un petit papier jaune à fleurs vertes, et dont le carreau rouge ne fut pas frotté, n'eut que le strict nécessaire : une table, deux buffets, six chaises, le tout provenant de l'appartement quitté. Le salon était orné d'un tapis d'Aubusson donné à Bridau lors du renouvellement du mobilier au ministère. La veuve y mit un de ces meubles communs, en acajou, à têtes égyptiennes, que Jacob Desmalter fabriquait par grosses en 1806, et garni d'une étoffe en soie verte à rosaces blanches. Au-dessus du canapé, le portrait de Bridau fait au pastel, par une main amie, attirait aussitôt les regards. Quoique l'art pût y trouver à reprendre, on reconnaissait bien sur le front la fermeté de ce grand citoyen obscur. La sérénité de ses yeux, à la fois doux et fiers, y était bien rendue. La sagacité, de laquelle ses lèvres prudentes témoignaient, et le sourire franc, l'air de cet homme de qui l'empereur disait : Justum et tenacem, avaient été saisis, sinon avec talent, du moins avec exactitude. En considérant ce portrait, on voyait que l'homme avait toujours fait son devoir. Sa physionomie exprimait cette incorruptibilité qu'on accorde à plusieurs hommes employés sous la République. En regard et au-dessus d'une table à jeu brillait le portrait de l'empereur colorié, fait par Vernet, et où Napoléon passe rapidement à cheval, suivi de son escorte. Agathe se donna deux grandes cages d'oiseaux, l'une pleine de serins, l'autre d'oiseaux des Indes. Elle s'adonnait à ce goût enfantin depuis la perte, irréparable pour elle comme pour beaucoup de monde, qu'elle avait faite. Quant à la chambre de la veuve, elle fut, au bout de trois mois, ce qu'elle devait être jusqu'au jour néfaste où elle fut obligée de la quitter, un fouillis qu'aucune description ne pourrait mettre en ordre. Les chats y faisaient leur domicile sur les bergères ; les serins, mis parfois en liberté, y laissaient des virgules sur tous les meubles. La pauvre bonne veuve y posait pour eux du millet et du mouron en plusieurs endroits. Les chats y trouvaient des friandises dans des soucoupes écornées. Les hardes traînaient. Cette chambre sentait la province et la fidélité. Tout ce qui avait appartenu à feu Bridau y fut soigneusement conservé. Ses ustensiles de bureau obtinrent les soins qu'autrefois la veuve d'un paladin eût donnés à ses armes. Chacun comprendra le culte touchant de cette femme d'après un seul détail. Elle avait enveloppé, cacheté une plume, et mis cette inscription sur l'enveloppe : « Dernière plume dont se soit servi mon cher mari. » La tasse dans laquelle il avait bu sa dernière gorgée était sous verre sur la cheminée. Les bonnets et les faux cheveux trônèrent plus tard sur les globes de verre qui recouvraient ces précieuses reliques. Depuis la mort de Bridau, il n'y avait plus chez cette jeune veuve de trente-cinq ans ni trace de coquetterie, ni soin de femme. Séparée du seul homme qu'elle eût connu, estimé, aimé, qui ne lui avait pas donné le moindre chagrin, elle ne s'était plus sentie femme, tout lui fut indifférent ; elle ne s'habilla plus. Jamais rien ne fut ni plus simple ni plus complet que cette démission du bonheur conjugal et de la coquetterie. Certains êtres reçoivent de l'amour la puissance de transporter leur moi dans un autre ; et, quand il leur est enlevé, la vie ne leur est plus possible. Agathe, qui ne pouvait plus exister que pour ses enfants, éprouvait une tristesse infinie en voyant combien de privations sa ruine allait leur imposer. Depuis son emménagement rue Mazarine, elle eut dans sa physionomie une teinte de mélancolie qui la rendit touchante. Elle comptait bien un peu sur l'empereur, mais l'empereur ne pouvait rien faire de plus que ce qu'il faisait pour le moment : sa cassette donnait par an six cents francs pour chaque enfant, outre la bourse.

Quant à la brillante Descoings, elle occupa, au second, un appartement pareil à celui de sa nièce. Elle avait fait à madame Bridau une délégation de mille écus à prendre par préférence sur son usufruit. Roguin le notaire avait mis madame Bridau en règle à cet égard, mais il fallait malheureusement que ce cet remboursement eût réparé le mal. Roguin, chargé de rétablir les quinze cents francs de rente, encaissait à mesure les sommes ainsi retenues. La Descoings, réduite à douze cents francs, vivait petitement avec sa nièce. Ces deux honnêtes, mais faibles créatures, prirent, pour le matin seulement, une femme de ménage. La Descoings, qui aimait à cuisiner, faisait le dîner. Le soir, quelques amis, des employés du ministère autrefois placés par Bridau, venaient faire la partie avec les deux veuves. La Descoings nourrissait toujours son terne, qui s'entêtait, disait-elle, à ne pas sortir. Elle espérait rendre d'un seul coup ce qu'elle avait emprunté à sa nièce. Elle aimait les deux petits Bridau plus que son petit-fils Bixiou, tant elle avait le sentiment de ses torts envers eux, et tant elle admirait la bonté de sa nièce, qui, dans ses plus grandes souffrances, ne lui adressa jamais le moindre reproche. Aussi croyez que Joseph et Philippe étaient choyés par la Descoings. Semblable à toutes les personnes qui ont un vice à se faire pardonner, la vieille actionnaire de la loterie impériale de France leur arrangeait de petits dîners chargés de friandises. Plus tard, Joseph et Philippe pouvaient extraire avec la plus grande facilité de sa poche quelque argent, le cadet pour des fusins, des crayons, du papier, des estampes; l'aîné pour des chaussons aux pommes, des billes, des ficelles et des couteaux. Sa passion l'avait amenée à se contenter de cinquante francs par mois pour toutes ses dépenses, afin de pouvoir donner le reste.

De son côté, madame Bridau, par amour maternel, ne laissait pas sa dépense s'élever à une somme peu considérable. Pour se punir de sa confiance, elle se retranchait héroïquement ses petites jouissances. Comme chez beaucoup d'esprits timides et d'intelligence bornée, un seul sentiment froissé ou la défiance réveillée l'amenaient à déployer si largement un défaut, qu'il prenait la consistance d'une vertu. Si l'empereur pouvait oublier, se disait-elle, il pouvait périr dans une bataille, sa pension cesserait avec elle. Elle frémissait en voyant des chances pour que ses enfants restassent sans aucune fortune au monde. Incapable de comprendre les calculs de Roguin quand il essayait de lui démontrer qu'en sept ans une retenue de trois mille francs sur l'usufruit de madame Descoings lui rétablirait les rentes vendues, elle ne croyait ni au notaire, ni à sa tante, ni à l'État, elle ne comptait plus que sur elle-même et sur ses privations. En mettant chaque année de côté mille écus sur sa pension, elle aurait trente mille francs au bout de dix ans, avec lesquels elle pourrait déjà quinze cents francs de rentes pour un de ses enfants. À trente-six ans, elle avait assez le droit de croire pouvoir vivre encore vingt ans; et, en suivant ce système, elle devait donner à chacun d'eux le strict nécessaire. Ainsi ces deux veuves étaient passées d'une fausse opulence à une misère volontaire, l'une sous la conduite d'un vice, et l'autre sous les enseignes de la vertu la plus pure. Rien de toutes ces choses si menues n'est inutile à l'enseignement profond qui résulte de cette histoire, prise aux intérêts les plus ordinaires de la vie, mais dont la portée n'en sera peut-être que plus étendue. La vue des loges, le frôlement des rapins dans la rue, la nécessité de regarder le ciel pour se consoler des effroyables perspectives qui croisent ça coin toujours humide; et ce portrait encore plein d'âme et de grandeur, malgré le faire du peintre amateur, le spectacle des couleurs riches, vraies vieillies et harmonieuses, de cet intérieur doux et calme, la végétation des jardins aériens, la pauvreté de ce ménage, la préférence de la mère pour son aîné, son opposition aux goûts du cadet, enfin l'ensemble de faits et de circonstances qui sert de préambule à cette histoire y entrent peut-être les causes génératrices auxquelles nous devons Joseph Bridau, l'un des grands peintres de l'école française actuelle.

Philippe, l'aîné des deux enfants de Bridau, ressemblait d'une manière frappante à sa mère. Quoique ce fût un garçon blond aux yeux bleus, il avait un air tapageur qui se prenait facilement pour de la vivacité, pour du courage. Le vieux Claparon, entré au ministère en même temps que Bridau, et l'un des fidèles amis qui venaient le soir faire la partie des deux veuves, disait tous les trois fois par mois à Philippe, en lui donnant une tape à la joue : — Voilà un petit gaillard qui n'aura pas froid aux yeux ! L'enfant stimulé prit, par fanfaronnade, une sorte de résolution. Cette prise une fois donnée à son caractère, il devint adroit à tous les exercices corporels. À force de se battre, au lycée, il contracta cette hardiesse et ce mépris de la douleur qui engendre la valeur militaire; mais naturellement il contracta la plus grande aversion pour l'étude, une éducation publique ne résoudra jamais le problème difficile du développement simultané du corps et de l'intelligence. Agathe concluait de sa ressemblance purement physique avec Philippe à une concordance morale, et croyait fermement retrouver un jour en lui sa délicatesse de sentiment agrandie par la force de l'homme. Philippe avait quinze ans au moment où sa mère vint s'établir dans le triste appartement de la rue Mazarine, et la gentillesse des enfants de cet âge confirmait alors les croyances maternelles. Joseph, de trois ans moins âgé, ressemblait à son père, mais en mal. D'abord, son abondante chevelure noire était toujours mal peignée, quoi qu'on fît; tandis que, malgré sa vivacité, son frère restait toujours joli. Puis, sans qu'on sût par quelle fatalité, mais une fatalité trop constante devient une habitude, Joseph ne pouvait conserver aucun vêtement propre : habillé de vêtements neufs, il en faisait aussitôt de vieux habits. L'aîné, par amour-propre, avait soin de ses affaires. Insensiblement, la mère s'accoutumait à gronder Joseph et à lui donner son frère pour exemple. Agathe ne montrait donc pas toujours le même visage à ses deux enfants; et, quand elle les allait chercher, elle disait de Joseph : — Dans quel état m'aura-t-il mis ses affaires ? Ces petites choses poussaient son cœur dans l'abîme de la préférence maternelle. Personne, parmi les êtres extrêmement ordinaires qui formaient la société des deux veuves, ni le père Bruel, ni le vieux Claparon, ni Desroches le père, ni même l'abbé Loraux, le confesseur d'Agathe, ne remarqua la pente de Joseph vers l'observation. Dominé par son goût, le futur coloriste ne faisait attention à rien de ce qui le concernait; et, pendant son enfance, cette disposition ressembla si bien à la torpeur, que son père avait eu des inquiétudes sur lui. La capacité extraordinaire de la tête, l'étendue du front, avaient tout d'abord fait craindre que l'enfant ne fût hydrocéphale. Sa figure si tourmentée, et dont l'originalité peut passer pour de la laideur aux yeux de ceux qui ne connaissent pas la valeur morale d'une physionomie, fut pendant sa jeunesse assez rechignée. Les traits, qui, plus tard, se développèrent, semblaient être contractés, et la profonde attention de l'enfant prêtait aux choses les crispait encore. Philippe flattait donc toutes les vanités de sa mère, à qui Joseph n'attirait pas le moindre compliment. Il échappait à Philippe de ces mots heureux, de ces reparties qui font croire aux parents que leurs enfants seront des hommes remarquables, tandis que Joseph restait taciturne et songeur. La mère espérait des merveilles de Philippe, et ne comptait point sur Joseph. La prédisposition de Joseph pour l'art était développée par le fait le plus ordinaire : en 1812, aux vacances de Pâques, en revenant de se promener aux Tuileries avec son frère et madame Descoings, il vit un élève faisant sur le mur la caricature de quelque professeur, et l'admiration le cloua sur le pavé devant ce trait à la craie qui pétillait de malice. Le lendemain, il se mit à la fenêtre, observa l'entrée des élèves par la porte de la rue Mazarine, descendit furtivement et se coula dans la longue cour de l'Institut où il aperçut les statues, les bustes, les marbres commencés, les terres cuites, les plâtres qu'il contempla fiévreusement. Son instinct se révélait, sa vocation l'agitait. Il entra dans une salle basse dont la porte était entr'ouverte, et il vit une dizaine de jeunes gens dessinant une statue. Son petit cœur palpita, mais il fut aussitôt l'objet de mille plaisanteries.

— Petit! petit! fit le premier qui l'aperçut en prenant de la mie de pain et la lui jetant émiettée.

— À qui l'enfant?

— Dieu! qu'il est laid!

Enfin, pendant un quart d'heure, Joseph essuya les charges de l'atelier du grand statuaire Chaudet; mais, après s'être bien moqué de lui, les élèves furent frappés de sa persistance, de sa physionomie, et lui demandèrent ce qu'il voulait. Joseph répondit qu'il avait bien envie de savoir dessiner; et, là-dessus, chacun de l'encourager. L'enfant, pris à ce ton d'amitié, raconta comme quoi il était le fils de madame Bridau.

— Oh! dès que tu es le fils de madame Bridau! s'écria-t-on de tous les coins de l'atelier, tu peux devenir un grand homme. Vive le fils à madame Bridau! Est-elle jolie, ta mère? S'il faut en juger sur l'échantillon de la boule, elle doit être un peu chiquet!

— Ah! tu veux être artiste, dit le plus âgé des élèves en quittant sa place et venant à Joseph pour lui faire une charge; mais sais-tu bien qu'il faut être crâne et supporter de grandes misères? Oui, il y a des épreuves à vous casser bras et jambes. Tous ces crapauds que tu vois, eh bien! il n'y en a pas un qui n'ait passé par les épreuves. Celui-là, tiens, il est resté sept jours sans manger! Voyons si tu peux être un artiste?

Il lui prit un bras et le lui éleva droit en l'air; puis il plaça l'autre comme si Joseph avait à donner un coup de poing.

— Nous appelons cela l'épreuve du télégraphe, reprit-il. Si tu restes ainsi, sans baisser ni changer la position de tes membres pendant un quart d'heure, eh bien! tu auras donné la preuve d'être un fier crâne.

— Allons, petit, du courage! dirent les autres. Ah! dame, il faut souffrir pour être artiste.

Joseph, dans sa bonne foi d'enfant de treize ans, demeura immobile pendant environ cinq minutes, et tous les élèves le regardaient sérieusement.

— Oh! tu baisses, disait l'un.

— Eh! tiens-toi, saperlotte! disait l'autre. L'empereur Napoléon

est bien resté pendant un mois comme tu le vois là, dit un élève en
montrant la belle statue de Chaudet.

L'empereur, debout, tenait le sceptre impérial, et cette statue fut
abattue, en 1814, de la colonne qu'elle couronnait si bien. Au bout
de dix minutes, la sueur brillait en perles sur le front de Joseph. En
ce moment un petit homme chauve, pâle et maladif, entra. Le plus
respectueux silence régna dans l'atelier.

— Eh bien ! gamins, que faites-vous ? dit-il en regardant le martyr
de l'atelier.

— C'est un petit bonhomme qui pose, dit le grand élève qui avait
disposé Joseph.

— N'avez-vous pas honte de torturer un pauvre enfant ainsi ? dit
Chaudet en abaissant les deux membres de Joseph. Depuis quand es-
tu là ? demanda-t-il à Joseph en lui donnant sur la joue une petite
tape d'amitié.

— Depuis un quart d'heure.

— Et qui t'amène ici ?

— Je voudrais être artiste.

— Et d'où sors-tu, d'où viens-tu ?

— De chez maman.

— Oh ! maman ! crièrent les élèves.

— Silence dans les cartons ! cria Chaudet. Que fait ta maman ?

— C'est madame Bridau. Mon papa, qui est mort, était un ami de
l'empereur. Aussi l'empereur, si vous voulez m'apprendre à dessiner,
payera-t-il tout ce que vous demanderez.

— Son père était chef de division au ministère de l'intérieur ! s'écria
Chaudet frappé d'un souvenir. Et tu veux être artiste déjà ?

— Oui, monsieur.

— Viens ici tant que tu voudras, et l'on t'y amusera ! Donnez-lui
un carton, du papier, des crayons, et laissez-le faire. Apprenez,
drôles, dit le sculpteur, que son père m'a obligé. Tiens, Corde-à-
Puits, va chercher des gâteaux, des friandises et des bonbons, dit-il
en donnant de la monnaie à l'élève qui avait abusé de Joseph. Nous
verrons bien si tu es un artiste à la manière dont tu chiqueras les légumes, reprit Chaudet en caressant le menton de Joseph.

Puis il passa les travaux de ses élèves en revue, accompagné de
l'enfant qui regardait, écoutait et tâchait de comprendre. Les friandises arrivèrent. Tout l'atelier, le sculpteur lui-même et l'enfant donnèrent leur coup de dent. Joseph fut alors caressé tout aussi bien
qu'il avait été mystifié. Cette scène, où la plaisanterie et le cœur des
artistes se révélaient et qu'il comprit instinctivement, fit une prodigieuse impression sur l'enfant. L'apparition de Chaudet, sculpteur,
enlevé par une mort prématurée, et dont la protection de l'empereur
signalait à la gloire, fut pour Joseph comme une vision. L'enfant ne
dit rien à sa mère de cette escapade ; mais, tous les dimanches et
tous les jeudis, il passa trois heures à l'atelier de Chaudet. La Descoings, qui favorisait les fantaisies de Joseph, donna dès
lors à Joseph des crayons, de la sanguine, des estampes et du papier
à dessiner. Au lycée Impérial, où l'avait conduit, l'attention profonde que le petit bonhomme donnait aux tableaux tenait du miracle.
dessinait ses camarades, il charbonnait les dortoirs, et fut d'une
étonnante assiduité à la classe de dessin. Lemire, professeur du lycée
Impérial, frappé non-seulement des dispositions, mais des progrès de
Joseph, vint avertir madame Bridau de la vocation de son fils. Agathe,
en femme de province qui comprenait aussi peu les arts qu'elle comprenait bien le ménage, fut saisie de terreur. Lemire parti, la veuve
se mit à pleurer.

— Ah ! dit-elle quand la Descoings vint, je suis perdue ! Joseph,
de qui je voulais faire un employé, qui avait sa route toute tracée au
ministère de l'intérieur, où, protégé par l'ombre de son père, il serait
devenu chef de bureau à vingt-cinq ans, eh bien ! il veut se mettre
peintre, un état de va-nu-pieds. Je prévoyais bien que cet enfant-là
ne me donnerait que des chagrins !

Madame Descoings avoua que, depuis plusieurs mois, elle encoura-
geait la passion de Joseph, et couvrait, le dimanche et le jeudi, ses
évasions à l'Institut. Au Salon, où elle l'avait conduit, l'attention profonde que le petit bonhomme donnait aux tableaux tenait du miracle.

— S'il comprend la peinture à treize ans, ma chère, dit-elle, mais
votre Joseph sera un homme de génie.

— Oui, voyez où le génie a conduit son père ! à mourir usé par le
travail à quarante ans.

Dans les derniers jours de l'automne, au moment où Joseph allait
entrer dans sa quatorzième année, Agathe descendit, malgré les
instances de la Descoings, chez Chaudet, pour s'opposer à ce qu'on
lui débauchât son fils. Elle trouva Chaudet, en sarrau bleu, modelant
sa dernière statue ; il reçut presque mal la veuve de l'homme qui jadis l'avait servi dans une circonstance assez critique ; mais, attaqué
déjà dans sa vie, il se débattait avec cette fougue à laquelle on doit
de faire, en quelques moments, ce qu'il est difficile d'exécuter en
quelques mois ; il rencontrait une chose longtemps cherchée, et ma-
niait son ébauchoir et sa glaise par des mouvements saccadés qui parurent à l'ignorante Agathe être ceux d'un maniaque. En toute autre
disposition, Chaudet se fût mis à rire ; mais, en entendant cette mère
maudire les arts, se plaindre de la destinée qu'on imposait à son fils

et demander qu'on ne le reçût plus à son atelier, il entra dans une
sainte fureur.

— J'ai des obligations à défunt votre mari, je voulais m'acquitter
en encourageant son fils, en veillant aux premiers pas de votre petit
Joseph dans la plus grande de toutes les carrières ! s'écria-t-il. Oui,
madame. apprenez, si vous ne le savez pas, qu'un grand artiste est
un roi, plus qu'un roi : d'abord il est plus heureux, il est indépen-
dant, il vit à sa guise ; puis il règne dans le monde de la fantaisie.
Or, votre fils a le plus bel avenir ! des dispositions comme les siennes
sont rares, elles ne se sont dévoilées de si bonne heure que chez les
Giotto, les Raphaël, les Titien, les Rubens, les Murillo ; car il me
semble devoir être plutôt peintre que sculpteur. Jour de Dieu ! si
j'avais un fils semblable, je serais aussi heureux que l'empereur l'est
de s'être donné le roi de Rome. Enfin, vous êtes maîtresse du sort
de votre enfant. Allez, madame ! faites-en un imbécile, un homme
qui ne fera pas marcher en marchant, un misérable gratte-papier :
vous aurez commis un meurtre. J'espère bien que, malgré vos efforts, il sera toujours artiste. La vocation est plus forte que tous les
obstacles pour lesquels on s'oppose à ses effets ! La vocation, le mot
veut dire l'appel, eh ! c'est l'élection par Dieu ! Seulement vous ren-
drez votre enfant malheureux ! Il jeta dans un baquet avec violence
la glaise dont il n'avait plus besoin, et dit alors à son modèle : —
Assez pour aujourd'hui.

Agathe leva les yeux et vit une femme nue assise sur une escabelle
dans un coin de l'atelier, où son regard ne s'était pas encore porté ;
et ce spectacle la fit sortir avec horreur.

— Vous ne recevrez plus ici le petit Bridau, vous autres, dit Chaudet
à ses élèves. Cela contrarie madame sa mère.

— Hue ! crièrent les élèves quand Agathe ferma la porte.

— Et Joseph allait là ! se dit la pauvre mère effrayée de ce qu'elle
avait vu et entendu.

Dès que les élèves en sculpture et en peinture apprirent que madame Bridau ne voulait pas que son fils devînt un artiste, tout leur
bonheur fut d'attirer Joseph chez eux. Malgré la promesse que sa
mère tira de lui de ne plus aller à l'Institut, l'enfant se glissa souvent
dans l'atelier que Regnauld y avait, et on l'y encouragea à barbouiller
des toiles. Quand la veuve voulut se plaindre, les élèves de Chaudet
lui dirent que M. Regnauld n'était pas Chaudet ; elle ne leur avait pas
d'ailleurs donné monsieur son fils à garder, et mille autres plaisanteries. Ces atroces rapins composèrent et chantèrent une chanson
sur madame Bridau, en cent trente-sept couplets.

Le soir de cette triste journée, Agathe refusa de jouer, et resta
dans sa bergère en proie à une si profonde tristesse, que parfois elle
eut des larmes dans ses beaux yeux.

— Qu'avez-vous, madame Bridau ? lui dit le vieux Claparon.

— Elle croit que son fils mendiera son pain parce qu'il a la bosse
de la peinture, dit la Descoings ; mais moi je n'ai pas le plus léger
souci pour l'avenir de mon beau-fils, le petit Bixiou, qui, lui aussi, a
la fureur de dessiner. Les hommes sont faits pour peindre.

— Madame a raison, dit le sec et dur Desroches, qui n'avait jamais
pu, malgré ses talents, devenir sous-chef. Moi je n'ai qu'un fils heureusement ; car avec mes dix-huit cents francs et une femme qui
gagne à peine douze cents francs avec son bureau de papier timbré,
que ferais-je d'eux ? J'ai mis mon gars petit clerc chez un avoué, il
a vingt-cinq francs par mois et le déjeuner, je lui en donne autant ;
il dîne et il couche à la maison : voilà tout, il faut bien qu'il aille, et
il fera son chemin : je taille à mon gaillard plus de besogne que s'il
était au collège, un jour il sera quelque jour avoué ; quand je lui paye un
spectacle, il est heureux comme un roi, il m'embrasse, oh ! je le tiens
roide, il me rend compte de l'emploi de son argent. Vous êtes trop
bonne pour vos enfants. Si votre fils veut manger de la vache enragée, laissez-le faire ! il deviendra quelque chose.

— Moi, dit du Bruel, vieux chef de division qui venait de prendre
sa retraite, le mien n'a que seize ans, sa mère l'adore ; mais je n'é-
couterais pas une vocation qui se déclarerait si bonne heure. C'est
alors pure fantaisie, un goût qui doit passer ! Selon moi, les garçons
ont besoin d'être dirigés.

— Vous, monsieur, vous êtes riche, vous êtes un homme et vous
n'avez qu'un fils, dit Agathe.

— Ma foi, reprit Claparon, les enfants sont nos tyrans (en cœur).
Le mien me fait enrager, il m'a mis sur la paille, j'ai fini par ne plus
m'en occuper du tout (indépendance). Eh bien ! il en est plus heureux, et moi aussi. Le drôle est cause en partie de la mort de sa
pauvre mère. Il s'est fait commis-voyageur, tout ce que je demande
à Dieu, c'est qu'il meure sans lui avoir vu déshonorer mon nom !
Ceux qui n'ont pas d'enfants ignorent bien des plaisirs, mais ils évi-
tent aussi bien des souffrances.

— Voilà les pères ! se dit Agathe en pleurant de nouveau.

— Ce que je vous en dis, ma chère madame Bridau, c'est pour
vous faire voir qu'il faut laisser votre enfant devenir peintre ; autrement, vous perdriez votre temps...

— Si vous étiez capable de le morigéner, reprit l'âpre Desroches, je vous dirais de vous opposer à ses goûts; mais, faible comme je vous vois avec eux, laissez-le barbouiller, crayonner.

— Perdu! dit Claparon.

— Comment, perdu? s'écria la pauvre mère.

— Eh! oui, mon *indépendance en cœur*, cette allumette de Desroches me fait toujours perdre.

— Consolez-vous, Agathe, dit la Descoings, Joseph sera un grand homme.

Après cette discussion, qui ressemble à toutes les discussions humaines, les amis de la veuve se réunirent au même avis, et cet avis ne mettait pas de terme à ses perplexités. On lui conseilla de laisser Joseph suivre sa vocation.

— Si ce n'est pas un homme de génie, lui dit du Bruel, qui courtisait Agathe, vous pourrez toujours le mettre dans l'administration.

Sur le haut de l'escalier, la Descoings, en reconduisant les trois vieux employés, les nomma des *sages de la Grèce*.

— Elle se tourmente trop, dit du Bruel.

— Elle est trop heureuse que son fils veuille faire quelque chose, dit encore Claparon.

— Si Dieu nous conserve l'empereur, dit Desroches, Joseph sera protégé d'ailleurs! Ainsi de quoi s'inquiète-t-elle?

— Elle a peur de tout, quand il s'agit de ses enfants, répondit la Descoings. — Eh bien! bonne petite, reprit-elle en rentrant, vous voyez, ils sont unanimes, pourquoi pleurez-vous encore?

— Ah! s'il s'agissait de Philippe, je n'aurais aucune crainte. Vous ne savez pas ce qui se passe dans ces ateliers! Les artistes y ont des femmes nues.

— Mais ils y font du feu, j'espère? dit la Descoings.

Quelques jours après, les malheurs de la déroute de Moscou éclatèrent. Napoléon revint pour organiser de nouvelles forces et demander de nouveaux sacrifices à la France. La pauvre mère fut alors livrée à d'autres inquiétudes. Philippe, à qui le lycée déplaisait, voulut absolument servir l'empereur. Une revue aux Tuileries, la dernière qu'y fit Napoléon et à laquelle Philippe assista, l'avait fanatisé. Dans ce temps-là, la splendeur militaire, l'aspect des uniformes, l'autorité des épaulettes, exerçaient d'irrésistibles séductions sur certains jeunes gens. Philippe se crut pour le service des dispositions que son frère manifestait pour les arts. À l'insu de sa mère, il écrivit à l'empereur une pétition ainsi conçue :

« Sire, je suis fils de votre Bridau, j'ai dix-huit ans, cinq pieds six « pouces, de bonnes jambes, une bonne constitution, et le désir « d'être un de vos soldats. Je réclame votre protection pour entrer « dans l'armée, etc. »

L'empereur envoya Philippe du lycée Impérial à Saint-Cyr dans les vingt-quatre heures; et, six mois après, en novembre 1813, il le fit sortir sous-lieutenant dans un régiment de cavalerie. Philippe resta pendant une partie de l'hiver au dépôt; mais, dès qu'il sut monter à cheval, plein d'ardeur, durant la campagne de France, il devint lieutenant à une affaire d'avant-garde où son impétuosité sauva son colonel. L'empereur nomma Philippe capitaine à la bataille de la Fère-Champenoise où il le prit pour officier d'ordonnance. Stimulé par un pareil avancement, Philippe gagna la croix à Montereau. Témoin des adieux de Napoléon à Fontainebleau, et fanatisé par ce spectacle, le capitaine Philippe refusa de servir les Bourbons. Quand il revint chez sa mère, en juillet 1814, il la trouva ruinée. On supprima la bourse de Joseph aux vacances, et madame Bridau, dont la pension était servie par la cassette de l'empereur, sollicita vainement pour la faire rentrer au ministère de l'intérieur. Joseph, plus peintre que jamais, enchanté de ces événements, demandait à sa mère de le laisser aller chez M. Regnault, et promettait de pouvoir gagner sa vie. Il se disait assez fort élève de seconde pour se passer de sa rhétorique. Capitaine à dix-neuf ans et décoré, Philippe, après avoir servi d'aide de camp à l'empereur sur deux champs de bataille, flattait énormément l'amour-propre de sa mère; aussi, quoique grossier, tapageur, et en réalité sans autre mérite que celui de la vulgaire bravoure du sabreur, fut-il pour elle l'homme de génie; tandis que Joseph, petit, maigre, souffreteux, au front sauvage, aimant la paix, la tranquillité, rêvant la gloire de l'artiste, ne devait lui donner, selon elle, des tourments et des inquiétudes. L'hiver de 1814 à 1815 fut favorable à Joseph, qui, secrètement protégé par la Descoings et par Bixiou, élève de Gros, alla travailler dans ce célèbre atelier, d'où sortirent tant de talents différents, et où il se lia très-étroitement avec Schinner. Le 20 mars éclata, le capitaine Bridau, qui rejoignit l'empereur à Lyon, l'accompagna aux Tuileries, fut nommé chef d'escadron aux dragons de la garde. Après la bataille de Waterloo, à laquelle il fut blessé, mais légèrement, et où il gagna la croix d'officier de la Légion d'honneur, il se trouva près du maréchal Davoust à Saint-Denis et ne fit point partie de l'armée de la Loire; aussi, par la protection du maréchal Davoust, sa croix d'officier et son grade lui furent-ils maintenus; mais on le mit à demi-solde. Joseph, inquiet de l'avenir, étudia durant cette période avec une ardeur qui plusieurs fois le rendit malade au milieu de cet ouragan d'événements.

— C'est l'odeur de la peinture, disait Agathe à madame Descoings, il devrait bien quitter un état si contraire à sa santé.

Toutes les anxiétés d'Agathe étaient alors pour son fils le lieutenant-colonel; elle le revit en 1816, tombé de neuf mille francs environ d'appointements que recevait un commandant des dragons de la garde impériale, à une demi-solde de trois cents francs par mois; elle lui fit arranger la mansarde au-dessus de la cuisine, et employa quelques économies. Philippe fut un des bonapartistes les plus assidus du café Lemblin, véritable Béotie constitutionnelle; il y prit les habitudes, les manières, le style et la vie des officiers à demi-solde; et, comme eût fait tout jeune homme de vingt et un ans, il outra, voua sérieusement une haine mortelle aux Bourbons, ne se rallia point, il refusa même les occasions qui se présentèrent d'être employé dans la ligne avec son grade de lieutenant-colonel. Aux yeux de sa mère, Philippe parut déployer un grand caractère.

— Le père n'eût pas mieux fait, disait-elle.

La demi-solde suffisait à Philippe, il ne coûtait rien à la maison, tandis que Joseph était entièrement à la charge des deux veuves. Dès ce moment, la prédilection d'Agathe pour Philippe se trahit. Jusque-là cette préférence fut un secret; mais la persécution exercée sur un fidèle soldat de l'empereur, le souvenir de la blessure reçue par ce fils chéri, son courage dans l'adversité, qui, bien que volontaire, était pour elle une noble adversité, firent éclater la tendresse d'Agathe. Ce mot : — Il est malheureux! justifiait tout. Joseph, dont le caractère avait cette simplesse qui surabonde au début de la vie dans l'âme des artistes, élevé d'ailleurs dans une certaine admiration de son grand frère, loin de se choquer de la préférence de sa mère, la justifiait en partageant ce culte pour un brave qui avait porté les ordres de Napoléon dans deux batailles, pour un blessé de Waterloo. Comment mettre en doute la supériorité de ce grand frère, qu'il avait vu dans le bel uniforme vert et or des dragons de la garde, commandant son escadron au Champ-de-Mai! Malgré sa préférence, Agathe se montra d'ailleurs excellente mère : elle aimait Joseph, mais sans aveuglement; elle ne le comprenait pas, voilà tout. Joseph adorait sa mère, tandis que Philippe se laissait adorer par elle. Cependant le dragon adoucissait pour elle sa brutalité soldatesque; mais il ne dissimulait guère son mépris pour Joseph, tout en l'exprimant d'une manière amicale. En voyant ce frère dominé par sa puissante tête et maigri par un travail opiniâtre, tout chétif et malingre à dix-sept ans, il l'appelait : — Moutard! ses manières toujours protectrices eussent été blessantes sans l'insouciance de l'artiste, qui croyait d'ailleurs à la bonté cachée chez les soldats sous leur air brutal. Joseph ne savait pas encore, le pauvre enfant, que les militaires d'un vrai talent sont doux et polis comme les autres gens supérieurs. Le génie est en toute chose semblable à lui-même.

— Pauvre garçon! disait Philippe à sa mère, il ne faut pas le tracasser, laissez-le s'amuser.

Ce dédain, aux yeux de la mère, semblait une preuve de tendresse fraternelle.

— Philippe aimera toujours son frère et le protégera, pensait-elle.

En 1816, Joseph obtint de sa mère la permission de convertir en atelier le grenier contigu à sa mansarde, et la Descoings lui donna quelque argent pour avoir les choses indispensables au *métier de peintre*; car, dans le ménage des deux veuves, la peinture n'était qu'un métier. Avec l'esprit et l'ardeur qui l'accompagnent toute vocation, Joseph disposa tout lui-même dans son pauvre atelier. Le propriétaire, sollicité par madame Descoings, fit ouvrir le toit, et y plaça un châssis. Ce grenier devint une vaste salle peinte par Joseph en couleur chocolat; il accrocha sur les murs quelques esquisses; Agathe y mit, non sans regret, un petit poêle en fonte, et Joseph put travailler chez lui, sans négliger néanmoins l'atelier de Gros ni celui de Schinner. Le parti constitutionnel, soutenu surtout par les officiers en demi-solde et par le parti bonapartiste, fit alors des émeutes autour de la Chambre au nom de la Charte, de laquelle personne ne voulait, et ourdit plusieurs conspirations. Philippe, qui s'y fourra, fut arrêté, puis relâché faute de preuves; mais le ministre de la guerre lui supprima sa demi-solde en le mettant dans un cadre où ne pourrait appeler de discipline. La France était plus tremblée, Philippe finirait par donner beaucoup alors des agents provocateurs. On parlait beaucoup alors de Philippe joué au billard dans les cafés suspects, y perdait son temps, et s'y habituait à humer des petits verres de différentes liqueurs. Agathe était dans les transes mortelles sur le grand homme de la famille. Les trois sages de L. Grèce s'étaient trop habitués à faire même chemin tous les soirs, à monter l'escalier des deux veuves, les trouver les attendant et s'être là leur demander leurs impressions du jour pour jamais les quitter, ils venaient toujours faire leur partie dans ce petit salon vert. Le ministre de l'intérieur, livré aux épurations de 1816, avait conservé Claparon, un de ces trembleurs qui donnent à mi-voix les nouvelles du *Moniteur* en ajoutant : — Ne me compromettez pas! Desroches, mis à la retraite quelque temps après le vieux du Br... disputait encore sa pension. Ces trois amis, témoins du désespoir d'Agathe, lui donnèrent le conseil de faire voyager le colonel.

— On parle de conspirations, et votre fils, du caractère dont il est, sera victime de quelque affaire, car il y a toujours des traîtres.

— Que diable! il est du bois dont son empereur faisait les maréchaux, dit du Bruel à voix basse en regardant autour de lui, et il ne doit pas abandonner son état. Qu'il aille servir dans l'Orient, aux Indes.

— Et sa santé? dit Agathe.

— Pourquoi ne prend-il pas une place? dit le vieux Desroches, il se forme tant d'administrations particulières! Moi, je vais entrer chef de bureau dans une compagnie d'assurances, dès que ma pension de retraite sera réglée.

— Philippe est un soldat, il n'aime que la guerre, dit la belliqueuse Agathe.

Philippe fut un des bonapartistes les plus assidus du café Lemblin. Il y prit les manières... des officiers à demi-solde. — PAGE 7.

— Il devrait alors être sage et demander à servir...

— Ceux-ci? s'écria la veuve. Oh! ce n'est pas moi qui le lui conseillerai jamais.

— Vous avez tort, reprit du Bruel. Mon fils vient d'être placé par le duc de Navarreins. Les Bourbons sont excellents pour ceux qui se rallient sincèrement. Votre fils serait nommé lieutenant-colonel à quelque régiment.

— On ne veut que des nobles dans la cavalerie, et il ne sera jamais colonel! s'écria la Descoings.

Agathe effrayée supplia Philippe de passer à l'étranger et de s'y mettre au service d'une puissance quelconque, qui accueillerait toujours avec faveur un officier d'ordonnance de l'empereur.

— Servir les étrangers!... s'écria Philippe avec horreur.

Agathe embrassa son fils avec effusion en disant : — C'est tout son père.

— Il a raison, dit Joseph, le Français est trop fier de sa Colonne

pour aller s'encolonner ailleurs. Napoléon reviendra d'ailleurs peut-être encore une fois!

Pour complaire à sa mère, Philippe eut alors la magnifique idée de rejoindre le général Lallemant aux États-Unis, et de coopérer à la fondation du Champ-d'Asile, une des plus terribles mystifications connues sous le nom de souscriptions nationales. Agathe donna dix mille francs pris sur ses économies, et dépensa mille francs pour aller conduire et embarquer son fils au Havre. A la fin de 1817, Agathe sut vivre avec les six cents francs qui lui restaient de son inscription sur le grand-livre; puis, par une heureuse inspiration, elle plaça sur-le-champ les dix mille francs qui lui restaient de ses économies, et dont elle eut sept cents autres francs de rente. Joseph voulut coopérer à cette œuvre de dévouement : il alla mis comme un recors; il porta de gros souliers, des bas bleus; il se refusa des gants et brûla du charbon de terre; il vécut de pain, de lait, de fromage de Brie. Le pauvre enfant ne recevait d'encouragements que de la vieille Descoings et de Bixiou, son camarade de collège et son camarade d'atelier, qui fit alors ses admirables caricatures, tout en remplissant une petite place dans un ministère.

— Avec quel plaisir j'ai vu venir l'été de 1818! a dit souvent Bridau en racontant ses misères d'alors. Le soleil m'a dispensé d'acheter du charbon.

Déjà moins aussi fort que Gros en fait de couleur, il ne voyait plus son maître que pour le consulter; il méditait alors de rompre en visière aux classiques, de briser les conventions grecques et les lisières dans lesquelles on renfermait un art à qui la nature appartient comme elle est, dans la toute-puissance de ses créations et de ses fantaisies. Joseph se préparait à sa lutte qui, dès le jour où il apparut au Salon, en 1823, ne cessa plus. L'année fut terrible : Roguin, le notaire de madame Descoings et de madame Bridau, disparut en emportant les retenues faites depuis sept ans sur l'usufruit, et qui devaient déjà produire deux mille francs de rente. Trois jours après ce désastre, arriva de New-York une lettre de change de mille francs tirée par le colonel Philippe sur sa mère. Le pauvre garçon, abusé comme tant d'autres, avait tout perdu au Champ-d'Asile. Cette lettre, qui fit fondre en larmes Agathe, la Descoings et Joseph, parlait de dettes contractées à New-York, où des camarades d'infortune cautionnaient le colonel.

— C'est pourtant moi qui l'ai forcé de s'embarquer! s'écria la pauvre mère, ingénieuse à justifier les fautes de Philippe.

— Je ne vous conseille pas, dit la vieille Descoings à sa nièce, de lui faire souvent faire des voyages de ce genre-là.

Madame Descoings était héroïque. Elle donnait toujours mille écus à madame Bridau, mais elle nourrissait aussi toujours le même terne qui, depuis 1799, n'était pas sorti. Vers ce temps, elle commençait à douter de la bonne foi de l'administration. Elle accusa le gouvernement, et le crut très-capable de supprimer les trois numéros dans l'urne afin de provoquer les mises furieuses des actionnaires. Après un rapide examen des ressources, il parut impossible de faire mille francs sans vendre une portion de rente. Les deux femmes parlèrent d'engager l'argenterie, une partie du linge ou le surplus de mobilier. Joseph, effrayé de ces propositions, alla trouver Gérard, lui exposa sa situation, et le grand peintre lui obtint au ministère de la maison du roi deux copies du portrait de Louis XVIII à raison de cinq cents francs chacune. Quoique peu donnant, Gros mena son élève chez son marchand de couleurs, auquel il dit de mettre sur son compte les fournitures nécessaires à Joseph. Mais les mille francs ne devaient être payés que les copies livrées. Joseph fit alors quatre tableaux de chevalet en dix jours, les vendit à des marchands, et apporta les mille francs à sa mère, qui put solder la lettre de change. Huit jours après, vint une autre lettre, par laquelle le colonel avisait sa mère de son départ sur un paquebot dont le capitaine le prenait sur sa parole. Philippe annonçait avoir besoin d'au moins mille francs en débarquant au Havre.

— Bon, dit Joseph à sa mère, j'aurai fini mes copies, je te les porteras mille francs.

— Cher Joseph! s'écria tout en larmes Agathe en l'embrassant, Dieu te bénira. Tu l'aimes donc, ce pauvre persécuté? il est notre gloire et tout notre avenir. Si jeune, si brave et si malheureux! tout est contre lui, soyons au moins tous trois pour lui.

— Tu vois bien que la peinture sert à quelque chose! s'écria Joseph heureux d'obtenir enfin de sa mère la permission d'être un grand artiste.

Madame Bridau courut au-devant de son bien-aimé fils le colonel Philippe. Une fois au Havre, elle alla tous les jours au delà de la tour ronde bâtie par François Ier, attendant le paquebot américain, et concevant de jour en jour de plus cruelles inquiétudes. Les mères seules savent combien ces sortes de souffrances raviv ent la maternité. Le paquebot arriva par une belle matinée du mois d'octobre 1819, sans avaries, sans avoir eu le moindre grain. Chez l'homme le plus brute, l'air de la patrie et la vue d'une mère produisent toujours un certain effet, surtout après un voyage plein de misères. Philippe se livra donc à une effusion de sentiments qui fit penser à Agathe : — Ah! comme il m'aime, lui! Hélas! l'officier n'aimait plus qu'une seule personne au monde, et cette personne était le colonel Philippe. Ses malheurs au

Texas, son séjour à New-York, pays où la spéculation et l'individualisme sont portés au plus haut degré, où la brutalité des intérêts arrive au cynisme, où l'homme, essentiellement isolé, se voit contraint de marcher dans sa force et de se faire à chaque instant juge dans sa propre cause, où la politesse n'existe pas; enfin, les moindres événements de ce voyage avaient développé chez Philippe les mauvais penchants du soudard : il était devenu brutal, buveur, fumeur, personnel, impoli; la misère et les souffrances physiques l'avaient dépravé. D'ailleurs le colonel se regardait comme persécuté. L'effet de cette opinion est de rendre les gens sans intelligence persécuteurs et intolérants. Pour Philippe, l'univers commençait à sa tête et finissait à ses pieds, le soleil ne brillait que pour lui. Enfin, le spectacle de New-York, interprété par cet homme d'action, lui avait enlevé les moindres scrupules en fait de moralité. Chez les êtres de cette espèce, il n'y a que deux manières d'être : ou ils croient, ou ils ne croient pas; ou ils ont toutes les vertus de l'honnête homme, ou ils s'abandonnent à toutes les exigences de la nécessité; puis ils s'habituent à ériger leurs moindres intérêts et chaque vouloir momentané de leurs passions en nécessité. Avec ce système, on peut aller loin. Le colonel avait conservé, dans l'apparence seulement, la candeur, la franchise, le laisser-aller du militaire. Aussi était-il excessivement dangereux; il semblait ingénu comme un enfant; mais, n'ayant à penser qu'à lui, jamais il ne faisait rien sans avoir réfléchi à ce qu'il devait faire, autant qu'un rusé procureur réfléchit à quelque tour de maître Gonin; les paroles ne lui coûtaient rien, il en donnait autant qu'on en voulait croire. Si, par malheur, quelqu'un s'avisait de ne pas accepter les explications par lesquelles il justifiait les contradictions entre sa conduite et son langage, le colonel, qui tirait supérieurement le pistolet, qui pouvait défier le plus habile maître d'armes, et qui possédait le sang-froid de tous ceux auxquels la vie est indifférente, était prêt à vous demander raison de la moindre parole aigre; mais, en attendant, il paraissait homme à se livrer à des voies de fait, après lesquelles aucun arrangement n'est possible. Sa stature imposante avait pris de la rotondité, son visage s'était bronzé pendant son séjour au Texas, il conservait son parler bref et le ton tranchant de l'homme obligé de se faire respecter au milieu de la population de New-York. Ainsi fait, simplement vêtu, le corps visiblement endurci par ses récentes misères, Philippe apparut à sa pauvre mère comme un héros; mais il était tout simplement devenu ce que le peuple nomme assez énergiquement un *chenapan*. Effrayée du dénûment de son fils chéri, madame Bridau lui fit au Havre une garde-robe complète; en écoutant le récit de ses malheurs, elle n'eut pas la force de l'empêcher de boire, de manger et de s'amuser comme devait boire et s'amuser un homme qui revenait du Champ-d'Asile. Certes, ce fut une belle conception que celle de la conquête du Texas par les restes de l'armée impériale; mais elle manqua moins par les choses que par les hommes, puisque aujourd'hui le Texas est une république pleine d'avenir. Cette expérience du libéralisme sous la Restauration prouve énergi-

quement que ses intérêts étaient purement égoïstes et nullement nationaux, autour du pouvoir et non ailleurs. Ni les hommes, ni les lieux, ni l'idée, ni le dévouement ne firent faute, mais bien les écus et les secours de cet hypocrite parti, qui disposait de sommes énormes, et qui ne donna rien quand il s'agissait d'un empire à retrouver. Les ménagères du genre d'Agathe ont un bon sens qui leur fait deviner ces sortes de tromperies politiques. La pauvre mère entrevit alors la vérité d'après les récits de son fils; car, dans l'intérêt du proscrit, elle avait écouté pendant son absence les pompeuses réclames des journaux constitutionnels, et suivi le mouvement de cette fameuse souscription, qui produisit à peine cinquante mille francs lorsqu'il aurait fallu cinq à six millions. Les chefs du libéralisme s'étaient promptement aperçus qu'ils faisaient les affaires de Louis XVIII en exportant de France les glorieux débris de nos armées, et ils abandonnèrent les plus dévoués, les plus ardents, ils plus enthousiastes, ceux qui s'avancèrent les premiers. Jamais Agathe ne put expliquer à son fils comment il était beaucoup plus une dupe qu'un homme persécuté. Dans sa croyance en son idole, elle s'accusa d'ignorance et déplora le malheur des temps qui frappait Philippe. En effet, jusqu'alors, dans toutes ses misères, il était moins fautif que victime de son beau caractère, de son énergie, de la chute de l'empereur, de la duplicité des libéraux, et de l'acharnement des Bourbons contre les bonapartistes. Elle n'osa pas, durant cette semaine passée au Havre, semaine horriblement coûteuse, lui proposer de se réconcilier avec le gouvernement royal, et de se présenter au ministre de la guerre : elle eut assez à faire de le tirer du Havre, où la vie est horriblement chère, et de le ramener à Paris quand elle n'eut plus que l'argent du voyage. La Descoings et Joseph, qui attendaient le proscrit à son débarquer dans la cour des Messageries royales, furent frappés de l'altération du visage d'Agathe.

— Ta mère a pris dix ans en deux mois, dit la Descoings à Joseph au milieu des embrassades et pendant qu'on déchargeait les deux malles.

— Bonjour, mère Descoings, fut le mot de tendresse du colonel pour la vieille épicière,

Puis il passa les travaux de ses élèves en revue, accompagné de l'enfant qui... — PAGE 6.

que Joseph appelait affectueusement maman Descoings.

— Nous n'avons pas d'argent pour le fiacre, dit Agathe d'une voix dolente.

— J'en ai, lui répondit le jeune peintre. Mon frère est d'une superbe couleur! s'écria-t-il à l'aspect de Philippe.

— Oui, je me suis culotté comme une pipe. Mais, toi, tu n'es pas changé, petit.

Alors âgé de vingt et un ans, et d'ailleurs apprécié par quelques amis qui le soutinrent dans ses jours d'épreuves, Joseph sentait sa force et avait la conscience de son talent; il représentait la peinture dans un cénacle formé par des jeunes gens dont la vie était adonnée aux sciences, aux lettres, à la politique et à la philosophie, il fut donc blessé par l'expression de mépris que son frère marqua encore par un geste : Philippe lui tortilla l'oreille comme à un enfant. Agathe observa l'espèce de froideur qui succédait chez la Descoings et chez

Joseph à l'effusion de leur tendresse; mais elle répara tout en leur parlant des souffrances endurées par Philippe pendant son exil. La Descoings, qui voulait faire un jour de fête du retour de l'enfant qu'elle nommait prodigue, mais tout bas, avait préparé le meilleur dîner possible, auquel étaient conviés le vieux Claparon et Desroches le père. Tous les amis de la maison devaient venir, et vinrent le soir. Joseph avait averti Léon Giraud, d'Arthez, Michel Chrestien, Fulgence Ridal et Bianchon, ses amis du cénacle. La Descoings dit à Bixiou, son prétendu beau-fils, qu'on ferait entre jeunes gens un écarté. Desroches le fils, devenu par la roide volonté de son père licencié en droit, fut aussi de la soirée. Du Bruel, Claparon, Desroches et l'abbé Loraux étudièrent le proscrit, dont les manières et la contenance grossières, la voix altérée par l'usage des liqueurs, la phraséologie populaire et le regard les effrayèrent. Aussi, pendant que Joseph arrangeait les tables de jeu, les plus dévoués entourèrent-ils Agathe en lui disant : — Que comptez-vous faire de Philippe?

— Je ne sais pas, répondit-elle; mais il ne veut toujours pas servir les Bourbons.

— Il est bien difficile de lui trouver une place en France. S'il ne rentre pas dans l'armée, il ne se casera pas de sitôt dans l'administration, dit le vieux du Bruel. Certes, il suffit de l'entendre pour voir qu'il n'aura pas, comme mon fils, la ressource de faire fortune avec des pièces de théâtre.

Au mouvement d'yeux par lequel Agathe répondit, chacun comprit combien l'avenir de Philippe l'inquiétait; et, comme aucun de ses amis n'avait de ressources à lui présenter, tous gardèrent le silence. Le proscrit, Desroches fils et Bixiou, jouèrent à l'écarté, jeu qui faisait alors fureur.

— Maman Descoings, mon frère n'a pas d'argent pour jouer, vint dire Joseph à l'oreille de la bonne et excellente femme.

L'actionnaire de la loterie royale alla chercher vingt francs et les remit à l'artiste, qui les glissa secrètement dans la main de son frère. Tout le monde arriva. Il y eut deux tables de boston, et la soirée s'anima. Philippe se montra mauvais joueur. Après avoir d'abord gagné beaucoup, il perdit; puis, vers onze heures, il devait cinquante francs à Desroches fils et à Bixiou. Le tapage et les disputes de la table d'écarté résonnèrent plus d'une fois aux oreilles des paisibles joueurs de boston, qui observèrent Philippe à la dérobée. Le proscrit donna les preuves d'une si mauvaise nature, que, dans sa dernière querelle, où Desroches fils, qui n'était pas non plus très-bon, se trouvait mêlé, Desroches père, quoique son fils eût raison, lui donna tort et lui défendit de jouer. Madame Descoings en fit autant avec son petit-fils, qui commençait à lancer des mots si spirituels, que Philippe ne les comprit pas, mais qui pouvaient mettre ce cruel railleur en péril au cas où l'une de ses flèches barbelées fût entrée dans l'épaisse intelligence du colonel.

— Tu dois être fatigué, dit Agathe à l'oreille de Philippe, viens te coucher.

— Les voyages forment la jeunesse, dit Bixiou en souriant quand le colonel et madame Bridau furent sortis.

Joseph, qui se levait au jour et se couchait de bonne heure, ne vit pas la fin de cette soirée. Le lendemain matin, Agathe et la Descoings, en préparant le déjeuner dans la première pièce, ne purent s'empêcher de penser que les soirées seraient excessivement chères, si Philippe continuait à jouer ce jeu-là, selon l'expression de la Descoings. Cette vieille femme, alors âgée de soixante-seize ans, proposa de vendre son mobilier, de rendre son appartement au second étage au propriétaire, qui ne demandait pas mieux que de le reprendre, de faire sa chambre du salon d'Agathe, et de convertir la première pièce en un salon où l'on mangerait. On économiserait ainsi sept cents francs par an. Ce retranchement dans la dépense permettrait de donner cinquante francs par mois à Philippe en attendant qu'il se plaçât. Agathe accepta ce sacrifice. Lorsque le colonel descendit, quand sa mère lui eut demandé s'il s'était trouvé bien dans sa petite chambre, les deux veuves lui exposèrent la situation de la famille. Madame Descoings et Agathe possédaient, en réunissant leurs revenus, cinq mille trois cents francs de rentes, dont les quatre mille de la Descoings étaient viagères. La Descoings faisait six cents francs de pension à Bixiou, qu'elle avouait pour son petit-fils depuis six mois, et six cents francs à Joseph; le reste de son revenu passait, ainsi que celui d'Agathe, au ménage et à leur entretien. Toutes les économies avaient été dévorées.

— Soyez tranquilles, dit le lieutenant-colonel, je vais chercher une place, je ne serai pas à votre charge, je demande pour le moment que ma pâtée et la niche.

Agathe embrassa son fils, et la Descoings glissa cent francs dans la main de Philippe pour payer la dette de jeu faite la veille. En dix jours la vente du mobilier, la remise de l'appartement et le changement intérieur de celui d'Agathe se firent avec cette célérité qui ne se voit qu'à Paris. Pendant ces dix jours, Philippe décampa régulièrement après le déjeuner, revint pour dîner, s'en alla le soir, et ne rentra se coucher que vers minuit. Voici les habitudes que ce militaire réformé contracta presque machinalement et qui s'enracinè-

rent; il faisait cirer ses bottes sur le Pont-Neuf pour les deux sous qu'il eût donnés en prenant par le pont des Arts pour gagner le Palais-Royal, où il consommait deux petits verres d'eau-de-vie en lisant les journaux, occupation qui le menait jusqu'à midi; vers cette heure, il cheminait par la rue Vivienne, et se rendait au café Minerve, où se brassait alors la politique libérale et où il jouait au billard avec d'anciens officiers. Tout en gagnant ou perdant, Philippe avalait toujours trois ou quatre petits verres de diverses liqueurs, et fumait dix cigares de la régie en allant, revenant et flânant par les rues. Après avoir fumé quelques pipes le soir à l'estaminet Hollandais, il montait au jeu vers dix heures, le garçon de salle lui donnait une carte et une épingle; il s'enquérait auprès de quelques joueurs émérites de l'état de la rouge et de la noire, et jouait dix francs au moment le plus opportun, sans jouer jamais plus de trois coups, perte ou gain. Quand il avait gagné, ce qui arrivait presque toujours, il consommait un bol de punch et regagnait sa mansarde; mais il parlait alors d'assommer les ultras, les gardes du corps, et chantait dans les escaliers Veillons au salut de l'Empire! Sa pauvre mère, en l'entendant, disait : — Il est gai ce soir, Philippe; et elle montait l'embrasser, sans se plaindre des odeurs fétides du punch, des petits verres et du tabac.

— Tu dois être contente de moi, ma chère mère? lui dit-il vers la fin de janvier, je mène la vie la plus régulière du monde.

Philippe avait dîné cinq fois au restaurant avec d'anciens camarades. Ces vieux soldats s'étaient communiqué l'état de leurs affaires en parlant des espérances que donnait la construction d'un bateau sous-marin pour la délivrance de l'empereur. Parmi ses anciens camarades retrouvés, Philippe affectionna particulièrement un vieux capitaine des dragons de la garde, nommé Giroudeau, dans la compagnie duquel il avait débuté. Cet ancien dragon fut cause que Philippe compléta ce que Rabelais appellerait l'équipage du diable, en ajoutant au petit verre, au cigare et au jeu, une quatrième roue. Un soir, au commencement de février, Giroudeau emmena Philippe, après dîner, à la Gaîté, dans une loge donnée à un petit journal de théâtre appartenant à son neveu Finot, où il tenait la caisse, les écritures, pour lequel il faisait et vérifiait les bandes. Vêtus, selon la mode des officiers bonapartistes appartenant à l'opposition constitutionnelle, d'une ample redingote à collet carré, boutonnée jusqu'au menton, tombant sur les talons et décorée de la rosette, armés d'un jonc à pomme plombée qu'ils tenaient par un cordon de cuir tressé, ces deux anciens troupiers s'étaient, pour employer une de leurs expressions, donné une culotte, et s'ouvraient mutuellement leurs cœurs en entrant dans la loge. A travers les vapeurs d'un certain nombre de bouteilles et de petits verres de diverses liqueurs, Giroudeau montra sur la scène à Philippe une petite, grasse et agile figurante nommée Florentine, dont les bonnes grâces et l'affection lui venaient, ainsi que la loge, par la toute-puissance du journal.

— Mais, dit Philippe, jusqu'où vont ses bonnes grâces pour un vieux troupier gris-pommelé comme toi?

— Dieu merci, répondit Giroudeau, je n'ai pas abandonné les vieilles doctrines de notre glorieux uniforme! Je n'ai jamais dépensé deux liards pour une femme.

— Comment? s'écria Philippe en mettant un doigt sur l'œil gauche.

— Oui, répondit Giroudeau. Mais, entre nous, le journal y est pour beaucoup. Demain, dans deux lignes, nous conseillerons à l'administration de faire danser un pas à mademoiselle Florentine. Ma foi, mon cher enfant, je suis très-heureux, dit Giroudeau.

— Eh! mais Philippe, si ce respectable Giroudeau, malgré son crâne poli comme mon genou, ses quarante-huit ans, son gros ventre, sa figure de vigneron et son nez en forme de pomme de terre, est l'ami d'une figurante, je dois être celui de la première actrice de Paris. Où ça se trouve-t-il? dit-il tout haut à Giroudeau.

— Je te ferai voir ce soir le ménage de Florentine. Quoique ma dulcinée n'ait que cinquante francs par mois au théâtre, grâce à un ancien marchand de soieries nommé Cardot, qui lui offre cinq cents francs par mois, elle est encore assez bien ficelée!

— Eh! mais?... dit Philippe jaloux.

— Bah! fit Giroudeau, le véritable amour est aveugle.

Après le spectacle, Giroudeau mena Philippe chez mademoiselle Florentine, qui demeurait à deux pas du théâtre, rue de Crussol.

— Tenons-nous bien, lui dit Giroudeau. Florentine a sa mère; tu comprends que je n'ai pas les moyens de lui en payer une, et que la bonne femme est sa vraie mère. Cette femme fut portière, mais elle ne manque pas d'intelligence, se nomme Cabirolle; appelle-la madame : elle y tient.

Florentine avait ce soir-là chez elle une amie, une certaine Marie Godeschal, belle comme un ange, froide comme une danseuse, et d'ailleurs élève de Vestris, qui lui prédisait les plus hautes destinées chorégraphiques. Mademoiselle Godeschal, qui voulait débuter au Panorama-Dramatique sous le nom de Mariette, comptait sur la protection d'un premier gentilhomme de la chambre, à qui Vestris devait la présenter depuis longtemps. Vestris, encore vert à cette époque, ne trouvait pas son élève encore suffisamment savante. L'ambitieuse Marie Godeschal rendit fameux son pseudonyme de Mariette ; mais son ambition fut d'ailleurs très-louable. Elle avait un frère, clerc chez Derville. Orphelins et misérables, mais s'aimant tous deux, le frère et la sœur avaient vu la vie comme elle est à Paris : l'un voulait devenir avoué pour établir sa sœur, et vivait avec dix sous par jour ; l'autre avait résolu froidement de devenir danseuse, et de profiter autant de sa beauté que de ses jambes pour acheter une étude à son frère. En dehors de leurs sentiments l'un pour l'autre, de leurs intérêts et de leur vie commune, tout, pour eux, était, comme autrefois pour les Romains et pour les Hébreux, barbare, étranger, ennemi. Cette amitié si belle, et que rien ne devait altérer, expliquait Mariette à ceux qui la connaissaient intimement. Le frère et la sœur demeuraient alors au huitième étage d'une maison de la Vieille rue du Temple. Mariette s'était mise à l'étude dès l'âge de dix ans, et comptait alors seize printemps. Hélas ! faute d'un peu de toilette, sa beauté trotte-menu, cachée sous un cachemire de poil de lapin, montée sur des patins en fer, vêtue d'indienne et mal tenue, ne pouvait être devinée que par les Parisiens adonnés à la chasse des grisettes et à la piste des beautés malheureuses. Philippe devint amoureux de Mariette. Mariette vit en Philippe le commandant aux dragons de la garde, l'officier d'ordonnance de l'empereur, le jeune homme de vingt-sept ans et le plaisir de se montrer supérieure à Florentine par l'évidente supériorité de Philippe sur Giroudeau. Florentine et Giroudeau, lui pour faire le bonheur de son camarade, elle pour donner un protecteur à son amie, poussèrent Mariette et Philippe à faire un mariage *en détrempe*. Cette expression du langage parisien équivaut à celle de *mariage morganatique* employée pour les rois et les reines. Philippe, en sortant, confia sa misère à Giroudeau ; mais le vieux roué le rassura beaucoup.

— Je parlerai de toi à mon neveu Finot, lui dit Giroudeau. Vois-tu, Philippe, le règne des péquins et des phrases est arrivé, soumettons-nous. Aujourd'hui l'écriture fait tout. L'encre remplace la poudre, et la parole est substituée au canon. Après tout, ces petits crapauds de rédacteurs sont très-ingénieux et assez bons enfants. Viens me voir demain au journal, j'aurai dit deux mots de ta position à mon neveu. Dans quelque temps, tu auras une place dans un journal quelconque. Mariette, qui, maintenant (ne t'abuse pas), te prend parce qu'elle n'a rien, et engagement si impossible de débuter, et à qui j'ai dit que tu allais être commandant chez moi dans un journal, Mariette te prouvera qu'elle t'aime pour toi-même, et tu le croiras ! Fais comme moi, maintiens-la figurante tant que tu pourras ! J'étais si amoureux, que, dès que Florentine a voulu danser son pas, j'ai prié Finot de demander son début ; mais mon neveu m'a dit : — Elle a du talent, n'est-ce pas ? Eh bien ! le jour où elle aura dansé son pas elle te fera passer la porte. Oh ! voilà Finot. Tu verras un gars bien dégourdi.

Le lendemain, sur les quatre heures, Philippe se trouva rue du Sentier, dans un petit entresol où il aperçut Giroudeau encagé comme un animal féroce dans une espèce de poulailler à chatière où se trouvaient un petit poêle, une petite table, deux petites chaises, et de petites bûches. Cet appareil était relevé par ces mots magiques : *Bureau d'abonnement*, imprimés sur la porte en lettres noires, et par le mot *Caisse* écrit à la main et attaché au-dessus du grillage. Le long du mur qui faisait face à l'établissement du capitaine s'étendait une banquette où déjeunait alors un invalide amputé d'un bras, appelé par Giroudeau Coloquinte, sans doute à cause de la couleur égyptienne de sa figure.

— Joli ! dit Philippe en examinant cette pièce. Que fais-tu là, toi qui as été de la charge du pauvre colonel Chabert à Eylau ? Nom de nom ! Mille noms de nom, des officiers supérieurs !...

— Eh bien ! oui ! broum ! broum ! un officier supérieur faisant des quittances de journal, dit Giroudeau, qui raffermit son bonnet de soie noire. Et, de plus, je suis l'éditeur responsable de ces farces-là, dit-il en mourant dans le journal.

— Et moi qui vais demain au Timbre, dit l'invalide.

— Silence, Coloquinte, dit Giroudeau, tu es devant un brave qui a porté les ordres de l'empereur à la bataille de Montmirail.

— Présent ! dit Coloquinte, j'y ai perdu le bras qui me manque.

— Coloquinte, garde la boutique, je monte chez mon neveu.

Les deux anciens militaires allèrent au quatrième étage, dans une mansarde, au fond d'un corridor, et trouvèrent un jeune homme à l'œil pâle et froid, couché sur un mauvais canapé. Le péquin ne se dérangea pas, tout en offrant des cigares à son oncle et à l'ami de son oncle.

— Mon ami, lui dit d'un ton doux et humble Giroudeau, voilà ce brave chef d'escadron de la garde impériale de qui je t'ai parlé.

— Eh bien ! dit Finot en toisant Philippe, qui perdit toute son énergie, comme Giroudeau, devant le diplomate de la presse.

— Mon cher enfant, dit Giroudeau, qui tâchait de se poser en oncle, le colonel revient du Texas.

— Ah ! vous avez donné dans le Texas, dans le Champ-d'Asile. Vous étiez cependant encore bien jeune pour vous faire *soldat laboureur*.

L'acerbité de cette plaisanterie ne peut être comprise que de ceux qui se souviennent du déluge de gravures, de paravents, de pendules, de bronzes et de plâtres auxquelles donna lieu l'idée du soldat laboureur, grande image du sort de Napoléon et de ses braves, qui a fini par engendrer plusieurs vaudevilles. Cette idée a produit au moins un million. Vous trouvez encore des soldats laboureurs sur des papiers de tenture, au fond des provinces. Si ce jeune homme n'eût pas été le neveu de Giroudeau, Philippe lui aurait appliqué une paire de soufflets.

— Oui, j'ai donné là-dedans, j'y ai perdu douze mille francs et mon temps, reprit Philippe en essayant de grimacer un sourire.

— Et vous aimez toujours l'empereur ? dit Finot.

— Il est mon Dieu, reprit Philippe Bridau.

— Vous êtes libéral ?

— Je serai toujours de l'opposition constitutionnelle. Oh ! Foy ! oh ! Manuel ! oh ! Lafitte ! voilà des hommes ! Ils nous débarrasseront de ces misérables revenus à la suite de l'étranger !

— Eh bien ! reprit froidement Finot, il faut tirer parti de votre malheur, car vous êtes une victime des libéraux, mon cher ! Restez libéral si vous tenez à votre opinion ; mais menacez les libéraux de dévoiler les sottises du Texas. Vous n'avez pas un denier liards de la souscription nationale, n'est-ce pas ? Eh bien ! vous êtes dans une belle position, demandez compte de la souscription. Voici ce qui vous arrivera : il se crée un nouveau journal d'opposition, sous le patronage des députés de la gauche ; vous en serez le caissier, à mille écus d'appointements, une place éternelle. Il suffit de vous procurer vingt mille francs de cautionnement ; trouvez-les, vous serez casé dans huit jours. Je donnerai le conseil de se débarrasser de vous en vous faisant offrir la place ; mais criez et criez fort !

Giroudeau laissa descendre quelques marches à Philippe, qui se confondait en remercîments, et dit à son neveu : — Eh bien ! tu es encore drôle, toi !... tu me gardes ici à douze cents francs.

— Le journal ne tiendra pas un an, répondit Finot. J'ai mieux que cela pour toi.

— Nom de nom ! dit Philippe à Giroudeau, ce n'est pas une ganache, ton neveu ! Je n'avais pas songé à tirer, comme il l'a dit, parti de ma position.

Le soir, au café Lemblin, au café Minerve, le colonel Philippe déblatéra contre le parti libéral, qui faisait des souscriptions, et vous envoyait au Texas, qui parlait hypocritement des soldats laboureurs, qui laissait des braves sans secours, dans la misère, après leur avoir mangé des vingt mille francs et les avoir promenés pendant deux ans.

— Je vais demander compte de la souscription pour le Champ-d'Asile, dit-il à l'un des habitués du café Minerve, qui le redit à des journalistes de la gauche.

Philippe ne rentra pas rue Mazarine, il alla chez Mariette lui annoncer la nouvelle de sa coopération future à un journal qui devait avoir dix mille abonnés, et où ses prétentions chorégraphiques seraient chaudement appuyées. Agathe et la Descoings attendirent Philippe en se mourant de peur, car le duc de Berry venait d'être assassiné. Le lendemain, le colonel arriva quelques instants après le déjeuner ; quand sa mère lui témoigna des inquiétudes que son absence lui avait causées, il se mit en colère.

— Nom de nom ! je vous apporte une bonne nouvelle, vous avez peur de catafalques. Le duc de Berry est mort, eh bien ! tant mieux ! c'est un de moins. Moi, je vais être caissier d'un journal à mille écus d'appointements, et vous voilà tirées d'embarras pour ce qui me concerne.

— Est-ce possible ? dit Agathe.

— Oui, si vous pouvez me faire vingt mille francs de cautionnement ; il ne s'agit que de déposer votre inscription de treize cents francs de rente, vous toucherez tout de même vos semestres.

Depuis près de deux ans, les deux veuves, qui se tuaient à chercher ce que faisait Philippe, où il comment le placer, furent si heureuses de cette perspective, qu'elles ne pensèrent plus aux diverses catastrophes du moment. Le soir, le vieux du Bruel, Claparon, qui se mourait, et l'inflexible Desroches père, ces sages de la Grèce, furent unanimes : ils conseillèrent tous à la veuve de cautionner son fils. Le journal, constitué très-heureusement avant l'assassinat du duc de Berry, évita le coup qui fut alors porté par M. Decazes à la presse. L'inscription de treize cents francs de la veuve Bridau fut affectée au cautionnement de Philippe, nommé caissier. Ce bon fils promit aussitôt de donner cent francs par mois aux deux veuves, pour son logement, pour sa nourriture, et fut proclamé le meilleur des enfants. Ceux qui avaient mal auguré de lui félicitèrent Agathe.

— Nous l'avions mal jugé, disaient-ils.

Le pauvre Joseph, pour ne pas rester en arrière de son frère, essaya de se mettre à lui-même et y parvint. Trois mois après, le colonel, qui mangeait et buvait comme quatre, qui faisait le difficile, et entraînait, sous prétexte de sa pension, les deux veuves à des dépenses de table, n'avait pas encore donné deux liards. Ni sa mère, ni la Descoings ne voulaient, par délicatesse, lui rappeler sa promesse. L'année se passa sans qu'une seule de ces pièces, si énergiquement appelées par Léon Gozlan *un tigre à cinq griffes*, eût passé de la poche de Philippe dans le ménage. Il est vrai qu'à cet égard le colonel avait calmé les scrupules de sa conscience : il dînait rarement à la maison.

— Enfin il est heureux, dit sa mère, il est tranquille, il a une place!

Par l'influence du feuilleton que rédigeait Vernou, l'un des amis de Bixiou, de Finot et de Giroudeau, Mariette débuta, non pas au Panorama-Dramatique, mais à la Porte-Saint-Martin, où elle eut du succès à côté de la Bégrand. Parmi les directeurs de ce théâtre, se trouvait alors un riche et fastueux officier général, amoureux d'une actrice, et qui s'était fait *impresario* pour elle. A Paris, il se rencontre toujours des gens épris d'actrices, de danseuses ou de cantatrices, qui se mettent directeurs de théâtre par amour. Cet officier général connaissait Philippe et Giroudeau. Le petit journal de Finot et celui de Philippe aidant, le début de Mariette fut une affaire d'autant plus promptement arrangée entre les trois officiers, qu'il semble que les passions soient toutes solidaires en fait de folies. Le malicieux Bixiou apprit bientôt à sa grand'mère et à la dévote Agathe que le caissier Philippe, le brave des braves, aimait Mariette, la célèbre danseuse de la Porte-Saint-Martin. Cette vieille nouvelle fut comme un coup de foudre pour les deux veuves : d'abord les sentiments religieux d'Agathe lui faisaient regarder les femmes de théâtre comme des tisons d'enfer ; puis il leur semblait à toutes deux que ces femmes vivaient d'or, buvaient des perles, et ruinaient les plus grandes fortunes.

— Eh bien! dit Joseph à sa mère, croyez-vous que mon frère soit assez imbécile pour donner de l'argent à sa Mariette? Ces femmes-là ne ruinent que les riches.

— On parle déjà d'engager Mariette à l'Opéra, dit Bixiou. Mais n'ayez pas peur, madame Bridau, le corps diplomatique se montre à la Porte-Saint-Martin, cette belle fille ne sera pas longtemps avec votre fils. On parle d'un ambassadeur amoureux fou de Mariette. Autre nouvelle! Le père Claparon est mort, on l'enterre demain, et son fils, devenu banquier, qui roule sur l'or et sur l'argent, a commandé un convoi de dernière classe. Ce garçon manque d'éducation. Ça ne se passe pas ainsi en Chine!

Philippe proposa, dans une pensée cupide, à la danseuse de l'épouser ; mais, à la veille d'entrer à l'Opéra, mademoiselle Godeschal le refusa, soit qu'elle eût deviné les intentions du colonel, soit qu'elle eût compris combien son indépendance était nécessaire à sa fortune. Pendant le reste de cette année, Philippe vint tout au plus voir sa mère deux fois par mois. Où était-il? A sa caisse, au théâtre ou chez Mariette. Aucune lumière sur sa conduite ne transpira dans le ménage de la rue Mazarine. Giroudeau, Finot, Bixiou, Vernou, Lousteau, lui voyaient mener une vie de plaisirs. Philippe était de toutes les parties de Tullia, l'un des premiers sujets de l'Opéra, de Florentine, qui remplaça Mariette à la Porte-Saint-Martin, de Florine et de Matifat, de Coralie et de Camusot. A partir de quatre heures, moment où il quittait sa caisse, il s'amusait jusqu'à minuit ; car il y avait toujours une partie de liée la veille, un bon dîner donné par quelqu'un, une soirée de jeu, un souper. Philippe vécut alors comme dans son élément. Ce carnaval, qui dura dix-huit mois, n'alla pas sans soucis. La belle Mariette, lors de son début à l'Opéra, en janvier 1821, soumit à sa loi un des ducs les plus brillants de la cour de Louis XVIII. Philippe essaya de lutter contre le duc ; mais, malgré quelque bonheur au jeu, au renouvellement du mois d'avril, il fut obligé, par sa passion, de puiser dans la caisse du journal. Au mois de mai, il devait onze mille francs. Dans ce mois fatal, Mariette partit pour Londres y exploiter les lords pendant le temps qu'on bâtissait la salle provisoire de l'Opéra, dans l'hôtel Choiseul, rue Lepelletier. Le malheureux Philippe en était arrivé, comme cela se pratique, à aimer Mariette malgré ses patentes infidélités ; mais elle n'avait jamais vu dans ce garçon qu'un militaire brutal et sans esprit, un premier échelon sur lequel elle ne voulait pas longtemps rester. Aussi, prévoyant le moment où Philippe n'aurait plus d'argent, la danseuse avait-elle su conquérir des appuis dans le journalisme, que lui dispensaient le dévoué Philippe ; néanmoins, elle eut la reconnaissance particulière à ces sortes de femmes pour celui qui, le premier, leur a, pour ainsi dire, aplani les difficultés de l'horrible carrière du théâtre.

Forcé de laisser aller cette terrible maîtresse à Londres sans l'y suivre, Philippe reprit ses quartiers d'hiver, pour employer ses expressions, et revint rue Mazarine, dans sa mansarde ; il y fit de sombres réflexions en se couchant et se levant. Il sentit en lui-même l'impossibilité de vivre autrement qu'il n'avait vécu depuis un an. Le luxe qui régnait chez Mariette, les dîners et les soupers, la soirée dans les coulisses, l'entrain des gens d'esprit et des journalistes, l'espèce de bruit qui se faisait autour de lui, toutes les caresses qui en résultaient pour les sens et pour la vanité ; cette vie, qui ne se trouve d'ailleurs qu'à Paris, et qui offre chaque jour quelque chose de neuf, était devenue plus qu'une habitude pour Philippe ; elle constituait une nécessité comme celle du tabac et des petits verres. Aussi reconnut-il qu'il ne pouvait pas vivre sans ces continuelles jouissances. L'idée du suicide lui passa par la tête, non pas à cause du déficit qu'on allait reconnaître dans sa caisse, mais à cause de l'impossibilité de vivre avec Mariette et dans l'atmosphère de plaisirs où il se chatouillait depuis un

an. Plein de ces sombres idées, il vint pour la première fois dans l'atelier de son frère, qu'il trouva travaillant, en blouse bleue, à copier un tableau pour un marchand.

— Voici donc comment se font les tableaux? dit Philippe pour entrer en matière.

— Non, répondit Joseph, mais voilà comment ils se copient.

— Combien te paye-t-on cela?

— Hé! jamais assez, deux cent cinquante francs ; mais j'étudie la manière des maîtres, j'y gagne de l'instruction, je surprends les secrets du métier. Voilà l'un de mes tableaux, lui dit-il en lui indiquant du bout de sa brosse une esquisse dont les couleurs étaient encore humides.

— Et que mets-tu dans ton sac par année, maintenant?

— Malheureusement, je ne suis encore connu que des peintres. Je suis appuyé par Schinner, qui doit me procurer des travaux au château de Presles, où j'irai vers octobre faire des arabesques, des encadrements, des ornements très-bien payés par le comte de Sérizy. Avec ces *brocantes-là*, avec les commandes des marchands, je pourrai désormais faire dix-huit cents à deux mille francs, tous frais payés. Bah! à l'Exposition prochaine, je présenterai ce tableau-là ; s'il est goûté, mon affaire sera faite : mes amis en sont contents.

— Je ne m'y connais pas, dit Philippe d'une voix douce qui força Joseph à le regarder.

— Qu'as-tu? demanda l'artiste en trouvant son frère pâli.

— Je voudrais savoir en combien de temps tu ferais mon portrait.

— Mais, en travaillant toujours, si le temps est clair, en trois ou quatre jours j'aurai fini.

— C'est trop de temps, je n'ai que la journée à te donner. Ma pauvre mère m'aime tant, que je voulais lui laisser ma ressemblance. N'en parlons plus.

— Eh bien! est-ce que tu t'en vas encore?

— Je m'en vais pour ne plus revenir, dit Philippe d'un air faussement gai.

— Ah çà! Philippe, mon ami, qu'as-tu? Si c'est quelque chose de grave, je suis un homme, je ne suis pas un niais : je m'apprête à de rudes combats; et, s'il faut de la discrétion, j'en aurai.

— Est-ce sûr?

— Sur mon honneur.

— Tu ne diras rien à qui que ce soit au monde?

— A personne.

— Eh bien! je vais me brûler la cervelle.

— Toi! tu vas donc te battre?

— Je vais me tuer.

— Et pourquoi?

— J'ai pris onze mille francs dans ma caisse, et je dois rendre mes comptes demain, mon cautionnement sera diminué de moitié, ma pauvre mère sera réduite à six cents francs de rente. Ça! ce n'est rien, je pourrais lui rendre plus tard une fortune ; mais je suis déshonoré! Je ne veux pas vivre dans le déshonneur.

— Tu ne seras pas déshonoré pour avoir restitué, mais tu perdras ta place ; il ne te restera plus que les cinq cents francs de la croix, et avec cinq cents francs on peut vivre.

— Adieu! dit Philippe, qui descendit rapidement et ne voulut rien entendre.

Joseph quitta son atelier et descendit chez sa mère pour déjeuner ; mais la confidence de Philippe lui avait ôté l'appétit. Il prit la Descoings à part et lui dit l'affreuse position. La vieille femme fit une épouvantable exclamation, laissa tomber un poêlon de lait qu'elle avait à la main, et se jeta sur une chaise. Agathe accourut. D'exclamations en exclamations, la fatale vérité fut avouée à la mère.

— Lui! l'honneur! le fils de Bridan prendre dans la caisse qui lui est confiée!

La veuve trembla de tous ses membres, ses yeux s'agrandirent, devinrent fixes, elle s'assit et fondit en larmes.

— Où est-il? s'écria-t-elle au milieu de ses sanglots. Peut-être s'est-il jeté dans la Seine!

— Il ne faut pas vous désespérer, dit la Descoings, parce que le pauvre garçon a rencontré une mauvaise femme, et qu'elle lui a fait faire des folies. Mon Dieu! cela se voit souvent. Philippe a eu jusqu'à son retour tant d'infortunes, et il a eu si peu d'occasions d'être heureux et aimé, qu'il ne faut pas s'étonner de sa passion pour cette créature. Toutes les passions mènent à des excès. J'ai dans ma vie un reproche de ce genre à me faire, et je me crois cependant une honnête femme! Une seule faute ne fait pas le vice! Et puis, après tout, il n'y a que ceux qui ne font rien qui ne se trompent pas!

Le désespoir d'Agathe l'accablait tellement, que la Descoings et Joseph furent obligés de diminuer la faute de Philippe en lui disant que dans toutes les familles il arrivait de ces sortes d'affaires.

— Mais il a vingt-huit ans, s'écriait Agathe, et ce n'est plus un enfant.

Mot terrible et qui révèle combien la pauvre femme pensait à la conduite de son fils.

— Ma mère, je t'assure qu'il ne songeait qu'à ta peine et au tort qu'il te fait, lui dit Jo

— Oh! mon Dieu, qu'il revienne et qu'il vive, et je lui pardonne tout! s'écria la pauvre mère, à l'esprit de laquelle s'offrit l'horrible tableau de Philippe retiré mort de l'eau.

Un sombre silence régna pendant quelques instants. La journée se passa dans les plus cruelles alternatives. Tous les trois ils s'élançaient à la fenêtre du salon au moindre bruit, et se livraient à une foule de conjectures. Pendant le temps où sa famille se désolait, Philippe mettait tranquillement tout en ordre à sa caisse, il eut l'audace de rendre ses comptes en disant que, craignant quelque malheur, il avait les onze mille francs chez lui. Le drôle sortit à quatre heures, en prenant cinq cents francs de plus à sa caisse, et monta froidement au jeu, où il n'était pas allé depuis qu'il occupait sa place, car il avait bien compris qu'un caissier ne peut pas hanter les maisons de jeu. Ce garçon ne manquait pas de calcul. Sa conduite postérieure prouvera d'ailleurs qu'il tenait plus de son aïeul Rouget que de son vertueux père. Peut-être eût-il fait un bon général; mais, dans sa vie privée, il fut un de ces profonds scélérats qui abritent leurs entreprises et leurs mauvaises actions derrière le paravent de la légalité et sous le toit discret de la famille. Philippe garda tout son sang-froid dans cette suprême entreprise. Il gagna d'abord et alla jusqu'à une masse de six mille francs; mais il se laissa éblouir par le désir de terminer son incertitude d'un coup. Il quitta le trente-et-quarante en apprenant qu'à la roulette la noire venait de passer seize fois; il alla jouer cinq mille francs sur la rouge, et la noire sortit encore une dix-septième fois. Le colonel mit alors son billet de mille francs sur la noire et gagna. Malgré cette étonnante entente du hasard, il avait la tête fatiguée; et, quoiqu'il le sentît, il voulut continuer; mais le sens divinatoire qu'écoutent les joueurs et qui procède par éclairs était altéré déjà. Vinrent ces intermittences, qui sont la perte des joueurs. La lucidité, de même que les rayons du soleil, n'a d'effet que par sa fixité de la ligne droite, elle ne devine qu'à la condition de ne pas rompre son regard; elle se trouble dans les sautillements de la chance. Philippe perdit tout. Après de si fortes épreuves, l'âme la plus insouciante comme la plus intrépide s'affaisse. Aussi, en revenant chez lui, Philippe pensait-il d'autant moins à sa promesse de suicide, qu'il n'avait jamais voulu se tuer. Il ne songeait plus ni à sa place perdue, ni à son cautionnement entamé, ni à sa mère, ni à Mariette, la cause de sa ruine; il allait machinalement. Quand il entra, sa mère en pleurs, la Descoings son frère lui sautèrent au cou, l'embrassèrent et le portèrent avec joie au coin du feu.

— Tiens! pensa-t-il, l'annonce a fait son effet.

Ce monstre prit alors d'autant mieux une figure de circonstance, que la séance au jeu l'avait profondément ému. En voyant son atroce Benjamin pâle et défait, la pauvre mère se mit à ses genoux, lui baisa les mains, se fit mettre sur le cœur et le regarda longtemps les yeux pleins de larmes.

— Philippe, lui dit-elle d'une voix étouffée, promets-moi de ne pas te tuer, nous oublierons tout!

Philippe regarda son frère attendri, la Descoings, qui avait la larme à l'œil; il se dit à lui-même : — C'est de bonnes gens! Il prit alors sa mère, la releva, l'assit sur ses genoux, la pressa sur son cœur, et lui dit à l'oreille en l'embrassant : — Tu me donnes une seconde fois la vie!

La Descoings trouva le moyen de servir un excellent dîner, d'y joindre deux bouteilles de vieux vin, deux verres de vieilles liqueurs des îles, trésor provenant de son ancien fonds.

— Agathe, il faut lui laisser fumer ses cigares! dit-elle au dessert. Et elle offrit des cigares à Philippe.

Les deux pauvres créatures avaient imaginé qu'en laissant prendre toutes ses aises à ce garçon, il aimerait la maison et s'y tiendrait, et toutes deux essayèrent de s'habituer à la fumée du tabac, qu'elles exécraient. Cet immense sacrifice ne fut pas même aperçu par Philippe. Le lendemain Agathe vieillit de dix années. Une fois ses inquiétudes calmées, la réflexion vint, et la pauvre femme ne put fermer l'œil dans cette horrible nuit. Elle allait être réduite à six cents francs de rente. Comme toutes les femmes grasses et friandes, la Descoings, douée d'une toux catarrhale opiniâtre, devenait lourde; son pas, dans les escaliers, retentissait comme des coups de bûche; elle pouvait donc mourir de moment en moment; avec elle, disparaîtraient quatre mille francs. N'était-il pas ridicule de compter sur cette ressource? Que devenir? Décidée à se mettre à garder les malades plutôt que d'être à charge à ses enfants, Agathe ne songeait pas à elle. Mais que ferait Philippe, réduit aux cinq cents francs de sa croix d'officier de la Légion d'honneur? Depuis onze ans, la Descoings, en donnant mille écus chaque année, avait payé presque deux fois sa dette, et continuait à immoler les intérêts de son petit-fils à ceux de la famille Bridau. Quoique tous les sentiments probes et rigoureux d'Agathe fussent froissés au milieu de ce désastre horrible, elle se disait : — Pauvre garçon, est-ce sa faute? il est fidèle à ses serments. Moi, j'ai eu tort de ne pas le marier. Si je lui avais trouvé une femme, elle ne se serait pas liée avec cette danseuse. Il est si fortement constitué!...

La vieille commerçante avait aussi réfléchi,

manière de sauver l'honneur de la famille. Au jour, elle quitta son lit et vint dans la chambre de son amie.

— Ce n'est ni à vous ni à Philippe à traiter cette affaire délicate, lui dit-elle. Si nos deux vieux amis, Claparon et du Bruel sont morts, il nous reste le père Desroches, qui a une bonne judiciaire, et je vais aller chez lui ce matin. Desroches dira que Philippe a été victime de sa confiance dans un ami; que sa faiblesse, en ce genre, le rend tout à fait impropre à gérer une caisse. Ce qui lui arrive aujourd'hui pourrait recommencer. Philippe préférera donner sa démission, il ne sera donc pas renvoyé.

Agathe, en voyant par ce mensonge officieux l'honneur de son fils mis à couvert, au moins aux yeux des étrangers, embrassa la Descoings, qui sortit arranger cette horrible affaire. Philippe avait dormi du sommeil des justes.

— Elle est rusée, la vieille! dit-il en souriant, quand Agathe apprit à son fils pourquoi leur déjeuner était retardé.

Le vieux Desroches, le dernier ami de ces deux pauvres femmes, et qui, malgré la dureté de son caractère, se souvenait toujours d'avoir été placé par Bridau, s'acquitta, en diplomate consommé, de la mission délicate que lui confia la Descoings. Il vint dîner avec la famille, avertir Agathe d'aller signer le lendemain au Trésor, rue Vivienne, le transfert de la partie de la rente vendue, et de retirer le coupon de six cents francs qui lui restait. Le vieil employé ne quitta pas cette maison désolée sans avoir obtenu de Philippe de signer une pétition au ministre de la guerre, par laquelle il demandait sa réintégration dans les cadres de l'armée. Desroches promit aux deux femmes de suivre la pétition dans les bureaux de la guerre, et de profiter du triomphe du duc sur Philippe chez la danseuse pour obtenir protection de ce grand seigneur.

— Avant trois mois, il sera lieutenant-colonel dans le régiment du duc de Maufrigneuse, et vous serez débarrassées de lui.

Desroches s'en alla comblé de bénédictions des deux femmes et de Joseph. Quant au journal, deux mois après, selon les prévisions de Finot, il cessa de paraître. Ainsi la faute de Philippe n'eut, dans le monde, aucune portée. Mais la maternité d'Agathe avait reçu la plus profonde blessure. Sa croyance en son fils une fois ébranlée, elle vécut dès lors en des transes perpétuelles, mêlées de satisfactions quand elle voyait ses sinistres appréhensions trompées.

Lorsque les hommes doués de courage physique, mais lâches et ignobles au moral, comme l'était Philippe, ont vu la nature des choses reprenant son cours autour d'eux, comme si la catastrophe où leur moralité s'est à peu près perdue, cette complaisance de la famille ou des amitiés est pour eux une prime d'encouragement. Ils comptent sur l'impunité : leur esprit faussé, leurs passions satisfaites, les portent à étudier comment ils ont réussi à tourner les lois sociales, et ils deviennent alors horriblement adroits. Quinze jours après, Philippe, redevenu l'homme oisif, ennuyé, reprit donc fatalement sa vie de café, ses stations ombellées de petits verres, ses longues parties de billard au punch, sa séance de nuit au jeu, où il risquait à propos une faible mise, et réalisait un gain qui suffisait à l'entretien de son désordre. En apparence économe, pour mieux tromper sa mère et la Descoings, il portait un chapeau presque crasseux, pelé sur le tour et aux bords, des bottes rapiécées, une redingote râpée où brillait à peine sa rosette rouge, brunie par un long séjour à la boutonnière et salie par des gouttes de liqueur ou de café. Ses gants verdâtres, en peau de daim, lui duraient longtemps. Enfin il n'abandonnait son col de satin qu'au moment où il ne ressemblait plus à de la bourre. Mariette fut donc le seul amour de ce garçon; mais la trahison de cette danseuse lui endurcit-elle beaucoup le cœur. Quand par hasard il réalisait des gains inespérés, ou s'il soupait avec son vieux camarade Giroudeau, Philippe s'adressait à la Vénus des carrefours d'une sorte de débauch tout pour le sexe entier. Régulier d'ailleurs, il déjeunait, dînait au logis, et rentrait toutes les nuits vers une heure. Trois mois de cette vie horrible rendirent quelque confiance à la pauvre Agathe. Quant à Joseph, qui travaillait au tableau magnifique auquel il dut sa réputation, il vivait dans son atelier. Sur la foi de son petit-fils, la Descoings, qui croyait à la gloire de Joseph, prodiguait au peintre des soins maternels; le matin, elle faisait ses courses, elle lui nettoyait ses bottes. Le peintre ne se montrait guère qu'au dîner, et ses soirées appartenaient à ses amis du cénacle. Il lisait d'ailleurs beaucoup, il se donnait cette profonde et sérieuse instruction que l'on ne tient que de soi-même, et à laquelle tous les gens de talent se sont livrés entre vingt et trente ans. Agathe, voyant peu Joseph, et sans inquiétude sur son compte, n'existait que par Philippe, qui seul lui donnait les alternatives de craintes soulevées, de terreurs apaisées qui sont un peu la vie des sentiments, et tout aussi nécessaires à la maternité qu'à l'amour. Desroches, qui venait environ une fois par semaine voir la veuve de son ancien chef et ami, lui donnait des espérances : le duc de Maufrigneuse avait demandé Philippe dans son régiment, le ministre de la guerre se faisait faire un rapport; et, comme le nom de Bridau ne se trouvait sur aucun dossier de palais, sur aucun dossier de police, dans les premiers mois de l'année prochaine Philippe recevrait sa lettre de service et de réintégration. Pour réussir, Desroches avait mis toutes ses connaissances en mouvement, ses informations à la préfecture de police lui apprirent alors que Philippe allait tous les soirs au jeu, et il jugea nécessaire de confier ce secret à la Descoings seulement, en l'engageant à surveiller le futur lieutenant-colonel, car un éclat pouvait tout perdre; pour le moment, le ministre de la guerre n'irait pas rechercher si Philippe était joueur. Or, une fois sous les drapeaux, le lieutenant-colonel abandonnerait une passion née de son désœuvrement. Agathe, qui le soir n'avait plus personne, lisait ses prières au coin de son feu pendant que la Descoings se tirait les cartes, s'expliquait ses rêves et appliquait les règles de la cabale à ses mises. Cette joueuse obstinée ne manquait jamais un tirage : elle poursuivait son terne, qui n'était pas encore sorti. Ce terne allait avoir vingt et un ans, il atteignait à sa majorité. La vieille actionnaire fondait beaucoup d'espoir sur cette puérile circonstance. L'un des numéros était resté au fond de toutes les roues depuis la création de la loterie; aussi la Descoings chargeait-elle énormément ce numéro et toutes les combinaisons de ces trois chiffres. Le dernier matelas de son lit servait de dépôt aux économies de la pauvre vieille; elle le décousait, y mettait la pièce d'or conquise sur ses besoins, bien enveloppée de laine, et le recousait après. Elle voulait, au dernier tirage de Paris, risquer toutes ses économies sur les combinaisons de son terne chéri. Cette passion, si universellement condamnée, n'a jamais été étudiée. Personne n'y a vu l'opium de la misère. La loterie, la plus puissante fée du monde, ne développait-elle pas des espérances magiques? Le coup de roulette qui faisait voir aux joueurs des masses d'or et de jouissances ne durait que ce que dure un éclair; tandis que la loterie donnait cinq jours d'existence à ce magnifique éclair. Quelle est aujourd'hui la puissance sociale qui peut, pour quarante sous, vous rendre heureux pendant cinq jours et vous livrer idéalement tous les bonheurs de la civilisation? Le tabac, impôt mille fois plus immoral que le jeu, détruit le corps, attaque l'intelligence, il hébète une nation; tandis que la loterie ne causait pas le moindre malheur de ce genre. Cette passion était d'ailleurs forcée de se régler et par la distance qui séparait les tirages, et par la roue que chaque joueur affectionnait. La Descoings ne mettait que sur la roue de Paris. Dans l'espoir de voir triompher ce terne nourri depuis vingt ans, elle s'était soumise à d'énormes privations pour pouvoir faire en toute liberté sa mise du dernier tirage de l'année. Quand elle avait des rêves cabalistiques, car tous les rêves ne correspondaient point au nombre de la loterie, elle allait les raconter à Joseph, car il était le seul être qui l'écoutât, non-seulement sans la gronder, mais en lui disant de ces douces paroles par lesquelles les artistes consolent les folies de l'esprit. Tous les grands talents respectent et comprennent les passions vraies, ils se les expliquent et en retrouvent les racines dans le cœur ou dans la tête. Selon Joseph, son frère aimait le tabac et les liqueurs, sa vieille maman Descoings aimait les ternes, sa mère aimait Dieu, Desroches fils aimait les procès, Desroches père aimait à la pêche à la ligne, tout le monde, disait-il, aimait quelque chose. Il aimait, lui, le beau idéal en tout; il aimait la poésie de Byron, la peinture de Géricault, la musique de Rossini, les romans de Walter Scott. — Chacun son goût, maman! s'écria-t-il. seulement votre terne lanterne beaucoup.

— Il sortira, tu seras riche, et mon petit Bixiou aussi!

— Donnez tout à votre petit-fils! s'écriait Joseph. Au surplus, faites comme vous voudrez!

— Eh! s'il sort, j'en aurais assez pour tout le monde. Toi, d'abord, tu auras un bel atelier, tu ne te priveras pas d'aller aux Italiens pour payer tes modèles et ton marchand de couleurs. Sais-tu, mon enfant, lui dit-elle, que tu ne me fais pas jouer un beau rôle dans ce tableau-là?

Par économie, Joseph avait fait poser la Descoings dans son magnifique tableau d'une jeune courtisane amenée par une vieille femme chez un sénateur vénitien. Ce tableau, un des chefs-d'œuvre de la peinture moderne, pris par Gros lui-même pour un Titien, prépara merveilleusement les jeunes artistes à reconnaître et à proclamer la supériorité de Joseph au salon de 1823.

— Ceux qui vous connaissent savent bien qui vous êtes, lui répondit-il gaiement, et pourquoi vous inquiéteriez-vous de ceux qui ne vous connaissent pas?

Depuis une dizaine d'années, la Descoings avait pris les tons mûrs d'une pomme de reinette à Pâques. Ses rides s'étaient formées dans la plénitude de sa chair, devenue froide et douillette. Ses yeux, pleins de vie, semblaient animés par une pensée encore jeune et vivace, qui pouvait d'autant mieux passer pour une pensée de cupidité, qu'il y a toujours quelque chose de cupide chez le joueur. Son visage grassouillet offrait les traces d'une dissimulation profonde et d'une arrière-pensée enterrée au fond du cœur. Sa passion exigeait le secret. Elle avait dans le mouvement des lèvres quelques indices de gourmandise. Aussi, quoique ce fût la probe et excellente femme que vous connaissez, l'œil pouvait-il s'y tromper. Elle présentait donc un admirable modèle de la vieille femme que Bridau voulait peindre. Coralie, jeune actrice d'une beauté sublime, morte à la fleur de l'âge, la maîtresse d'un jeune poète, un ami de Bridau, Lucien de Rubempré, lui avait donné l'idée de ce tableau. On accusa cette belle toile

d'être un pastiche, quoiqu'elle fût une splendide mise en scène de trois portraits. Michel Chrestien, un des jeunes gens du cénacle, avait prêté pour le sénateur sa tête républicaine, sur laquelle Joseph jeta quelques tons de maturité, de même qu'il força l'expression du visage de la Descoings. Ce grand tableau, qui devait faire tant de bruit, et qui suscita tant de haines, tant de jalousies et d'admiration à Joseph, était ébauché; mais, contraint d'en interrompre l'exécution pour faire des travaux de commande afin de vivre, il copiait les tableaux des vieux maîtres en se pénétrant de leurs procédés; aussi sa brosse est-elle une des plus savantes. Son bon sens d'artiste lui avait suggéré l'idée de cacher à la Descoings et à sa mère les gains qu'il commençait à récolter, en leur voyant à l'une et à l'autre une cause de ruine dans Philippe et dans la loterie. L'espèce de sang-froid déployé par le soldat dans sa catastrophe, le calcul caché sous le prétendu suicide et que Joseph découvrit, le souvenir des fautes commises dans une carrière qu'il n'aurait pas dû abandonner, enfin les moindres détails de la conduite de son frère, avaient fini par dessiller les yeux de Joseph. Cette perspicacité manque rarement aux peintres : occupés pendant des journées entières, dans le silence de leurs ateliers, à des travaux qui laissent jusqu'à un certain point la pensée libre, ils ressemblent un peu aux femmes; leur esprit peut tourner autour des petits faits de la vie et en pénétrer le sens caché. Joseph avait acheté un de ces bahuts magnifiques, alors ignorés de la mode, pour en décorer un coin de son atelier où se portait la lumière du papillotait dans les bas-reliefs, en donnant tout son lustre à ce chef-d'œuvre des artisans du seizième siècle. Il y reconnut l'existence d'une cachette, et y accumulait un pécule de prévoyance. Avec la confiance naturelle aux vrais artistes, il mettait habituellement l'argent qu'il s'accordait pour sa dépense du mois dans une tête de mort placée sur une des cases du bahut. Depuis le retour de son frère au logis, il trouvait un désaccord constant entre le chiffre de ses dépenses et celui de cette somme. Les cent francs du mois disparaissaient avec une incroyable vitesse. En ne trouvant rien, après n'avoir dépensé que quarante à cinquante francs, il se dit une première fois : Il paraît que mon argent a pris la poste! Une seconde fois, il fit attention à ses dépenses; mais il eut beau compter, comme Robert Macaire, seize et cinq font vingt-trois, il ne s'y retrouva point. En s'apercevant, pour la troisième fois, d'une perte plus forte erreur, il communiqua ce sujet de peine à la vieille Descoings, par laquelle il se sentait aimé de cet amour maternel, entier, confiant, crédule, enthousiaste qui manquait à sa mère, quelque bonne qu'elle fût, et tout aussi nécessaire aux commencements de l'artiste que les soins de la poule à ses petits jusqu'à ce qu'ils aient des plumes. A elle seule il pouvait confier ses horribles soupçons. Il était sûr de ses amis comme de lui-même, la Descoings ne lui prenait certes rien pour mettre à la loterie; et, à cette idée qu'il exprima, la pauvre femme se tordit les mains; Philippe seul pouvait donc commettre ce petit vol domestique.

— Pourquoi ne me demande-t-il pas ce dont il a besoin? s'écria Joseph en prenant de la couleur sur sa palette et brouillant tous les tons sans s'en apercevoir. Lui refuserais-je de l'argent?

— Mais c'est dépouiller un enfant! s'écria la Descoings dont le visage exprima la plus profonde horreur.

— Non, reprit Joseph, il le peut, il est mon frère, ma bourse est la sienne; mais il devrait m'avertir.

— Mets ce matin une somme fixe en monnaie et n'y touche pas, lui dit la Descoings, je saurai qui vient à ton atelier; et, s'il n'y a que lui qui y soit entré, tu auras une certitude.

Le lendemain même, Joseph eut ainsi la preuve des emprunts forcés que lui faisait son frère. Philippe entrait dans l'atelier quand Joseph n'y était pas, et y prenait les petites sommes qui lui manquaient. L'artiste trembla pour son petit trésor.

— Attends, attends, je vais te pincer, mon gaillard, dit-il à la Descoings en riant.

— Et tu feras bien; nous devons le corriger, car je ne suis pas non plus sans trouver quelquefois du déficit dans ma bourse. Mais le pauvre garçon, il lui faut du tabac, il en a l'habitude.

— Pauvre garçon, pauvre garçon, reprit l'artiste, je suis un peu de l'avis de Fulgence et de Bixiou : Philippe nous tire constamment aux jambes; tantôt il se fourre dans les émeutes et il faut l'envoyer en Amérique, il coûte alors douze mille francs à notre mère; il ne sait rien trouver dans les forêts du nouveau monde, et le retour coûte autant que son départ. Sous prétexte d'avoir répété deux mots de Napoléon à un général, Philippe se croit un grand militaire et obligé de bouder la grimace aux Bourbons : en attendant, il s'amuse, il voyage, il voit du pays; moi, je ne donne pas dans la colle de ses malheurs, il s'est mis à un homme à ne pas être au mieux partout! On trouve à mon gaillard une excellente place, il mène une vie de Sardanapale avec une fille d'Opéra, mange la grenouille d'un journal, et coûte encore douze mille francs à notre mère. Certes, pour ce qui me regarde, je m'en bats l'œil; mais Philippe mettra la pauvre femme sur la paille. Il me regarde comme rien du tout, parce que je n'ai pas été dans les wagons de la garde! Et c'est peut-être moi qui ferai vivre cette mère chère mère dans ses vieux jours, tandis que s'il continue ce soudard finira je ne sais comment. Bixiou me disait : — C'est un fameux farceur, ton frère ! Eh bien ! votre petit-fils a raison : Philippe inventera quelque frasque où l'honneur de la famille sera compromis, et il faudra trouver encore des dix ou douze mille francs. Il joue tous les soirs, il laisse tomber sur l'escalier, quand il rentre soûl comme un templier, des cartes piquées qui lui ont servi à marquer les tours de la rouge et de la noire. Le père Desroches se remue pour faire rentrer Philippe dans l'armée, et moi je crois qu'il serait, ma parole d'honneur, au désespoir de resservir. Auriez-vous cru qu'un garçon qui a de si beaux yeux bleus, si limpides, et un air de chevalier Bayard, tournerait au Sacripan ?

Malgré la sagesse et le sang-froid avec lesquels Philippe jouait ses masses ce soir, il éprouvait de temps en temps ce que les joueurs appellent les *lessives*. Poussé par l'irrésistible désir d'avoir l'enjeu de sa soirée, dix francs, il faisait alors main basse dans le ménage sur l'argent de son frère, sur celui que la Descoings laissait traîner, ou sur celui d'Agathe. Une fois déjà la pauvre veuve avait eu, dans son premier sommeil, une épouvantable vision : Philippe était entré dans sa chambre, il y avait pris dans les poches de sa robe tout l'argent qui s'y trouvait. Agathe avait feint de dormir, mais elle avait donc passé le reste de la nuit à pleurer. Elle y voyait clair. Une faute n'est pas le vice, avait dit la Descoings ; mais, après de constantes récidives, le vice fut visible. Agathe n'en pouvait plus douter, son fils le plus aîné n'avait ni délicatesse ni honneur. Le lendemain de cette affreuse vision, après le déjeuner, avant que Philippe ne partît, elle l'avait attiré dans sa chambre pour le prier, avec le ton de la supplication, de lui demander l'argent qui lui serait nécessaire. Les demandes se renouvelèrent alors si souvent, que depuis quinze jours Agathe avait épuisé toutes ses économies. Elle se trouvait sans un liard, elle pensait à travailler ; elle avait pendant plusieurs soirées discuté avec la Descoings les moyens de gagner de l'argent par son travail à jour. Déjà la pauvre mère était allée demander de la tapisserie à remplir au *Père de famille*, ouvrage qui donne environ un franc sous par jour. Malgré la profonde discrétion de sa nièce, la Descoings avait bien deviné le motif de cette envie de gagner de l'argent par un travail de femme. Les changements de la physionomie d'Agathe étaient d'ailleurs assez éloquents : son frais visage se desséchait, la peau se collait aux tempes, aux pommettes, et le front se ridait ; les yeux perdaient leur limpidité ; évidemment quelque feu intérieur la consumait, elle pleurait pendant la nuit ; mais ce qui causait le plus de ravages à la nécessité de taire ses douleurs, ses souffrances, ses appréhensions. Elle ne s'endormait jamais avant que Philippe ne fût rentré, elle l'attendait dans la rue, elle avait étudié les variations de sa voix, de sa démarche, le langage de sa canne traînée sur le pavé. Elle n'ignorait rien : elle savait à quel degré d'ivresse Philippe était arrivé, elle tremblait en l'entendant trébucher dans les escaliers, elle y avait une nuit ramassé des pièces d'or à l'endroit où il s'était laissé tomber ; quand il avait bu et gagné, sa voix était enrouée, sa canne traînait ; mais, quand il avait perdu, non pas avait quelque chose de sec, de net, de furieux ; il chantonnait d'une voix claire et faisait sa canne en l'air. au port d'armes ; au déjeuner, quand il avait gagné, sa contenance était gaie et presque affectueuse ; il badinait avec grossièreté, mais il badinait avec la Descoings, avec Joseph et avec sa mère ; sombre, au contraire, quand il avait perdu, sa parole brève et saccadée, son regard dur, sa tristesse, effrayaient. Cette vie de débauche et l'habitude des liqueurs changeaient de jour en jour cette physionomie jadis si belle. Les veines du visage étaient injectées de sang, les traits grossissaient, les yeux perdaient leurs cils et se dessèchaient. Enfin, peu soigneux de sa personne, Philippe exhalait les miasmes de l'estaminet, une odeur de bottes boueuses qui, pour un étranger, eût semblé le sceau de la crapule.

— Vous devriez bien, dit la Descoings à Philippe dans les premiers jours de décembre, vous faire faire des vêtements neufs de la tête aux pieds.

— Et qui les payera ? répondit-il d'une voix aigre. Ma pauvre mère n'a plus le sou ; moi j'ai cinq cents francs de ma pension. Il faudrait un an de ma pension pour avoir des habits, et j'ai engagé ma pension pour trois ans...

— Et pourquoi ? dit Joseph.

— Une dette d'honneur. Girondeau avait pris mille francs à Florentine pour me les prêter... Je ne suis pas flambant, c'est vrai ; mais quand on pense que Napoléon est à Sainte-Hélène et vend son argenterie pour vivre, les soldats qui lui sont restés fidèles peuvent bien marcher sur leurs tiges, dit-il en montrant ses bottes sans talons. Et il sortit.

— Ce n'est pas un mauvais garçon, dit Agathe, il a de bons sentiments.

— On peut aimer l'empereur et faire sa toilette, dit Joseph. S'il avait soin de lui-même et de ses habits, il n'aurait pas l'air d'un vau-rien-pieds.

— Joseph, il faut avoir de l'indulgence pour ton frère, dit Agathe. Tu fais ce que tu veux, toi ! tandis qu'il n'est certes pas à sa place.

— Pourquoi l'a-t-il quittée ? demanda Joseph. Qu'importe qu'il y ait les punaises de Louis XVIII ou le coucou de Napoléon sur les drapeaux, si ces chiffons sont français ! La France est la France ! Je peindrais pour le diable, moi ! Un soldat doit se battre, s'il est soldat, pour l'amour de l'art. Et s'il était resté tranquillement à l'armée, il serait général aujourd'hui...

— Vous êtes injustes pour lui, dit Agathe. Ton père, qui adorait l'empereur, l'eût approuvé. Mais enfin il consent à rentrer dans l'armée ! Dieu connaît le chagrin que cause à ton frère ce qu'il regarde comme une trahison.

Joseph se leva pour monter à son atelier ; mais Agathe le prit par la main et lui dit : — Sois bon pour ton frère, il est si malheureux !

Quand l'artiste revint à son atelier, suivi par la Descoings, qui lui disait de ménager la susceptibilité de sa mère, en lui faisant observer combien elle changeait, et combien de souffrances intérieures ce changement révélait, ils y trouvèrent Philippe, à leur grand étonnement.

— Joseph, mon petit, lui dit-il d'un air dégagé, j'ai bien besoin d'argent. D'une pipe ! je dois pour trente francs de cigares à mon bureau de tabac, et je n'ose point passer devant cette maudite boutique sans les payer. Voici dix fois que je les promets.

— Eh bien ! j'aime mieux cela, répondit Joseph, prends dans la tête.

— Mais j'ai tout pris hier soir, après le dîner.

— Il y avait quarante-cinq francs.

— Eh ! oui, c'est bien mon compte, répondit Philippe, je les ai trouvés. Ai-je mal fait ? reprit-il.

— Non, mon ami, non, répondit l'artiste. Si tu étais riche, je ferais comme toi ; seulement, avant de prendre, je te demanderais si cela te convient.

— C'est bien humiliant de demander, reprit Philippe. J'aimerais mieux te voir prenant comme moi sans rien dire : il y a plus de confiance. À l'armée, un camarade meurt, il a une bonne paire de bottes, qu'un autre les prenne, on change avec lui.

— Oui, mais on ne les lui prend pas quand il est vivant.

— Oh ! des petitesses, reprit Philippe en haussant les épaules. Ainsi tu n'as pas d'argent ?

— Non, dit Joseph, qui ne voulait pas montrer sa cachette.

— Dans quelques jours nous serons riches, dit la Descoings.

— Oui, vous, vous croyez que votre terne sortira le 25, au tirage de Paris. Il faudra que vous fassiez une fameuse mise si vous voulez nous enrichir tous.

— Un terne sec de deux cents francs donne trois millions, sans compter les ambes et les extraits déterminés.

— À quinze mille fois la mise, oui, c'est juste deux cents francs qu'il vous faut ! s'écria Philippe.

La Descoings se mordit les lèvres, elle avait dit un mot imprudent. En effet, Philippe se demandait dans l'escalier : — Où cette vieille sorcière peut-elle cacher l'argent de sa mise ? C'est de l'argent perdu, je l'emploierais si bien ! Avec quatre masses de cinquante francs, on peut gagner deux cent mille francs. Et c'est un peu plus sûr que la réussite d'un terne ! Il cherchait en lui-même la cachette probable de la Descoings. La veille des fêtes, Agathe allait à l'église et y restait longtemps, elle se confessait sans doute et se préparait à communier. On était à la veille de Noël, la Descoings devait nécessairement aller acheter quelques friandises pour le réveillon ; mais aussi peut-être ferait-elle en même temps sa mise. La loterie avait un tirage de cinq en cinq jours, aux roues de Bordeaux, de Lyon, de Lille, de Strasbourg et de Paris. La loterie de Paris se tirait le 25 de chaque mois, et les listes se fermaient le 24 à minuit. Le soldat étudia toutes ces circonstances et se mit en observation. Vers midi, Philippe revint au logis, d'où la Descoings était sortie ; mais elle en avait emporté la clef. Ce ne fut pas une difficulté. Philippe feignit d'avoir oublié quelque chose et pria la portière d'aller chercher chez lui-même un serrurier qui demeurait à deux pas, rue Guénégaud, et qui vint ouvrir la porte. La première pensée du soldat se porta sur le lit : il le défit, tâta les matelas avant d'interroger le bois, et au dernier matelas il palpa les pièces d'or enveloppées de papier. Il eut bientôt décousu la toile, ramassé vingt napoléons, puis, sans prendre la peine de recoudre la toile, il refit le lit avec assez d'habileté pour que la Descoings ne s'aperçût de rien.

Le joueur détala d'un pied agile, en se proposant de jouer à trois reprises différentes, de trois heures en trois heures, chaque fois pendant dix minutes seulement. Les vrais joueurs, depuis 1786, époque à laquelle les jeux publics furent inventés, les grands joueurs que l'administration redoutait, et qui ont mangé, selon l'expression des tripots, de l'argent à la banque, ne jouèrent jamais autrement. Mais avant d'obtenir cette expérience on perdait des fortunes. Toute la philosophie des fermiers et leur gain venaient de l'impassibilité de leur caisse, des coups égaux appelés *le refait*, dont la moitié restait acquise à la banque, et de l'insigne mauvaise part réservée au gouvernement, qui consistait à le tenir, à ne payer que facultativement les enjeux des joueurs. En un mot, le jeu, qui refusait la partie du joueur riche et de sang-froid, dévorait la fortune du joueur assez settement entêté pour se laisser griser par le rapide mouvement de cette machine. Les tailleurs du trente-et-quarante allaient presque aussi vite que la roulette. Philippe avait fini par acquérir ce sang-froid de général en chef qui permet de conserver l'œil clair et l'intelligence nette au milieu du tourbillon des choses. Il était arrivé à cette haute politique du jeu qui, disons-le en passant, faisait vivre à Paris un millier de personnes assez fortes pour contempler tous les soirs un abîme sans avoir le vertige. Avec ses quatre cents francs, Philippe résolut de faire fortune dans cette journée. Il mit en réserve deux cents francs dans ses bottes, et garda deux cents francs dans sa poche. A trois heures, il vint au salon maintenant occupé par le théâtre du Palais-Royal, où les banquiers tenaient les plus fortes sommes. Il sortit une demi-heure après, riche de sept mille francs.

Depuis une dizaine d'années, la Descoings avait pris les tons mûrs d'une pomme de reinette à Pâques. — PAGE 14.

Il alla voir Florentine, à laquelle il devait cinq cents francs, et les lui rendit, et lui proposa de souper au Rocher de Cancale après le spectacle. En revenant il passa rue du Sentier, au bureau du journal, prévenir son ami Giroudeau du gala projeté. A six heures Philippe gagna vingt-cinq mille francs, et sortit au bout de dix minutes en se tenant parole. Le soir, à dix heures, il avait gagné soixante-quinze mille francs. Après le souper, qui fut magnifique, ivre et confiant, Philippe revint au jeu vers minuit. A l'encontre de la loi qu'il s'était imposée, il joua pendant une heure et doubla sa fortune. Les banquiers à qui, par sa manière de jouer, il avait extirpé cent cinquante mille francs, le regardaient avec curiosité.

— Sortira-t-il, restera-t-il ? se disaient-ils par un regard. S'il reste, il est perdu.

Philippe crut être dans une veine de bonheur, et resta. Vers trois heures du matin, les cent cinquante mille francs étaient rentrés dans la caisse des jeux. L'officier, qui avait considérablement bu du grog en jouant sortit dans un état d'ivresse que le froid par lequel il fut saisi porta au plus haut degré; mais un garçon de salle le suivit, le ramassa, et le conduisit dans une de ces horribles maisons à la porte

desquelles se lisent ces mots sur un réverbère : Ici, on loge à la nuit. Le garçon paya pour le joueur ruiné, qui fut mis tout habillé sur un lit, où il demeura jusqu'au soir de Noël. L'administration des jeux avait des égards pour ses habitués et pour les grands joueurs. Philippe ne s'éveilla qu'à sept heures, la bouche pâteuse, la figure enflée, et en proie à une fièvre nerveuse. La force de son tempérament lui permit de gagner à pied la maison paternelle, où il avait, sans le vouloir, mis le deuil, la désolation, la misère et la mort.

La veille, lorsque son dîner fut prêt, la Descoings et Agathe attendirent Philippe pendant environ deux heures. On ne se mit à table qu'à sept heures. Agathe se couchait presque toujours à dix heures; mais, comme elle voulait assister à la messe de minuit, elle alla se coucher aussitôt après le dîner. La Descoings et Joseph restèrent seuls au coin du feu, dans ce petit salon qui servait à tout, et la vieille femme le pria de lui calculer sa fameuse mise, sa mise monstre, sur le célèbre terne. Elle voulait jouer les ambes et les extraits déterminés, pour réunir toutes les chances. Après avoir bien savouré la poésie de ce coup, avoir versé les deux cornes d'abondance aux pieds de son enfant d'adoption, et lui avoir raconté ses rêves en démontrant la certitude du gain, en ne s'inquiétant que de la difficulté de soutenir un pareil bonheur, de l'attendre depuis minuit jusqu'au lendemain dix heures, Joseph, qui ne voyait pas les quatre cents francs de la mise, s'avisa d'en parler. La vieille femme sourit et l'emmena dans l'ancien salon, devenu sa chambre.

— Tu vas voir ! dit-elle.

La Descoings défit assez précipitamment son lit, et chercha ses ciseaux pour découdre le matelas, elle prit ses lunettes, examina la toile, la vit défaite et lâcha le matelas. En entendant jeter à cette vieille femme un soupir venu des profondeurs de la poitrine et comme étranglé par le sang qui se porta au cœur, Joseph tendit instinctivement les bras à la vieille actionnaire de la loterie, et la mit sur un fauteuil, évanouie, en criant à son mère de venir. Agathe se leva, mit sa robe de chambre, accourut, et, à la lueur d'une chandelle, elle fit à sa tante évanouie les remèdes vulgaires : de l'eau de Cologne aux tempes, de l'eau froide au front; enfin la Descoings revint à la vie.

— Ils y étaient ce matin; mais il les a pris, le monstre!

— Quoi? dit Joseph.

— J'avais vingt louis dans mon matelas, mes économies de deux ans, Philippe seul a pu les prendre...

— Mais quand? s'écria la pauvre mère accablée, il n'est pas revenu depuis le déjeuner.

— Je voudrais bien me tromper, s'écria la vieille. Mais ce matin, dans l'atelier de Joseph, quand j'ai parlé de ma mise, j'ai eu un pressentiment; j'ai eu tort de ne pas descendre prendre mon petit saint-frusquin pour faire ma mise à l'instant. Je le voulais, et je ne sais plus ce qui m'en a empêchée. Oh, mon Dieu ! je suis allée lui acheter des cigares !

— Mais, dit Joseph, l'appartement était fermé. D'ailleurs, c'est si infâme, que je ne puis y croire. Philippe vous aurait espionnée, il aurait décousu votre matelas, il aurait prémédité... non !

— Je les ai sentis ce matin en faisant mon lit, après le déjeuner, répéta la Descoings.

Agathe épouvantée descendit, demanda si Philippe était revenu pendant la journée, et la portière lui raconta le roman de Philippe. La mère, frappée au cœur, revint entièrement brisée. Aussi blanche que la percale de sa chemise, elle marchait comme on se figure que doivent marcher les spectres, sans bruit, lentement, et par l'effet d'une puissance surhumaine et cependant presque mécanique. Elle tenait un bougeoir à la main qui l'éclairait en plein et montrait ses yeux fixes d'horreur. Sans qu'elle le sût, ses cheveux s'étaient éparpillés par un mouvement de ses mains sur son front; et cette circonstance la rendait si belle d'horreur, que Joseph resta cloué par l'apparition de ce remords, par la vision de cette statue de l'épouvante et du désespoir.

— Ma tante, dit-elle, prenez mes couverts, j'en ai six, cela fait votre somme, car je l'ai prise pour Philippe, j'ai cru pouvoir la remettre avant que vous ne vous en aperçussiez. Oh ! j'ai bien souffert.

Elle s'assit. Ses yeux secs et fixes vacillèrent alors un peu.

— C'est lui qui a fait le coup, dit la Descoings tout bas à Joseph.

— Non, non, reprit Agathe. Prenez mes couverts, vendez-les, ils me sont inutiles, nous mangeons avec les nôtres.

Elle alla dans sa chambre, prit la boîte à couverts, la trouva légère, l'ouvrit et y vit une reconnaissance du mont-de-piété. La pauvre mère jeta un horrible cri. Joseph et la Descoings accoururent, regardèrent la boîte, et le sublime mensonge de la mère devint inutile. Tous trois restèrent silencieux en évitant de se jeter un regard. En ce moment, par un geste presque fou, Agathe se mit un doigt sur les lèvres pour recommander le secret que personne ne voulait divulguer. Tous trois ils revinrent devant le feu dans le salon.

— Tenez, mes enfants, s'écria la Descoings, je suis frappée au cœur : mon terne sortira, j'en suis sûre. Je ne pense plus à moi, mais à vous deux! Philippe, dit-elle à sa nièce, est un monstre; il ne vous aime point, malgré tout ce que vous faites pour lui. Si vous ne

UN MÉNAGE DE GARÇON.

prenez pas de précautions contre lui, le misérable vous mettra sur la paille. Promettez-moi de vendre vos rentes, d'en réaliser le capital et de le placer en viager. Joseph a un bon état qui le fera vivre. En prenant ce parti, ma petite, vous ne serez jamais à la charge de Joseph. M. Desroches veut établir son fils. Le petit Desroches (il avait alors vingt-six ans) a trouvé une étude, il vous prendra vos douze mille francs à rente viagère.

Joseph saisit le bougeoir de sa mère et monta précipitamment à son atelier, il en revint avec trois cents francs : — Tenez, maman Descoings, dit-il en lui offrant son pécule, nous n'avons pas à rechercher ce que vous faites de votre argent, nous vous devons celui qui vous manque, et le voici presque en entier !

— Prendre ton pauvre petit magot, le fruit de tes privations qui me font tant souffrir ! Es-tu fou, Joseph ? s'écria la vieille actionnaire de la loterie royale de France, visiblement partagée entre sa foi brutale en son terne et cette action qui lui semblait un sacrilège.

— Oh ! faites-en ce que vous voudrez, dit Agathe, que le mouvement de son vrai fils émut aux larmes.

La Descoings prit Joseph par la tête et le baisa sur le front : — Mon enfant, ne me tente pas. Tiens, je perdrais encore. C'est des bêtises, la loterie !

Jamais rien de si héroïque n'a été dit dans les drames inconnus de la vie privée. Et, en effet, n'est-ce pas là l'affection triomphant d'un vice invétéré? En ce moment, les cloches de la messe de minuit sonnèrent.

— Et puis, il n'est plus temps, reprit la Descoings.

— Oh ! dit Joseph, voilà vos calculs de cabale.

Le généreux artiste sauta sur les numéros, s'élança dans l'escalier et courut faire la mise. Quand Joseph ne fut plus là, Agathe et la Descoings fondirent en larmes.

— Il y va, le cher amour, s'écriait la joueuse. Mais ce sera tout pour lui, car c'est son dernier!

Malheureusement Joseph ignorait, entièrement la situation des bureaux de loterie, que, de ce temps, les habitués connaissaient dans Paris comme aujourd'hui les fumeurs connaissent les débits de tabac. Le peintre alla comme un fou regardant les lanternes. Lorsqu'il demanda à des passants de lui enseigner un bureau de loterie, on lui répondit qu'ils étaient fermés, mais que celui du Perron, au Palais-Royal, restait quelquefois ouvert un peu plus tard. Aussitôt l'artiste vola vers le Palais-Royal, où il trouva le bureau fermé.

— Deux minutes de moins et vous auriez pu faire votre mise, lui dit un de ces crieurs de billets qui stationnent au bas du Perron en vociférant ces singulières paroles : — Douze cents francs pour quarante sous ! et offrant des billets tout faits.

A la lueur du réverbère et des lumières du café de la Rotonde, Joseph examina si par hasard il y aurait sur ces billets quelques-uns des numéros de la Descoings ; mais il n'en vit pas un seul, et revint avec la douleur d'avoir fait en vain tout ce qui dépendait de lui pour satisfaire la vieille femme, à laquelle il raconta ses disgrâces. Agathe et sa tante allèrent ensemble à la messe de minuit à Saint-Germain-

des-Prés. Joseph se coucha. Le réveillon n'eut pas lieu. La Descoings avait perdu la tête, Agathe avait au cœur un deuil éternel. Les deux femmes se levèrent tard. Dix heures sonnèrent quand la Descoings essaya de se remuer pour faire le déjeuner, qui ne fut prêt qu'à onze heures et demie. Vers cette heure, des cadres oblongs appendus au-dessus de la porte des bureaux de loterie contenant les numéros sortis. Si la Descoings avait eu un billet, elle serait allée à neuf heures et demie rue Neuve-des-Petits-Champs savoir son sort, qui se décidait dans un hôtel contigu au ministère des finances, et dont la place est maintenant occupée par le théâtre et la place Ventadour. Tous les jours de tirage, les curieux pouvaient admirer à la porte de cet hôtel un attroupement de vieilles femmes, de cuisinières et de vieillards qui, dans ce temps, formait un spectacle aussi curieux que celui de la queue des rentiers le jour du payement des rentes au Trésor.

— Eh bien ! vous voilà richissime ! s'écria la Descoings en entrant au moment où la Descoings savourait sa dernière gorgée de café.

— Comment? s'écria la pauvre Agathe.

— Son terne est sorti, dit-il en présentant la liste des numéros écrits sur un petit papier, et que les buralistes mettaient par centaines dans une sébile sur leurs comptoirs.

Joseph lut la liste. Agathe lut la liste. La Descoings ne lut rien, elle fut renversée comme par un coup de foudre ; au changement de son visage, au cri qu'elle jeta, le vieux Desroches et Joseph la portèrent sur son lit. Agathe alla chercher un médecin. L'apoplexie foudroyait la pauvre femme, qui ne reprit sa connaissance que vers les quatre heures du soir ; le vieil Haudry, son médecin, annonça que, malgré ce mieux, elle devait penser à ses affaires et à son salut. Elle n'avait prononcé qu'un seul mot : — Trois millions !

Desroches le père, mis au fait des circonstances, mais avec les ménagements nécessaires, par Joseph, cita plusieurs exemples de joueurs à qui la fortune avait échappé le jour où ils avaient par fatalité oublié de faire leurs mises ; mais il comprit combien un pareil coup devait être mortel quand il arrivait après vingt ans de persévérance. A cinq heures, au moment où le plus profond silence régnait dans ce petit appartement et où la malade, gardée par Joseph et par sa mère, assis l'un au pied, l'autre au chevet du lit, attendait son petit-fils, que le vieux Desroches était allé chercher, le bruit des pas de Philippe et celui de sa canne retentirent dans l'escalier.

— Le voilà ! le voilà ! s'écria la Descoings, qui se mit sur son séant et put remuer sa langue paralysée.

Agathe et Joseph furent impressionnés par le mouvement d'horreur que agitait si vivement la malade. Leur pénible attente fut entièrement justifiée par le spectacle de la figure bleuâtre et décomposée de Philippe, par sa démarche chancelante, par l'état horrible de ses yeux profondément cernés, ternes, et néanmoins hagards ; il avait un violent frisson de fièvre, ses dents claquaient.

— Misère en Prusse ! s'écria-t-il. Ni pain ni pâte, et j'ai le gosier en feu. Eh bien ! qu'y a-t-il ? Le diable se mêle toujours de nos af-

Présent! dit Coloquinte, j'y ai perdu le bras qui me manque. — PAGE 11.

2

faires. Ma vieille Descoings est au lit et me fait des yeux grands comme des soucoupes.

— Taisez-vous, monsieur, lui dit Agathe en se levant, et respectez au moins le malheur que vous avez causé.

— Oh! monsieur?... dit-il en regardant sa mère. Ma chère petite mère, ce n'est pas bien, vous n'aimez donc plus votre garçon?

— Êtes-vous digne d'être aimé? ne vous souvenez-vous plus de ce que vous avez fait hier? Aussi pensez à chercher un appartement, vous ne demeurerez plus avec nous. A compter de demain, reprit-elle, car, dans l'état où vous êtes, il est bien difficile...

— De me chasser, n'est-ce pas? reprit-il. Ah! vous jouez ici le mélodrame du *Fils banni*. Tiens! tiens! voilà comment vous prenez les choses? Eh bien! vous êtes tous de jolis cocos. Qu'ai-je donc fait de mal? J'ai pratiqué sur les matelas de la vieille un petit nettoyage. L'argent ne se met pas dans la laine, que diable! Et où est le crime? Ne vous a-t-elle pas pris vingt mille francs, elle? Ne sommes-nous pas ses créanciers? Je me suis remboursé d'autant. Et voilà!...

— Mon Dieu! mon Dieu! cria la mourante en joignant les mains et priant.

— Tais-toi! s'écria Joseph en sautant sur son frère et lui mettant la main sur la bouche.

— Quart de conversion, par le flanc gauche, moutard de peintre! répliqua Philippe en mettant sa forte main sur l'épaule de Joseph, qu'il fit tourner et tomber sur une bergère. On ne touche pas comme ça à la moustache d'un chef d'escadron aux dragons de la garde impériale.

— Mais elle m'a rendu tout ce qu'elle me devait, s'écria Agathe en se levant et montrant à son fils un visage irrité. D'ailleurs cela ne regarde que moi, vous la tuez. Sortez, mon fils, dit-elle en faisant un geste qui usa ses forces, et ne reparaissez jamais devant moi. Vous êtes un monstre.

— Je la tue?

— Mais son terme est sorti, cria Joseph, et tu lui as volé l'argent de sa mise!

— Si elle crève d'un terme rentré, ce n'est donc pas moi qui la tue, répondit l'ivrogne.

— Mais sortez donc, dit Agathe, vous me faites horreur! Vous avez tous les vices! Mon Dieu! est-ce mon fils?

Un râle sourd, parti du gosier de la Descoings, avait accru l'irritation d'Agathe.

— Je vous aime bien encore, vous, ma mère, qui êtes la cause de tous mes malheurs, dit Philippe. Vous me mettez à la porte un jour de Noël, jour de naissance de..... comment s'appelle-t-il?..... Jésus! Qu'aviez-vous fait à grand-papa Rouget, à votre père, pour qu'il vous chassât et vous déshéritât? Si vous ne lui aviez pas déplu, nous aurions été riches et je n'aurais pas été réduit à la dernière des misères. Qu'avez-vous fait à votre père, vous qui êtes une bonne femme? Vous voyez bien que je puis être un bon garçon et tout de même être mis à la porte, moi, la gloire de la famille.

— A la honte! cria la Descoings.

— Tu sortiras ou tu me tueras! s'écria Joseph, qui s'élança sur son frère avec une fureur de lion.

— Mon Dieu! mon Dieu! dit Agathe en se levant et voulant séparer les deux frères.

En ce moment Bixiou et Haudry le médecin entrèrent. Joseph avait terrassé son frère et l'avait couché par terre.

— C'est une vraie bête féroce! dit-il. Ne parle pas! ou je te...

— Je me souviendrai de cela, beugla Philippe.

— Une explication en famille? dit Bixiou.

— Relevez-le le médecin, il est aussi malade que la bonne femme, déshabillez-le, couchez-le, et tirez-lui ses bottes.

— C'est facile à dire, s'écria Bixiou; mais il faut les lui couper, ses jambes sont trop enflées.

Agathe prit une paire de ciseaux. Quand elle eut fendu les bottes, qui dans ce temps se portaient par-dessus des pantalons collants, dix pièces d'or roulèrent sur le carreau.

— Le voilà, son argent, dit Philippe en murmurant. Satané bête que je suis, j'ai oublié la réserve. Et moi aussi j'ai raté la fortune!

Le délire d'une horrible fièvre saisit Philippe, qui se mit à extravaguer. Joseph, aidé par Desroches père, qui survint, et par Bixiou, put donc transporter ce malheureux dans sa chambre. Le docteur Haudry fut obligé d'écrire un mot pour demander à l'hôpital de la Charité une camisole de force, car le délire s'accrut au point de faire craindre que Philippe ne se tuât : il devint furieux. A neuf heures, le calme se rétablit dans le ménage. L'abbé Loraux et Desroches essayaient de consoler Agathe, qui ne cessait de pleurer au chevet de sa tante; elle écoutait en secouant la tête, et gardait un silence obstiné; Joseph et la Descoings connaissaient seuls la profondeur et l'étendue de sa plaie intérieure.

— Il se corrigera, ma mère, dit enfin Joseph quand Desroches père et Bixiou furent partis.

— S'il s'écria la veuve, Philippe a raison : mon père m'a maudite. Je n'ai pas le droit de... Le voilà, l'argent, dit-elle à la Descoings en réunissant les trois cents francs de Joseph et les deux cents francs

trouvés sur Philippe. Va voir s'il ne faut pas à boire à ton frère, dit-elle à Joseph.

— Tiendrez-vous une promesse faite à un lit de mort? dit la Descoings, qui sentait son intelligence près de lui échapper.

— Oui, ma tante.

— Eh bien! jurez-moi de donner vos fonds en viager au petit Desroches. Ma rente va vous manquer, et d'après ce que je vous entends dire, vous vous laisseriez gruger jusqu'au dernier sou par ce misérable...

— Je vous le jure, ma tante.

La vieille épicière mourut le 31 décembre, cinq jours après avoir reçu l'horrible coup que le vieux Desroches lui avait innocemment porté. Les cinq cents francs, le seul argent qu'il y eût dans le ménage, suffirent à peine à payer les frais de l'enterrement de la veuve Descoings. Elle ne laissait qu'un peu d'argenterie et de mobilier, dont la valeur fut donnée à son petit-fils par madame Bridau. Réduite à huit cents francs de rente viagère que lui fit Desroches fils, qui traita définitivement d'un titre nu, c'est-à-dire d'une charge sans clientèle, et qui prit alors ce capital de douze mille francs, Agathe rendit au propriétaire son appartement au troisième étage, et vendit tout le mobilier inutile. Quand, au bout d'un mois, la malade entra en convalescence, Agathe lui expliqua froidement que les frais de la maladie avaient absorbé tout l'argent comptant, elle serait désormais obligée de travailler pour vivre : elle l'engagea donc de la manière la plus affectueuse à reprendre du service et à se suffire à lui-même.

— Vous auriez pu vous épargner ce sermon, dit Philippe en regardant sa mère d'un œil qu'une complète indifférence rendait froid. J'ai bien vu que ni vous ni mon frère vous ne m'aimez plus. Je suis maintenant seul au monde : j'aime mieux cela!

— Rendez-vous digne d'affection, répondit la pauvre mère atteinte jusqu'au fond du cœur, et nous vous rendrons la nôtre.

— Des bêtises! s'écria-t-il en l'interrompant.

Il prit son vieux chapeau pelé sur les bords, sa canne, se mit le chapeau sur l'oreille et descendit les escaliers en sifflant.

— Philippe! où vas-tu sans argent? lui cria sa mère, qui ne put réprimer ses larmes. Tiens...

Elle lui tendit cent francs en or enveloppés d'un papier. Philippe remonta les marches qu'il avait descendues et prit l'argent.

— Eh bien! tu ne m'embrasses pas? dit-elle en fondant en larmes.

Il serra sa mère sur son cœur, mais sans cette effusion de sentiment qui donne seule du prix à un baiser.

— Et où vas-tu? lui dit Agathe.

— Chez Florentine, la maîtresse à Giroudeau. En voilà, des amis! répondit-il brutalement.

Il descendit. Agathe rentra, les jambes tremblantes, les yeux obscurcis, le cœur serré. Elle se jeta à genoux, pria Dieu de prendre cet enfant absous sa protection, et abdiqua sa pesante maternité.

En février 1822, madame Bridau s'était établie dans la chambre précédemment occupée par Philippe et située au-dessus de la cuisine de son ancien appartement. L'atelier et la chambre du peintre se trouvaient en face, de l'autre côté de l'escalier. En voyant sa mère réduite à ce point, Joseph voulut du moins qu'elle fût le mieux possible. Après le départ de son frère, il se mêla de l'arrangement de la mansarde, à laquelle il imprima le cachet des artistes. Il y mit un tapis. Le lit, disposé simplement, mais avec un goût exquis, eut un caractère de simplicité monastique. Les murs, tendus d'une percaline à bon marché, bien choisie, d'une couleur en harmonie avec le mobilier rendu à neuf, peignirent cet intérieur élégant et propre. Il ajouta sur le carré une double porte et à l'intérieur une portière. La fenêtre fut garnie par un store qui donnait un jour doux. Si la vie de cette pauvre mère se restreignait à la plus simple expression que puisse prendre à Paris la vie d'une femme, Agathe fut du moins mieux que qui que ce soit dans une situation pareille, grâce à son fils. Pour éviter à sa mère les ennuis les plus cruels des ménages parisiens, Joseph l'emmena tous les jours dîner à une table d'hôte de la rue de Beaune où se trouvaient des femmes comme il faut, des députés, des gens titrés, et qui pour chaque personne coûtait quatre-vingt-dix francs par mois. Chargée uniquement du déjeuner, Agathe reprit pour le fils l'habitude que jadis elle avait pour le père. Malgré les pieux mensonges de Joseph, elle finit par savoir que son dîner coûtait environ cent francs par mois. Épouvantée par l'énormité de cette dépense, et en s'imaginant pas que son fils pût gagner beaucoup d'argent à peindre des femmes nues, elle obtint, grâce à l'abbé Loraux, son confesseur, une place de sept cents francs par an dans un bureau de loterie appartenant à la comtesse de Bauvan, la veuve d'un chef de chouans. Les bureaux de loterie, ce lot des veuves protégées, faisaient assez ordinairement vivre une famille qui s'employait à la gérance. Mais, sous la Restauration, la difficulté de récompenser, dans les limites du gouvernement constitutionnel, tous les services rendus, fit donner à la veuve du général ou du noble ainsi protégée non pas ses bureaux de loterie, mais deux bureaux de loterie, dont les recettes valaient de six à dix mille francs. Dans ce cas, la veuve du général ou du noble ainsi protégée ne tenait pas ses bureaux par elle-même, elle avait des gérants intéressés. Quand ces gérants étaient garçons, ils ne pouvaient se dispenser d'avoir avec eux un employé; car le bureau devait rester toujours ouvert depuis le matin jusqu'à minuit, et les écritures exigées par le ministère des finances étaient d'ailleurs considérables. La comtesse de Bauvan, à qui l'abbé Loraux expliqua la position de la veuve Bridau, promit, au cas où son gérant s'en irait, la survivance pour Agathe; mais en attendant elle stipula pour la veuve six cents francs d'appointements. Obligée d'être au bureau dès dix heures du matin, la pauvre Agathe eut à peine le temps de dîner. Elle revenait à sept heures du soir au bureau, d'où elle ne sortait pas avant minuit. Jamais Joseph, pendant deux ans, ne faillit un seul jour à venir chercher sa mère le soir pour la ramener rue Mazarine, et souvent il l'allait prendre pour dîner; ses amis lui virent quitter l'Opéra, les Italiens et les plus brillants salons pour se trouver avant minuit rue Vivienne.

Agathe contracta bientôt cette monotone régularité d'existence dans laquelle la plupart des personnes atteintes par des chagrins violents trouvent un point d'appui. Le matin, après avoir fini sa chambre où il n'y avait plus ni chats ni petits oiseaux, et préparé le déjeuner au coin de sa cheminée, elle le portait dans l'atelier, où elle déjeunait avec son fils. Elle arrangeait la chambre de Joseph, éteignait le feu chez elle, venait travailler dans l'atelier près du petit poêle en fonte, et sortait dès qu'il venait un camarade ou des modèles. Quoiqu'elle ne comprît rien à l'art ni à ses moyens, le silence profond de l'atelier lui convenait. Sous ce rapport, elle ne fit pas un progrès, elle n'y mettait aucune hypocrisie, elle s'étonnait naïvement de voir l'importance qu'on attachait à la couleur, à la composition, au dessin. Quand un des amis du cénacle ou quelque peintre ami de Joseph, comme Schinner, Pierre Grassou, Léon de Lora, très-jeune rapin qu'on appelait alors Mistigris, discutaient, elle venait regarder avec attention et ne découvrait rien de ce qui donnait lieu à ces grands mots et à ces chaudes disputes. Elle faisait le linge de son fils, lui raccommodait ses bas, ses chaussettes; elle arriva jusqu'à lui nettoyer sa palette, à lui ramasser des linges pour essuyer ses brosses, à tout mettre en ordre dans l'atelier. En voyant sa mère avoir l'intelligence de ces petits détails, Joseph la comblait de soins. Si la mère et le fils ne s'entendaient point en fait d'art, ils s'unirent admirablement par la tendresse. La mère avait son projet. Quand Agathe eut amadoué Joseph, un matin, pendant qu'il esquissait un immense tableau, réalisé plus tard et qui ne fut pas compris, elle se hasarda à dire tout haut : — Mon Dieu, que fait-il?

— Qui?

— Philippe!

— Ah! dame, ce garçon-là mange de la vache enragée. Il se formera.

— Mais il a déjà connu la misère, et peut-être est-ce la misère qui nous l'a changé. S'il était heureux, il serait bon...

— Tu crois, ma chère mère, qu'il a souffert dans son voyage? mais tu te trompes, il a fait le carnaval à New-York comme il le fait encore ici.

— S'il souffrait cependant près de nous, ce serait affreux...

— Oui, répondit Joseph. Quant à ce qui me regarde, je donnerais volontiers de l'argent, mais je ne veux pas le voir, il a tué la pauvre Descoings.

— Ainsi, reprit Agathe, tu ne ferais pas son portrait?

— Pour toi, ma mère, je souffrirais le martyre. Mais je puis bien me souvenir que d'une chose : c'est qu'il est mon frère.

— Son portrait en capitaine de dragons à cheval?

— Oui, j'ai là un beau cheval d'après Gros, et je ne sais à quoi l'utiliser.

— Eh bien! va donc savoir chez son ami ce qu'il devient.

— J'irai.

Agathe se leva : ses ciseaux, tout tomba par terre : elle vint embrasser Joseph sur la tête et cacha deux larmes dans ses cheveux.

— C'est ta passion, à toi, ce garçon-là, dit-il, et nous avons tous notre passion malheureuse.

Le soir Joseph alla rue du Sentier, et y trouva, vers quatre heures, son frère qui remplaçait Giroudeau. Le vieux capitaine de dragons était agacé caissier d'un journal hebdomadaire entrepris par son neveu. Quoique Finot restât propriétaire du petit journal qu'il avait mis en actions et dont toutes les actions étaient entre ses mains, le propriétaire et le rédacteur en chef visible était un de ses amis nommé Lousteau, précisément le fils du subdélégué d'Issoudun de qui le grand-père de Bridau avait voulu se venger, et conséquemment le neveu de madame Hochon. Pour être agréable à son oncle, Finot lui avait donné Philippe pour remplaçant, en diminuant toutefois de moitié les appointements. Puis, tous les jours à midi, Giroudeau vérifiait la caisse et emportait l'argent de la recette journalière. Coloquinte, l'invalide qui servait de garçon de bureau et qui faisait les courses, surveillait un peu le capitaine Philippe. Philippe se comportait bien d'ailleurs. Six cents francs d'appointements et cinq cents francs de sa croix lui faisaient d'autant mieux vivre, que, chauffé pendant la journée et passant ses soirées aux théâtres où il allait gratis, il n'avait qu'à penser à sa nourriture et à son logement. Coloquinte partait avec du papier timbré sur la tête, et Philippe brossait ses fausses manches en toile verte quand Joseph entra.

— Tiens, voilà le moutard, dit Philippe. Eh bien! nous allons dîner ensemble, tu viendras à l'Opéra, Florine et Florentine ont une loge. J'y vais avec Giroudeau, tu en seras, et tu feras connaissance avec Nathan.

Il prit sa canne plombée et mouilla son cigare.

— Je ne puis pas profiter de ton invitation, j'ai notre mère à conduire : nous dînons à table d'hôte.

— Eh bien! comment va-t-elle, cette pauvre bonne femme?

— Mais elle ne va pas mal, répondit le peintre. J'ai refait le portrait de notre père et celui de notre tante Descoings. J'ai fini le mien, et je voudrais donner à notre mère le tien, en uniforme des dragons de la garde impériale.

— Bien!

— Mais il faut venir poser...

— Je suis tenu d'être tous les jours dans cette cage à poulet depuis neuf heures jusqu'à cinq heures...

— Deux dimanches suffiront.

— Convenu, petit, reprit l'ancien officier d'ordonnance de Napoléon en allumant son cigare à la lampe du portier.

Quand Joseph expliqua la position de Philippe à sa mère en allant dîner rue de Beaune, il lui sentit trembler le bras sur le sien, la joie illumina ce visage passé ; la pauvre femme respira comme une personne débarrassée d'un poids énorme. Le lendemain elle eut pour Joseph des attentions dont son bonheur et la reconnaissance lui inspirèrent, elle lui garnit son atelier de fleurs et lui acheta deux jardinières. Le premier dimanche pendant lequel Philippe dut venir poser, Agathe eut soin de préparer dans l'atelier un déjeuner exquis. Elle mit tout sur la table, sans oublier un flacon d'eau-de-vie qui n'était qu'à moitié plein. Elle resta derrière un paravent auquel elle fit un trou. L'ex-dragon avait envoyé la veille son uniforme, qu'elle ne put s'empêcher d'embrasser. Quand Philippe posa tout habillé sur un de ces chevaux empaillés qu'on les selliers et que Joseph avait loué, Agathe fut obligée, pour ne pas se trahir, de confondre le léger bruit de ses larmes avec la conversation des deux frères. Philippe posa deux heures avant et deux heures après le déjeuner. À trois heures après-midi le dragon reprit ses habits ordinaires, et, tout en fumant un cigare, il proposa pour la seconde fois à son frère d'aller dîner ensemble au Palais-Royal. Il fit sonner de l'or dans son gousset.

— Non, répondit Joseph, tu m'effrayes quand je te vois de l'or.

— Ah çà ! vous aurez donc toujours mauvaise opinion de moi ici? s'écria le lieutenant-colonel d'une voix tonnante. On ne peut donc pas faire de ces économies !

— Non, non, répondit Agathe en sortant de sa cachette et venant embrasser son fils. Allons dîner avec lui, Joseph.

Joseph n'osa se déshabiller, il s'habilla, et Philippe les mena vers la rue Montorgueil, au Rocher de Cancale, où il leur donna un dîner splendide, dont la carte s'éleva jusqu'à cent francs.

— Diantre ! dit Joseph inquiet, avec onze cents francs d'appointements, tu fais, comme Pouchard dans la Dame blanche, des économies à pouvoir acheter des terres.

— Bah ! je suis en veine, répondit le dragon, qui avait énormément bu.

En entendant ce mot dit sur le pas de la porte et avant de monter en voiture pour aller au spectacle, car Philippe menait sa mère au Cirque-Olympique, seul théâtre où elle pût aller, Joseph serra le bras de sa mère qui feignit aussitôt d'être indisposée, et qui refusa le spectacle. Philippe reconduisit donc sa mère et son frère rue Mazarine, où, quand elle se trouva seule avec Joseph dans sa mansarde, elle resta profondément silencieuse. Le dimanche suivant, Philippe vint poser. Cette fois sa mère assista visiblement à la séance. Elle servit le déjeuner et put questionner son dragon. Elle apprit alors que le neveu de la vieille madame Hochon, l'ami de sa croix, jouait un certain rôle dans la littérature. Philippe et son ami Giroudeau se trouvaient dans une société de journalistes, d'actrices, de libraires, et ils étaient considérés en qualité de caissiers. Philippe, qui buvait toujours du kirsch en posant après le déjeuner, eut la langue déliée. Il se vanta de redevenir un personnage avant peu de temps. Mais, sur une question de Joseph relative à ses moyens pécuniaires, il garda le silence. Par hasard il n'y avait pas de journal le lendemain à cause d'une fête, et Philippe, pour en finir, proposa de venir poser le lendemain. Joseph lui représenta que l'époque du Salon approchait, il n'avait pas l'argent des deux cadres pour ses tableaux, et ne pouvait se le procurer qu'en achevant la copie d'un Rubens que voulait avoir un marchand de tableaux nommé Magus. L'original appartenait à un riche banquier suisse qui ne l'avait prêté que pour dix jours, la journée de demain était la dernière, il fallait donc absolument remettre la séance au prochain dimanche.

— C'est ça? dit Philippe en regardant le tableau de Rubens posé sur un chevalet.

— Oui, répondit Joseph. Cela vaut vingt mille francs. Voilà ce que peut le génie. Il y a des morceaux de toile qui valent des cent mille francs.

— Moi, j'aime mieux ta copie, dit le dragon.

— Elle est plus jeune, dit Joseph en riant; mais ma copie ne vaut que mille francs. Il me faut demain pour lui donner tous les tons de l'original et la vieillir afin qu'on ne les reconnaisse pas.

— Adieu, ma mère, dit Philippe en embrassant Agathe. A dimanche prochain.

Le lendemain Elie Magus devait venir chercher sa copie. Un ami de Joseph, qui travaillait pour ce marchand, Pierre Grassou, voulut voir cette copie finie. Pour lui jouer un tour, en l'entendant frapper, Joseph Bridau mit sa copie vernie avec un vernis particulier à la place de l'original, et plaça l'original sur chevalet. Il mystifia complétement Pierre Grassou de Fougères, qui fut émerveillé de ce tour de force.

— Tromperais-tu le vieil Elie Magus? lui dit Pierre Grassou.

— Nous allons voir, dit Joseph.

Le marchand ne vint pas, il était tard. Agathe dînait chez madame Desroches, qui venait de perdre son mari. Joseph proposa donc à Pierre Grassou de venir à sa table d'hôte. En descendant il laissa, suivant ses habitudes, la clef de son atelier à la portière.

— Je dois poser ce soir, dit Philippe à la portière une heure après le départ de son frère. Joseph va revenir, je vais l'attendre dans l'atelier.

La portière donna la clef, Philippe monta, prit la copie en croyant prendre le tableau, puis il redescendit, remit la clef à la portière en paraissant avoir oublié quelque chose, et alla vendre le Rubens trois mille francs. Il avait eu la précaution de prévenir Elie Magus de la part de son frère de ne venir que le lendemain. Le soir, quand Joseph, qui ramenait sa mère de chez madame veuve Desroches, rentra, le portier lui parla de la lubie de son frère, qui était aussitôt sorti qu'entré.

— Je suis perdu s'il n'a pas eu la délicatesse de ne prendre que la copie! s'écria le peintre en devinant le vol. Il monta rapidement les trois étages, se précipita dans son atelier et dit : — Dieu soit loué! il a été ce qu'il sera toujours, un vil coquin!

Agathe, qui avait suivi Joseph, ne comprenait rien à cette parole; mais, quand son fils la lui eut expliquée, elle resta debout sans larmes aux yeux.

— Je n'ai donc plus qu'un fils, dit-elle d'une voix faible.

— Nous n'avons pas voulu le déshonorer aux yeux des étrangers, reprit Joseph; mais maintenant il faut le consigner chez le portier. Désormais nous garderons nos clefs. J'achèverai ma maudite figure de mémoire, il y manque peu de chose.

— Laisse-la comme elle est, il me ferait trop de mal à voir, répondit la mère atteinte au fond du cœur et stupéfaite de tant de lâcheté.

Philippe savait à quoi devait servir l'argent de cette copie, il connaissait l'abîme où il plongeait son frère, et n'avait rien respecté. Depuis ce dernier crime, Agathe ne parla plus de Philippe, sa figure prit l'expression d'un désespoir amer, froid et concentré; une pensée la tuait.

— Quelque jour, se disait-elle, nous verrons Bridau devant les tribunaux.

Deux mois après, au moment où Agathe allait entrer dans son bureau de loterie, un matin, il se présenta, pour voir madame Bridau, qui déjeunait avec Joseph, un vieux militaire se disant l'ami de Philippe et amené par une affaire urgente.

Quand Giroudeau se nomma, la mère et le fils tremblèrent d'autant plus que l'ex-dragon avait une physionomie de vieux loup de mer peu rassurante. Ses deux yeux gris éteints, sa moustache pie, ses restes de chevelure ébouriffés autour de son crâne couleur beurre frais, offraient je ne sais quoi d'éraillé, de libidineux. Il portait une vieille redingote gris de fer ornée de la rosette d'officier de la Légion d'honneur, et qui croisait difficilement sur un ventre de cuisinier en harmonie avec sa bouche fendue jusqu'aux oreilles, avec de fortes épaules. Son torse reposait sur de petites jambes grêles. Enfin il montrait un teint enluminé aux pommettes qui révélait une vie joyeuse. Le bas des joues, fortement ridé, débordait un col de velours noir usé. Entre autres enjolivements, l'ex-dragon avait d'énormes boucles d'or aux oreilles.

— Quel noceur! se dit Joseph en employant une expression populaire passée dans les ateliers. ●

— Madame, dit l'oncle et le caissier de Finot, votre fils se trouve dans une situation si malheureuse, qu'il est impossible à ses amis de ne pas vous prier de partager les charges assez lourdes qu'il leur impose; il ne peut plus remplir à ses amis, et mademoiselle Florentine de la Porte-Saint-Martin le loge chez elle, rue de Vendôme, dans une pauvre mansarde. Philippe est mourant; si son frère et vous ne pouvez payer le médecin et les remèdes, nous allons être forcés, dans l'intérêt même de sa guérison, de le faire transporter aux Capucins; tandis que pour trois cents francs nous le garderions : il lui faut absolument une garde, il sort le soir pendant que mademoiselle Florentine est au théâtre, il prend alors des choses irritantes, contraires à sa maladie et à son traitement; et, comme nous l'aimons, il nous rend vraiment malheureux. Ce pauvre garçon a engagé sa pension pour trois ans, il est remplacé provisoirement au journal et n'a plus rien; mais il va se tuer, madame, si nous ne le mettons pas à la maison de santé du docteur Dubois. Cet hospice décent coûtera dix francs par jour. Nous ferons, Florentine et moi, la moitié d'un mois, faites l'autre... Allez, il n'en aura guère que pour deux mois!

— Monsieur, il est difficile qu'une mère ne vous soit pas éternellement reconnaissante de ce que vous faites pour son fils, répondit Agathe; mais ce fils est retranché de mon cœur, et, quant à de l'argent, je n'en ai point. Pour ne pas être à la charge de mon fils que voici, qui travaille nuit et jour, qui se tue et qui mérite tout l'amour de sa mère, j'entre après-demain dans un bureau de loterie comme sous-gérante. A mon âge!...

— Et vous, jeune homme, dit le vieux dragon à Joseph, voyons? Ne ferez-vous pas pour votre frère ce que font une pauvre danseuse de la Porte-Saint-Martin et un vieux militaire?...

— Tenez, voulez-vous, dit Joseph impatienté, que je vous exprime en langage d'artiste l'objet de votre visite? Eh bien! vous venez nous tirer une carotte.

— Demain donc votre frère ira à l'hôpital du Midi.

— Il y sera très-bien, reprit Joseph. Si jamais j'étais en pareil cas, j'irais, moi!

Giroudeau se retira très-désappointé, mais aussi très-sérieusement humilié d'avoir à mettre aux Capucins un homme qui avait porté les ordres de l'empereur pendant la bataille de Montereau. Trois mois après, vers la fin du mois de juillet, un matin, en allant à son bureau de loterie, Agathe, qui prenait par le pont Neuf pour éviter de donner le sou du pont des Arts, aperçut le long des boutiques du quai de l'École, où elle longeait le parapet, un homme portant la livrée de la misère du second ordre, et qui lui causa un éblouissement; elle lui trouva quelque ressemblance avec Philippe. Il existe en effet à Paris trois ordres de misère. D'abord, la misère de l'homme qui conserve les apparences et à qui l'avenir appartient : misère des jeunes gens, des artistes, des gens du monde momentanément atteints. Les indices de cette misère ne sont visibles qu'au microscope de l'observateur le plus exercé. Ces gens constituent l'ordre équestre de la misère, ils vont encore en cabriolet. Dans le second ordre se trouvent les vieillards à qui tout est indifférent, qui mettent au mois de juin la croix de la Légion d'honneur sur une redingote d'alpaga. C'est la misère des vieux rentiers, des vieux employés qui vivent à Sainte-Périne, et qui du vêtement extérieur ne se soucient plus guère. Enfin la misère en haillons, la misère du peuple, la plus poétique d'ailleurs, ce que Callot, qu'Hogart, que Murillo, Charlet, Raffet, Gavarni, Meissonnier, que l'art adore et cultive, au carnaval surtout! L'homme en qui la pauvre Agathe crut reconnaître son fils était à cheval sur les deux derniers ordres. Elle aperçut un col horriblement usé, un chapeau galeux, des bottes éculées et rapiécées, une redingote filandreuse à boutons sans moule, dont les capsules béantes ou recroquevillées étaient en parfaite harmonie avec des poches usées et un collet crasseux. Des vestiges de duvet disaient assez que si la redingote contenait quelque chose ce ne pouvait être que de la poussière. L'homme sortit des mains aussi noires que celles d'un ouvrier d'un pantalon gris de fer, crasseux. Enfin, sur la poitrine, un gilet de laine tricoté, bruni par l'usage, qui débordait les manches, qui passait au-dessus du pantalon, se voyait partout et tenait sans doute lieu de linge. Philippe portait un garde-vue en taffetas vert et en fil d'archal. Sa tête presque chauve, son teint, sa figure hâve, disaient assez qu'il sortait du terrible hôpital du Midi. Sa redingote bleue, devenue aux lisières, était toujours décorée de la rosette. Aussi les passants regardaient-ils ce brave, sans doute une victime du gouvernement, avec une curiosité mêlée de pitié; car la rosette inquiétait le regard et jetait l'ultra le plus féroce ses doutes honorables pour la Légion d'honneur. En ce temps, quoiqu'on eût essayé de déconsidérer cet ordre par des promotions sans frein, il n'y avait pas en France cinquante-trois mille personnes décorées. Agathe sentit tressaillir son être intérieur. S'il lui était impossible d'aimer ce fils, elle pouvait encore beaucoup souffrir par lui. Atteinte par un dernier rayon de maternité, elle pleura quand elle vit faire au brillant officier d'ordonnance de l'empereur le geste d'entrer dans un débit de tabac pour y acheter un cigare, et s'arrêter sur le seuil : il avait fouillé dans sa poche et n'y trouvait rien. Agathe traversa rapidement le quai, prit sa bourse, la mit dans la main de Philippe et se sauva comme si elle venait de commettre un crime. Elle resta deux jours sans pouvoir rien prendre : elle avait toujours devant les yeux l'horrible figure de son fils mourant de faim dans Paris.

— Après avoir épuisé l'argent de ma bourse, qui lui en donnera? pensait-elle. Giroudeau ne nous trompait pas : Philippe sort de l'hôpital.

Elle ne voyait plus l'assassin de sa pauvre tante, le fléau de la famille, le voleur domestique, le joueur, le buveur, le débauché de bas étage; elle voyait un convalescent mourant de faim, un fumeur sans tabac. Elle devint à quarante-sept ans comme une femme de soixante-dix ans. Ses yeux se ternirent alors dans les larmes et la prière. Mais ce ne fut pas le dernier coup que le fils devait lui porter, et sa prévision la plus horrible fut réalisée. On découvrit alors une conspiration d'officiers au sein de l'armée, et l'on cria par les rues l'extrait du *Moniteur* qui contenait des détails sur les arrestations.

Agathe entendit du fond de sa cage, dans le bureau de loterie de la rue Vivienne, le nom de Philippe Bridau. Elle s'évanouit, et le gérant, qui comprit sa peine et la nécessité de faire des démarches, lui donna un congé de quinze jours.

— Ah! mon ami, c'est nous, avec notre vigueur, qui l'avons poussé là, dit-elle à Joseph en se mettant au lit.

— Je vais aller voir Desroches, lui répondit Joseph.

Pendant que l'artiste confiait les intérêts de son frère à Desroches, qui passait pour le plus madré, le plus astucieux des avoués de Paris, et qui d'ailleurs rendait des services à plusieurs personnages, entre autres à des Lupeaulx, alors secrétaire général d'un ministère, Giroudeau se présentait chez la veuve, qui cette fois eut confiance en lui.

— Madame, lui dit-il, trouvez douze mille francs, et votre fils sera mis en liberté, faute de preuves. Il s'agit d'acheter le silence de deux témoins.

— Je les aurai, dit la pauvre mère sans savoir où ni comment.

Inspirée par le danger, elle écrivit à sa marraine, la vieille madame Hochon, de les demander à Jean-Jacques Rouget, pour sauver Philippe. Si Rouget refusait, elle pria madame Hochon de les lui prêter, en s'engageant à les lui rendre en deux ans. Courrier par courrier, elle reçut la lettre suivante :

« Ma petite, quoique votre frère ait, bel et bien, quarante mille
« livres de rente, sans compter l'argent économisé depuis dix-sept
« années, que M. Hochon estime à plus de six cent mille francs, il ne
« donnera pas deux liards pour des neveux qu'il n'a jamais vus.
« Quant à moi, vous ignorez que je ne disposerai pas de six livres
« tant que mon mari vivra. Hochon est le plus grand avare d'Issou-
« dun, j'ignore ce qu'il fait de son argent, il ne donne pas vingt
« francs par an à ses petits-enfants ; pour emprunter, j'aurais besoin
« de son autorisation, et il me la refuserait. Je n'ai pas même tenté
« de faire parler à votre frère, qui a chez lui une concubine de la-
« quelle il est le très-humble serviteur. C'est pitié que de voir com-
« ment le pauvre homme est traité chez lui, quand il a une sœur et
« des neveux. Je vous ai fait sous-entendre à plusieurs reprises que
« votre présence à Issoudun pouvait sauver votre frère, et arracher
« pour vos enfants, des griffes de cette vermine, une fortune de qua-
« rante et peut-être soixante mille livres de rente ; mais vous ne me
« répondez pas ou vous paraissez ne m'avoir jamais comprise. Aussi
« suis-je obligée de vous écrire aujourd'hui sans cette précaution
« épistolaire. Je prends bien part au malheur qui vous arrive, mais
« je ne puis que vous plaindre, ma chère mignonne. Voici pourquoi
« je ne puis vous être bonne à rien : à quatre-vingt-cinq ans, Ho-
« chon fait ses quatre repas, mange de la salade avec des œufs durs
« le soir, et court comme un lapin. J'aurai passé ma vie entière, car
« il fera mon épitaphe, sans avoir vu vingt livres dans ma bourse. Si
« vous voulez venir à Issoudun combattre l'influence de la concu-
« bine sur votre frère, comme il y a des raisons pour que Rouget ne
« vous reçoive pas chez lui, j'aurai déjà bien de la peine à obtenir de
« mon mari la permission de vous avoir chez moi. Mais vous pourrez
« y venir, il m'obéira sur ce point. Je connais un moyen d'obtenir
« ce que je désire de lui, c'est de lui parler de mon testament. Cela
« me semble si horrible, que je n'y ai jamais eu recours ; mais pour
« vous je ferai l'impossible. J'espère que votre Philippe s'en tirera,
« surtout si vous prenez un bon avocat ; mais arrivez le plus tôt pos-
« sible à Issoudun. Songez qu'à cinquante ans votre imbécile de
« frère est plus chétif et plus vieux que M. Hochon. Ainsi la chose
« presse. On parle déjà d'un testament qui vous priverait de la suc-
« cession ; mais, au dire de M. Hochon, il est toujours temps de le
« faire révoquer. Adieu, ma petite Agathe, que Dieu vous aide! et
« comptez aussi sur votre marraine qui vous aime,

« MAXIMILIENNE HOCHON, née LOUSTEAU.

« P. S. Mon neveu Étienne, qui écrit dans les journaux et qui s'est
« lié, dit-on, avec votre fils Philippe, est-il venu vous rendre ses de-
« voirs? Mais venez, nous causerons de lui. »

Cette lettre occupa fortement Agathe, elle la montra nécessairement à Joseph, à qui elle fut forcée de raconter la proposition de Giroudeau. L'artiste, qui devenait prudent dès qu'il s'agissait de son frère, fit remarquer à sa mère qu'elle devait tout communiquer à Desroches.

Frappés de la justesse de cette observation, la mère et le fils allèrent le lendemain matin, dès six heures, trouver Desroches, rue de Bussy. Cet avoué, sec comme défunt son père, à la voix aigre, au teint âpre, aux yeux implacables, à visage de fouine qui se lèche les lèvres après ses deux poulets, bondit comme un tigre en apprenant la visite et la proposition de Giroudeau.

— Ah çà! mère Bridau, s'écria-t-il de sa petite voix cassée, jus-

qu'à quand serez-vous la dupe de votre maudit brigand de fils? Ne donnez pas deux liards! Je vous réponds de Philippe, c'est pour sauver son avenir que je tiens à le laisser juger par la cour des pairs ; vous avez peur de le voir condamné, mais Dieu veuille que son avocat laisse obtenir une condamnation contre lui! Allez à Issoudun, sauvez la fortune de vos enfants. Si vous n'y parvenez pas, si votre frère a fait un testament en faveur de cette femme, et si vous ne savez pas le faire révoquer... eh bien! rassemblez au moins les éléments d'un procès en captation, je le mènerai. Mais vous êtes trop honnête femme pour savoir trouver les bases d'une instance de ce genre! Aux vacances, j'irai, moi, à Issoudun... si je puis.

Ce : « J'irai, moi ! » fit trembler l'artiste dans sa peau. Desroches cligna de l'œil pour dire à Joseph de laisser aller sa mère un peu en avant, et il le garda pendant un moment seul.

— Votre frère est un grand misérable, il est, volontairement ou involontairement, la cause de la découverte de la conspiration, car le drôle est si fin qu'on ne peut pas savoir la vérité là-dessus. Entre niais ou traître, choisissez-lui un rôle. Il sera sans doute mis sous la surveillance de la haute police, soyez tranquille, il n'y a que moi qui sache ce secret. Courez à Issoudun avec votre mère, vous avez de l'esprit, tâchez de sauver cette succession.

— Allons, ma pauvre mère, Desroches a raison, dit-il en rejoignant Agathe dans l'escalier ; j'ai vendu mes deux tableaux, partons pour le Berry, puisque tu as quinze jours à toi.

Après avoir écrit à sa marraine pour lui annoncer son arrivée, Agathe et Joseph se mirent en route le lendemain soir pour Issoudun, abandonnant Philippe à sa destinée. La diligence passa par la rue d'Enfer pour prendre la route d'Orléans. Quand Agathe aperçut le Luxembourg, où Philippe avait été transféré, elle ne put s'empêcher de dire : — Sans les alliés il ne serait pourtant pas là!

Bien des enfants auraient fait dans ce mouvement d'impatience, auraient souri de pitié ; mais l'artiste, qui se trouvait seul avec sa mère dans le coupé, la saisit, la pressa contre son cœur, en disant : — O mère, tu es mère comme Raphaël était peintre. Et tu seras toujours une imbécile de mère.

Bientôt arrachée aux chagrins par les distractions de la route, madame Bridau fut contrainte à songer au but de son voyage. Naturellement, elle relut la lettre de madame Hochon, qui avait si fort ému l'avoué Desroches. Frappée alors des mots *concubine* et *vermine* que la plume d'une septuagénaire aussi pieuse que respectable avait employés pour désigner la femme en train de dévorer la fortune de Jean-Jacques Rouget, traité lui-même d'*imbécile*, elle se demanda comment elle pouvait, par sa présence à Issoudun, sauver une succession. Joseph, le pauvre artiste si désintéressé, savait peu de chose du Code, et l'exclamation de sa mère le préoccupa.

— Avant de nous envoyer sauver une succession, notre ami Desroches aurait bien dû nous expliquer les moyens par lesquels on s'en empare, s'écria-t-il.

— Autant que ma tête, étourdie encore à l'idée de savoir Philippe en prison, sans tabac peut-être, sur le point de comparaître à la cour des pairs, me laisse de mémoire, repartit Agathe, il me semble que le jeune Desroches nous a dit de rassembler les éléments d'un procès en captation, pour le cas où mon frère aurait fait un testament en faveur de cette... cette... femme.

— Il est bon là, Desroches!... s'écria le peintre. Bah! si nous n'y comprenons rien, je le prierai d'y aller.

— Ne nous cassons pas la tête inutilement, dit Agathe. Quand nous serons à Issoudun, ma marraine nous guidera.

Cette conversation, tenue au moment où, après avoir changé de voiture à Orléans, madame Bridau et Joseph entraient en Sologne, indique assez l'incapacité du peintre et de sa mère à jouer le rôle auquel le terrible maître Desroches les avait destinés. Mais, en revenant à Issoudun après trente ans d'absence, Agathe allait y trouver de tels changements dans ces mœurs, qu'il est nécessaire de tracer en peu de mots un tableau de cette ville. Sans cette peinture, on comprendrait difficilement l'héroïsme que déployait madame Hochon en secourant sa filleule, et l'étrange situation de Jean-Jacques Rouget. Quoique le docteur eût fait considérer Agathe comme une étrangère à son fils, il avait pour un frère quelque chose d'un peu trop extraordinaire à rester trente ans sans donner signe de vie à sa sœur. Ce silence reposait évidemment sur des circonstances bizarres que des parents, autres que Joseph et Agathe, auraient depuis longtemps voulu connaître. Enfin il existait entre l'état de la ville et les intérêts des Bridau certains rapports qui se reconnaîtront dans le cours même du récit.

N'en déplaise à Paris, Issoudun est une des plus vieilles villes de France. Malgré les préjugés historiques qui font de l'empereur Probus le Noé des Gaules, César a parlé de l'excellent vin de Champ Fort (*de Campo Forti*), un des meilleurs clos d'Issoudun. Rigord s'exprime sur le peuple de cette ville en termes qui ne laissent aucun doute sur sa grande population et son immense commerce. Mais ces deux témoignages assigneraient un âge assez médiocre à cette ville en comparaison de sa haute antiquité. En effet, des fouilles récemment opérées par un savant archéologue de cette ville, M. Armand Pérémel, ont fait découvrir sous la célèbre tour d'Issoudun une basilique du cinquième siècle, la seule probablement qui existe en France. Cette église garde, dans ses matériaux mêmes, la signature d'une civilisation antérieure, car ses pierres proviennent d'un temple romain qu'elle a remplacé. Ainsi, d'après les recherches de cet antiquaire, Issoudun, comme toutes les villes de France dont la terminaison ancienne ou moderne comporte le *un* (*dunum*), offrirait dans son nom le certificat d'une existence autochthone. Ce mot Dun, l'apanage de toute éminence consacrée par le culte druidique, annoncerait un établissement militaire et religieux des Celtes. Les Romains auraient bâti sous le Dun des Gaulois un temple à Isis. De là, selon Chaumeau, le nom de la ville : Is-sous-Dun. Is serait l'abréviation d'Isis. Richard Cœur-de-Lion a bien certainement bâti la fameuse tour où il a frappé monnaie; au-dessus d'une basilique du cinquième siècle, le troisième monument de la troisième religion de cette vieille ville. Il s'est servi de cette église comme d'un point d'arrêt nécessaire à l'exhaussement de son rempart, et l'a conservée en la couvrant de ses fortifications féodales comme d'un manteau. Issoudun était alors le siège de la puissance éphémère des routiers et des cottereaux, *condottieri* que Henri II opposa à son fils Richard, lors de sa révolte comme comte de Poitou. L'histoire de l'Aquitaine, qui n'a pas été faite par les bénédictins, ne se fera sans doute point, car il n'y a plus de bénédictins. Aussi ne saurait-on trop éclaircir ces ténèbres archéologiques dans l'histoire de nos mœurs, toutes les fois que l'occasion s'en présente. Il existe un autre témoignage de l'antique puissance d'Issoudun dans la canalisation de la Tournemine, petite rivière exhaussée de plusieurs mètres sur une grande étendue de pays au-dessus du niveau de la Théols, la rivière qui entoure la ville. Cet ouvrage est dû, sans aucun doute, au génie romain. Enfin le faubourg qui s'étend du château vers le nord est traversé par une rue nommée depuis plus de deux mille ans la rue de Rome. Le faubourg s'appelle lui-même faubourg de Rome. Les habitants de ce faubourg, dont la race, le sang, la physionomie, ont d'ailleurs un cachet particulier, se disent descendants des Romains. Ils sont presque tous vignerons d'une remarquable roideur de race, due sans doute à leur origine, et peut-être à leur victoire sur les cottereaux et les routiers, un sont exterminés au douzième siècle dans le plaine de Charost. Après l'insurrection de 1830, la France fut trop agitée pour avoir donné son attention à l'émeute des vignerons d'Issoudun, qui fut terrible, dont les détails n'ont pas été d'ailleurs publiés, et pour cause. D'abord, les bourgeois d'Issoudun ne permirent point aux troupes d'entrer en ville. Ils voulurent répondre eux-mêmes de leur cité, selon les us et coutumes de la bourgeoisie au moyen âge. L'autorité fut obligée de céder à des gens appuyés par six ou sept mille vignerons qui avaient brûlé toutes les archives et les bureaux des contributions indirectes, et qui traînaient de rue en rue un employé de l'octroi, disant à chaque réverbère : — C'est là que faut le pendre ! Le pauvre homme fut arraché à ces furieux par la garde nationale, qui lui sauva la vie en le conduisant en prison sous prétexte de lui faire son procès. Le général n'entra qu'en vertu d'une capitulation faite avec les vignerons, et il eut du courage à pénétrer leurs masses ; car, au moment où il parut à l'Hôtel de Ville, un homme du faubourg de Rome lui passa son volant au cou (le volant est cette grosse serpe attachée à une perche qui sert à tailler les arbres), et lui cria : — *Pu d'commis ou y a rin de fait !* Ce vigneron aurait abattu la tête à celui que seize ans de guerre avaient respecté, sans la rapide intervention d'un des chefs de la révolte, à qui l'on promit de *demander aux Chambres la suppression des rats de cave...*

Au quatorzième siècle, Issoudun avait encore seize à dix-sept mille habitants, reste d'une population double du temps de Rigord. Charles VII y possédait un hôtel qui subsiste, et connu jusqu'au dix-huitième siècle sous le nom de Maison du Roy. Cette ville, alors le centre du commerce des laines, en approvisionnait une partie de l'Europe, et fabriquait sur une grande échelle des draps, des chapeaux, et d'excellents gants de *chevreautin*. Sous Louis XIV, Issoudun, à qui l'on dut Baron et Bourdaloue, était toujours cité comme une ville d'élégance, de beau langage et de bonne société. Dans son histoire de Sancerre, le curé Poupart prétendait les habitants d'Issoudun remarquables, entre tous les Berrichons, par leur finesse et par leur *esprit naturel*. Aujourd'hui cette splendeur et cet esprit ont disparu complètement ; Issoudun, dont l'étendue atteste l'ancienne importance, se donne douze mille âmes de population en y comprenant les vignerons de quatre énormes faubourgs : ceux de Saint-Paterne, de Vilatte, de Rome et des Alouettes, qui sont des petites villes. La bourgeoisie, comme celle de Versailles, est au large dans les rues. Issoudun conserve encore le marché des laines du Berry, commerce menacé par les améliorations de la race ovine qui s'introduisent partout et que le Berry n'adopte point. Les vignobles d'Issoudun produisent un vin qui se boit dans deux départements, et qui, s'il se fabriquait comme la Bourgogne et la Gascogne fabriquent le leur, deviendrait un des meilleurs vins de France. Hélas ! *faire comme faisaient nos pères*, ne rien innover, telle est la loi du pays. Les vignerons continuent donc à laisser la râpe pendant la fermentation,

ce qui rend détestable un vin qui pourrait être la source de nouvelles richesses et un objet d'activité pour le pays. Grâce à l'âpreté que la râpe lui communique et qui, dit-on, se modifie avec l'âge, ce vin traverse un siècle. Cette raison donnée par le vignoble est assez importante en œnologie pour être publiée. Guillaume le Breton a d'ailleurs célébré dans sa Philippide cette propriété par quelques vers.

La décadence d'Issoudun s'explique donc par l'esprit d'immobilisme poussé jusqu'à l'ineptie et qu'un seul fait fera comprendre. Quand on s'occupa de la route de Paris à Toulouse, il était naturel de la diriger de Vierzon sur Châteauroux, par Issoudun. La route eût été plus courte qu'en la dirigeant, comme elle l'est, par Vatan. Mais les notabilités du pays et le conseil municipal d'Issoudun, dont la délibération existe, dit-on, demandèrent la direction par Vatan, en objectant que, si la grande route traversait leur ville, les vivres augmenteraient de prix, et que l'on serait exposé à payer les poulets trente sous. On ne trouve l'analogue d'un pareil acte que dans les contrées les plus sauvages de la Sardaigne, pays si peuplé, si riche autrefois, aujourd'hui si désert. Quand le roi Charles-Albert, dans une louable pensée de civilisation, voulut joindre Sassari, seconde capitale de l'île, à Cagliari par une belle et magnifique route, la seule qui existe dans cette savane appelée la Sardaigne, le tracé direct exigeait qu'elle passât par Bonorva, district habité par des gens insoumis, d'autant plus comparables à nos tribus arabes, qu'ils descendent des Maures. En se voyant sur le point d'être gagnés par la civilisation, les sauvages de Bonorva, sans prendre la peine de délibérer, signifièrent leur opposition au tracé. Le gouvernement ne tint aucun compte de cette opposition. Le premier ingénieur qui vint planter le premier jalon reçut une balle dans la tête et mourut sur son jalon. On ne fit aucune recherche à ce sujet, et la route décrit une courbe qui l'allonge de huit lieues.

A Issoudun, l'avilissement croissant du prix des vins qui se consomment sur place, en satisfaisant ainsi le désir de la bourgeoisie de vivre à bon marché, prépare la ruine des vignerons, de plus en plus accablés par les frais de culture et par l'impôt ; de même que la ruine du commerce des laines et du pays est préparée par l'impossibilité d'améliorer la race ovine. Les gens de la campagne ont une horreur profonde pour toute espèce de changement, même pour celui qui leur paraît utile à leurs intérêts. Un Parisien trouve dans la campagne un ouvrier qui mangeait à dîner une énorme quantité de pain, de fromage et de légumes ; il lui prouve que, s'il substituait à cette nourriture une portion de viande, il se nourrirait mieux, à meilleur marché, qu'il travaillerait davantage, et userait pas si promptement son capital d'existence. Le Berrichon reconnaît la justesse du calcul. — Mais les *disettes*, monsieur ! répondit-il. — Quoi, les *disettes ?...* — Eh bien ! oui, quoi qu'on dirait ? — Il serait la fable de tout le pays, fit observer le propriétaire sur les terres de qui la scène avait lieu, on le croirait riche comme un bourgeois, il a enfin peur de l'opinion publique, il a peur d'être montré au doigt, de passer pour un homme faible ou malade... Voilà comme nous sommes dans ce pays-ci ! Beaucoup de bourgeois disent cette dernière phrase avec un sentiment d'orgueil caché. Si l'ignorance et la routine sont invincibles dans les campagnes où l'on abandonne les paysans à eux-mêmes, la ville d'Issoudun est arrivée à une complète stagnation sociale. Obligée de combattre la dégénérescence des fortunes par une économie sordide, chaque famille vit chez soi. D'ailleurs, la société s'y trouve à jamais privée de l'antagonisme qui donne du ton aux mœurs. La ville ne connaît plus cette opposition des deux forces à laquelle on a dû la vie des États italiens au moyen âge. Issoudun n'a plus de nobles. Les cottereaux, les routiers, la jacquerie, les guerres de religion et la révolution, ont totalement supprimé la noblesse. La ville est très-fière de ce triomphe. Issoudun a constamment refusé, toujours pour maintenir le bon marché des vivres, d'avoir une garnison. Elle a perdu ce moyen de communication avec le siècle, en perdant aussi les profits qui se font avec la troupe. Avant 1756, Issoudun était une des plus agréables villes de garnison. Un drame judiciaire qui occupa toute la France, l'affaire du lieutenant général au bailliage contre le marquis de Chapt, dont le fils, officier de dragons, fut, à propos de galanterie, justement peut-être, mais traîtreusement mis à mort, priva la ville de garnison à partir de cette époque. Le séjour de la 44e demi-brigade, imposée durant la guerre civile, ne fut pas de nature à réconcilier les habitants avec la gent militaire. Bourges, dont la population décroît tous les ans, est atteinte de la même maladie sociale. La vitalité déserte ces grands corps. Certes, l'administration est coupable de ces malheurs. Le devoir d'un gouvernement est d'apercevoir ces taches sur le corps politique, et d'y remédier en envoyant des hommes énergiques dans ces localités malades pour y changer la face des choses. Hélas ! loin de là, on s'applaudit de cette funeste et funèbre tranquillité. Puis, comment envoyer de nouveaux administrateurs ou des magistrats capables ? Qui de nos jours est soucieux d'aller s'enterrer en des arrondissements où le bien à faire est sans éclat ? Si par hasard on y casse des ambitieux étrangers au pays, ils sont bientôt gagnés par la force d'inertie, et se mettent au diapason de cette atroce vie de province. Issoudun aurait engourdi Napoléon. Par suite de cette situation particulière, l'arrondissement d'Issoudun était, en 1822, administré par des hommes appartenant tous au Berry. L'autorité s'y trouvait donc annulée ou sans force, hormis les cas, naturellement très-rares, où la justice est forcée d'agir à cause de leur gravité patente. Le procureur du roi, M. Mouilleron, était le cousin de tout le monde, et son substitut appartenait à une famille de la ville. Le président du tribunal, avant d'arriver à cette dignité, s'était rendu célèbre par un de ces mots qui en province coiffent pour toute sa vie un homme d'un bonnet d'âne. Après avoir terminé l'instruction d'un procès criminel qui devait entraîner la peine de mort, il dit à l'accusé : « Mon pauvre Pierre, ton affaire est claire, tu auras le cou coupé. Que cela te serve de leçon ! » Le commissaire de police, commissaire depuis la Restauration, avait des parents dans tout l'arrondissement. Enfin, non-seulement l'influence de la religion était nulle, mais le curé ne jouissait d'aucune considération. Cette bourgeoisie, libérale, taquine et ignorante, racontait des histoires plus ou moins comiques sur les relations de ce pauvre homme avec sa servante. Les enfants n'en allaient pas moins au catéchisme, et l'on faisait leur première communion ; il n'y en avait pas moins un collège ; on disait bien la messe, on fêtait toujours les fêtes ; on payait les contributions, seule chose que Paris veuille de la province ; enfin le maire y prenait des arrêtés ; mais ces actes de la vie sociale s'accomplissaient par routine. Ainsi, la mollesse de l'administration concordait admirablement à la situation intellectuelle et morale du pays. Les événements de cette histoire peindront d'ailleurs les effets de cet état de choses qui n'est pas si singulier qu'on pourrait le croire. Beaucoup de villes en France, et particulièrement dans le Midi, ressemblent à Issoudun. L'état dans lequel le triomphe de la bourgeoisie a mis ce chef-lieu d'arrondissement est celui qui attend toute la France et même Paris, si la bourgeoisie continue à rester maîtresse de la politique extérieure et intérieure de notre pays.

Maintenant, un mot de la topographie. Issoudun s'étale du nord au sud sur un coteau qui s'arrondit vers la route de Châteauroux. Au bas de cette éminence, on a jadis pratiqué, pour les besoins des fabriques ou pour inonder les douves des remparts au temps où florissait la ville, un canal appelé maintenant la Rivière-Forcée, et dont les eaux sont prises à la Théols. La Rivière-Forcée forme un bras artificiel qui se décharge dans la rivière naturelle, au delà du faubourg de Rome, au point où s'y jettent aussi la Tournemine et quelques autres courants. Ces petits cours d'eau vive et les deux rivières arrosent des prairies assez étendues que cerclent de toutes parts des collines jaunâtres ou blanches parsemées de points noirs. C'est tout l'aspect des vignobles d'Issoudun pendant sept mois de l'année. Les vignerons rechapent la vigne tous les ans et ne laissent qu'un moignon hideux et sans échalas au milieu d'un entonnoir. Aussi, quand on arrive de Vierzon, de Vatan ou de Châteauroux, l'œil attristé par des plaines monotones est-il agréablement surpris à la vue des prairies d'Issoudun, l'oasis de cette partie du Berry, qui fournit de légumes le pays à dix lieues à la ronde. Au-dessous du faubourg de Rome, s'étend un vaste marais entièrement cultivé en potagers et divisé en deux régions qui portent le nom de bas et de haut Baltan. Une vaste et longue avenue, ornée de deux contre-allées de peupliers, même de la ville au travers des prairies à un ancien couvent nommé Frapesle, dont les jardins anglais, uniques dans l'arrondissement, ont reçu le nom pittoresque de Tivoli. Le dimanche, les couples amoureux se font par là leurs confidences. Nécessairement les traces de l'ancienne grandeur d'Issoudun se révèlent à un observateur attentif, et les plus marquantes sont les divisions de la ville. Le château, qui formait autrefois à lui seul une ville avec ses murailles et ses douves, constitue un quartier distinct où l'on ne pénètre aujourd'hui que par les anciennes portes, d'où l'on ne sort que par trois ponts jetés dans les deux rivières et qui sont la physionomie d'une vieille ville. Les remparts montrent encore de place en place leurs formidables assises sur lesquelles s'élèvent des maisons. Au-dessus du château se dresse la tour, qui en était la forteresse. Le maître de la ville étalée autour de ces deux points fortifiés, avait à prendre et la tour et le château. La possession du château ne donnait pas encore celle de la tour. Le faubourg de Saint-Paterne, qui décrit comme une palette au delà de la tour en mordant sur la prairie, est trop considérable pour n'avoir pas été dans les temps les plus reculés la ville elle-même. Depuis le moyen âge, Issoudun, comme Paris, aura gravi sa colline, s'est naturellement groupée au delà de la tour et du château. Cette opinion tirait, en 1822, une sorte de certitude de l'existence de la charmante église de Saint-Paterne, récemment démolie par l'héritier de celui qui l'acheta de la nation. Cette église, un des plus jolis specimen d'église romaine que possédât la France, a péri sans que personne ait pris le dessin du portail, dont la conservation était parfaite. La seule voix qui s'éleva pour sauver la monument ne trouva d'écho nulle part, ni dans la ville, ni dans le département. Quoique le château vieux d'Issoudun ait le caractère d'une vieille ville avec ses rues étroites et ses vieux logis, la ville proprement dite, qui fut prise et brûlée plusieurs fois à différentes époques, notamment durant la Fronde, où elle brûla tout entière, a un aspect moderne. Des rues spacieuses, relativement à l'état des autres villes, et des maisons bien bâties forment avec l'aspect du château un contraste assez

frappant, qui vaut à Issoudun, dans quelques géographies, le nom de jolie.

Dans une ville ainsi constituée, sans aucune activité même commerciale, sans goût pour les arts, sans occupations savantes, où chacun reste dans son intérieur, il devait arriver et il arriva, sous la Restauration, en 1816, quand la guerre eut cessé, que, parmi les jeunes gens de la ville, plusieurs n'eurent aucune carrière à suivre, et ne surent que faire en attendant leur mariage ou la succession de leurs parents. Ennuyés au logis, ces jeunes gens ne trouvèrent aucun élément de distraction en ville ; et comme, suivant un mot du pays, il faut que jeunesse jette sa gourme, ils firent leurs farces aux dépens de la ville même. Il leur fut bien difficile d'opérer en plein jour, ils eussent été reconnus ; et, à la coupe de leurs crimes une fois comblée, ils auraient fini par être traduits, à la première peccadille un peu trop forte, en police correctionnelle ; ils choisirent donc assez judicieusement la nuit pour faire leurs mauvais tours. Ainsi dans ces vieux restes de civilisations diverses disparues, brilla comme une dernière flamme un vestige de l'esprit de drôlerie qui distinguait les anciennes mœurs. Ces jeunes gens s'amusèrent comme jadis s'amusaient Charles IX et ses courtisans, Henri V et ses compagnons, et comme on s'amusa jadis dans beaucoup de villes de province. Une fois confédérés par la nécessité de s'entr'aider, de se défendre, et d'inventer des tours plaisants, il se développa chez eux, par le choc des idées, cette somme de malignité que comporte la jeunesse et qui s'observe jusque dans les animaux. La confédération leur donna de plus les petits plaisirs que procure le mystère d'une conspiration permanente. Ils se nommèrent les chevaliers de la Désœuvrance. Pendant le jour, ces jeunes singes étaient de petits saints, ils affectaient tous d'être extrêmement tranquilles ; et, d'ailleurs, ils dormaient assez tard pendant les nuits pendant lesquelles ils avaient accompli quelque méchante œuvre. Les chevaliers de la Désœuvrance commencèrent par des farces vulgaires, comme de décrocher et de changer des enseignes, de sonner aux portes, de précipiter avec fracas un tonneau oublié par quelqu'un à sa porte dans la cave du voisin, alors réveillé par un bruit qui faisait croire à l'explosion d'une mine. À Issoudun comme dans beaucoup de villes, on descend à la cave par une trappe dont la bouche placée à l'entrée de la maison est recouverte d'une forte planche à charnières, avec un gros cadenas pour fermeture. Ces nouveaux mauvais garçons s'étaient pas encore sortis, vers la fin de 1816, des plaisanteries que font dans toutes les provinces les gamins et les jeunes gens. Mais, en janvier 1817, l'ordre de la Désœuvrance eut un grand maître, et se distingua par ses tours qui, jusqu'en 1825, répandirent une sorte de terreur dans Issoudun, ou du moins en tinrent les artisans et la bourgeoisie en de continuelles alarmes.

Ce chef fut un certain Maxence Gilet, appelé plus simplement Max, que ses antécédents, non moins que sa force et sa jeunesse, destinaient à ce rôle. Maxence Gilet passait dans Issoudun pour être le fils naturel du subdélégué, M. Lousteau, dont la galanterie a laissé beaucoup de souvenirs, le frère de madame Hochon, et qui s'était attiré, comme vous l'avez vu, la haine du vieux docteur Rouget, à propos de la naissance d'Agathe. Mais l'amitié qui liait ces deux hommes avant leur brouille fut tellement étroite, que, selon une expression du pays et du temps, ils passaient volontiers par les mêmes chemins. Aussi prétendait-on que Max pouvait tout aussi bien être le fils de l'un que celui du subdélégué ; mais il n'appartenait à l'un ni à l'autre, car son père fut ce charmant officier de dragons en garnison à Bourges. Néanmoins, par suite de leur inimitié, fort heureusement pour l'enfant, le docteur et le subdélégué se disputèrent constamment cette paternité. La mère de Max, femme d'un pauvre savetier du faubourg de Rome, était, pour la perdition de son âme, d'une beauté surprenante, une beauté de Trastéverine, seul titre que celle transmit à son fils. Madame Gilet, grosse de Max en 1788, avait pendant longtemps désiré cette bénédiction du ciel, qu'on eut la méchanceté d'attribuer à deux hommes deux amis, sans doute pour les animer l'un contre l'autre. Gilet, vieil ivrogne à triple broc, favorisait les désordres de sa femme par une collusion et une complaisance qui ne sont pas sans exemple dans la classe inférieure. Pour procurer des protecteurs à son fils, la Gilet se garda bien d'éclairer les pères postiches. À Paris, elle eût été millionnaire ; à Issoudun, elle vécut tantôt à l'aise, tantôt misérablement, et à la longue méprisée. Madame Hochon, sœur de M. Lousteau, donna quelque dix écus par an pour que Max allât à l'école. Cette libéralité, que madame Hochon était hors d'état de se permettre, par suite de l'avarice de son mari, fut naturellement attribuée à son frère, alors à Sancerre. Quand le docteur Rouget, qui n'était pas heureux en garçon, eut remarqué la beauté de Max, il paya jusqu'en 1805 la pension du collège de celui qu'il appelait le jeune drôle. Comme le subdélégué mourut en 1800, et qu'en payant pendant cinq ans la pension de Max, le docteur paraissait obéir à un sentiment d'amour-propre, la question de paternité resta toujours indécise. Maxence Gilet, texte de mille plaisanteries, fut d'ailleurs bientôt oublié. Voici comment. En 1806, un an après la mort du docteur Rouget, ce garçon, qui semblait avoir été créé pour une vie hasardeuse, doué d'ailleurs d'une force et d'une agilité remarquables, se permettait une foule de méfaits plus ou moins dangereux à commettre. Il s'entendait déjà avec les petits-fils de M. Ho chon pour faire enrager les épiciers de la ville, il récoltait les fruits avant les propriétaires, ne se gênant point pour escalader des murailles. Ce démon n'avait pas son pareil aux exercices violents, il jouait aux barres en perfection, il aurait attrapé les lièvres à la course. Doué d'un coup d'œil digne de celui de Bas-de-Cuir, il aimait déjà la chasse avec passion. Au lieu d'étudier, il passait son temps à tirer à la cible. Il employait l'argent soustrait au vieux docteur à acheter de la poudre et des balles pour un mauvais pistolet que le père Gilet, le sabotier, lui avait donné. Or, pendant l'automne de 1806, Max, alors âgé de dix-sept ans, commit un meurtre involontaire en effrayant, à la tombée de la nuit, une jeune femme grosse qu'il surprit dans son jardin, où il allait voler des fruits. Menacé de la guillotine par son père le sabotier, qui voulait sans doute se défaire de lui, Max se sauva d'une seule traite jusqu'à Bourges, y rejoignit un régiment en route pour l'Espagne, et s'y engagea. L'affaire de la jeune femme morte n'eut aucune suite.

La fille, quasi nue, portait une méchante jupe, courte, trouée et déchiquetée, en mauvaise étoffe de laine. — PAGE 28.

Un garçon du caractère de Max devait se distinguer, et il se distingua si bien, qu'en trois campagnes il devint capitaine, car le peu d'instruction qu'il avait reçue le servit puissamment. En 1809, en Portugal, il fut laissé pour mort dans une batterie anglaise où sa compagnie avait pénétré sans avoir pu s'y maintenir. Max, pris par les Anglais, fut envoyé sur les pontons espagnols de Cabrera, les plus horribles de tous. On demanda bien pour lui la croix de la Légion d'honneur et le grade de chef de bataillon ; mais l'empereur était alors en Autriche, il réservait ses faveurs aux actions d'éclat qui se faisaient sous ses yeux ; il n'aimait pas ceux qui se laissaient prendre, et fut d'ailleurs assez mécontent des affaires de Portugal. Max resta sur les pontons de 1810 à 1814. Pendant ces quatre années il s'y démoralisa complètement, car les pontons étaient le bagne, moins le crime et l'infamie. D'abord, pour conserver son libre arbitre et se défendre de la corruption qui ravageait ces ignobles prisons indignes d'un peuple civilisé, le jeune et beau capitaine tua en duel (on s'y battait en duel dans un espace de six pieds carrés) sept bretteurs ou tyrans, dont il débarrassa son ponton, à la grande joie des victimes. Max régna sur son ponton, grâce à l'habileté prodigieuse qu'il acquit dans le maniement des armes, à sa force corporelle et à son adresse. Mais il commit à son tour des actes arbitraires, il eut des complaisants qui travaillèrent pour lui, qui se firent ses courtisans. Dans cette école de douleur, où les caractères aigris ne rêvaient que vengeance, où les sophismes éclos dans ces cervelles entassées légitimaient les pensées mauvaises, Max se déprava tout à fait. Il écouta les opinions de ceux qui rêvaient la fortune à tout prix, sans reculer devant les résultats d'une action criminelle, pourvu qu'elle fût accomplie sans preuves. Enfin, à la paix, il sortit perverti quoique innocent, capable d'être un grand politique dans une haute sphère, et un misérable dans la vie privée, selon les circonstances de sa destinée. De retour à Issoudun, il apprit la déplorable fin de son père et de sa mère. Comme tous les gens qui se livrent à leurs passions et qui font, selon le proverbe, la vie courte et bonne, les Gilet étaient morts dans la plus affreuse indigence, à l'hôpital. Presque aussitôt, la nouvelle du débarquement de Napoléon à Cannes se répandit par toute la France. Max n'eut rien de mieux à faire que d'aller demander à Paris son grade de chef de bataillon et sa croix. Le maréchal qui eut alors le portefeuille de la guerre se souvint de la belle conduite du capitaine Gilet en Portugal ; il le plaça dans la garde comme capitaine, ce qui lui donnait, dans la ligne, le grade de chef de bataillon ; mais il ne put lui obtenir la croix. — L'empereur a dit que vous sauriez bien la gagner à la première affaire, lui dit le maréchal. En effet, l'empereur nota le brave capitaine pour être décoré le soir du combat de Fleurus, où Gilet se fit remarquer. Après la bataille de Waterloo, Max se retira sur la Loire. Au licenciement, le maréchal Feltre ne reconnut à Gilet ni son grade ni sa croix. Le soldat de Napoléon revint à Issoudun dans un état d'exaspération assez facile à concevoir, il ne voulait servir qu'avec la croix et le grade de chef de bataillon. Les bureaux trouvèrent ces conditions exorbitantes chez un jeune homme de vingt-cinq ans, sans nom, et qui pouvait devenir ainsi colonel à trente ans. Max envoya donc sa démission. Le commandant, car entre eux les bonapartistes se reconnurent les grades acquis en 1815, perdit ainsi le maigre traitement, appelé la demi-solde, qui fut alloué aux officiers de l'armée de la Loire. En voyant ce beau jeune homme, dont tout l'avoir consistait en vingt napoléons, on s'émut à Issoudun en sa faveur, et le maire lui donna une place de six cents francs d'appointements à la mairie. Max, qui remplit cette place pendant six mois environ, la quitta de lui-même, et fut remplacé par un capitaine nommé Carpentier, resté comme lui fidèle à Napoléon. Déjà grand maître de l'ordre de la Désœuvrance, Gilet avait pris un genre de vie qui lui fit perdre la considération des premières familles de la ville, sans qu'on le lui témoignât d'ailleurs, car il était violent et redouté par tout le monde, même par les officiers de l'ancienne armée, qui refusèrent comme lui de servir, et qui revinrent planter leurs choux en Berry. Le peu d'affection des gens nés à Issoudun pour les Bourbons n'a rien de surprenant d'après le tableau qui précède. Aussi, relativement à peu d'importance, y eut-il dans cette petite ville plus de bonapartistes que partout ailleurs. Les bonapartistes se firent, comme on sait, presque tous libéraux. On comptait à Issoudun ou dans les environs une douzaine d'officiers dans la position de Maxence, et qui le prirent pour chef, tant il leur plut ; à l'exception cependant de ce Carpentier, son successeur, et d'un certain M. Mignonnet, ex-capitaine d'artillerie de la garde. Carpentier, officier de cavalerie parvenu, se maria tout d'abord, et appartint à l'une des familles les plus considérables de la ville, les Borniche-Héreau. Mignonnet, élevé à l'École polytechnique, avait servi dans un corps qui s'attribue une espèce de supériorité sur les autres. Il y eut, dans les armées impériales, deux nuances chez les militaires. Une grande partie eut pour le bourgeois, pour le *péquin*, un mépris égal à celui des nobles pour les vilains, du conquérant pour le conquis. Ceux-là n'observaient pas toujours les lois de l'honneur dans leurs relations avec le civil, ou ne blâmaient pas trop ceux qui sabraient le bourgeois. Les autres, et surtout l'artillerie, par suite de son républicanisme peut-être, n'adoptèrent pas cette doctrine, qui ne tendait à rien moins qu'à faire deux Frances : une France militaire et une France civile. Si donc le commandant Potel et le capitaine Renard, deux officiers du faubourg de Rome, dont les opinions sur les péquins ne varièrent pas, furent les amis *quand même* de Maxence Gilet, le commandant Mignonnet et le capitaine Carpentier se rangèrent du côté de la bourgeoisie, en trouvant la conduite de Max indigne d'un homme d'honneur. Le commandant Mignonnet, petit homme sec, plein de dignité, s'occupa des problèmes que la machine à vapeur offrait à résoudre, et vécut modestement en faisant sa société de M. et de madame Carpentier. Ses mœurs douces et ses occupations scientifiques lui méritèrent la considération de toute la ville. Aussi disait-on que MM. Mignonnet et Carpentier étaient de *tout autres gens* que le commandant Potel et les capitaines Renard, Maxence et autres habitués du café Militaire, qui conservaient les mœurs soldatesques et les errements de l'Empire.

Au moment où madame Bridau revenait à Issoudun, Max était donc exclus du monde bourgeois. Ce garçon se rendait d'ailleurs lui-même justice en ne se présentant point à la Société, dite le Cercle, et ne se plaignant jamais de la triste réprobation dont il était l'objet, quoiqu'il fût le jeune homme le plus élégant, le mieux mis de tout Issoudun, qu'il y fît une grande dépense et qu'il eût, par exception, un cheval, chose aussi étrange à Issoudun que celui de lord Byron à Venise. On va voir comment, pauvre et sans ressources, Maxence fut mis en état d'être le fashionable d'Issoudun; car les moyens honteux qui lui valurent le mépris des gens timorés ou religieux tiennent aux intérêts qui amenaient Agathe et Joseph à Issoudun. A l'audace de son maintien, à l'expression de sa physionomie, Max paraissait se soucier fort peu de l'opinion publique; il comptait sans doute prendre un jour sa revanche, et régner sur ceux-là même qui le méprisaient. D'ailleurs, si la bourgeoisie mésestimait Max, l'admiration que son caractère excitait parmi le peuple formait un contre-poids à cette opinion; son courage, sa prestance, sa décision, devaient plaire à la masse, à qui sa dépravation fut d'ail leurs inconnue, et que les bourgeois ne soupçonnaient même point dans toute son étendue. Max jouait à Issoudun un rôle presque semblable à celui du forgeron dans la Jolie fille de Perth, il y était le champion du bonapartisme et de l'opposition. On comptait sur lui comme les bourgeois de Perth comptaient sur Smith dans les grandes occasions. Une affaire mit surtout en relief le héros et la victime des Cent-Jours.

En 1819, un bataillon commandé par des officiers royalistes, jeunes gens sortis de la maison Rouge, passa par Issoudun en allant à Bourges y tenir garnison. Ne sachant que faire dans une ville aussi constitutionnelle qu'Issoudun, les officiers allèrent passer le temps au café Militaire. Dans toutes les villes de province il existe un café Militaire. Celui d'Issoudun, bâti dans un coin du rempart, sur la place d'Armes, et tenu par la veuve d'un ancien officier, servait naturellement de club aux bonapartistes de la ville, aux officiers en demi-solde, ou à ceux qui partageaient les opinions de Max, et à qui l'esprit de la ville permettait l'expression de leur culte pour l'empereur. Dès 1816, il se

Il eût certes fait un magnifique général de division.—PAGE 27

fit à Issoudun, tous les ans, un repas pour fêter l'anniversaire du couronnement de Napoléon. Les trois premiers royalistes qui vinrent demandèrent les journaux, et entre autres le Quotidienne, le Drapeau blanc. Les opinions d'Issoudun, celles du café Militaire surtout, ne comportaient point de journaux royalistes. Le café n'avait que le Commerce, nom que le Constitutionnel, supprimé par un arrêt, fut forcé de prendre pendant quelques années. Mais, comme en paraissant pour la première fois sous ce titre, il commença son premier-Paris par ces mots : Le Commerce est essentiellement constitutionnel, on continuait à l'appeler le Constitutionnel. Tous les abonnés saisirent le calembour plein d'opposition et de malice par lequel on les priait de ne pas faire attention à l'enseigne, le vin devant être toujours le même. Du haut de son comptoir, la grosse dame répondit aux royalistes qu'elle n'avait pas les journaux demandés. — Quels journaux recevez-vous donc? fit un des officiers, un capitaine.

Le garçon, un petit jeune homme en veste de drap bleu, et orné d'un tablier de grosse toile, apporta le Commerce. — Ah! c'est là votre journal, en avez-vous un autre? — Non, dit le garçon, c'est le seul. Le capitaine déchire la feuille de l'opposition, la jette en morceaux, et crache dessus en disant : — Des dominos! En dix minutes, la nouvelle de l'insulte faite à l'opposition constitutionnelle et au libéralisme dans la personne du sacro-saint journal, attaquait les prêtres avec le courage et l'esprit que vous savez, courut par les rues, se répandit comme la lumière dans les maisons; on se la conta de place en place. Le même mot fut à la fois dans toutes les bouches : — Avertissons Max! Max sut bientôt l'affaire. Les officiers n'avaient pas fini leur partie de dominos que Max, accompagné du commandant Potel et du capitaine Renard, suivi de trente jeunes gens curieux de voir la fin de cette aventure, et qui presque tous restèrent groupés sur la place d'Armes, entra dans le café. Le café fut bientôt plein. — Garçon, mon journal? dit Max d'une voix douce. On joua une petite comédie. La grosse femme, d'un air craintif et conciliateur, dit : — Capitaine, je l'ai prêté. — Allez le chercher! s'écria un des amis de Max. — Ne pouvez-vous pas vous passer du journal? dit le garçon, nous ne l'avons plus. Les jeunes officiers riaient et jetaient des regards en coulisse sur les bourgeois. — On l'a déchiré! s'écria un jeune homme de la ville en regardant aux pieds du jeune capitaine royaliste. — Qui donc s'est permis de déchirer le journal? demanda Max d'une voix tonnante, les yeux enflammés et se levant les bras croisés. — Et nous avons craché dessus, répondirent les trois jeunes officiers en se levant et regardant Max. — Vous avez insulté toute la ville, dit Max devenu blême. — Eh bien!... après?... demanda le plus jeune officier. Avec une adresse, une audace et une rapidité que ces jeunes gens ne pouvaient prévoir, Max appliqua deux soufflets au premier officier qui se trouvait en ligne, et lui dit : — Comprenez-vous le français? On alla se battre dans la allée de Frapesle, trois contre trois. Potel et Renard ne voulurent jamais permettre que Maxence Gilet fît raison à lui seul aux officiers. Max tua son homme. Le commandant Potel blessa si grièvement le sien, que le malheureux, un fils de famille, mourut le lendemain à l'hôpital, où il fut transporté. Quant au troisième, il en fut quitte pour un coup d'épée et blessa le capitaine Renard, son adversaire. Le bataillon partit pour Bourges dans la nuit. Cette affaire, qui eut du retentissement en Berry, posa définitivement Maxence Gilet en héros.

Les chevaliers de la Désœuvrance, tous jeunes, le plus âgé n'avait pas vingt-cinq ans, admiraient Maxence. Quelques-uns d'entre eux, loin de partager la pruderie, la rigidité de leur famille, à l'égard de Max, enviaient sa position et le trouvaient fort heureux. Sous un tel chef, l'ordre fit des merveilles. A partir du mois de janvier 1817, il ne se passa pas de semaine que la ville ne fût mise en émoi par un nouveau tour. Max, par point d'honneur, exigea des chevaliers certaines conditions. On promulgua des statuts. Ces diables devinrent alertes comme des élèves d'Amoros, hardis comme des milans, habiles à tous les exercices, forts et adroits comme des malfaiteurs; ils se perfectionnèrent dans le métier de grimper sur les toits, d'escalader les maisons, de sauter, de marcher sans bruit, de gâcher du plâtre et de condamner une porte. Ils eurent un arsenal de cordes, d'échelles, d'outils, de déguisements. Aussi les chevaliers de la Désœuvrance arrivèrent-ils au beau idéal de la malice, non-seulement dans l'exécution mais encore dans la conception de leurs tours. Ils finirent par avoir ce génie du mal qui réjouissait tant Panurge, qui provoque le rire et qui rend la victime si ridicule qu'elle n'ose se plaindre. Ces fils de famille avaient d'ailleurs dans les maisons des intelligences qui leur permettaient d'obtenir les renseignements utiles à la perpétration de leurs attentats.

Par un grand froid, ces diables incarnés transportaient très-bien un poêle de la salle basse dans la cour, et le bourraient de bois, de manière à ce que le feu durât encore au matin. On apprenait alors par la ville que M. un tel (un avare!) avait essayé de chauffer sa cour.

Ils se mettaient quelquefois tous en embuscade dans la Grand'rue ou dans la rue Basse, deux rues qui sont comme les deux artères de la ville, et où débouchent beaucoup de petites rues transversales. Tapis, chacun à l'angle d'un mur, au coin d'une de ces petites rues, et la tête au vent, au milieu du premier sommeil de chaque ménage ils criaient d'une voix effarée, de porte en porte, d'un bout de la ville à l'autre : — Eh bien! qu'est-ce?... Qu'est-ce?... Ces demandes répétées éveillaient les bourgeois, qui se montraient en chemise et en bonnet de coton, une lumière à la main, en s'interrogeant tous, en faisant les plus étranges colloques et les plus curieuses faces du monde.

Il y avait un pauvre relieur, très-vieux, qui croyait aux démons. Comme presque tous les artisans de province, il travaillait dans une petite boutique basse. Les chevaliers, déguisés en diables, envahissaient sa boutique à la nuit, le mettaient dans son coffre aux rognures, et le laissaient criant à lui seul comme trois brûlés. Le pauvre homme réveillait les voisins, auxquels il racontait les apparitions de Lucifer, et les voisins ne pouvaient guère le détromper. Ce relieur faillit devenir fou.

Au milieu d'un rude hiver, les chevaliers démolirent la cheminée du cabinet du receveur des contributions, et la lui rebâtirent en une nuit, parfaitement semblable, sans faire de bruit, sans avoir laissé la moindre trace de leur travail. Cette cheminée était intérieurement arrangée de manière à enfumer l'appartement. Le receveur fut deux mois à souffrir avant de reconnaître pourquoi sa cheminée, qui allait si bien, de laquelle il était si content, lui jouait de pareils tours, et il fut obligé de la reconstruire.

Ils mirent un jour trois bottes de paille soufrées et des papiers huilés dans la cheminée d'une vieille dévote, amie de madame Hochon. Le matin, en allumant son feu, la pauvre femme, une femme tranquille et douce, crut avoir allumé un volcan. Les pompiers arrivèrent, la ville entière accourut, et comme parmi les pompiers il se trouvait quelques chevaliers de la Désœuvrance, ils inondèrent la maison de la vieille femme, à laquelle ils firent peur de la noyade après lui avoir donné la terreur du feu. Elle fut malade de frayeur.

Quand ils voulaient faire passer à quelqu'un la nuit tout entière en armes et dans de mortelles inquiétudes, ils lui écrivaient une lettre anonyme par laquelle ils le prévenaient qu'il devait être volé; puis ils allaient un à un le long de ses murs ou de ses croisées, en s'appelant par des coups de sifflet.

Un de leurs plus jolis tours, dont s'amusa longtemps la ville où il se raconte encore, fut d'adresser à tous les héritiers d'une vieille dame fort avare, et qui devait laisser une belle succession, un petit mot qui leur annonçait sa mort en les invitant à être exacts pour l'heure où les scellés seraient mis. Quatre-vingts personnes environ arrivèrent de Vatan, de Saint-Florent, de Vierzon et des environs, tous en grand deuil, mais assez joyeux, les uns avec leurs femmes, les veuves avec leurs fils, les enfants avec leurs pères, qui dans une carriole, qui dans un cabriolet d'osier, qui dans une méchante charrette. Imaginez les scènes entre la servante de la vieille dame et les premiers arrivés! puis les consultations chez les notaires! .. Ce fut comme une émeute dans Issoudun.

Enfin, un jour, le sous-préfet s'avisa de trouver cet ordre de choses d'autant plus intolérable qu'il était impossible de savoir qui se permettait ces plaisanteries. Les soupçons pesaient bien sur les jeunes gens; mais comme la garde nationale était alors purement nominale à Issoudun, qu'il n'y avait point de garnison, que le lieutenant de gendarmerie n'avait pas plus de huit gendarmes avec lui, qu'il ne se faisait pas de patrouilles, il était impossible d'avoir des preuves. Le sous-préfet fut mis à l'ordre de nuit, et pris aussitôt pour bête noire. Ce fonctionnaire avait l'habitude de déjeuner de deux œufs frais. Il nourrissait des poules dans sa cour, et joignait à la manie de manger des œufs frais celle de vouloir les faire cuire lui-même. Ni sa femme, ni sa servante, ni personne ne savait cuire un œuf comme il faut; il regardait à sa montre et se vantait de l'emporter en ce point sur tout le monde. Il cuisait ses œufs depuis deux ans avec un succès qui lui méritait mille plaisanteries. On enleva pendant un mois, toutes les nuits, les œufs de ses poules, auxquels on en sub-

stitua de durs. Le sous-préfet y perdit son latin et sa réputation de sous-préfet à l'œuf. Il finit par déjeuner autrement. Mais il ne soupçonna point les chevaliers de la Désœuvrance, dont le tour était trop bien fait. Max inventa de lui graisser les tuyaux de ses poêles, toutes les nuits, d'une huile saturée d'odeurs si fétides, qu'il était impossible de tenir chez lui. Ce ne fut pas assez : un jour, sa femme, en voulant aller à la messe, trouva son châle intérieurement collé par une substance si tenace, qu'elle fut obligée de s'en passer. Le sous-préfet demanda son changement. La couardise et la soumission de ce fonctionnaire établirent définitivement l'autorité drôlatique et occulte des chevaliers de la Désœuvrance.

Entre la rue des Minimes et la place Misère, il existait alors une portion de quartier encadrée par le bras de la Rivière-Forcée vers le marché à la poterie. Cette espèce de carré informe était remplie par des maisons d'un aspect misérable, pressées les unes contre les autres et divisées par des rues si étroites qu'il est impossible d'y passer deux à la fois. Cet endroit de la ville, espèce de cour des Miracles, était occupé par des gens pauvres ou exerçant des professions peu lucratives, logés dans ces taudis et dans des logis si pittoresquement appelés, en langage familier, des maisons borgnes. A toutes les époques, ce fut sans doute un quartier maudit, car une de ces rues se nomme la rue du Bourriau. Il est constant que le bourreau de la ville y eut sa maison à porte rouge pendant plus de cinq siècles. L'aide du bourreau de Châteauroux y demeure encore, s'il faut en croire le bruit public, car la bourgeoisie ne le voit jamais. Les vignerons entretiennent seuls des relations avec cet être mystérieux, qui a hérité de ses prédécesseurs le don de guérir les fractures et les plaies. Jadis les filles de joie, quand la ville se donnait des airs de capitale, y tenaient leurs assises. Il y avait des revendeurs de choses qui semblent ne pas devoir trouver d'acheteurs, puis des fripiers dont l'étalage empeste, enfin cette population apocryphe qui se rencontre dans un lieu semblable en presque toutes les villes, et où dominent un ou deux juifs. Au coin d'une de ces rues sombres, du côté le plus vivant de ce quartier, il exista de 1815 à 1823, et peut-être plus tard, un bouchon tenu par une femme appelée la mère Cognette. Ce bouchon consistait en une maison assez bien bâtie, en moellons de pierre blanche, dont les intervalles étaient remplis de moellons et de mortier, élevée d'un étage et d'un grenier. Au-dessus de la porte brillait cette énorme branche de pin semblable à du bronze de Florence. Comme si ce symbole ne parlait pas assez, l'œil était saisi par le bleu d'une affiche collée au chambranle et où se voyait au-dessous de ces mots : BONNE BIÈRE DE MARS, un soldat offrant à une femme très-décolletée un jet de mousse qui se rend du crachoir au verre qu'elle tend, en décrivant une arche de pont, le tout d'une couleur à faire évanouir Delacroix. Le rez-de-chaussée se composait d'une immense salle servant à la fois de cuisine et de salle à manger, aux solives de laquelle pendaient accrochées à des clous les provisions nécessaires à l'exploitation de ce commerce. Derrière cette salle, un escalier de meunier menait à l'étage supérieur; mais au pied de cet escalier s'ouvrait une porte donnant dans une petite pièce longue, éclairée sur la cour, et que les cours de province qui ressemblent à un tuyau de cheminée, tant elles sont étroites, noires et hautes. Cachée par un appentis et dérobée à tous les regards par des murailles, cette petite salle servait aux mauvais garçons d'Issoudun à tenir leur cour plénière. Ostensiblement le père Cognet hébergeait les gens de la campagne aux jours de marché; mais secrètement il était l'hôtelier des chevaliers de la Désœuvrance. Ce père Cognet, jadis palefrenier dans quelque maison riche, avait fini par épouser la Cognette, une ancienne cuisinière de bonne maison. Le faubourg de Rome continue, comme en Italie et en Pologne, à féminiser, à la manière latine, le nom du mari pour la femme. En réunissant leurs économies, le père Cognet et sa femme avaient acheté cette maison pour s'y établir cabaretiers. La Cognette, femme d'environ quarante ans, de haute taille, grassouillette, ayant le nez à la Roxelane, la peau bistrée, les cheveux d'un noir de jais, les yeux bruns, ronds et vifs, un air intelligent et rieur, fut choisie par Maxence Gilet pour être la Léonarde de l'ordre, à cause de son caractère et de ses talents en cuisine. Le père Cognet pouvait avoir cinquante-six ans, il était trapu, soumis à sa femme, et, selon la plaisanterie habituellement répétée par elle, il ne pouvait voir les choses que d'un bon œil, car il était borgne. En sept ans, de 1816 à 1823, ni le mari ni la femme ne commirent la plus légère indiscrétion sur ce qui se faisait nuitamment chez eux ou sur ce qui s'y complotait, et ils eurent toujours la plus vive affection pour tous les chevaliers; quant à leur dévouement, il était absolu; mais peut-être ne le trouvera-t-on moins beau, si l'on vient à songer à leur intérêt cautionnant leur silence et leur affection. A quelque heure de nuit que les chevaliers tombassent chez la Cognette, en frappant d'une certaine manière, le père Cognet, averti par ce signal, se levait, allumait le feu et des chandelles, ouvrait la porte, allait chercher à la cave des vins achetés exprès pour l'ordre, et la Cognette leur cuisinait un exquis souper, soit avant, soit après les expéditions résolues ou la veille, ou pendant la journée.

Pendant que madame Bridau voyageait d'Orléans à Issoudun, les chevaliers de la Désœuvrance préparèrent un de leurs meilleurs tours. Un vieil Espagnol, ancien prisonnier de guerre, et qui, lors de la paix, était resté dans le pays, où il faisait un petit commerce de grains, vint de bonne heure au marché, et laissa sa charrette vide au bas de la tour d'Issoudun. Maxence, arrivé le premier au rendez-vous indiqué pour cette nuit au pied de la tour, fut interpellé par cette question faite à voix basse : — Que ferons-nous cette nuit?

— La charrette au père Fario est là, répondit-il, j'ai failli me casser le nez dessus, montons-la d'abord sur la butte de la Tour, nous verrons après.

Quand Richard construisit la tour d'Issoudun, il la planta, comme il a été dit, sur les ruines de la basilique assise à la place du temple romain et du plan celtique. Ces ruines, qui représentaient chacune une longue période de siècles, formèrent une montagne grosse des monuments de trois âges. La tour de Richard Cœur-de-Lion se trouve donc au sommet d'un cône dont la pente est de toutes parts également roide et où l'on ne parvient que par escalade. Pour bien peindre en peu de mots l'attitude de cette tour, on peut la comparer à l'obélisque de Luqsor sur son piédestal. Le piédestal de la tour d'Issoudun, qui recèlait alors tant de trésors archéologiques inconnus, a, du côté de la ville, quatre-vingts pieds de hauteur. En une heure, la charrette fut démontée, hissée pièce à pièce sur la butte au pied de la tour, par un travail semblable à celui des soldats qui portèrent l'artillerie au passage du mont Saint-Bernard. On remit la charrette en état et l'on fit disparaître toutes les traces du travail avec un tel soin qu'elle semblait avoir été transportée là par le diable ou par la baguette d'une fée. Après ce haut fait, les chevaliers, ayant faim et soif, revinrent tous chez la Cognette, et se virent bientôt attablés dans la petite salle basse, où ils riaient par avance de la figure que ferait le Fario, quand, vers les dix heures, il chercherait sa charrette.

Naturellement les chevaliers ne faisaient pas leurs farces toutes les nuits. Le génie des Sganarelle, des Mascarille et des Scapin réunis n'eût pas suffi à trouver trois cent soixante mauvais tours par année. D'abord les circonstances ne s'y prêtaient pas toujours : il faisait un trop beau clair de lune, le dernier tour avait trop irrité les gens sages; puis tel ou tel refusait son concours quand il s'agissait d'un parent. Mais si les drôles ne se voyaient pas toutes les nuits chez la Cognette, ils se rencontraient pendant la journée, et se livraient ensemble aux plaisirs permis de la chasse, des vendanges en automne, et du patin en hiver. Dans cette réunion de vingt jeunes gens de la ville qui protestaient ainsi contre la sociabilité sociale, il se trouvait quelques-uns plus étroitement liés que les autres avec Max, ou qui firent de lui leur idole. Un pareil caractère fanatise souvent la jeunesse. Or, les deux petits-fils de madame Hochon, François Hochon et Baruch Borniche, étaient les séides de Max. Ces deux garçons regardaient Max presque comme leur cousin, en admettant l'opinion du pays sur la main gauche avec les Lousteau. Max prêtait d'ailleurs généreusement à ces deux jeunes gens l'argent que leur grand-père Hochon éparait à leurs plaisirs; il les emmenait à la chasse, il les formait; il exerçait enfin sur eux une influence bien supérieure à celle de la famille. Orphelins tous deux, ces deux jeunes gens restaient, quoique majeurs, sous la tutelle de M. Hochon, leur grand-père, à cause de circonstances qui seront expliquées au moment où le fameux M. Hochon paraîtra dans cette scène.

En ce moment, François et Baruch (nommons-les par leurs prénoms pour la clarté de cette histoire) étaient, l'un à droite, l'autre à gauche de Max, au milieu de la table assez mal éclairée par la lueur fuligineuse de quatre chandelles des huit à la livre. On avait bu douze à quinze bouteilles de vins différents, car la réunion ne comptait pas plus de onze chevaliers. Baruch, dont le prénom indique assez qu'on restant des calvinistes à Issoudun, dit à Max, au moment où le vin avait délié toutes les langues : — Tu vas te trouver menacé dans ton centre...

— Qu'entends-tu par ces paroles? demanda Max.

— Mais, ma grand'mère a reçu de madame Bridau, sa filleule, une lettre par laquelle elle lui annonce son arrivée et celle de son fils. Ma grand'mère a arrangé hier deux chambres pour les recevoir.

— Et qu'est-ce que cela me fait? dit Max en prenant son verre, le vidant d'un trait et le remettant sur la table par un geste comique.

Max avait alors trente-quatre ans. Une des chandelles placée près de lui projetait sa lueur sur sa figure martiale, illuminait bien son front et faisait admirablement ressortir son teint blanc, ses yeux de feu, ses cheveux noirs un peu crépus, et d'un brillant de jais. Cette chevelure se retroussait vigoureusement d'elle-même au-dessus du front et aux tempes, en dessinant ainsi nettement cinq pointes que nos ancêtres appelaient les cinq pointes. Malgré ces brusques oppositions de blanc de teint et de noir, Max avait une physionomie très-douce, qui tirait son charme d'une coupe semblable à celle que Raphaël a donnée à ses figures de vierge, d'une bouche bien modelée et sur les lèvres de laquelle errait un sourire gracieux, espèce de contenance que Max avait fini par prendre. Le riche coloris qui nuance les figures berrichonnes ajoutait encore à son air de bonne humeur. Quand il riait vraiment, il montrait trente-deux dents dignes de parer la bouche d'une petite maîtresse. D'une taille de cinq pieds quatre

pouces, Max était admirablement bien proportionné, ni gras, ni maigre. Si ses mains soignées étaient blanches et assez belles, ses pieds rappelaient le faubourg de Rome et le fantassin de l'Empire. Il eût certes fait un magnifique général de division; il avait les épaules à porter une fortune de maréchal de France, et une poitrine assez large pour tous les ordres de l'Europe. L'intelligence animait ses mouvements. Enfin, né gracieux, comme presque tous les enfants de l'amour, la noblesse de son vrai père éclatait en lui.

— Tu ne sais pas donc, Max, lui cria du bout de la table le fils d'un ancien chirurgien-major appelé Goddet, le meilleur médecin de la ville; que la filleule de madame Hochon est la sœur de Rouget? Si elle vient avec son fils le peintre, c'est sans doute pour ravoir la succession du bonhomme, et adieu ta vendange...

Max fronça les sourcils. Puis, par un regard qui courut de visage en visage autour de la table, il examina l'effet produit par cette apostrophe sur les esprits, et il répondit encore : — Qu'est-ce que ça me fait?

— Mais, reprit François, il me semble que si le vieux Rouget révoquait son testament, dans le cas où il en aurait fait un au profit de la Rabouilleuse...

Je ne sais donc pas à son séide par ces mots : — Quand, en venant ici, je vous ai entendu nommer un des cinq Hochons, suivant le calembour qu'on faisait sur vos noms depuis trente ans, j'ai fermé le bec à celui qui t'appelait ainsi, mon cher François, et d'une si verte manière, que, depuis, personne à Issoudun n'a répété cette niaiserie, devant moi du moins! Et voilà comment tu t'acquittes envers moi : tu te sers d'un surnom méprisant pour désigner une femme à laquelle on me sait attaché.

Jamais Max n'en avait tant dit sur ses relations avec la personne à qui François venait de donner le surnom sous lequel elle était connue à Issoudun. L'ancien prisonnier des pontons avait assez d'expérience, le commandant des grenadiers de la garde savait assez ce que c'est l'honneur, pour deviner d'où venait la médestime de la ville; aussi n'avait-il jamais laissé qui que ce fût lui dire un mot au sujet de mademoiselle Flore Brazier, cette servante-maîtresse de Jean-Jacques Rouget, si énergiquement appelée vermine par la respectable madame Hochon. D'ailleurs, chacun connaissait Max trop méprisant pour lui parler et ce sujet sans qu'il commençât, et il n'avait jamais commencé. Enfin, il était trop dangereux d'encourir la colère de Max on de le fâcher pour que ses meilleurs amis plaisantassent de la Rabouilleuse. Quand on s'entretenait de la liaison de Max avec cette fille devant le commandant l'otel et le capitaine Renard, les deux officiers avec lesquels il vivait sur un pied d'égalité, l'otel avait répondu : — S'il est le frère naturel de Jean-Jacques Rouget, pourquoi ne voulez-vous pas qu'il y demeure? — D'ailleurs, après tout, reprit le capitaine Renard, cette fille est un morceau de roi; et, quand il l'aimerait, où est le mal?... Est-ce que le fils Goddet n'aime pas madame Fichet pour avoir la fille en récompense de cette corvée?

Après cette semonce méritée, François ne retrouva plus le fil de ses idées; mais il le retrouva bien moins encore quand Max lui dit avec douceur : — Continue.

— Ma foi, non! s'écria François.

— Tu te fâches si tôt, Max, cria le fils Goddet; n'est-il pas convenu que chez la Cognette on peut tout se dire? Ne serions-nous pas tous les ennemis mortels de celui d'entre nous qui se souviendrait lors d'ici de ce qui s'y dit, de ce qui s'y pense ou de ce qui s'y fait? Toute la ville désigne Flore Brazier sous le nom de la Rabouilleuse; si ce surnom a par mégarde échappé à François, est-ce un crime contre la Désœuvrance?

— Non, dit Max, mais contre notre amitié particulière. La réflexion m'est venue, car nous nous dîmes en désœuvrances, et je lui ai dit : Continue.

Un profond silence s'établit. La pause fut si gênante pour tout le monde, que Max s'écria : — Je vais continuer pour lui (sensation), pour vous tous (étonnement), et vous dire ce que vous pensez (profonde sensation)! Vous pensez que Flore, la Rabouilleuse, la Brazier, la gouvernante et la maîtresse de mon pauvre Rouget, car on l'appelle le vieux garçon qui n'aura jamais d'enfants! vous pensez, dis-je, que cette femme nourrit pour moi son retour à Issoudun, à tous mes besoins. Si je puis jeter par les fenêtres trois cents francs par mois, vous rongnez souvent, c'est à elle à qui je les dois, et c'est prêter de l'argent à tous, je prends les écus dans la bourse de mademoiselle Brazier? Eh bien! oui (profonde sensation)! Sacrebleu! oui, mille fois oui!... Oui, mademoiselle Brazier a conché un jour la succession de ce vieillard...

— Elle l'a bien gagné de père en fils, dit le fils Goddet dans son coin.

— Vous croyez, continua Max après avoir souri du mot du fils Goddet, que j'ai conçu le plan d'épouser Flore après la mort du père Rouget, et qu'alors cette sœur et son fils, de qui j'entends parler pour la première fois, vont mettre mon avenir en péril?

— C'est cela! s'écria François.

— Voilà ce que pensent tous ceux qui sont autour de la table, dit Baruch.

— Eh bien! soyez calmes, mes amis, répondit Max. Un homme averti en vaut deux. Maintenant, je m'adresse aux chevaliers de la Désœuvrance. Si, pour renvoyer ces Parisiens, j'ai besoin de l'ordre, me prêtera-t-on la main?... Oh! dans les limites que nous nous sommes imposées pour faire nos farces, ajouta-t-il vivement en apercevant un mouvement général. Croyez-vous que je veuille les tuer, les empoisonner? Dieu merci, je ne suis pas imbécile. Et, après tout, les Bridau réussiraient, Flore n'aurait que ce qu'elle a, je m'en contenterais, entendez-vous? Je l'aime assez pour la préférer à mademoiselle Fichet, si mademoiselle Fichet voulait de moi!...

Mademoiselle Fichet était la plus riche héritière d'Issoudun, et la main de la fille entrait pour beaucoup dans la passion du fils Goddet pour la mère. La franchise a tant de prix, que les onze chevaliers se levèrent comme un seul homme.

— Tu es un brave garçon, Max!

— Voilà parler, Max; nous serons les chevaliers de la Délivrance.

— Bran pour les Bridau!

— Nous les briderons, les Bridau!

— Après tout, on s'est vu trois épouser des bergères!

— Que diable! le père Lousteau a bien aimé madame Rouget, n'y a-t-il pas moins de mal à aimer une gouvernante, libre et sans fers?

— Et si défunt Rouget est un peu le père de Max, ça se passe en famille.

— Les opinions sont libres.

— Vive Max!

— A bas les hypocrites!

— Buvons à la santé de la belle Flore!

Telles furent les onze réponses, acclamations ou toasts que poussèrent les chevaliers de la Désœuvrance, et autorisés, disons-le, par leur morale excessivement relâchée. On voit quel intérêt avait Max, en se faisant le grand maître de l'ordre de la Désœuvrance. En inventant des farces, en obligeant les jeunes gens des principales familles, Max voulait s'en faire des appuis pour le jour de sa réhabilitation. Il se leva gracieusement, brandit son verre plein de vin de Bordeaux, et l'on attendit son allocution.

— Pour le mal que je vous veux, je vous souhaite à tous une femme qui vaille la belle Flore! Quant à l'invasion des parents, je n'ai pour le moment aucune crainte; et, pour l'avenir, nous verrons!...

— N'oublions pas la charrette à Fario!

— Parbleu! elle est en sûreté, dit le fils Goddet.

— Oh! je me charge de finir cette farce-là! s'écria Max. Soyez au marché de bonne heure, et venez m'avertir quand le bonhomme cherchera sa brouette...

On entendit sonner trois heures et demie du matin; les chevaliers sortirent alors en silence pour rentrer chacun chez eux en serrant les murailles sans faire le moindre bruit, chaussés qu'ils étaient de chaussons de lisières. Max regagna lentement la place Saint-Jean, située dans la partie haute de la ville, entre la porte Saint-Jean et la porte Villate, le quartier des riches bourgeois. Le commandant Gilet avait déguisé ses craintes, mais cette nouvelle l'atteignait au cœur. Depuis son séjour sur ou sous les pontons, il était devenu d'une dissimulation égale en profondeur à sa corruption. D'abord, et avant tout, les quarante mille livres de rente en fonds de terre que possédait le père Rouget, constituaient la passion de Gilet pour Flore Brazier, croyez-le bien. A la manière dont il se conduisait, il est facile d'apercevoir combien de sécurité la Rabouilleuse avait su lui inspirer sur l'avenir financier qu'elle devait à la tendresse du vieux garçon. Néanmoins, la nouvelle de l'arrivée des héritiers légitimes était de nature à ébranler la foi de Max dans le pouvoir de Flore. Les économies faites depuis dix-sept ans étaient encore placées au nom de Rouget. Or, si le testament, que Flore disait avoir été fait depuis longtemps en sa faveur, le révoquait, ces économies pouvaient du moins être sauvées en les faisant mettre au nom de mademoiselle Brazier.

— Cette imbécile de fille ne m'a pas dit, en sept ans, un mot des neveux et de la sœur! s'écria Max en tournant de la rue Marmouse dans la rue de l'Avenier. Sept cent cinquante mille francs placés dans dix ou douze études différentes, à Bourges, à Vierzon, à Châteauroux, ne peuvent ni se réaliser ni se placer sur l'Etat, en une semaine, et sans qu'on le sache, dans un pays à disettes! Avant tout, il faut se débarrasser de la parenté; mais, une fois que nous en serons délivrés, nous nous dépêcherons de réaliser cette fortune. Enfin, j'y songerai...

Max était fatigué. A l'aide de son passe-partout, il rentra chez le père Rouget, et se coucha sans faire de bruit, en se disant : — Demain, mes idées seront nettes.

Il n'est pas inutile de dire d'où venait la sultane de la place Saint-Jean ce surnom de Rabouilleuse, et comment elle s'était impatronisée dans la maison Rouget.

En avançant en âge, le vieux médecin, père de Jean-Jacques et de madame Bridau, s'aperçut de la nullité de son fils; il le tint alors assez durement, afin de le jeter dans une routine qui lui servît de sagesse; mais il le préparait ainsi, sans le savoir, à subir le joug de la première tyrannie qui pourrait lui passer un licou. Un jour, en revenant de sa tournée, ce malicieux et vicieux vieillard aperçut une pe-

tite fille ravissante au bord des prairies, dans l'avenue de Tivoli. Au bruit du cheval, l'enfant se dressa du fond d'un des ruisseaux qui, vus du haut d'Issoudun, ressemblaient à des rubans d'argent au milieu d'une robe verte. Semblable à une naïade, la petite montra soudain au docteur une des plus belles têtes de vierge que jamais un peintre ait pu rêver. Le vieux Rouget, qui connaissait tout le pays, ne connaissait pas ce miracle de beauté. La fille, quasi nue, portait une méchante jupe courte trouée et déchiquetée, en mauvaise étoffe de laine alternativement rayée de bistre et de blanc. Une feuille de gros papier attachée par un brin d'osier lui servait de coiffure. Dessous ce papier plein de bâtons et d'O, qui justifiait bien son nom de papier écolier, était tordue et rattachée, par un peigne à peigner la queue des chevaux, la plus jolie chevelure blonde qu'ait pu souhaiter une fille d'Eve. Sa jolie poitrine hâlée, son cou à peine couvert par un fichu en loques, qui jadis fut un madras, montrait des places blanches au-dessous du hâle. La jupe, passée entre les jambes, relevée à mi-corps et attachée par une grosse épingle, faisait assez l'effet d'un caleçon de nageur. Les pieds, les jambes, que l'eau claire permettait d'apercevoir, se recommandaient par une délicatesse digne de la statuaire au moyen âge. Ce charmant corps, exposé au soleil, avait un ton rougeâtre qui ne manquait pas de grâce. Le cou et la poitrine méritaient d'être enveloppés de cachemire et de soie. Enfin, cette nymphe avait des yeux bleus garnis de cils dont le regard eût fait tomber à genoux un peintre et un poëte. Le médecin, assez anatomiste pour reconnaître une taille délicieuse, comprit tout ce que les arts perdraient si ce charmant modèle se détruisait au travail des champs.

— D'où es-tu, ma petite? Je ne t'ai jamais vue, dit le vieux médecin, alors âgé de soixante-dix ans.

Cette scène se passait au mois de septembre de l'année 1799.

— Je suis de Vatan, répondit la fille.

En entendant la voix d'un bourgeois, un homme de mauvaise mine, placé à deux cents pas de là, dans le cours supérieur du ruisseau, leva la tête.

— Eh bien! qu'as-tu donc, Flore? cria-t-il, si tu causes au lieu de rabouiller, la marchandise s'en ira!

— Que vient-tu faire à Vatan, ici? demanda le médecin sans s'inquiéter de l'apostrophe.

— Je rabouille pour mon oncle Brazier que voilà.

Rabouiller est un mot berrichon qui peint admirablement ce qu'il veut exprimer : l'action de troubler l'eau d'un ruisseau en la faisant bouillonner à l'aide d'une grosse branche d'arbre dont les rameaux sont disposés en forme de raquette. Les écrevisses effrayées par cette opération, dont le sens leur échappe, remontent précipitamment le cours d'eau, et dans leur trouble se jettent au milieu des engins que le pêcheur a placés à une distance convenable. Flore Brazier tenait à la main son rabouilloir avec la grâce naturelle à l'innocence.

— Mais ton oncle a-t-il la permission de pêcher des écrevisses?

— Eh bien! ne sommes-nous pas sous la République une et indivisible? cria de sa place l'oncle Brazier.

— Nous sommes sous le Directoire, dit le médecin, et je ne connais pas de loi qui permette à un homme de Vatan de venir pêcher sur le territoire de la commune d'Issoudun, répondit le médecin. As-tu ta mère, ma petite?

— Non, monsieur, et mon père est à l'hospice de Bourges; il est devenu fou à la suite d'un coup de soleil qu'il a reçu dans les champs, sur la tête...

— Que gagnes-tu?

— Cinq sous par jour pendant toute la saison du rabouillage, j'allons rabouiller jusque dans la Braisne. Durant la moisson, je glane L'hiver, je file.

— Tu vas sur douze ans?...

— Oui, monsieur.

— Veux-tu venir avec moi? tu seras bien nourrie, bien habillée, et tu auras de jolis souliers...

— Non, non, ma nièce doit rester avec moi, j'en suis chargé devant Dieu et devant les z-hommes, dit l'oncle Brazier, qui s'était rapproché de sa nièce et du médecin. Je suis son tuteur, voyez-vous!

Le médecin retint un sourire et garda son air grave, qui, certes, eût échappé à tout le monde à l'aspect de l'oncle Brazier. Ce tuteur avait sur la tête un chapeau de paysan rongé par la pluie et par le soleil, découpé comme une feuille de chou sur laquelle auraient vécu plusieurs chenilles, et rapetassé en fil blanc. Sous le chapeau se dessinait une figure noire et creusée, où la bouche, le nez et les yeux formaient quatre points noirs. Sa méchante veste ressemblait à un morceau de tapisserie, et son pantalon était en toile à torchons.

— Je suis le docteur Rouget, dit le médecin; et, puisque tu es le tuteur de cette enfant, amène-la chez moi, place Saint-Jean, tu n'auras pas fait une mauvaise journée, ni elle non plus...

Et sans attendre un mot de réponse, sûr de voir arriver chez lui l'oncle Brazier avec la jolie rabouilleuse, le docteur Rouget piqua des deux vers Issoudun. En effet, au moment où le médecin se mettait à table, sa cuisinière lui annonça le citoyen et la citoyenne Brazier.

— Asseyez-vous, dit le médecin à l'oncle et à la nièce.

Flore et son tuteur, toujours pieds nus, regardaient la salle du docteur avec des yeux hébétés. Voici pourquoi.

La maison que Rouget avait héritée des Descoings occupe le milieu de la place Saint-Jean, espèce de carré long et très-étroit, planté de quelques ulleuls malingres. Les maisons en cet endroit sont mieux bâties que partout ailleurs, et celle des Descoings est une des plus belles. Cette maison, située en face de celle de M. Hochon, a trois croisées de façade au premier étage, et au rez-de-chaussée une porte cochère qui donne entrée dans une cour au delà de laquelle s'étend un jardin. Sous la voûte de la porte cochère se trouve la porte d'une vaste salle éclairée par deux croisées sur la rue. La cuisine est derrière la salle, mais séparée par un escalier qui conduit au premier étage et aux mansardes situées au-dessus. En retour de la cuisine, s'étendent un bûcher, un hangar où l'on faisait la lessive, une écurie pour deux chevaux, et une remise, au-dessus desquels il y a de petits greniers pour l'avoine, le foin, la paille, et où couchait alors le domestique du docteur. La salle est fort admirée par la petite paysanne et par son oncle avait pour décoration une boiserie sculptée comme on sculptait sous Louis XV et peinte en gris, une belle cheminée en marbre, au-dessus de laquelle Flore se mirait dans une grande glace sans trumeau supérieur et dont la bordure sculptée était dorée. Sur cette boiserie, de distance en distance, se voyaient quelques tableaux, dépouilles des abbayes de Déols, d'Issoudun, de Saint-Gildas, de la Prée, du Chézal-Benoît, de Saint-Sulpice, des couvents de Bourges et d'Issoudun, que la libéralité de nos rois et des fidèles avaient enrichis de dons précieux et des plus belles œuvres dues à la Renaissance. Aussi dans les tableaux conservés par les Descoings et passés aux Rouget, se trouvait-il une sainte Famille de l'Albane, un saint Jérôme du Dominiquin, une tête du Christ de Jean Bellin, une Vierge de Léonard de Vinci, un Portement de croix du Titien qui venait du marquis de Belabre, celui qui soutint un siège et eut la tête tranchée sous Louis XIII; un Lazare de Paul Véronèse, un Mariage de la Vierge du prêtre génois, deux tableaux d'église de Rubens et une copie d'un tableau du Pérugin faite par le Pérugin ou par Raphaël; enfin, deux Corrège et un André del Sarto. Les Descoings avaient trié ces richesses dans trois cents tableaux d'église, sans en connaître la valeur, et on les choisissant uniquement d'après leur conservation. Plusieurs avaient non-seulement des cadres magnifiques, mais encore quelques-uns d'autant sous verre. Ce fut à cause de la beauté des cadres et de la valeur que les vitres semblaient annoncer que les Descoings gardèrent ces toiles. Les meubles de cette salle ne manquaient pas non plus de ce luxe tant prisé de nos jours, mais alors sans aucun prix à Issoudun.

L'horloge placée sur la cheminée entre deux superbes chandeliers d'argent à six branches se recommandait par une magnificence abbatiale qui annonçait Boulle. Les fauteuils en bois de chêne sculpté, garnis tous en tapisserie due à la dévotion de quelques femmes du haut rang, eussent été prisés haut aujourd'hui, car ils étaient tous surmontés de couronnes et d'armes. Entre les deux croisées, il existait une riche console venue d'un château, et sur le marbre de laquelle s'élevait un immense pot de la Chine, où le docteur mettait son tabac. Ni le médecin, ni son fils, ni la cuisinière, ni le domestique, n'avaient soin de ces richesses. On crachait sur un foyer d'une exquise délicatesse dont les moulures dorées étaient jaspées de vert-de-gris. Un joli lustre moitié cristal, moitié en fleurs de porcelaine, était criblé, comme le plafond d'où il pendait, de points noirs qui attestaient la liberté dont jouissaient les mouches. Les Descoings avaient drapé aux fenêtres des rideaux en brocatelle arrachés au lit de quelque abbé commendataire. A gauche de la porte, un bahut, d'une valeur de quelques milliers de francs, servait de buffet.

— Voyons, Fanchette, dit le médecin à sa cuisinière, deux verres... Et donnez-nous du chenu.

Fanchette, grosse servante berrichonne qui passait avant la Cognette pour être la meilleure cuisinière d'Issoudun, accourut avec une prestesse qui décelait le despotisme du médecin, et aussi quelque curiosité chez elle.

— Que vaut un arpent de vigne dans ton pays? dit le médecin en versant un verre au grand Brazier.

— Cint écus en argent...

— Eh bien! laisse-moi la nièce comme servante, elle aura cent écus de gages, et, en ta qualité de tuteur, tu toucheras les cent écus...

— Tous les cins?... fit Brazier en ouvrant des yeux, qui devinrent grands comme des soucoupes.

— Je laisse la chose à ta conscience, répondit le docteur, elle est orpheline. Jusqu'à dix-huit ans, Flore n'a rien à voir aux recettes.

— A va onze douze cins, ça ferait donc six arpents de vigne, dit l'oncle. Mé all é ben gentille, douce comme un igneau, ben faite, et ben agile, et ben obéissante... la pour créature, all était la joie edz'yeux de mein pov' freire!

— Et je paye une année d'avance, dit le médecin.

— Ah! ma foi, dit alors l'oncle, mettez deux cins, et je vous la .airrons, car all les vaut mieux chez vous que chez nous. que ma fâme la bat, all ne peut pas la souffri... Il n'y a que moi qui la proulègeon, cte sainte criature qu'est innocinte coume l'infant qui vient de nettre.

En entendant cette dernière phrase, le médecin, frappé par le mot d'innocente, fit un signe à l'oncle Brazier et sortit avec lui dans la cour et là dans le jardin, laissant la rabouilleuse devant la table servie entre Fanchette et Jean-Jacques, qui la questionnèrent, et à qui elle raconta naïvement sa rencontre avec le docteur.

— Allons, chère petite mignonne, adieu, fit l'oncle Brazier en revenant embrasser Flore au front, tu peux bien dire que j'ai fé ton bonheur en te plaçant chez ce brave et digne père des indigents, faut lui obéir coume à mé... sois ben sage, ben gentille et fé tout ce qui voudra...

— Vous arrangerez la chambre au-dessus de la mienne, dit le médecin à Fanchette. Cette petite Flore, qui certes est bien nommée, y couchera dès ce soir. Demain, nous ferons venir pour elle le cordonnier et la couturière. Mettez-lui sur-le-champ un couvert, elle va nous tenir compagnie.

Le soir, dans tout Issoudun, il ne fut question que de l'établissement d'une petite rabouilleuse chez le docteur Rouget. Ce surnom resta dans un pays de moquerie à mademoiselle Brazier, avant, pendant et après sa fortune.

Le médecin voulait sans doute faire en petit pour Flore Brazier ce que Louis XV fit en grand pour mademoiselle de Romans; mais il s'y prenait trop tard: Louis XV était encore jeune, tandis que le docteur se trouvait à la fleur de la vieillesse. De douze à quatorze ans, la charmante Rabouilleuse connut un bonheur sans mélange. Bien mise et beaucoup mieux nippée que la plus riche fille d'Issoudun, elle portait une montre d'or et des bijoux que le docteur lui donna pour encourager ses études; car elle eut un maître chargé de lui apprendre à lire, à écrire et à compter. Mais la vie presque animale des paysans avait mis en Flore de telles répugnances pour le vase amer de la science, que le docteur en resta là de cette éducation. Ses desseins à l'égard de cette enfant, qu'il décrassait, instruisait et formait avec des soins d'autant plus touchants qu'on le croyait incapable de tendresse, furent diversement interprétés par le caquetage bourgeoise de la ville, dont les disettes accréditaient, comme à propos de la naissance de Max et d'Agathe, de fatales erreurs. Il n'est pas facile au public des petites villes de démêler la vérité dans les mille conjectures, au milieu des commentaires contradictoires, et à travers toutes les suppositions auxquelles un fait y donne lieu. La province, comme autrefois les politiques de la petite Provence aux Tuileries, veut tout expliquer, et finit par tout savoir. Mais chacun tient à la face qu'il affectionne dans l'évènement; il y voit le vrai, le démontre et tient sa version pour la seule bonne. La vérité, malgré la vie à jour et l'espionnage des petites villes, est donc souvent obscurcie, et veut, pour être reconnue, ou le temps après lequel la vérité devient indifférente, ou l'impartialité que l'historien et l'homme supérieur prennent en se plaçant à un point de vue élevé.

— Que voulez-vous que ce vieux singe fasse à son âge d'une petite fille de quinze ans? disait-on deux ans après l'arrivée de la Rabouilleuse.

— Vous avez raison, répondait-on, il y a longtemps qu'ils sont passés, ses jours de fête.

— Mon cher, le docteur était révolté de la stupidité de son fils, et il persiste dans sa haine contre sa fille Agathe; dans cet embarras, peut-être n'a-t-il vécu si sagement depuis deux ans que pour épouser cette petite, s'il peut avoir d'elle un beau garçon agile et découplé, bien vivant comme Max, faisait observer une tête forte.

— Laissez-nous donc tranquilles, est-ce qu'après avoir mené la vie que Lousteau et Rouget ont faite de 1770 à 1787, on peut avoir des enfants à soixante-douze ans? Tenez, ce vieux scélérat a lu l'Ancien Testament, ne fût-ce que comme médecin, et il sait comment le roi David réchauffait sa vieillesse... Voilà tout, bourgeois!

— On dit que Brazier, quand il est gris, se vante, à Vatan, de l'avoir volé! s'écriait un de ces gens qui croient tous particulièrement au mal.

— Eh! mon Dieu, voisin, que ne dit-on pas à Issoudun?

De 1800 à 1805, pendant cinq ans, le docteur eut les plaisirs de l'éducation de Flore, sans les ennuis que l'ambition et les prétentions de mademoiselle de Romans donnèrent, dit-on, à Louis le Bien-Aimé. La petite Rabouilleuse était si contente, en comparant sa situation chez le docteur à la vie qu'elle eût menée avec son oncle Brazier, qu'elle se plia sans doute aux exigences de son maître, comme eût fait une esclave en Orient. N'en déplaise aux faiseurs d'idylles ou aux philanthropes, les gens de la campagne ont peu de notions sur certaines vertus; et chez eux, les scrupules viennent d'une pensée intéressée, et non d'un sentiment du bien ou du beau; élevés en vue de la pauvreté, du travail constant, et à cette perspective leur fait considérer tout ce qui peut les tirer de l'enfer de la faim et du labeur éternel, comme permis. surtout quand la loi ne s'y oppose point. S'il y a des exceptions, elles sont rares. La vertu, socialement parlant, est la compagne du bien-être, et commence à l'instruction. Aussi la Rabouilleuse était-elle un objet d'envie pour toutes les filles à dix lieues à la ronde, quoique sa conduite fût, aux yeux de la religion, souverainement répréhensible. Flore, née en 1787, fut élevée au milieu des saturnales de 1793 et de 1798, dont les reflets éclairè-

rent ces campagnes privées de prêtres, de culte, d'autels, de cérémonies religieuses, où le mariage était un accouplement légal, et où
les maximes révolutionnaires laissèrent de profondes empreintes, à
Issoudun surtout, pays où la révolte est traditionnelle. En 1802, le
culte catholique était à peine rétabli. Ce fut pour l'empereur une œuvre difficile que de trouver des prêtres. En 1806, bien des paroisses
en France étaient encore veuves, tant la réunion d'un clergé décimé
par l'échafaud fut lente, après une si violente dispersion. En 1802,
rien ne pouvait donc blâmer Flore, si ce n'est sa conscience. La conscience ne devait-elle pas être plus faible que l'intérêt chez la pupille
de l'oncle Brazier? Si, comme tout le fit supposer, le cynique docteur
fut forcé par son âge de respecter une enfant de quinze ans, la Rabouilleuse n'en passa pas moins pour une fille très-délurée, au mot du
pays. Néanmoins, quelques personnes voulurent voir pour elle un
certificat d'innocence dans la cessation des soins et des attentions du
docteur, qui lui marqua pendant les deux dernières années de sa vie
plus que du refroidissement.

Le vieux Rouget avait assez tué de monde pour savoir prévoir sa
fin; or, en le trouvant drapé sur son lit de mort dans le manteau de
la philosophie encyclopédiste, son notaire le pressa de faire quelque
chose en faveur de cette jeune fille, alors âgée de dix-sept ans.

— Eh bien! émancipons-la, dit-il.

Ce mot peint ce vieillard, qui ne manquait jamais de tirer ses sarcasmes de la profession même de celui à qui il répondait. En con-
vrant d'esprit ses mauvaises actions. il se les faisait pardonner dans
un pays où l'esprit a toujours raison, surtout quand il s'appuie sur
l'intérêt personnel bien entendu. Le notaire vit dans ce mot le cri de
la haine concentrée d'un homme chez qui la nature avait trompé les
calculs de la débauche, une vengeance contre l'innocent objet d'un
impuissant amour. Cette opinion fut en quelque sorte confirmée par
l'entêtement du docteur, qui ne laissa rien à la Rabouilleuse, et qui
dit avec un sourire amer : — Elle est bien assez riche de sa beauté!
quand le notaire insista de nouveau sur ce sujet.

Jean-Jacques Rouget ne pleura point son père, que Flore pleurait.
Le vieux médecin avait rendu son fils très-malheureux, surtout depuis sa majorité, et Jean-Jacques fut majeur en 1791; tandis qu'il
avait donné à la petite paysanne le bonheur matériel qui, pour les
gens de la campagne, est l'idéal du bonheur. Quand, après l'enterrement du docteur, Fauchette dit à Flore : — Eh bien! qu'allez-vous devenir maintenant que monsieur n'est plus? Jean-Jacques eut des
rayons dans les yeux, et pour la première fois sa figure immobile s'a-
nima, parut s'éclairer aux rayons d'une pensée, et peignit un sentiment.

— Laissez-nous, dit-il à Fanchette, qui desservait alors la table.

A dix-sept ans, Flore conservait encore cette finesse de taille et de
traits, cette distinction de beauté qui séduisit le docteur et que
les femmes du monde savent conserver, mais qui se fanent chez les
paysannes aussi rapidement que la fleur des champs. Cependant, cette
tendance à l'embonpoint qui gagne toutes les belles campagnardes
quand elles ne mènent pas aux champs et au soleil leur vie de travail
et de privations, se faisait déjà remarquer en elle. Son corsage était
développé. Ses épaules grasses et blanches dessinaient des plans riches et harmonieusement rattachés à son cou, qui se plissait déjà.
Mais le contour de sa figure restait pur, et le menton était encore fin.

— Flore, dit Jean-Jacques d'une voix émue, vous êtes bien habituée à cette maison?...

— Oui, monsieur Jean...

Au moment de faire sa déclaration, l'héritier se sentit la langue
glacée par le souvenir du mort enterré si fraîchement, il se demanda
jusqu'où la bienfaisance de son père était allée. Flore, qui regarda
son nouveau maître sans pouvoir le soupçonner la simplicité, attendit pendant quelque temps que Jean-Jacques reprît la parole; mais
elle le quitta, ne sachant que penser du silence obstiné qu'il garda.
Quelle que fût l'éducation de la Rabouilleuse tenait du docteur, il
devait se passer plus d'un jour avant qu'elle connût le caractère de
Jean-Jacques, dont voici l'histoire en peu de mots.

A la mort de son père, Jacques, âgé de trente-sept ans, était aussi
timide et soumis à la discipline paternelle que peut l'être un enfant
de douze ans. Cette timidité doit expliquer son enfance, sa jeunesse
et sa vie à ceux qui ne voudraient pas admettre ce caractère, ou les
faits de cette histoire, hélas! trop communs partout, même chez les
princes, car Sophie Dawes fut prise par le dernier des Condé dans
une situation père que celle de la Rabouilleuse. Il y a deux timidités :
la timidité d'esprit, la timidité de nerfs; une timidité physique, et une
timidité morale. L'une est indépendante de l'autre. Le corps peut
avoir peur et trembler, pendant que l'esprit reste calme et courageux, et vice versa. Ceci donne la clef de bien des bizarreries morales. Quand les deux timidités se réunissent chez un homme, il sera
nul toute sa vie. Cette timidité complète est celle des gens
dont nous disons : — C'est un imbécile. Il se cache souvent dans cet
imbécile de grandes qualités comprimées. Peut-être devons-nous à
cette double infirmité quelques moines qui ont vécu dans l'extase.
Cette malheureuse disposition physique et morale est produite aussi
bien par la perfection des organes et par celle de l'âme que par des

défauts encore inobservés. La timidité de Jean-Jacques venait d'un
certain engourdissement de ses facultés, qu'un grand instituteur, un
chirurgien comme Desplein eussent réveillées. Chez lui, comme
chez les crétins, le sens de l'amour avait hérité de la force et de l'a-
gilité qui manquaient à l'intelligence, quoiqu'il lui restât encore assez de
sens pour se conduire dans la vie. La violence de sa passion, dénuée
de l'idéal où elle s'épanche chez tous les jeunes gens, augmentait encore sa timidité. Jamais il ne put se décider, selon l'expression fami-
lière, à faire la cour à une femme à Issoudun. Or, ni les jeunes filles,
ni les bourgeoises, ne pouvaient faire les avances à un jeune homme
de moyenne taille, d'attitude pleine de honte et de mauvaise grâce, à
figure commune, que deux gros yeux d'un vert pâle et saillants eussent rendue assez laide si déjà les traits écrasés et un teint blafard ne
le vieillissaient avant le temps. La compagnie d'une femme annulait,
en effet, ce pauvre garçon, qui se sentait poussé par la passion aussi
violemment qu'il était retenu par le peu d'idées dû à son éducation.
Immobile entre deux forces égales, il ne savait alors que dire, et
tremblait d'être interrogé, tant il avait peur d'être obligé de répondre! Le désir, qui d'ailleurs si promptement la langue, lui glaçait la
sienne. Jean-Jacques resta donc solitaire, et recherchait la solitude où
ne s'y trouvait pas gêné. Le docteur aperçut, trop tard pour y rené-
dier, les ravages produits par ce tempérament et par ce caractère. Il
aurait bien voulu marier son fils; mais, comme il s'agissait de le livrer à une domination qui deviendrait absolue, il dut hésiter. N'était-
ce pas abandonner le maniement de sa fortune à une étrangère, à
une fille inconnue? Or, il savait combien il est difficile d'avoir des
prévisions exactes sur le moral de la femme, en étudiant la jeune
fille. Aussi, tout en cherchant une personne dont l'éducation ou les
sentiments lui offrissent des garanties, essaya-t-il de jeter son fils
dans la voie de l'avarice. A défaut d'intelligence, il espérait ainsi donner à ce niais une sorte d'instinct. Il l'habitua d'abord à une vie mécanique, et lui légua des idées arrêtées pour le placement de ses revenus; puis il lui évita les principales difficultés de l'administration
d'une fortune territoriale, en lui laissant des terres en bon état et
louées par de longs baux. Le fait qui devait dominer la vie de ce pauvre être échappa cependant à la perspicacité de ce vieillard si fin. La
timidité ressemble à la dissimulation. elle en a toute la profondeur.
Jean-Jacques aima passionnément la Rabouilleuse. Rien de plus naturel d'ailleurs. Flore fut la seule femme qui fût près de ce garçon,
la seule qu'il pût voir à son aise, qu'il contemplait en secret, en l'é-
tudiant à toute heure; Flore illumina pour lui la maison paternelle,
elle lui donna sans le savoir les seuls plaisirs qui lui donnèrent sa
jeunesse. Loin d'être jaloux de son père, il fut enchanté de l'éducation qu'il donnait à Flore : ne lui fallait-il pas une femme facile, et
avec laquelle il n'y eût pas de cour à faire? La passion peut, remarquez-le, porte son esprit avec elle, peut donner aux niais, aux sots,
aux imbéciles une sorte d'intelligence, surtout pendant la jeunesse.
Chez l'homme le plus brute, il se rencontre toujours l'instinct animal
dont la persistance ressemble à une pensée.

Le lendemain Flore, à qui le silence de son maître avait fait faire
des réflexions, s'attendit à quelque communication importante; mais,
quoiqu'il tournât autour d'elle et la regardât soumisement avec des
expressions de concupiscence, Jean-Jacques ne put lui trouver à
dire. Enfin au moment du dessert, le maître recommença la scène de
la veille.

— Vous vous trouvez bien ici? dit-il à Flore.

— Oui, monsieur Jean.

— Eh bien! restez-y.

— Merci, monsieur Jean.

Cette situation étrange dura trois semaines. Par une nuit où nul
bruit ne troublait le silence, Flore, qui se réveilla par hasard, entendit le souffle égal d'une respiration humaine à sa porte, et fut effrayée en reconnaissant sur le palier Jean-Jacques couché comme un
chien, et qui, sans doute, avait fait lui-même un trou par en bas pour
voir dans la chambre.

— Il m'aime, pensa-t-elle; mais il attrapera des rhumatismes à ce
métier-là.

Le lendemain, Flore regarda son maître d'une certaine façon. Cet
amour muet et presque instinctif l'avait émue. elle ne trouva plus si
laid ce pauvre niais, dont les tempes et le front chargés de boutons
semblables à ceux de la lèpre, offraient çà et là des ulcères portaient
cette horrible couronne, attribuée
des sangs gâtés.

— Vous ne voudriez pas retourner aux champs, n'est-ce pas? lui
dit Jean-Jacques quand ils se trouvèrent seuls.

— Pourquoi me demandez-vous cela? dit-elle en le regardant.

— Pour le savoir, fit Rouget en devenant de la couleur des ho-
mards cuits.

— Est-ce que vous voulez m'y renvoyer? demanda-t-elle.

— Non, mademoiselle.

— Eh bien! que voulez-vous donc savoir? Vous avez une raison.

— Oui, je voudrais savoir...

— Quoi? dit Flore.

— Vous ne me le diriez pas! fit Rouget.

— Si, foi d'honnête fille...

— Ah! voilà, reprit Rouget effrayé. Vous êtes une honnête fille...

— Parbleu!

— Là, vrai?...

— Quand je vous le dis...

— Voyons? Êtes-vous la même que quand vous étiez là, pieds nus, amenée par votre oncle?

— Belle question! ma foi, répondit Flore en rougissant.

L'héritier atterré baissa la tête et ne la releva plus. Flore, stupéfaite de voir une réponse si flatteuse pour un homme accueilli par une semblable consternation, se retira.

Trois jours après, au même moment, car l'un et l'autre ils semblaient se désigner le dessert comme leur champ de bataille, Flore dit à son maître : — Est-ce que vous avez quelque chose contre moi?...

— Non, mademoiselle, répondit-il, non... (Une pause.) Au contraire.

— Vous avez paru contrarié hier de savoir que j'étais une honnête fille...

— Non, je voulais seulement savoir... (Autre pause.) Mais vous ne me le diriez pas...

— Ma foi, reprit-elle, je vous dirai toute la vérité.

— Toute la vérité sur... mon père... demanda-t-il d'une voix étranglée.

— Votre père, dit-elle en plongeant son regard dans les yeux de son maître, était un brave homme... Il aimait à rire... Quoi!... un brin... Mais, pauvre cher homme!... ce n'était pas la bonne volonté qui lui manquait... Enfin, rapport à je ne sais quoi contre vous, il avait des intentions... oh! de tristes intentions. Souvent il me faisait rire, quoi!... Voilà... Après?...

— Eh bien! Flore, dit l'héritier en prenant la main de la Rabouilleuse, puisque mon père ne vous était de rien.

— Et, de quoi voulez-vous qu'il me fût?... s'écria-t-elle en fille offensée d'une supposition injurieuse.

— Eh bien! écoutez donc!

— Il était mon bienfaiteur, voilà tout. Ah! il aurait bien voulu que je fusse sa femme... mais...

— Mais, dit Rouget en reprenant la main que Flore lui avait retirée, puisqu'il ne vous a rien été, vous pourriez rester ici avec moi?

— Si vous vouliez, répondit-elle en baissant les yeux.

— Non, non, si vous vouliez, vous, reprit Rouget. Oui, vous pouvez être... la maîtresse. Tout ce qui est ici sera pour vous, vous y prendrez soin de ma fortune, elle sera quasiment la vôtre... car je vous aime, et j'ai toujours aimée depuis le moment où vous êtes entrée, ici, là, pieds nus.

Flore ne répondit pas. Quand le silence devint lourd, Jean-Jacques inventa cet argument horrible : — Voyons, cela ne vaut-il pas mieux que de retourner aux champs? lui demanda-t-il avec une visible ardeur.

— Dame! monsieur Jean, comme vous voudrez, répondit-elle.

Néanmoins, malgré ce : comme vous voudrez! le pauvre Rouget ne se trouva pas plus avancé. Les hommes de ce caractère ont besoin de certitude. L'effort qu'ils font en avouant leur amour est si grand et leur coûte tant, qu'ils se savent hors d'état de le recommencer. De là vient leur attachement à la première femme qui les accepte. On ne peut présumer les événements que par le résultat. Dix mois après la mort de son père, Jean-Jacques changea complètement : son visage pâle et plombé, dégradé par des boutons aux tempes et au front, s'éclaircit, se nettoya, se colora de teintes rosées. Enfin sa physionomie respira le bonheur. Flore exigea des soins minutieux de sa personne, elle mit son amour-propre à ce qu'il fût bien mis; elle le voyait s'en allant à la promenade en restant sur le pas de la porte, jusqu'à ce qu'elle ne le vit plus. Toute la ville remarqua ces changements, qui firent de Jean-Jacques un tout autre homme.

— Savez-vous la nouvelle? se disait-on dans Issoudun.

— Eh bien! quoi?

— Jean-Jacques a tout hérité de son père, même la Rabouilleuse...

— Est-ce que vous ne croyez pas assez malin pour avoir laissé une gouvernante à son fils?

— C'est un trésor pour Rouget, c'est vrai, fut le cri général.

— C'est une finaude! elle est bien belle, elle se fera épouser.

— Cette fille-là a-t-elle eu de la chance!

— C'est une chance qui n'arrive qu'aux belles filles.

— Ah bah! vous croyez cela, mais j'ai eu mon oncle Borniche-Héreau. Eh bien! vous avez entendu parler de mademoiselle Ganivet, elle était laide comme les sept péchés capitaux, elle n'en a pas moins eu de lui mille écus de rente...

— Bah! c'était en 1778!

— C'est égal, Rouget a tort, son père lui laisse quarante bonnes mille livres de rente, il aurait pu se marier avec mademoiselle Héreau...

— Le docteur a essayé, elle n'en a pas voulu, Rouget est trop bête...

— Trop bête! les femmes sont bien heureuses avec les gens de cet acabit.

— Votre femme est-elle heureuse?

Tel fut le sens des propos qui coururent dans Issoudun. Si l'on commença, selon les us et coutumes de la province, par rire de ce quasi-mariage, on finit par louer Flore de s'être dévouée à ce pauvre garçon. Voilà comment Flore Brazier parvint au gouvernement de la maison Rouget, de père en fils, selon l'expression du fils Goddet. Maintenant il nous est inutile d'esquisser l'histoire de ce gouvernement pour l'instruction des célibataires.

La vieille Fanchette fut la seule dans Issoudun à trouver mauvais que Flore Brazier devînt la reine chez Jean-Jacques Rouget, elle protesta contre l'immoralité de cette combinaison et prit le parti de la morale outragée; il est vrai qu'elle se trouvait humiliée, à son âge, d'avoir pour maîtresse une Rabouilleuse, une petite fille venue pieds nus dans la maison. Fanchette possédait trois cents francs de rente dans les fonds, car le docteur lui avait fait ainsi placer ses économies, feu monsieur venait de lui léguer cent écus de rente viagère, elle pouvait donc vivre à son aise, et quitta la maison neuf mois après l'enterrement de son vieux maître, le 15 avril 1806. Cette date n'indique-t-elle pas aux gens perspicaces l'époque à laquelle Flore cessa d'être une honnête fille?

La Rabouilleuse, assez fine pour prévoir la défection de Fanchette, car il n'y a rien comme l'exercice du pouvoir pour vous apprendre la politique, avait résolu de se passer de servante. Depuis six mois elle étudiait, sans en avoir l'air, les procédés culinaires qui faisaient de Fanchette un cordon bleu digne de servir un médecin. En fait de gourmandise, on peut mettre les médecins au même rang que les évêques. Le docteur avait perfectionné Fanchette. En province, le défaut d'occupation et la monotonie de la vie attirent l'activité de l'esprit sur la cuisine. On ne dîne pas aussi luxueusement en province qu'à Paris, mais on y dîne mieux; les plats y sont médités, étudiés. Au fond des provinces, il existe des Carêmes en jupon, génies ignorés, qui savent rendre un simple plat de haricots digne du hochement de tête par lequel Rossini accueille une chose parfaitement réussie. En prenant ses degrés à Paris, le docteur y avait suivi les cours de chimie de Rouelle, et il lui en était resté des notions qui tournèrent au profit de la chimie culinaire. Il est célèbre à Issoudun par plusieurs améliorations peu connues en dehors du Berry. Il a découvert que l'omelette était beaucoup plus délicate quand on ne battait pas le blanc et le jaune des œufs ensemble avec la brutalité que les cuisinières mettent à cette opération. On devait, selon lui, faire arriver le blanc à l'état de mousse, y introduire par degrés le jaune, et ne pas se servir d'une poêle, mais d'un cagnard en porcelaine ou en faïence. Le cagnard est une espèce de plat épais qui a quatre pieds, afin que, mis sur le fourneau, l'air, en circulant, empêche le feu de le faire éclater. En Touraine, le cagnard s'appelle un cauquemarre. Rabelais, je crois, parle de ce cauquemarre à cuire les cocquecigrues, ce qui démontre la haute antiquité de cet ustensile. Le docteur avait aussi trouvé le moyen d'empêcher l'âcreté des roux; mais ce secret, que, par malheur, il restreignait à sa cuisine, a été perdu.

Flore, née friturière et rôtisseuse, les deux qualités qui ne peuvent s'acquérir ni par l'observation ni par le travail, surpassa Fanchette en peu de temps. En devenant cordon bleu, elle pensait au bonheur de Jean-Jacques comme elle était aussi, disons-le, passablement gourmande. Hors d'état, comme les personnes sans instruction, de s'occuper par la cervelle, elle déploya son activité dans le ménage. Elle frotta les meubles, leur rendit leur lustre, et mit tout au logis dans une propreté digne de la Hollande. Elle dirigea ces avalanches de linge sale et ces déluges qu'on appelle des lessives, et qui, selon l'usage des provinces, ne se font que trois fois par an. Elle observa le linge d'un œil de ménagère, et le raccommoda. Puis, jalouse de s'initier par degrés aux secrets de la fortune, elle s'assimila le peu de science des affaires que savait Rouget, et l'augmenta par des entretiens avec le notaire de feu docteur, M. Héron. Aussi donna-t-elle d'excellents conseils à son petit Jean-Jacques. Sûre d'être toujours la maîtresse, elle eut pour les intérêts de ce garçon autant de tendresse et d'avidité que s'il s'agissait d'elle-même. Elle n'avait pas à craindre les exigences de son oncle. Deux mois avant la mort du docteur, Brazier était mort d'une chute en sortant du cabaret où, depuis sa fortune, il passait sa vie. Flore avait également perdu son père. Elle servit donc son maître avec toute l'affection que devait avoir une orpheline heureuse de se faire une famille, de se trouver un intérêt dans la vie.

Cette époque fut le paradis pour le pauvre Jean-Jacques, qui prit les douces habitudes d'une vie animale emboîtée par une espèce de régularité monastique. Il dormait la grasse matinée. Flore qui, dès le matin, allait à la provision ou faisait le ménage, éveillait son maître de façon à ce qu'il trouvât le déjeuner prêt quand il avait fini sa toilette. Après le déjeuner vers les onze heures, Jean-Jacques se promenait, causait avec ceux qui le rencontraient, et revenait à trois heures pour lire les journaux, celui du département, et un journal de Paris, qu'il recevait trois jours après leur publication, gras des trente mains par lesquelles ils avaient passé, salis par les noms à tabac qui s'y étaient oubliés, brunis par toutes les tables sur lesquelles ils avaient traîné. Le célibataire atteignait ainsi l'heure de son dîner, et l'employait le plus de temps possible. Flore lui racontait les histoires de la ville, les caquetages qui couraient, et qu'elle avait récoltés. Vers huit heures les lumières s'éteignaient. Aller au lit de bonne heure est une économie de chandelle et de feu très-pratiquée en province, mais qui contribue à l'hébétement des gens par les abus du lit. Trop de sommeil alourdit et encrasse l'intelligence.

A la mort de son père, Jacques, âgé de trente-sept ans, était aussi timide...
que peut l'être un enfant de douze ans. — PAGE 80.

Telle fut la vie de ces deux êtres pendant neuf ans, vie à la fois pleine et vide, où les grands événements furent quelques voyages à Bourges, à Vierzon, à Châteauroux, ou plus loin, quand ni les notaires de ces villes ni M. Héron n'avaient de placements hypothécaires. Rouget prêtait son argent à cinq pour cent par première hypothèque, avec subrogation dans les droits de la femme quand le prêteur était marié. Jamais il ne donnait plus du tiers de la valeur réelle des biens, et il se faisait faire des billets à son ordre qui représentaient un supplément d'intérêt de deux et demi pour cent échelonnés pendant la durée du prêt. Telles étaient les lois que son père lui avait dit de toujours observer. L'usure, ce rémora mis sur l'ambition des paysans, dévore les campagnes. Ce taux de sept et demi pour cent paraissait donc si raisonnable, que Jean-Jacques Rouget choisissait les affaires; car les notaires, qui se faisaient allouer de belles commissions par les gens auxquels ils procuraient de l'argent à si bon compte, prévenaient le vieux garçon.

Durant ces neuf années, Flore prit à la longue, insensiblement et sans le vouloir, un empire absolu sur son maître. Elle traita d'abord Jean-Jacques très-familièrement; puis, sans lui manquer de respect, elle le prima par tant de supériorité, d'intelligence et de force, qu'il devint le serviteur de sa servante. Ce grand enfant alla de lui-même au-devant de cette domination, en se laissant rendre tant de soins, que Flore fut avec lui comme une mère est avec son fils. Aussi Jean-Jacques finit-il par avoir pour Flore le sentiment qui rend nécessaire à un enfant la protection maternelle. Mais il y eut entre eux des nœuds bien autrement serrés! D'abord, Flore faisait les affaires et conduisait la maison. Jean-Jacques se reposait si bien sur elle de toute espèce de gestion, que sans elle la vie lui eût paru, non pas difficile, mais impossible. Puis cette femme était devenue un besoin

de son existence, elle caressait toutes ses fantaisies, elle les connaissait si bien! Il aimait à voir cette figure heureuse qui lui souriait toujours, la seule qui lui eût souri, la seule où devait se trouver un sourire pour lui! Ce bonheur, purement matériel, exprimé par des mots vulgaires qui sont le fond de la langue dans les ménages berrichons, et peint sur cette magnifique physionomie, était en quelque sorte le reflet de son bonheur à lui. L'état dans lequel fut Jean-Jacques lorsqu'il vit Flore assombrie par quelques contrariétés révéla l'étendue de son pouvoir à cette fille, qui, pour s'en assurer, voulut en user. User, chez les femmes de cette sorte, veut toujours dire abuser. La Rabouilleuse fit sans doute jouer à son maître quelques-unes de ces scènes ensevelies dans les mystères de la vie privée, et dont Otway a donné le modèle au milieu de sa tragédie de Venise sauvée, entre le sénateur et Aquilina, scène qui réalise le magnifique de l'horrible! Flore se vit alors si certaine de son empire, qu'elle ne songea pas, malheureusement pour elle et pour le célibataire, à se faire épouser.

Vers la fin de 1815, à vingt-sept ans, Flore était arrivée à l'entier développement de sa beauté. Grasse et fraîche, blanche comme une fermière du Bessin, elle offrait bien l'idéal de ce que nos ancêtres appelaient une belle commère. Sa beauté, qui tenait de celle d'une superbe fille d'auberge, mais agrandie et nourrie, la faisait ressembler, noblesse impériale à part, à mademoiselle Georges dans son beau temps. Flore avait ces beaux bras ronds éclatants, cette plénitude de formes, cette pulpe satinée, ces contours attrayants, mais moins sévères que ceux de l'actrice. L'expression de Flore était la tendresse et la douceur. Son regard ne commandait pas le respect comme celui de la plus belle Agrippine qui, depuis celle de Racine, ait foulé les planches du Théâtre-Français, il invitait à la grosse joie.

En 1816, la Rabouilleuse vit Maxence Gilet, et s'éprit de lui à la première vue. Elle reçut à travers le cœur cette flèche mythologique, admirable expression d'un effet naturel, que les Grecs devaient ainsi représenter, eux qui ne concevaient point l'amour chevaleresque, idéal et mélancolique, enfanté par le christianisme. Flore était alors trop belle pour que Max dédaignât cette conquête. La Rabouilleuse connut donc, à vingt-huit ans, le véritable amour, l'amour idolâtre, infini, cet amour qui comporte toutes les manières d'aimer, celle de Guimare et celle de Médora. Dès que l'officier sans fortune apprit la situation respective de Flore et de Jean-Jacques Rouget, il vit mieux qu'une amourette dans une liaison avec la Rabouilleuse. Aussi, pour bien assurer son avenir, ne demanda-t-il pas mieux que de loger chez Rouget, en reconnaissant la débile nature de ce garçon. La passion de Flore influa nécessairement sur la vie et sur l'intérieur de Jean-Jacques. Pendant un mois, le célibataire, devenu craintif outre mesure, vit terrible, morne et maussade le visage si riant et si amical de Flore. Il subit les éclats d'une mauvaise humeur calculée, absolument comme un homme marié dont l'épouse médite une infidélité. Quand, au milieu des plus cruelles rebuffades, le pauvre garçon s'enhardit à demander à Flore la cause de ce changement, elle eut dans le regard des flammes chargées de haine, et dans la voix des tons agressifs et méprisants, que le pauvre Jean-Jacques n'avait jamais entendus ni reçus.

— Parbleu, dit-elle, vous n'avez ni cœur ni âme. Voilà seize ans que je donne ici ma jeunesse, et je ne m'étais pas aperçue que vous avez une pierre, là!... fit-elle en se frappant le cœur. Depuis deux mois, vous voyez venir ici ce brave commandant, une victime des Bourbons, qui était fait pour être général, et qu'est dans la débine, accusé dans un trou de pays où la fortune n'a pas de quoi vous nourrir. Il est obligé de rester sur une chaise toute une journée à la municipalité, pour gagner... quoi?... six cents misérables francs, la belle poussée! Et vous, qu'avez-vous cinquante-neuf mille livres de places, soixante mille francs de rente, et qui, grâce à moi, ne dépensez pas plus de mille écus par an, tout compris, même mes jupes, enfin tout, vous ne pensez pas à lui offrir un logis ici, où tout le deuxième est vide! Vous aimez mieux que les souris et les rats y dansent plutôt que d'y mettre un humain, enfin un garçon que votre père a toujours regardé comme son fils!... Voulez-vous savoir ce que vous êtes? Je vais vous le dire: vous êtes un fratricide! Après cela, je sais bien pourquoi! Vous avez vu que je lui portais intérêt, et ça vous chicane! Quoique vous paraissiez bête, vous avez plus de malice que les plus misérables dans ce que vous êtes... Eh bien! oui, je lui porte intérêt, et un vif encore...

— Mais, Flore...

— Oh! il n'y a pas de mais Flore qui tienne. Ah! vous pouvez bien en chercher une autre Flore (si vous en trouvez une!), car je veux que je verse de ce vin me serve de poison si je ne laisse pas là votre baraque de maison. Je ne vous aurai, Dieu merci, rien coûté pendant les douze ans que j'y suis restée, et vous aurez eu de l'agrément à bon marché. Partout ailleurs, j'aurais bien gagné ma vie à tout faire comme ici: savonner, repasser, veiller aux lessives, aller au marché, faire la cuisine, prendre vos intérêts en toutes choses, m'exterminer du matin au soir... Eh bien! voilà ma récompense...

— Mais, Flore...

— Oui, Flore, vous en aurez des Flore, à cinquante et un ans que vous avez, et que vous vous portez très-mal, et que vous baissez que c'en est effrayant, je le sais bien ! Puis, avec ça, que vous n'êtes pas amusant...

— Mais, Flore...

— Laissez-moi tranquille !

Elle sortit en fermant la porte avec une violence qui fit retentir la maison et parut l'ébranler sur ses fondements. Jean-Jacques Rouget ouvrit tout doucement la porte et alla plus doucement encore dans la cuisine, où Flore grommelait toujours.

— Mais, Flore, dit ce mouton, voilà la première nouvelle que j'ai de ton désir, comment sais-tu si je le veux ou si je ne le veux pas...

— D'abord, reprit-elle, il y a besoin d'un homme dans la maison. On sait que vous avez des dix, des quinze, des vingt mille francs ; et si l'on venait vous voler, on nous assassinerait. Moi, je ne me soucie pas du tout de me réveiller un beau matin coupée en quatre morceaux, comme on a fait de cette pauvre servante qui a eu la bêtise de défendre son maître ! Eh bien ! si l'on nous voit chez nous un homme brave comme César, et qui ne se mouche pas du pied... Max avalerait trois voleurs, le temps de le dire... eh bien ! je dormirais plus tranquille. On vous dira peut-être des bêtises... que je l'aime par ci, que je l'adore par là !... Savez-vous ce que vous direz ?... Eh bien ! vous répondrez que vous le savez, mais que votre père vous avait recommandé son pauvre Max à son lit de mort. Tout le monde se taira, car les pavés d'Issoudun vous diront que j'ai payait sa pension au collège, na ! Voilà neuf ans que je mange votre pain...

— Flore ! Flore !...

— Il y a eu par la ville plus d'un qui m'a fait la cour, da ! On m'offrait des chaînes d'or par ci, des montres par là. Ma petite Flore, si tu veux quitter cet imbécile de père Rouget, car voilà ce qu'on me disait de vous. Moi, le quitter ? ah bien ! plus souvent ; un innocent comme ça ! que qui deviendrait ? ai-je toujours répondu. Non, non, où la chèvre est attachée, il faut qu'elle broute...

— Oui, Flore, je n'ai que toi au monde, et je suis trop heureux... Si ça te fait plaisir, mon enfant, eh bien ! nous aurons ici Maxence Gilet, il mangera avec nous...

— Parbleu ! je l'espère bien...

— Là, là, ne te fâche pas..

— Quand il y a pour un, il y a bien pour deux, répondit-elle en riant. Mais si vous êtes gentil, savez-vous ce que vous ferez, mon bichon ?... Vous irez vous promener aux environs de la mairie, à quatre heures, et vous vous arrangerez pour rencontrer M. le commandant Gilet, vous vous inviterez à dîner. S'il fait des façons, vous lui direz que ça me fera plaisir, il est trop galant pour refuser. Pour lors, entre la poire et le fromage, s'il vous parle de ses malheurs, des pontons, que vous aurez bien l'esprit de le mettre là-dessus, vous lui offrirez de demeurer ici... S'il trouve quelque chose à redire, soyez tranquille, je saurai bien le déterminer...

En se promenant avec lenteur sur le boulevard Baron, le célibataire réfléchit, autant qu'il le pouvait, à cet événement. S'il se séparait de Flore... (à cette idée, il n'y voyait plus clair) quelle autre femme retrouverait-il ?... Se marier ?... A son âge, il serait épousé

pour sa fortune, et encore plus cruellement exploité par sa femme légitime que par Flore. D'ailleurs, la pensée d'être privé de cette tendresse, fût-elle illusoire, lui causait une horrible angoisse. Il fut donc pour le commandant Gilet aussi charmant qu'il pouvait l'être. Ainsi que Flore le désirait, l'invitation fut faite devant témoins, afin de ménager l'honneur de Maxence.

La réconciliation se fit entre Flore et son maître ; mais depuis cette journée Jean-Jacques aperçut des nuances qui prouvaient un changement complet dans l'affection de la Rabouilleuse. Flore Brazier se plaignit pendant une quinzaine de jours, chez les fournisseurs, au marché, près des commères avec lesquelles elle bavardait, de la tyrannie de M. Rouget, qui s'avisait de prendre son soi-disant frère naturel chez lui. Mais personne ne fut la dupe de cette comédie, et Flore fut regardée comme une créature excessivement fine et retorse.

Le père Rouget se trouva très-heureux de l'impatronisation de Max au logis, car il eut une personne qui fut aux petits soins pour lui, mais sans servilité cependant. Gilet causait, politiquait et se promenait quelquefois avec le père Rouget. Dès que l'officier fut installé, Flore ne voulut plus être cuisinière. La cuisine, dit-elle, lui gâtait les mains. Sur le désir du grand maître de l'ordre, la Cognette indiqua l'une de ses parentes, une vieille fille, dont le maître, un curé, venait de mourir sans lui rien laisser, une excellente cuisinière, qui serait dévouée à la vie à la mort à Flore et à Max. D'ailleurs, la Cognette promit à sa parente, au nom de ces deux puissances, une rente de trois cents livres après dix ans de bons, loyaux, discrets et probes services. Agée de soixante ans, la Védie était remarquable par une figure ravagée par la petite vérole et par une laideur convenable. Après l'entrée en fonctions de la Védie, la Rabouilleuse devint madame Brazier. Elle porta des corsets, elle eut des robes en soie, en belles étoffes de laine et de coton, suivant les saisons. Elle eut des collerettes, des fichus forts chers, des bonnets brodés, des gorgerettes de dentelles, se chaussa de brodequins et se maintint dans une élégance et une richesse de mise qui la rajeunit. Elle fut comme un diamant brut, taillé, monté par le bijoutier pour valoir tout son prix. Elle voulait faire honneur à Max. A la fin de la première année, en 1817, elle fit venir de Bourges un cheval, dit anglais, pour le pauvre commandant, ennuyé de se promener à pied. Max avait racolé, dans les environs, un ancien lancier de la garde impériale, un Polonais, nommé Kouski, tombé dans la misère, qui ne demanda pas mieux que d'entrer chez M. Rouget en qualité de domestique du commandant. Max fut l'idole de Kouski, surtout après le duel des trois royalistes. A compter de 1817, la maison du père Rouget fut donc composée de cinq personnes, dont trois maîtres, et la dépense s'éleva environ à huit mille francs par an.

Au moment où madame Bridau revenait à Issoudun pour, selon l'expression de maître Desroches, sauver une succession si sérieusement compromise, le père Rouget était arrivé, par degrés, à un état quasi végétatif. D'abord, dès l'impatronisation de Max, mademoiselle

A deux heures, au moment où l'on commençait à siroter... Max prit la parole. — PAGE 39.

Brazier mit la table sur un pied épiscopal. Rouget, jeté dans la voie de la bonne chère, mangea toujours davantage, emporté par les excellents plats que faisait la Védie. Malgré cette exquise et abondante nourriture, il engraissa peu. De jour en jour il s'affaissa comme un homme fatigué, par ses digestions peut-être, et ses yeux se cernèrent fortement. Mais si, pendant ses promenades, des bourgeois l'interrogeaient sur sa santé : — Jamais, disait-il, il ne s'était mieux porté. Comme il avait toujours passé pour être d'une intelligence excessivement bornée, on ne remarqua point la dépression constante de ses facultés. Son amour pour Flore était le seul sentiment qui le faisait vivre, il n'existait que par elle ; sa faiblesse avec elle n'avait point alors de bornes, il obéissait à un regard, il guettait les mouvements de cette créature comme un chien guette les moindres gestes de son maître. Enfin, selon l'expression de madame Hochon, à cinquante-sept ans, le père Rouget semblait être plus vieux que M. Hochon, alors octogénaire.

Chacun imagine, avec raison, que l'appartement de Max était digne de ce charmant garçon. En effet, en six ans, le commandant avait, d'année en année, perfectionné le confort, embelli les moindres détails de son logement, autant pour lui-même que pour Flore. Mais ce n'était que le confort d'Issoudun : des carreaux mis en couleur, des papiers de tenture assez élégants, des meubles en acajou, des glaces à bordure dorée, des rideaux en mousseline ornés de bandes rouges, un lit à couronne et à rideaux disposés comme les arrangent les tapissiers de province pour une riche mariée, et qui paraît alors le comble de la magnificence, mais qui se voit dans les vulgaires gravures de modes, et si commun, que les détaillants de Paris n'en veulent plus pour leurs noces. Il y avait, chose monstrueuse et qui fit casser deux fois Issoudun, des nattes de jonc dans l'escalier, sans doute pour assourdir le bruit des pas; aussi, en rentrant au petit jour, Max n'avait-il éveillé personne. Rouget ne soupçonna jamais la complicité de son hôte dans les œuvres nocturnes des chevaliers de la Désœuvrance.

Vers les huit heures, Flore, vêtue d'une robe de chambre en jolie étoffe de coton à raies roses, coiffée d'un bonnet de dentelles, les pieds dans des pantoufles fourrées, ouvrit doucement la porte de la chambre de Max ; mais, en le voyant endormi, elle resta debout devant le lit.

— Il est si tard, dit-elle, à trois heures et demie. Il faut avoir un fier tempérament pour résister à ces amusements-là. Est-il fort, cet amour d'homme !... Qu'auront-ils fait cette nuit?

— Tiens, te voilà, ma petite Flore, dit Max en s'éveillant à la manière des militaires, accoutumés par les événements de la guerre à trouver leurs idées au complet et leur sang-froid au réveil, quelque subit qu'il soit.

— Tu dors, je m'en vais...

— Non, reste, il y a des choses graves...

— Vous avez fait quelque sottise cette nuit?...

— Ah ! oui !... Il s'agit de nous et de cette vieille bête. Ah çà ! tu ne m'avais jamais parlé de sa famille .. Eh bien ! elle arrive ici la famille, sans doute pour nous tailler des croupières...

— Ah ! je m'en vais te secourir, dit Flore.

— Mademoiselle Brazier, dit gravement Max, il s'agit de choses trop sérieuses pour y aller à l'étourdie. Envoie-moi mon café, je le prendrai dans mon lit, où je vais songer à la conduite que nous devons tenir. Reviens à neuf heures, nous causerons. En attendant, fais comme si tu ne savais rien.

Saisie par cette nouvelle, Flore laissa Max et alla lui préparer son café; mais un quart d'heure après Baruch entra précipitamment et dit au grand maître : — Fario cherche sa brouette!

En cinq minutes, Max fut habillé, descendit, et, tout en ayant l'air de flâner, il gagna le bas de la tour, où il vit un rassemblement assez considérable.

— Qu'est-ce? fit Max en perçant la foule et pénétrant jusqu'à l'Espagnol.

Fario, petit homme sec, était d'une laideur comparable à celle d'un grand d'Espagne. Des yeux de feu, percés avec une vrille et très-rapprochés du nez l'eussent fait passer à Naples pour un jeteur de sorts. Ce petit homme paraissait doux parce qu'il était grave, calme, lent dans ses mouvements. Aussi le nommait-on le bonhomme Fario. Mais son teint couleur de pain d'épice et sa douceur déguisaient aux ignorants et annonçaient à l'observateur le caractère à demi mauresque d'un paysan de Grenade que rien n'avait encore fait sortir de son flegme et de sa paresse.

— Êtes-vous sûr, lui dit Max après avoir écouté les doléances du marchand de grains, d'avoir amené votre voiture? car il n'y a, Dieu merci, pas de voleurs à Issoudun.

— Elle était là.

— Si le cheval est resté attelé, ne peut-il pas avoir emmené la voiture?

— Le voilà, mon cheval, dit Fario en montrant sa bête harnachée à trente pas de là.

Max alla gravement à l'endroit où se trouvait le cheval, afin de pouvoir, en levant les yeux, voir le pied de la Tour, car le rassemblement blement était au bas. Tout le monde suivit Max, et c'est ce que le drôle voulait.

— Quelqu'un a-t-il mis par distraction une voiture dans ses poches? cria François.

— Allons, fouillez-vous! dit Baruch.

Des éclats de rire partirent de tous côtés. Fario jura. Chez un Espagnol, les jurons annoncent le dernier degré de la colère.

— Est-elle légère, ta voiture? dit Max.

— Légère?... répondit Fario. Si ceux qui rient de moi l'avaient sur les pieds, leurs cors ne leur feraient plus mal.

— Il faut cependant qu'elle le soit diablement, répondit Max en montrant la tour, car elle a volé sur la butte.

A ces mots, tous les yeux se levèrent, et il y eut en un instant comme une émeute au marché. Chacun se montrait cette voiture fée. Toutes les langues étaient en mouvement.

— Le diable protège les aubergistes qui se damnent tous, dit le fils Goddet au marchand stupéfait, il a voulu t'apprendre à ne pas laisser traîner de charrettes dans les rues, au lieu de les remiser à l'auberge.

A cette apostrophe, des huées partirent de la foule, car Fario passait pour avare.

— Allons, mon brave homme, dit Max, il ne faut pas perdre courage. Nous allons monter à la tour pour savoir comment la brouette est venue là. Nom d'un canon, nous te donnerons un coup de main. Viens-tu, Baruch? Toi, dit-il à François en lui parlant dans l'oreille, fais ranger le monde, et qu'il n'y ait personne au bas de la butte quand tu nous y verras.

Fario, Max, Baruch et trois autres chevaliers montèrent à la tour. Pendant cette ascension assez périlleuse, Max constatait avec Fario qu'il n'existait ni dégât ni traces qui indiquassent le passage de la charrette. Aussi Fario croyait-il à quelque sortilège, il avait la tête perdue. Arrivés tous au sommet, en y examinant les choses, le fait parut sérieusement impossible.

— Comment que j'allons la descendre? dit l'Espagnol, dont les petits yeux noirs exprimaient pour la première fois l'épouvante, et dont la figure jaune et creuse, qui paraissait ne devoir jamais changer de couleur, pâlit.

— Comment! dit Max, mais cela ne me paraît pas difficile...

Et, profitant de la stupéfaction du marchand de grains, il mania de ses bras robustes la charrette par les deux brancards, de manière à la lancer; puis, au moment où elle devait lui échapper, il cria d'une voix tonnante : — Gare là-dessous !

Mais il ne pouvait y avoir aucun inconvénient : le rassemblement, averti par Baruch et pris de curiosité, s'était retiré sur la place à la distance nécessaire pour voir ce que se passerait sur la butte. La charrette se brisa de la manière la plus pittoresque en un nombre infini de morceaux.

— La voilà descendue! dit Baruch.

— Ah ! brigands ! ah ! canailles! s'écria Fario, c'est peut-être vous autres qui l'avez montée ici...

Max, Baruch, et leurs trois compagnons se mirent à rire des injures de l'Espagnol.

— On a voulu te rendre service, dit froidement Max ; j'ai failli, en manœuvrant ta damnée charrette, être emporté avec elle, et voilà comment tu nous remercies?... De quel pays es-tu donc?

— Je suis d'un pays où l'on ne pardonne pas, répliqua Fario qui tremblait de rage. Ma charrette vous servira de cabriolet pour aller au diable... à moins, dit-il en devenant doux comme un mouton, que vous ne vouliez me la remplacer par une neuve.

— Parlons de cela, dit Max en descendant.

Quand ils furent au bas de la tour et en rejoignant les premiers groupes de vieux, Max prit Fario par un bouton de sa veste et lui dit : — Oui, mon brave père Fario, je te ferai cadeau d'une magnifique charrette, si tu veux me donner deux cent cinquante francs ; mais je ne garantis pas qu'elle sera, comme celle-ci, faite aux tours.

Cette dernière plaisanterie trouva Fario froid comme s'il s'agissait de conduire un marché.

— Dame ! répliqua-t-il, vous me donneriez de quoi remplacer ma pauvre charrette, que vous n'auriez jamais mieux employé l'argent du père Rouget.

Max pâlit, il leva son redoutable poing sur Fario, mais Baruch, qui savait qu'un pareil coup ne frapperait pas seulement sur l'Espagnol, enleva l'action comme une plume et dit dans un Max : — Ne va pas faire de bêtises !

Le commandant, rappelé à l'ordre, se mit à rire et répondit à Fario : — Si je t'ai par mégarde fracassé ta charrette, tu essayes de me calomnier, nous sommes quittes.

— Pas caré! dit en murmurant Fario. Mais je suis bien aise de savoir ce que valait ma charrette.

— Ah ! Max, tu trouves à qui parler! dit un témoin de cette scène qui n'appartenait pas à l'ordre de la Désœuvrance.

— Adieu, monsieur Gilet, je ne vous remercie pas encore de votre coup de main, fit le marchand de grains en enfourchant son cheval et disparaissant au milieu d'un hourra.

— On vous gardera le fer des cercles!... lui cria un charron venu pour contempler l'effet de cette chute.

Un des limons s'était planté droit comme un arbre. Max restait pâle et pensif, atteint au cœur par la phrase de l'Espagnol. On parla pendant cinq jours à Issoudun de la charrette à Fario. Elle était destinée à voyager, comme dit le fils Goddet, car elle fit le tour du Berry où l'on se raconta les plaisanteries de Max et de Baruch. Ainsi, ce qui fut le plus sensible à l'Espagnol, il était encore, huit jours après l'événement, la fable de trois départements, et le sujet de toutes les *disettes*. Max et la Rabouilleuse, à propos des terribles réponses du vindicatif Espagnol, furent aussi le sujet de mille commentaires qu'on se disait à l'oreille dans Issoudun, mais tout haut à Bourges, à Vatan, à Vierzon et à Châteauroux. Maxence Gilet connaissait assez le pays pour deviner combien ces propos devaient être envenimés.

— On ne pourra pas les empêcher de causer, pensait-il. Ah! j'ai fait là un mauvais coup.

— Eh bien! Max, lui dit François en lui prenant le bras, ils arrivent ce soir...

— Qui?

— Les Bridau! Ma grand'mère vient de recevoir une lettre de sa filleule.

— Écoute, mon petit, lui dit Max à l'oreille, j'ai réfléchi profondément à cette affaire. Flore ni moi, nous ne devons pas paraître en vouloir aux Bridau. Si les héritiers quittent Issoudun, c'est vous autres, les Hochon, qui devez les renvoyer. Examine bien ces Parisiens, et, quand je les aurai toisés demain chez la Cognette, nous verrons ce que nous pourrons leur faire et comment les mettre mal avec ton grand-père.

— L'Espagnol a trouvé le défaut de la cuirasse à Max, dit Baruch à son cousin François en rentrant chez M. Hochon et regardant leur ami qui rentrait chez lui.

Pendant que Max faisait son coup, Flore, malgré les recommandations de son commensal, n'avait pu contenir sa colère; et, sans savoir si elle en servait ou si elle en dérangeait les plans, elle éclatait contre le pauvre célibataire. Quand Jean-Jacques encourait la colère de sa bonne, on lui supprimait tout d'un coup les soins et les chatteries vulgaires qui faisaient sa joie. Enfin, Flore mettait son maître en pénitence. Ainsi, plus de ces petits mots d'affection dont elle ornait la conversation avec des tonalités différentes et des regards plus ou moins tendres : — mon petit chat, — mon gros bichou, — mon bibi, — mon chou, — mon rat, etc. Un *vous sec* et froid, ironiquement respectueux, entrait alors dans le cœur du malheureux garçon comme une lame de couteau. Ce *vous* servait de déclaration de guerre. Puis, au lieu d'assister au lever du bonhomme, de lui donner ses affaires, de prévoir ses désirs, de le regarder avec cette espèce d'admiration que toutes les femmes savent exprimer, et qui, plus elle est grossière, plus elle charme, en lui disant : — Vous êtes frais comme une rose! — Allons, vous vous portez à merveille. — Que tu es beau, vieux chou! — enfin, au lieu de le régaler pendant son lever de drôleries et de gaudrioles qui l'amusaient, Flore le laissait s'habiller tout seul. S'il appelait la Rabouilleuse, elle répondait du bas de l'escalier : — Eh! je ne puis pas tout faire à la fois, veiller à votre déjeuner et vous servir dans votre chambre. N'êtes-vous pas assez grand garçon pour vous habiller tout seul?

— Mon Dieu! que lui ai-je fait? se demanda le vieillard en recevant une de ces rebuffades au moment où il demanda de l'eau pour se faire la barbe.

— Védie, montez de l'eau chaude à monsieur, cria Flore.

— Védie?... fit le bonhomme hébété par l'appréhension de la colère qui pesait sur lui. Védie, qu'a donc madame ce matin?

Flore Brazier se faisait appeler madame par son maître, par Védie, par Kouski et par Max.

— Elle aurait, à ce qu'il paraît, appris quelque chose de vous qui ne serait pas beau, répondit Védie en prenant un air profondément affecté. Vous avez tort, monsieur. Tenez, je le vois pauvre servante, et pour pauvre me dire que je n'ai que faire de fourrer le nez dans vos affaires; mais vous chercheriez parmi toutes les femmes de la terre, comme un roi de l'Écriture sainte, vous ne trouveriez pas la pareille à madame. Vous devriez baiser la marque de ses pas par où elle passe... Dame! si vous lui donnez du chagrin, c'est vous percer le cœur à vous-même. Enfin elle en avait les larmes aux yeux.

Védie laissa le pauvre homme atterré, il tomba sur un fauteuil, regarda dans l'espace comme un fou mélancolique, et oublia de faire sa barbe. Ces alternatives de tendresse et de froideur opéraient sur cet être faible, qui ne vivait que par la fibre amoureuse, les effets morbides produits sur le corps par le passage subit d'une chaleur tropicale à un froid polaire. C'était autant de pleurésies morales qui l'usaient comme autant de maladies. Flore, seule au monde, pouvait agir ainsi sur lui; car, uniquement pour elle, il était aussi bon qu'il était niais.

— Eh bien! vous n'avez pas fait votre barbe? dit-elle en se montrant sur la porte.

Elle causa le plus violent sursaut au père Rouget, qui, de pâle et

défait, devint rouge pour un moment, sans oser se plaindre de cet assaut.

— Votre déjeuner vous attend! Mais vous pouvez bien descendre en robe de chambre et en pantoufles, allez, vous déjeunerez seul.

Et, sans attendre de réponse, elle disparut. Laisser le bonhomme déjeuner seul était celle de ses pénitences qui lui causait le plus de chagrin : il aimait à causer en mangeant. En arrivant au bas de l'escalier, Rouget fut pris par une quinte, car l'émotion avait réveillé son catarrhe.

— Tousse, tousse! dit Flore dans la cuisine, sans s'inquiéter d'être ou non entendue par son maître. Pardé, le vieux scélérat est assez fort pour résister sans qu'on s'inquiète de lui. S'il tousse jamais son âme, celui-là, ce ne sera qu'après nous.

Telles étaient les aménités que la Rabouilleuse adressait à Rouget en ses moments de colère. Le pauvre homme s'assit dans une profonde tristesse, au milieu de la salle, au coin de la table, et regarda ses vieux meubles, ses vieux tableaux, d'un air désolé.

— Vous auriez bien pu mettre une cravate, dit Flore en entrant. Croyez-vous que c'est agréable à voir un cou comme le vôtre qu'est plus rouge, plus ridé que celui d'un dindon?

— Mais que vous ai-je fait? demanda-t-il en levant ses gros yeux vert clair pleins de larmes vers Flore en affrontant sa mine froide.

— Ce que vous avez fait?... dit-elle. Vous ne le savez pas! En voilà un hypocrite!... Votre sœur Agathe, qui est votre sœur comme je suis celle de la tour d'Issoudun, à entendre votre père, et qui ne vous est de rien du tout, arrive de Paris avec son fils, ce méchant peintre de deux sous, et viennent vous voir.

— Ma sœur et mes neveux viennent à Issoudun?... dit-il tout stupéfait.

— Oui, jouez l'étonné, pour me faire croire que vous ne les avez pas écrit de venir! Cte malice cousue de fil blanc! Soyez tranquille; nous ne troublerons point vos Parisiens, car, n'avant qu'ils n'aient mis les pieds ici, les nôtres ne leur feront plus de poussière. Max et moi nous serons partis pour ne jamais revenir. Quant à votre testament, je le déchirerai en quatre morceaux à votre nez et à votre barbe, entendez-vous... Vous laisserez votre bien à votre famille, puisque nous ne sommes pas votre famille. Après, vous verrez si vous serez aimé pour vous-même par des gens qui ne vous ont pas vu depuis trente ans, et qui vous ont si bien aimé jamais vu. C'est pas votre sœur qui me remplacera! une dévote à trente-six carats!

— N'est-ce pas cela, ma petite Flore? dit le vieillard, je ne recevrai ni ma sœur ni mes neveux. Je le jure que voilà la première nouvelle que j'ai de leur arrivée, et c'est un coup monté par madame Hochon, la vieille dévote.

Max, qui put entendre la réponse du père Rouget, se montra tout à coup en disant d'un ton de maître : — Qu'y a-t-il?...

— Mon bon Max, reprit le vieillard, heureux d'acheter la protection du soldat qui, par une convention faite avec Flore, prenait toujours le parti de Rouget, je jure par ce qu'il y a de plus sacré que je viens d'apprendre la nouvelle. Je n'ai jamais écrit à ma sœur : mon père m'a fait promettre de ne lui rien laisser et de lui donner plutôt à l'église... Enfin, je ne recevrai ni ma sœur Agathe ni ses fils.

— Votre père avait tort, mon cher Jean-Jacques, et madame a bien plus tort encore, répondit Max. Votre père avait tort, il est mort, sa haine doit mourir avec lui... Votre sœur est votre sœur, vos neveux sont vos neveux. Vous vous devez à vous-même de les bien accueillir, et à nous aussi. Que dirait-on dans Issoudun?... S.... tonnerre! j'en ai assez sur le dos, si je manquerait plus que de m'entendre dire que nous vous séquestrons, que vous n'êtes pas libre, que nous vous avons animé contre vos héritiers, que nous captons votre succession. Que le diable m'emporte si je ne déserte pas le camp à la seconde calomnie. Et c'est assez d'une! Déjeunons.

Flore, redevenue douce comme une hermine, aida la Védie à mettre le couvert, fut Rouget, plein d'admiration pour Max, le prit par les mains, l'emmena dans l'embrasure d'une des croisées et là lui dit à voix basse : — Ah! Max, j'aurais un fils, je ne l'aimerais pas autant que je t'aime. Et Flore avait raison : à vous deux, vous êtes ma famille. — Tu as de l'honneur, Max, et tout ce que tu viens de dire est très-bien.

— Vous devez fêter votre sœur et votre neveu, mais ne rien changer à vos dispositions, lui dit alors Max en l'interrompant. Vous satisferez ainsi votre père et le monde...

— Eh bien! mes chers petits amours, s'écria Flore d'un ton gai, le salmis va se refroidir. Tiens, mon vieux rat, voilà une aile, dit-elle en souriant à Jean-Jacques Rouget.

À ce mot, la figure chevaline du bonhomme perdit ses teintes cadavéreuses; il eut sur les lèvres pendantes un sourire de thériaki; mais la toux le reprit, car le bonheur de rentrer en grâce lui donnait une émotion aussi violente que celle d'être en pénitence. Flore se leva, s'arracha de dessus les épaules un petit châle de cachemire et le mit en cravate au cou du vieillard en lui disant : — C'est bête de se faire du mal comme ça pour des riens. Tenez, vieil imbécile, ça vous fera du bien, c'était sur mon cœur...

— Quelle bonne créature! dit Rouget à Max pendant que Flore alla chercher un bonnet de velours noir pour en couvrir la tête presque chauve du célibataire.

— Aussi bonne que belle, répondit Max; mais elle est vive comme tous ceux qui ont le cœur sur la main.

Peut-être blâmera-t-on la crudité de cette peinture, et trouvera-t-on les éclats du caractère de la Rabouilleuse empreints de ce vrai que le peintre doit laisser dans l'ombre. Eh bien! cette scène, cent fois recommencée avec d'épouvantables variantes, est, dans sa forme grossière et dans son horrible véracité, le type de celles que jouent toutes les femmes, à quelque bâton de l'échelle sociale qu'elles soient perchées, quand un intérêt quelconque les a diverties de leur ligne d'obéissance et qu'elles ont saisi le pouvoir. Comme chez les grands politiques, à leurs yeux tous les moyens sont légitimés par la fin. Entre Flore Brazier et la duchesse, entre la duchesse et la plus riche bourgeoise, entre la bourgeoise et la femme la plus splendidement entretenue, il n'y a de différences que celles dues à l'éducation qu'elles ont reçue et aux milieux où elles vivent. Les bouderies de la grande dame remplacent les violences de la Rabouilleuse. A tout étage, les amères plaisanteries, des moqueries spirituelles, un froid dédain, des plaintes hypocrites, de fausses querelles, obtiennent le même succès que les propos populaciers de cette madame Everard d'Issoudun.

Max se mit à raconter si drôlement l'histoire de Fario, qu'il fit rire le bonhomme. Védie et Kouski, venus pour entendre ce récit, éclatèrent dans le couloir. Quant à Flore, elle fut prise du fou rire. Après le déjeuner, pendant que Jean-Jacques lisait les journaux, car on s'était abonné au *Constitutionnel* et à la *Pandore*, Max emmena Flore chez lui.

— Es-tu sûre que depuis qu'il t'a instituée son héritière il n'a pas fait quelque autre testament?

— Il n'a pas de quoi écrire, répondit-elle.

— Il a pu en dicter un à quelque notaire, fit Max. S'il ne l'a pas fait, il faut prévoir ce cas-là. Donc, accueillons à merveille les Bridau, mais tâchons de réaliser, et promptement, tous les placements hypothécaires. Nos notaires ne demanderont pas mieux que de faire des transports: ils y trouvent à manger. Les rentes montent tous les jours; on va conquérir l'Espagne, et délivrer Ferdinan-VII dé ses Cortès: ainsi, l'année prochaine, les rentes dépasseront peut-être le pair. C'est donc une bonne affaire que de mettre les sept cent cinquante mille francs du bonhomme sur le grand-livre à 89... Seulement essaye de les faire mettre en ton nom. Ce sera toujours cela de sauvé!

— Une fameuse idée! dit Flore.

— Et, comme on aura cinquante mille francs de rentes pour huit cent quatre-vingt-dix mille francs, il faudrait lui faire emprunter cent quarante mille francs pour deux ans à rendre par moitié. En deux ans, nous toucherons cent mille francs de Paris, et quatre-vingt-dix ici, nous ne risquons donc rien.

— Sans toi, mon beau Max, que serions-nous devenus? dit-elle.

— Oh! demain soir, chez la Cognette, après avoir vu les Parisiens, je trouverai les moyens de les faire congédier par les Hochon eux-mêmes.

— As-tu de l'esprit, mon ange! Tiens, tu es un amour d'homme.

La place Saint-Jean est située au milieu d'une rue appelée Grande-Narette dans sa partie supérieure, et Petite-Narette dans l'inférieure. En Berry, le mot Narette exprime la même situation de terrain que le mot génois *salita*, c'est-à-dire une rue en pente roide. La narette est très-rapide de la place Saint-Jean à la porte Vilatte. La maison du vieux M. Hochon est en face de celle où demeurait Jean-Jacques Rouget. Souvent on voyait, par celle des fenêtres de la salle où se tenait madame Hochon, ce qui se passait chez le père Rouget, et vice versâ, quand les rideaux étaient tirés ou les portes restaient ouvertes. La maison de M. Hochon ressemble tant à celle de Rouget, que ces deux édifices furent sans doute bâtis par le même architecte. Hochon, jadis collecteur des tailles à Selles en Berry, né d'ailleurs à Issoudun, était revenu s'y marier avec la sœur du subdélégué, le galant Lousteau, en échangeant sa place de Selles contre la recette d'Issoudun. Déjà retiré des affaires en 1786, il évita les orages de la Révolution, aux principes de laquelle il adhéra pleinement, comme tous les *honnêtes gens* qui hurlent avec les vainqueurs. M. Hochon ne volait pas sa réputation de grand avare. Mais ne serait-ce pas s'exposer à des redites que de le peindre? Un des traits d'avarice qui le rendirent célèbre suffira sans doute pour vous expliquer M. Hochon tout entier.

Lors du mariage de sa fille, alors morte, et qui épousait un Borniche, il fallut donner à dîner à la famille Borniche. Le prétendu, qui devait hériter d'une grande fortune, mourut de chagrin d'avoir fait de mauvaises affaires, et surtout du refus de ses père et mère, qui ne voulurent pas l'aider. Ces vieux Borniche vivaient encore en ce moment, heureux d'avoir vu M. Hochon se chargeant de la tutelle, à cause de la dot de sa fille, qu'il ne fit tort de rien. Le jour de la signature du contrat, les grands parents des deux familles étaient réunis dans la salle, les Hochon d'un côté, les Borniche de l'autre, tous

endimanchés. Au milieu de la lecture du contrat que faisait gravement le jeune notaire Héron, la cuisinière entre et demande à M. Hochon de la ficelle pour ficeler un dinde, partie essentielle du repas. L'ancien receveur des tailles tire du fond de sa poche de sa redingote un bout de ficelle qui sans doute avait déjà servi à quelque paquet, il le donna; mais, avant que la servante eût atteint la porte, il lui cria : — Gritte, tu me le rendras!...

Gritte est en Berry l'abréviation usitée de Marguerite.

Vous comprenez dès lors et M. Hochon la plaisanterie faite par la ville sur cette famille composée du père, de la mère et de trois enfants : les cinq Hochon!

D'année en année, le vieil Hochon était devenu plus vétilleux, plus soigneux, et il avait en ce moment quatre-vingt-cinq ans! Il appartenait à ce genre d'hommes qui se baissent au milieu d'une rue, par une conversation animée, pour ramasser une épingle en disant : — Voilà la journée d'une femme! et qui piquent l'épingle au parement de leur manche. Il se plaignait très-bien de la mauvaise fabrication des draps modernes en faisant observer que sa redingote ne lui avait duré que dix ans. Grand, sec, maigre, le teint jaune, parlant peu, lisant peu, ne se fatiguant point, observateur des formes comme un Oriental, il maintenait au logis un régime d'une grande sobriété, mesurant le boire et le manger à sa famille, d'ailleurs assez nombreuse, et composée de sa femme, née Lousteau, de son petit-fils Baruch et de sa sœur Adolphine, héritiers des vieux Borniche, enfin de son autre petit-fils François Hochon.

Hochon, son fils aîné, pris en 1813 par cette réquisition d'enfants de famille échappés à la conscription et appelés *les gardes d'honneur*, avait péri au combat d'Hanau. Cet héritier présomptif avait épousé de très-bonne heure une femme riche, afin de ne pas être repris par une conscription quelconque; mais alors il mangea toute sa fortune en prévoyant sa fin. Sa femme, qui suivit de loin l'armée française, mourut à Strasbourg en 1814, y laissant des dettes que le vieil Hochon ne paya point, en opposant aux créanciers cet axiome de l'ancienne jurisprudence : *les femmes sont des mineures*.

On pouvait donc toujours dire les cinq Hochon, puisque cette maison se composait encore de trois petits enfants et des deux grands parents. Aussi la plaisanterie durait-elle toujours, car aucune plaisanterie ne vieillit en province. Gritte, alors âgée de soixante ans, suffisait à tout.

La maison, quoique vaste, avait peu de mobilier. Néanmoins on pouvait très-bien loger Joseph et madame Bridau dans deux chambres au deuxième étage. Le vieil Hochon se repentit alors d'y avoir conservé deux lits accompagnés chacun d'eux d'un vieux fauteuil en bois naturel et garnis en tapisserie, d'une table en noyer sur laquelle figurait un pot à eau du genre dit gueulard dans sa cuvette bordée de bleu. Le vieillard mettait sa récolte de pommes et de poires d'hiver, de nèfles et de coings sur de la paille dans ces deux chambres où dansaient les rats et les souris; aussi exhalaient-elles une odeur de fruit et de souris. Madame Hochon y fit tout nettoyer : le papier décollé par places fut recollé au moyen de pains à cacheter, elle orna les fenêtres de petits rideaux qu'elle tailla dans de vieux fourreaux de mousseline à elle. Puis, sur le refus de son mari d'acheter de petits tapis en lisière, elle donna *sa descente de lit* à sa petite Agathe, en disant de cette mère de quarante-sept ans sonnés . pauvre petite! Madame Hochon emprunta deux tables de nuit aux Borniche, et loua très-audacieusement chez un fripier, le voisin de la Cognette, deux vieilles commodes à poignées de cuivre. Elle conservait deux paires de flambeaux en bois précieux, tournés par son propre père qui avait la manie du *tour*, de 1770 à 1780, ce fut un ton chez les gens riches d'apprendre un métier, et M. Lousteau le père, ancien premier commis des aides, fut tourneur, comme Louis XVI fut serrurier. Ces flambeaux avaient pour garnitures des cercles en racines de rosier, de pêcher, d'abricotier. Madame Hochon risqua ces précieuses reliques!... Ces préparatifs et ce sacrifice redoublèrent la gravité de M. Hochon, qui ne croyait pas encore à l'arrivée des Bridau.

Le matin même de cette journée illustrée par le tour fait à Fario, madame Hochon dit après le déjeuner à son mari : — J'espère, Hochon, que vous recevrez comme il faut madame Bridau, ma filleule. Puis, après s'être assurée que ses petits-enfants étaient partis, elle ajouta : — Je suis maîtresse de mon bien, ne me contraignez pas à dédommager Agathe dans mon testament de quelque mauvais accueil.

— Croyez-vous, madame, répondit Hochon d'une voix douce, qu'à mon âge je ne connaisse pas la civilité puérile et honnête?... — Vous savez bien ce que je veux dire, vieux sournois. Soyez aimable pour nos hôtes, et souvenez-vous combien j'aime Agathe... — Vous aimiez aussi Maxence Gilet, qui va dévorer une succession due à votre chère Agathe!... Ah! vous avez réchauffé là un serpent dans votre sein; mais, après tout, l'argent des Rouget devait appartenir à un Lousteau quelconque.

Après cette allusion à la naissance présumée d'Agathe et de Max, Hochon voulut sortir; mais la vieille madame Hochon, femme encore droite et sèche, coiffée d'un bonnet rond à coques et poudrée, ayant une jupe de taffetas gorge de pigeon, à manches justes, et les pieds dans des mules, posa sa tabatière sur sa petite table, et dit : — En vérité, comment un homme d'esprit comme vous, monsieur Hochon, peut-il répéter des niaiseries qui, malheureusement, ont coûté le repos à ma pauvre amie et la fortune de son père à ma pauvre fillette? Max Gilet n'est pas le fils de mon frère, à qui j'ai bien conseillé dans le temps d'épargner ses écus. Enfin vous savez aussi bien que moi que madame Rouget était la vertu même... — Et la fille est digne de la mère, car elle me paraît bien bête. Après avoir perdu toute sa fortune, il est si bien élevé ses enfants, qu'en voilà un en prison sous le coup d'un procès criminel à la Cour des Pairs, pour le fait d'une conspiration à la Berton. Quant à l'autre, il est dans une situation pire, il est peintre!... Si vos protégés restent ici jusqu'à ce qu'ils aient dépêtré cet imbécile de Rouget des griffes de la Rabouilleuse et de Gilet, nous mangerons plus d'un minot de sel avec eux. — Assez, monsieur Hochon, souhaitez qu'ils en tirent pied ou aile...

M. Hochon prit son chapeau, sa canne à pomme d'ivoire, et sortit pétrifié par cette terrible phrase, car il ne croyait pas à tant de résolution chez sa femme. Madame Hochon, elle, prit son livre de prières pour lire l'ordinaire de la messe, car son grand âge l'empêchait d'aller tous les jours à l'église : elle avait de la peine à s'y rendre les dimanches et les jours fériés. Depuis qu'elle avait reçu la réponse d'Agathe, elle ajoutait à ses prières habituelles une prière pour supplier Dieu de dessiller les yeux à Jean-Jacques Rouget, de bénir Agathe et de faire réussir l'entreprise à laquelle elle l'avait poussée. En se cachant de ses deux petits enfants, à qui elle reprochait d'être des parpaillots, elle avait prié le curé de dire, pour ce succès, des messes pendant une neuvaine accomplie par sa petit-fille Adolphine Borniche, qui s'acquittait des prières à l'église par procuration.

Adolphine, alors âgée de dix-huit ans, et qui depuis sept ans travaillait aux côtés de sa grand'mère cette froide maison à mœurs méthodiques et monotones, fit d'autant plus volontiers la neuvaine qu'elle souhaitait inspirer quelque sentiment à Joseph Bridau, et artiste incompris par M. Hochon, et auquel elle prenait le plus vif intérêt à cause des monstruosités que son grand-père prêtait à ce jeune Parisien.

Les vieillards, les gens sages, la tête de la ville, les pères de famille approuvaient d'ailleurs la conduite de madame Hochon; et leurs vœux, en faveur de la filleule et de ses enfants d'accord avec le mépris secret que leur inspirait depuis longtemps la conduite de Maxence Gilet. Ainsi la nouvelle de l'arrivée de la sœur et du neveu du père Rouget produisit deux partis dans Issoudun : celui de la haute et vieille bourgeoisie, qui devait se contenter de faire des vœux et de regarder les événements sans y aider; celui des chevaliers de la Désœuvrance et des partisans de Max, qui malheureusement étaient capables de commettre bien des malices à l'encontre des Parisiens.

Ce jour-là donc, Agathe et Joseph débarquèrent sur la place Misère, au bureau des messageries, à trois heures. Quoique fatiguée, madame Bridau se sentit rajeunie à l'aspect de son pays natal, où elle reprenait à chaque pas ses souvenirs et ses impressions de jeunesse. Dans les conditions où se trouvait alors la ville d'Issoudun, l'arrivée des Parisiens fut sue dans toute la ville à la fois en dix minutes. Madame Hochon vint se mettre sur le pas de sa porte recevoir sa filleule, et l'embrassa comme si c'eût été sa fille. Après avoir parcouru pendant soixante-douze ans une carrière à la fois vide et monotone où, en se retournant, elle comptait les cercueils de ses trois enfants, morts tous malheureux, elle s'était fait une sorte de famille factice pour une jeune personne qu'elle avait eue, selon son expression, dans ses poches pendant seize ans. Dans les ténèbres de la province, elle avait caressé cette vieille amitié, cette enfance et ses souvenirs, comme si Agathe eût été présente; aussi s'était-elle passionnée pour les intérêts des Bridau. Agathe fut menée en triomphe dans la salle où le digne M. Hochon resta froid comme un four mulot.

— Voilà M. Hochon, comment le trouves-tu? dit la marraine à sa filleule. — Mais absolument comme quand je l'ai quitté, dit la Parisienne. — Ah! l'on voit que vous venez de Paris, vous êtes complimenteuse, fit le vieillard.

Les présentations eurent lieu; celle du petit Baruch Borniche, grand jeune homme de vingt-deux ans; celle du grand François Hochon, âgé de vingt-quatre ans, et celle de la petite Adolphine, qui, rougissant, ne savait que faire de ses bras et surtout de ses yeux; car elle ne voulait pas avoir l'air de regarder Joseph Bridau, curieusement observé par les trois jeunes gens et par le vieux Hochon, mais à des points de vue différents. L'avare se disait : — Il sort de l'hôpital, il doit avoir faim comme un convalescent. Les deux jeunes gens se disaient : — Quel brigand! quelle tête! il nous donnera bien du fil à retordre. — Voilà mon fils le peintre, mon Joseph! dit enfin Agathe en montrant l'artiste.

Il y avait dans l'accent du mot bon un effort où se révélait tout le cœur d'Agathe, qui pensait à la prison du Luxembourg.

— Il a l'air malade, s'écria madame Hochon, il ne te ressemble pas... — Non, madame, reprit Joseph avec la brutale naïveté de l'artiste, je ressemble à mon père, et en laid encore!

Madame Hochon serra la main d'Agathe qu'elle tenait, et lui jeta un regard. Ce geste, ce regard voulaient dire : — Ah! je conçois

bien, mon enfant, que tu lui préfères ce mauvais sujet de Philippe.— Je n'ai jamais vu votre père, mon cher enfant, répondit à haute voix madame Hochon; mais il vous suffit d'être le fils de votre mère pour que je vous aime. D'ailleurs vous avez du talent, à ce que m'écrivait feu madame Descoings, la seule de la maison qui me donnât de vos nouvelles dans les derniers temps. — Du talent! fit l'artiste, pas encore; mais, avec le temps et la patience, peut-être pourrai-je gagner à la fois gloire et fortune. — En peignant?.. dit M. Hochon avec une profonde ironie. — Allons, Adolphine, dit madame Hochon, va voir au dîner. — Ma mère, dit Joseph, je vais faire placer nos malles qui arrivent. — Hochon, montre les chambres à M. Bridau, dit la grand'-mère à François.

Comme le dîner se servait à quatre heures et qu'il était trois heures et demie, Baruch alla dans la ville y donner des nouvelles de la famille Bridau, peindre la toilette d'Agathe, et surtout Joseph, dont la figure ravagée, maladive, et si caractérisée ressemblait au portrait idéal que l'on se fait d'un brigand. Dans tous les ménages, ce jour-là, Joseph défraya la conversation.

— Il paraît que la sœur du père Rouget a eu pendant sa grossesse un regard de quelque singe, disait-on; son fils ressemble à un macaque. — Il a une figure de brigand, et des yeux de basilic. — On dit qu'il est curieux à voir, offrayant. — Tous les artistes à Paris sont comme cela. — Ils sont méchants comme des ânes rouges, et malicieux comme des singes. — C'est même dans leur état. — Je viens de voir M. Beaussier, qui dit qu'il ne voudrait pas le rencontrer la nuit au coin d'un bois; il l'a vu à la diligence. — Il a une figure de salières comme un cheval, et il fait des gestes de fou. — Ce garçon-là paraît être capable de tout; c'est lui qui peut-être a été cause que son frère, qui était un grand bel homme, a mal tourné. — La pauvre madame Bridau n'a pas l'air d'être heureuse avec lui. Si nous profitions de ce qu'il est ici pour faire tirer nos portraits?

Il résulta de ces opinions, semblables comme le vent dans la ville, une excessive curiosité. Tous ceux qui avaient le droit d'aller voir les Hochon se promirent de leur faire visite le soir même pour examiner les Parisiens. L'arrivée de ces deux personnages équivalait dans une ville stagnante comme Issoudun à la solive tombée au milieu des grenouilles.

Après avoir mis les effets de sa mère et les siens dans les deux chambres en mansarde, et les avoir examinées, Joseph observa cette maison silencieuse où les murs, l'escalier, les boiseries, étaient sans ornement et distillaient le froid, où il n'y avait en tout que le strict nécessaire. Il fut alors saisi de cette brusque transition de la poétique Paris à la muette et sèche province. Mais quand, en descendant, il aperçut M. Hochon, coupant lui-même pour chacun des tranches de pain, il comprit, pour la première fois de sa vie, l'Harpagon de Molière.

— Nous aurions mieux fait d'aller à l'auberge, se dit-il en lui-même. L'aspect du dîner confirma ses appréhensions. Après une soupe dont le bouillon clair annonçait qu'on tenait plus à la quantité qu'à la qualité, on servit un bouilli triomphalement entouré de persil. Les légumes, mis à part dans un plat, comptaient dans l'ordonnance du repas. Ce bouilli trônait au milieu de la table, accompagné de trois autres plats : des œufs durs sur de l'oseille placés en face des légumes; puis une salade tout accommodée à l'huile de noix en face de petit pois de crème où la vanille était remplacée par de l'avoine brûlée, et qui ressemble à la vanille comme le café de chicorée ressemble au moka. Du beurre et des petits plateaux aux deux extrémités, des radis noirs et des cornichons complétaient le service, qui eut l'approbation de madame Hochon. La bonne vieille fit un signe de tête et un air femme heureuse de voir que son mari, pour le premier jour du moins, avait bien fait les choses. Le vieillard répondit par une œillade et un mouvement d'épaules facile à traduire : — Voilà les folies que vous me faites faire!...

Immédiatement après avoir été comme disséqué par M. Hochon en tranches semblables à des semelles d'escarpins, le bouilli fut remplacé par trois pigeons. Le vin du cru fut celui de 1811. Par un conseil de sa grand'mère, Adolphine avait orné de deux bouquets les deux bouts de la table.

— À la guerre comme à la guerre, pensa l'artiste en contemplant la table.

Et il se mit à manger en homme qui avait déjeuné à Vierzon, à six heures du matin, d'une exécrable tasse de café. Quand Joseph eut avalé son pain et qu'il en redemanda, M. Hochon se leva, chercha lentement une clef dans le fond de la poche de sa redingote, ouvrit une armoire derrière lui, brandit le chanteau d'un pain de douze livres, en coupa cérémonieusement une autre rouelle, la fendit en deux, la posa sur une assiette et passa l'assiette à travers la table au jeune peintre avec le silence et le sang-froid d'un vieux soldat qui se dit au commencement d'une bataille : — Allons, aujourd'hui je puis être tué. Joseph prit la moitié de cette rouelle et comprit qu'il ne devait plus redemander de pain. Aucune personne de la famille ne s'étonna de cette scène si monstrueuse pour Joseph. La conversation allait son train. Agathe apprit que la maison où elle était née, la maison de son père avant qu'il eût hérité de celle des Descoings, avait été achetée par les Borniche, elle manifesta le désir de la revoir.

— Sans doute, lui dit sa marraine, les Borniche viendront ce soir, car nous aurons toute la ville qui voudra vous examiner, dit-elle à Joseph, et ils vous inviteront à venir chez eux.

La servante apporta pour dessert le fameux fromage mou de la Touraine et du Berry, fait avec du lait de chèvre et qui reproduit si bien en mielles les dessins des feuilles de vigne sur lesquelles on le sert, qu'il aurait dû faire inventer la gravure en Touraine. De chaque côté de ces petits fromages, Gritte mit avec une sorte de cérémonie des noix et des biscuits inamovibles.

— Allons donc, Gritte, du fruit! dit madame Hochon. — Mais, madame, n'y en a plus de pourri, répondit Gritte.

Joseph partit d'un éclat de rire comme s'il était dans son atelier avec des camarades, car il comprit tout à coup que la précaution de commencer par les fruits attaqués était dégénérée en habitude.

— Bah! nous les mangerons tout de même, répondit-il avec l'entrain de gaieté d'un homme qui prend son parti. — Mais va donc, monsieur Hochon, s'écria la vieille dame.

M. Hochon, très-scandalisé du mot de l'artiste, rapporta des pêches de vigne, des poires, et des prunes de Sainte-Catherine.

— Adolphine, va nous cueillir du rai... dit madame Hochon à sa petite-fille.

Joseph regarda les deux jeunes gens d'un air qui disait : — Est-ce à ce régime-là que vous devez vos figures prospères?...

Baruch comprit le coup d'œil incisif et se prit à sourire, car son cousin Hochon et lui s'étaient montrés discrets. La vie au logis était assez indifférente à des gens qui soupaient trois fois par semaine chez la Cognette. D'ailleurs, avant le dîner, Baruch avait reçu l'avis que le grand maître convoquait l'Ordre au complet à minuit pour le traiter avec magnificence, en demandant un coup de main. Ce repas de bienvenue, offert à son retour par le vieil Hochon, explique combien les festoiements nocturnes chez la Cognette étaient nécessaires à l'alimentation de ces jeunes gens bien endentés qui n'en manquaient pas un.

— Nous prendrons le café au salon, dit madame Hochon en se levant et demandant par un geste le bras de Joseph. En sortant la première, elle put dire au peintre : — Eh bien! mon pauvre garçon, ce dîner te donnera pas d'indigestion; mais j'ai eu bien de la peine à te l'obtenir. Tu feras carême ici, tu ne mangeras que ce qu'il faut pour vivre, et voilà tout. Ainsi prends ta table en patience...

La bonhomie de cette excellente vieille, qui se faisait ainsi son procès à elle-même, plut à l'artiste.

— J'aurai vécu cinquante ans avec cet homme-là, sans avoir entendu vingt écus ballant dans sa bourse! Oh! s'il ne s'agissait pas de vous sauver une fortune, je ne vous aurais jamais attirés, ta mère et toi, dans ma prison. — Mais comment vivez-vous encore? dit naïvement le peintre avec cette gaieté qui n'abandonne jamais les artistes français. — Oh! voilà, reprit-elle. Je prie.

Joseph eut un léger frisson en entendant ce mot, qui lui grandissait tellement cette vieille femme, qu'il se recula de trois pas pour contempler sa figure; il la trouva radieuse, empreinte d'une sérénité si tendre, qu'il lui dit : — Je ferai votre portrait! — Non, non, dit-elle, je me suis trop ennuyée sur la terre pour vouloir y rester en peinture!

En disant gaiement cette triste parole, elle tirait d'une armoire une fiole contenant du cassis, une liqueur de ménage faite par elle, car elle en avait eu la recette de ces si célèbres religieuses auxquelles on doit le gâteau d'Issoudun, l'une des plus grandes créations de la confiturerie française, et qu'aucun chef d'office, cuisinier, pâtissier et confiturier n'a pu contrefaire. M. de Rivière, ambassadeur à Constantinople, en demandait tous les ans d'énormes quantités pour le sérail de Mahmoud. Adolphine tenait une assiette de laque pleine de ces vieux petits verres à pans gravés et dont le bord est doré; puis, à mesure que sa grand'mère en remplissait un, elle allait l'offrir.

— A la ronde, mon père en aura! s'écria gaiement Agathe, à qui cette immuable cérémonie rappela sa jeunesse. — Hochon va tout à l'heure à sa société lire les journaux, nous aurons un petit moment à nous, lui dit tout bas la vieille dame.

En effet, dix minutes après, les trois femmes et Joseph se trouvèrent seuls dans ce salon, dont le parquet n'était jamais frotté, mais seulement balayé, dont les tapisseries encadrées dans des cadres de chêne à gorges et à moulures, dont tout le mobilier simple et presque sombre apparut à madame Bridau dans l'état où elle l'avait laissé. La monarchie, la Révolution, l'Empire, la Restauration, qui respectèrent peu de chose, avaient respecté cette salle, où leurs splendeurs et leurs désastres ne laissaient pas la moindre trace.

— Ah! ma marraine, ma vie a été cruellement agitée en comparaison de la vôtre! s'écria madame Bridau surprise de retrouver jusqu'à un serin, qu'elle avait connu vivant, empaillé sur la cheminée entre la vieille pendule, les vieux bras de cuivre et des flambeaux d'argent. — Ah! mon enfant, répondit la vieille femme, les orages sont dans le cœur. Plus nécessaire et grande fut la résignation, plus nous avons eu de luttes avec nous-mêmes. Ne parlons pas de moi, parlons de vos affaires. Vous êtes précisément en face de l'ennemi,

reprit-elle en montrant la salle de la maison Rouget. — Ils se mettent à table, dit Adolphine.

Cette jeune fille, quasi recluse, regardait toujours par les fenêtres, espérant saisir quelque lumière sur les énormités imputées à Maxence Gilet, à la Rabouilleuse, à Jean-Jacques, et dont quelques mots arrivaient à ses oreilles quand on la renvoyait pour parler d'eux. La vieille dame dit à sa petite-fille de la laisser seule avec M. et madame Bridau jusqu'à ce qu'une visite arrivât.

— Car, dit-elle en regardant les deux Parisiens, je sais mon Issoudun par cœur, nous aurons ce soir dix à douze fournées de curieux.

A peine madame Hochon avait-elle pu raconter aux deux Parisiens les événements et les détails relatifs à l'étonnant empire conquis sur Jean-Jacques Rouget par la Rabouilleuse et par Maxence Gilet, sans prendre la méthode synthétique avec laquelle ils viennent d'être présentés; mais en y joignant les mille commentaires, les descriptions et les hypothèses dont ils étaient ornés par les bonnes et par les méchantes langues de la ville, qu'Adolphine vint annoncer les Borniche, les Beaussier, les Lousteau-Prangin, les Fichet, les Goddet-Héreau, en tout quatorze personnes qui se dessinaient dans le lointain.

— Vous voyez, ma petite, dit en terminant la vieille dame, que ce n'est pas une petite affaire que de retirer cette fortune de la gueule du loup... — Cela me semble si difficile, avec un gredin comme vous venez de vous le dépeindre et une commère comme cette Iarouche-là, que ce doit être impossible, répondit Joseph. Il nous faudrait rester à Issoudun au moins une année pour combattre leur influence et renverser leur empire sur mon oncle... La fortune ne vaut pas ces tracas-là, sans compter qu'il faut s'y déshonorer en faisant mille bassesses. Ma mère n'a que quinze jours de congé, sa place est sûre, elle ne doit pas la compromettre. Moi, j'ai dans le mois d'octobre des travaux importants que Schinner m'a procurés chez un pair de France... Et, voyez-vous, madame, ma fortune à moi est dans mes pinceaux!...

Ce discours fut accueilli par une profonde stupéfaction. Madame Hochon, quoique supérieure relativement à la ville où elle vivait, ne croyait pas à la peinture. Elle regarda sa filleule, et lui serra de nouveau la main.

— Ce Maxence est le second tome de Philippe, dit Joseph à l'oreille de sa mère; mais n'est-ce plus de politique, je lui ai trouvé une tête que n'en a Philippe. — Allons, madame! s'écria-t-il tout haut, nous ne contrarierons pas pendant longtemps M. Hochon par notre séjour ici! — Ah! vous êtes jeune, vous ne savez rien du monde! dit la vieille dame. En quinze jours, avec un peu de politique, on peut obtenir quelques résultats; écoutez mes conseils, et conduisez-vous d'après mes avis. — Oh! bien volontiers, répondit Joseph, je me sens d'une incapacité mirobolante en fait de politique domestique. Moi, je ne sais pas, par exemple, ce que Desroches lui-même nous dirait de faire si, demain, mon oncle refuse de nous voir.

Mesdames Borniche, Goddet-Héreau, Beaussier, Lousteau-Prangin et Fichet, ornées de leurs époux, entrèrent. Après les compliments d'usage, quand ces quatorze personnes furent assises, madame Hochon ne put se dispenser de leur présenter sa filleule Agathe et Joseph. Joseph resta sur un fauteuil, occupé sournoisement à étudier les soixante figures qui, de cinq heures et demie à neuf heures, vinrent poser devant lui gratis, comme il le dit à sa mère. L'attitude de Joseph pendant cette soirée en face des patriciens d'Issoudun ne fit pas changer l'opinion de la petite-ville sur son compte : chacun s'en alla saisi de ses regards moqueurs, inquiet de ses sourires, ou effrayé de cette figure, sinistre pour des gens qui ne savaient pas reconnaître l'étrangeté du génie.

A dix heures, quand tout le monde se coucha, la marraine garda sa filleule dans sa chambre jusqu'à minuit. Sûres d'être seules, ces deux femmes, en se confiant les chagrins de leur vie, échangèrent alors leurs douleurs. En reconnaissant l'immensité du désert où s'était perdue la force d'une belle âme inconnue, en écoutant les derniers retentissements de cet esprit dont la destinée fut manquée, en apprenant les souffrances de ce cœur essentiellement généreux et charitable, dont la générosité, la charité ne s'étaient jamais exercées, Agathe ne se regarda plus comme la plus malheureuse en voyant combien de distractions et de petits bonheurs l'existence parisienne avait apportés aux amertumes envoyées par Dieu.

— Vous qui êtes pieuse, ma marraine, expliquez-moi mes fautes, et dites-moi ce que Dieu punit en moi.... — Il nous prépare, mon enfant, répondit la vieille dame au moment où minuit sonna.

A minuit, les chevaliers de la Désœuvrance se rendaient un à un comme des ombres sous les arbres du boulevard Baron, et s'y promenaient en causant à voix basse.

— Que va-t-on faire? fut la première parole de chacun en s'abordant. — Je crois, dit François, que l'intention de Max est tout bonnement de nous régaler. — Non, les circonstances sont graves pour la Rabouilleuse pour parler pour lui. Sans doute, il aura conçu quelque farce contre les Parisiens... — Ce serait assez gentil de les renvoyer. — Mon grand-père, dit Baruch, déjà très-effrayé d'avoir deux bouches de plus dans la place, saisirait avec joie un prétexte... — Eh bien! chevaliers! s'écria doucement Max en arrivant, pourquoi regarder les étoiles? elles ne nous distilleront pas du kirsch. Allons! à la Cognette! à la Cognette! — A la Cognette!

Ce cri poussé en commun produisit une clameur horrible qui passa sur la ville comme un hourra de troupes à l'assaut; puis, le plus profond silence régna. Le lendemain, plus d'une personne dut dire à sa voisine: — Avez-vous entendu cette nuit, vers une heure, des cris affreux? j'ai cru que le feu était quelque part.

Un souper digne de la Cognette égaya les regards des vingt-deux convives, car l'ordre fut au grand complet. A deux heures, au moment où l'on commençait à *siroter*, mot du dictionnaire de la Désœuvrance et qui peint assez bien l'action de boire à petites gorgées en dégustant le vin, Max prit la parole.

— Mes chers enfants, ce matin, à propos du tour mémorable que nous avons fait avec la charrette de Fario, votre grand maître a été si fortement atteint dans son honneur par ce vil marchand de grains, et de plus Espagnol!... (oh! les pontons!...) que j'ai résolu de faire sentir le poids de ma vengeance à ce drôle, tout en restant dans les conditions de nos amusements. Après y avoir réfléchi pendant toute la journée, j'ai trouvé le moyen de mettre à exécution une excellente farce, une farce capable de le rendre fou. Tout en vengeant l'ordre atteint en ma personne, nous nourrirons des animaux vénérés par les Egyptiens, de petites bêtes qui sont, après tout, les créatures de Dieu, et le mal est fils du bien; telle est la loi suprême! Je vous ordonne donc à tous, sous peine de déplaire à votre très-humble grand maître, de vous procurer, le plus clandestinement possible, chacun vingt rats ou vingt rates pleines, si Dieu le permet. Ayez réuni votre contingent dans l'espace de trois jours. Si vous pouvez en prendre davantage, le surplus sera bien reçu. Gardez ces intéressants rongeurs sans leur rien donner, car il est essentiel que ces chères petites bêtes aient une faim dévorante. Remarquez que j'accepte pour rats les souris et les mulots. Si nous multiplions vingt-deux par vingt, nous aurons quatre cent et tant de complices, qui, lâchés dans la vieille église des Capucins où Fario a mis tous les grains qu'il vient d'acheter, en consommeront une certaine quantité. Mais soyons agiles! Fario doit livrer une forte partie de grains dans huit jours; or, je veux que mon Espagnol, qui voyage aux environs pour ses affaires, trouve un effroyable déchet. Messieurs, ce n'est le mérite de cette invention, dit-il en apercevant les marques d'une admiration générale. Rendons à César ce qui appartient à César, et à Dieu ce qui est à Dieu. Ceci est une contrefaçon des renards de Samson dans la Bible. Mais Samson fut incendiaire, et conséquemment peu philanthrope; tandis que, semblables aux brahmes, nous sommes les protecteurs des races persécutées. Mademoiselle Flore Brazier a déjà tendu toutes ses souricières, et Kouski, mon bras droit, est à la chasse des mulots. J'ai dit. — Je sais, dit le fils Goddet, où trouver un animal qui vaudra quarante rats à lui seul. — Quoi? — Un écureuil. — Et moi, j'offre un petit singe, lequel se grisera de blé, fit un novice. — Mauvais! fit Max; on saurait d'où viennent ces animaux. — On peut y amener pendant la nuit, dit le fils Beaussier, un pigeon pris à chacun des pigeonniers des fermes voisines en le faisant passer par une trouée ménagée dans la couverture, et il y aura bientôt plusieurs milliers de pigeons. — Donc, pendant une semaine, le magasin de Fario est à l'ordre de nuit! s'écria Gilet en souriant au grand Beaussier fils. Vous savez qu'on se lève de bonne heure à Saint-Paterne? Que personne n'y aille sans avoir mis au rebours les semelles de ses chaussures de lisière. Le chevalier Beaussier, inventeur des pigeons, en a la direction. Quant à moi, je prendrai le soin de signer mon nom dans les tas de blé. Soyez, vous, les maréchaux des logis de messieurs les rats. Si le garçon de magasin couche aux Capucins, il faudra le faire griser par des camarades, et adroitement, afin de l'emmener loin du théâtre de cette orgie offerte aux animaux rongeurs. — Tu ne nous dis rien des Parisiens? demanda le fils Goddet. — Oh! fit Max, il faut les réfléchir. Néanmoins, j'offre mon beau fusil de chasse qui vient de l'empereur, un chef-d'œuvre de la manufacture de Versailles, il vaut deux mille francs, à quiconque trouvera un moyen de jouer un tour à ces Parisiens, qui les mette si mal avec M. et madame Hochon, qu'ils soient renvoyés par ces deux vieillards, ou qu'ils s'en aillent d'eux-mêmes, sans, bien entendu, nuire par trop aux ancêtres de mes deux amis Baruch et François. — Ça va! dit le fils Goddet, qui aimait la chasse à la passion. — Si l'auteur de la farce ne veut pas de mon fusil, il aura mon cheval, dit Max.

Depuis ce souper, vingt cerveaux se mirent à la torture pour ourdir une trame contre Agathe et son fils, en se conformant à ce programme. Mais le diable seul ou le hasard pouvait réussir, tant les conditions imposées rendaient la chose difficile.

Le lendemain matin, Agathe et Joseph descendirent un moment avant le second déjeuner, que l'on faisait à dix heures. On donnait le nom de premier déjeuner à une tasse de café accompagnée d'une tartine de pain beurrée que l'on prenait au lit ou au sortir du lit. En attendant madame Hochon, qui, malgré son âge accomplissait minutieusement toutes les cérémonies que les duchesses du temps de Louis XV faisaient à leur toilette, Joseph vit, sur la porte de la maison en face, Jean-Jacques Rouget planté sur ses deux pieds; il le montra naturel-

lement à sa mère, qui ne put reconnaître son frère, tant il ressemblait peu à ce qu'il était quand elle l'avait quitté.

— Voilà votre frère, dit Adolphine, qui donnait le bras à sa grand'mère. — Quel crétin! s'écria Joseph.

Agathe joignit les mains et leva les yeux au ciel. — Dans quel état l'a-t-on mis, mon Dieu! est-ce là un homme de cinquante-sept ans?

Elle voulut regarder attentivement son frère, et vit derrière le vieillard Flore Brazier coiffée en cheveux, laissant voir, sous la gaze d'un fichu garni de dentelles un dos de neige et une poitrine éblouissante, soignée comme une courtisane riche, portant une robe à corset en grenadine, une étoffe de soie alors à mode, à manches dites à gigot, et terminées au poignet par des bracelets superbes. Une chaîne d'or ruisselait sur le corsage de la Rabouilleuse, qui apportait à Jean-Jacques son bonnet de soie noire, afin qu'il ne s'enrhumât pas: une scène évidemment calculée.

— Voilà, s'écria Joseph, une belle femme, et c'est rare!... Elle est faite, comme on dit, à peindre! Quelle carnation! Oh! les beaux tons! quels méplats! quelles rondeurs! et les épaules!... C'est une magnifique cariatide! Ce serait un fameux modèle pour une Vénus-Titien!

Adolphine et madame Hochon crurent entendre parler grec; mais Agathe, en arrière de son fils, leur fit un signe comme pour leur dire qu'elle était habituée à ce idiome.

— Vous trouvez belle une fille qui vous enlève une fortune? dit madame Hochon. — Ça ne l'empêche pas d'être un beau modèle! Précisément assez grasse, sans que les hanches et les formes soient gâtées... — Mon ami, tu n'es pas dans ton atelier, dit Agathe, et Adolphine est là... — C'est vrai, j'ai tort: mais aussi, depuis Paris jusqu'ici, sur toute la route, je n'ai vu que des guenons... — Mais, ma chère marraine, dit Agathe, comment pourrai-je voir mon frère?... car s'il est assez crétin... — Bah! dit Joseph, j'irai le voir, moi!... Je ne le trouve plus si crétin, du moment où il a l'esprit de se réjouir les yeux par une Vénus du Titien. — S'il n'était pas imbécile, dit M. Hochon qui survint, il se serait marié tranquillement, il aurait eu des enfants, et vous n'auriez pas la chance d'avoir sa succession. A quelque chose malheur est bon. — Votre fils a eu la bonne idée: c'est à lui le premier rendre visite à son oncle, dit madame Hochon; il lui fera entendre que, si vous vous présentez, il doit être seul. — Et vous froisserez mademoiselle Brazier, dit M. Hochon. Non, non, madame, avalez cette douleur... Si vous n'avez pas la succession, tâchez d'avoir au moins un petit legs.

Les Hochon n'étaient pas de force à lutter avec Maxence Gilet. Au milieu du déjeuner, le Polonais apporta, de la part de son maître, M. Rouget, une lettre adressée à sa sœur madame Bridau. Voici cette lettre, que madame Hochon fit lire à son mari:

« Ma chère sœur,

« J'apprends par des étrangers votre arrivée à Issoudun. Je devine « le motif qui vous a fait préférer la maison de M. et madame Ho« chon à la mienne; mais, si vous venez me voir, vous serez reçue « chez moi comme vous devez l'être. Je serais allé le premier vous « faire visite, si ma santé ne me contraignait en ce moment à rester « au logis. Je vous présente mes affectueux regrets. Je serai charmé « de voir mon neveu, que j'invite à dîner avec moi aujourd'hui; car « les jeunes gens sont moins susceptibles que les femmes sur la com« pagnie. Aussi me fera-t-il plaisir en venant accompagné de MM. Ba« ruch, Borniche et François Hochon.

« Votre affectionné frère,

« J.-J. ROUGET. »

— Dites que nous sommes à déjeuner, que madame Bridau répondra tout à l'heure, et que les invitations sont acceptées, dit M. Hochon au vieillard.

Et le vieillard se mit un doigt sur les lèvres pour imposer silence à tout le monde. Quand la porte fut fermée, M. Hochon, incapable de soupçonner l'amitié qui liait ses deux petits-fils à Maxence, jeta sur sa femme et sur Agathe un de ces fins regards: — Il a écrit cela que je sais en état de donner vingt-cinq louis... c'est le soldat avec qui nous correspondons. — Qu'est-ce que cela veut dire? demanda madame Hochon. N'importe, nous répondrons. Quant à vous, Joseph, ajouta-t-elle en regardant le peintre, allez-y dîner; mais si...

La vieille dame s'arrêta sous un regard de son mari. En reconnaissant combien était vive l'amitié de sa femme pour Agathe, le vieil Hochon craignit de lui voir faire quelques legs à sa filleule, dans le cas où celle-ci perdrait toute la succession de Rouget. Quoique plus âgé de quinze ans que sa femme, et avare-espérait hériter d'elle, et se voir un jour à la tête de tous ses biens. Cette espérance était son idée fixe. Aussi madame Hochon avait-elle bien deviné le moyen d'obtenir de son mari quelques concessions, en le menaçant de faire un testament. M. Hochon prit donc parti pour ses hôtes. Il s'agissait d'ailleurs d'une succession énorme; et, en esprit de justice sociale, il voulait la voir aller aux héritiers naturels au lieu d'être pillée par des étrangers indignes d'estime. Enfin, plus tôt cette question serait vidée, plus tôt ses hôtes partiraient. Depuis que le combat entre les capteurs de la succession et les héritiers, jusqu'alors en projet dans l'esprit de sa femme, se réalisait, l'activité d'esprit de M. Hochon, endormie par la vie de province, se réveilla. Madame Hochon fut assez agréablement surprise quand, le matin même, elle s'aperçut, à quelques mots d'affection dits par le vieil Hochon sur sa filleule, que cet auxiliaire si compétent et si subtil était acquis aux Bridau.

Vers midi, les intelligences réunies de M. et madame Hochon, d'Agathe et de Joseph assez étonnés de voir les deux vieillards si scrupuleux dans le choix de leurs mots, avaient accouché de la réponse suivante, faite uniquement pour Flore et Maxence.

    « Mon cher frère,

« Si je suis restée trente ans sans revenir ici, sans y entretenir de « relations avec qui que ce soit, pas même avec vous, la faute en est, « non-seulement aux « étranges et fausses « idées que mon père « avait conçues contre « moi, mais encore aux « malheurs, et aussi au « bon heur de ma vie à « Paris; car si Dieu fit « la femme heureuse, il « a bien frappé la mère. « Vous n'ignorez point « que mon fils, votre ne-« veu Philippe, est sous « le coup d'une accusa-« tion capitale, à cause « de son dévouement à « l'empereur. Ainsi, vous « ne serez pas étonné « d'apprendre qu'une « veuve, obligée, pour « vivre, d'accepter un « modique emploi dans « un bureau de loterie, « soit venue chercher « des consolations et des « secours auprès de ceux « qui l'ont vue naître. « L'état embrassé par « celui de mes fils qui « m'accompagne est un « de ceux qui veulent le « plus de talent, le plus « de sacrifices, le plus « d'études avant d'offrir « des résultats. La gloire « y précède la fortune. « N'est-ce pas vous dire « que Joseph il-« lustrera notre famille « il sera pauvre encore. « Votre sœur, mon cher « Jean-Jacques, aurait « supporté silencieuse-« ment les effets de « l'injustice paternelle; « mais pardonnez à la « mère de vous rappe-« ler que vous avez deux « neveux, l'un qui por-« tait les ordres de l'em-« pereur à la bataille de « Montereau, « dans la garde impé-« riale à Waterloo, et « qui maintenant est en prison; l'autre qui, depuis l'âge de treize ans, « est entraîné par la vocation dans une carrière difficile, mais glo-« rieuse. Aussi vous remercié-je de votre lettre, mon frère, avec une « vive effusion de cœur, et pour mon compte, et pour celui de Jo-« seph, qui se rendra certainement à votre invitation. La maladie « excuse tout, mon cher Jean-Jacques, j'irai donc vous voir chez « vous. Une sœur est toujours bien chez son frère, quelle que soit « la vie qu'il ait adoptée, et je vous embrasse avec tendresse.

    « AGATHE ROUGET. »

— Voilà l'affaire engagée. Quand vous irez, dit M. Hochon à la Parisienne, vous pourrez lui parler nettement de ses neveux...

La lettre fut portée par Gritte, qui revint dix minutes après rendre compte à ses maîtres de tout ce qu'elle avait appris ou pu voir, selon l'usage de la province.

Fario, qui se tenait en embuscade, lui porta un coup de couteau. — PAGE 44.

— Madame, dit-elle, on a, depuis hier au soir, approprié toute la maison que madame laissait... — Qui, madame? demanda le vieil Hochon. — Mais on appelle ainsi dans la maison la Rabouilleuse, répondit Gritte. Elle laissait la salle et tout ce qui regardait M. Rouget dans un état à faire pitié; mais, depuis hier, la maison est redevenue ce qu'elle était avant l'arrivée de M. Maxence. On s'y mirerait. La Védie m'a raconté que Kouski est monté à cheval ce matin à cinq heures; il est revenu sur les neuf heures, apportant des provisions. Enfin, il y aura le meilleur dîner, un dîner comme pour l'archevêque de Bourges. On met les petits pots dans les grands, et tout est par places dans la cuisine : « — Je veux fêter mon neveu, » qu'il dit le bonhomme en se faisant rendre compte de tout! Il paraît que les *Rouget* ont été très-flattés de la lettre. Madame est venue me le dire... Oh! elle a fait une toilette!... une toilette! Je n'ai rien vu de plus beau, Madame a deux diamants aux oreilles, deux diamants de chacun mille écus, m'a dit la Védie, et des dentelles! et des anneaux dans les doigts, et des bracelets que vous diriez une vraie châsse, et une robe de soie belle comme au devant d'autel!... Pour lors, qu'elle m'a dit : « — Monsieur est charmé de savoir sa sœur si bonne enfant, et j'espère qu'elle nous permettra de la fêter comme elle le mérite. Nous comptons sur la bonne opinion qu'elle aura de nous d'après l'accueil que nous ferons à son fils... Monsieur est très-impatient de voir son neveu. Madame avait des petits souliers de satin noir et des bas... Non, c'est des merveilles! il y a comme des fleurs dans la soie et des trous que vous diriez une dentelle, on voit sa chair rose à travers. Enfin elle est sur ses cinquante ans! avec un petit tablier si gentil devant elle! que la Védie m'a dit que ce tablier-là valait deux années de nos gages...

— Allons, il faut se ficeler, dit en souriant l'artiste. — Eh bien, à quoi penses-tu, monsieur Hochon?... dit la vieille dame quand Gritte fut partie.

Madame Hochon montrait à sa filleule son mari la tête dans ses mains, le coude sur le bras de son fauteuil et plongé dans ses réflexions.

— Vous avez affaire à un maître gonin! dit le vieillard. Avec vos idées, jeune homme, ajouta-t-il en regardant Joseph, vous n'êtes pas de force à lutter contre un gaillard trempé comme l'est Maxence. Quoi que je vous dise, vous ferez des sottises; mais au moins racontez-moi bien ce soir tout ce que vous aurez vu, entendu, et fait. Allez!... A la grâce de Dieu! Tâchez de vous trouver seul avec votre oncle. Si, malgré tout votre esprit, vous n'y parvenez point, ce sera déjà quelque lumière sur leur plan; mais si vous êtes un instant avec lui, seul, sans être écouté, dam!... il faut lui tirer les vers du nez sur sa situation, qui n'est pas heureuse, et plaider la cause de votre mère...

A quatre heures, Joseph passa le détroit qui séparait la maison Hochon de la maison Rouget, cette espèce d'allée de tilleuls souffrants, longue de deux cents pieds et large comme la grande Narette. Quand le neveu se présenta, Kouski, en bottes cirées, en pantalon de drap noir, en gilet blanc et en habit noir, le précéda pour l'annoncer. La table était déjà mise dans la salle, et Joseph, qui distingua facilement son oncle, alla droit à lui, l'embrassa, salua Flore et Maxence.

— Nous ne nous sommes point vus depuis que j'existe, mon cher oncle, dit gaiement le peintre; mais vaut mieux tard que jamais. — Vous êtes le bienvenu, mon ami, dit le vieillard en regardant son neveu d'un air hébété. — Madame, dit Joseph à Flore avec l'entrain d'un artiste, j'enviais, ce matin, à mon oncle le plaisir qu'il a de pouvoir vous admirer tous les jours! — N'est-ce pas qu'elle est belle? dit le vieillard, dont les yeux ternis devinrent presque brillants. — Belle à pouvoir servir de modèle à un peintre. — Mon neveu, dit le père Rouget, que Flore poussa par le coude, voici M. Maxence Gilet, un homme qui a servi l'empereur, comme ton frère, dans la garde impériale.

Joseph se leva, s'inclina.

— M. votre frère était dans les dragons, je crois, et moi j'étais dans les pousse-cailloux, dit Maxence.

— A cheval ou à pied, dit Flore, on n'en risquait pas moins sa peau!

Joseph observait Max autant que Max observait Joseph. Max était mis comme les jeunes gens élégants se mettaient alors; car il se faisait habiller à Paris. Un pantalon de drap bleu de ciel, à gros plis très-amples, faisait valoir ses pieds en ne laissant voir que le bout de sa botte ornée d'éperons. Sa taille était pincée par son gilet blanc à boutons d'or façonnés, et lacé par derrière pour lui servir de ceinture. Ce gilet boutonné jusqu'au col dessinait bien sa large poitrine, et son col en satin noir l'obligeait à tenir la tête haute, à la façon des militaires. Il portait un petit habit noir très-bien coupé. Une jolie chaîne d'or pendait de la poche de son gilet, où paraissait à peine une montre plate. Il jouait avec cette clef dite à criquet, que Breguet venait d'inventer.

— Ce garçon est très-bien, se dit Joseph en admirant comme peintre la figure vive, l'air de force et les yeux gris spirituels que Max tenait de son père le gentilhomme. Mon oncle doit être bien embêtant, cette belle fille a cherché des compensations, et ils font ménage à trois. Ça se voit!

En ce moment Baruch et François arrivèrent.

— Vous n'êtes pas encore allé voir la tour d'Issoudun? demanda Flore à Joseph. Si vous vouliez faire une petite promenade en attendant le dîner, qui ne sera servi que dans une heure, nous vous montrerions la grande curiosité de la ville... — Volontiers! dit l'artiste, incapable d'apercevoir en ceci le moindre inconvénient.

Pendant que Flore alla mettre son chapeau, ses gants et son châle de cachemire, Joseph se leva soudain à la vue des tableaux, comme si quelque enchanteur l'eût touché de sa baguette.

— Ah! vous avez des tableaux, mon oncle? dit-il en examinant celui qui l'avait frappé. — Oui, répondit le bonhomme, ça nous vient des Descoings, qui, pendant la révolution, ont acheté la défroque des maisons religieuses et des églises du Berry.

Joseph n'écoutait plus, il admirait chaque tableau : — Magnifique! s'écriait-il. Oh! mais voilà une toile..... Celui-là ne les gâtait pas! Allons, de plus fort en plus fort, comme chez Nicolet. — Il y a

sept ou huit très-grands, qui sont dans le grenier, et qu'on a gardés à cause des cadres, dit Gilet. — Allons les voir! fit l'artiste, que Maxence conduisit dans le grenier.

Joseph redescendit enthousiasmé. Max dit un mot à l'oreille de la Rabouilleuse, qui prit le bonhomme Rouget dans l'embrasure de la croisée; et Joseph entendit cette phrase dite à voix basse, mais de manière qu'elle ne fût pas perdue pour lui :

— Votre neveu est peintre, vous ne ferez rien de ces tableaux, soyez donc gentil pour lui, donnez-les-lui. — Il paraît, dit le bonhomme, qui s'appuya sur le bras de Flore pour venir à l'endroit où son neveu se trouvait en extase devant un Albane. il paraît que tu es peintre... — Je ne suis encore qu'un rapin, dit Joseph. — Qué que c'est que ça? dit Flore. — Un commençant, répondit Joseph. — Eh bien! dit Jean-Jacques, si ces tableaux peuvent te servir à quelque chose dans ton état, je te les donne... Mais sans les cadres. Oh! les cadres sont dorés, et puis ils sont drôles; j'y mettrai... — Parbleu! mon oncle, s'écria Joseph enchanté, vous y mettrez les copies que je vous enverrai et qui seront de la même dimension... — Mais cela vous prendra du temps et il vous faudra des toiles, des couleurs, dit Flore. Vous dépenserez de l'argent... Voyons, père Rouget, offrez à votre neveu cent francs par tableau, vous en avez à vingt-sept... il y en a, je crois, onze dans le grenier qui sont énormes, et qui doivent être payés double... mettez pour le tout quatre mille francs... Oui, votre oncle peut bien vous payer les copies quatre mille francs, puisqu'il garde les cadres! Enfin, il vous faudra des cadres, et on dit que les cadres valent plus que les tableaux; il y a de l'or!... — Dites donc, monsieur, reprit Flore en remuant le bras du bonhomme. Hein?..... ce n'est pas cher, votre neveu vous fera payer quatre mille francs des tableaux tout neufs à la place de vos vieux... C'est, lui dit-elle à l'oreille, une manière bien honnête de lui donner quatre mille francs, il ne me paraît pas très-calé... — Eh bien! mon neveu, je te payerai quatre mille francs pour les copies... — Non, non, dit l'honnête Joseph, quatre mille francs et les tableaux, c'est trop; car, voyez-vous, les tableaux ont de la valeur.— Mais acceptez donc, godiche! lui dit Flore, puisque c'est votre oncle... — Eh bien! j'accepte, dit Joseph, étourdi de l'affaire qu'il venait de faire, car il reconnaissait un tableau du Pérugin.

Aussi l'artiste eut-il un air joyeux en sortant et en donnant le bras à la Rabouilleuse, ce qui servit admirablement les desseins de Maxence. Ni Flore, ni Rouget, ni Max, ni personne à Issoudun ne pouvait connaître la valeur des tableaux, et le rusé Max crut avoir acheté pour une bagatelle le triomphe de Flore, qui se promena très-orgueilleusement au bras du neveu de son maître, en bonne intelligence avec lui, devant toute la ville ébahie. On se mit aux portes pour voir le triomphe de la Rabouilleuse sur la famille. Ce fait exorbitant fit une sensation profonde sur laquelle Max comptait. Aussi, quand l'oncle et le neveu rentrèrent vers les cinq heures, on ne parlait dans tous les ménages que de l'accord parfait de Max et de Flore

Après tout, dit-il, je suis innocent, marchons !... — PAGE 45.

avec le neveu du père Rouget. Enfin, l'anecdote du cadeau des tableaux et des quatre mille francs circulait déjà. Le dîner, auquel assista Lousteau, l'un des juges du tribunal, et le maire d'Issoudun, fut splendide. Ce fut un de ces dîners de province qui durent cinq heures. Les vins les plus exquis animèrent la conversation. Au dessert, à neuf heures, le peintre, assis entre Flore et Max, vis-à-vis de son oncle, était devenu quasi camarade avec l'officier, qu'il trouvait le meilleur enfant de la terre. Joseph revint à onze heures à peu près gris. Quant au bonhomme Rouget, Kouski le porta dans son lit ivre mort, il avait mangé comme un acteur forain et bu comme les sables du désert.

— Eh bien! dit Max, qui resta seul à minuit avec Flore, ceci ne vaut-il pas mieux que de leur faire la moue. Les Bridau seront bien reçus, ils auront de petits cadeaux, et, comblés de faveurs, ils ne pourront que chanter nos louanges; ils s'en iront bien tranquilles en nous laissant tranquilles aussi. Demain matin, à nous deux Kouski, nous déferons toutes ces toiles, nous les enverrons au peintre pour qu'il les ait à son réveil, nous mettrons les cadres au grenier, et nous renouvellerons la tenture de la salle en y tendant de ces papiers vernis où il y a des scènes de *Télémaque*, comme j'en ai vu chez M. Mouilleron. — Tiens, ce sera bien plus joli! s'écria Flore.

Le lendemain, Joseph ne s'éveilla pas avant midi. De son lit, il aperçut les toiles mises les unes sur les autres, et apportées sans qu'il eût rien entendu. Pendant qu'il examinait de nouveau les tableaux, et qu'il y reconnaissait des chefs-d'œuvre en étudiant la manière des peintres et recherchant leurs signatures, sa mère était allée remercier son frère et le voir, poussée par le vieil Hochon, qui, sachant toutes les sottises commises la veille par le peintre, désespérait de la cause des Bridau.

— Vous avez pour adversaires de fines mouches. Dans toute ma vie je n'ai pas vu pareille tenue à celle de ce soldat : il paraît que la guerre forme les jeunes gens. Joseph s'est laissé pincer! il s'est promené donnant le bras à la Rabouilleuse! On lui a sans doute fermé la bouche avec du vin, de méchantes toiles, et quatre mille francs. Votre artiste n'a pas coûté cher à Maxence!

Le perspicace vieillard avait tracé la conduite à tenir à la filleule de sa femme, en lui disant d'entrer dans les idées de Maxence, et de cajoler Flore, afin d'arriver à une espèce d'intimité avec elle, pour obtenir de petits moments d'entretien avec Jean-Jacques. Madame Bridau fut reçue à merveille par son frère, à qui Flore avait fait sa leçon. Le vieillard était au lit, malade des excès de la veille. Comme, dans les premiers moments, Agathe ne pouvait pas aborder de questions sérieuses, Max avait jugé convenable et magnanime de laisser seuls le frère et la sœur. Ce fut un calcul juste. La pauvre Agathe trouva son frère si mal, qu'elle ne voulut pas le priver des soins de madame Brazier.

— Je veux d'ailleurs, dit-elle au vieux garçon, connaître une personne à qui je suis redevable du bonheur de mon frère.

Ces paroles firent un plaisir évident au bonhomme, qui sonna pour demander madame Brazier. Flore n'était pas loin, comme on peut le penser. Les deux antagonistes femelles se saluèrent. La Rabouilleuse déploya les soins de la plus servile, de la plus attentive tendresse, elle trouva que monsieur avait la tête trop bas, elle replaça les oreillers, elle fut comme une épouse d'hier. Aussi le vieux garçon eut-il une expansion de sensibilité.

— Nous vous devons, mademoiselle, dit Agathe, beaucoup de reconnaissance pour les marques d'attachement que vous avez données à mon frère depuis si longtemps, et pour la manière dont vous veillez à son bonheur. — C'est vrai, ma chère Agathe, dit le bonhomme, elle m'a fait connaître le bonheur, et c'est d'ailleurs une femme pleine d'excellentes qualités. — Aussi, mon frère, ne sauriez-vous trop en récompenser mademoiselle, vous auriez dû en faire votre femme. Oui! je suis trop pieuse pour ne pas souhaiter de vous voir obéir aux préceptes de la religion. Vous seriez l'un et l'autre plus tranquilles en ne vous mettant pas en guerre avec les lois et la morale. Je suis venue, mon frère, vous demander secours au milieu d'une grande affliction, mais ne croyez point que nous pensions à vous faire la moindre observation sur la manière dont vous disposerez de votre fortune. — Madame, dit Flore, nous savons que M. votre frère fut injuste envers vous. M. votre frère peut le dire, fit-elle en regardant fixement sa victime, les seules querelles que nous avons eues, c'est à votre sujet. Je soutiens à monsieur qu'il vous doit la part de fortune dont il a fait tort à mon pauvre bienfaiteur, car il a été mon bienfaiteur, votre père (elle prit un ton larmoyant), je m'en souviendrai toujours... Mais votre frère, madame, a entendu raison... — Oui, dit le bonhomme Rouget, quand je ferai mon testament, vous ne serez pas oubliés. — Ne parlons point de tout ceci, mon frère, vous ne connaissez pas encore quel est mon caractère.

D'après ce début, on imaginera facilement comment se passa cette première visite. Rouget invita sa sœur à dîner pour le surlendemain.

Pendant ces trois jours, les chevaliers de la Désœuvrance prirent une immense quantité de rats, de souris et de mulots qui, par une belle nuit, furent mis en plein grain et affamés, au nombre de quatre cent trente-six, dont plusieurs mères pleines. Non contents d'avoir

procuré ces pensionnaires à Fario, les chevaliers trouvèrent la couverture de l'église des Capucins, et y mirent une dizaine de pigeons pris en dix fermes différentes. Ces animaux firent d'autant plus tranquillement nopces et festins; que le garçon de magasin de Fario fut débauché par les autres, avec lequel il se grisa du matin jusqu'au soir, sans prendre aucun soin des grains de son maître.

Madame Bridau, contrairement à l'opinion du vieil Hochon, crut que son frère n'avait pas encore fait son testament; elle comptait lui demander quelles étaient ses intentions à l'égard de mademoiselle Brazier, au premier moment où elle pourrait se promener seule avec lui, car Flore et Maxence la leurraient de cet espoir, qui devait être toujours déçu.

Quoique les chevaliers cherchassent tous un moyen de mettre les deux Parisiens en fuite, ils ne trouvaient que des folies impossibles. Après une semaine, la moitié du temps que les Parisiens devaient rester à Issoudun, ils ne se trouvaient donc pas plus avancés que le premier jour.

— Votre avoué ne connaît pas la province, dit le vieil Hochon à madame Bridau. Ce que vous venez y faire ne se fait ni en quinze jours, ni en quinze mois; il faudrait ne pas quitter votre frère, et pouvoir lui inspirer des idées religieuses. Vous ne contreminerez les fortifications de Flore et de Maxence que par la sape du prêtre. Voilà mon avis, et il est temps de s'y prendre. — Vous avez, dit madame Hochon à son mari, de singulières idées sur le clergé. — Oh! s'écria le vieillard, vous voilà, vous autres dévotes! — Dieu ne bénirait pas une entreprise qui reposerait sur un sacrilège, dit madame Bridau. Faire servir la religion à de pareils... Oh! nous serions nous criminelles que Flore.

Cette conversation avait eu lieu pendant le déjeuner, et François, aussi bien que Baruch, écoutaient de toutes leurs oreilles.

— Sacrilège! s'écria le vieil Hochon. Mais si quelque bon abbé, spirituel comme j'en ai connu quelques-uns, savait en quel embarras vous êtes, il ne verrait point de sacrilège à faire revenir à Dieu l'âme égarée de votre frère, à lui inspirer un vrai repentir de ses fautes, à lui faire renvoyer la femme qui cause le scandale, tout en lui assurant un sort; à lui démontrer qu'il aurait la conscience en repos en donnant quelques mille livres de rente pour le petit séminaire de l'archevêché, et laissant sa fortune à ses héritiers naturels.

L'obéissance passive que le vieil avare avait obtenue dans sa maison de la part de ses enfants et transmise à ses petits enfants, soumis d'ailleurs à sa tutelle et auxquels il amassait une belle fortune, en faisant, disait-il, pour eux comme il l'avait pour lui, ne permit pas à Baruch et à François la moindre marque d'étonnement ni de désapprobation; mais ils échangèrent un regard significatif en se disant ainsi combien ils trouvaient cette idée nuisible et fatale aux intérêts de Max.

— Le fait est, madame, dit Baruch, que, si vous voulez avoir la succession de votre frère, voilà le seul et vrai moyen; il faut rester à Issoudun tout le temps nécessaire pour l'employer... — Ma mère, dit Joseph, vous feriez bien d'écrire à Desroches que tout ceci. Quant à moi, je ne prétends rien de plus de mon oncle que ce qu'il a bien voulu me donner. .

Après avoir reconnu la grande valeur des trente-neuf tableaux, Joseph les avait soigneusement décloués, il avait appliqué dessus et en y collant avec de la colle ordinaire; il les avait superposés les uns aux autres, avait assujetti leur masse dans une immense boîte, et l'avait adressée par le roulage à Desroches, à qui il se proposait d'écrire un petit mot d'avis. Cette précieuse cargaison était partie la veille.

— Vous êtes content à bon marché, dit M. Hochon. — Mais je ne serais pas embarrassé de trouver cent cinquante mille francs des tableaux. — Idée de peintre! fit M. Hochon en regardant Joseph d'une certaine manière. — Écoute, dit Joseph en s'adressant à sa mère, je vais écrire à Desroches en lui expliquant l'état des choses ici. Si Desroches te conseille de rester, tu resteras. Quant à la place, nous en trouverons toujours l'équivalent... — Mon cher, dit madame Hochon à Joseph en sortant de table, je ne sais pas ce que sont les tableaux de votre oncle, mais ils doivent être bons, à en juger par les endroits d'où ils viennent. S'ils valent seulement quarante mille francs, mille francs par tableau, n'en dites rien à personne. Quoique mes petits enfants soient discrets et bien élevés, ils pourraient, sans y entendre malice, parler de ces tableaux trouvés, tout Issoudun le saurait, et il ne faut pas que nos adversaires s'en doutent. Vous vous conduisez comme un enfant!...

En effet, à midi, bien des personnes dans Issoudun, et surtout Maxence Gilet, furent instruits de cette opinion, qui eut pour effet de faire rechercher tous les vieux tableaux auxquels on ne songeait pas, et de faire mettre en évidence des croûtes exécrables. Max se repentit d'avoir poussé le vieillard à donner les tableaux, et sa rage contre les héritiers, en apprenant le plan du vieil Hochon, s'accrut de ce qu'il appela *sa bêtise*. L'influence religieuse sur un être faible était la seule chose à craindre. Aussi l'avis par ses deux amis confirma-t-il Maxence Gilet dans sa résolution de capitaliser tous les contrats de Rouget, et d'emprunter sur ses propriétés afin d'opérer le plus promptement possible un placement dans la rente ; mais il regarda comme plus urgent encore de renvoyer les Parisiens. Or le génie de Mascarille et des Scapin n'eût pas facilement résolu ce problème.

Flore, conseillée par Max, prétendit que monsieur se fatiguait beaucoup trop dans ses promenades à pied, il devait à son âge aller en voiture. Ce prétexte fut nécessité par l'obligation de se rendre, à l'insu du pays, à Bourges, à Vierzon, à Châteauroux, à Vatan, dans tous les endroits où le projet de réaliser les placements du bonhomme forcerait Rouget, Flore et Max à se transporter. A la fin de cette semaine donc, tout Issoudun fut surpris en apprenant que le bonhomme Rouget était allé chercher une voiture à Bourges, mesure qui fut justifiée par les chevaliers de la Désœuvrance dans un sens favorable à la Rabouilleuse. Flore et Rouget achetèrent un effroyable berlingot à vitrages fallacieux, à rideaux de cuir crevassés, âgé de vingt-deux ans et de neuf campagnes, provenant d'une vente après le décès d'un colonel ami du grand maréchal Bertrand, et qui, pendant l'absence de ce fidèle compagnon de l'empereur, s'était chargé de surveiller les propriétés en Berry. Ce berlingot, peint en gros vert, ressemblait assez à une calèche, mais le brancard avait été modifié de manière à pouvoir y atteler un seul cheval. Il appartenait donc à ce genre de voitures que la diminution des fortunes a si fort mis à la mode, et qui s'appelait alors honnêtement une demi-fortune, car à leur origine on nomma ces voitures des seringues. Le drap de cette demi-fortune, vendue pour calèche, était rongé par les vers ; ses passementeries ressemblaient à des chevrons d'invalide, elle sonnait la ferraille ; mais elle ne coûta que quatre cent cinquante francs ; et Max acheta du régiment alors en garnison à Bourges une bonne grosse jument réformée pour la traîner. Il fit repeindre la voiture en brun foncé, eut un assez bon harnais d'occasion, et toute la ville d'Issoudun fut remuée de fond en comble en attendant l'équipage au père Rouget ! La première fois que le bonhomme se servit de sa calèche, le bruit fit sortir tous les ménages sur leurs portes, et il n'y eut pas de croisée qui ne fût garnie de curieux. La seconde fois, le célibataire alla jusqu'à Bourges, où, pour s'éviter les soins de l'opération conseillée, où, si vous voulez, ordonnée par Flore Brazier, il signa chez un notaire une procuration à Maxence Gilet, à l'effet de transporter tous les contrats qui furent désignés dans la procuration. Flore se réserva de liquider avec monsieur les placements faits à Issoudun et dans les cantons environnants. Le principal notaire de Bourges reçut la visite de Rouget, qui le pria de lui trouver cent quarante mille francs à emprunter sur ses propriétés. On ne sut rien à Issoudun de ces démarches si discrètement et si habilement faites. Maxence, en bon cavalier, pouvait aller à Bourges et en revenir de cinq heures du matin à cinq heures du soir, avec son cheval, et Flore ne quitta plus le vieux garçon. Le père Rouget avait consenti sans difficulté à l'opération que Flore lui soumit ; mais il voulut que l'inscription de cinquante mille francs de rente fût au nom de mademoiselle Brazier comme usufruit, et son nom, à lui Rouget, comme nue propriété. La ténacité que le vieillard déploya dans la lutte intérieure que cette affaire souleva, causa des inquiétudes à Max, qui crut y entrevoir déjà des réflexions inspirées par la vue des héritiers naturels.

Au milieu de ces grands mouvements, que Maxence voulait dérober aux yeux de la ville, il oublia le marchand de grains. Fario se mit en devoir d'opérer ses livraisons, après des manœuvres et des voyages qui avaient eu pour but de faire hausser le prix des céréales. Or, le lendemain de son arrivée, il aperçut le toit de l'église des Capucins noir de pigeons, car il demeurait en face. Il se maudit lui-même pour avoir négligé de faire visiter la couverture, et alla promptement à son magasin, où il trouva la moitié de son grain dévoré. Des milliers de crottes de souris, de rats et de mulots éparpillées lui révélèrent une seconde cause de ruine. L'église était une arche de Noé. Mais la fureur rendit l'Espagnol blanc comme de la batiste quand, en essayant de reconnaître l'étendue de ses pertes et du dégât, il remarqua tout le grain de dessus quasi germé par une certaine quantité de pois d'eau que Max avait eu l'idée d'introduire, au moyen d'un tube en fer-blanc, au cœur des tas de blé. Les pigeons, les rats, s'expliquaient par l'instinct animal ; mais la main de l'homme se révélait sous ce dernier trait de perversité. Fario s'assit sur la marche d'un autel dans une chapelle, et resta la tête dans ses mains. Après une demi-heure de réflexions espagnoles, il vit l'écureuil que le fils Goddet lui avait tenu à lui donner pour pensionnaire jouant avec sa queue le long de la poutre transversale et le milieu de laquelle reposait l'arbre du toit. L'Espagnol se leva froidement en montrant à son garçon de magasin une figure calme comme celle d'un Arabe. Fario ne se plaignit pas, il rentra dans sa maison, il alla louer quelques ouvriers pour ensacher le bon grain, étendre au soleil les blés mouillés afin d'en sauver le plus possible ; puis il s'occupa de ses livraisons, après avoir calculé sa perte aux trois cinquièmes. Mais, ses manœuvres ayant opéré une hausse, il perdit encore en rachetant les trois cinquièmes manquants ; ainsi sa perte fut de plus de moitié. L'Espagnol, qui n'avait pas d'ennemis, attribua, sans se tromper, cette vengeance à Gilet. Il lui fut prouvé que Max et quelques autres, les seuls auteurs des farces nocturnes, avaient bien certainement

monté sa charrette sur la tour, et s'étaient amusés à le ruiner : ils s'agissait en effet de mille écus, presque tout le capital péniblement gagné par Fario depuis la paix. Inspiré par la vengeance, cet homme déploya la persistance et la finesse d'un espion à qui l'on a promis une forte récompense. Embusqué la nuit, dans Issoudun, il finit par acquérir la preuve des déportements des chevaliers de la Désœuvrance : il les vit, il les compta, il épia leurs rendez-vous et leurs banquets chez la Cognette ; puis il se cacha pour être le témoin d'un de leurs tours, et se mit au fait de leurs mœurs nocturnes.

Malgré ses courses et ses préoccupations, Maxence ne voulait pas négliger les affaires de nuit, d'abord pour ne pas laisser pénétrer le secret de la grande opération qui se pratiquait sur la fortune du père Rouget, puis pour toujours tenir ses amis en haleine. Or, les chevaliers étaient convenus de faire un de ces tours dont on parlait pendant des années entières. Ils devaient donner, dans une seule nuit, des boulettes à tous les chiens de garde de la ville et des faubourgs ; Fario les entendit, au sortir du bouchon à la Cognette, s'applaudissant par avance du succès qu'obtiendrait cette farce, et du deuil général que causerait ce nouveau massacre des innocents. Puis, quelles appréhensions ne causerait pas cette exécution, en annonçant des desseins sinistres sur les maisons privées de leurs gardiens ?

— Cela fera peut-être oublier la charrette à Fario ! dit le fils Goddet.

Fario n'avait déjà plus besoin de ce mot, qui confirmait ses soupçons ; et, d'ailleurs, son parti était pris.

Agathe, après trois semaines de séjour, reconnaissait, ainsi que madame Hochon, la vérité des réflexions du vieil avare : il fallait plusieurs années pour détruire l'influence acquise sur son frère par la Rabouilleuse et par Max. Agathe n'avait fait aucun progrès dans la confiance de Jean-Jacques, avec qui jamais elle n'avait pu se trouver seule. Au contraire, mademoiselle Brazier triomphait des héritiers en menant promener Agathe dans la calèche, assise au fond près d'elle, ayant M. Rouget et son neveu sur le devant. La mère et le fils attendaient avec impatience une réponse à la lettre confidentielle écrite à Desroches. A la veille du jour où les chiens devaient être empoisonnés, Joseph, qui s'ennuyait à périr à Issoudun, reçut deux lettres ; la première, du grand peintre Schinner, dont l'âge lui permettait une liaison plus étroite, plus intime qu'avec Gros, leur maître, et la seconde de Desroches.

Voici la première timbrée de Beaumont-sur-Oise :

« Mon cher Joseph, j'ai achevé, pour le comte de Sérizy, les principales peintures du château de Presle. J'ai laissé les encadrements, « les peintures d'ornement ; et je t'ai si bien recommandé, soit au « comte, soit à Grindot l'architecte, que tu n'as qu'à prendre tes « brosses et à venir. Les prix sont faits de manière à te contenter. « Je pars pour l'Italie avec ma femme ; tu peux donc prendre Mistigris, qui t'aidera. Ce jeune drôle a du talent, je l'ai mis à la dispo- « sition. Il frétille déjà comme un pierrot en pensant à s'amuser au « château de Presle. Adieu, mon cher Joseph ; si je suis absent, et si « je ne puis voir à l'exposition prochaine, tu me remplaceras ! Oui, cher « Jojo, ton tableau, j'en ai la certitude, est un chef-d'œuvre ; mais un « chef-d'œuvre qui fera crier au romantisme, et tu auras contre toi « l'existence du diable dans un bénitier. Après tout, comme dit ce far- « ceur de Mistigris, qui retourne ou calembourdise tous les prover- « bes, la vie est un qu'on bat. Que fais-tu donc à Issoudun ? Adieu.

« Ton ami,
« SCHINNER. »

Voici celle de Desroches :

« Mon cher Joseph, ce M. Hochon me semble un vieillard plein « de sens, et tu m'as donné la plus haute idée de ses moyens : « il a complètement raison. Aussi, mon avis, puisque tu me le de- « mandes, est-il que ta mère reste à Issoudun chez madame Hochon, « en y payant une modique pension, comme quatre cents francs par « an, pour indemniser ses hôtes de sa nourriture. Madame Bridau « doit, selon moi, s'abandonner aux conseils de M. Hochon. Mais ton « excellente mère aura bien des scrupules en présence de gens qui « n'en ont pas du tout, et dont la conduite est un chef-d'œuvre de « politique. Ce Maxence est dangereux, et tu as bien raison : je vois « en lui un homme autrement fort que Philippe. Ce drôle fait servir « ses vices à sa fortune, et ne s'amuse pas gratis, comme ton frère, « dont les folies n'avaient rien d'utile. Tout ce que tu me dis m'épou- « vante, car je ne ferais pas grand'chose en allant à Issoudun. M. Ho- « chon, caché derrière ta mère, vous sera plus utile que moi. Quant « à toi, tu peux revenir, tu n'es bon à rien dans une affaire qui ré- « clame une attention continuelle, une observation minutieuse, des « attentions serviles, une discrétion dans la parole et une dissimula- « tion dans les gestes tout à fait antipathiques aux artistes. Si l'on « vous a dit qu'il n'y avait pas de testament de fait, ils ont un de- « puis longtemps, croyez-le bien. Mais les testaments sont révo- « cables, et tant que ton imbécile d'oncle vivra, certes il est suscep- « tible d'être travaillé par les remords et la religion. Votre for- « tune sera le résultat d'un combat entre l'Église et la Rabouilleuse. « Il viendra certainement un moment où cette femme sera sans force

« sur le bonhomme, et où la religion sera toute-puissante. Tant que
« ton oncle n'aura pas fait de donation entre-vifs, ni changé la nature
« de ses biens, tout sera possible à l'heure où la religion aura le
« dessus. Aussi dois-tu prier M. Hochon de surveiller, autant qu'il le
« pourra, la fortune de ton oncle. Il s'agit de savoir si les propriétés
« sont hypothéquées, comment et au nom de qui sont faits les place-
« ments. Il est si facile d'inspirer à un vieillard des craintes sur sa
« vie, au cas où il se dépouille de ses biens en faveur d'étrangers,
« qu'un héritier tant soit peu rusé pourrait arrêter une spoliation dès
« son commencement. Mais est-ce ta mère, avec son ignorance du
« monde, son désintéressement, ses idées religieuses, qui saura me-
« ner une semblable machine?... Enfin, je ne puis que vous éclairer.
« Tout ce que vous avez fait jusqu'à présent a dû donner l'alarme, et
« peut-être vos antagonistes se mettent-ils en règle !... »

— Voilà ce que j'appelle une consultation en bonne forme, s'écria
M. Hochon, fier d'être apprécié par un avoué de Paris. — Oh ! Desroches est un fameux gars, répondit Joseph. — Il ne serait pas inutile de faire lire cette lettre à ces deux femmes, reprit le vieil avare.
— La voici, dit l'artiste en remettant la lettre au vieillard. Quant à
moi, je veux partir dès demain, et vais aller faire mes adieux à mon
oncle. — Ah ! dit M. Hochon, M. Desroches vous prie, par *post-scrip-
tum*, de brûler la lettre. — Vous la brûlerez après l'avoir montrée à
ma mère, dit le peintre.

Joseph Bridau s'habilla, traversa la petite place et se présenta chez
son oncle, qui précisément achevait son déjeuner. Max et Flore étaient
à table.

— Ne vous dérangez pas, mon cher oncle, je viens vous faire mes
adieux. — Vous partez ? fit Max en échangeant un regard avec Flore.
— Oui, j'ai des travaux au château de M. de Sérizy, je suis d'autant
plus pressé d'y aller, qu'il a les bras serrés pour rendre service
à mon pauvre frère, à la chambre des pairs. — Eh bien ! travaille, dit
d'un air niais le bonhomme Rouget, qui parut à Joseph extraordinai-
rement changé. Fau... travailler... je suis fâché que vous vous en al-
liez... — Oh ! ma mère, reste encore quelque temps, reprit Joseph.

Max fit un mouvement de lèvres que remarqua la gouvernante, et
qui signifiait : — Ils vont suivre le plan dont m'a parlé Baruch. —
Je suis bien heureux d'être venu, dit Joseph, car j'ai eu le plaisir de
faire connaissance avec mon oncle, et vous avez enrichi mon atelier... —
Oui, dit la Rabouilleuse, au lieu d'éclairer votre oncle sur la valeur de
ses tableaux qu'on estime à plus de cent mille francs, vous les avez
bien lestement envoyés à Paris... Pauvre cher homme, c'est comme
un enfant !... On vient de nous dire à Bourges qu'il y a un petit poulet,
comment donc? un Poussin qui était avant la Révolution dans le chœur
de la cathédrale, et qui vaut à lui seul trente mille francs... — Ça
n'est pas bien, mon neveu, dit le vieillard à un signe de Max, que Joseph ne put apercevoir. — Là, franchement, dit le soldat en riant,
sur votre honneur, que croyez-vous que valent vos tableaux? Parbleu ! vous avez tiré une carotte à votre oncle, vous étiez dans votre
droit, un oncle est fait pour être pillé ! La nature m'a refusé des
oncles ; mais, sacrebleu, si j'en avais un, je ne les aurais pas épargnés.
— Saviez-vous, monsieur, dit Flore à Rouget, ce que vos tableaux
valaient... Combien avez-vous dit, monsieur Joseph? — Mais, répondit
le peintre qui devint rouge comme une betterave, les tableaux valent
quelque chose. — On dit que vous les avez estimés à cent cinquante
mille francs à M. Hochon, dit Flore. Est-ce vrai? — Oui, dit le peintre,
qui avait une loyauté d'enfant. — Et aviez-vous l'intention, dit Flore
au bonhomme, de donner cent cinquante mille francs à votre neveu?
— Jamais, jamais ! répondit le vieillard, que Flore avait regardé fixement. — Il y a une manière d'arranger tout cela, dit le peintre, c'est
de vous les rendre, mon oncle !... — Non, non, gardez-les, dit le vieillard. — Je vous les renverrai, mon oncle, répondit Joseph blessé du
silence offensant de Maxence Gilet et de Flore Brazier. J'ai dans mon
pinceau de quoi faire ma fortune, sans avoir rien à personne, pas
même à mon oncle... Je vous salue, mademoiselle, dit-il au peintre,
monsieur...

Et Joseph traversa la place dans un état d'irritation que les artistes
peuvent se peindre. Toute la famille Hochon était alors dans le salon.
En voyant Joseph qui gesticulait et se parlait à lui-même, on lui demanda ce qu'il avait. Devant Baruch et François, le peintre, franc
comme l'osier, raconta la scène qu'il venait d'avoir, et qui, dans deux
heures, devint la conversation de toute la ville, où chacun la broda
de circonstances plus ou moins drôles. Quelques-uns soutenaient que
le peintre avait été malmené par Max, d'autres qu'il s'était mal conduit avec mademoiselle Brazier, et que Max l'avait mis à la porte.

— Quel enfant que votre enfant !... disait Hochon à madame Bri-
deau. Le nigaud a été la dupe d'une scène qu'on lui réservait pour le
jour de ses adieux. Il y a quinze jours que Max et la Rabouilleuse
savaient la valeur des tableaux quand il a eu la sottise de le dire ici
devant mes petits-enfants, qui n'ont eu rien de plus chaud que d'en
parler à tout le monde. Votre artiste aurait dû partir à l'improviste.
— Mon fils fait bien de rendre les tableaux s'ils ont tant de valeur,
dit Agathe. — S'ils valent, selon lui, deux cent mille francs, dit le
vieil Hochon, c'est une bêtise que de s'être mis dans le cas de les

rendre ; car vous auriez du moins eu cela de cette succession, tandis
qu'à la manière dont vont les choses vous n'en aurez rien !... Et voilà
presque une raison pour votre frère de ne plus vous voir...

Entre minuit et une heure, les chevaliers de la Désœuvrance commencèrent leur distribution gratuite de comestibles aux chiens de la
ville. Cette mémorable expédition ne fut terminée qu'à trois heures
du matin, heure à laquelle ces mauvais drôles allèrent souper chez
la Cognette. A quatre heures et demie, au crépuscule, ils rentrèrent
chez eux. Au moment où Max tourna la rue de l'Avenier pour entrer
dans la Grand'rue, Fario, qui se tenait en embuscade dans un renfon-
cement, lui porta un coup de couteau, droit au cœur, retira la lame,
et se sauva par les fossés de Villate, où il essuya son couteau dans son
mouchoir. L'Espagnol alla laver son mouchoir à la Rivière-Forcée, et
revint tranquillement à Saint-Paterne, où il se recoucha, en escala-
dant une fenêtre qu'il avait laissée entr'ouverte, et fut réveillé par
son nouveau garçon, qui le trouva dormant du plus profond sommeil.

En tombant, Max jeta un cri terrible, auquel personne ne pouvait
se méprendre. Lousteau-Prangin, le fils d'un juge, parent éloigné de
la famille de l'ancien subdélégué, et le fils Goddet, qui demeurait dans
le bas de la Grand'rue, remontèrent au pas de course en se disant :
— On tue Max !... au secours ! Mais aucun chien n'aboya, et personne,
au fait des ruses des coureurs de nuit, ne se leva. Quand les deux
chevaliers arrivèrent, Max était évanoui. Il fallut aller éveiller
M. Goddet le père. Max avait bien reconnu Fario ; mais quand, à cinq
heures du matin, il eut bien repris ses sens, qu'il se vit entouré de
plusieurs personnes, qu'il sentit que sa blessure n'était pas mortelle,
il pensa tout à coup à tirer parti de cet assassinat, et, d'une voix lamentable, il s'écria : — J'ai cru voir les yeux et la figure de ce maudit peintre !...

Là-dessus, Lousteau-Prangin courut chez son père le juge d'instruction. Max fut transporté chez lui par le père Cognet, par le fils Goddet et par deux personnes qu'on fit lever. La Cognette et Goddet père
étaient aux côtés de Max, couché sur un matelas qui reposait sur deux
bâtons. M. Goddet ne voulait rien faire que Max ne fût au lit. Ceux
qui portaient le blessé regardèrent naturellement la porte de M. Hochon pendant que Kouski se levait, et virent la servante de M. Hochon qui balayait. Chez le bonhomme, comme dans la plupart des
maisons de province, on ouvrait la porte de très-bonne heure. Le
seul mot prononcé par Max avait éveillé les soupçons, et M. Goddet
père cria : — Gritte, M. Joseph Bridau est-il couché ? — Ah bien !
dit-elle, il est sorti dès quatre heures et demie, il s'est promené dans
la nuit dans sa chambre, je ne sais pas ce qui le tenait.

Cette naïve réponse excita des murmures d'horreur et des exclamations qui firent venir cette fille, assez curieuse de savoir ce qu'on
amenait chez le père Rouget.

— Eh bien ! il est propre, votre peintre ! lui dit-on.

Et le cortège entra, laissant la servante ébahie : elle avait vu Max
étendu sur le matelas, sa chemise ensanglantée, et mourant.

Ce qui tenait Joseph et l'avait agité pendant toute la nuit, les artistes le devinent : il se voyait à table chez les bourgeois d'Issoudun, on le
prenait pour un tire-laine, pour tout autre chose que ce qu'il voulait
être, un loyal garçon, un brave artiste ! Ah ! il aurait donné son tableau pour pouvoir voler comme une hirondelle à Paris, et jeter au
nez de Max les tableaux de son oncle. Être spolié, passer pour le
spoliateur !... quelle dérision ! Aussi dès le matin s'était-il lancé dans
l'allée de peupliers qui mène à Tivoli pour donner carrière à son agitation. Pendant que cet innocent jeune homme se promettait, comme
consolation, de ne jamais revenir ce pays, Max lui préparait une
avanie horrible pour les âmes délicates. Quand M. Goddet père eut
sondé la plaie et reconnu que le couteau, détourné par un petit portefeuille, avait heureusement dévié, tout en faisant une affreuse blessure, il fit ce que font tous les médecins et particulièrement les chirurgiens de province : il se donna de l'importance en ne répondant
pas encore de Max ; puis il sortit, après avoir pansé le malicieux soudard. L'arrêt de la science avait été communiqué par Goddet père à
la Rabouilleuse, à Jean-Jacques Rouget, à Kouski et à la Védie. La
Rabouilleuse revint chez son cher Max, tout en larmes, pendant que
Kouski et la Védie apprenaient aux gens rassemblés sur la porte que
le commandant était à peu près condamné. Cette nouvelle eut pour
résultat de faire venir environ deux cents personnes groupées sur la
place Saint-Jean et dans les deux Narettes.

— Je n'en ai pas pour un mois à rester au lit, et je sais qui a fait
le coup, dit Max à la Rabouilleuse. Mais nous allons profiter de cela
pour nous débarrasser des Parisiens. J'ai déjà dit que je croyais avoir
reconnu le peintre ; ainsi supposez que je vais mourir, et tâchez que
Joseph Bridau soit arrêté, nous lui ferons manger de la prison pendant deux jours. Je crois connaître assez la mère, pour être sûr
qu'elle s'en ira d'arre à Paris avec son peintre. Ainsi, nous
n'aurons plus à craindre les prêtres qu'on avait l'intention de lancer
sur notre imbécile.

Quand Flore Brazier descendit, elle trouva la foule très-disposée à
suivre les impressions qu'elle voulait lui donner ; elle se montra les
larmes aux yeux, et fit observer en sanglotant que le peintre, *qui
avait une figure* ... *a d'ailleurs*, s'était la veille disputé chaudement

avec Max à propos des tableaux qu'il avait *chippés* au père Rouget.
— Ce brigand, car il n'y a qu'à le regarder pour en être sûr, croit que si Max n'existait plus son oncle lui laisserait sa fortune; comme si, dit-elle, un frère ne nous était pas plus proche parent qu'un neveu! Max est le fils du docteur Rouget. *Le vieux me l'a dit navant de mourir!...* — Ah! il aura voulu faire ce coup-là en s'en allant, il a bien combiné son affaire, il part aujourd'hui, dit un des chevaliers de la Désœuvrance. — Max n'a pas un seul ennemi à Issoudun, dit un autre. — D'ailleurs, Max a reconnu le peintre, dit la Rabouilleuse. — Où est-il, ce sacré Parisien?... Trouvons-le!... cria-t-on. — Le trouver?... répondit-on. il est sorti de chez M. Hochon au petit jour.

Un chevalier de la Désœuvrance courut aussitôt chez M. Mouilleron. La foule augmentait toujours, et le bruit des voix devenait menaçant. Des groupes animés occupaient toute la Grande-Narette. D'autres stationnaient devant l'église Saint-Jean. Un rassemblement occupait la porte Villate, endroit où finit la Petite-Narette. On ne pouvait plus passer au-dessus et au-dessous de la place Saint-Jean. Vous eussiez dit la queue d'une procession. Aussi MM. Lousteau-Prangin et Mouilleron, le commissaire de police, le lieutenant de gendarmerie et son brigadier accompagné de deux gendarmes eurent-ils quelque peine à se rendre à la place Saint-Jean, où ils arrivèrent entre deux haies de gens dont les exclamations et les cris pouvaient et devaient prévenir contre le Parisien si injustement accusé, mais contre qui les circonstances plaidaient.

Après une conférence entre Max et les magistrats, M. Mouilleron détacha le commissaire de police et le brigadier avec un gendarme pour examiner ce que dans la langue du ministère public on nomme *le théâtre du crime.* Puis MM. Mouilleron et Lousteau-Prangin, accompagnés du lieutenant de gendarmerie, passèrent de chez le père Rouget à la maison Hochon, qui fut gardée au bout du jardin par deux gendarmes et par deux autres à la porte. La foule croissait toujours. Toute la ville était en émoi dans la Grand'rue.

Gritte s'était déjà précipitée chez son maître tout effarée et lui avait dit : — Monsieur, on va vous piller!... Toute la ville est en révolution, M. Maxence Gilet est assassiné, il va trépasser!... et l'on dit que c'est M. Joseph qui a fait le coup!

M. Hochon s'habilla promptement et descendit; mais, devant une populace furieuse, il était rentré subitement en verrouillant sa porte. Après avoir questionné Gritte, il sut que son hôte était sorti dès le petit jour, s'était promené toute la nuit dans une grande agitation, et ne rentrait pas. Effrayé, il alla trouver madame Hochon, que le bruit venait d'éveiller, et à laquelle il apprit l'effroyable nouvelle qui, vraie ou fausse, ameutait tout Issoudun sur la place Saint-Jean.

— Il est certainement innocent! dit madame Hochon. — Mais, en attendant que son innocence soit reconnue, on peut nous piller, dit M. Hochon devenu blême. (Il avait de l'or dans sa cave.) — Et Agathe? — Elle dort comme une marmotte! — Ah! tant mieux! dit madame Hochon, je voudrais qu'elle dormît pendant le temps que cette affaire s'éclaircira. Un pareil assaut tuerait cette pauvre petite!

Mais Agathe s'éveilla, descendit à peine habillée, car les réticences de Gritte, qu'elle questionna, lui avaient bouleversé la tête et le cœur. Elle trouva madame Hochon pâle et les yeux pleins de larmes à l'une des fenêtres de la salle, avec son mari.

— Du courage, ma petite. Dieu nous envoie nos afflictions, dit la vieille femme. On accuse Joseph!... — De quoi? — D'une mauvaise action qu'il ne peut pas avoir commise, répondit madame Hochon.

En entendant ce mot et voyant entrer le lieutenant de gendarmerie, MM. Mouilleron et Lousteau-Prangin, Agathe s'évanouit.

— Tenez, dit M. Hochon à sa femme et à Gritte, emmenez madame Bridau, les femmes ne peuvent être que gênantes dans de pareilles circonstances. Retirez-vous toutes les deux avec elle dans votre chambre. Asseyez-vous, messieurs, fit le vieillard. La méprise qui nous vaut votre visite ne tardera pas, je l'espère, à s'éclaircir. — Quand il y aurait méprise, dit M. Mouilleron, l'exaspération est si forte dans cette foule, et les têtes sont tellement montées, que je crains pour l'inculpé. Je voudrais le tenir au Palais et donner satisfaction aux esprits. — Qui se serait douté de l'affection du Max pour M. Maxence Gilet a inspirée?... dit Lousteau-Prangin. — Il débouche en ce moment douze cents personnes du faubourg de Rome, dire et me dire un de mes hommes, fit observer le lieutenant de gendarmerie, et ils poussent des cris de mort. — Où donc est votre hôte? dit M. Mouilleron à M. Hochon. — Il est allé se promener dans la campagne, je crois... — Rappelez Gritte, dit gravement le juge d'instruction, j'espérais que M. Bridau n'avait pas quitté la maison. Vous n'ignorez pas sans doute que le crime a été commis à quelques pas d'ici, au petit jour?

Pendant que M. Hochon alla chercher Gritte, les trois fonctionnaires échangèrent des regards significatifs.

— La figure de ce peintre ne m'est jamais revenue, dit le lieutenant à M. Mouilleron. — Ma fille, demanda le juge à Gritte en la voyant entrer, vous avez vu, dit-on, sortir, ce matin, M. Joseph Bridau? — Oui, monsieur, répondit-elle en tremblant comme une feuille. — A quelle heure? — Dès que je me suis levée; car il s'est promené pendant la nuit dans sa chambre, et il était habillé quand je suis descendue. — Faisait-il jour? — Petit jour. — Il avait l'air agité?... —

Oui, dame? il m'a paru tout chose. — Envoyez chercher mon greffier par un de vos hommes, dit Lousteau-Prangin au lieutenant, et qu'il vienne avec des mandats de... — Mon Dieu! ne vous pressez pas, dit M. Hochon. L'agitation de ce jeune homme est explicable autrement que par la préméditation d'un crime : il part aujourd'hui pour Paris, à cause d'une affaire où Gilet et mademoiselle Flore Brazier avaient suspecté sa probité. — Oui, l'affaire des tableaux, dit M. Mouilleron: Ce fut hier le sujet d'une querelle fort vive, et les artistes ont, comme on dit, la tête bien près du bonnet. — Qui, dans tout Issoudun, avait intérêt à tuer Maxence? demanda Lousteau. Personne; ni mari jaloux, ni qui que ce soit, car ce garçon n'a jamais fait de tort à quelqu'un. — Mais que faisait donc M. Gilet à quatre heures et demie dans les rues d'Issoudun? dit M. Hochon. — Tenez, monsieur Hochon, laissez-nous faire notre métier, répondit Mouilleron, vous ne savez pas tout : Max a reconnu votre peintre...

En ce moment, une clameur partit d'un bout de la ville et grandit en suivant le cours de la Grande-Narette, comme le bruit d'un coup de tonnerre.

— Le voilà !... le voilà!... il est arrêté!...

Ces mots se détachaient nettement sur la basse-taille d'une effroyable rumeur populaire. En effet, le pauvre Joseph Bridau, qui revenait tranquillement par le moulin de Landrôle pour se trouver à l'heure du déjeuner, fut aperçu, quand il atteignit la place Misère, par tous les groupes à la fois. Heureusement pour lui, deux gendarmes arrivèrent au pas de course pour l'arracher aux gens du faubourg de Rome qui l'avaient déjà pris sans ménagement par les bras, en poussant des cris de mort.

— Place! place! dirent les gendarmes, qui appelèrent deux autres de leurs compagnons pour en mettre un en avant et un en arrière de Bridau. — Voyez-vous, monsieur, dit au peintre un de ceux qui le tenaient, il s'agit en ce moment de notre peau, comme de la vôtre. Innocent ou coupable, il faut que nous vous protégions contre l'émeute que cause l'assassinat du commandant Gilet; et le peuple ne s'en tient pas à vous en accuser, il vous croit le meurtrier, dur comme fer. M. Gilet est adoré de ces gens-là, qui, voyez-vous, ont bien la mine de vouloir se faire justice eux-mêmes. Ah! nous les avons vus travaillant en 1830 le casaquin aux employés des contributions, qui n'étaient pas à la noce, allez!

Joseph Bridau devint pâle comme un mourant, mais rassembla ses forces pour pouvoir marcher.

— Après tout, dit-il, je suis innocent, marchons!...

Et il eut son portement de croix, l'artiste! Il recueillit des huées, des injures, des menaces de mort, en faisant l'horrible trajet de la place Misère à la place Saint-Jean. Les gendarmes furent obligés de tirer le sabre contre la foule furieuse, qui leur jeta des pierres. On faillit blesser les gendarmes, et quelques projectiles atteignirent les jambes, les épaules et le chapeau de Joseph.

— Nous voilà ! dit l'un des gendarmes en entrant dans la salle de M. Hochon, et ça n'a pas été sans peine, mon lieutenant. — Maintenant, il s'agit de dissiper ce rassemblement, et je ne vois qu'une manière, messieurs, dit l'officier aux magistrats. Ce serait de conduire au Palais M. Bridau en le mettant au milieu de vous; moi et tous mes gendarmes nous vous entourerons. On ne peut répondre de rien quand on se trouve en présence de six mille furieux... — Vous avez raison, dit M. Hochon, qui tremblait toujours pour son or. — Si c'est la meilleure manière de protéger l'innocence à Issoudun, répondit Joseph, je veux en fais mon compliment. J'ai déjà failli être lapidé... — Voulez-vous voir prendre d'assaut et piller la maison de votre hôte? dit le lieutenant. Est-ce avec nos sabres que nous résisterons à un flot de monde poussé par une queue de gens irrités et qui ne connaissent pas les formes de la justice?... — Oh! allons, messieurs, nous nous expliquerons après, dit Joseph, qui recouvra tout son sang-froid. — Place! mes amis! dit le lieutenant, et il est arrêté, nous le conduisons au Palais! — Respect à la justice! mes amis, dit M. Mouilleron. — N'aimerez-vous pas mieux le voir guillotiner? répondit Joseph à un groupe menaçant. — Oui! oui, fit un furieux, on le guillotinera. — On va le guillotiner! répétèrent les femmes.

Au bout de la Grande-Narette, on se disait : — On l'emmène pour le guillotiner, on lui a trouvé le couteau ! — Oh! le gredin! — Voilà les Parisiens! — Celui-là portait bien le crime sur sa figure!

Quoique Joseph eût tout le sang à la tête, il fit le trajet de la place Saint-Jean au Palais en gardant un calme et un aplomb remarquables. Néanmoins, il fut assez heureux de se trouver dans le cabinet de M. Lousteau-Prangin.

— Je n'ai pas besoin, je crois, messieurs, de vous dire que je suis innocent, dit-il en s'adressant à M. Mouilleron, à M. Lousteau-Prangin et au greffier. je ne puis que vous prier de m'aider à prouver mon innocence. Je ne sais rien de l'affaire...

Quand le juge eut déduit à Joseph toutes les présomptions qui pesaient sur lui, en terminant par la déclaration de Max, Joseph fut atterré.

— Mais, dit-il, je suis sorti de la maison après cinq heures; j'ai pris par la Grand'rue, et à cinq heures et demie je regardais la façade de votre paroisse de Saint-Cyr. J'y ai causé avec le sonneur qui venaît sonner l'*angelus*, en lui demandant des renseignements sur l'édifice, qui me semble bizarre et inachevé. Puis j'ai traversé le marché aux Légumes, où il y avait déjà des femmes. De là, par la place Misère, j'ai gagné, par le pont aux Anes, le moulin de Landrôle, où j'ai regardé tranquillement des canards pendant cinq à six minutes, et les garçons meuniers ont dû me remarquer. J'ai vu des femmes allant au lavoir, elles doivent y être encore; elles se sont mises à rire de moi, en disant que je n'étais pas beau; je leur ai répondu que dans les grimaces il y avait des bijoux. De là, je me suis promené par la grande allée jusqu'à Tivoli, où j'ai causé avec le jardinier... Faites vérifier ces faits, et ne me mettez même pas en état d'arrestation, car je vous donne ma parole de rester dans votre cabinet jusqu'à ce que vous soyez convaincus de mon innocence.

Ce discours sensé, dit sans aucune hésitation et avec l'aisance d'un homme sûr de son affaire, fit quelque impression sur les magistrats.

— Allons, il faut citer tous ces gens-là, les trouver, dit M. Mouilleron, mais ce n'est pas l'affaire d'un jour. Résolvez-vous donc, dans votre intérêt, à rester au secret au Palais. — Pourvu que je puisse écrire à ma mère afin de la rassurer, la pauvre femme... Oh! vous lirez la lettre.

Cette demande était trop juste pour ne pas être accordée, et Joseph écrivit ce petit mot :

« N'aie aucune inquiétude, ma chère mère, l'erreur dont je suis « victime sera facilement reconnue, et j'en ai donné les moyens. De-« main, ou peut-être ce soir, je serai libre. Je t'embrasse, et dis à « M. et madame Hochon combien je suis peiné du trouble dans le-« quel je ne suis pour rien, car il est l'ouvrage d'un hasard que je ne « comprends pas encore. »

Quand la lettre arriva, madame Bridau se mourait dans une attaque nerveuse; et les potions que M. Goddet essayait de lui faire prendre par gorgées étaient impuissantes. Aussi la lecture de cette lettre fut-elle comme un baume. Après quelques secousses, Agathe tomba dans l'abattement qui suit de pareilles crises. Quand M. Goddet revint voir sa malade, il la trouva regrettant d'avoir quitté Paris.

— Dieu m'a punie, disait-elle les larmes aux yeux. Ne devais-je pas me confier à lui, ma chère marraine, et attendre de sa bonté la succession de mon frère!... — Madame, si votre fils est innocent, Maxence est un profond scélérat, lui dit à l'oreille M. Hochon, nous ne serons pas les plus forts dans cette affaire; ainsi, retournez à Paris. — Eh bien! dit madame Hochon à M. Goddet, comment va M. Gilet? — Mais, quoique grave, la blessure n'est pas mortelle. Après un mois de soins, il se sera fini. Je l'ai laissé écrivant à M. Mouilleron pour demander la mise en liberté de votre fils, madame, dit-il à sa malade. Oh! Max est un brave garçon. Je lui ai dit dans quel état vous étiez, il s'est alors rappelé une circonstance du vêtement de son assassin qui lui a prouvé que ce ne pouvait pas être votre fils : le meurtrier portait des chaussons de lisière, et il est bien certain que M. votre fils est sorti en bottes.—Ah! que Dieu lui pardonne le mal qu'il m'a fait...

A la nuit, un homme avait apporté pour Gilet une lettre écrite en caractères moulés et ainsi conçue :

« Le capitaine Gilet ne devrait pas laisser un innocent entre les « mains de la justice. Celui qui a fait le coup promet de ne plus re-« commencer, si M. Gilet délivre M. Joseph Bridau sans désigner le « coupable. »

Après avoir lu cette lettre et l'avoir brûlée, Max écrivit à M. Mouilleron une lettre où contenait l'observation rapportée par M. Goddet, en le priant de mettre Joseph en liberté, et de venir le voir afin qu'il lui expliquât l'affaire. Au moment où cette lettre parvint à M. Mouilleron, Lousteau-Prangin avait déjà pu reconnaître, par les dépositions du sonneur, d'une vendeuse de légumes, des blanchisseuses, des garçons meuniers du moulin de Landrôle et du jardinier de Frapesle, la véracité des explications données par Joseph. La lettre de Max achevait de prouver l'innocence de l'inculpé, que M. Hochon reconduisit alors lui-même chez M. Hochon. Joseph fut accueilli par sa mère avec une effusion de si vive tendresse, que ce pauvre enfant méconnu rendit grâce au hasard, comme le mari de la fable de la Fontaine au voleur, d'une contrariété qui lui valait ces preuves d'affection.

— Oh! dit M. Mouilleron d'un air capable, j'ai bien vu tout de suite, à la manière dont vous regardiez la populace irritée, que vous étiez innocent; mais, malgré ma persuasion, voyez-vous, quand on connaît Issoudun, le meilleur moyen de vous protéger était de vous emmener comme nous l'avons fait. Ah! vous aviez une fière contenance. — Je pensais à autre chose, répondit simplement l'artiste. Je connais un officier qui m'a raconté qu'en Dalmatie il fut arrêté dans des circonstances presque semblables, en arrivant de la promenade un matin, par une populace en émoi. Ce rapprochement m'occupait, et je regardais toutes ces têtes avec l'idée de peindre une émeute de 1793... Enfin je me disais : — Gredin! tu n'as que ce que tu mérites en venant chercher une succession au lieu d'être à peindre dans ton atelier... — Si vous voulez me permettre de vous donner un conseil, dit le procureur du roi, vous prendrez ce soir à onze heures une voiture que vous prêtera le maître de poste et vous retournerez à Paris

par la diligence de Bourges. — C'est aussi mon avis, dit M. Hochon, qui brûlait du désir de voir partir son hôte. — Et mon plus vif désir est de quitter Issoudun, où cependant je laisse ma seule amie, répondit Agathe en prenant et baisant la main de madame Hochon. Et quand vous reverrai-je?... — Ah! ma petite, nous ne nous reverrons plus que là-haut!... Nous avons, lui dit-elle à l'oreille, assez souffert ici-bas pour que Dieu nous prenne en pitié.

Un instant après, quand M. Mouilleron eut causé avec Max, Gritte étonna beaucoup madame et M. Hochon, Agathe, Joseph et Adolphine, en annonçant la visite de M. Rouget. Jean-Jacques venait dire adieu à sa sœur et lui offrir sa calèche pour aller à Bourges.

— Ah! vos tableaux nous ont fait bien du mal! lui dit Agathe. — Gardez-les, ma sœur, répondit le bonhomme, qui ne croyait pas encore à la valeur des tableaux. — Mon voisin, dit M. Hochon, nos meilleurs amis, nos plus sûrs défenseurs sont nos parents, surtout quand ils ressemblent à votre sœur Agathe et à votre neveu Joseph! — C'est possible, répondit le vieillard hébété. — Il faut penser à finir chrétiennement sa vie, dit madame Hochon. — Ah! Jean-Jacques, fit Agathe, quelle journée! — Acceptez-vous ma voiture? demanda Rouget. — Non, mon frère, répondit madame Bridau, je vous remercie et vous souhaite une bonne santé!

Rouget se laissa embrasser par sa sœur et par son neveu, puis il sortit après leur avoir dit un adieu sans tendresse. Sur un mot de son grand-père, Baruch était allé promptement à la poste. A onze heures du soir, les deux Parisiens, nichés dans une cabriolet d'osier attelé d'un cheval et mené par un postillon, quittèrent Issoudun. Adolphine et madame Hochon avaient des larmes aux yeux. Elles seules regrettaient Agathe et Joseph.

— Ils sont partis, dit François Hochon en entrant avec la Rabouilleuse dans la chambre de Max. — Eh bien! le tour est fait, répondit Max abattu par la fièvre. — Mais qu'as-tu dit au père Mouilleron? lui demanda François. — Je lui ai dit que j'avais presque donné le droit à mon assassin de m'attendre au coin d'une rue, que cet homme était de caractère à le poursuivre l'affaire, à être mis comme un chien avant d'être arrêté. En conséquence j'ai prié Mouilleron et Prangin de se livrer ostensiblement aux plus actives recherches, mais de laisser mon assassin tranquille, à moins qu'ils ne voulussent me voir tuer. — J'espère, Max, dit Flore, que pendant quelque temps vous allez vous tenir tranquille la nuit. — Enfin, nous sommes délivrés des Parisiens, s'écria Max. Celui qui m'a frappé ne savait guère nous rendre un si grand service.

Le lendemain, à l'exception des personnes excessivement tranquilles et réservées qui partageaient les opinions de M. et madame Hochon, le départ des Parisiens, quoique dû à une déplorable méprise, fut célébré par toute la ville comme une victoire de la province contre Paris. Quelques amis de Max s'exprimèrent assez durement sur le compte des Bridau.

— Eh bien! ces Parisiens s'imaginaient que nous sommes des imbéciles, et qu'il n'y a qu'à tendre son chapeau pour qu'il y pleuve des successions!... — Ils étaient venus chercher de la laine, mais ils s'en retournent tondus; car le neveu n'est pas au goût de l'oncle. — Et, s'il vous plaît, ils avaient pour conseil un avoué de Paris... — Ah! ils avaient formé un plan? — Mais, oui, le plan de se rendre maîtres du père Rouget; mais les Parisiens ne se sont pas trouvés de force, et l'avoué ne se moquera pas des Berrichons... — Savez-vous que c'est abominable?... — Voilà les gens de Paris! — La Rabouilleuse s'est vue attaquée, elle s'est défendue. — Et elle a joliment bien fait...

Pour toute la ville, les Bridau étaient des Parisiens, des étrangers : on leur préférait Max et Flore.

On peut imaginer la satisfaction avec laquelle Agathe et Joseph rentrèrent dans leur petit logement de la rue Mazarine, après cette campagne. L'artiste avait repris en voyage sa gaieté troublée par la scène de son arrestation et par vingt heures de mise au secret; mais il ne put distraire sa mère. Agathe se remit d'autant moins facilement de ses émotions, que la Cour des pairs allait commencer le procès de la conspiration militaire. La conduite de Philippe, malgré l'habileté de son défenseur, conseillé par Desroches, excitait des soupçons peu favorables à son caractère. Aussi, dès qu'il eut mis Desroches au fait de tout ce qui se passait à Issoudun, Joseph emmena-t-il promptement Mistigris au château du comte de Sérizy pour ne point commencer à parler de ce procès, qui dura vingt jours.

Il est inutile de revenir ici sur des faits acquis à l'histoire contemporaine. Soit qu'il eût joué un rôle convenu, soit qu'il fût un des révélateurs, Philippe resta sous le poids d'une condamnation à cinq années de surveillance sous la haute police, et obligé de partir le jour même de sa mise en liberté pour Autun, ville que le directeur général de la police du royaume lui désigna pour lieu de séjour pendant les cinq années. Cette peine équivalait à une détention semblable à celle des prisonniers sur parole à qui l'on donne une ville pour prison. En apprenant que le comte de Sérizy, l'un des pairs désignés par la Chambre pour faire l'instruction du procès, employait Joseph à décorer de son château de Presles, Desroches sollicita du ministre d'État une audience, et trouva le comte de Sérizy dans les meilleures dispositions pour Joseph, avec qui par hasard il avait fait connaissance. Desroches expliqua la position financière des deux frères en rappelant les services rendus par leur père, et l'oubli qu'en avait fait la Restauration.

— De telles injustices, monseigneur, dit l'avoué, sont des causes permanentes d'irritation et de mécontentement ! Vous avez connu le père, mettez au moins les enfants dans le cas de faire fortune !

Et il peignit succinctement la situation des affaires de la famille à Issoudun, en demandant au tout-puissant vice-président du conseil d'État de faire une démarche auprès du directeur général de la police, afin de changer d'Autun à Issoudun la résidence de Philippe. Enfin il parla de la détresse horrible de Philippe en sollicitant un secours de soixante francs par mois que le ministère de la guerre devait donner, par pudeur, à un ancien lieutenant-colonel.

— J'obtiendrai tout ce que vous me demandez, car tout me semble juste, dit le ministre d'État.

Trois jours après, Desroches, muni des autorisations nécessaires, alla prendre Philippe à la prison de la Cour des pairs, et l'emmena chez lui, rue de Béthisy. Là, le jeune avoué fit à l'affreux soudard un de ces sermons sans réplique dans lesquels les avoués jugent les choses à leur véritable valeur, en se servant de termes crus pour estimer la conduite, pour analyser et réduire à leur plus simple expression les sentiments des clients auxquels ils s'intéressent assez pour les sermonner. Après avoir aplati l'officier d'ordonnance de l'empereur en lui reprochant ses dissipations insensées, les malheurs de sa mère et la mort de la vieille Descoings, il lui raconta l'état des choses à Issoudun, en les lui éclairant à sa manière et pénétrant à fond dans le plan et dans le caractère de Maxence Gilet et de la Rabouilleuse.

Doué d'une compréhension très-alerte en ce genre, le condamné politique écouta beaucoup mieux cette partie de la mercuriale de Desroches que la première.

— Cela étant, dit l'avoué, vous pouvez réparer ce qui est réparable dans les torts que vous avez faits à votre excellente famille, car vous ne pouvez rendre la vie à la pauvre femme, à qui vous avez donné le coup de la mort; mais vous seul pouvez... — Et comment faire? demanda Philippe. — J'ai obtenu de vous faire donner Issoudun pour résidence au lieu d'Autun.

Le visage de Philippe, si amaigri, devenu presque sinistre, labouré par les maladies, par les souffrances et par les privations, fut rapidement illuminé par un éclair de joie.

— Vous seul pouvez, dis-je, rattraper la succession de votre oncle Rouget, déjà peut-être à moitié dans la gueule de ce loup nommé Gilet, reprit Desroches. Vous connaissez tous les détails, à vous maintenant d'agir en conséquence. Je ne vous trace point de plan, je n'ai pas d'idée à ce sujet; d'ailleurs, tout se modifie sur le terrain. Vous avez affaire à forte partie, le gaillard est plein d'astuce, et la manière dont il essaye de rattraper les tableaux donnés par votre oncle à Joseph, l'audace avec laquelle il a mis un crime sur le dos de votre pauvre frère, annoncent un adversaire capable de tout. Ainsi, soyez prudent, et tâchez d'être sage par calcul; et si vous ne pouvez pas l'être par tempérament. Sans en rien dire à Joseph, dont la fierté d'artiste se serait révoltée, j'ai renvoyé les tableaux à M. Hochon en lui écrivant de ne les remettre qu'à vous. Ce Maxence Gilet est brave. — Tant mieux, dit Philippe, je compte bien sur le courage de ce drôle pour réussir, car un lâche s'en irait d'Issoudun. — Eh bien! pensez à votre mère, qui, pour vous, est d'une adorable tendresse, à votre frère, de qui vous avez fait votre vache à lait. — Ah! il vous a parlé de ces bêtises?... s'écria Philippe. — Allons, ne suis-je pas l'ami de la famille, et n'en sais-je pas plus qu'eux sur vous?... — Que savez-vous? dit Philippe. — Vous avez trahi vos camarades... — Moi! s'écria Philippe. Moi! l'officier d'ordonnance de l'empereur! La chatte!... Nous avons nos dedans dans la Chambre des pairs, la justice, le gouvernement et toute la sacrée boutique. — C'est très-bien, si c'est ainsi, répondit l'avoué; mais, voyez-vous, les Bourbons ne peuvent pas être renversés, ils ont l'Europe pour eux, et vous devriez songer à faire votre paix avec le ministre de la guerre... — C'est vous la ferez quand vous vous trouverez riche. Pour vous enrichir, vous et votre frère, emparez-vous de votre oncle. Si vous voulez mener à bien une affaire qui exige tant d'habileté, de discrétion, de patience, vous avez de quoi travailler pendant vos cinq ans... — Non, non, dit Philippe, il faut aller vite en besogne, car Gilet pourrait dénaturer la fortune de mon oncle, la mettre au nom de cette fille, et tout serait perdu. — Enfin, M. Hochon est un homme de bon conseil et qui voit juste, consultez-le. Vous avez votre feuille de route, votre place est retenue à la diligence d'Orléans pour sept heures et demie, votre malle est faite, venez dîner. — Je ne possède que ce que je porte, dit Philippe en ouvrant son affreuse redingote bleue; mais il me manque trois choses que vous prierez Giroudeau, l'oncle de Finot, mon ami, de m'envoyer : c'est mon sabre, mon épée, et mes pistolets!... — Il vous manque bien autre chose, dit l'avoué, qui frémit en contemplant son client. Vous recevrez une indemnité de trois mois pour vous vêtir décemment. — Tiens, le voilà, Godeschal! s'écria Philippe en reconnais-

sant dans le premier clerc de Desroches le frère de Mariette. — Oui, je suis avec M. Desroches depuis deux mois. — Il y restera, j'espère, s'écria Desroches, jusqu'à ce qu'il traite d'une charge. — Et Mariette? dit Philippe, ému par ses souvenirs. — Elle attend l'ouverture de la nouvelle salle. — Ça lui coûterait bien peu, dit Philippe, de faire lever ma consigne... Enfin, comme elle voudra !

Après le maigre dîner offert à Philippe par Desroches, qui nourrissait son premier clerc, les deux praticiens mirent le condamné politique en voiture, et lui souhaitèrent bonne chance.

Le 2 novembre, le jour des Morts, Philippe Bridau se présenta chez le commissaire de police d'Issoudun pour faire viser sur sa feuille le jour de son arrivée; puis il alla se loger, d'après les avis de ce fonctionnaire, rue de l'Avenier. Aussitôt la nouvelle de la déportation d'un des officiers compromis dans la dernière conspiration se répandit à Issoudun, et y fit d'autant plus de sensation, qu'on apprit que cet officier était le frère du peintre si injustement accusé. Maxence Gilet, alors entièrement guéri de sa blessure, avait terminé l'opération, si difficile, de la réalisation des fonds hypothécaires du père Rouget, et leur placement sur une inscription sur le grand-livre. L'emprunt de cent quarante mille francs fait par ce vieillard sur ses propriétés produisit une grande sensation, car tout se sait en province. Dans l'intérêt des Bridau, M. Hochon, ému de ce désastre, questionna le vieux M. Héron, le notaire de Rouget, sur l'objet de ce mouvement de fonds.

— Les héritiers du père Rouget, si le père Rouget change d'avis, me devront une belle chandelle ! s'écria M. Héron. Sans moi, le bonhomme aurait laissé mettre les cinquante mille francs de rentes au nom de Maxence Gilet... J'ai dit à mademoiselle Brazier qu'elle devait s'en tenir au testament, sous peine d'avoir un procès en spoliation, vu les preuves nombreuses que les différents transports faits de tous côtés donneraient de leurs manœuvres. J'ai conseillé, pour gagner du temps, à Maxence et à sa maîtresse, de faire oublier ce changement si subit dans les habitudes du bonhomme. — Soyez l'avocat et le protecteur des Bridau, car ils n'ont rien, dit à M. Héron M. Hochon, qui ne pardonnait pas à Gilet les angoisses qu'il avait eues en craignant le pillage de sa maison.

Maxence Gilet et Flore Brazier, hors de toute atteinte, plaisantèrent donc en apprenant l'arrivée du second neveu du père Rouget. À la première inquiétude que leur donnait Philippe, ils savaient pouvoir, en faisant signer une procuration au père Rouget, transférer l'inscription, soit à Maxence, soit à Flore. Si le testament se révoquait, cinquante mille livres de rente étaient une assez belle fiche de consolation, surtout après avoir grevé les biens-fonds d'une hypothèque de cent quarante mille francs.

Le lendemain de son arrivée, Philippe se présenta sur les dix heures pour faire une visite à son oncle, il tenait à se présenter dans son horrible costume. Aussi, quand l'échappé de l'hôpital du Midi, quand le prisonnier du Luxembourg entra dans la salle, Flore Brazier éprouva-t-elle comme un frisson au cœur à ce repoussant aspect. Gilet sentit également en lui-même cet ébranlement dans l'intelligence et dans la sensibilité par lequel la nature nous avertit d'une inimitié latente ou d'un danger à venir.

Si Philippe devait je ne sais quoi de sinistre dans la physionomie à ses derniers malheurs, son costume ajoutait encore à cette expression. Sa lamentable redingote bleue restait boutonnée militairement jusqu'au cou par de tristes raisons, mais elle montrait ainsi beaucoup trop ce qu'elle avait la prétention de cacher. Le bas du pantalon, usé comme un habit d'invalide, exprimait une misère profonde. Les bottes laissaient des traces humides en jetant de l'eau boueuse par les semelles entrebâillées. Le chapeau gris que le colonel tenait à la main offrait aux regards une coiffe horriblement grasse. La canne en jonc, dont le vernis avait disparu, devait avoir stationné dans tous les coins des cafés de Paris, et reposé son bout tordu dans bien des fanges. Sur un col de velours, qui laissait voir son carton, se dressait une tête presque semblable à celle que se fait Frédérick Lemaître au dernier acte de la Vie d'un joueur, et où l'épuisement d'un homme encore vigoureux se trahit par un teint cuivré, verdi de place en place. On voit ces teintes dans la figure des débauchés qui ont passé beaucoup de nuits au jeu : les yeux sont cernés par un cercle charbonné, les paupières sont plutôt rougies que rouges ; enfin, le front est menaçant par toutes les ruines qu'il accuse. Chez Philippe, à peine remis de son traitement, les joues étaient presque rentrées et rugueuses. Il montrait un crâne sans cheveux, où quelques mèches restées derrière la tête se mouraient aux oreilles. Le bleu si pur de ses yeux si brillants avait pris les teintes froides de l'acier.

— Bonjour, mon oncle, dit-il d'une voix enrouée, je suis votre neveu Philippe Bridau. Voilà comment les Bourbons traitent un lieutenant-colonel, un vieux de la vieille, celui qui portait les ordres de l'empereur à la bataille de Montereau. Je serais honteux si ma redingote s'entr'ouvrait, à cause de mademoiselle. Après tout, c'est la loi du jeu. Nous avons voulu recommencer la partie, et nous avons perdu ! J'habite votre ville par ordre de la police, avec une haute paye de soixante francs par mois. Ainsi les bourgeois n'ont pas à craindre que je fasse augmenter le prix des consommations. Je vois que vous êtes en bonne et belle compagnie. — Ah ! tu es mon neveu, dit Jean-Jacques... — Mais invitez donc M. le colonel à déjeuner, dit Flore. — Non madame, merci, répondit Philippe, j'ai déjeuné. D'ailleurs je me couperais plutôt la main que de demander un morceau de pain ou un centime à mon oncle, après ce qui s'est passé dans cette ville à propos de mon frère et de ma mère... Seulement il ne me paraît pas convenable que je reste à Issoudun, sans lui tirer ma révérence de temps en temps. Vous pouvez bien d'ailleurs, dit-il en offrant à son oncle sa main dans laquelle Rouget mit la sienne qu'il secoua, vous pouvez faire tout ce qui vous plaira : je n'y trouverai jamais rien à redire, pourvu que l'honneur des Bridau soit sauf...

Gilet pouvait regarder le lieutenant-colonel à son aise, car Philippe évitait de jeter les yeux sur lui avec une affectation visible. Quoique le sang lui bouillonnât dans les veines, Max avait un trop grand intérêt à se conduire avec cette prudence des grands politiques, qui ressemble parfois à la lâcheté, pour prendre feu comme un jeune homme; il resta donc calme et froid.

— Ce ne sera pas bien, monsieur, dit Flore, de vivre avec soixante francs par mois à la barbe de votre oncle, qui a quarante mille livres de rente, et qui s'est déjà si bien conduit avec M. le commandant Gilet, son parent par nature, que voilà... — Oui, Philippe, reprit le bonhomme, nous verrons cela...

Sur la présentation faite par Flore, Philippe échangea un salut presque craintif avec Gilet.

— Mon oncle, j'ai des tableaux à vous rendre, ils sont chez M. Hochon; vous me ferez le plaisir de venir me les reconnaître un jour ou l'autre.

Après avoir dit ces derniers mots d'un ton sec, le lieutenant-colonel Philippe Bridau sortit. Cette visite laissa dans l'âme de Flore, et aussi chez Gilet, une émotion plus grave encore que leur saisissement à la première vue de cet effroyable soudard. Dès que Philippe eut tiré sa porte avec une violence d'héritier dépouillé, Flore et Gilet se cachèrent dans les rideaux pour le regarder allant de chez son oncle chez les Hochon.

— Quel chenapan ! dit Flore en interrogeant Gilet par un coup d'œil. — Oui, par malheur, il s'est trouvé quelques-uns comme ça dans les armées de l'empereur ; j'en ai descendu sept sur les pontons, répondit Gilet. — J'espère bien, Max, que vous ne chercherez pas dispute à celui-ci, dit mademoiselle Brazier. — Oh ! celui-là, répondit Max, est un chien galeux qui veut un os, reprit-il en s'adressant au père Rouget. Si son oncle a confiance en moi, il s'en débarrassera par quelque donation; car il ne vous laissera pas tranquille, papa Rouget. — Il sentait bien le tabac, fit le vieillard. — Il sentait vos écus aussi, fit Flore d'un ton péremptoire. Mon avis est qu'il faut vous dispenser de le recevoir. — Je ne demande pas mieux, répondit Rouget. — Monsieur, dit Gritte en entrant dans la chambre où toute la famille Hochon se trouvait après déjeuner, voici le M. Bridau dont vous parliez.

Philippe fit son entrée avec politesse, au milieu d'un profond silence causé par la curiosité générale. Madame Hochon frémit de la tête aux pieds en apercevant l'auteur de tous les chagrins d'Agathe et

l'assassin de la bonne femme Descoings. Adolphine eut aussi quelque effroi. Baruch et François échangèrent un regard de surprise. Le vieil Hochon conserva son sang-froid et offrit un siége au fils de madame Bridau.

— Je viens, monsieur, dit Philippe, me recommander à vous ; car j'ai besoin de prendre mes mesures de façon à vivre dans ce pays-ci, pendant cinq ans, avec soixante francs par mois que me donne la France. — Cela se peut, répondit l'octogénaire.

Philippe parla de choses indifférentes en se tenant parfaitement bien. Il présenta comme un aigle le journaliste Lousteau, neveu de la vieille dame, dont les bonnes grâces lui furent acquises quand elle l'entendit annoncer que le nom des Lousteau deviendrait célèbre. Puis il n'hésita point à reconnaître les fautes de sa vie. À un reproche amical que lui adressa madame Hochon à voix basse, il dit avoir fait bien des réflexions dans la prison, et lui promit d'être à l'avenir un tout un autre homme.

Sur un mot que lui dit Philippe, M. Hochon sortit avec lui. Quand l'avare et le soldat furent sur le boulevard Baron, à une place où personne ne pouvait les entendre, le colonel dit au vieillard : — Monsieur, si vous voulez me croire, nous ne parlerons jamais d'affaires ni des personnes autrement qu'en nous promenant dans la campagne, ou dans des endroits où nous pourrons causer sans être entendus. Maître Desroches m'a très-bien expliqué l'influence des commérages dans une petite ville. Je ne veux donc pas que vous soyez soupçonné de m'aider de vos conseils, quoique Desroches m'ait dit de vous les demander, et que je vous prie de ne pas me les épargner. Nous avons un ennemi redoutable en tête, il ne faut négliger aucune précaution pour parvenir à s'en défaire. Et, d'abord, excusez-moi si je ne vais plus vous voir. Un peu de froideur entre nous vous laissera net de toute influence dans ma conduite. Quand j'aurai besoin de vous consulter, je passerai sur la place à neuf heures et demie, au moment où vous sortez de déjeuner. Si vous me voyez tenant ma canne au port d'armes, cela voudra dire qu'il faut nous rencontrer, par hasard, en un lieu de promenade que vous m'indiquerez.

— Tout cela me semble d'un homme prudent et qui veut réussir, dit le vieillard. — Et je réussirai, monsieur. Avant tout, indiquez-moi les militaires de l'ancienne armée revenus ici qui ne sont point du parti de ce Maxence Gilet, et avec lesquels je puisse me lier. — Il y a d'abord un capitaine d'artillerie de la garde, M. Mignonnet, un homme sorti de l'École polytechnique, âgé de quarante ans, et qui vit modestement ; il est plein d'honneur et s'est prononcé contre Max, dont la conduite lui semble indigne d'un vrai militaire. — Bon ! fit le lieutenant-colonel. — Il n'y a pas beaucoup de militaires de cette trempe, reprit M. Hochon, car je ne vois plus ici qu'un ancien capitaine de cavalerie. — C'est mon arme, dit Philippe. Était-il dans la garde ? — Oui, reprit M. Hochon. Carpentier était, en 1810, maréchal des logis chef dans les dragons ; il en est sorti pour entrer sous-lieutenant dans la ligne, et il y est devenu capitaine. — Giroudeau le connaîtra peut-être, se dit Philippe. — Ce M. Carpentier a pris la place dont n'a pas voulu Maxence, à la mai-

Philippe Bridau à Issoudun. — PAGE 47.

ric, et il est l'ami du commandant Mignonnet. — Que puis-je faire ici pour gagner ma vie ?... — On va, je crois, établir une sous-direction pour l'assurance mutuelle du département du Cher, et vous pourriez y trouver une place ; mais ce sera tout au plus cinquante francs par mois... — Cela me suffira.

Au bout d'une semaine, Philippe eut une redingote, un pantalon et un gilet neufs en bon drap bleu d'Elbeuf, achetés à crédit et payables à tant par mois, ainsi que des bottes, des gants de daim et un chapeau. Il reçut de Paris, par Giroudeau, du linge, ses armes et une lettre pour Carpentier, qui avait servi sous les ordres de l'ancien capitaine des dragons. Cette lettre valut à Philippe le dévouement de Carpentier, qui présenta Philippe au commandant Mignonnet comme un homme de plus haut mérite et du plus beau caractère. Philippe capta l'admiration de ces deux dignes officiers par quelques confidences sur la conspiration jugée, qui fut, comme on sait, la dernière tentative de l'ancienne armée contre les Bourbons, car le procès des sergents de la Rochelle appartient à un autre ordre d'idées.

A partir de 1822, éclairés par le sort de la conspiration du 19 août 1820, par les affaires Berton et Caron, les militaires se contentèrent d'attendre les événements. Cette dernière conspiration, la cadette de celle du 19 août, fut la même, reprise avec de meilleurs éléments. Comme l'autre, elle resta complètement inconnue au gouvernement royal. Encore une fois découverts, les conspirateurs eurent l'esprit de réduire leur vaste entreprise aux proportions mesquines d'un complot de caserne. Cette conspiration, à laquelle adhéraient plusieurs régiments de cavalerie, d'infanterie et d'artillerie, avait le nord de la France pour foyer. On devait prendre d'un seul coup les places fortes de la frontière. En cas de succès, les traités de 1815 eussent été brisés par une fédération subite de la Belgique, enlevée à la Sainte-Alliance, grâce à un pacte militaire fait entre soldats. Deux trônes s'abîmaient en un moment dans ce rapide ouragan. Au lieu de ce formidable plan conçu par de fortes têtes, et dans lequel trempaient bien des personnages, on ne livra qu'un détail à la Cour des pairs. Philippe Bridau consentit à couvrir ces chefs, qui disparaissaient au moment où les complots se découvraient, soit par quelque trahison, soit par un effet du hasard, et qui, siégeant dans les Chambres, ne promettaient leur coopération que pour compléter la réussite au cœur du gouvernement. Dire le plan que, depuis 1830, les aveux des libéraux ont déployé dans toute sa profondeur et dans ses ramifications immenses, dérobées aux initiés inférieurs, ce serait empiéter sur le domaine de l'histoire et se jeter dans une trop longue digression ; cet aperçu suffit à faire comprendre le double rôle accepté par Philippe. L'ancien officier d'ordonnance de l'empereur devait diriger un mouvement projeté dans Paris, uniquement pour masquer la véritable conspiration, et occuper le gouvernement au cœur quand elle éclaterait dans le Nord. Philippe fut alors chargé de remplir la trame entre les deux complots en ne livrant que les secrets d'___ ___ secondaire ; l'effroyable dénûment dont témoignait son

costume et son état de santé, servit puissamment à déconsidérer, à rétrécir l'entreprise aux yeux du pouvoir. Ce rôle convenait à la situation précaire de ce joueur sans principes. En se sentant à cheval sur deux partis, le rusé Philippe fit le bon apôtre avec le gouvernement royal et conserva l'estime des gens haut placés de son parti ; mais en se promettant bien de se jeter plus tard dans celle des deux voies où il trouverait le plus d'avantages.

Ces révélations sur la portée immense du véritable complot, sur la participation de quelques-uns des juges, firent de Philippe, aux yeux de Carpentier et de Mignonnet, un homme de la plus haute distinction, car son dévouement révélait une politique digne des beaux jours de la Convention. Aussi le rusé bonapartiste devint-il en quelques jours l'ami des deux officiers, dont la considération dut rejaillir sur lui. Il eut aussitôt, par la recommandation de MM. Mignonnet et Carpentier, la place indiquée par le vieil Hochon à l'assurance mutuelle du département du Cher. Chargé de tenir des registres comme chez un percepteur, de remplir de noms et de chiffres des lettres tout imprimées et de les expédier, de faire des polices d'assurance, il ne fut pas occupé plus de trois heures par jour. Mignonnet et Carpentier firent admettre l'hôte d'Issoudun à leur cercle, où son attitude et ses manières, en harmonie d'ailleurs avec la haute opinion que Mignonnet et Carpentier donnaient de ce chef de complot, lui méritèrent le respect qu'on accorde à des dehors souvent trompeurs.

Philippe, dont la conduite fut profondément méditée, avait réfléchi pendant sa prison sur les inconvénients d'une vie débraillée. Il n'avait donc pas eu besoin de la semonce de Desroches pour comprendre la nécessité de se concilier l'estime de la bourgeoisie par une vie honnête, décente et rangée. Charmé de faire la satire de Max en se conduisant à la Mignonnet, il voulait endormir Maxence en le trompant sur son caractère. Il tenait à se faire prendre pour un niais en se montrant généreux et désintéressé, tout en enveloppant son adversaire et convoitait la succession de son oncle ; tandis que sa mère et son frère, et son frère, si réellement désintéressés, généreux et grands, avaient été taxés de calcul en agissant avec une naïve simplicité. La cupidité de Philippe s'était allumée en raison de la fortune de son oncle, que M. Hochon lui avait détaillée. Dans la première conversation qu'il eut secrètement avec l'octogénaire, ils étaient tous deux tombés d'accord sur l'obligation où se trouvait Philippe de ne pas éveiller la défiance de Max ; car tout serait perdu si Flore et Max emmenaient leur victime, seulement à Bourges. Une fois par semaine, le colonel dîna chez le capitaine Mignonnet, une autre fois chez Carpentier, et le jeudi chez M. Hochon. Bientôt invité dans deux ou trois maisons, après trois semaines de séjour, il n'avait guère que son déjeuner à payer. Nulle part il ne parla ni de son oncle, ni de la Rabouilleuse, ni de Gilet, à moins qu'il ne fût question d'apprendre quelque chose relativement au séjour de son frère et de sa mère. Enfin les trois officiers, les seuls qui fussent décorés, et parmi lesquels Philippe avait l'avantage de la rosette, ce qui lui donnait aux yeux de tous une supériorité très-

Le lendemain, les officiers de l'ancienne armée... se promenaient sur la place du Marché — PAGE 55.

4

remarquée en province, se promenaient ensemble à la même heure, avant le dîner, en faisant, selon une expression vulgaire, *bande à part*. Cette attitude, cette réserve, cette tranquillité, produisirent un excellent effet dans Issoudun. Tous les adhérents de Max virent en Philippe *un sabreur*, expression par laquelle les militaires accordent le plus vulgaire des courages aux officiers supérieurs, et leur refusent les capacités exigées pour le commandement.

— C'est un homme bien honorable, disait Goddet père à Max. — Bah! répondit le commandant Gilet, sa conduite à la Cour des pairs annonce une dupe ou un mouchard; et il est, comme vous le dites, assez niais pour avoir été la dupe des gros joueurs.

Après avoir obtenu sa place, Philippe, au fait des *disettes* du pays, voulut dérober le plus possible la connaissance de certaines choses à la ville; il se logea donc dans une maison située à l'extrémité du faubourg Saint-Paterne, et à laquelle attenait un très-grand jardin. Il put y faire, dans le plus grand secret, des armes avec Carpentier, qui avait été maître d'armes dans la ligne avant de passer dans la garde. Après avoir ainsi secrètement repris son ancienne supériorité, Philippe apprit de Carpentier des secrets qui lui permirent de ne pas craindre un adversaire de la première force. Il se mit alors à tirer le pistolet avec Mignonnet et Carpentier, soi-disant par distraction, mais pour faire croire à Maxence qu'il comptait, en cas de duel, sur cette arme.

Quand Philippe rencontrait Gilet, il en attendait un salut, et répondait en soulevant le bord de son chapeau d'une façon cavalière, comme fait un colonel qui répond au salut d'un soldat. Maxence Gilet ne donnait aucune marque d'impatience ni de mécontentement; il ne lui était jamais échappé la moindre parole à ce sujet chez la Cognette, où il se faisait encore des soupers; car, depuis le coup de couteau de Fario, les mauvais tours avaient été provisoirement suspendus. Au bout d'un certain temps, le mépris du lieutenant-colonel Bridau pour le chef de bataillon Gilet fut un fait avéré donné à s'entretenir entre eux quelques-uns des chevaliers de la Désœuvrance qui n'étaient pas aussi étroitement liés avec Maxence que Baruch, que François et trois ou quatre autres. On s'étonna généralement de voir le violent, le fougueux Max se comporter avec une pareille réserve. Aucune personne à Issoudun, pas même Potel ou Renard, n'osa traiter ce point délicat avec Gilet. Potel, assez affecté de cette mésintelligence publique entre deux braves de la garde impériale, présentait Max comme incapable d'ourdir une trame où se prendrait le colonel. Selon Potel, on pouvait s'attendre à quelque chose de neuf, après ce que Max avait fait pour chasser le frère et la mère, car l'affaire de Fario n'était plus un mystère. M. Hochon n'avait pas manqué d'expliquer aux vieilles têtes de la ville la ruse atroce de Gilet. D'ailleurs M. Mouilleron, le héros d'une *disette bourgeoise*, avait dit en confidence le nom de l'assassin de Gilet, ne fût-ce que pour rechercher les causes de l'inimitié de Fario contre Max, afin de tenir la justice éveillée sur des événements futurs.

En causant sur la situation du lieutenant-colonel vis-à-vis de Max, et en cherchant à deviner ce qui jaillirait de cet antagonisme, la ville les posa donc, par avance, en adversaires. Philippe, qui recherchait avec sollicitude les détails de l'arrestation de son frère, les antécédents de Gilet et ses liaisons avec la Rabouilleuse, finit par entrer en relations assez intimes avec Fario, son voisin. Après avoir bien étudié l'Espagnol, Philippe crut pouvoir se fier à un homme de cette trempe. Tous deux ils trouvèrent leur haine si bien à l'unisson, que Fario se mit à la disposition de Philippe en lui racontant tout ce qu'il savait sur les chevaliers de la Désœuvrance. Philippe, dans le cas où il réussirait à prendre sur son oncle l'empire qu'exerçait Gilet, promit à Fario de l'indemniser de ses pertes, et s'en fit ainsi un séide.

Maxence avait donc en face un ennemi redoutable; il trouvait, selon le mot du pays, *à qui parler*. Animée par ses *disettes*, la ville d'Issoudun pressentait un combat entre ces personnages, qui, remarquez-le, se méprisaient mutuellement.

Vers la fin de novembre, un matin, dans la grande allée de Frapesle, vers midi, Philippe, en rencontrant M. Hochon, lui dit : — J'ai découvert que vos deux petits-fils Baruch et François sont les amis intimes de Maxence Gilet. Les drôles participent à la nuit à toutes les farces qui se font en ville. Aussi Maxence a-t-il su par eux tout ce qui se disait chez vous quand mon frère et ma mère y séjournaient. — Et comment avez-vous la preuve de cette horreurs?... — Je les ai entendus causant pendant la nuit en sortant d'un cabaret. Vos deux petits-fils doivent chacun mille écus à Maxence. Ce misérable a dit à ces pauvres enfants de tâcher de découvrir quelles sont nos intentions; en leur rappelant que vous aviez trouvé le moyen de cerner mon oncle par la prêtraille, il leur a dit que vous seul étiez capable de me diriger, car il me prend heureusement pour un sabreur. — Comment, mes petits-enfants!... — Guettez-les, reprit Philippe, vous les verrez revenant sur la place Saint-Jean, à deux ou trois heures du matin, gris comme des bouchons de vin de Champagne, et en compagnie de Maxence... — Voilà donc pourquoi mes drôles sont si sobres, dit M. Hochon. — Fario m'a donné des renseignements sur leur existence nocturne, reprit Philippe; car, sans lui, je ne l'aurais

jamais devinée. Mon oncle est sous le poids d'une oppression horrible, à en juger par le peu de paroles que mon Espagnol a entendu dire par Max à vos enfants. Je soupçonne Max et la Rabouilleuse d'avoir formé le plan de *chipper* les cinquante mille francs de rente sur le grand-livre, et de s'en aller se marier je ne sais où, après avoir tiré cette aile à leur pigeon. Il est grand temps de savoir ce qui se passe dans le ménage de mon oncle; mais je ne sais comment faire. — J'y penserai, dit le vieillard.

Philippe et M. Hochon se séparèrent en voyant venir quelques personnes.

Jamais, en aucun moment de sa vie, Jean-Jacques Rouget ne souffrit autant que depuis la première visite de son neveu Philippe. Flore épouvantée avait le pressentiment d'un danger qui menaçait Maxence. Lasse de son maître, et craignant qu'il ne vécût très-vieux, en le voyant résister si longtemps à ses criminelles pratiques, elle inventa le plan très-simple de quitter le pays et d'aller épouser Maxence à Paris, après s'être fait donner l'inscription de cinquante mille livres de rente sur le grand-livre. Le vieux garçon, guidé, non point par intérêt pour ses héritiers ni par avarice personnelle, mais par sa passion, se refusait à donner l'inscription à Flore, en lui objectant qu'elle était son unique héritière. Le malheureux savait à quel point Flore aimait Maxence, et il se voyait abandonné par elle sitôt assez riche pour se marier. Quand Flore, après avoir employé les cajoleries les plus tendres, se vit refusée, elle déploya ses rigueurs : elle ne parlait plus à son maître, elle le faisait servir par la Védie, qui vit ce vieillard un matin les yeux tout rouges d'avoir pleuré pendant la nuit. Depuis une semaine, le père Rouget déjeunait seul, et Dieu sait comme!

Or, le lendemain de sa conversation avec M. Hochon, Philippe, qui voulut faire une seconde visite à son oncle, le trouva très-changé. Flore resta près du vieillard, lui jeta des regards affectueux, lui parla tendrement, et joua si bien la comédie, que Philippe devina le péril de la situation par tant de sollicitude déployée sa présence. Gilet, dont la politique consistait à fuir toute espèce de collision avec Philippe, ne se montra point. Après avoir observé le père Rouget et Flore d'un œil perspicace, le colonel jugea nécessaire de frapper un grand coup.

— Adieu, mon cher oncle, dit-il en se levant par un geste qui trahissait l'intention de sortir. — Oh! ne t'en va pas encore, s'écria le vieillard, à qui la fausse tendresse de Flore faisait du bien. Dîne avec nous, Philippe! — Oui, si vous voulez venir vous promener une heure avec moi. — Monsieur est bien malingre, dit mademoiselle Brazier. Il n'a pas voulu tout à l'heure sortir en voiture, ajouta-t-elle en se tournant vers le bonhomme, qu'elle regarda de cet œil fixe par lequel on dompte les fous.

Philippe prit Flore par le bras, la contraignit à le regarder, et la regarda tout aussi fixement qu'elle venait de regarder sa victime.

— Dites donc, mademoiselle, lui demanda-t-il, est-ce que, par hasard, mon oncle ne serait pas libre de se promener seul avec moi? — Mais si, monsieur, répondit Flore, qui ne pouvait guère répondre autre chose. — Eh bien! venez, mon oncle. Allons, mademoiselle, donnez-lui sa canne et son chapeau... — Mais, habituellement, il ne sort pas sans moi, n'est-ce pas, monsieur? — Oui, mon oncle, j'ai toujours bien besoin d'elle... — Il vaudrait mieux aller en voiture, dit Flore. — Oui, allons en voiture, s'écria le vieillard dans son désir de mettre ses deux tyrans d'accord. — Mon oncle, vous viendrez à pied avec moi, ou je ne reviens plus; car alors la ville d'Issoudun aurait raison : vous seriez sous la domination de mademoiselle Flore Brazier. Que mon oncle vous aime, très-bien! reprit-il en arrêtant sur Flore un regard de plomb. Que vous n'aimiez pas mon oncle, c'est encore dans l'ordre. Mais que vous rendiez le bonhomme malheureux : halte-là! Quand on veut une succession, il faut la gagner. Venez-vous, mon oncle?

Philippe vit alors une hésitation cruelle se peignant sur la figure de son pauvre imbécile, dont les yeux allaient de Flore à son neveu.

— Ah! c'est comme cela, reprit le lieutenant-colonel. Eh bien! adieu, mon oncle. Quant à vous, mademoiselle, je vous baise les mains.

Il se retourna vivement quand il fut à la porte, et surprit encore une fois un geste de menace de Flore à son oncle.

— Mon oncle, dit-il, si vous voulez venir vous promener avec moi, je vous trouverai à votre porte : je vais faire à M. Hochon une visite de dix minutes... Si nous ne nous promenons pas, je me charge d'envoyer promener bien du monde...

Et Philippe traversa la place Saint-Jean pour aller chez les Hochon.

Chacun doit pressentir la scène que la révélation faite par Philippe à M. Hochon avait préparée dans cette famille. A neuf heures, le vieux M. Héron se présenta, muni de papiers, et trouva dans la salle du feu que le vieillard avait fait allumer contre son habitude. Habillée à cette heure indue, madame Hochon occupait son fauteuil au coin de la cheminée. Les deux petits-fils, prévenus par Adolphine d'un orage amassé depuis la veille sur leurs têtes, avaient été consignés au logis. Maudés par Gritte, ils furent saisis de l'espèce d'appareil déployé par leurs grands parents, dont la froideur et la colère grondaient sur eux depuis vingt-quatre heures.

— Ne vous levez pas pour eux, dit l'octogénaire à M. Héron, car vous voyez deux misérables indignes de pardon. — Oh! grand-papa! dit François. — Taisez-vous, reprit le solennel vieillard, je connais votre vie nocturne et vos liaisons avec M. Maxence Gilet; mais vous n'irez plus le retrouver chez la Cognette à une heure du matin, car vous ne sortirez d'ici, tous deux, que pour vous rendre à vos destinations respectives. Ah! vous avez ruiné Fario! Ah! vous avez plusieurs fois failli aller en cour d'assises... Taisez-vous! dit-il en voyant Baruch ouvrant la bouche. Vous devez tous l'argent de l'argent à M. Maxence, qui, depuis six ans, vous en donne pour vos débauches. Écoutez ci... un les comptes de ma tutelle, et nous causerons après. Vous verrez d'après les actes si vous pouvez vous jouer de moi, vous jouer de la famille et de ses lois en trahissant les secrets de ma maison, en rapportant à un M. Maxence Gilet ce qui se dit et se fait ici. Pour mille écus, vous devenez espions; à dix mille écus, vous assassineriez sans doute? Mais n'avez-vous pas déjà presque tué madame Bridau? car M. Gilet savait très-bien que Fario lui avait donné le coup de couteau, quand il a rejeté cet assassinat sur mon hôte, Joseph Bridau. Si ce gibier de potence a commis ce crime, c'est pour avoir appris par vous l'intention où était madame Agathe de rester ici. Vous! mes petits-fils, les espions d'un tel homme! Vous, des maraudeurs! Ne saviez-vous pas que votre digne chef, au début de son métier, a déjà tué, en 1806, une pauvre jeune créature? Je ne vous pardonne pas d'avoir des assassins ou des voleurs dans ma famille, vous ferez vos paquets, et vous irez vous faire pendre ailleurs!

Les deux jeunes gens devinrent blancs et immobiles comme des statues de plâtre.

— Allez, monsieur Héron, dit l'avare au notaire.

Le vieillard lut un compte de tutelle d'où il résultait que la fortune claire et liquide des deux enfants Borniche était de soixante-dix mille francs, somme qui représentait la dot de leur mère; mais M. Hochon avait fait prêter à sa fille des sommes assez fortes, et se trouvait, sous le nom des prêteurs, maître d'une portion de la fortune de ses petits-enfants Borniche. La moitié revenant à Baruch se soldait par vingt mille francs.

— Te voilà riche, dit le vieillard, prends ta fortune et marche tout seul! Moi, je reste maître de donner mon bien et celui de madame Hochon, qui partage en ce moment toutes mes idées, à qui je veux, à notre chère Adolphine: oui, nous lui ferons épouser le fils d'un pair de France, si nous le voulons, car elle aura tous nos capitaux!... — Une très-belle fortune! dit M. Héron. — M. Maxence Gilet vous indemnisera, dit madame Hochon. — Amassez donc des pièces de vingt sous pour des pareils garnements! s'écria M. Hochon. — Pardon! dit Baruch en balbutiant. — Pardon, et ferai plus, répéta railleusement le vieillard en imitant la voix débonnaire de Baruch. Si je vous pardonne, vous irez prévenir M. Maxence de ce qui vous arrive, pour qu'il se tienne sur ses gardes... Non, non, mes petits messieurs. J'ai les moyens de savoir comment vous vous conduirez. Comme vous ferez, je ferai. Ce ne sera point par une bonne conduite d'un jour ni celle d'un mois que je vous jugerai, mais par celle de plusieurs années! J'ai bon pied, bon œil, bonne santé. J'espère vivre encore assez pour savoir dans quel chemin vous mettrez les pieds. Et d'abord, vous irez, vous, monsieur le financier, à Paris étudier la banque chez M. Mongenod. Malheur à vous, si vous n'allez pas droit : on y aura l'œil sur vous. Vos fonds sont chez MM. Mongenod et fils; voici un bon de pareille somme. Ainsi, libérez-moi, en signant votre compte de tutelle, qui se termine par une quittance, dit-il en recevant le compte des mains de Héron et le tendant à Baruch. — Quant à vous, François, messieurs, vous me redevez de l'argent au lieu d'en toucher, dit le vieillard en regardant son autre petit-fils. Monsieur Héron, lisez-lui son compte, il est clair, très-clair.

La lecture se fit par un profond silence.

— Vous irez, avec six cents francs par an à Poitiers, faire votre droit, dit le grand-père quand le notaire eut fini. Je vous préparais une belle existence; maintenant, il faut vous faire avocat pour gagner votre vie. Ah! mes drôles, vous m'avez attrapé pendant six ans! apprenez qu'il ne me fallait qu'une heure, à moi, pour vous rattraper; j'ai des bottes de sept lieues.

Au moment où la lecture et les actes signés, Gritte annonça M. le colonel Philippe Bridau. Madame Hochon sortit en emmenant les deux petits-fils dans la chambre afin de les confesser, selon l'expression du vieil Hochon, et savoir quel effet cette scène avait produit sur eux.

Philippe et le vieillard se mirent dans l'embrasure d'une fenêtre et parlèrent à voix basse.

— J'ai bien réfléchi à la situation de vos affaires, dit M. Hochon en

montrant la maison Rouget. Je viens d'en causer avec M. Héron. L'inscription de cinquante mille francs de rente ne peut être vendue que par le titulaire lui-même ou par un mandataire; or, depuis votre séjour ici, votre oncle n'a signé de procuration dans aucune étude; et, comme il n'est pas sorti d'Issoudun, il n'en a pas pu signer ailleurs. S'il donne une procuration ici, nous le saurons à l'instant; s'il en donne une dehors, nous le saurons également, car il faut l'enregistrer, et le digne M. Héron a les moyens d'en être averti. Si donc le bonhomme quitte Issoudun, faites-le suivre, sachez où il est allé, nous trouverons les moyens d'apprendre ce qu'il aura fait. — La procuration n'est pas donnée, dit Philippe, on la veut, mais j'espère pouvoir empêcher qu'elle ne se donne; et... — elle—ne—se—donn—ne—ra—pas, s'écria le soudard en voyant son oncle sur le pas de la porte, et le montrant à M. Hochon, à qui il expliqua succinctement les événements, si petits et à la fois si grands, de sa visite. — Maxence a peur de moi, mais il ne peut m'éviter. Mignonnet m'a dit que tous les officiers de la vieille armée fêtaient chaque année à Issoudun l'anniversaire du couronnement de l'empereur; eh bien! dans deux jours, Maxence et moi, nous nous verrons. — S'il a la procuration le premier décembre au matin, il prendra la poste pour aller à Paris, et laissera la très-bien l'anniversaire... — Bon, il s'agit de chambrer mon oncle; mais j'ai le regard qui plombe les imbéciles, dit Philippe, en faisant trembler M. Hochon par un coup d'œil atroce. — Oh! Fario veille, répliqua Philippe, et il n'est pas seul à veiller. Cet Espagnol m'a découvert aux environs de Vatan un de mes anciens soldats, à qui j'ai rendu service. Sans qu'on s'en doute, Benjamin Bourdet est aux ordres de mon Espagnol, qui lui-même a mis un de ses chevaux à la disposition de Benjamin. — Si vous tuez ce monstre qui m'a perverti mes petits-enfants, vous ferez certes une bonne action. — Aujourd'hui, grâce à moi, l'on sait dans tout Issoudun ce que M. Maxence a fait la nuit de puis six ans, répondit Philippe. Et les disettes, selon votre expression, vont leur train sur lui. Moralement, il est perdu!...

Dès que Philippe sortit de chez Maxence, Flore entra dans la chambre de Maxence pour lui raconter les moindres détails de la visite que venait de faire l'audacieux neveu.

— Que faire? dit-elle. — Avant d'arriver au dernier moyen, qui sera de me battre avec ce grand cadavre-là, répondit Maxence, il faut jouer quitte ou double en essayant un grand coup. Laisse aller notre imbécile vous son neveu! — Mais ce grand matin-là ne va pas par quatre chemins, s'écria Flore, il lui nommera les choses par leur nom. — Écoute-moi donc, dit Maxence d'un son de voix strident. Crois-tu que je n'aie pas déjà songé à notre position? Demande un cheval et un char à bancs au père Cognet, il les faut à l'instant! tout doit être paré en cinq minutes. Mets là-dedans toutes les affaires, emmène ta Védie et cours à Vatan, installe-toi là comme une femme qui veut y demeurer, emporte les vingt mille francs et tu le mets à sa secrétaire. Si je te mène le bonhomme à Vatan, tu ne consentiras à revenir ici qu'après la signature de la procuration. Moi, je filerai sur Paris pendant que vous retournerez à Issoudun. Quand, au retour de sa promenade, Jean-Jacques ne te trouvera plus, il perdra la tête, il voudra courir après toi... Eh bien! moi, je me charge alors de lui parler...

Pendant ce temps, Philippe emmenait son oncle bras dessus bras dessous, et allait se promener avec lui sur le boulevard Baron.

— Voilà deux grands politiques aux prises, dit le vieil Hochon en suivant des yeux le colonel qui tenait son oncle. On sait curieux de voir la fin de cette partie, dont l'enjeu est de quatre-vingt-dix mille livres de rente. — Mon cher oncle, dit à père Monget Philippe, dont la phraséologie se ressentait de ses liaisons à Paris, vous aimez cette fille, et vous avez diablement raison, elle est sucrement belle! Au lieu de vous chouchouter, elle vous a fait aller comme un valet, c'est encore tout simple; elle voudrait vous mettre à six pieds sous terre, afin d'épouser Maxence, qu'elle adore. — Oui, je sais cela, Philippe, mais je l'aime tout de même. — Eh bien! par les entrailles de ma mère, qui est bien votre sœur, reprit Philippe, j'ai juré de vous rendre votre Rabouilleuse souple comme mon gant, et telle qu'elle devait être avant que ce ce polisson, indigne d'avoir servi dans la garde impériale, ne vînt se caser dans votre ménage. — Oh! si tu faisais cela! dit le vieillard. — C'est bien simple, répondit Philippe en coupant la parole à son oncle, je vous tuerai Maxence comme un chien... Mais, à une condition, dit le soudard. — Laquelle? demanda le vieux Rouget en regardant son neveu d'un air hébété. — Ne signez pas la procuration qu'on vous demande avant le 5 décembre, traînez jusque-là. Ces deux carcans veulent la permission de vendre vos cinquante mille francs de rente, uniquement pour s'en aller se marier à Paris, et y faire la noce avec votre million... — J'en ai bien peur, répondit Rouget. — Eh bien! quoi qu'on vous fasse signer la procuration la semaine prochaine. — Oui, mais quand Flore me parle, elle me remue l'âme et me faire perdre la tête. Tiens, quand elle me regarde d'une certaine façon, ses yeux bleus me semblent le paradis, et je ne suis plus mon maître, surtout quand il y a quelques jours.

qu'elle me tient rigueur. — Eh bien ! si elle fait la sucrée, contentez-vous de lui promettre la procuration, et prévenez-moi la veille de la signature. Cela me suffira : Maxence ne sera pas votre mandataire, ou bien il m'aura tué. Si je le tue, vous me prendrez chez vous à sa place, je vous ferai marcher alors cette jolie fille au doigt et à l'œil. Oui, Flore vous aimera, tonnerre de Dieu ! on, si vous n'êtes pas content d'elle, je la cravacherai. — Oh ! je ne souffrirai jamais cela. Un coup frappé sur Flore m'atteindrait au cœur. — Mais c'est pourtant la seule manière de gouverner les femmes et les chevaux. Un homme se fait ainsi craindre, aimer et respecter. Voilà ce que je voulais vous dire dans le tuyau de l'oreille.—Bonjour, messieurs, dit-il à Mignonnet et à Carpentier, je promène mon oncle, comme vous voyez, et je tâche de le former ; car nous sommes dans un siècle où les enfants sont obligés de faire l'éducation de leurs grands parents.

On se salua respectivement.

— Vous voyez dans mon cher oncle les effets d'une passion malheureuse, reprit le colonel. On veut le dépouiller de sa fortune, et le laisser là comme Baba ; vous savez de qui je veux parler. Le bonhomme n'ignore pas le complot, et il n'a pas la force de se passer de *nanan* pendant quelques jours pour le déjouer.

Philippe expliqua net la situation dans laquelle se trouvait son oncle.

— Messieurs, dit-il en terminant, vous voyez qu'il n'y a pas deux manières de délivrer mon oncle : il faut que le colonel Bridau tue le commandant Gilet, ou que le commandant Gilet tue le colonel Bridau. Nous fêtons le couronnement de l'empereur après demain, je compte sur vous pour arranger les places au banquet de manière à ce que je sois en face du commandant Gilet. Vous me ferez, je l'espère, l'honneur d'être mes témoins. — Nous vous nommerons président, et nous serons à vos côtés. Max, comme vice-président, sera votre vis-à-vis, dit Mignonnet. — Oh ! ce drôle aura pour lui le commandant Potel et le capitaine Renard, dit Carpentier. Malgré ce qui se dit en ville sur ses incursions nocturnes, ces deux braves gens ont été déjà ses seconds, ils lui seront fidèles... — Vous voyez, mon oncle, dit Philippe, comme cela se mitonne ; ainsi ne signez rien avant le 5 décembre, car le lendemain vous serez libre, heureux, aimé de Flore, et sans voune cour des aides. — Tu ne le connais pas, mon neveu, dit le vieillard épouvanté, Maxence a tué neuf hommes en duel. — Oui, mais il ne s'agissait pas de cent mille francs de rente à voler, répondit Philippe. — Une mauvaise conscience gâte la main, dit sentencieusement Mignonnet. — Dans quelques jours d'ici, reprit Philippe, vous et la Rabouilleuse, vous vivrez ensemble comme des cœurs à la fleur d'orange, une fois son deuil passé ; car elle se tortillera comme un ver, elle jappera, elle fondra en larmes ; mais... laissez couler l'eau !

Les deux militaires appuyèrent l'argumentation de Philippe, et s'efforcèrent de donner du cœur au père Rouget, avec lequel ils se promenèrent environ deux heures. Enfin Philippe ramena son oncle, auquel il dit pour dernière parole : — Ne prenez aucune détermination sans moi. Je connais les femmes, j'en ai payé une qui m'a coûté plus cher que Flore ne vous coûtera jamais !... Aussi m'a-t-elle appris à me conduire comme il faut pour le reste de mes jours avec le beau sexe. Les femmes sont des enfants méchants, c'est des bêtes inférieures à l'homme, et il faut s'en faire craindre, car la pire condition pour nous est d'être gouvernés par ces brutes-là !

Il était environ deux heures après midi quand le bonhomme rentra chez lui. Kouski vint ouvrir la porte en pleurant, ou du moins d'après les ordres de Maxence, il avait l'air de pleurer.

— Qu'y a-t-il? demanda Jean-Jacques. — Ah ! monsieur, madame est partie avec la Védie ! — Pa...artie ?... dit le vieillard d'un son de voix étranglé.

Le coup fut si violent que Rouget s'assit sur une des marches de son escalier. Un moment après, il se releva, regarda dans la salle, dans la cuisine, monta dans son appartement, alla dans toutes les chambres, revint dans la salle, se jeta dans un fauteuil, et se mit à fondre en larmes.

— Où est-elle ? criait-il en sanglotant. Où est-elle ? Où est Max ? Je ne sais pas, répondit Kouski, le commandant est sorti sans me rien dire.

Gilet, en très-habile politique, avait jugé nécessaire d'aller flâner par la ville. En laissant le vieillard seul à son désespoir, il lui faisait sentir son abandon et le rendait par là docile à ses conseils. Mais, pour empêcher que Philippe n'assistât son oncle dans cette crise, Max avait recommandé à Kouski de n'ouvrir la porte à personne. Flore absente, le vieillard était sans frein ni mors, et la situation devenait alors excessivement critique. Pendant sa tournée en ville, Maxence Gilet fut évité par beaucoup de gens qui, la veille, eussent été très-empressés à venir lui serrer la main. Une réaction générale se faisait contre lui. Les œuvres des chevaliers de la Désœuvrance occupaient toutes les langues. L'histoire de l'arrestation de Joseph Bridau, maintenant éclaircie, déshonorait Max, dont la vie et les œu-

vres recevaient en un jour tout leur prix. Gilet rencontra le commandant Potel qui le cherchait, et qu'il vit hors de lui.

— Qu'as-tu, Potel ? — Mon cher, la garde impériale est polissonnée dans toute la ville !... Les *péquins* t'embêtent, et par contre-coup, ça me touche à fond de cœur. — De quoi se plaignent-ils ? répondit Max. — De ce que tu leur faisais les nuits. — Comme si l'on ne pouvait pas s'amuser un petit peu ?... — Ceci n'est rien, dit Potel.

Potel appartenait à ce genre d'officiers qui répondaient à un bourgmestre : — Eh ! on vous la payera, votre ville, on la brûle ! Aussi s'émouvait-il fort peu des farces de la Désœuvrance.

— Quoi, encore? dit Gilet. — La garde est contre la garde ! voilà ce qui me crève le cœur. C'est Bridau qui a déchaîné tous ces bourgeois sur toi. La garde contre la garde !... non, ça n'est pas bien ! Tu ne peux pas reculer, Max, et il faut t'aligner avec Bridau. Tiens, j'avais envie de chercher querelle à cette grande canaille-là, et de le descendre ; car alors les bourgeois n'auraient pas vu la garde contre la garde. A la guerre, je ne dis pas : deux braves de la garde ont une querelle, on se bat, il n'y a pas là de péquins pour se moquer d'eux. Non, ce grand drôle n'a jamais servi dans la garde. Un homme de la garde ne doit pas se conduire ainsi, devant des bourgeois, contre un autre homme de la garde ! Ah ! la garde est embêtée, et à Issoudun, encore, où elle était honorée !... — Allons, Potel, ne t'inquiète de rien, répondit Maxence. Quand même tu ne me verrais pas au banquet de l'anniversaire... — Tu ne seras pas chez Lacroix après-demain ?... s'écria Potel en interrompant son ami. Mais tu veux donc passer pour un lâche, avoir l'air de fuir Bridau ? Non, non, les grenadiers à pied de la garde ne doivent pas reculer devant les dragons de la garde. Arrange tes affaires autrement, et sois là !... — Encore un à mettre à l'ombre, dit Max. Allons, je pense que je puis n'y trouver et faire aussi mes affaires ! Car, se dit-il en lui-même, il ne faut pas que la procuration soit à mon nom. Comme l'a dit le vieux Héron, ça prendrait trop la tournure d'un vol.

Ce lion, empêtré dans les filets ourdis par Philippe Bridau, frémit entre ses dents, il évita les regards de tous ceux qu'il rencontrait en se parlant à lui-même : — Avant de me battre, j'aurai les rennes, se disait-il. Si je meurs, au moins cette inscription ne sera pas à ce Philippe, je l'aurai fait mettre au nom de Flore. D'après mes instructions, l'enfant ira droit à Paris, et pourra, si elle le veut, épouser le fils de quelque maréchal de l'empire qui sera dégommé. Je ferai donner la procuration au nom de Baruch, qui me transférera l'inscription que sur mon ordre.

Max, il faut lui rendre cette justice, n'était jamais plus calme en apparence que quand son sang et ses idées bouillonnaient. Aussi jamais ne vit-on à un si haut degré, réunies chez un militaire, les qualités qui font le grand général. S'il n'eût pas été arrêté dans sa carrière par la captivité, certes, l'empereur aurait eu dans Max un de ces hommes si nécessaires à de vastes entreprises. En entrant dans la salle où pleurait toujours la victime de toutes ces scènes à la fois comiques et tragiques, Max demanda la cause de cette désolation : il fit l'étonné, il ne savait rien, il apprit avec une surprise bien jouée le départ de Flore, il questionna Kouski pour obtenir quelques lumières sur le but de ce voyage inexplicable.

— Madame m'a dit comme ça, fit Kouski, de dire à monsieur qu'elle avait pris dans le secrétaire les vingt mille francs en or qui s'y trouvaient, en pensant que monsieur ne lui refuserait pas cette somme pour ses gages, depuis vingt-deux ans. — Ses gages ?... dit Rouget. — Oui, reprit Kouski. « Ah ! je ne reviendrai plus, » dit-elle s'en allait disant à la pauvre Védie, qui est bien attachée à monsieur, faisait des représentations à madame). « Non ! non ! qu'elle disait, il n'a pas pour moi la moindre affection, il m'a toujours traitée comme la dernière des dernières ! » Et elle pleurait !... à chaudes larmes. — Je me moque bien de Philippe ! s'écria le vieillard, que Maxence observait. Où est Flore ? Comment peut-on savoir où elle est ? — Philippe, de qui vous suivez les conseils, vous aidera, répondit froidement Maxence. — Philippe, dit le vieillard, que peut-il sur cette pauvre enfant ?... Il n'y a que toi, mon bon Max, qui saurais trouver Flore, elle te suivra, tu me la ramèneras. — Je ne veux pas être en opposition avec M. Bridau, fit Max. — Parbleu ! s'écria Rouget, si c'est ça qui te gêne, il m'a promis de te tuer. — Ah ! s'écria Gilet en riant, nous verrons... — Mon ami, dit le vieillard, retrouve Flore et dis-lui que je ferai tout ce qu'elle voudra !... — On l'aura bien vu passer quelque part en ville, dit Maxence à Kouski, sers-nous à dîner, mets tout sur la table, et va t'informer, de place en place, afin de pouvoir nous dire au dessert quelle route a prise mademoiselle Brazier.

Cet ordre calma pour un moment le pauvre homme, qui gémissait comme un enfant qui a perdu sa bonne. En ce moment, Maxence, que Rouget haïssait comme la cause de tous ses malheurs, lui semblait un ange. Une passion, comme celle de Rouget pour Flore, ressemble étonnamment à l'enfance. A six heures, le Polonais, qui s'était tout bonnement promené, revint et annonça que la Rabouilleuse avait suivi la route de Vatan.

— Madame retourne dans son pays, c'est clair, dit Kouski. — Voulez-vous venir ce soir à Vatan? dit Max au vieillard, la route est mauvaise, mais Kouski sait conduire, et vous ferez mieux votre raccommodement ce soir à huit heures que demain matin. — Partons! s'écria Rouget. — Mais tout doucement les chevaux, et tâche que la ville ne sache rien de ces bêtises-là, pour l'honneur de M. Rouget. Selle mon cheval, j'irai devant, dit-il à l'oreille de Kouski.

M. Hochon avait déjà fait savoir le départ de mademoiselle Brazier à Philippe Bridau, qui se leva de table chez M. Mignonnet pour courir à la place Saint-Jean; car il devina parfaitement le but de cette habile stratégie. Quand Philippe se présenta pour entrer chez son oncle, Kouski lui répondit par une croisée du premier étage que M. Rouget ne pouvait recevoir personne.

— Fario, dit Philippe à l'Espagnol, qui se promenait dans la Grande-Narrette, va dire à Benjamin de monter à cheval; il est urgent que je sache ce que deviendront mon oncle et Maxence. — On attelle le cheval au berlingot, dit Fario, qui surveillait la maison de Rouget. — S'ils vont à Vatan, répondit Philippe, trouve-moi un second cheval et reviens avec Benjamin chez M. Mignonnet. — Que comptez-vous faire? dit M. Hochon, qui sortit de sa maison en voyant Philippe et Fario sur la place. — Le talent d'un général, mon cher monsieur Hochon, consiste non-seulement à bien observer les mouvements de l'ennemi, mais encore à deviner ses intentions par ses mouvements, et à toujours modifier son plan à mesure que l'ennemi le dérange par une marche imprévue. Tenez, si mon oncle et Maxence sortent ensemble dans ce berlingot, ils vont à Vatan; Maxence lui a promis de le réconcilier avec Flore qui *fugit ad salices!* car cette manœuvre est du général Virgile. Si cela se joue ainsi, je ne sais pas ce que je ferai; mais j'aurai la nuit à moi, car mon oncle ne signera pas de procuration à dix heures du soir, les notaires sont couchés. Si, comme le prétendent ces piaffements du second cheval que Max va donner à Flore des instructions en précédant mon oncle, ce qui paraît nécessaire et vraisemblable, le drôle est perdu! Vous allez voir comment nous prendrons notre revanche au jeu de la succession, mes autres vieux soldats... Et, comme pour ce dernier coup de la partie il me faut un second, je retourne chez Mignonnet afin de m'y entendre avec mon ami Carpentier.

Après avoir serré la main à M. Hochon, Philippe descendit la Petite-Narrette pour aller chez le commandant Mignonnet. Dix minutes après, M. Hochon vit partir Maxence au grand trot, et sa curiosité de vieillard fut alors si puissamment excitée, qu'il resta debout à la fenêtre de sa salle, attendant le bruit de la voiture demi-fortune qui ne se fit pas attendre. L'impatience de Jean-Jacques lui fit suivre Maxence à vingt minutes de distance. Kouski, sans doute sur l'ordre de son vrai maître, allait au pas, au moins dans la ville.

— S'ils s'en vont à Paris, tout est perdu, se dit M. Hochon.

En ce moment, un petit gars du faubourg de Rome arriva chez M. Hochon, il apportait une lettre pour Baruch. Les deux petits-fils du vieillard, penauds depuis le matin, s'étaient consignés d'eux-mêmes chez leur grand-père. En réfléchissant à leur avenir, ils avaient reconnu combien ils devaient ménager leurs grands parents. Baruch ne pouvait guère ignorer l'influence qu'exerçait son grand-père Hochon sur son grand-père et sa grand'mère Borniche; M. Hochon ne manquerait pas de faire avantager Adolphine de tous les capitaux des Borniche, si sa conduite les autorisait à reporter leurs espérances dans le grand mariage dont on l'avait menacé le matin même. Plus riche que François, Baruch avait beaucoup à perdre; il fut donc pour une soumission absolue, car il y mettait pas d'autres conditions que le payement des dettes contractées avec Max. Quant à François, son avenir était entre les mains de son grand-père; et l'espérair de fortune que de lui, puisque, d'après le compte de tutelle, il devenait son débiteur. De solennelles promesses furent alors faites par les jeunes gens, dont le repentir fut stimulé par leurs intérêts compromis, et madame Hochon les rassura sur leurs dettes envers Maxence.

— Vous avez fait des sottises, leur dit-elle, réparez-les par une conduite sage, et M. Hochon s'apaisera.

Aussi, quand François eut lu la lettre par-dessus l'épaule de Baruch, lui dit-il à l'oreille : — Demande conseil à grand-papa. — Tenez, fit Baruch en apportant la lettre au vieillard. — Lisez-la-moi, je n'ai pas mes lunettes.

« Mon cher ami,

« J'espère que tu n'hésiteras pas, dans les circonstances graves où « je me trouve, à me rendre service en acceptant d'être le fondé de « pouvoir de M. Rouget. Ainsi, sois à Vatan demain à neuf heures. « Je t'enverrai sans doute à Paris; mais sois tranquille, je te donnerai « l'argent du voyage et te rejoindrai promptement, car je suis à peu « près sûr d'être forcé de quitter Issoudun le 3 décembre. Adieu, je « compte sur ton amitié, compte sur celle de ton ami.

« MAXENCE. »

— Dieu soit loué! fit M. Hochon, la succession de cet imbécile est sauvée des griffes de ces diables-là! — Cela sera si vous le dites, fit madame Hochon, et j'en remercie Dieu, qui sans doute aura exaucé mes prières. Le triomphe des méchants est toujours passager. — Vous irez à Vatan, vous accepterez la procuration de M. Rouget, dit le vieillard à Baruch. Il s'agit de mettre cinquante mille francs de rente au nom de mademoiselle Brazier. Vous partirez bien pour Paris; mais vous resterez à Orléans, où vous attendrez un mot de moi. Ne faites savoir à qui que ce soit où vous logerez, et logez-vous dans la dernière auberge du faubourg Bannier, fût-ce une auberge à roulier... — Ah bien! fit François, que le bruit d'une voiture dans la Grande-Narrette avait fait se précipiter à la fenêtre, voici du nouveau: le père Rouget et M. Philippe Bridau reviennent ensemble dans la calèche, Benjamin et M. Carpentier les suivent à cheval!... — J'y vais, s'écria M. Hochon, dont la curiosité l'emporta sur tout autre sentiment.

M. Hochon trouva le vieux Rouget écrivant dans sa chambre cette lettre que son neveu lui dictait :

« Mademoiselle,

« Si vous ne partez pas, aussitôt cette lettre reçue, pour revenir « chez moi, votre conduite marquera tant d'ingratitude pour mes « bontés, que je révoquerai le testament fait en votre faveur en don- « nant ma fortune à mon neveu Philippe. Vous comprenez aussi que « M. Gilet ne doit plus être mon commensal, dès qu'il se trouve avec « vous à Vatan. Je charge M. le capitaine Carpentier de vous remettre « la présente, et j'espère de vous écouterez ses conseils, car il vous « parlera comme ferait

« Votre affectionné,   « J.-J. ROUGET. »

— Le capitaine Carpentier et moi nous avons *rencontré* mon oncle, qui faisait la sottise d'aller à Vatan retrouver mademoiselle Brazier et le commandant Gilet, dit avec une profonde ironie Philippe à M. Hochon. J'ai fait comprendre à mon oncle qu'il courait donner tête baissée dans un piège : ne sera-t-il pas abandonné par cette fille dès qu'il lui aura signé la procuration qu'elle lui demande pour se vendre à elle-même une inscription de cinquante mille livres de rente? En écrivant cette lettre, ne verra-t-il pas revenir cette nuit, sous son toit, la belle fuyarde?... Je promets de rendre mademoiselle Brazier souple comme un jonc pour le reste de ses jours, si mon oncle veut me laisser prendre la place de M. Gilet, que je trouve plus que déplacé ici. Ai-je raison?... Et mon oncle se lamente. — Mon voisin, dit M. Hochon, vous avez pris le meilleur moyen pour avoir la paix chez vous. Si vous m'en croyez, vous supprimerez votre testament, et vous verrez Flore redevenir pour vous ce qu'elle était dans les premiers jours. — Non, car elle ne me pardonnera pas la peine que je vais lui donner, elle va revenir en pleurant, elle ne m'aimera plus. — Elle vous aimera, et dru, dit Philippe. — Mais ouvrez donc les yeux! fit M. Hochon à Rouget. On veut vous dépouiller et vous abandonner... — Ah! si j'en étais sûr!... s'écria l'imbécile. — Tenez, voici une lettre que Maxence a écrite à mon petit-fils Borniche, dit le vieil Hochon. Lisez! — Quelle horreur! s'écria Carpentier en entendant la lecture de la lettre, que Baruch fit en pleurant. — Est-ce assez clair, mon oncle? demanda Philippe. Allez, tenez-moi cette fille par l'intérêt, et vous serez adoré... comme vous pouvez l'être : moitié fil, moitié coton. — Elle aime trop Maxence, elle me quittera, fit le vieillard en paraissant épouvanté. — Mais, mon oncle, Maxence ou moi, nous ne laisserons pas après-demain la marque de nos pieds sur les chemins d'Issoudun... — Eh bien! allez, monsieur Carpentier, reprit le bonhomme, si vous me promettez qu'elle reviendra, allez! Vous êtes un honnête homme, dites-lui tout ce que vous croirez devoir dire en mon nom... — Le capitaine Carpentier lui soufflera dans l'oreille que je fais venir de Paris une femme dont la jeunesse et la beauté sont au pair mignonnes, dit Philippe Bridau, et la drôlesse reviendra ventre à terre!

Le capitaine partit en conduisant lui-même la vieille calèche, il fut accompagné des deux officiers à cheval, car on ne trouva plus Kouski. Quoique menacé par les deux officiers d'un procès et de la perte de sa place, le Polonais venait de s'enfuir à Vatan sur un cheval de louage, afin d'annoncer à Maxence et à Flore le coup de main de leur adversaire. Après avoir accompli sa mission, Carpentier, qui ne voulait pas revenir avec la Rabouilleuse, devait prendre le cheval de Benjamin.

En apprenant la fuite de Kouski, Philippe dit à Benjamin : — Tu remplaceras ici, dès ce soir, le Polonais. Ainsi tâche de grimper derrière la calèche à l'insu de Flore, pour te trouver ici en même temps qu'elle. — Ça se dessine, papa Hochon! fit le lieutenant-colonel. Après-demain le banquet sera jovial. — Vous allez vous établir ici, dit le vieil avare. — Je viens de dire à Fario de m'y envoyer toutes mes affaires. Je coucherai dans la chambre dont la porte est sur le palier de l'appartement de Gilet, mon oncle y consent. — Qu'arrivera-t-il de tout ceci? dit le bonhomme épouvanté. — Il vous arrivera mademoiselle Flore Brazier dans quatre heures d'ici, douce comme une peau de pêche, répondit M. Hochon. — Dieu le veuille! fit le bonhomme en essuyant ses larmes. — Il est sept heures, dit Philippe, la reine de votre cœur sera vers onze heures et demie ici. Vous n'y verrez plus Gilet, ne serez-vous pas heureux comme un pape? Si vous vouliez que je triomphe, ajouta Philippe à l'oreille de M. Hochon, restez avec nous jusqu'à l'arrivée de cette singesse, vous m'aiderez à maintenir le bonhomme dans sa résolution; puis, à nous deux, nous ferons comprendre à mademoiselle la Rabouilleuse ses vrais intérêts.

M. Hochon tint compagnie à Philippe en reconnaissant la justesse de sa demande; mais ils eurent tous deux fort à faire, car le père Rouget se livrait à des lamentations d'enfant qui ne cédèrent que devant ce raisonnement répété dix fois par Philippe:

— Mon oncle, si Flore revient, et qu'elle soit tendre pour vous, vous reconnaîtrez que j'ai eu raison. Vous serez choyé, vous garderez vos rentes, vous vous conduirez désormais par mes conseils, et tout ira comme le paradis.

Quand, à onze heures et demie, on entendit le bruit du berlingot dans la Grande-Narrette, la question fut de savoir si la voiture revenait pleine ou vide. Le visage de Rouget offrit alors l'expression d'une horrible angoisse, qui fut remplacée par l'abattement d'une joie excessive lorsqu'il aperçut les deux femmes au moment où la voiture tourna pour entrer.

— Kouski, dit Philippe en donnant la main à Flore pour descendre, vous n'êtes plus au service de M. Rouget, vous ne coucherez pas ici ce soir, ainsi faites vos paquets; Benjamin, que voici, vous remplace. — Vous êtes donc le maître? dit Flore avec ironie. — Avec votre permission, répondit Philippe en serrant la main de Flore dans la sienne comme dans un étau. Venez, nous devons nous rabouiller le cœur, à nous deux.

Philippe emmena cette femme stupéfaite à quelques pas de là, sur la place Saint-Jean.

— Ma toute belle, après-demain Gilet sera mis à l'ombre par ce bras, dit le soudard en tendant la main droite, où le sieu m'aura fait descendre la garde. Si je meurs, vous serez la maîtresse chez mon pauvre imbécile d'oncle : bene sit! Si je reste sur mes quilles, marchez droit, et servez-lui de bonheur premier numéro. Autrement, je connais à Paris des Rabouilleuses qui sont, sans vous faire tort, plus jolies que vous, car elles n'ont que dix-sept ans; elles rendront mon oncle excessivement heureux, et seront dans mes intérêts. Commencez votre service dès ce soir, car si demain le bonhomme n'est pas gai comme un pinson, je ne vous dis qu'une parole, écoutez-la bien! Il n'y a qu'une seule manière de tuer un homme sans que la justice ait le plus petit mot à dire, c'est de se battre en duel avec lui; mais j'en connais trois pour me débarrasser d'une femme. Voilà, ma biche!

Pendant cette allocution, Flore trembla comme une personne prise par la fièvre.

— Tuer Max!... dit-elle en regardant Philippe à la lueur de la lune. — Allez, venez, voilà mon oncle...

En effet, le père Rouget, quoi que pût lui dire M. Hochon, vint dans la rue prendre Flore par la main, comme un avare eût fait pour son trésor; il rentra chez lui, l'emmena dans sa chambre et s'y enferma.

— C'est aujourd'hui la Saint-Lambert, qui quitte sa place la perd, dit Benjamin au Polonais. — Mon maître vous fermera le bec à tous, répondit Kouski en allant rejoindre Max, qui s'établit à l'hôtel de la Poste.

Le lendemain, de neuf heures à onze heures, les femmes causaient entre elles à la porte des maisons. Dans toute la ville, il n'était bruit que de l'étrange révolution accomplie la veille dans le ménage du père Rouget. Le résumé des conversations fut le même partout.

— Que va-t-il se passer demain, au banquet du couronnement, entre Max et le colonel Bridau?

Philippe dit à la Védie deux mots : — Six cents francs de rente viagère, ou chassée! qui la rendirent neutre pour le moment entre deux puissances aussi formidables que Philippe et Flore.

En sachant la vie de Max en danger, Flore devint plus aimable avec le vieux Rouget qu'aux premiers jours de leur ménage. Hélas! en amour, une tromperie intéressée est supérieure à la vérité, voilà pourquoi tant d'hommes payent si cher d'habiles trompeuses. La Rabouilleuse ne se montra qu'au moment du déjeuner en descendant avec Rouget, à qui elle donnait le bras. Elle eut des larmes dans les yeux en voyant à la place de Max le terrible soudard à l'œil d'un bleu sombre, à la figure froidement sinistre.

— Qu'avez-vous, mademoiselle? dit-il après avoir souhaité le bonjour à son oncle. — Elle a, mon neveu, qu'elle ne supporte pas l'idée de savoir que tu peux te battre avec le commandant Gilet... — Je n'ai pas la moindre envie de tuer ce Gilet, répondit Philippe, il n'a

qu'à s'en aller d'Issoudun, s'embarquer pour l'Amérique avec une pacotille, je serai le premier à vous conseiller de lui donner de quoi s'acheter les meilleures marchandises possibles et à lui souhaiter bon voyage! Il fera fortune, et ce sera beaucoup plus honorable que de faire les cent coups à Issoudun et puis, et le diable dans votre maison. — Eh bien! c'est gentil, cela! dit Rouget en regardant Flore. — En A...mé...dé...ri...ique! répondit-elle en sanglotant. — Il vaut mieux jouer des jambes à New-York que de pourrir dans une redingote de sapin en France... Après cela, vous me direz qu'il est adroit : il peut me tuer! fit observer le colonel. — Voulez-vous me laisser lui parler? dit Flore d'un ton humble en implorant Philippe. — Certainement, il peut bien venir chercher ses affaires; je resterai cependant avec mon oncle pendant ce temps-là, car je ne quitte plus le bonhomme, répondit Philippe. — Védie! cria Flore, cours à la Poste, ma fille, et dis au commandant que je le prie de... — De venir prendre toutes ses affaires, dit Philippe en coupant la parole à Flore. — Oui, oui, Védie. Ce sera le prétexte le plus honnête pour me voir, je veux lui parler...

La terreur comprimait tellement la haine chez cette fille, le saisissement qu'elle éprouvait en rencontrant une nature forte et impitoyable, elle qui jusqu'alors était adulée, fut si grand, qu'elle s'accoutumait à plier devant Philippe comme le pauvre Rouget s'était accoutumé à plier devant elle; elle attendit avec anxiété le retour de la Védie; mais la Védie revint avec un refus formel de Max, qui priait mademoiselle Brazier de lui envoyer ses effets à l'hôtel de la Poste.

— Me permettez-vous d'aller les lui porter? dit-elle à Jean-Jacques Rouget. — Oui, mais tu reviendras, fit le vieillard. — Si mademoiselle n'est pas revenue à midi, vous me donnerez à une heure votre procuration pour vendre vos rentes, dit Philippe en regardant Flore. Allez avec la Védie pour sauver les apparences, mademoiselle. Il faut désormais avoir soin de l'honneur de mon oncle.

Flore ne put rien obtenir de Maxence. Le commandant, au désespoir de s'être laissé débusquer d'une position ignoble aux yeux de toute sa ville, avait trop de fierté pour fuir devant Philippe. La Rabouilleuse combattit cette raison en proposant à son ami de s'enfuir ensemble en Amérique; mais Gilet, qui ne voulait pas que Flore sues la fortune du père Rouget, et qui ne voulait pas montrer le fond de son cœur à cette fille, persista dans son intention de tuer Philippe.

— Nous avons commis une lourde sottise, dit-il. Il fallait aller tous les trois à Paris, y passer l'hiver; mais, comment imaginer, en voyant ce grand cadavre, que les choses tourneraient ainsi? Il y a dans le cours des événements une rapidité qui grise. J'ai pris le colonel pour un de ces sabreurs qui n'ont pas deux idées : voilà ma faute. Puisque je n'ai pas su tout d'abord faire un crochet de lièvre, maintenant je serais un lâche si je rompais d'une semelle devant le colonel; il m'a perdu dans l'opinion de la ville, je ne puis me réhabiliter que par sa mort. — Pars pour l'Amérique avec quarante mille francs, ce sera bien plus sage... — Que penseront-on de moi? s'écria-t-il poussé par le préjugé des disettes. Non. D'ailleurs, les disettes allèrent leur train dans Issoudun. Ce garçon-là ne me paraît pas devoir être très-fort : il est sorti de l'École pour aller à l'armée, il s'est toujours battu jusqu'en 1815, il a voyagé depuis en Amérique; ainsi, mon matin n'a jamais mis le pied dans une salle d'armes, tandis que je suis sans égal au sabre! Le sabre est son arme, j'aurai l'air généreux à lui faisant offrir, car je tâcherai d'être l'insulté, et je l'enfoncerai. Décidément cela vaut mieux. Rassure-toi : nous serons les maîtres après-demain.

Ainsi le point d'honneur fut chez Max plus fort que la saine politique. Revenue à une heure chez elle, Flore s'enferma dans sa chambre pour y pleurer à son aise. Pendant toute cette journée, les disettes allèrent leur train dans Issoudun, où l'on regardait comme inévitable un duel entre Philippe et Maxence.

— Ah! monsieur Hochon, dit Mignonnet accompagné de Carpentier, qui rencontrèrent le vieillard sur le boulevard Baron, nous sommes très-inquiets, car Gilet est bien fort à toute arme. — N'importe, répondit le vieux diplomate de province, Philippe a bien mené cette affaire... Et je n'aurais pas cru que ce gros sans-gêne aurait si promptement réussi. Ces deux gaillards ont roulé l'un vers l'autre comme deux orages... — Oh! fit Carpentier, Philippe est un homme profond, sa conduite à la Cour des pairs est un chef-d'œuvre de diplomatie. — Eh bien! capitaine Renard, disait un bourgeois, on disait qu'entre eux les loups ne se mangeaient point, mais il paraît que Max va en découdre avec le colonel Bridau. Ça sera sérieux entre gens de la vieille garde. — Vous riez de cela, vous autres. Parce que ce pauvre garçon s'amusait la nuit, vous lui en voulez, dit le commandant Potel. Mais Gilet est un homme qui ne pouvait guère rester dans un trou comme Issoudun sans s'occuper à quelque chose! — Enfin, messieurs, disait un quatrième, Max et le colonel ont bien leur jeu. Le colonel ne devait-il pas venger son frère Joseph? Souvenez-vous de la traîtrise de Max à l'égard de ce pauvre garçon. — Bah! un artiste, dit Renard. Mais il s'agit de la succession du père Rouget. On dit que M. Gilet allait s'emparer de cinquante mille livres de rente, au moment où le colonel s'est établi chez son oncle. — Gilet, voler des rentes à quelqu'un !... Tenez, ne dites pas cela, monsieur Ganivet, ailleurs qu'ici, s'écria Potel, ou nous vous ferions avaler votre langue, et sans sauce !

Dans toutes les maisons bourgeoises on fit des vœux pour le digne colonel Bridau.

Le lendemain, vers quatre heures, les officiers de l'ancienne armée qui se trouvaient à Issoudun ou dans les environs se promenaient sur la place du Marché, devant un restaurateur nommé Lacroix, en attendant Philippe Bridau. Le banquet qui devait avoir lieu pour fêter le couronnement était indiqué pour cinq heures, heure militaire. On causait de l'affaire de Maxence et de son renvoi de chez le père Rouget dans tous les groupes, car les simples soldats avaient imaginé d'avoir une réunion chez un marchand de vin sur la place. Parmi les officiers, Potel et Renard furent les seuls qui essayèrent de défendre leur ami.

— Est-ce que nous devons nous mêler de ce qui se passe entre deux héritiers ? disait Renard. — Max est faible avec les femmes, faisait observer le cynique Potel. — Il y aura des sabres dégainés sous peu, dit un ancien sous-lieutenant, qui cultivait un marais dans le Haut-Baltan. Si M. Maxence Gilet a commis la sottise de venir demeurer chez le bonhomme Rouget, il serait un lâche de s'en laisser chasser comme un valet sans demander raison. — Certes, répondit sèchement Mignonnet. Une sottise qui ne réussit pas devient un crime.

Max, qui vint rejoindre les vieux soldats de Napoléon, fut alors accueilli par un silence assez significatif. Potel, Renard, prirent leur ami chacun par un bras, et allèrent à quelques pas causer avec lui. En ce moment, on vit venir de loin Philippe en grande tenue, il traînait sa canne d'un air imperturbable, qui contrastait avec la profonde attention que Max était forcé d'accorder aux discours de ses deux derniers amis. Philippe reçut les poignées de main de Mignonnet, de Carpentier et de quelques autres. Cet accueil, si différent de celui qu'on venait de faire à Maxence, acheva de dissiper dans l'esprit de ce garçon quelques idées de couardise, de sagesse, si vous voulez, que les instances et surtout les tendresses de Flore avaient fait naître, une fois qu'il s'était trouvé seul avec lui-même.

— Nous nous battrons, dit-il au capitaine Renard, et à mort ! Ainsi, ne me parlez plus de rien, laissez-moi bien jouer mon rôle.

Après ce dernier mot prononcé d'un ton fébrile, les trois bonapartistes revinrent se mêler au groupe des officiers. Max, le premier, salua Philippe Bridau, qui lui rendit son salut en échangeant avec lui le plus froid regard.

— Allons, messieurs, à table, fit le commandant Potel. — Buvons à la gloire impérissable du petit Tondu, qui maintenant est dans le paradis des braves, s'écria Renard.

En semblant que la contenance serait embarrassante à table, chacun comprit l'intention du petit capitaine de voltigeurs. On se précipita dans la longue salle basse du restaurant Lacroix, dont les fenêtres donnaient sur le marché. Chaque convive se plaça promptement à table, où, comme l'avait demandé Philippe, les deux adversaires se trouvèrent en face l'un de l'autre. Plusieurs jeunes gens de la ville, et surtout des ex-chevaliers de la Désœuvrance, assez inquiets de ce qui devait se passer à ce banquet, se promenèrent en s'entretenant de la situation critique où Philippe avait su mettre Maxence Gilet. On déplorait toute collision, tout en regardant le duel comme nécessaire.

Tout alla bien jusqu'au dessert, quoique les deux athlètes conservassent, malgré l'entrain apparent du dîner, une espèce d'attention assez semblable à de l'inquiétude. En attendant la querelle que, l'un et l'autre, ils devaient méditer, Philippe parut d'une admirable sang-froid, et Max d'une étourdissante gaîté ; mais, pour les connaisseurs, chacun d'eux jouait un rôle.

Quand le dessert fut servi, Philippe dit : — Remplissez vos verres, mes amis ! Je réclame la permission de porter la première santé. — Il a dit *mes amis* ; ne remplis pas ton verre, dit Renard à l'oreille de Max.

Max se versa du vin.

— A la grande armée ! s'écria Philippe avec un enthousiasme véritable. — A la grande armée ! fut répété comme une seule acclamation par toutes les voix.

En ce moment, on vit apparaître au seuil de la salle onze simples soldats, parmi lesquels se trouvaient Benjamin et Kouski, qui répétèrent : A la grande armée !

— Entrez, mes enfants ! on va boire à *sa* santé ! dit le commandant Potel.

Les vieux soldats entrèrent et se placèrent tous debout derrière les officiers.

— Tu vois bien qu'il n'est pas mort ! dit Kouski à un ancien sergent, qui sans doute avait déploré l'agonie de l'empereur enfin terminée. — Je réclame le second toast, fit le commandant Mignonnet.

On fourragea quelques plats de dessert par contenance. Mignonne se leva.

— A ceux qui ont tenté de rétablir *son* fils, dit-il.

Tous, moins Maxence Gilet, saluèrent Philippe Bridau, en lui tendant leurs verres.

— A moi, dit Max, qui se leva. — C'est Max ! c'est Max ! disait-on au dehors.

Un profond silence régna dans la salle et sur la place, car le caractère de Gilet fit croire à une provocation.

— Puissions-nous *tous* nous retrouver à pareil jour, l'an prochain ! Et il salua Philippe avec ironie.

— Ça se masse, dit Kouski à son voisin. — La police à Paris ne vous laissait pas faire des banquets comme celui-ci, dit le commandant Potel à Philippe. — Pourquoi, diable ! vas-tu parler de police au colonel Bridau ? dit insolemment Maxence Gilet. — Le commandant Potel n'y entendait pas malice, *lui* !... dit Philippe en souriant avec amertume.

Le silence devint si profond, qu'on aurait entendu voler des mouches s'il y en avait eu.

— La police me redoute assez, reprit Philippe, pour m'avoir envoyé à Issoudun, pays où j'ai eu le plaisir de retrouver de vieux lapins ; mais, avouons-le ! il n'y a pas ici de grands divertissements. Pour un homme qui ne haïssait pas la bagatelle, je suis assez privé. Enfin, je ferai des économies pour ces demoiselles, car je ne suis pas de ceux à qui les lits de plume donnent des rentes, et Mariette, du grand Opéra, m'a coûté des sommes folles. — Est-ce pour moi que vous dites cela, mon cher colonel ? demanda Max en dirigeant sur Philippe un regard qui fut un courant électrique. — Prenez-le comme vous le voudrez, commandant Gilet, répondit Philippe. — Colonel, mes deux amis que voici, Renard et Potel, iront s'entendre demain avec... — Avec Mignonnet et Carpentier, répondit Philippe en coupant la parole à Gilet de ces deux voisins. — Maintenant, dit Max, continuons les santés !

Chacun des deux adversaires n'était pas sorti du ton ordinaire de la conversation, il n'y eut de solennel que le silence dans lequel on les écouta.

— Ah çà ! vous autres, dit Philippe en jetant un regard sur les simples soldats, songez que nos affaires ne regardent pas les bourgeois !... Pas un mot de ce qui vient de se passer. Ça doit rester entre la vieille garde. — Ils observeront la consigne, colonel, dit Renard, j'en réponds. — Vive son petit ! Puisse-t-il régner sur la France ! s'écria Potel. — Mort à l'Anglais ! s'écria Carpentier.

Ce toast eut un succès prodigieux.

— Honte à Hudson-Lowe ! dit le capitaine Renard.

Le dessert se passa très-bien, les libations furent très-amples. Les deux antagonistes et leurs quatre témoins mirent leur honneur à ce que ce duel, où il s'agissait d'une immense fortune et qui regardait deux hommes si distingués par leur courage, n'eût rien de commun avec les disputes ordinaires. Deux *gentlemen* ne se seraient pas mieux conduits que Max et Philippe. Aussi l'attente des jeunes gens et des bourgeois groupés sur la place fut-elle trompée. Tous les convives, en vrais militaires, gardèrent le plus profond secret sur l'épisode du dessert.

A dix heures, chacun des deux adversaires apprit que l'arme convenue était le sabre. Le lieu choisi pour le rendez-vous fut le chevet de l'église des Capucins, à huit heures du matin. Goddet, qui faisait partie du banquet en sa qualité d'ancien chirurgien-major, avait été prié d'assister à l'affaire. Quoi qu'il arrivât, les témoins décidèrent que le combat ne durerait pas plus de dix minutes.

A onze heures du soir, à la grande surprise du colonel, M. Hochon amena sa femme chez Philippe au moment où il allait se coucher.

— Nous savons ce qui se passe, dit-il, madame et moi, les yeux pleins de larmes, et je viens vous supplier de ne pas sortir demain sans faire vos prières. Elevez votre âme à Dieu. — Oui, madame, répondit Philippe, à qui le vieil Hochon fit un signe en se tenant derrière sa femme. — Ce n'est pas tout ! dit la marraine d'Agathe, je me mets à la place de votre pauvre mère, et je me suis dessaisi de ce que j'avais de plus précieux, en faveur de vous. — Elle tendit à Philippe une demi-fiacre sur un velours noir bordé d'or, auquel elle avait cousu deux rubans verts, et la remit dans un sachet après la lui avoir montrée. — C'est une relique de sainte Solange, la patronne du Berry ; je l'ai sauvée à la Révolution ; gardez cela sur votre poitrine demain matin. — Est-ce que ça peut préserver des coups de sabre ? demanda Philippe. — Oui, répondit la vieille dame. — Je ne peux pas plus avouer de ce fourniment-là sur moi qu'une cuirasse ! s'écria le fils d'Agathe. — Que dit-il ? demanda madame Hochon à son mari. — Il dit que ce fourniment-là, répondit le vieil Hochon. — Eh bien ! n'en parlons plus, fit la vieille dame. Je prierai pour vous. — Mais, madame, une prière et un bon coup de pointe, ça ne peut pas nuire, dit le colonel en faisant le geste de percer le cœur à M. Hochon.

La vieille dame voulut embrasser Philippe sur le front. Puis en descendant, elle donna dix écus, tout ce qu'elle possédait d'argent, à Benjamin pour obtenir de lui qu'il cousît la relique dans le gousset du pantalon de son maître. Ce que fit Benjamin, non qu'il crût à la vertu de cette dent, car il dit que son maître en avait une bien meilleure contre Gilet; mais parce qu'il devait s'acquitter d'une commission si chèrement payée. Madame Hochon se retira pleine de confiance en sainte Solange.

A huit heures, le lendemain, 3 décembre, par un temps gris, Max, accompagné de ses deux témoins et du Polonais, arriva sur le petit pré qui entourait alors le chevet de l'ancienne église des Capucins. Ils y trouvèrent Philippe et les siens, avec Benjamin. Potel et Mignonnet mesurèrent vingt-quatre pieds. A chaque bout de cette distance, les deux soldats tracèrent deux lignes à l'aide d'une bêche. Sous peine de lâcheté, les adversaires ne pouvaient reculer au delà de leurs lignes respectives; chacun d'eux devait se tenir sur sa ligne, et s'avancer à volonté quand les témoins auraient dit : — Allez !

Des guenilles qui marchent! C'était, en effet, un tas de linge et de vieilles robes les unes sur les autres. — PAGE 62.

— Mettons-nous habit bas? dit froidement Philippe à Gilet. — Volontiers, colonel, répondit Maxence avec une sécurité de bretteur.

Les deux adversaires ne gardèrent que leurs pantalons; leur chair s'entrevit alors en rose sous la percale des chemises. Chacun armé d'un sabre d'ordonnance choisi de même poids, environ trois livres, et de même longueur, trois pieds, se campa, tenant la pointe en terre et attendant le signal. Ce fut si calme de part et d'autre, que, malgré le froid, les muscles ne tressaillirent pas plus que s'ils eussent été de bronze. Goddet, les quatre témoins et les deux soldats eurent une sensation involontaire.

— C'est de fiers mâtins !

Cette exclamation s'échappa de la bouche du commandant Potel.

Au moment où le signal : — Allez! fut donné, Maxence aperçut la tête sinistre de Fario, qui les regardait par le trou que les chevaliers avaient fait au toit de l'église pour introduire les pigeons dans son magasin. Ces deux yeux, d'où jaillirent comme deux douches de feu, de haine et de vengeance, éblouirent Max. Le colonel alla droit à son adversaire, en se mettant en garde de manière à saisir l'avantage. Les experts dans l'art de tuer savent que, de deux adversaires, le plus habile peut prendre le haut du pavé, pour employer une expression qui rende par une image l'effet de la garde haute. Cette pose, qui permet en quelque sorte de voir venir, annonce si bien un duelliste du premier ordre, que le sentiment de son infériorité pénétra dans l'âme de Max et y produisit ce désarroi de force qui démoralise un joueur alors que, devant un maître ou devant un homme heureux, il se trouble et joue plus mal qu'à l'ordinaire.

— Ah! le lascar, se dit Max, il est de première force, je suis perdu!

Max essaya d'un moulinet en manœuvrant son sabre avec une dextérité de bâtonniste; il voulait étourdir Philippe et rencontrer son sabre, afin de le désarmer; mais il s'aperçut au premier choc que le colonel avait un poignet de fer, et flexible comme un ressort d'acier. Maxence dut songer à autre chose, et il voulait réfléchir, le malheureux! tandis que Philippe, dont les yeux lui jetaient des éclairs plus vifs que ceux de leurs sabres, parait toutes les attaques avec le sang-froid d'un maître garni de son plastron dans une salle.

Entre des hommes aussi forts que les deux combattants, il se passe un phénomène à peu près semblable à celui qui a lieu entre les gens du peuple au terrible combat dit de la savate. La victoire dépend d'un faux mouvement, d'une erreur de ce calcul, rapide comme l'éclair, auquel on doit se livrer instinctivement. Pendant un temps aussi court pour les spectateurs qu'il semble long aux adversaires, la lutte consiste en une observation où s'absorbent les forces de l'âme et du corps, cachée sous des feintes dont la lenteur et l'apparente prudence semblent faire croire qu'aucun des deux antagonistes ne veut se battre. Ce moment, suivi d'une lutte rapide et décisive, est terrible pour les connaisseurs. A une mauvaise parade de Max, le colonel lui fit sauter le sabre des mains.

— Ramassez-le! dit-il en suspendant le combat, je ne suis pas homme à tuer un ennemi désarmé.

Ce fut le sublime de l'atroce. Cette grandeur annonçait tant de supériorité, qu'elle fut prise pour le plus adroit de tous les calculs par les spectateurs. En effet, quand Max se remit en garde, il avait perdu son sang-froid, et se trouva nécessairement encore sous le coup de cette garde haute qui vous menace tout en couvrant l'adversaire. Il voulut réparer sa honteuse défaite par une hardiesse. Il ne songea plus à se garder, il prit son sabre à deux mains et fondit rageusement sur le colonel pour le blesser à mort en lui laissant prendre sa vie. Si le colonel reçut un coup de sabre, qui lui coupa le front et une partie de la figure, il fendit obliquement la tête de Max par un terrible retour du moulinet qu'il opposa pour amortir le coup d'assommoir que Max lui destinait. Ces deux coups enragés terminèrent le combat à la neuvième minute. Fario descendit et se repaître de la vue de son ennemi dans les convulsions de la mort, car, chez un homme de la force de Max, les muscles du corps remuèrent effroyablement. On transporta Philippe chez son oncle.

Ainsi périt un de ces hommes destinés à faire de grandes choses, s'il était resté le milieu qui lui était propice; un homme traité par la nature en enfant gâté, car elle lui donna le courage, le sang-froid, et le sens politique à la César Borgia. Mais l'éducation ne lui avait pas communiqué cette noblesse d'idées et de conduite, sans laquelle rien n'est possible dans aucune carrière. Il ne fut pas regretté, par suite de la perfidie avec laquelle son adversaire, qui valait moins que lui, avait su le déconsidérer. Sa fin mit un terme aux exploits de l'ordre de la Désœuvrance, au grand contentement de la ville d'Issoudun. Aussi Philippe ne fut-il pas inquiété à raison de ce duel, qui parut d'ailleurs un effet de la vengeance divine, et dont les circonstances se racontèrent dans toute la contrée avec d'unanimes éloges accordés aux deux adversaires.

— Ils auraient dû se tuer tous les deux, dit M. Mouilleron, c'eût été un bon débarras pour le gouvernement.

La situation de Flore Brazier eût été très-embarrassante, sans la crise aiguë dans laquelle la mort de Max la fit tomber, elle fut prise d'un transport au cerveau, combiné d'une inflammation dangereuse occasionnée par les péripéties de ces trois journées; si elle eût joui de sa santé, peut-être aurait-elle fui de la maison où gisait au-dessus d'elle, dans l'appartement de Max et dans les draps de Max, le meurtrier de Max. Elle fut entre la vie et la mort pendant trois mois, soignée par M. Goddet, qui soignait également Philippe.

Dès que Philippe put tenir une plume, il écrivit les lettres suivantes :

« A M. Desroches, avoué.

« J'ai déjà tué la plus venimeuse des deux bêtes, ça n'a pas été
« sans me faire ébrécher la tête par un coup de sabre; mais le drôle y
« allait heureusement de main morte. Il reste une autre vipère avec
« laquelle je vais tâcher de m'entendre, car mon oncle y tient autant
« qu'à son gésier. J'avais peur que cette Rabouilleuse, qui est diable-
« ment belle, ne détalât, car mon oncle l'aurait suivie; mais le sai-
« sissement qui l'a prise en un moment grave l'a clouée dans son lit.
« Si Dieu voulait me protéger, il rappellerait cette âme à lui pendant
« qu'elle se repent de ses erreurs. En attendant, j'ai pour moi, grâce
« à M. Hochon (ce vieux va bien !), le médecin, un nommé Goddet,
« bon apôtre qui conçoit que les héritages des oncles sont mieux pla-
« cés dans la main des neveux que dans celles de ces drôlesses.
« M. Hochon a d'ailleurs de l'influence sur un certain papa Fichet
« dont la fille est riche, et que Goddet voudrait pour femme à son
« fils; en sorte que le billet de mille francs qu'on lui a fait entrevoir
« pour la guérison de ma caboche entre pour peu de chose dans son
« dévouement. Ce Goddet, ancien chirurgien-major au 3° régiment
« de ligne, a de plus été chambré par mes amis, deux braves offi-
« ciers, Mignonnet et Carpentier; en sorte qu'il cafarde avec sa ma-
« lade.

« — Il y a un Dieu, après tout, mon enfant, voyez-vous? lui dit-il
« en lui tâtant le pouls. Vous avez été la cause d'un grand malheur,
« il faut le réparer. Le doigt de Dieu est dans ceci (c'est inconcevable
« tout ce qu'on fait faire au doigt de Dieu!). La religion est la religion;
« soumettez-vous, résignez-vous, ça vous calmera d'abord, ça vous
« guérira presqu'autant que mes drogues. Surtout restez ici, soignez
« votre maître. Enfin, oubliez, pardonnez, c'est la loi chrétienne.

« Ce Goddet m'a promis de tenir la Rabouilleuse pendant trois mois
« au lit. Insensiblement, cette fille s'habituera peut-être à ce que
« nous vivions sous le même toit. J'ai mis la cuisinière dans mes in-
« térêts. Cette abominable vieille a dit à sa maîtresse que Max lui
« aurait rendu la vie bien dure. Elle a, dit-elle, entendu dire au dé-
« funt qu'à la mort du bonhomme, s'il était obligé d'épouser Flore,
« il ne comptait pas entraver son ambition par une fille. Et cette cui-
« sinière est arrivée à insinuer à sa maîtresse que Max se serait dé-
« fait d'elle. Ainsi tout va bien. Mon oncle, conseillé par le père
« Hochon, a déchiré son testament. »

« A M. Giroudeau (aux soins de mademoiselle Florentine), rue de
« Vendôme, au Marais.

« Mon vieux camarade,

« Informe-toi si ce petit rat de Césarine est occupée, et tâche
« qu'elle soit prête à venir à Issoudun dès que je te la demanderai. La
« luronne arriverait alors courrier par courrier. Il s'agira d'avoir une
« tenue honnête, de supprimer tout ce qui sentirait les coulisses; car
« il faut se présenter dans le pays comme la fille d'un brave militaire,
« mort au champ d'honneur. Ainsi, beaucoup de mœurs, des vête-
« ments de pensionnaire, et de la vertu première qualité : tel sera
« l'ordre. Si j'ai besoin de Césarine, et si elle réussit, à la mort de
« mon oncle, il y aura cinquante mille francs pour elle; si elle est
« occupée, explique mon affaire à Florentine; et à vous deux, trou-
« vez-moi quelque figurante capable de jouer le rôle. J'ai eu le crâne
« écorné dans mon duel avec mon mangeur de succession qui a tor-
« tillé de l'œil. Je te raconterai ce coup-là. Ah! vieux, nous reverrons
« de beaux jours, et nous nous amuserons encore, ou l'autre ne serait
« pas l'autre. Si tu peux m'envoyer cinq cents cartouches, on les dé-
« chirera. Adieu, mon lapin, et allume ton cigare avec ma lettre. Il
« est bien entendu que la fille de l'officier viendra de Châteauroux,
« et au l'air de demander des secours. J'espère cependant ne pas
« avoir besoin de recourir à ce moyen dangereux. Remets-moi sous
« les yeux de Mariette et de tous nos amis. »

Agathe, instruite par une lettre de madame Hochon, accourut à
Issoudun, et fut reçue par son frère, qui lui donna l'ancienne chambre
de Philippe. Cette pauvre mère, qui retrouva pour son fils maudit
toute sa maternité, compta quelques jours heureux en entendant la
bourgeoisie de la ville lui faire l'éloge du colonel.

— Après tout, ma petite, lui dit madame Hochon le jour de son
arrivée, il faut que jeunesse se passe. Les légèretés des militaires du
temps de l'empereur ne peuvent pas être celles des fils de famille
surveillés par leurs pères. Ah! si vous saviez tout ce que ce misérable Max se permettait ici, la nuit!... Issoudun, grâce à votre fils,
respire et dort en paix. La raison est arrivée à Philippe un peu tard,
mais elle est venue; comme il nous le disait, trois mois de prison au
Luxembourg mettent du plomb dans la tête; enfin, sa conduite ici

enchante M. Hochon, et il y jouit de la considération générale. Si
votre fils peut rester quelque temps loin des tentations de Paris, il
finira par vous donner bien du contentement.

En entendant ces consolantes paroles, Agathe laissa voir à sa marraine des yeux pleins de larmes heureuses.

Votre nom? dit Joseph, pendant que Bixiou croquait la femme appuyée sur
un parapluie. — PAGE 62.

Philippe fit le bon apôtre avec sa mère, il avait besoin d'elle. Ce
fin politique ne voulait recourir à Césarine que dans le cas où il serait
un objet d'horreur pour mademoiselle Brazier. En reconnaissant dans
Flore un admirable instrument façonné par Maxence, une habitude
prise par son oncle, il voulait s'en servir préférablement à une Parisienne, capable de se faire épouser par le bonhomme. De même que
Fouché dit à Louis XVIII de se coucher dans les draps de Napoléon
au lieu de donner *charte*, Philippe désirait rester couché dans
les draps de Gilet; mais il lui répugnait aussi de porter atteinte à la
réputation qu'il venait de faire sa tante de la Rabouilleuse. Aussi,
pour continuer Max au-
près de la Rabouilleuse serait tout aussi odieux de la part de cette
fille que de la sienne. Il pouvait, sans se déshonorer, vivre chez son
oncle et aux dépens de son oncle, en vertu des lois du népotisme;
mais il ne pouvait avoir Flore que réhabilitée. Au milieu de tant de
difficultés, stimulé par l'espoir de s'emparer de la succession, il conçut l'admirable plan de faire sa tante de la Rabouilleuse. Aussi, dans
ce dessein caché, dit-il à sa mère d'aller voir cette fille et de lui témoigner quelque affection en la traitant comme une belle-sœur.

— J'avoue, ma chère mère, fit-il en prenant un air cafard et regardant M. et madame Hochon qui venaient tenir compagnie à la chère
Agathe, que la façon de vivre de mon oncle est peu convenable, et il
lui suffirait de la régulariser pour obtenir à mademoiselle Brazier la

considération de la ville. Ne vaut-il pas mieux pour elle être madame
Rouget que la servante-maîtresse d'un vieux garçon ? N'est-il pas plus
simple d'acquérir un contrat des droits définis que de
menacer une famille d'exhérédation ? Si vous, si M. Hochon, si quelque
bon prêtre vouliez parler de cette affaire, on ferait cesser un
scandale qui afflige les honnêtes gens. Puis mademoiselle Brazier serait heureuse en se voyant accueillie par vous comme une sœur, et
par moi, comme une tante.

Le lit de mademoiselle Flore fut entouré le lendemain par Agathe
et par madame Hochon, qui révélèrent à la malade et à Rouget les
admirables sentiments de Philippe. On parla du colonel dans tout
Issoudun comme d'un homme excellent et d'un beau caractère, à
cause surtout de sa conduite avec Flore. Pendant un mois, la Rabouilleuse entendit Goddet père, son médecin, cet homme si puissant sur
l'esprit d'un malade, la respectable madame Hochon, par l'esprit
religieux, Agathe si douce et si pieuse, lui présentant tous les avantages de son mariage avec Rouget. Quand, séduite à l'idée d'être madame Rouget, une digne et honnête bourgeoise, elle désira vivement
se rétablir pour célébrer ce mariage, il ne fut pas difficile de lui faire
comprendre qu'elle ne pouvait pas entrer dans la vieille famille des
Rouget en mettant Philippe à la porte.

— D'ailleurs, lui dit un jour Goddet père, n'est-ce pas à lui que
vous devez cette haute fortune ? Max ne vous aurait jamais laissée
vous marier avec le père Rouget. Puis, lui dit-il à l'oreille, si vous
avez des enfants, ne vengerez-vous pas Max ? car les Bridau seront
déshérités.

Deux mois après le fatal événement, en février 1823, la malade,
conseillée par tous ceux qui l'entouraient, priée par Rouget, reçut
donc Philippe, dont la cicatrice la fit pleurer, mais dont les manières
adoucies pour elle et presque affectueuses la calmèrent. D'après le
désir de Philippe, on le laissa seul avec sa future tante.

— Ma chère enfant, lui dit le soldat, c'est moi qui, dès le principe,
ai conseillé votre mariage avec mon oncle ; et, si vous y consentez, il
aura lieu dès que vous serez rétablie. — On me l'a dit, répondit-elle.
— Il est naturel que, si les circonstances m'ont contraint à vous faire
du mal, je veuille vous faire le plus de bien possible. La fortune, la
considération et une famille valent mieux que ce que vous avez perdu.
Mon oncle mort, vous n'eussiez pas été longtemps la femme de ce
garçon, car j'ai su de ses amis qu'il ne vous réservait pas un beau
sort. Tenez, ma chère petite, entendons-nous ? nous vivrons tous heureux. Vous serez ma tante, et rien que ma tante. Vous aurez soin que
mon oncle ne m'oublie pas dans son testament ; de mon côté, vous
verrez comme je vous ferai traiter dans votre contrat de mariage...
Calmez-vous, pensez à cela, nous en reparlerons. Vous le voyez, les
gens les plus sensés, toute la ville vous conseille de faire cesser une
position illégale, et personne ne veut de me recevoir. On comprend que, dans la vie, les intérêts passent avant les sentiments. Vous
serez, le jour de votre mariage, plus belle que vous n'avez jamais
été. Votre indisposition, en vous pâlissant, vous a rendu de la distinction. Si mon oncle ne vous aimait pas follement, parole d'honneur,
dit-il en se levant et lui baisant la main, vous seriez la femme du colonel Bridau.

Philippe quitta la chambre en laissant dans l'âme de Flore ce dernier mot pour y réveiller une vague idée de vengeance qui sourit à
cette fille, presque heureuse d'avoir vu ce personnage effrayant à ses
pieds. Philippe venait de jouer en petit le même que joue Richard III
avec la reine qu'il vient de rendre veuve. Le sens de cette scène montre que le calcul caché sous un sentiment entre bien avant dans le
cœur et dissipe le deuil le plus réel. Voilà comment dans la vie privée la nature se permet ce qui, dans les œuvres du génie, est le comble de l'art ; son moyen, à elle, est l'intérêt, qui est le génie de l'argent.

Au commencement du mois d'avril 1823, la salle de Jean-Jacques
Rouget offrit donc, sans que personne s'en étonnât, le spectacle d'un
superbe dîner donné pour la signature du contrat de mariage de mademoiselle Flore Brazier avec le vieux célibataire. Les convives
étaient M. Héron, les quatre témoins, MM. Mignonnet, Carpentier, Hochon et Goddet père ; le maire et le curé ; puis Agathe Bridau, madame Hochon et son amie madame Borniche, c'est-à-dire les deux
vieilles femmes qui faisaient autorité dans Issoudun. Aussi la future
épouse fut-elle très-sensible à cette concession obtenue par Philippe
de ces dames, qui y virent une marque de protection nécessaire à
donner à une fille repentie. Flore fut d'une éblouissante beauté. Le
curé, qui depuis quinze jours instruisait l'ignorante Rabouilleuse, devait lui faire faire le lendemain sa première communion. Ce mariage
fut l'objet de cet article religieux publié dans le Journal du Cher à
Bourges et dans le Journal de l'Indre à Châteauroux.

« Issoudun,

« Le mouvement religieux fait du progrès en Berry. Tous les amis
« de l'Eglise et les honnêtes gens de cette ville ont été témoins hier

« d'une cérémonie par laquelle un des principaux propriétaires du
« pays a mis fin à une situation scandaleuse et qui remontait à l'épo-
« que où la religion était sans force dans nos contrées. Ce résultat,
« dû au zèle éclairé des ecclésiastiques de notre ville, aura, nous
« l'espérons, des imitateurs, et fera cesser les abus des mariages non
« célébrés, contractés aux époques les plus désastreuses du régime
« révolutionnaire.

« Il y a en cela de remarquable dans le fait dont nous parlons, qu'il
« a été provoqué par les instances d'un colonel appartenant à l'an-
« cienne armée, envoyé dans notre ville par l'arrêt de la Cour des
« pairs, et à qui ce mariage peut faire perdre la succession de son
« oncle. Ce désintéressement est assez rare de nos jours pour qu'on
« lui donne de la publicité. »

Par le contrat, Rouget reconnaissait à Flore cent mille francs de
dot, et lui assurait un douaire viager de trente mille francs. Après
la noce, qui fut somptueuse, Agathe retourna la plus heureuse des
mères à Paris, où elle apprit à Joseph et à Desroches ce qu'elle appela de bonnes nouvelles.

— Votre fils est un homme trop profond pour ne pas mettre la
main sur cette succession, lui répondit l'avoué quand il eut écouté
madame Bridau. Aussi vous et ce pauvre Joseph n'aurez-vous jamais
un liard de la fortune de votre frère. — Vous serez donc toujours,
vous comme Joseph, injuste envers ce pauvre garçon, dit la mère ;
sa conduite à la Cour des pairs est celle d'un grand politique, il a
réussi à sauver bien des têtes ! Les erreurs de Philippe viennent de
l'inoccupation où restaient ses grandes facultés ; mais il a reconnu
le défaut de conduite nuisait à un homme qui veut parvenir ;
et il a de l'ambition, j'en suis sûre ; aussi ne suis-je pas la seule à prévoir son avenir. M. Hochon croit fermement que Philippe a de belles
destinées. — Oh ! s'il veut appliquer son intelligence profondément
perverse à faire fortune, il arrivera, car il est capable de tout, et ces
gens-là vont vite, dit Desroches. — Pourquoi n'arriverait-il pas par
des moyens honnêtes ? demanda madame Bridau. — Vous verrez ! dit
Desroches. Heureux ou malheureux, Philippe sera toujours l'homme
de la rue Mazarine, l'assassin de madame Descoings, le voleur domestique ; mais, soyez tranquille : il paraîtra très-honnête à tout le
monde !

Le lendemain du mariage, après le déjeuner, Philippe prit madame
Rouget par le bras quand son oncle se fut levé pour aller s'habiller,
car ces nouveaux époux étaient encore à Paris, en peignoir, le vieillard en robe de chambre.

— Ma belle tante, dit-il en l'emmenant dans l'embrasure de la
croisée, vous êtes maintenant de la famille. Grâce à moi, tous les no-
taires y ont passé. Ah çà ! pas de farces. Je connais les tours que vous pourriez me faire, et vous serez gardée par moi mieux que par une duègne. Ainsi, vous ne sorti-
rez jamais sans me donner le bras, et vous ne me quitterez point.
Quant à ce qui peut se passer à la maison, je m'y tiendrai, sacrebleu !
comme une araignée au centre de sa toile. Voici qui vous prouvera
que je pourrais, pendant que vous étiez dans votre lit, hors d'état de
remuer ni pied ni patte, vous faire mettre à la porte sans un sou.
Lisez !

Et il tendit la lettre suivante à Flore stupéfaite.

« Mon cher enfant, Florentine, qui vient enfin de débuter à l'Opéra,
« dans la nouvelle salle, par un pas de trois avec Mariette et Tullia,
« n'a pas cessé de penser à toi, ainsi que Florine, qui définitivement
« a lâché Lousteau pour prendre Nathan. Ces deux matoises t'ont trouvé
« la plus délicieuse créature du monde, une petite fille de dix-sept
« ans, belle comme une Anglaise, l'air sage comme une lady qui fait
« ses farces, rusée comme Desroches, fidèle comme Godeschal, et
« Mariette l'a stylée en lui souhaitant bonne chance. Il n'y a pas de
« femme qui puisse tenir contre ce petit ange sous lequel se cache un
« démon : elle saura jouer tous les rôles, empaumer ton oncle et le
« rendre fou d'amour. Elle a l'air céleste de la pauvre Coralie, elle
« sait pleurer, elle a une voix qui vous tire un billet de mille francs
« du cœur le plus granitique, et la luronne sable mieux que nous le
« vin de Champagne. C'est un sujet précieux ; elle a des obligations à
« Mariette, et compte s'acquitter en France, où sera son avenir. Après avoir laupé la for-
« tune de deux Anglais, d'un Russe, et d'un prince romain, mademoi-
« selle Esther se trouve dans la plus affreuse gêne ; tu lui donneras
« dix mille francs, elle sera contente. Elle vient de dire en riant : —
« Tiens, je n'ai jamais fricassé de bourgeois, ça me fera la main ! Elle
« est bien connue de Finot, de Bixiou, de des Lupeaulx, de tout notre
« monde enfin. Ah ! s'il y avait des fortunes en France, ce serait la
« plus grande courtisane des temps modernes. Ma rédaction sent Na-
« than, Bixiou, Finot, qui ont mis à faire leurs bêtises avec cette susdite
« Esther, dans le plus magnifique appartement qu'on puisse voir, et
« qui vient d'être arrangé à Florine par le vieux lord Dudley, le vrai
« père de de Marsay, que la spirituelle actrice a fait, grâce au cos

« tume de son nouveau rôle. Tullia est toujours avec le duc de Rhé-
« toré, Mariette est toujours avec le duc de Maufrigneuse ; ainsi, à
« elles deux, elles t'obtiendront une remise de ta surveillance à la
« fête du roi. Tâche d'avoir enterré l'oncle sous les roses pour la
« prochaine Saint-Louis, reviens avec l'héritage, et tu en mangeras
« quelque chose avec Esther et tes vieux amis, qui signent en masse
« pour se rappeler à ton souvenir :

« NATHAN, FLORINE, BIXIOU, FINOT, MARIETTE,
« FLORENTINE, GIROUDEAU, TULLIA. »

La lettre, en tremblotant dans les mains de madame Rouget, accusait l'effroi de son âme et de son corps. La tante n'osa regarder son
neveu, qui fixait sur elle deux yeux d'une expression terrible.

— J'ai confiance en vous, dit-il, vous le voyez ; mais je veux du retour. Je vous ai faite ma tante pour pouvoir vous épouser un jour.
Vous valez bien Esther auprès de laquelle je suis du retour. Dans un an d'ici, nous
devons être à Paris, le seul pays où la beauté puisse vivre. Vous vous
y amuserez un peu mieux qu'ici, car c'est un carnaval perpétuel.
Moi, je rentrerai dans l'armée, je deviendrai général et vous serez
alors une grande dame. Voilà votre avenir, travaillez-y. Mais je veux
un gage de notre alliance. Vous me ferez donner, d'ici à un mois, la
procuration générale de mon oncle, sous prétexte de vous débarrasser ainsi que lui des soins de la fortune. Je veux, un mois après, une
procuration spéciale pour transférer son inscription. Une fois l'inscription en mon nom, nous aurons un intérêt égal à nous épouser un
jour. Tout cela, ma belle tante, est net et clair. Entre nous, il ne faut
pas d'ambiguïté. Je puis épouser ma tante après un an de veuvage,
tandis que je ne pouvais pas épouser une fille déshonorée.

Il quitta la place sans attendre de réponse. Quand un quart d'heure
après, la Védie entra pour desservir, elle trouva sa maîtresse pâle et
en moiteur, malgré la saison. Flore éprouvait la sensation d'une
femme tombée au fond d'un précipice, elle ne voyait que ténèbres
dans son avenir ; et, sur ces ténèbres, se dessinaient, comme dans un
lointain profond, des choses monstrueuses, indistinctement aperçues
et qui l'épouvantaient. Elle sentait le froid humide des souterrains.
Elle avait instinctivement peur de cet homme, et néanmoins une voix
lui criait qu'il méritait de l'avoir pour maître. Elle ne pouvait rien
contre sa destinée : Flore Brazier avait par décence un appartement
chez le père Rouget ; mais madame Rouget devait appartenir à son
mari, elle se voyait ainsi privée du précieux libre arbitre que conserve une servante-maîtresse. Dans l'horrible situation où elle se
trouvait, elle conçut l'espoir d'avoir un enfant ; mais, durant ces cinq
dernières années, elle avait rendu Jean-Jacques le plus caduc des
vieillards. Ce mariage devait avoir pour le pauvre homme l'effet
du second mariage de Louis XII. D'ailleurs la surveillance d'un
homme tel que Philippe, qui n'avait rien à faire, qui l'avait quitta sa place,
rendit toute vengeance impossible. Benjamin était un espion innocent
et dévoué. La Védie tremblait devant Philippe. Flore se voyait seule
et sans secours ! Enfin, elle craignait de mourir ; sans savoir comment
Philippe arriverait à la tuer, elle devinait qu'une grossesse suspecte
serait un arrêt de mort : le son de cette voix, l'éclat voilé de ce regard de menue, les moindres mouvements de ce soldat, quand il la traitait
avec la brutalité la plus polie, la faisaient frissonner. Quant à la procuration demandée par le féroce colonel, qui pour tout Issoudun était
un héros, il l'eut dès qu'il la lui fallut ; car Flore tomba sous la domination de cet homme comme la France était tombée sous celle de
Napoléon. Semblable au papillon qui s'est pris les pattes dans la cire
incandescente d'une bougie, Rouget dissipa rapidement ses dernières
forces.

En présence de cette agonie, le neveu restait impassible et froid
comme les diplomates, en 1814, pendant les convulsions de la France
impériale.

Philippe, qui ne croyait guère en Napoléon II, écrivit alors au ministre de la guerre la lettre suivante, que Mariette fit remettre par le
duc de Maufrigneuse.

« Monseigneur,

« Napoléon n'est plus, j'ai voulu lui rester fidèle après lui avoir en-
« gagé mes serments ; maintenant, je suis libre d'offrir mes services
« à Sa Majesté. Si Votre Excellence daigne expliquer ma conduite à
« Sa Majesté, le roi pensera qu'elle est conforme aux lois de l'hon-
« neur, sinon à celles du royaume. Le roi, qui a trouvé naturel que
« son aide de camp, le général Rapp, pleurât son ancien maître, aura
« sans doute de l'indulgence pour moi : Napoléon fut mon bienfai-
« teur.

« Je supplie donc Votre Excellence de prendre en considération la
« demande que je lui adresse d'un emploi dans mon grade, en l'as-

« surant ici de mon entière soumission. C'est assez vous dire, Mon-
« seigneur, que le roi trouvera en moi le plus fidèle sujet.

« Daignez agréer l'hommage du respect avec lequel j'ai l'honneur
« d'être,

« De Votre Excellence,
« Le très-soumis et très-humble serviteur,

« PHILIPPE BRIDAU. »
« Ancien chef d'escadron aux dragons de la garde, officier
« de la Légion d'honneur, en surveillance sous la haute
« police à Issoudun. »

À cette lettre était jointe une demande en permission de séjour à
Paris pour affaires de famille, à laquelle M. Mouilleron annexa des
lettres du maire, du sous-préfet et du commissaire de police d'Issoudun, qui tous donnaient les plus grands éloges à Philippe, en s'ap-
puyant sur l'article fait à propos du mariage de son oncle.

Quinze jours après, au moment de l'Exposition, Philippe reçut la
permission demandée et une lettre où le ministre de la guerre lui annonçait que, d'après les ordres du roi, il était, pour première grâce,
rétabli comme lieutenant-colonel dans les cadres de l'armée.

Philippe vint à Paris avec sa tante et le vieux Rouget, qu'il mena,
trois jours après son arrivée, au Trésor, y signer le transfert de l'inscription, qui devint alors sa propriété. Ce moribond fut, ainsi que la
Rabouilleuse, plongé par leur neveu dans les joies excessives de la
société si dangereuse des infatigables actrices, des journalistes, des
artistes et des femmes équivoques où Philippe avait déjà dépensé sa
jeunesse, et où le vieux Rouget trouva des Rabouilleuses à mourir.
Giroudeau se chargea de procurer au père Rouget l'agréable mort illustrée plus tard, dit-on, par un maréchal de France. Lolotte, une des
plus belles marcheuses de l'Opéra, fut l'aimable assassin de ce vieillard. Rouget mourut après un souper splendide donné par Florentine,
il fut donc assez difficile de savoir qui du souper, qui de mademoiselle Lolotte, avait achevé ce vieux Berrichon. Lolotte rejeta cette
mort sur une tranche de pâté de foie gras ; et, comme l'œuvre de
Strasbourg ne pouvait répondre, il passe pour constant que le bonhomme est mort d'indigestion. Madame Rouget se trouva dans ce
monde excessivement décolleté comme dans son élément ; mais Philippe lui donna pour chaperon Mariette, qui ne laissa pas faire de
sottises à cette veuve, dont le deuil fut orné de quelques galanteries.

En octobre 1823, Philippe revint à Issoudun muni de la procuration de sa tante, pour liquider la succession de son oncle, opération
qui se fit rapidement, car il était à Paris, en janvier 1824, avec seize
cent mille francs, produit net et liquide des biens de défunt son
oncle, sans compter les précieux tableaux qui n'avaient jamais quitté
la maison du vieil Hochon. Philippe mit ses fonds dans la maison
Mongenod et fils, où se trouvait le jeune Baruch Borniche, sur la
solvabilité, sur la probité de laquelle le vieil Hochon lui avait donné
des renseignements satisfaisants. Cette maison prit les seize cent mille
francs à six pour cent d'intérêt par an, avec la condition d'être pré-
venue trois mois d'avance en cas de retrait des fonds.

Un beau jour, Philippe vint prier sa mère d'assister à son mariage,
qui eut pour témoins Giroudeau, Finot, Nathan et Bixiou. Par le contrat, madame veuve Rouget, dont l'apport consistait en un million de
francs, faisait donation à son futur époux de ses biens, dans le cas
où elle décéderait sans enfants. Il n'y eut ni billets de faire part, ni
fête, ni éclat, car Philippe avait ses desseins : il logea sa femme rue
Saint-Georges, dans un appartement que Lolotte lui avait tout meublé, que madame Bridau la jeune trouva délicieux, et où l'époux mit
rarement les pieds. À l'insu de tout le monde, Philippe acheta pour
deux cent cinquante mille francs, rue de Clichy, dans un moment où
personne ne soupçonnait la valeur que prendrait devait un jour acquérir, un magnifique hôtel sur le prix duquel il donna cinquante
mille écus de bourse, en prenant deux ans pour payer le surplus.
Il y dépensa des sommes énormes en arrangements intérieurs et en
mobilier, et il y consacra ses revenus pendant deux ans. Les superbes tableaux restaurés, estimés à trois cent mille francs, y brillèrent de tout leur éclat.

L'avènement de Charles X avait mis encore plus en faveur qu'auparavant la famille du duc de Chaulieu, dont le fils aîné, le duc de
Rhétoré, voyait souvent Philippe chez Tullia. Sous Charles X, la
branche aînée de la maison de Bourbon se crut définitivement assise
sur le trône, et suivit le conseil que le maréchal Gouvion-Saint-Cyr
avait précédemment donné de s'attacher les militaires de l'Empire.
Philippe, qui sans doute fit de précieuses révélations sur les complots
de 1820 et 1822, fut nommé lieutenant-colonel dans le régiment du
duc de Maufrigneuse. Ce charmant grand seigneur se regardait comme
obligé de protéger l'homme à qui il avait enlevé Mariette. Le corps
de ballet ne fut pas étranger à cette nomination. On avait d'ailleurs
décidé dans la sagesse du conseil secret de Charles X de faire prendre
à monseigneur le dauphin une légère couleur de libéralisme. Mons

Philippe, devenu quasiment le menin du duc de Maufrigneuse, fut donc présenté non-seulement au dauphin, mais encore à la dauphine, à qui ne déplaisaient pas les caractères rudes et les militaires connus par leur fidélité. Philippe jugea très-bien le rôle du dauphin, et il profita de la première mise en scène de ce libéralisme postiche, pour se faire nommer aide de camp d'un maréchal très-bien en cour.

En janvier 1827, Philippe, qui passa dans la garde royale lieutenant-colonel au régiment que le duc de Maufrigneuse y commandait alors, sollicita la faveur d'être anobli. Sous la Restauration l'anoblissement devint un quasi-droit pour les roturiers qui servaient dans la garde. Le colonel Bridau, qui venait d'acheter la terre de Brambourg, demanda la faveur de l'ériger en majorat au titre de comte. Il obtint cette grâce en mettant à profit ses liaisons dans la société la plus élevée, où il se produisait avec un faste de voitures et de livrées, enfin dans une tenue de grand seigneur. Dès que Philippe, lieutenant-colonel du plus beau régiment de cavalerie de la garde, se vit désigné dans l'Almanch sous le nom de comte de Brambourg, il hanta beaucoup la maison du lieutenant général d'artillerie comte de Soulanges, en faisant la cour à la plus jeune fille, mademoiselle Amélie de Soulanges. Insatiable et appuyé par les maîtresses de tous les gens influents, Philippe sollicitait l'honneur d'être un des aides de camp de monseigneur le dauphin. Il eut l'audace de dire à la dauphine « qu'un vieil officier blessé sur plusieurs champs de bataille et qui connaissait la grande guerre, ne serait pas, dans l'occasion, inutile à monseigneur. » Philippe, qui sut prendre le ton de toutes les courtisaneries, fut dans ce monde supérieur ce qu'il devait être, comme il avait su se faire Mignonnet à Issoudun. Il eut d'ailleurs un train magnifique, il donna des fêtes et des dîners splendides, en n'admettant dans son hôtel aucun de ses anciens amis dont la position eût pu compromettre son avenir. Aussi fut-il impitoyable pour les compagnons de ses débauches. Il refusa net à Bixiou de parler en faveur de Giroudeau, qui voulut reprendre du service, quand Florentine le lâcha.

— C'est un homme sans mœurs! dit Philippe.

— Ah! voilà ce qu'il a répondu de moi! s'écria Giroudeau, moi qui l'ai débarrassé de son oncle!

— Nous le repincerons, dit Bixiou.

Philippe voulait épouser mademoiselle Amélie de Soulanges, devenir général, et commander un des régiments de la garde royale. Il demanda tant de choses, que, pour le faire taire, on le nomma commandeur de la Légion d'honneur et commandeur de Saint-Louis. Un soir, Agathe et Joseph, revenant à pied par un temps de pluie, virent Philippe passant en uniforme, chamarré de ses cordons, campé dans le coin de son beau coupé garni de soie jaune, dont les armoiries étaient surmontées d'une couronne de comte, allant à une fête de l'Élysée-Bourbon, il éclaboussa sa mère et son frère en les saluant d'un geste protecteur.

— Va-t-il, va-t-il, dit Joseph à sa mère. Néanmoins il devrait bien nous envoyer autre chose que de la boue au visage.

— Il est dans une si belle position, si haute, qu'il ne faut pas lui en vouloir de nous oublier, dit madame Bridau. Dans une telle côte si rapide, il a tant d'obligations à remplir, il a tant de sacrifices à faire, qu'il peut bien ne pas venir nous voir, tout en pensant à nous.

— Mon cher, dit un soir le duc de Maufrigneuse au nouveau comte de Brambourg, je suis sûr que votre demande sera prise en bonne part; mais, pour épouser Amélie de Soulanges, il faudrait que vous fussiez libre. Qu'avez-vous fait de votre femme?...

— Ma femme?... dit Philippe avec un geste, un regard et un accent qui furent devinés plus tard par Frédérick-Lemaître dans un de ses plus terribles rôles. Hélas! j'ai la triste certitude de ne pas la conserver. Elle n'a pas huit jours à vivre. Ah! mon cher duc, vous ignorez ce qu'est une mésalliance! une femme qui était cuisinière, qui a les goûts d'une cuisinière et qui me déshonore, car je suis bien à plaindre. Mais j'ai eu l'honneur d'expliquer ma position à madame la Dauphine. Il s'est agi, dans le temps, de sauver un million que mon oncle avait laissé par testament à cette créature. Heureusement, ma femme a donné dans les liqueurs; à sa mort, je deviens maître d'un million confié à la maison Mongenod, j'ai de plus trente mille francs dans le cinq, et mon majorat, qui rapporte mille livres de rente. Si, comme tout le fait supposer, M. de Soulanges se bâton de maréchal, je suis en mesure, avec le titre de comte de Brambourg, de devenir général et pair de France. Ce sera la retraite d'un aide de camp du dauphin.

Après le Salon de 1823, le premier peintre du roi, l'un des plus excellents hommes de ce temps, avait obtenu pour la mère de Joseph un bureau de loterie aux environs de la Halle. Plus tard, Agathe put fort heureusement permuter, sans avoir de soulte à payer, avec le titulaire d'un bureau situé rue de Seine, dans une maison où Joseph prit son atelier. À son tour, la veuve eut un gérant et ne coûta plus rien à son fils. Or, en 1828, quoique directrice d'un excellent bureau de loterie qu'elle devait à la gloire de Joseph, madame Bridau

ne croyait pas encore à cette gloire, excessivement contestée comme le sont toutes les vraies gloires. Le grand peintre, toujours aux prises avec ses passions, avait d'énormes besoins; il ne gagnait pas assez pour soutenir le luxe auquel l'obligeaient ses relations dans le monde aussi bien que sa position distinguée dans la jeune école. Quoique puissamment soutenu par ses amis du cénacle, par mademoiselle des Touches, il ne plaisait pas au bourgeois. Cet être, de qui vient l'argent aujourd'hui, ne délie jamais les cordons de sa bourse pour les talents mis en question, et Joseph voyait contre lui les classiques, l'Institut, et les critiques qui relevaient de ces deux puissances. Enfin le comte de Brambourg faisait l'étonné quand on lui parlait de Joseph. Ce courageux artiste, quoique appuyé par Gros et par Gérard, qui lui firent donner la croix au Salon de 1827, avait peu de commandes. Si le ministère de l'intérieur et la maison du roi prennent difficilement ses grandes toiles, les marchands et les riches étrangers s'en embarrassent encore moins. D'ailleurs, Joseph s'abandonne, comme on sait, un peu trop à la fantaisie, et il en résulte des inégalités dont profitent ses ennemis pour nier son talent.

— La grande peinture est bien malade, lui disait son ami Pierre Grassou, qui faisait des croûtes au goût de la bourgeoisie dont les appartements se refusent aux grandes toiles.

— Il te faudrait toute une cathédrale à peindre, lui répétait Schinner, tu réduiras la critique au silence par une grande œuvre.

Ces propos effrayants pour la bonne Agathe corroboraient le jugement qu'elle avait porté tout d'abord sur Joseph et sur Philippe. Les faits donnaient raison à cette femme restée provinciale : Philippe, son enfant préféré, n'était-il pas enfin le grand homme de la famille? elle voyait dans les premières fautes de ce garçon les écarts du génie; Joseph, de qui les productions la trouvaient insensible, car elle les voyait trop dans leurs langes avant de les admirer achevées, ne lui paraissait pas plus avancé en 1828 qu'en 1816. Le pauvre Joseph devait de l'argent, il plaisait sous le poids de ses dettes, *il avait pris un état ingrat, qui ne rapportait rien*. Enfin, Agathe ne concevait pas pourquoi l'on avait donné la décoration à Joseph. Philippe devenu comte, Philippe assez fort pour ne plus aller au jeu, l'invité des fêtes de Madame, qui faisait des revues au même endroit, en tête des cortèges, défilait revêtu d'un magnifique costume et chamarré de deux cordons rouges, réalisait les rêves maternels d'Agathe. Un jour de cérémonie publique, Philippe avait effacé l'odieux spectacle de sa misère sur le quai de l'École, en passant devant sa mère au même endroit, en avant du dauphin, avec des aigrettes à son schapska, avec un dolman brillant d'or et de fourrures! Devenue pour l'artiste une espèce de sœur grise dévouée, Agathe ne se sentait mère que pour l'audacieux aide de camp de Son Altesse Royale monseigneur le dauphin! Fière de Philippe, elle lui devrait bientôt l'aisance, elle oubliait que le bureau de loterie dont elle vivait lui venait de Joseph.

Un jour, Agathe vit son pauvre artiste si tourmenté par le total du mémoire de son marchand de couleurs, que, tout en maudissant les arts, elle voulut le libérer de ses dettes. La pauvre femme, qui tenait la maison avec les gains de son bureau de loterie, se gardait bien de jamais demander un liard à Joseph. Aussi n'avait-elle pas d'argent; mais elle comptait sur le bon cœur et sur la bourse de Philippe. Elle attendait depuis trois ans, de jour en jour, la visite de son fils; elle le voyait lui apportant une somme énorme, et jouissait par avance du plaisir qu'elle aurait à la donner à Joseph, dont l'opinion sur Philippe était toujours aussi invariable que celle des Desroches.

À l'insu de Joseph, elle écrivit donc à Philippe la lettre suivante :

« À monsieur le comte de Brambourg.

« Mon cher Philippe, tu n'as pas accordé le plus petit souvenir à ta
« mère en cinq ans! Ce n'est pas bien. Tu devrais te rappeler un peu
« le passé. Ne fût-ce qu'à cause de ton excellent frère. Aujourd'hui
« Joseph est dans le besoin, tandis que tu nages dans l'opulence; il
« travaille pendant que tu voles de fêtes en fêtes. Tu possèdes à toi
« seul la fortune de mon frère. Enfin, tu aurais, à entendre le petit
« Borniche, deux cent mille livres de rente. Eh bien! viens voir Jo-
« seph! Pendant ta visite, mets dans la tête de mort une vingtaine de
« billets de mille francs : tu nous les dois, Philippe; néanmoins, ton
« frère se croira ton obligé, sans compter le plaisir que tu feras à ta
« mère

« Agathe Bridau (née Rouget). »

Deux jours après, la servante apporta dans l'atelier, où la pauvre Agathe venait de déjeuner avec Joseph, la terrible lettre suivante :

« Ma chère mère, on n'épouse pas mademoiselle Amélie de Sou-
« langes en lui apportant des coquilles de noix, quand, sous le nom
« de comte de Brambourg, il y a celui de

« Votre fils, Philippe Bridau. »

En se laissant aller presque évanouie sur le divan de l'atelier, Agathe lâcha la lettre. Le léger bruit que fit le papier en tombant, et la sourde mais horrible exclamation d'Agathe, causèrent un sursaut à Joseph, qui, dans ce moment, avait oublié sa mère, car il brossait avec rage une esquisse, il pencha la tête en dehors de sa toile pour voir ce qui arrivait. A l'aspect de sa mère étendue, le peintre lâcha palette et brosses, et alla relever une espèce de cadavre ! Il prit Agathe dans ses bras, la porta sur son lit dans son appartement, et envoya chercher son ami Bianchon par la servante. Aussitôt que Joseph put questionner sa mère, elle avoua à Dieu, lettre à Philippe et la réponse qu'elle avait reçue de lui. L'artiste alla ramasser cette réponse dont la concise brutalité venait de briser le cœur délicat de cette pauvre mère, en y renversant le pompeux édifice élevé par sa préférence maternelle. Joseph, revenu près du lit de sa mère, eut l'esprit de se taire. Il ne parla point de son frère pendant les trois semaines que dura, non pas la maladie, mais l'agonie de cette pauvre femme. En effet, Bianchon, qui vint tous les jours et soigna la malade avec le dévouement d'un ami véritable, avait éclairé Joseph dès le premier jour.

— A cet âge, lui dit-il, et dans les circonstances où ta mère va se trouver, il ne faut songer qu'à lui rendre la mort le moins amère possible.

Agathe se sentit d'ailleurs si bien appelée par Dieu, qu'elle réclama le lendemain même, les soins religieux du vieil abbé Loraux, son confesseur depuis vingt-deux ans. Aussitôt qu'elle fut seule avec lui, quand elle eut versé dans ce cœur tous ses chagrins, elle redit ce qu'elle avait dit à sa marraine et ce qu'elle disait toujours.

— En quoi donc ai-je pu déplaire à Dieu ? Ne l'aimé-je pas de toute mon âme ? N'ai-je pas marché dans le chemin du salut ? Quelle est ma faute ? Et, si je suis coupable d'une faute que j'ignore, ai-je encore le temps de la réparer ?

— Non, dit le vieillard d'une voix douce. Hélas ! votre vie paraît être pure et votre âme semble être sans tache ; mais l'œil de Dieu, pauvre créature affligée, est plus pénétrant que celui de ses ministres ! J'y vois clair un peu trop tard, car vous m'avez abusé moi-même.

En entendant ces mots prononcés par une bouche qui n'avait eu jusqu'alors que des paroles de paix et de miel pour elle, Agathe se dressa sur son lit en ouvrant des yeux pleins de terreur et d'inquiétude.

— Dites ! dites ! s'écria-t-elle.

— Consolez-vous ! reprit le vieux prêtre. A la manière dont vous êtes punie, on peut prévoir le pardon. Dieu n'est sévère ici-bas que pour ses élus. Malheur à ceux dont les méfaits trouvent des hasards favorables, ils seront repétris dans l'humanité jusqu'à ce qu'ils soient durement punis et que leurs fautes, pour de simples erreurs, leur arriveront à la maturité des fruits célestes. Votre vie, ma fille, n'a été qu'une longue faute. Vous tombez dans la fosse que vous êtes creusée, car nous ne manquons que par le côté que nous avons affaibli en nous. Vous avez donné votre cœur à un monstre en qui vous avez vu votre gloire, et vous avez méconnu celui de vos enfants en qui est votre gloire véritable ! Vous avez été si profondément injuste, que vous n'avez pas remarqué le contraste si frappant : vous tenez constamment l'existence de Joseph, tandis que votre autre fils vous a constamment pillée. Le fils pauvre, qui vous aime sans être récompensé par une tendresse égale, vous apporte votre pain quotidien ; tandis que le riche, qui n'a jamais songé à vous, et qui vous méprise, souhaite votre mort.

— Oh ! pour cela !... dit-elle.

— Oui, reprit le prêtre, vous gênez, par votre humble condition, les espérances de son orgueil... Mère, voilà vos crimes ! Femme, vos souffrances et vos tourments vous annoncent que vous jouirez de la paix du Seigneur. Votre fils Joseph est si grand, que sa tendresse n'a jamais été diminuée par les injustices de votre préférence maternelle, aimez-le donc bien ! donnez-lui tout votre cœur pendant ces derniers jours ; enfin, priez pour lui, moi je vais aller prier pour vous.

Dessillés par de si puissantes mains, les yeux de cette mère embrassèrent par un regard rétrospectif le cours de sa vie. Eclairée par ce trait de lumière, elle aperçut ses torts involontaires et fondit en larmes. Le vieux prêtre se sentit tellement ému par le spectacle de ce repentir d'une créature en faute, uniquement par ignorance, qu'il sortit pour ne pas laisser voir sa pitié. Joseph rentra dans la chambre de sa mère environ deux heures après le départ du confesseur. Il était allé chez un de ses amis emprunter l'argent nécessaire au payement de ses dettes les plus pressées, et il rentra sur la pointe du pied, en croyant Agathe endormie. Il put donc se mettre dans son fauteuil sans réveiller la malade.

Un sanglot entrecoupé par ces mots : — Me pardonnera-t-il ? fit lever Joseph, qui eut la sueur dans le dos, car il crut sa mère en proie au délire qui précède la mort.

— Qu'as-tu, ma mère ? lui dit-il, effrayé de voir les yeux rougis de pleurs et la figure accablée de la malade.

— Ah ! Joseph ! me pardonneras-tu, mon enfant ? s'écria-t-elle.

— Eh quoi ? dit l'artiste.

— Je ne t'ai pas aimé comme tu méritais de l'être.

— En voilà une charge ! s'écria-t-il. Vous ne m'avez pas aimé ?... Depuis sept ans ne vivons-nous pas ensemble ? Depuis sept ans n'es-tu pas ma femme de ménage ? Est-ce que je ne te vois pas tous les jours ? Est-ce que je n'entends pas ta voix ? Est-ce que tu n'es pas la douce et l'indulgente compagne de ma vie misérable ? Tu ne comprends pas la peinture... Eh ! mais ça ne se donne pas ! Et moi qui disais hier à Grassou : — Ce qui me console au milieu de mes luttes, c'est d'avoir une bonne mère ; elle est ce que doit être la femme d'un artiste, elle a soin de tout, elle veille à mes besoins matériels sans faire le moindre embarras...

— Non, Joseph, non, tu m'aimais, toi ! et je ne te rendais pas tendresse pour tendresse. Ah ! comme je voudrais vivre !... donne-moi ta main...

Agathe prit la main de son fils, la baisa, la garda sur son cœur, et le contempla pendant longtemps en lui montrant l'azur de ses yeux resplendissant de la tendresse qu'elle avait réservée jusqu'alors à Philippe. La peintre, qui ne connaissait en expression, fut si frappé de ce changement, il vit si bien que le cœur de sa mère s'ouvrait pour lui, qu'il la prit dans ses bras, la tint pendant quelques instants serrée, en disant comme un insensé : — O ma mère ! ma mère !

— Ah ! je me sens pardonnée ! dit-elle. Dieu doit confirmer le pardon d'un enfant à sa mère !

— Il te faut du calme, ne te tourmente pas, voilà qui est fait : je me sens aimé pendant ce moment pour tout le passé ! s'écria Joseph en replaçant sa mère sur l'oreiller.

Pendant les deux semaines que dura le combat entre la vie et la mort chez cette sainte créature, elle eut pour Joseph des regards, des mouvements d'âme et des gestes où éclataient tant d'amour, qu'il semblait que, dans chacune de ses effusions, il y eût toute une vie... La mère ne pensait plus qu'à son fils, elle se comptait pour rien ; et, soutenue par son amour, elle ne sentait plus ses souffrances. Elle eut de ces mots naïfs comme en ont les enfants. D'Arthez, Michel Chrestien, Fulgence Ridal, Pierre Grassou, Bianchon, venaient tenir compagnie à Joseph, et discutaient souvent à voix basse dans la chambre de la malade.

— Oh ! comme je voudrais savoir ce que c'est que la couleur ! s'écria-t-elle un soir en entendant une discussion sur un tableau.

De son côté, Joseph fut sublime pour sa mère ; il ne quitta pas la chambre, il dorlotait Agathe dans son cœur, il répondit à cette tendresse par une tendresse égale. Ce fut pour les amis de ce grand peintre un de ces beaux spectacles qui ne s'oublient jamais. Ces hommes, qui tous offraient l'accord d'un vrai talent et d'un grand caractère, furent pour Joseph et pour sa mère ce qu'ils devaient être : des anges qui priaient, qui pleuraient avec lui, non pas en disant des prières et répandant des pleurs, mais en s'unissant à lui par la pensée et par l'action. En artiste aussi grand par le sentiment que par le talent, Joseph devina, par quelques regards de sa mère, un désir enfoui dans ce cœur, et il alla, un jour d'Arthez : — Elle a trop aimé ce brigand de Philippe pour ne pas vouloir le revoir avant de mourir...

Joseph pria Bixiou, qui se trouvait lancé dans le monde bohémien que fréquentait parfois Philippe, d'obtenir de cet infâme parvenu, qu'il jouât, par pitié, la comédie d'une tendresse quelconque, afin d'envelopper le cœur de cette pauvre mère d'un linceul brodé d'illusions. En sa qualité d'observateur et de railleur misanthrope, Bixiou ne demanda pas mieux que de s'acquitter d'une semblable mission. Quand il eut exposé la situation d'Agathe au comte de Brambourg, qui le reçut dans une chambre à coucher tendue en damas de soie jaune, le colonel se mit à rire.

— Eh ! que diable veux-tu que j'aille faire là ? s'écria-t-il. Le seul service que puisse me rendre la bonne femme est de crever le plus tôt possible, car elle ferait une triste figure à mon mariage avec ma demoiselle de Soulanges. Moins j'aurai de famille, meilleure sera ma position. Tu comprends très-bien que j'enterrerais le nom de Bridau sous tous les monuments funéraires du Père-Lachaise !... Mon frère m'assassine en produisant mon vrai nom au grand jour ! Tu as trop d'esprit pour ne pas être à la hauteur de ma situation, toi ! Voyons... si tu devenais député, tu as une fière platine, tu serais craint comme Chauvelin, et tu pourrais être fait comte Bixiou, directeur des Beaux-Arts. Arrivé là, serais-tu content, si la grand'mère Descoings vivait encore, d'avoir à tes côtés cette brave femme, qui ressemblait à madame Saint-Léon ? lui donnerais-tu le bras aux Tuileries ? la présenterais-tu à la famille noble où tu tâcherais alors d'entrer ? Tu souhaiterais, sacrebleu ! la voir à six pieds sous terre, calfeutrée dans une chemise de plomb. Tiens, déjeune avec moi, ci parlons d'autre chose. Je suis un parvenu, mon cher, je le sais. Je ne veux pas laisser voir mes langes!... Mon fils, lui, sera plus heureux que moi, il sera grand seigneur. Le drôle souhaitera ma mort, je m'y attends bien, ou il ne sera pas mon fils.

Il sonna, vint le valet de chambre auquel il dit : — Mon ami déjeune avec moi, sers-nous un petit déjeuner fin. — Le beau monde ne te verrait pourtant pas dans la chambre de ta mère, reprit Bixiou. Qu'est-ce que cela te coûterait d'avoir l'air d'aimer la pauvre femme pendant quelques heures?... — Onich! dit Philippe en clignant de l'œil, tu viens de leur part. Je suis un vieux chameau qui se connaît en génuflexions. Ma mère veut, à propos de son dernier soupir, me tirer une carotte pour Joseph! Merci.

Quand Bixiou raconta cette scène à Joseph, le pauvre peintre eut froid jusque dans l'âme.

— Philippe sait-il que je suis malade? dit Agathe d'une voix dolente le soir même du jour où Bixiou rendit compte de sa mission.

Joseph sortit étouffé par ses larmes. L'abbé Loraux, qui se trouvait au chevet de la pénitente, lui prit la main, la lui serra, puis il répondit : — Hélas! mon enfant, vous n'avez jamais eu qu'un fils!...

En entendant ce mot qu'elle comprit, Agathe eut une crise par laquelle commença son agonie. Elle mourut vingt heures après.

Dans le délire qui précéda sa mort, ce mot : — De qui donc Philippe tient-il?... lui échappa.

Joseph mena seul le convoi de sa mère. Philippe était allé, pour affaire de service, à Orléans, chassé de Paris par la lettre suivante, que Joseph lui écrivit au moment où leur mère rendait le dernier soupir :

« Monstre, ma pauvre mère est morte du saisissement que ta let-
« tre lui a causé, prends le deuil; mais fais-toi malade : je ne veux
« pas que son assassin soit à mes côtés devant son cercueil.

                                   « JOSEPH B. »

Le peintre, qui ne se sentit plus le courage de peindre, quoique peut-être sa profonde douleur exigeât l'espèce de distraction mécanique apportée par le travail, fut entouré de ses amis, qui s'entendirent pour ne jamais le laisser seul. Donc, Bixiou, qui aimait Joseph autant qu'un railleur peut aimer quelqu'un, faisait, quinze jours après le convoi, partie des amis groupés dans l'atelier. En ce moment, la servante entra brusquement et remit à Joseph cette lettre apportée, dit-elle, par une vieille femme qui attendait une réponse chez le portier

« Monsieur

« Vous à qui je n'ose donner le nom de frère, je dois m'adresser à
« vous, ne fût-ce qu'à cause du nom que je porte.

Joseph tourna la page et regarda la signature au bas du dernier recto. Ces mots : comtesse Flore de Brambourg, le firent frissonner, car il pressentit quelque horreur inventée par son frère.

— Ce brigand-là, dit-il, ferait le diable au même! Et ça passe pour un homme d'honneur! Et ça se met un tas de coquillages autour du cou! Et ça fait la roue à la cour au lieu d'être étendu sur la roue! Et ce roué se nomme M. le comte! — Et il y en a beaucoup comme ça! dit Bixiou. — Après ça, cette Rabouilleuse mérite bien d'être raboullée à son tour, reprit Joseph, elle ne vaut pas la gale, elle m'aurait fait couper le cou comme à un poulet, sans dire : Il est innocent!...

Au moment où Joseph jetait la lettre, Bixiou la rattrapa lestement et la lut à haute voix...

« Est-il convenable que madame la comtesse Bridau de Brambourg,
« quels que puissent être ses torts, aille mourir à l'hôpital? Si tel est
« mon destin, si telle est la volonté de M. le comte et la vôtre, qu'elle
« s'accomplisse; mais alors, vous qui êtes l'ami du docteur Bianchon,
« obtenez-moi sa protection pour entrer dans un hôpital. La personne
« qui vous apportera cette lettre, monsieur, est allée onze jours de
« suite à l'hôtel de Brambourg, rue de Clichy, sans pouvoir obtenir
« un secours de mon mari. L'état dans lequel je suis ne me permet
« pas de faire appeler un avoué afin d'entreprendre d'obtenir judici-
« airement ce que je veux avoir en paix. D'ailleurs, rien ne peut
« me sauver, je le sais. Aussi, dans le cas où vous ne voudriez pas
« vous occuper de votre malheureuse belle-sœur, donnez-moi l'ar-
« gent nécessaire pour avoir de quoi mettre fin à mes jours; car, je
« le vois, M. votre frère veut ma mort, il l'a toujours voulue. Quoi-
« qu'il m'ait dit qu'il avait trois moyens sûrs pour tuer une femme, je
« n'ai pas eu l'intelligence de prévoir celui dont il s'est servi.

« Dans le cas où vous voudriez m'honorer d'un secours, et juger
« par vous-même de la misère où je suis, je demeure rue du Houssay
« au coin de la rue Chanteraine, au cinquième. Si demain je ne paye

« pas mes loyers arriérés, il faut sortir! Et où aller, monsieur?... Puis-
« je me dire

                          « Votre belle-sœur.

                          « Comtesse FLORE DE BRAMBOURG. »

— Quelle fosse pleine d'infamies! dit Joseph, qu'est-ce qu'il y a là-dessous? — Faisons d'abord venir la femme, ça doit être une fameuse préface de l'histoire, dit Bixiou.

Un instant après, apparut une femme que Bixiou désigna par ces mots : des guenilles qui marchent! C'était, en effet, un tas de linge et de vieilles robes les unes sur les autres, bordées de boue à cause de la saison, tout cela monté sur de grosses jambes à pieds épais, mal enveloppés de bas rapiécés et de souliers qui dégorgeaient l'eau par leurs lézardes. Au-dessus de ce monceau de guenilles s'élevait une de ces têtes que Charlet a données à ses balayeuses, et caparaçonnée d'un affreux foulard usé jusque dans ses plis.

— Votre nom? dit Joseph, pendant que Bixiou croquait la femme appuyée sur un parapluie de l'an II de la République.

— Madame Gruget, pour vous servir. J'ai été aux rentes, mon petit monsieur, dit-elle à Bixiou, dont le rire sournois l'offensa. Si ma pôv'-fille n'avait pas eu l'accident d'aimer trop quelqu'un, je serais autre-ment que me voilà. Elle s'est jetée à l'eau, sous votre respect, ma pôv'lda! J'ai donc eu la bêtise de nourrir un quaterne ; c'est pour-quoi, mon cher monsieur, à soixante-dix-sept ans, je garde les mala-des à raison de dix sous par jour et nourrie... — Pas habillée! dit Bixiou. Ma grand'mère s'habillait, elle ! ou nourrissant son petit bon-homme de terne. — Mais, sur mes dix sous, il faut payer un garni... — Qu'est-ce qu'elle a, la dame que vous gardez? — Elle n'a rien, mon-sieur, en fait de monnaie, s'entend! car elle a une maladie à faire trembler les médecins.— Elle me doit soixante jours, voilà pourquoi je continue à la garder. Le mari, qui est un comte, car elle est com-tesse, me payera sans doute mon mémoire quand elle sera morte; pour lorsse, je lui ai donc avancé tout ce que j'avais... mais je n'ai plus rien : j'ai mis tous mes effets au mau pi-é-té!... Elle me doit qua-rant-sept francs douze sous, outre mes trente francs de garde; et, comme elle veut se faire périr avec du charbon : — Ça n'est pas bien, que je lui dis... même que j'ai dit à la portière de la veiller pendant que je m'absente, parce qu'elle est capable de se jeter par la croisée. — Mais qu'a-t-elle? dit Joseph. — Ah! monsieur, le médecin des sœurs est venu, mais rapport à la maladie, dit madame Gruget en pre-nant un air pudibond, il a dit qu'il fallait la porter à l'hospice... le cas est mortel. — Nous y allons, fit Bixiou. — Tenez, dit Joseph, voilà dix francs.

Après avoir plongé la main dans la fameuse tête de mort pour prendre toute sa monnaie, le peintre alla rue Mazarine, monta dans un fiacre, et se rendit chez Bianchon, qu'il trouva très-heureusement chez lui, pendant que, de son côté, Bixiou courait, rue de Bussy, chercher leur ami Desroches. Les quatre amis se retrouvèrent une heure après rue du Houssay.

— Ce Méphistophélès à cheval nommé Philippe Bridau, dit Bixiou à ses trois amis en montant l'escalier, a drôlement mené sa barque pour se débarrasser de sa femme. Vous savez que notre ami Lousteau, très-heureux de recevoir un billet de mille francs par mois de Philippe, a maintenu madame Bridau dans la société de Florine, de Mariette, de Tullia, de la Val-Noble. Quand Philippe a vu la Rabouilleuse habituée à la toilette et aux plaisirs coûteux, il ne lui a plus donné d'argent, et l'a laissée s'en procurer... vous comprenez comment. Philippe, au bout de dix-huit mois, a fait ainsi descendre sa femme, de trimestre en trimestre, toujours un peu plus bas; enfin, au moyen d'un jeune sous-officier superbe, il lui a donné le goût des liqueurs. A mesure qu'il s'élevait, sa femme descendait, et la comtesse est maintenant dans la boue. Cette fille, née aux champs, a la vie dure, je ne sais pas comment Philippe s'y est pris pour se débarrasser d'elle. Je suis cu-rieux d'étudier ce petit drame-là, car j'ai à me venger du camarade. Hélas! mes amis! dit Bixiou d'un ton qui laissait ses trois compagnons dans le doute s'il plaisantait ou s'il parlait sérieusement, il suffit de livrer un homme à un vice pour se défaire de lui. Elle aimait trop le bal, c'est ce qui l'a tuée!... a dit Ilingo. Voilà! Ma grand'mère ai-mait à la loterie, et Philippe l'a tuée par la loterie! Le père Rouget ai-mait la gaudriole, et Lolotte l'a tué! Madame Bridau, pauvre femme, aimait Philippe, elle a péri par lui!... Le vice! le vice! mes amis!. Savez-vous ce qu'est le vice? c'est le Bonneau de la mort!

— Tu mourras donc d'une plaisanterie, dit en souriant Desroches à Bixiou.

A partir du quatrième étage, les jeunes gens montèrent un de ces escaliers droits qui ressemblent à des échelles, et par lesquels on grimpe à certaines mansardes dans les maisons de Paris. Quoique Joseph, qui avait vu Flore si belle, s'attendait à quelque affreux con-traste, il ne pouvait pas imaginer le hideux spectacle qui s'offrit à ses yeux d'artiste. Sous l'angle aigu d'une mansarde, sans papier de tenture, et sur un lit de sangle dont le maigre matelas était rempli de bourre peut-être, les trois jeunes gens aperçurent une femme, verte comme une noyée de deux jours, et maigre comme l'est une étique deux heures avant sa mort. Ce cadavre infect avait une méchante rouennerie à carreaux sur sa tête dépouillée de cheveux ; le tour des yeux, caves, était rouge, et les paupières étaient comme des pellicules d'œufs. Quant à ce corps, jadis si ravissant, il n'en restait qu'une ignoble ostéologie. A l'aspect des visiteurs, Flore serra sur sa poitrine un lambeau de mousseline qui avait dû être un petit rideau de croisée, car il était bordé de rouille par le fer de la tringle. Les jeunes gens virent pour tout mobilier deux chaises, une méchante commode sur laquelle une chandelle était fichée dans une pomme de terre, des plats épars sur le carreau, et un fourneau de terre dans le coin d'une cheminée sans feu. Bixiou remarqua le reste du cahier de papier acheté chez l'épicier pour écrire la lettre que les deux femmes avaient sans doute ruminée en commun. Le mot dégoûtant ne serait que le positif dont le superlatif n'existe pas et avec lequel il faudrait exprimer l'impression causée par cette misère. Quand la moribonde aperçut Joseph, deux grosses larmes roulèrent sur ses joues.

— Elle peut encore pleurer ! dit Bixiou. Voilà un spectacle un peu drôle : des larmes sortant d'un jeu de dominos ! Ça nous explique le miracle de Moïse.

— Est-elle assez desséchée ?... dit Joseph.

— Au feu du repentir, dit Flore. Eh ! je ne peux pas avoir de prêtre, je n'ai rien, pas même un crucifix pour voir l'image de Dieu !... Ah ! monsieur, s'écria-t-elle en levant ses bras, qui ressemblaient à deux morceaux de bois sculpté, je suis bien coupable, mais Dieu n'a jamais puni personne comme je le suis !... Philippe a tué Max, qui m'avait conseillé de tuer Max, et *il* me tue aussi. Dieu se sert de *lui* comme d'un fléau !... Conduisez-vous bien, car nous avons tous notre Philippe.

— Laissez-moi seul avec elle, dit Bianchon, que je sache si la maladie est guérissable.

— Si on la guérissait, Philippe Bridau crèverait de rage, dit Desroches ; aussi vais-je faire constater l'état dans lequel se trouve sa femme : il ne l'a pas fait condamner comme adultère, elle jouit de tous ses droits d'épouse ; il aura le scandale d'un procès. Nous allons d'abord faire transporter madame la comtesse dans la maison de santé du docteur Dubois, rue du Faubourg-Saint-Denis ; et elle y sera soignée avec luxe. Puis, je vais assigner le comte en réintégration du domicile conjugal.

— Bravo ! Desroches, s'écria Bixiou. Quel plaisir d'inventer du bien qui fera tant de mal !

Dix minutes après, Bianchon descendit et dit à ses deux amis : — Je cours chez Desplein, il peut sauver cette femme par une opération. Ah ! il va bien la faire soigner, car l'abus des liqueurs a développé chez elle une magnifique maladie qu'on croyait perdue.

— Farceur de médecin, va ! Est-ce qu'il n'y a qu'une maladie ? demanda Bixiou.

Mais Bianchon était déjà dans la cour, tant il avait hâte d'annoncer à Desplein cette grande nouvelle. Deux heures après, la malheureuse belle-sœur de Joseph fut conduite dans l'hospice décent créé par le docteur Dubois et qui fut, plus tard, acheté par la ville de Paris. Trois semaines après, la *Gazette des Hôpitaux* contenait le récit d'une des plus audacieuses tentatives de la chirurgie moderne sur une malade désignée par les initiales F. B. Le sujet succomba, bien plus à cause de l'état de faiblesse où l'avait mis la misère que par les suites de l'opération. Aussitôt, le colonel comte de Brambourg alla voir le comte de Soulanges, en grand deuil, et l'instruisit de la *perte douloureuse* qu'il venait de faire. On se dit à l'oreille dans le grand monde que le comte de Soulanges mariait sa fille à un parvenu de grand mérite qui devait être nommé maréchal de camp et colonel d'un régiment de la garde royale. De Marsay donna cette nouvelle à Rastignac, qui en causa dans un souper au Rocher de Cancale où se trouvait Bixiou.

— Cela ne se fera pas ! se dit en lui-même le spirituel artiste.

Si, parmi les amis que Philippe méconnut, quelques-uns, comme Giroudeau, ne pouvaient se venger, il avait eu la maladresse de blesser Bixiou, qui, grâce à son esprit, était reçu partout, et qui ne pardonnait guère. En plein Rocher de Cancale, devant les gens sérieux qui soupaient, Philippe avait dit à Bixiou qui lui demandait à venir à l'hôtel de Brambourg : — Tu viendras chez moi quand tu seras ministre !...

— Faut-il se faire protestant pour aller chez toi ? répondit Bixiou en badinant ; mais il se dit en lui-même : Si tu es un Goliath, j'ai ma fronde, et je ne manque pas de cailloux.

Le lendemain, le mystificateur s'habilla chez un acteur de ses amis, et fut métamorphosé, par la toute-puissance du costume, en un prêtre à lunettes vertes qui se serait sécularisé ; puis, il prit une remise et se fit conduire à l'hôtel de Soulanges. Bixiou, traité de farceur par Philippe, voulait lui jouer une farce. Admis par M. de Soulanges, sur son in-

sistance à vouloir parler d'une affaire grave, Bixiou joua le personnage d'un homme vénérable chargé de secrets importants. Il raconta, d'un son de voix factice, l'histoire de la maladie de la comtesse morte, dont l'horrible secret lui avait été confié par Bianchon, l'histoire de la mort d'Agathe, l'histoire de la mort du bonhomme Rouget dont s'était vanté le comte de Brambourg, l'histoire de la mort de la Descoings, l'histoire de l'emprunt fait à la caisse du journal et l'histoire des mœurs de Philippe dans ses mauvais jours.

— Monsieur le comte, ne lui donnez votre fille qu'après avoir pris tous vos renseignements ; interrogez ses anciens camarades, Bixiou, le capitaine Giroudeau, etc.

Trois mois après, le colonel comte de Brambourg donnait à souper chez lui à du Tillet, à Nucingen, à Rastignac, à Maxime de Trailles et à de Marsay. L'amphitryon acceptait très-insouciamment les propos à demi consolateurs que ses hôtes lui adressaient sur sa rupture avec la maison de Soulanges.

— Tu peux trouver mieux, lui disait Maxime.

— Quelle fortune faudrait-il pour épouser une demoiselle de Grandlieu ? demanda Philippe à de Marsay.

— A vous ?... on ne donnerait pas la plus laide des six à moins de dix millions, répondit insolemment de Marsay.

— Bah ! dit Rastignac, avec deux cent mille livres de rente, vous auriez mademoiselle de Langeais, la fille du marquis ; elle est laide, elle a trente ans, et pas un sou de dot : ça doit vous aller.

— J'aurai dix millions dans deux ans d'ici, répondit Philippe Bridau.

— Nous sommes au 16 janvier 1829 ! s'écria du Tillet en souriant. Je travaille depuis dix ans, et je ne les ai pas, moi !...

— Nous nous conseillerons l'un l'autre, et vous verrez comment j'entends les finances, répondit Bridau.

— Que possédez-vous, en tout ? demanda Nucingen.

— En vendant mes rentes, en exceptant ma terre et mon hôtel, que je ne puis et ne veux pas risquer, car ils sont compris dans mon majorat, je ferai bien une masse de trois millions...

Nucingen et du Tillet se regardèrent ; puis, après ce fin regard, du Tillet dit à Philippe : Mon cher comte, nous travaillerons ensemble, si vous voulez.

De Marsay surprit le regard que du Tillet avait lancé à Nucingen et qui signifiait : A nous les millions.

En effet, ces deux personnages de la haute banque étaient placés au cœur des affaires politiques, de manière à pouvoir jouer à la Bourse, dans un temps donné, comme à coup sûr, contre Philippe, quand toutes les probabilités lui sembleraient être en sa faveur, tandis qu'elles seraient pour eux. Et le cas arriva. En juillet 1830, du Tillet et Nucingen avaient déjà fait gagner quinze cent mille francs au comte de Brambourg, qui ne se défia plus d'eux en les trouvant loyaux à l'endroit de la Restauration. Philippe, parvenu par la faveur de la Restauration, trompé surtout par son profond mépris pour les *péquins*, crut à la réussite des ordonnances et voulut jouer à la hausse ; tandis que Nucingen et du Tillet, qui crurent à une révolution, jouèrent à la baisse contre lui. Ces deux fins compères abondèrent dans le sens du colonel comte de Brambourg et eurent l'air de partager ses convictions, ils lui donnèrent l'espoir de doubler ses millions et se mirent en mesure de les lui gagner. Philippe se battit comme un homme pour qui la perte valait quatre millions. Son dévouement fut si marqué, qu'il reçut l'ordre de revenir à Saint-Cloud avec le duc de Maufrigneuse pour y tenir conseil. Cette marque de faveur sauva Philippe ; car il voulait, le 28 juillet, faire une charge pour balayer les boulevards, et il eût sans doute reçu quelque balle envoyée par son ami Giroudeau, qui commandait une division d'assaillants.

Un mois après, le colonel Bridau ne possédait plus, de son immense fortune, que son hôtel, sa terre, ses tableaux et son mobilier. Il commit de plus, la sottise de croire au rétablissement de la branche aînée, à laquelle il fut fidèle jusqu'en 1834. En voyant Giroudeau colonel, une jalousie assez compréhensible fit reprendre du service à Philippe, qui, malheureusement, obtint en 1835 un régiment dans l'Algérie, où il resta trois ans au poste le plus périlleux, espérant obtenir les épaulettes de général ; mais une influence malicieuse, celle du général Giroudeau, le laissait là. Devenu dur, Philippe outra la sévérité du service, et fut détesté, malgré sa bravoure à la Murat. Au commencement de la fatale année 1839, en faisant son retour offensif sur les Arabes pendant une retraite devant les forces supérieures, il s'élança contre l'ennemi, suivi seulement d'une compagnie qui tomba dans un gros d'Arabes. Le combat fut sanglant, affreux, d'homme à homme, et les cavaliers français ne se débarrassèrent qu'en petit nombre. En s'apercevant que leur colonel était cerné, ceux qui se battaient à distance ne jugèrent pas à propos de périr inutilement en essayant de le dégager. Ils entendirent ces mots : — *Votre colonel à moi ! un colonel de l'Empire !* suivis de hurlements affreux, mais ils rejoignirent le régiment. Philippe eut une mort horrible, car on lui coupa la tête quand il tomba presque haché par les yatagans.

Joseph, marié vers ce temps par la protection du comte de Sérizy à la fille d'un ancien fermier millionnaire, hérita de l'hôtel et de la terre de Brambourg, dont n'avait pu disposer son frère, qui tenait cependant à le priver de sa succession. Ce qui fit le plus de plaisir au peintre, fut la belle collection de tableaux. Joseph, à qui son beau-père, espèce de Hochon rustique, amasse tous les jours des écus, possède déjà soixante mille francs de rente. Quoiqu'il peigne de magnifiques toiles et rende de grands services aux artistes, il n'est pas encore membre de l'Institut. Par suite d'une clause de l'érection du majorat, il se trouve comte de Brambourg, ce qui le fait souvent pouffer de rire au milieu de ses amis, dans son atelier.

— Les bons comtes ont les bons habits, lui dit alors son ami Léon de Lora, qui, malgré sa célébrité comme peintre de paysage, n'a pas renoncé à sa vieille habitude de retourner les proverbes, et qui répondit à Joseph, à propos de la modestie avec laquelle il avait reçu les faveurs de la destinée : Bah ! *la pépie vient en mangeant !*

Paris, novembre 1842.

FIN D'UN MÉNAGE DE GARÇON.

Fario descendit et vint se repaître de la vue de son ennemi dans les convulsions.

www.ingramcontent.com/pod-product-compliance
Lightning Source LLC
Chambersburg PA
CBHW060620100426

42744CB00008B/1452